Le Guide de l'auto 97

Conception graphique de la maquette intérieure
et infographie: Dominic Pagé
Photos: Jacques Duval, Denis Duquet, Marc Lachapelle,
Jean-Pierre Blais, Horst Stein, Claude Lacasse
Correction des fiches techniques: Jean-Georges Laliberté

Plusieurs des photos de ce guide, incluant celle de la
Mercedes-Benz SLK en couverture, ont été réalisées avec
du film AGFA Agfachrome.

DISTRIBUTEURS EXCLUSIFS:

- Pour le Canada et les États-Unis:
  LES MESSAGERIES ADP*
  955, rue Amherst,
  Montréal, Québec
  H2L 3K4
  Tél.: (514) 523-1182
  Télécopieur: (514) 939-0406
  * Filiale de Sogides ltée

- Pour la Belgique et le Luxembourg:
  PRESSES DE BELGIQUE S.A.
  Boulevard de l'Europe, 117, B-1301 Wavre
  Tél.: (10) 41-59-66
       (10) 41-78-50
  Télécopieur: (10) 41-20-24

- Pour la Suisse:
  TRANSAT S.A.
  Route des Jeunes, 4 Ter,
  C.P. 125, 1211 Genève 26
  Tél.: (41-22) 342-77-40
  Télécopieur: (41-22) 343-46-46

- Pour la France et les autres pays:
  INTER FORUM
  Immeuble PARYSEINE,
  3 Allée de la Seine, 94854 IVRY Cédex
  Tél.: (1) 49-59-11-89/91
  Télécopieur: (1) 49-59-11-96
  Commandes: Tél.: (16) 38-32-71-00
       Télécopieur: (16) 38-32-71-28

Dépôt légal: 4e trimestre 1996
Bibliothèque nationale du Québec

ISBN 2-7619-1330-2

Jacques Duval et Denis Duquet

Le Guide de l'auto

97

La fièvre des Roadsters

LES ÉDITIONS DE L'HOMME

Table des matières

Index 9

Index des prix 10

Avant-propos 13

Le guide des autos d'occasion de 1985 à 1995 15

Les matchs comparatifs

      Les Detroit bad boys 52

      Les olympiades de la voiture économique 59

      Le match des utilitaires sport compacts 75

La fièvre des roadsters 81

Classement 1997 89

Les prototypes 95

Les camionnettes 117

Les supervoitures 129

Essais et analyses 147

Index

Acura 1,6 EL	152	Ford Escort	242	Mercury Grand Marquis	240
Acura 2,5 TL/3,2 TL	148	Ford Expedition	246	Mercury Mystique	238
Acura CL	150	Ford Explorer	248	Mercury Sable	254
Acura Integra	154	Ford F-150	123	Mercury Villager	350
Acura NSX	130	Ford Mustang	250	Nissan 240 SX	352
Acura RL	156	Ford Probe	252	Nissan 300ZX	143
Aston Martin DB7/Volante	121	Ford Ranger	122	Nissan Altima	354
Audi A4	158	Ford Taurus	254	Nissan Costaud	125
Audi A6	160	Ford Thunderbird	258	Nissan Maxima	356
Audi A8	162	Ford Windstar	260	Nissan Pathfinder	358
Bentley Azure	166	Geo Metro	262	Nissan Quest	350
BMW 318ti	168	Geo Tracker	264	Nissan Sentra/200 SX	360
BMW M3	133	GMC Jimmy	200	Oldsmobile Achieva	374
BMW Série 3	170	GMC Sierra	118	Oldsmobile Aurora	362
BMW Série 5	174	GMC Sonoma	119	Oldsmobile 88	184
BMW Série 7	176	GMC Suburban/Yukon	212	Oldsmobile Intrigue	364
BMW Série 8	132	Honda Accord	266	Oldsmobile Regency	186
BMW Z3	178	Honda Civic	268	Plymouth Breeze	218
Buick Century	182	Honda del Sol	270	Plymouth Voyager	370
Buick Le Sabre	184	Honda Odyssey	272	Plymouth Neon	230
Buick Park Avenue	186	Honda Prelude	274	Plymouth Prowler	366
Buick Riviera	188	Hummer	124	Pontiac Bonneville	372
Buick Skylark	374	Hyundai Accent	276	Pontiac Firebird	202
Cadillac Catera	190	Hyundai Elantra	278	Pontiac Firefly	262
Cadillac De Ville/Concours	194	Hyundai Sonata	282	Pontiac Grand AM	374
Cadillac Eldorado/Seville	196	Hyundai Tiburon	284	Pontiac Safari	198
Chevrolet Astro	198	Infiniti I30	288	Pontiac Sunfire	204
Chevrolet Blazer	200	Infiniti J30	290	Pontiac Sunrunner	264
Chevrolet C 1500	118	Infiniti Q45	292	Pontiac Trans Sport	214
Chevrolet Camaro	202	Infiniti QX4	358	Porsche 911	378
Chevrolet Cavalier	204	Isuzu Rodeo/Trooper	294	Porsche Boxster	382
Chevrolet Corvette	206	Jaguar XJ6/Vanden Plas/XJR	296	Rolls Royce	166
Chevrolet Lumina/Monte Carlo	208	Jaguar XK-8	298	Saab 900	386
Chevrolet Malibu	210	Jeep Cherokee/Grand Cherokee	302	Saab 9000	388
Chevrolet S-10	119	Jeep TJ	304	Saturn EV1	390
Chevrolet Tahoe	212	Lada Niva/Samara	306	Saturn SC	392
Chevrolet Venture	214	Lamborghini Diablo	140	Saturn SL/SW	394
Chrysler Cirrus	218	Land Rover Discovery/Defender 90	308	Subaru Impreza	398
Chrysler Concorde/Intrepid	222	Land Rover Range Rover	310	Subaru Legacy/Outback	396
Chrysler LHS	224	Lexus ES300	312	Subaru SVX	144
Chrysler Sebring	228	Lexus GS300	314	Suzuki Esteem	400
Chrysler Sebring cabriolet	226	Lexus LS400/SC400	316	Suzuki Sidekick	264
Chrysler Town & Country	370	Lexus LX450	318	Suzuki Swift	262
Dodge Avenger	228	Lincoln Continental	320	Suzuki X-90	402
Dodge Caravan/Grand Caravan	370	Lincoln Mark VIII	322	Toyota 4Runner	404
Dodge Dakota	120	Lincoln Town Car	324	Toyota Avalon	406
Dodge Neon	230	Lotus Elise	141	Toyota Camry	408
Dodge Ram	121	Mazda Série B	122	Toyota Celica	412
Dodge Stratus	218	Mazda 626	326	Toyota Corolla	414
Dodge Viper RT/10	134	Mazda Millenia	328	Toyota Paseo/Tercel	416
Eagle Talon	232	Mazda MPV	330	Toyota Previa	418
Eagle Vision	222	Mazda MX-5 Miata	332	Toyota T100	126
Ferrari F50	135	Mazda MX-6	334	Toyota Tacoma	127
Ferrari F355	136	Mazda Protegé	336	Vector M12	146
Ferrari 456 GT	137	Mercedes-Benz AAVision	338	Volkswagen Eurovan	420
Ferrari F550 Maranello	138	Mercedes-Benz Classe C	340	Volkswagen Golf	422
Ford Aerostar	234	Mercedes-Benz Classe E	342	Volkswagen Jetta	424
Ford Aspire	236	Mercedes-Benz Classe S	344	Volkswagen Passat	426
Ford Contour	238	Mercedes-Benz SL	142	Volvo 850	428
Ford Crown Victoria	240	Mercedes-Benz SLK	346	Volvo 960	430
Ford Econoline	234	Mercury Cougar	258		

Liste de prix 1997

ACURA*
2,2 CL	27 800
2,2 TL	34 900
3,2TL	39 900
Integra RS	18 795
Integra RS berline	20 495
Integra LS	23 245
Integra LS berline	23 645
Integra LS SE	24 995
Integra SE	24 445
Integra GS-R	26 345
RL	52 300
NSX	125 000

AUDI
A4	36 250*
A4 Quattro	38 830*
A6	48 670*
A6 Quattro	51 250*
S6 Quattro	61 400*
Audi A8	n.d.

BENTLEY
Azure	425 000
Brooklands SWB	171 600
Bentley LWB	196 800
Bentley Continental R	365 000
Bentley Turbo R	250 000
Bentley Turbo RL	265 000

BMW
318ti	26 900
318i	32 300
318iS	33 300
318iC	43 900
318iC	
328i	46 900
328iS	48 900
328iC	57 900
M3 Coupe	61 900
M3 Berline	81 900
Z3 1,9	40 500
528i	54 900
540i	68 900
740iL	85 900
750iL	129 500
840Ci	100 900
850Ci	130 900

BUICK
Century	n.d.
Le Sabre Custom	32 370
Le Sabre Limited	35 210
Park Avenue	40 865
Park Avenue Ultra	46 865
Riviera	42 415
Skylark Custom	21 220

CADILLAC
Catera	42 200
De Ville	49 400
De Ville Concours	56 985
Eldorado	51 825
Eldorado Touring Coupe	54 735
Seville SLS	56 820
Seville STS	58 950

CHEVROLET
Astro CL	26 920
Astro CL AWD	29 370
Blazer 2 portières 4X2	27 160
Blazer 4 portières 4X2	28 205
Blazer 2 portières 4X4	29 015
Blazer 4 portières 4X4	30 335
C 1500 boîte courte	19 750
C 1500 boîte longue	20 005
Camaro	20 910
Camaro Cabriolet	29 080
Camaro Z28	27 270
Camaro Z28 Cabriolet	34 070
Cavalier	14 390
Cavalier cabriolet	24 285
Cavalier Z24	19 000
Cavalier LS	17 015
Corvette	48 635*
Lumina	22 340
Lumina LS	23 810
Lumina LTZ	25 145
Monte Carlo	24 275
Monte Carlo Z34	26 500
S-10 régulier/boîte courte	15 300
S-10 régulier/boîte longue	15 600
Suburban C 1500	33 335
Suburban K1500 4X4	36 105
Tahoe 2 portières	30 595
Tahoe 2 portières 4X4	33 365
Tahoe 4 portières 4X2	37 800
Tahoe 4 portières 4X4	40 570

CHRYSLER
Cirrus LX	23 730
Cirrus LXi	26 200
Concorde LX	26 385
Concorde LXi	28 960
Intrepid	23 625
Intrepid ES	28 485
LHS	40 130
Sebring LX	19 385*
Sebring LXi	25 565*
Sebring JX	26 730
Sebring JXi	28 960
Town & Country LXi	40 085
Town & Country AWD	43 330

DODGE
Avenger	18 290*
Avenger ES	20 695*
Caravan	19 620
Caravan SE	23 515
Caravan LE	28 450
Caravan ES	31 690
Grand Caravan	21 200
Grand Caravan SE	24 615
Grand Caravan LE	30 550
Grand Caravan ES	32 790
Grand Caravan AWD	31 945
Dakota	14 705*
Dakota Club Cab 4X4	22 385
Neon	14 265
Neon Coupe	14 465
Neon Highline	15 425
Ram 1500	17 030*
Ram 1500	
Ram 1500 Club Cab	23 310*
Ram 1500 Club Cab 4X4	26 425*
Stratus	18 470
Stratus ES	20 970
Viper RT/10	82 320*

EAGLE
Talon ESi	20 695*
Talon ESi	
Talon TSi AWD	29 985*
Talon TSi AWD	
Vision ESi	24 325
Vision TSi	30 270

FERRARI
Ferrari F50	510 000
Ferrari F355 Berlinetta	172 000
Ferrari 456 GT	290 000
Ferrari F550 Maranello	n.d.

FORD *
Aerostar	18 495
Aerostar XLT	19 995
Aerostar XLT 4X4	24 395
Aspire	11 295
Aspire	11 895
Contour GL	17 695
Contour LX	18 495
Contour SE	20 495
Crown Victoria	28 295
Crown Victoria LX	30 495
Econoline Club Wagon E-150 XL	25 995
Escort LX	14 395
Explorer XL	24 695
Explorer XLT	30 895
F-150	19 495
Mustang	18 885
Mustang GT	22 495
Mustang Cobra	31 495
Mustang Cobra cabriolet	35 595
Probe	18 695
Probe GT	22 495
Ranger XL	14 695

---

* Prix 1996

Ranger XL Supercab   17 995
Taurus GL   22 395
Taurus LX   25 395
Taurus SHO   36 995
Thunderbird LX   23 795
Windstar   20 695
Windstar GL   22 695
Windstar LX   27 795

GEO
Metro   11 495
Metro berline   12 495
Tracker décapotable 2RM   16 855
Tracker décapotable 4RM   18 130
Tracker LSi 4RM toit rigide   19 750

GMC
Jimmy SL   27 235
Jimmy SL 4X4   29 090
Safari   25 110
Safari AWD   27 560
Sierra C1500 boîte courte   19 750
Sierra C 1500 boîte longue   20 005
Sonoma SL boîte courte   15 300
Sonoma SL boîte longue   15 600
Suburban C1500   33 335
Suburban K 1500 4X4   36 105
Yukon   30 595
Yukon 4 portes   37 800
Yukon 4X4   33 365
Yukon 4X4 4 portes   40 570

HONDA*
Accord LX   20 295
Accord EX-R   26 595
Accord LX   20 895
Accord LX   21 895
Accord EX   22 995
Accord EX ABS   24 995
Accord V6 ABS   28 295
Accord EX-R   27 395
Accord EX-R V6   31 595
Odyssey ABS   27 995
Odyssey   27 495
Prelude SR   27 395

HUMMER
Recruit   64 775
Enlarged cab   70 595
Hard Doors   79 824
Hard top   86 850
Enclosed   92 000

HYUNDAI
Accent L   10 995
Accent GL   12 295
Elantra GL
Elantra GLS   17 245
Elantra GLS familiale   19 495
Sonata GL   19 595
Sonata GLS   23 095
Tiburon   16 995
Tiburon FX   19 845

INFINITI
I30   41 000
I30 T   43 600

J30   52 600
J30 T   54 600
Q45   65 000
Q45T   67 500

ISUZU
Rodeo S   30 475
Rodeo LS   36 275
Trooper S   30 475
Trooper LS   36 895
Trooper Limited   45 995

JAGUAR
XJ6   75 000
Vanden Plas   86 000
XJR   87 400
XK 8 coupé   89 900
XK8 cabriolet   97 900

JEEP
Cherokee SE 4X2   19 810
Cherokee Sport 4X2 4 portes   21 845
Cherokee Sport 4X2   21 425
Cherokee SE 4X4   22 030
Cherokee SE 4X4 4 portes   23 210
Cherokee Sport 4X4   23 645
Cherokee Country   27 255
Grand Cherokee Laredo   34 260
Grand Cherokee Limited 4X4   42 305
TJ Se cabriolet 4X4   17 220
TJ sport 4X4 cabriolet   20 765
TJ Sahara   23 630

LADA
Niva 4X4   10 645
Niva Cossak 4X4   11 595
Lada Samara 1500 berline 4 portes   9 445
Lada Samara Sagona berline 4 portes   10 845

LAMBORGHINI
Diablo VT   350 000
Diablo Roadster   365 000

LAND ROVER
Defender 90
Discovery   41 900
Range Rover 4.0 SE   79 900
Range Rover 4,6   89 900

LEXUS
ES300   45 600
GS300   72 700
LS400   80 000
SC400   82 100

LINCOLN*
Continental   52 395
Mark VIII   52 395
Town Car Executive   45 395
Town Car Signature   47 495
Town Car Cartier   50 595

MAZDA*
B2300 boîte courte   14 285
B2300 boîte longue   15 110
B2300 Cab Plus   17 875
B2300 4X4 boîte courte   20 700
626 DX   19 995

626 ES   30 295
626 LX   22 400
Millenia ensemble cuir   42 900
Millenia Miller   45 885
MPV LX   27 300
MPV LX 4WD   34 350
MX-5 Miata   24 210
MX-6 RS   22 780
MX-6 LS   27 220
Protegé SE   14 685

MERCEDES-BENZ
C230 Special Edition   36 950
C230   42 950
C280   50 995
C36   72 365
E300D   59 950
E320   65 900
E420   73 300
S320 LWB   87 500
S420 LWB   90 850
S500 LWB   127 500
S600 LWB   175 900
S500C   132 950
S600 C   181 000
SL320   101 900
SL500   128 500
SL600   154 900
SLK   N.D.

MERCURY
Cougar XR7   23 695
Grand Marquis GS   30 595
Grand Marquis LS   31 695
Mystique GS   18 095
Mystique LS   19 695
Sable GS   22 795
Sable GS familiale   22 795
Sable LS   25 795
Villager GS   23 695
Villager LS   28 095
Villager Nautica   29 895

NISSAN
Altima   20 795
Altima XE   23 498
Altima SE   25 998
Costaud   13 498
Costaud XE King Cab   16 598
Costaud XE King Cab 4X4   24 398
Maxima GXE   27 998
Maxima SE   31 598
Maxima GLE   33 998
Pathfinder   29 998
Quest XE   25 598
Sentra   13 448*
Sentra XE   17 648*
Sentra GLE   22 198*
200 SX   15 598
200 SX SE   17 198
240 SX   26 998
240 SX SE   28 398
240SX LE   31 398

OLDSMOBILE
Achieva SC   20 735
Achieva   20 710

Aurora 46 045
88 LS 32 185
88 LSS 35 615

PLYMOUTH
Breeze 18 470
Grand Voyager 21 200
Grand Voyager AWD 35 925
Neon 14 265
Neon berline 14 465
Neon Highline 15 425
Neon Highline berline 15 625
Prowler n.d.
Voyager 19 620
Voyager SE 23 515
Voyager LE 29 450

PONTIAC
Bonneville SE 31 175
Bonneville SSE 36 030
Bonneville SLE 33 695
Firebird 23 120
Firebird Cabrio 30 625
Firebird Formula 27 555
Firebird Formula Cabrio 34 850
Trans Am GT 30 780
Trans Am Cabrio 37 645
Firefly 11 495
Firefly berline 12 495
Grand AM SE 19 135
Grand Am SE coupé 19 035
Sunfire SE 15 340
Sunfire SE berline 15 640
Sunfire GT 19 335
Sunfire SE Cabrio 24 720
Sunrunner 4X2 16 855
Sunrunner 4X4 18 130
Trans Sport n.d.

PORSCHE
911 Carrera 93 300
911 Carrera Tiptronic 98 056
911 Carrera 4 101 200
911 Carrera Targa 103 600
911 Carrera Cabrio 106 900
911 4S 106 900
911 Carrera Targa Tiptronic 108 356
911 Carrera Cabrio Tiptronic* 111 656
911 Carrera 4 Cabrio 114 700
911 Turbo 153 700

ROLLS-ROYCE
Corniche IV 335 000
Flying Spur Turbo 285 000

Silver Dawn 191 400
Silver Spur 223 300
Touring Limousine 455 500

SAAB
900 S 29 900
900 S 5 portes 29 900
900 SE Turbo 37 500
900 SE V6
9000 CS Turbo 37 100
9000 CSE Turbo 47 600
9000 Aero 49 200
900 Cabrio 47 500

SATURN
SC1 16 028
SC2 18 998
SL 13 948
SL1 14 948
SL2 16 758
SW1 15 658
SW2 Sport 17 448

SUBARU
Impreza L 21 395
Impreza L berline 21 695
Impreza Sport Wagon 16 995
Outback Sport 24 995
Legacy L 25 695
Legacy LS 28 995
Legacy GT 29 995
Legacy Outback 30 695
SVX 47 795

SUZUKI
Esteem GL 13 495
Esteem GL 14 495
Esteem GLX 14 995
Esteem GLX 15 995
Sidekick JA 4X4 15 995
Sidekick JA 4X4 16 995
Sidekick Sport JLX 4X4 23 995
Sidekick Sport JLX 4X4 24 995
Swift DLX 10 795
Swift DLX 11 595
X-90 17 995
X-90 19 495

TOYOTA*
Avalon XL 33 698
Avalon XLS 36 778
Camry DX 20 488
Camry LE 25 188
Corolla 13 118

Corolla (coussin gonflable) 13 768
Corolla SD 13 508
Corolla SD Plus 15 065
Celica GT 27 968
Celica GT 28 968
4Runner SR5 4X4 28 428
4Runner SR5 V6 4X4 31 958
4Runner Limited 43 138
Paseo 17 218
Paseo 18 168
Previa S/C 35 908
Previa S/C LE 40 378
Previa S/C LE 4WD 43 238
Supra Turbo 72 378
Supra Turbo 70 978
Tacoma cabine régulière 16 578
Tacoma cabine régulière 17 378
Tercel SD 11 948
Tercel SV 12 700
T100 4X2 23 598
T100 4X2 24 598

VOLKSWAGEN
Eurovan GLS 28 770*
Euroval GLS diesel 28 770*
Eurovan CV Winnebago 38 495*
Golf CL 14 690
Golf CL 4 portes 15 190
Golf GL Diesel 16 665
Golf GL 16 730
Golf GTi 20 045
Golf GTi VR6 25 745
Golf Cabrio 25 230
Jetta GL 18 050
Jetta GT 18 585
Jetta GL diesel 17 975
Jetta GLS 19 930
Jetta GLX VR6 27 885
Jetta GLX VR6
Passat TDI Diesel 28 620
Passat TDI Diesel familiale 29 245
Passat GLX 32 270
Passat GLX familiale 32 895

VOLVO
850 GTO 32 995
850 GLT 40 495
850 GLT familiale 41 795
850 Turbo * 43 995
850 Turbo familiale 45 395
850R 55 495
850 AWD 48 495
960 47 400
960 familiale 49 075

* Prix 1996

Avant-propos

Pour la énième fois, le *Guide de l'auto* fait peau neuve... Il imite en cela les nombreuses voitures dont il suit religieusement l'évolution depuis maintenant 31 ans. Comme chez celles-ci, ces changements sont dictés autant par la coquetterie que par un désir d'amélioration du produit. Le livre que vous tenez entre les mains, vous l'aurez remarqué, a gagné quelques centimètres en hauteur, histoire de nous permettre d'étoffer les textes et la fiche technique tout en nous donnant l'occasion d'épargner grâce à un papier de format plus standard.

À propos de fiche technique justement, celle qui accompagne chaque voiture sera dorénavant à la fois plus concise et plus complète. À votre suggestion, nous avons éliminé la longue fiche de la fin et regroupé les informations qu'elle contenait à la suite du texte portant sur chacun des modèles. Tout ce qui est utile s'y trouve, et cette fiche revue et corrigée devrait être la norme pour de nombreuses années.

Du côté de l'équipe de rédaction, une signature familière aux lecteurs de ce guide a disparu, celle de Marc Lachapelle, qui a décidé de poursuivre sa carrière ailleurs. Je le remercie du professionnalisme dont il a fait preuve pendant son long séjour avec nous.

Bien que Denis Duquet et moi ayons assumé une bonne partie de la rédaction de cette édition 1997, quelques nouveaux collaborateurs sont venus nous seconder. Déjà l'an dernier, vous avez pu faire connaissance avec Philippe Laguë, notre jeune «recrue» qui sait faire oublier ses excès d'enthousiasme occasionnels par une plume très alerte et un jugement sûr. Quant à Jean-Pierre Blais (respon-

sable d'un excellent dossier sur les voitures d'occasion) et Jean-Georges Laliberté (auteur de quelques essais et responsable de la correction des fiches techniques), ce sont deux passionnés d'automobile qui n'attendent qu'une occasion de transformer cet amour en des fréquentations régulières. Leurs débuts sont prometteurs... Ces nouveaux venus se sont engagés à respecter la philosophie du *Guide de l'auto* qui est de donner l'heure juste plutôt que de flatter les constructeurs automobiles comme cela est trop souvent le cas dans cette forme de journalisme. Même des non-initiés commencent à se rendre compte de cet état de choses comme me le faisait remarquer un interviewer dans une station de radio l'été dernier: «Pourquoi, Jacques, ai-je l'impression de lire des publireportages chaque fois que je consulte les essais d'automobiles publiés dans les divers journaux et magazines du Québec?...» Sachez que cette forme de condescendance n'a pas sa place dans le *Guide de l'auto* et tant pis si l'on doit froisser certaines susceptibilités. Au cours des 31 dernières années, j'ai voulu aider le lecteur à faire un choix éclairé au moment de l'achat d'une nouvelle voiture. Le succès qui nous a menés aussi loin démontre que nos efforts ont été récompensés.

Ce 31e *Guide de l'auto* réussit, comme auparavant, à offrir au lecteur le parfait amalgame de la raison-passion. De la sous-compacte de monsieur et madame tout-le-monde aux affriolants roadsters de la nouvelle génération, chacun y trouvera son compte. Que vous portiez votre choix sur la plus récente Escort, la Camaro SS, le nouveau RAV4 de Toyota ou l'excentrique Prowler, il ne me reste plus qu'à vous souhaiter bonne lecture et bonne route...

JACQUES DUVAL

P.-S. Vos commentaires sur le *Guide de l'auto* sont toujours les bienvenus. Prière d'écrire à Jacques Duval, att.: Sogides Ltée, 955, rue Amherst, Montréal (Québec) H2L 3K4.

Merci à (sans ordre particulier): Jules Lacasse, Walt McAll (Chrysler), Richard Déziel, Tony Fredo (Ford), Marc Osborne, Dave McCall (GM), Charles Sanguinet, David F. Stone (Toyota), Marie-France Michaud, Suzanne Elliot, Max Wickens (Nissan), Todd Fowler, Carol Susko, Hélène Descheneaux (Honda), Tom Plucinski (BMW), Dr Antonio Ghini, Luigi DeLagrotta (Ferrari), Jo Anne Caza (Mercedes-Benz), Bernice Holman, Ginette Giroux, Maria Leonhauser (Audi-VW), Barbara Manha, Bob Carlson, Rick Bye (Porsche), John Raymond (Auto Strasse), Ross Cunningham, Michel Mérette (Hyundai), John Mackie (Jaguar), Gregg Young, Madeleine Faucher (Mazda), Robert Vachon (Suzuki), Richard Marsan, Richard Fabien (Subaru), Umberto Bonfa, Terry Maxell (SLP Engeneering), Jean-François Descarie (Autodrome Saint-Eustache).

Et un merci particulier à Richard Petit et Michel Barrette pour leur participation au lancement du *Guide de l'auto 1996*.

LE GUIDE DES AUTOS D'OCCASION DE 1985 À 1995

par Jean-Pierre Blais

Un marché en mutation

Contrairement au marché de l'auto neuve qui connaît une fois de plus des heures difficiles, le marché de l'auto d'occasion ne cesse de gagner en importance.

Une qualité d'ensemble plus élevée, une durabilité accrue et de meilleures garanties ont permis d'améliorer grandement les autos des dernières années. Ajoutons à cela le prix très élevé que commandent la plupart des autos neuves, et voilà quelques-uns des facteurs qui expliquent la popularité croissante des autos d'occasion.

Face à cette réalité, et dans le but de toujours mieux servir ses lecteurs, le Guide de l'auto *innove cette année avec la présentation de cette toute nouvelle section, une première pour un ouvrage comme celui-ci.*

À travers une rétrospective des modèles des années 1985 à 1995, j'ai identifié pour vous les modèles qui constituent aujourd'hui les meilleurs achats parmi les voitures d'occasion. Je me suis basé sur les critères suivants:

- le fait que le modèle figurait parmi les meilleurs achats au moment où il était neuf;
- le taux de satisfaction des propriétaires;
- l'historique de fiabilité des différents modèles;
- la durabilité reconnue de ces modèles.

Vous trouverez aussi dans cette section une échelle de prix déterminant la valeur marchande approximative de chacun des modèles recommandés pour une année donnée. Je vous signale par ailleurs les modèles à éviter.

Enfin, il ne faut pas perdre de vue que l'acquisition d'une auto d'occasion exige certaines précautions qui, en bout de ligne, peuvent faire la différence entre un bon et un mauvais achat. Dans les pages qui suivent, vous trouverez certaines indications pertinentes qui faciliteront votre démarche si le marché des autos d'occasion vous intéresse.

CONSEILS GÉNÉRAUX

CE QU'IL FAUT D'ABORD SAVOIR...

Même si on est muni des recommandations des meilleurs spécialistes de l'industrie automobile, l'achat d'une bonne auto d'occasion doit toujours être précédé de certaines vérifications essentielles.

Le type d'utilisation antérieure

Assurez-vous que le véhicule que vous convoitez a été conduit dans des conditions normales. Les véhicules de taxi, de livraison, de location à court terme, d'usage commercial ou ayant servi à tracter de lourdes charges ne constituent généralement pas de bons choix en raison de l'usage excessif qui en a été fait et de l'usure prématurée qui en découle. Le véhicule ayant appartenu à un curé ou à une religieuse sera un meilleur choix...

La qualité de l'entretien

À lui seul, ce facteur peut faire toute la différence entre une bonne et une mauvaise acquisition. La bonne condition d'un véhicule ainsi que sa durabilité dépendent largement de la façon dont il a été entretenu. Souvent, un véhicule un peu plus âgé et ayant toujours bénéficié d'un entretien rigoureux constituera un meilleur achat qu'un véhicule moins âgé mais dont l'entretien a été négligé.

Un simple appel chez un concessionnaire permet habituellement d'obtenir un minimum d'informations sur l'entretien antérieur du véhicule. Une démarche complémentaire auprès de l'ancien propriétaire est également indiquée afin de vérifier la fréquence et la rigueur de l'entretien du véhicule.

Le niveau de kilométrage... ou le mythe du 100 000 km!

Bien que le système de mesure impérial ait fait place au système métrique depuis plusieurs années au Canada, on serait porté à croire que bon nombre de consommateurs n'ont pas encore fait la conversion, psychologiquement parlant, en ce qui a trait à l'odomètre des autos!

Au temps du système impérial, on considérait comme un exploit le fait de parcourir 100 000 milles avec sa voiture, ce qui correspond à environ 160 000 km. Or, il semble que plusieurs personnes se réfèrent encore aujourd'hui à cette marque (... 100 000 km!) comme à un seuil au-delà duquel une voiture est considérée bonne pour la retraite.

Il est grand temps de réaliser que la majorité des voitures de notre époque peuvent aisément connaître une durabilité de plus de 200 000 km. Toutefois, il faut toujours se rappeler que les facteurs les plus déterminants de la durabilité d'une auto sont sans contredit les conditions d'utilisation ainsi que la qualité de l'entretien.

La condition originale

Il peut être tentant de considérer l'achat d'un véhicule qui a subi un accident, puisque le prix de vente est alors plus faible. C'est toutefois là que les avantages s'arrêtent. Puisque la nature et la gravité d'un accident varient énormément d'un véhicule à un autre et que la qualité des réparations effectuées peut aussi être très variable, il s'avère très difficile de déterminer dans quel contexte une auto accidentée pourrait constituer un bon achat. Pour cette raison, vous comprendrez que les recommandations proposées à l'intérieur de cette section ne s'appliquent qu'aux véhicules qui sont dans leur condition originale, c'est-à-dire qui n'ont jamais été accidentés.

AMÉRICAINES, JAPONAISES OU ALLEMANDES?

Chaque grand pays se distingue par ses coutumes, ses valeurs, ses façons de faire, bref, par sa propre culture. Ces différences culturelles se reflètent inévitablement dans la façon de concevoir et de construire les automobiles.

Voici, résumé dans un tableau simple, ce qui caractérise et ce qui distingue les autos en fonction de leur pays d'origine. Ces constatations sont d'ordre très général et ne sont pas basées sur une marque en particulier, mais bien sur l'ensemble des marques d'une même origine. Je me suis également limité aux trois pays qui sont d'importants producteurs et dont les modèles se retrouvent en grand nombre sur nos routes.

	AMÉRICAINES	JAPONAISES	ALLEMANDES
Qualité de construction	bonne	très bonne	excellente
Fiabilité à court terme	bonne	excellente	très bonne
Fiabilité à long terme	très bonne	bonne	moyenne
Durabilité mécanique	très bonne	très bonne	excellente
Durabilité de la carrosserie	moyenne	bonne	excellente
Coût de l'entretien et des réparations	abordable	élevé	très élevé

Les américaines

En général, les américaines se distinguent par des coûts d'entretien et de réparation abordables. Certaines défaillances, généralement mineures, se présentent parfois durant les premières années d'utilisation. La fiabilité à plus long terme est souvent intéressante et contribue à faire de plusieurs modèles de bons achats à petit prix. Enfin, la carrosserie constitue dans plusieurs cas un point faible: elle ne résiste pas très bien au passage des années.

Les japonaises

Bien construites, les japonaises sont souvent d'une très bonne fiabilité lors des premières années d'utilisation. À plus long terme, il n'est pas rare de devoir effectuer un certain nombre de réparations, souvent coûteuses. La carrosserie résiste habituellement bien au fil des années.

Les allemandes

Généralement d'une grande qualité de construction, les autos allemandes, en particulier celles des marques de prestige, sont les championnes incontestées de la durabilité. Un tel atout s'obtient cependant au prix d'une fiabilité à long terme qui n'est souvent que moyenne, ce qui finit par coûter gros.

DE QUI ACHETER?

On compte actuellement trois principaux réseaux de vente qui se partagent l'essentiel du marché des autos d'occasion:

- les concessionnaires d'autos neuves;
- les marchands d'autos d'occasion;
- les particuliers.

Les ventes d'autos neuves n'ayant pas été à leur meilleur ces dernières années, les concessionnaires ont vite réalisé qu'il était dans leur intérêt d'accorder plus d'attention et d'importance à la vente d'autos d'occasion.

D'autre part, les marchands d'autos d'occasion sont en perte de vitesse. Ce milieu dont l'image n'est pas très reluisante connaît une épuration depuis quelque temps. La vigilance des consommateurs est toujours de mise.

Restent enfin les particuliers, qui vendent eux-mêmes leur voiture.

Chacun de ces réseaux de vente présente ses avantages et ses inconvénients. C'est pourquoi j'ai cru bon dresser un portrait comparatif de la situation.

	CONCESSIONNAIRES D'AUTOS NEUVES	MARCHANDS D'AUTOS D'OCCASION	PARTICULIERS
Prix des autos	élevé	plus ou moins élevé	raisonnable
Remise en condition	rigoureuse	variable	aucune
Qualité du choix	très bonne	très variable	très variable
Service après-vente	très bon	variable	aucun
Garantie	obligatoire	obligatoire	aucune*
Taxes de vente	TPS et TVQ	TPS et TVQ	TVQ seulement

* Sauf celle du manufacturier.

AVANT D'ACHETER...

Avant de conclure une transaction, il est dans votre plus grand intérêt de prendre certaines précautions qui pourraient vous éviter bien des désagréments.

Une inspection minutieuse

Faites inspecter le véhicule que vous convoitez par un garagiste en qui vous avez confiance. Cela vous permettra d'avoir l'heure juste sur la condition réelle du véhicule et vous aurez l'occasion d'anticiper avec plus de précision l'envergure des réparations à venir, s'il y a lieu.

Un historique vérifié

Renseignez-vous sur le véhicule (type d'utilisation antérieure, réparations effectuées, problèmes récurrents, etc.). À votre demande, les concessionnaires et les marchands sont tenus de vous fournir les coordonnées du propriétaire précédent et vous ne devriez pas hésiter à le contacter. Si vous achetez directement d'un particulier, demandez alors à voir les factures d'entretien et de réparations.

Attestation de l'odomètre

Afin de vous assurer que le kilométrage indiqué par le véhicule est bien le kilométrage réel, veillez à ce que le vendeur vous remette une attestation de lecture d'odomètre. En général, une telle attestation sert également à certifier que le véhicule n'a pas été accidenté.

La garantie obligatoire

Lorsque vous achetez votre véhicule d'un concessionnaire ou d'un marchand, ces derniers sont tenus d'inclure une garantie de bon fonctionnement qui varie en fonction de l'âge et du kilométrage de chaque véhicule. Le tableau suivant résume les catégories de garanties obligatoires.

CATÉGORIE	ÂGE ET KILOMÉTRAGE	GARANTIE
A	moins de 2 ans et moins de 40 000 km	6 mois ou 10 000 km
B	moins de 3 ans et moins de 60 000 km	3 mois ou 5000 km
C	moins de 5 ans et moins de 80 000 km	1 mois ou 1700 km
D	plus de 5 ans ou plus de 80 000 km	aucune

ANNÉES-MODÈLES 1985-1986-1987

Pour les plus petits budgets...

Nous voilà à peine remis de la dernière récession que l'on nous prédit déjà la prochaine pour 1998! Décidément, les temps sont durs et il n'est pas étonnant de constater que les voitures d'occasion à petit prix (moins de 5000 $) sont en forte demande sur le marché.

À cause du nombre important d'années d'usure des modèles 1985, 1986 et 1987, il faut comprendre que la plupart de ces véhicules ne sont plus en excellente condition et affichent un kilométrage élevé. Et puisque l'objectif quand on achète un véhicule dans cette gamme de prix, est habituellement de disposer d'une auto simple, économique ct relativement fiable, je me bornerai ici à vous signaler les quelques véhicules d'occasion que l'on pourrait qualifier de «valeurs sûres» parmi les choix intéressants de ces trois années. Encore une fois, il faut se rappeler que c'est la condition du véhicule qui importe le plus. En ce sens, une inspection mécanique sérieuse s'impose.

Les meilleurs achats des années-modèles 1985, 1986 et 1987*

MOINS DE 1000 $

Mazda GLC 1985
Nissan Micra 1985 et 1986

Nissan Sentra 1985
Toyota Tercel 1985

DE 1000 $ À 2000 $

Buick Century V6 1985
Chevrolet Celebrity V6 1985
Chevrolet Nova 1986 et 1987
Honda Civic 1985 et 1986
Mazda 323 1986
Mazda 626 1985

Nissan Micra 1987
Nissan Sentra 1986 et 1987
Oldsmobile Cutlass Ciera V6 1985
Toyota Corolla 1985 et 1986
Toyota Tercel 1986 et 1987
Volkswagen Jetta Turbo Diesel 1985

DE 2000 $ À 3000 $

Buick Century V6 1986 et 1987
Chevrolet Celebrity V6 1986 et 1987
Honda Accord 1985 et 1986
Honda Civic 1987
Mazda 323 1986 et 1987
Mazda 626 1986 et 1987

Nissan Pulsar 1987
Oldsmobile Cutlass Ciera V6 1986 et 1987
Pontiac 6000 V6 1985 et 1986
Toyota Corolla 1987
Volks Jetta Turbo-Diesel 1986/1987

DE 3000$ À 4000 $

Buick Century V6 1987
Honda Accord 1986 et 1987
Mazda 626 1987
Oldsmobile Cutlass Ciera V6 1987
Pontiac 6000 V6 1987

Enfin, la personne qui se donne la peine d'effectuer une bonne recherche dans le marché des voitures d'occasion à petit prix pourrait également trouver de bons achats à faire parmi d'autres modèles que ceux identifiés ici. Je pense particulièrement à des véhicules bénéficiant d'une condition particulière (ex.: remisée l'hiver ou très bas kilométrage). Il s'agit là bien sûr d'exceptions mais qui sait, avec un peu de patience et de persévérance, la chance pourrait vous sourire!

* La classification des modèles par gamme de prix est valable pour des véhicules en bonne condition qui ne nécessitent aucune réparation d'importance.

ANNÉES-MODÈLES 1988 À 1995

Pour chacune des années traitées dans la partie suivante (1988 à 1995), une analyse plus détaillée a été réalisée. Vous retrouverez les modèles recommandés dans 10 catégories différentes, accompagnés d'une échelle de prix et des points faibles à surveiller.

L'échelle de prix donne des indications approximatives et reflète l'état du marché au moment de la parution de cet ouvrage (automne 1996). Les prix indiqués s'appliquent à des véhicules en bonne condition ne nécessitant pas de réparations.

En ce qui a trait aux éléments à surveiller, vous remarquerez que l'information est plus pauvre pour les modèles 1994 et 1995. Cela est dû au fait que les données disponibles sont insuffisantes.

Les modèles à éviter sont également énumérés dans chacune des 10 catégories de véhicules. Au-delà des modèles qui ont un mauvais dossier en termes de fiabilité et de satisfaction de la clientèle, on y retrouve aussi quelquefois des modèles qui peuvent être très fiables mais qui ne constituent tout simplement pas un choix intéressant dans leur catégorie (ex.: Acura Vigor, Oldsmobile Achieva, etc.).

Enfin, je tiens à souligner que parmi les sources d'information utilisées pour réaliser cette section, deux se sont révélées particulièrement importantes. Il s'agit des sondages de fiabilité des véhicules réalisés par deux organismes d'envergure, soit le CAA-Québec et le *Consumers Union* des États-Unis, que l'on pourrait comparer à l'Office de la protection du consommateur. Chaque année, ces deux organismes réalisent un sondage de fiabilité auprès de dizaines de milliers d'automobilistes.

ANNÉE-MODÈLE 1988

Un mauvais millésime...

À voir la quantité de nouveaux modèles qui ont été introduits en 1988 et que l'on peut aujourd'hui qualifier de non recommandables, c'est à croire que l'industrie automobile était alors sous l'emprise d'un mauvais sort! Dans le segment des voitures de luxe, pensons par exemple aux Jaguar, Mazda 929, Lincoln Continental et Merkur Scorpio. À l'opposé, le segment des économiques fut également victime des Passeport Optima, Volkswagen Fox, Yugo, Eagle Medaillon, Ford Tempo et Mercury Topaz. Heureusement, il y eut tout de même quelques exceptions à cette mauvaise cuvée. Soulignons à cet effet l'arrivée des nouvelles Mazda 626 et SAAB 900 cabriolet. C'est toutefois le manufacturier BMW qui vola la vedette avec l'introduction de la superbe série 7 qui allait connaître un succès bien mérité.

Les meilleurs achats de l'année-modèle 1988

MINI, SOUS-COMPACTES ET PETITS COUPÉS

MODÈLES	ÉCHELLE DE PRIX	POINTS FAIBLES À SURVEILLER
Nissan Micra	1500 $ à 2000 $	transmission, direction, habitacle
Chevrolet Nova	2000 $ à 3000 $	échappement
Toyota Tercel	2500 $ à 4000 $	carburation, échappement, carrosserie
Mazda 323	2000 $ à 4000 $	habitacle, échappement
Nissan Pulsar	3000 $ à 4000 $	échappement, habitacle
Honda Civic	3000 $ à 5500 $	rouage d'entraînement, échappement
Honda CRX Si	4000 $ à 5000 $	rouage d'entraînement, échappement
Toyota Corolla	5000 $ à 6500 $	échappement

MODÈLES À ÉVITER: Chevrolet Cavalier/Pontiac Sunbird/Oldsmobile Firenza - Dacia - Dodge Omni/Plymouth Horizon - Eagle Alliance - Ford Escort - Hyundai Excel - Isuzu I-Mark - Lada Samara/Signet - Optima - Pontiac Fiero - Skoda - Subaru DL/GL - Subaru RX Turbo/Chaser - Suzuki Forsa - Volkswagen Fox - Yugo

COMPACTES

MODÈLES	ÉCHELLE DE PRIX	POINTS FAIBLES À SURVEILLER
Mazda 626	4000 $ à 6000 $	allumage
Honda Accord	4500 $ à 7500 $	rouage d'entraînement

MODÈLES À ÉVITER: Buick Skylark/Oldsmobile Cutlass Calais/Pontiac Grand Am - Buick Skyhawk - Chrysler Le Baron GTS/Dodge Lancer - Chevrolet Beretta - Dodge Shadow/ Plymouth Sundance - Dodge Aries/Plymouth Reliant - Eagle Medaillon - Hyundai Stellar - Ford Tempo/Mercury Topaz - Volkswagen Jetta

INTERMÉDIAIRES ET GRANDES BERLINES

MODÈLES	ÉCHELLE DE PRIX	POINTS FAIBLES À SURVEILLER
Chevrolet Celebrity	3000 $ à 4000 $	carrosserie, équipement électrique
Buick Century	3000 $ à 4500 $	échappement, allumage, direction
Oldsmobile Cutlass Supreme	4500 $ à 6000 $	direction, carrosserie
Chevrolet Caprice	3500 $ à 6000 $	alimentation
Ford Crown Victoria/Mercury Grand Marquis	4500 $ à 6000 $	suspension et roues
Buick Le Sabre	4500 $ à 6000 $	équipement électrique, direction
Oldsmobile 88	5000 $ à 6000 $	habitacle
Buick Park Avenue	6500 $ à 8000 $	équipement électrique, direction
Oldsmobile 98	6000 $ à 8000 $	direction, freins

MODÈLES À ÉVITER: Eagle Premier - Ford Thunderbird

VOITURES DE LUXE

MODÈLES	ÉCHELLE DE PRIX	POINTS FAIBLES À SURVEILLER
Merkur Scorpio	5000 $ à 6000 $	données insuffisantes
Audi 90 Quattro	7000 $ à 9000 $	données insuffisantes
BMW 325i	8000 $ à 9000 $	rouage d'entraînement, carrosserie, habitacle, équipement électrique, climatiseur
Mercedes 190e 2.6	12 000 $ à 13 000 $	données insuffisantes
BMW 635 CSi	12 000 $ à 15 000 $	données insuffisantes
BMW 735i/iL	12 000 $ à 15 000 $	données insuffisantes
Mercedes 300 E	15 000 $ à 16 000 $	système de refroidissement, équipement électrique, climatiseur, alimentation
Mercedes Classe S	20 000 $ à 25 000 $	climatiseur, équipement électrique

MODÈLES À ÉVITER: Alfa Romeo Milano - BMW 325ix - Cadillac Brougham - Cadillac Cimarron - Chrysler New Yorker Turbo/Fifth Avenue - Jaguar (toutes) - Lincoln Continental/Town Car - Mazda 929 - Merkur XR4TI

COUPÉS SPORT

MODÈLES	ÉCHELLE DE PRIX	POINTS FAIBLES À SURVEILLER
Mazda MX-6 GT	4500 $ à 5500 $	freins, habitacle, échappement
Toyota Celica GTS	4500 $ à 5500 $	équipement électrique
Honda Prelude	5000 $ à 7000 $	direction, rouage d'entraînement, carrosserie, habitacle

MODÈLES À ÉVITER: - Chrysler Daytona - Chevrolet Camaro/Pontiac Firebird - Subaru XT

VOITURES SPORT

MODÈLES	ÉCHELLE DE PRIX	POINTS FAIBLES À SURVEILLER
Toyota Supra Turbo	8000 $ à 10 000 $	tête de moteur, équipement électrique
Porsche 944 S	12 000 $ à 15 000 $	données insuffisantes
Porsche 944 Turbo	15 000 $ à 20 000 $	données insuffisantes

MODÈLE À ÉVITER: Porsche 924 S

CABRIOLETS

MODÈLES	ÉCHELLE DE PRIX	POINTS FAIBLES À SURVEILLER
Volkswagen Golf	6500 $ à 7500 $	système de refroidissement, moteur, rouage d'entraînement, équipement électrique
BMW 325iC	13 000 $ à 15 000 $	rouage d'entraînement, carrosserie, habitacle, équipement électrique, climatiseur
SAAB 900 Turbo	13 000 $ à 15 000 $	système de refroidissement, échappement, équipement électrique, habitacle

MODÈLES À ÉVITER: Alfa Romeo Spider - Chevrolet Cavalier Z24 - Chevrolet Camaro - Chrysler Le Baron - Jaguar XJ-S - Pontiac Sunbird

FOURGONNETTES

MODÈLES	ÉCHELLE DE PRIX	POINTS FAIBLES À SURVEILLER
Nissan Multi	4000 $ à 5000 $	échappement, direction, équipement électrique
Dodge Caravan/ Plymouth Voyager	6000 $ à 8000 $	moteur, système de refroidissement, alimentation, habitacle

MODÈLES À ÉVITER: Chevrolet Astro/GMC Safari - Eagle Familiale 4X4 - Ford Aerostar - Toyota Van

CAMIONNETTES

MODÈLES	ÉCHELLE DE PRIX	POINTS FAIBLES À SURVEILLER
Ford Ranger	3000 $ à 5000 $	rouage d'entraînement, suspension et roues, carrosserie, allumage, alimentation
Chevrolet S-10/GMC S-15	3000 $ à 5000 $	rouage d'entraînement, allumage, échappement, carrosserie, habitacle
Mazda B-2200	2000 $ à 4000 $	échappement
Nissan	3000 $ à 4500 $	direction, habitacle
Toyota	3000 $ à 5000 $	échappement, carrosserie

MODÈLES À ÉVITER: Jeep Comanche - Ford Série F

UTILITAIRES

MODÈLES	ÉCHELLE DE PRIX	POINTS FAIBLES À SURVEILLER
Jeep Cherokee	6000 $ à 9000 $	rouage d'entraînement, instruments et accessoires, système de refroidissement, échappement
Nissan Pathfinder	7000 $ à 10 000 $	équipement électrique, échappement
Toyota 4Runner V6	9000 $ à 10 000 $	rouage d'entraînement, transmission, carrosserie

MODÈLES À ÉVITER: Chevrolet Blazer/GMC Jimmy - Ford Bronco II - Jeep YJ - Lada Niva - Suzuki Samuraï

ANNÉE-MODÈLE 1989

L'ère du mini 4X4...

Au début des années 80, le manufacturier Suzuki ne se doutait probablement pas du succès qu'allait connaître son exécrable mini 4X4 d'alors, le Samuraï. Ce n'est toutefois qu'en 1989 que l'engouement des Nords-Américains pour ce nouveau type de véhicule allait être un peu mieux servi. Ainsi débarquèrent le nouveau Sidekick de Suzuki et le Tracker de General Motors qui, flairant la bonne affaire, s'était associé au manufacturier nippon pour construire un meilleur mini 4X4. Le pays du soleil levant voyait également un autre manufacturier s'illustrer en 1989, soit Mazda, qui répliquait à l'incroyable succès de l'Autobeaucoup de Chrysler en lançant la MPV (Multi Purpose Vehicle) qui se distinguait par sa propulsion arrière et sa porte de côté régulière à la manière d'une automobile.

Les meilleurs achats de l'année-modèle 1989

MINI, SOUS-COMPACTES ET PETITS COUPÉS

MODÈLES	ÉCHELLE DE PRIX	POINTS FAIBLES À SURVEILLER
Ford Festiva	1500 $ à 2000 $	freins, échappement, rouage d'entraînement
Mazda 323	2500 $ à 4500 $	carrosserie
Dodge Colt 200	3000 $ à 5000 $	moteur, alimentation, rouage d'entraînement
Toyota Tercel	3000 $ à 5000 $	échappement
Nissan Pulsar	3500 $ à 5000 $	données insuffisantes
Honda Civic	3500 $ à 6000 $	allumage, rouage d'entraînement
Honda CRX Si	5000 $ à 6000 $	allumage, rouage d'entraînement
Toyota Corolla	4500 $ à 6000 $	échappement

MODÈLES À ÉVITER: Chevrolet Cavalier/Pontiac Sunbird - Dacia - Dodge Omni/Plymouth Horizon - Ford Escort - Hyundai Excel - Lada Samara/Signet - Passeport Optima - Skoda - Subaru DL/GL/GL - 10/RX Turbo/Chaser - Volkswagen Fox - Yugo

COMPACTES

MODÈLES	ÉCHELLE DE PRIX	POINTS FAIBLES À SURVEILLER
Dodge 2000 GTX	4500 $ à 5500 $	aucun
Mazda 626	4000 $ à 6000 $	aucun
Honda Accord	5000 $ à 7500 $	rouage d'entraînement
Toyota Camry V6	8000 $ à 9000 $	échappement

MODÈLES À ÉVITER: Buick Skylark/Oldsmobile Cutlass Calais/Pontiac Grand Am - Chevrolet - Corsica - Chrysler Le Baron GTS/Dodge Lancer - Dodge Shadow/Plymouth Sundance - Dodge Aries/Plymouth Reliant - Ford Tempo/Mercury Topaz - Hyundai Sonata

INTERMÉDIAIRES ET GRANDES BERLINES

MODÈLES	ÉCHELLE DE PRIX	POINTS FAIBLES À SURVEILLER
Buick Century	4000 $ à 5000 $	échappement
Ford Taurus/Mercury Sable	4500 $ à 6500 $	alimentation, équipement électrique
Volvo 240	5500 $ à 6500 $	données insuffisantes
Ford Crown Victoria/Mercury Grand Marquis	5500 $ à 6500 $	suspension et roues
Buick Le Sabre	5000 $ à 6500 $	aucun
Oldsmobile 88	5500 $ à 6500 $	transmission
Ford Thunderbird	5500 $ à 7500 $	alimentation, habitacle
Oldsmobile 98	6500 $ à 8500 $	allumage
Buick Park Avenue	7000 $ à 8500 $	allumage

MODÈLES À ÉVITER: Eagle Premier - Pontiac Grand Prix

VOITURES DE LUXE

MODÈLES	ÉCHELLE DE PRIX	POINTS FAIBLES À SURVEILLER
Peugeot 405 Mi 16	5000 $ à 6000 $	données insuffisantes
Merkur Scorpio	6000 $ à 7000 $	données insuffisantes
Nissan Maxima	8000 $ à 9000 $	aucun
Audi 90 Quattro	9000 $ à 10 000 $	données insuffisantes
BMW 325i	9000 $ à 10 000 $	équipement électrique, alimentation, système de refroidissement, climatiseur, freins
Mercedes 190e	12 000 $ à 15 000 $	données insuffisantes
BMW 535i	14 000 $ à 15 000 $	système de refroidissement, freins, climatiseur, équipement électrique, échappement
Mercedes 300 E	18 000 $ à 19 000 $	moteur, système de refroidissement, freins, équipement électrique, climatiseur
BMW 735i/iL	16 000 $ à 19 000 $	données insuffisantes
BMW 750iL	20 000 $ à 22 000 $	données insuffisantes
Mercedes Classe S	24 000 $ à 28 000 $	alimentation, équipement électrique

MODÈLES À ÉVITER: Alfa Romeo Milano - BMW 325iX - Cadillac Brougham - Jaguar (toutes) - Lincoln Continental/Town Car - Mazda 929 - Merkur XR4TI - SAAB 9000

COUPÉS SPORT

MODÈLES	ÉCHELLE DE PRIX	POINTS FAIBLES À SURVEILLER
Ford Probe GT	5000 $ à 6000 $	échappement
Mazda MX-6 GT	5000 $ à 6000 $	freins
Honda Prelude	5500 $ à 7500 $	moteur, rouage d'entraînement

MODÈLES À ÉVITER: Chrysler Daytona - Chevrolet Camaro/Pontiac Firebird - Subaru XT

VOITURES SPORT

MODÈLES	ÉCHELLE DE PRIX	POINTS FAIBLES À SURVEILLER
Toyota Supra Turbo	10 000 $ à 12 000 $	tête de moteur, équipement électrique
Porsche 944 S2	13 000 $ à 15 000 $	données insuffisantes
Porsche 944 Turbo	18 000 $ à 22 000 $	données insuffisantes

MODÈLE À ÉVITER: aucun

CABRIOLETS

MODÈLES	ÉCHELLE DE PRIX	POINTS FAIBLES À SURVEILLER
Volkswagen Golf	8000 $ à 9000 $	système de refroidissement, carrosserie
SAAB 900 Turbo	13 000 $ à 15 000 $	système de refroidissement, échappement, équipement électrique
BMW 325iC	14 000 $ à 16 000 $	équipement électrique, alimentation, système de refroidissement, climatiseur, freins

MODÈLES À ÉVITER: Alfa Romeo Spider - Chevrolet Cavalier Z24 - Chevrolet Camaro - Chrysler Le Baron - Jaguar XJ-S - Pontiac Sunbird

FOURGONNETTES

MODÈLES	ÉCHELLE DE PRIX	POINTS FAIBLES À SURVEILLER
Eagle Vista	4000 $ à 5000 $	instruments et accessoires, habitacle
Mazda MPV	7000 $ à 11 000 $	moteur, échappement, freins

MODÈLES À ÉVITER: - Chevrolet Astro/GMC Safari - Dodge Caravan/Plymouth Voyager - Ford Aerostar

CAMIONNETTES

MODÈLES	ÉCHELLE DE PRIX	POINTS FAIBLES À SURVEILLER
Ford Ranger	3000 $ à 6000 $	rouage d'entraînement, suspension et roues
Isuzu	3000 $ à 6000 $	freins, échappement, carrosserie
Mazda B-2200	3000 $ à 6000 $	freins, alimentation
Nissan	3000 $ à 8000 $	échappement, carrosserie
Toyota	4000 $ à 9000 $	échappement, rouage d'entraînement

MODÈLES À ÉVITER: - Chevrolet S-10/GMC S-15 - Chevrolet C-K/GMC Sierra - Jeep Comanche - Ford Série F

UTILITAIRES

MODÈLES	ÉCHELLE DE PRIX	POINTS FAIBLES À SURVEILLER
Chevrolet Tracker/Suzuki Sidekick	4000 $ à 6000 $	rouage d'entraînement, direction, carrosserie, équipement électrique
Nissan Pathfinder	9000 $ à 10 000 $	système de refroidissement, suspension et roues
Toyota 4Runner	9000 $ à 11 000 $	système d'échappement, direction

MODÈLES À ÉVITER: Chevrolet Blazer/GMC Jimmy - Isuzu Trooper - Jeep Cherokee/YJ - Lada Niva - Suzuki Samuraï

ANNÉE-MODÈLE 1990

La folie Miata...

Bien que l'année-modèle 1990 fût marquée par l'arrivée sur le marché de plusieurs nouveautés intéressantes, c'est du côté des décapotables que pointa la grande révélation de l'année avec le dévoilement de la Mazda Miata. Faisant soudainement revivre l'époque nostalgique des roadsters anglais des années 60, cet amusant petit bolide connut instantanément un succès foudroyant et créa un engouement monstre comme on n'en avait pas connu depuis longtemps. Certains consommateurs particulièrement entichés de cette nouvelle venue n'ont d'ailleurs pas hésité à débourser parfois le double du prix de détail (!) afin d'être assurés d'obtenir les premiers exemplaires disponibles.

Les meilleurs achats de l'année-modèle 1990

MINI, SOUS-COMPACTES ET PETITS COUPÉS

MODÈLES	ÉCHELLE DE PRIX	POINTS FAIBLES À SURVEILLER
Ford Festiva	2000 $ à 3000 $	freins, système d'échappement
Dodge Colt 200/ Eagle Summit	3000 $ à 4500 $	moteur, freins
Toyota Tercel	3500 $ à 5500 $	carburation, échappement
Mazda 323/Protegé	4000 $ à 6000 $	freins, échappement, peinture
Honda CRX Si	6000 $ à 6500 $	échappement, allumage
Honda Civic	4000 $ à 7000 $	échappement, allumage
Toyota Corolla	5500 $ à 7500 $	échappement

MODÈLES À ÉVITER: Pontiac Sunbird - Lada Samara/Signet - Plymouth Horizon/Dodge Omni - Ford Escort - Hyundai Excel - Passeport Optima - Subaru Loyale - Volkswagen Fox

COMPACTES

MODÈLES	ÉCHELLE DE PRIX	POINTS FAIBLES À SURVEILLER
Nissan Stanza	5000 $ à 7000 $	freins, système électrique
Mazda 626	5500 $ à 8000 $	freins, échappement, accessoires
Acura Integra	7000 $ à 9500 $	échappement, rouage d'entraînement
Honda Accord	7000 $ à 9500 $	échappement
Toyota Camry V6	10 000 $ à 11 000 $	échappement, système électrique

MODÈLES À ÉVITER: Buick Skylark - Pontiac Grand Am - Oldsmobile Cutlass Calais - Ford Tempo/Mercury Topaz - Chevrolet Corsica - Hyundai Sonata

INTERMÉDIAIRES ET GRANDES BERLINES

MODÈLES	ÉCHELLE DE PRIX	POINTS FAIBLES À SURVEILLER
Buick Century	5500 $ à 7000 $	échappement, freins, système électrique
Oldsmobile Cutlass Ciera	5500 $ à 7500 $	échappement, freins, système de refroidissement
Chevrolet Caprice	5000 $ à 7500 $	équipement électrique, échappement
Ford Thunderbird	6000 $ à 8000 $	équipement électrique, carrosserie, climatiseur
Ford Crown Victoria/Mercury Grand Marquis	6000 $ à 8500 $	alimentation, freins, équipement électrique
Buick Le Sabre	7000 $ à 8500 $	aucun
Pontiac Bonneville	7000 $ à 10 000 $	système de refroidissement, allumage, direction, habitacle
Oldsmobile 88/98	7000 $ à 10 000 $	équipement électrique
Buick Park Avenue	9000 $ à 11 000 $	équipement électrique, habitacle

MODÈLES À ÉVITER: Eagle Premier - Volkswagen Passat

VOITURES DE LUXE

MODÈLES	ÉCHELLE DE PRIX	POINTS FAIBLES À SURVEILLER
Peugeot 405 Mi 16	6000 $ à 7000 $	données insuffisantes
Audi 90 Quattro	10 000 $ à 11 000 $	données insuffisantes
Volvo 740	10 000 $ à 13 000 $	équipement électrique
Acura Legend	10 000 $ à 13 000 $	freins, équipement électrique
Nissan Maxima	11 000 $ à 13 000 $	aucun
BMW 325i	12 000 $ à 13 000 $	équipement électrique, système de refroidissement
Mercedes 190e 2.6	17 000 $ à 18 000 $	données insuffisantes
BMW 535i	18 000 $ à 19 000 $	système de refroidissement, freins, équipement électrique
Mercedes 300D	21 000 $ à 22 000 $	données insuffisantes
BMW 735i/iL	20 000 $ à 24 000 $	données insuffisantes
Mercedes 300E	24 000 $ à 25 000 $	système de refroidissement, freins, équipement électrique
BMW 750iL	25 000 $ à 28 000 $	données insuffisantes
Mercedes Classe S	25 000 $ à 35 000 $	données insuffisantes

MODÈLES À ÉVITER: - Jaguar (tous les modèles) - Mazda 929 - BMW 325iX - Alfa Romeo Milano - Lincoln Continental - Saab 9000

COUPÉS SPORT

MODÈLES	ÉCHELLE DE PRIX	POINTS FAIBLES À SURVEILLER
Nissan 240SX	8000 $ à 8500 $	échappement, freins, système électrique
Honda Prelude	7000 $ à 9000 $	freins

MODÈLES À ÉVITER: Chrysler Daytona - Chevrolet Camaro/Pontiac Firebird

VOITURES SPORT

MODÈLES	ÉCHELLE DE PRIX	POINTS FAIBLES À SURVEILLER
Nissan 300ZX/Turbo	15 000 $ à 20 000 $	embrayage, freins, équipement électrique
Toyota Supra Turbo	12 000 $ à 14 000 $	tête de moteur, équipement électrique
Porsche 944 S2	16 000 $ à 17 000 $	données insuffisantes
Porsche 944 Turbo	20 000 $ à 25 000 $	données insuffisantes

MODÈLE À ÉVITER: aucun

CABRIOLETS

MODÈLES	ÉCHELLE DE PRIX	POINTS FAIBLES À SURVEILLER
Volkswagen Golf	9000 $ à 10 000 $	système de refroidissement, alimentation, direction, équipement électrique, carrosserie
Mazda Miata	9000 $ à 10 000 $	système d'allumage
BMW 325iC	17 000 $ à 19 000 $	équipement électrique, système de refroidissement
SAAB 900 Turbo	18 000 $ à 19 000 $	système de refroidissement, échappement, équipement électrique
Mercedes 500SL	53 000 $ à 55 000 $	données insuffisantes

MODÈLES À ÉVITER: Alfa Romeo Spider - Chevrolet Camaro - Jaguar XJ-S - Pontiac Sunbird

FOURGONNETTES

MODÈLES	ÉCHELLE DE PRIX	POINTS FAIBLES À SURVEILLER
Nissan Axxess	6000 $ à 8000 $	équipement électrique, système d'échappement
Chevrolet Astro/GMC Safari	8000 $ à 10 000 $	rouage d'entraînement, direction, suspension, habitacle
Mazda MPV	8000 $ à 12 000 $	échappement, freins

MODÈLE À ÉVITER: Ford Aerostar

CAMIONNETTES

MODÈLES	ÉCHELLE DE PRIX	POINTS FAIBLES À SURVEILLER
Ford Ranger	3000 $ à 7000 $	rouage d'entraînement, transmission, carrosserie climatiseur
Isuzu	3500 $ à 7000 $	freins, échappement
Mazda B-2200/B2600	4000 $ à 7000 $	freins, échappement
Nissan	4000 $ à 10 000 $	échappement, carrosserie
Toyota	5000 $ à 11 000 $	habitacle
Chevrolet C-K/GMC Sierra	6000 $ à 12 000 $	système de refroidissement, équipement électrique rouage d'entraînement

MODÈLES À ÉVITER: Dodge RAM 50 - Jeep Comanche - Ford Série F

UTILITAIRES

MODÈLES	ÉCHELLE DE PRIX	POINTS FAIBLES À SURVEILLER
Jeep Cherokee	8000 $ à 11 000 $	système de refroidissement, échappement, rouage d'entraînement, équipement électrique, instruments et accessoires
Toyota 4Runner	11 000 $ à 13 000 $	rouage d'entraînement, transmission
Nissan Pathfinder	11 000 $ à 14 000 $	équipement électrique, échappement

MODÈLES À ÉVITER: Chevrolet Blazer/GMC Jimmy - Jeep YJ - Lada Niva - Suzuki Samuraï

ANNÉE-MODÈLE 1991

L'invasion japonaise...

L'arrivée des Lexus et Infiniti dans le segment des voitures de luxe fut à n'en pas douter l'événement de l'année 1991, venant compléter l'invasion japonaise amorcée dans ce segment par Acura quelques années auparavant. Cette nouvelle concurrence n'allait pas tarder à venir jouer dans les plates-bandes des marques de prestige allemandes. Rappelons qu'à leur première année en sol américain, les ventes de Lexus dépassèrent celles de Mercedes. Quel sacrilège! Maintenant aux prises avec ces nouveaux joueurs sur leur terrain de jeu, les Allemands n'eurent pas le choix de devenir plus compétitifs au cours des années subséquentes. Au grand bonheur des consommateurs, cela se traduisit notamment par une structure de prix plus réaliste.

Les meilleurs achats de l'année-modèle 1991

MINI, SOUS-COMPACTES ET PETITS COUPÉS

MODÈLES	ÉCHELLE DE PRIX	POINTS FAIBLES À SURVEILLER
Ford Festiva	2500 $ à 3500 $	freins, système d'échappement
Ford Escort/Mercury Tracer	4000 $ à 5500 $	rouage d'entraînement, carrosserie, habitacle
Dodge Colt 200/Eagle Summit	4000 $ à 6000 $	freins
Toyota Tercel	4500 $ à 6000 $	carburation, carrosserie
Mazda 323/Protegé	5000 $ à 7000 $	échappement, peinture
Nissan Sentra	4000 $ à 7000 $	rouage d'entraînement, transmission
Honda Civic	5000 $ à 8000 $	échappement
Honda CRX Si	7000 $ à 8000 $	échappement
Nissan NX 1600/2000	7000 $ à 8000 $	données insuffisantes
Toyota Corolla	7000 $ à 8500 $	échappement

MODÈLES À ÉVITER: Chevrolet Sprint/Pontiac Firefly - Chevrolet Cavalier/Pontiac Sunbird - Dodge Colt 100/Eagle Vista - Lada Samara/Signet - Passeport Stylus - Passeport Optima - Subaru Loyale - Volkswagen Golf/Fox

COMPACTES

MODÈLES	ÉCHELLE DE PRIX	POINTS FAIBLES À SURVEILLER
Eagle 2000 GTX	6000 $ à 8500 $	aucun
Nissan Stanza	6000 $ à 9000 $	moteur, rouage d'entraînement, direction
Subaru Legacy	6500 $ à 10 000 $	alimentation, équipement électrique, carrosserie
Mazda 626	7000 $ à 10 000 $	carrosserie, habitacle
Acura Integra	8000 $ à 11 000 $	échappement
Honda Accord	8000 $ à 11 000 $	échappement

MODÈLES À ÉVITER: Buick Skylark/Pontiac Grand Am/Oldsmobile Cutlass Calais - Chrysler Le Baron - Ford Tempo/Mercury Topaz - Hyundai Sonata - Plymouth Sundance/Dodge Shadow - Volkswagen Jetta

INTERMÉDIAIRES ET GRANDES BERLINES

MODÈLES	ÉCHELLE DE PRIX	POINTS FAIBLES À SURVEILLER
Buick Century	6500 $ à 8000 $	système de refroidissement, équipement électrique
Oldsmobile Cutlass Ciera	6500 $ à 8000 $	système de refroidissement, échappement, allumage
Ford Thunderbird	7000 $ à 9000 $	alimentation, direction, freins
Ford Crown Victoria/Mercury Grand Marquis	8000 $ à 10 000 $	allumage, échappement, direction, carrosserie
Buick Le Sabre	9000 $ à 10 000 $	allumage
Pontiac Bonneville	8000 $ à 12 000 $	système de refroidissement, allumage, habitacle

MODÈLES À ÉVITER: Buick Park Avenue - Pontiac Grand Prix - Buick Roadmaster/Chevrolet - Caprice - Eagle Premier - Volkswagen Passat

VOITURES DE LUXE

MODÈLES	ÉCHELLE DE PRIX	POINTS FAIBLES À SURVEILLER
Peugeot 405 Mi 16	8000 $ à 9000 $	données insuffisantes
Nissan Maxima	12 000 $ à 14 000 $	équipement électrique
BMW 325i	14 000 $ à 15 000 $	équipement électrique, système de refroidissement
Audi 200	15 000 $ à 17 000 $	données insuffisantes
Volvo 940	15 000 $ à 17 000 $	freins
Acura Legend	15 000 $ à 19 000 $	freins, équipement électrique
Mercedes 190e	17 000 $ à 20 000 $	données insuffisantes
Infiniti Q45	20 000 $ à 21 000 $	freins
BMW 535i	23 000 $ à 24 000 $	freins, équipement électrique
Mercedes 300 D	24 000 $ à 25 000 $	données insuffisantes
Lexus LS 400	27 000 $ à 28 000 $	aucun
Mercedes 300 E	27 000 $ à 28 000 $	freins, équipement électrique
BMW 735i/iL	27 000 $ à 30 000 $	données insuffisantes
BMW 750iL	35 000 $ à 38 000 $	données insuffisantes
Mercedes Classe S	28 000 $ à 38 000 $	données insuffisantes

MODÈLES À ÉVITER: BMW 325iX - Jaguar (tous les modèles) - Lexus ES250 - Lincoln Continental - Mazda 929

COUPÉS SPORT

MODÈLES	ÉCHELLE DE PRIX	POINTS FAIBLES À SURVEILLER
Ford Probe GT	8000 $ à 8500 $	équipement électrique, freins, climatiseur
Honda Prelude	8500 $ à 9500 $	aucun
Nissan 240SX	8000 $ à 10 000 $	freins
Eagle Talon/Plymouth Laser	7000 $ à 11 000 $	moteur, équipement électrique, freins
Volkswagen Corrado	10 000 $ à 11 000 $	données insuffisantes

MODÈLES À ÉVITER: Chevrolet Camaro/Pontiac Firebird - Chrysler Daytona

VOITURES SPORT

MODÈLES	ÉCHELLE DE PRIX	POINTS FAIBLES À SURVEILLER
Toyota Supra Turbo	14 000 $ à 15 000 $	tête de moteur, équipement électrique
Nissan 300ZX/Turbo	18 000 $ à 23 000 $	embrayage, freins, équipement électrique
Acura NSX	38 000 $ à 41 000 $	données insuffisantes

MODÈLE À ÉVITER: aucun

CABRIOLETS

MODÈLES	ÉCHELLE DE PRIX	POINTS FAIBLES À SURVEILLER
Mazda Miata	11 000 $ à 13 000 $	équipement électrique
BMW 325iC	20 000 $ à 22 000 $	équipement électrique, système de refroidissement
SAAB 900 Turbo	20 000 $ à 22 000 $	équipement électrique
Mercedes 500 SL	60 000 $ à 62 000 $	données insuffisantes

MODÈLES À ÉVITER: Alfa Romeo Spider - Chevrolet Camaro - Jaguar XJ-S - Pontiac Sunbird

FOURGONNETTES

MODÈLES	ÉCHELLE DE PRIX	POINTS FAIBLES À SURVEILLER
Nissan Axxess	7500 $ à 9000 $	données insuffisantes
Dodge Caravan/Plymouth Voyager	9000 $ à 12 000 $	moteur, système de refroidissement, échappement, transmission
Mazda MPV	9000 $ à 13 000 $	échappement, allumage
Toyota Previa	13 000 $ à 16 000 $	allumage, freins, équipement électrique

MODÈLE À ÉVITER: Ford Aerostar

CAMIONNETTES

MODÈLES	ÉCHELLE DE PRIX	POINTS FAIBLES À SURVEILLER
Mazda B-2200/B-2600	4000 $ à 8000 $	allumage, échappement, carrosserie
Ford Ranger	4000 $ à 9000 $	moteur, système de refroidissement
Isuzu	4000 $ à 9000 $	freins
Nissan	5000 $ à 10 000 $	échappement
Toyota	6000 $ à 12 000 $	aucun

MODÈLES À ÉVITER: Chevrolet C-K/GMC Sierra - Jeep Comanche - Ford Série F

UTILITAIRES

MODÈLES	ÉCHELLE DE PRIX	POINTS FAIBLES À SURVEILLER
Jeep Cherokee	9000 $ à 13 000 $	échappement, rouage d'entraînement
Nissan Pathfinder	12 000 $ à 15 000 $	équipement électrique, échappement
Toyota 4Runner	12 000 $ à 16 000 $	équipement électrique, transmission

MODÈLES À ÉVITER: Chevrolet Blazer/GMC Jimmy - Lada Niva - Suzuki Samuraï

ANNÉE-MODÈLE 1992

L'automobile réinventée...

Après de longs délais, c'est en 1992 que General Motors allait introduire sur le marché les premiers modèles de la toute nouvelle division Saturn. Sans nécessairement se révéler à la hauteur du très prétentieux slogan qui marquait la campagne de lancement (l'automobile réinventée...), ces nouvelles venues allaient toutefois se démarquer par l'excellent service à la clientèle offert par un tout nouveau réseau de concessionnaires indépendant des autres marques commercialisées par le géant américain. Il faut également souligner que 1992 accueillait la nouvelle génération de la série 3 de BMW qui devenait dès lors le nouveau standard de la catégorie alors que Mercedes présentait une nouvelle classe S très sophistiquée, mais pénalisée par une silhouette jugée trop lourde.

Les meilleurs achats de l'année-modèle 1992

MINI ET SOUS-COMPACTES

MODÈLES	ÉCHELLE DE PRIX	POINTS FAIBLES À SURVEILLER
Ford Festiva	3000 $ à 3500 $	freins, système d'échappement
Toyota Tercel	5000 $ à 7000 $	aucun
Geo Prizm	6000 $ à 7000 $	données insuffisantes
Mazda 323/Protegé	5500 $ à 7500 $	peinture
Nissan Sentra	7000 $ à 8500 $	instruments et accessoires
Honda Civic	6000 $ à 10 000 $	carrosserie
Toyota Corolla	7500 $ à 10 000 $	rouage d'entraînement, échappement

MODÈLES À ÉVITER: Chevrolet Cavalier/Pontiac Sunbird - Hyundai Elantra - Lada Samara/Signet - Pontiac Le Mans - Volkswagen Golf

COMPACTES

MODÈLES	ÉCHELLE DE PRIX	POINTS FAIBLES À SURVEILLER
Nissan Stanza	8000 $ à 9500 $	moteur
Eagle 2000GTX	7000 $ à 10 000 $	aucun
Subaru Legacy	7000 $ à 10 000 $	freins
Acura Integra	9000 $ à 13 000 $	suspension et roues, habitacle
Honda Accord	9500 $ à 13 000 $	aucun
Toyota Camry	12 000 $ à 15 000 $	aucun

MODÈLES À ÉVITER: Chevrolet Corsica/Beretta - Chrysler Le Baron - Ford Tempo/Mercury Topaz - Hyundai Sonata

INTERMÉDIAIRES ET GRANDES BERLINES

MODÈLES	ÉCHELLE DE PRIX	POINTS FAIBLES À SURVEILLER
Buick Century	8000 $ à 9000 $	échappement, freins
Chevrolet Lumina	7000 $ à 10 000 $	freins, équipement électrique
Oldsmobile Cutlass Ciera	8000 $ à 9000 $	freins, échappement, allumage
Ford Thunderbird	9000 $ à 12 000 $	alimentation, transmission
Buick Regal	9000 $ à 12 000 $	freins, système de refroidissement
Buick Le Sabre	10 000 $ à 12 000 $	système de refroidissement, équipement électrique
Buick Park Avenue	14 000 $ à 15 000 $	rouage d'entraînement, équipement électrique, carrosserie
Volvo 240	12 000 $ à 13 000 $	équipement électrique, freins

MODÈLE À ÉVITER: Volkswagen Passat

VOITURES DE LUXE

MODÈLES	ÉCHELLE DE PRIX	POINTS FAIBLES À SURVEILLER
Nissan Maxima	14 000 $ à 16 000 $	alimentation
Volvo 960	18 000 $ à 19 000 $	données insuffisantes
Subaru SVX	19 000 $ à 20 000 $	données insuffisantes
BMW 325i	20 000 $ à 21 000 $	équipement électrique, instruments et accessoires
Cadillac Seville	20 000 $ à 21 000 $	carrosserie, habitacle
Mercedes 190e	17 000 $ à 23 000 $	données insuffisantes
Acura Legend	19 000 $ à 23 000 $	aucun
Infiniti Q45	25 000 $ à 26 000 $	équipement électrique, freins
BMW 535i	26 000 $ à 27 000 $	alimentation, équipement électrique, instruments et accessoires

Mercedes 300D	29 000 $ à 30 000 $	données insuffisantes
Mercedes 300E	31 000 $ à 32 000 $	freins, équipement électrique, instruments et accessoires
Lexus SC400	32 000 $ à 33 000 $	aucun
Lexus LS400	33 000 $ à 34 000 $	aucun
BMW 735i/iL	33 000 $ à 36 000 $	données insuffisantes
BMW 750iL	45 000 $ à 48 000 $	données insuffisantes
Mercedes Classe S	45 000 $ à 85 000 $	données insuffisantes

MODÈLES À ÉVITER: BMW 325iX - Cadillac De Ville/Fleetwood - Chrysler New Yorker/Imperial

COUPÉS SPORT

MODÈLES	ÉCHELLE DE PRIX	POINTS FAIBLES À SURVEILLER
Ford Probe GT	9000 $ à 10 000 $	équipement électrique, carrosserie, instruments et accessoires
Eagle Talon/Plymouth Laser	8000 $ à 12 000 $	moteur, équipement électrique, instruments et accessoires
Nissan 240SX	10 000 $ à 12 000 $	aucun
Honda Prelude	11 000 $ à 13 000 $	aucun
Volkswagen Corrado	13 000 $ à 14 000 $	données insuffisantes

MODÈLES À ÉVITER: Chevrolet Camaro/Pontiac Firebird - Chrysler Daytona

VOITURES SPORT

MODÈLES	ÉCHELLE DE PRIX	POINTS FAIBLES À SURVEILLER
Toyota Supra Turbo	16 000 $ à 17 000 $	tête de moteur, équipement électrique
Nissan 300ZX/Turbo	20 000 $ à 25 000 $	données insuffisantes
Acura NSX	45 000 $ à 48 000 $	données insuffisantes

MODÈLES À ÉVITER: aucun

CABRIOLETS

MODÈLES	ÉCHELLE DE PRIX	POINTS FAIBLES À SURVEILLER
Mazda Miata	13 000 $ à 14 000 $	aucun
BMW 325iC	20 000 $ à 22 000 $	équipement électrique, instruments et accessoires
SAAB 900 Turbo	24 000 $ à 25 000 $	équipement électrique, instruments et accessoires
Mercedes 500SL	65 000 $ à 68 000 $	données insuffisantes

MODÈLES À ÉVITER: Alfa Romeo Spider - Chevrolet Cavalier/Pontiac Sunbird - Chevrolet Camaro - Volkswagen Golf

FOURGONNETTES

MODÈLES	ÉCHELLE DE PRIX	POINTS FAIBLES À SURVEILLER
Chevrolet Lumina APV/ Pontiac Trans Sport	11 000 $ à 12 000 $	équipement électrique, freins, instruments et accessoires
Mazda MPV	11 000 $ à 15 000 $	moteur, allumage, carrosserie
Toyota Previa	15 000 $ à 18 000 $	alimentation, freins, carrosserie, suspension et roues

MODÈLES À ÉVITER: Chevrolet Astro/GMC Safari - Ford Aerostar

CAMIONNETTES

MODÈLES	ÉCHELLE DE PRIX	POINTS FAIBLES À SURVEILLER
Mazda B-2200/B-2600	6000 $ à 10 000 $	aucun
Isuzu	6000 $ à 11 000 $	aucun
Nissan	6000 $ à 12 000 $	équipement électrique
Toyota	7000 $ à 14 000 $	aucun

MODÈLES À ÉVITER: Chevrolet S-10/GMC Sonoma - Dodge Dakota - Ford Série F

UTILITAIRES

MODÈLES	ÉCHELLE DE PRIX	POINTS FAIBLES À SURVEILLER
Suzuki Sidekick/ Geo Tracker	6000 $ à 9000 $	freins, échappement
Nissan Pathfinder	14 000 $ à 17 000 $	équipement électrique
Toyota 4Runner	16 000 $ à 19 000 $	équipement électrique, transmission, carrosserie

MODÈLES À ÉVITER: Chevrolet Blazer/GMC Jimmy - Jeep Cherokee - Lada Niva

ANNÉE-MODÈLE 1993

Les premières Camaro/Firebird québécoises...

En 1993, ce sont les nouveaux coupés sport de General Motors fabriqués à l'usine de Sainte-Thérèse qui ont retenu l'attention. L'année fut cependant riche en nouveautés et on ne peut passer sous silence l'arrivée du trio d'intermédiaires de Chrysler, les modèles LH (Intrepid, Concorde, Vision), qui inauguraient par la même occasion le nouveau principe de «cabine avancée». Ce manufacturier y allait également de l'introduction du nouveau Jeep Grand Cherokee qui s'est rapidement approprié la plus importante part de marché de sa catégorie au Québec. Soulignons enfin l'heureuse audace de Volvo qui lançait la maintenant très populaire 850, une toute nouvelle berline à traction avant, ce qui constituait une première pour la conservatrice firme suédoise.

Les meilleurs achats de l'année-modèle 1993

MINI, SOUS-COMPACTES ET PETITS COUPÉS

MODÈLES	ÉCHELLE DE PRIX	POINTS FAIBLES À SURVEILLER
Ford Festiva	4000 $ à 4500 $	freins
Asüna Sunfire	6500 $ à 7000 $	données insuffisantes
Toyota Tercel	6000 $ à 8000 $	aucun
Mazda 323/Protegé	6000 $ à 8000 $	aucun
Nissan Sentra	8000 $ à 10 000 $	rouage d'entraînement, échappement
Toyota Paseo	9000 $ à 10 000 $	aucun
Toyota Corolla	9000 $ à 10 000 $	aucun
Honda Civic	7000 $ à 11 000 $	aucun
Nissan NX 1600/2000	10 000 $ à 11 000 $	données insuffisantes

MODÈLES À ÉVITER: Geo Metro/Asüna - Hyundai Excel/Elantra - Lada Samara/Signet - Suzuki Swift - Volkswagen Golf

COMPACTES

MODÈLES	ÉCHELLE DE PRIX	POINTS FAIBLES À SURVEILLER
Eagle 2000GTX	9000 $ à 10 000 $	aucun
Nissan Altima	11 000 $ à 13 000 $	alimentation, suspension et roues, instruments et accessoires
Acura Integra	10 000 $ à 15 000 $	échappement, habitacle
Honda Accord	11 000 $ à 15 000 $	instruments et accessoires
Subaru Legacy	10 000 $ à 16 000 $	échappement, transmission, suspension et roues
Toyota Camry	13 000 $ à 17 000 $	aucun

MODÈLES À ÉVITER: Buick Skylark/Oldsmobile Achieva/Pontiac Grand Am - Chrysler Le Baron - Ford Tempo/Mercury Topaz - Dodge Spirit/Plymouth Acclaim

INTERMÉDIAIRES ET GRANDES BERLINES

MODÈLES	ÉCHELLE DE PRIX	POINTS FAIBLES À SURVEILLER
Buick Century	10 000 $ à 12 000 $	échappement
Ford Thunderbird	12 000 $ à 15 000 $	direction, freins, carrosserie
Ford Crown Victoria/Mercury Grand Marquis	12 000 $ à 15 000 $	allumage, carrosserie

MODÈLES À ÉVITER: Buick Le Sabre - Pontiac Grand Prix/Bonneville - Chrysler Dynasty - Volkswagen Passat

VOITURES DE LUXE

MODÈLES	ÉCHELLE DE PRIX	POINTS FAIBLES À SURVEILLER
Nissan Maxima	16 000 $ à 18 000 $	échappement
Audi 90 Quattro	17 000 $ à 18 000 $	données insuffisantes
Volvo 850	19 000 $ à 20 000 $	aucun
Volvo 960	20 000 $ à 21 000 $	aucun
Subaru SVX	22 000 $ à 24 000 $	données insuffisantes
Cadillac Seville	22 000 $ à 25 000 $	équipement électrique, habitacle
Mercedes 190e	21 000 $ à 26 000 $	données insuffisantes
Acura Legend	23 000 $ à 26 000 $	aucun
Audi S4	25 000 $ à 26 000 $	données insuffisantes
BMW 325i	25 000 $ à 26 000 $	équipement électrique, instruments et accessoires
Mercedes 300D	30 000 $ à 32 000 $	données insuffisantes
Infiniti Q45	31 000 $ à 32 000 $	données insuffisantes
BMW 535i	34 000 $ à 35 000 $	données insuffisantes
Mercedes 300E	35 000 $ à 36 000 $	freins, équipement électrique, instruments et accessoires
Lexus SC400	38 000 $ à 40 000 $	aucun
Lexus LS400	40 000 $ à 42 000 $	aucun
BMW 740i/iL	42 000 $ à 45 000 $	données insuffisantes
BMW 750iL	55 000 $ à 60 000 $	données insuffisantes
Mercedes Classe S	50 000 $ à 95 000 $	données insuffisantes

MODÈLES À ÉVITER: Acura Vigor - Cadillac De Ville/Fleetwood - Mazda 929 Serenia - Chrysler New Yorker/Imperial

COUPÉS SPORT

MODÈLES	ÉCHELLE DE PRIX	POINTS FAIBLES À SURVEILLER
Ford Probe GT	12 000 $ à 13 000 $	équipement électrique, habitacle, étanchéité
Mazda MX-6 Mystère LS	13 000 $ à 14 000 $	échappement, transmission, équipement électrique
Eagle Talon/Plymouth Laser	10 000 $ à 15 000 $	habitacle
Camaro/Firebird	10 000 $ à 15 000 $	habitacle, étanchéité
Nissan 240SX	14 000 $ à 15 000 $	aucun
Honda Prelude	13 000 $ à 17 000 $	aucun
Volkswagen Corrado	16 000 $ à 17 000 $	données insuffisantes

MODÈLE À ÉVITER: Chrysler Daytona

VOITURES SPORT

MODÈLES	ÉCHELLE DE PRIX	POINTS FAIBLES À SURVEILLER
Mazda RX-7	22 000 $ à 25 000 $	données insuffisantes
Nissan 300ZX/Turbo	25 000 $ à 30 000 $	équipement électrique
Acura NSX	52 000 $ à 55 000 $	données insuffisantes

MODÈLE À ÉVITER: aucun

CABRIOLETS

MODÈLES	ÉCHELLE DE PRIX	POINTS FAIBLES À SURVEILLER
Mazda Miata	15 000 $ à 16 000 $	aucun
Nissan 240SX	18 000 $ à 19 000 $	aucun
BMW 325iC	25 000 $ à 27 000 $	équipement électrique, instruments et accessoires
SAAB 900 Turbo	28 000 $ à 30 000 $	équipement électrique, instruments et accessoires
Mercedes 500SL	72 000 $ à 75 000 $	données insuffisantes

MODÈLES À ÉVITER: Alfa Romeo Spider - Chrysler Le Baron - Geo Metro - Volkswagen Golf

FOURGONNETTES

MODÈLES	ÉCHELLE DE PRIX	POINTS FAIBLES À SURVEILLER
Nissan Quest/Mercury Villager	14 000 $ à 17 000 $	échappement, freins, habitacle
Toyota Previa	18 000 $ à 22 000 $	données insuffisantes

MODÈLES À ÉVITER: Chevrolet Astro/GMC Safari - Chevrolet Lumina APV/Pontiac Trans Sport - Ford Aerostar

CAMIONNETTES

MODÈLES	ÉCHELLE DE PRIX	POINTS FAIBLES À SURVEILLER
Mazda B-2200/B-2600	7000 $ à 11 000 $	freins, équipement électrique
Nissan	7000 $ à 13 000 $	aucun
Toyota	8000 $ à 16 000 $	aucun

MODÈLES À ÉVITER: Chevrolet C-K/GMC Sierra - Dodge Dakota/RAM 50 - Ford Ranger/Série F

UTILITAIRES

MODÈLES	ÉCHELLE DE PRIX	POINTS FAIBLES À SURVEILLER
Nissan Pathfinder	17 000 $ à 20 000 $	équipement électrique
Toyota 4Runner	18 000 $ à 21 000 $	aucun
Jeep Grand Cherokee	18 000 $ à 22 000 $	alimentation, allumage, échappement

MODÈLES À ÉVITER: Chevrolet Blazer/GMC Jimmy - Jeep Cherokee - Lada Niva

ANNÉE-MODÈLE 1994

Une année sabbatique...

À voir le peu de nouveaux modèles inaugurés en 1994, c'est à croire que tous les manufacturiers s'étaient donné le mot pour prendre une année de congé en même temps! Il y eut tout de même quelques nouveautés importantes et parmi celles-ci, mentionnons l'arrivée des nouvelles «petites» Mercedes de classe C qui ont obtenu les éloges de la presse spécialisée et ont donné un «coup de vieux» aux modèles intermédiaires de la classe E. Le manufacturier Ford profitait quant à lui de 1994 pour donner la réplique aux nouveaux coupés sport de General Motors (Camaro/Firebird) avec le lancement de la nouvelle Mustang tant attendue. Cette réplique était d'ailleurs réussie en termes de style, mais moins sur le plan de la puissance.

Les meilleurs achats de l'année-modèle 1994

MINI, SOUS-COMPACTES ET PETITS COUPÉS

MODÈLES	ÉCHELLE DE PRIX	POINTS FAIBLES À SURVEILLER
Toyota Tercel	7000 $ à 8500 $	aucun
Mazda 323/Protegé	7000 $ à 10 000 $	allumage, carrosserie
Nissan Sentra	8000 $ à 11 500 $	alimentation, freins
Mazda MX-3 Precidia	10 000 $ à 12 000 $	habitacle
Toyota Corolla	10 000 $ à 12 000 $	direction, habitacle
Toyota Paseo	11 000 $ à 12 000 $	aucun
Honda Civic	9000 $ à 12 500 $	aucun

MODÈLES À ÉVITER: Dodge (Plymouth) Colt - Hyundai Excel/Elantra - Lada Samara - Pontiac Sunbird

COMPACTES

MODÈLES	ÉCHELLE DE PRIX	POINTS FAIBLES À SURVEILLER
Mazda 626 Cronos	11 000 $ à 16 000 $	allumage, direction, instruments et accessoires
Nissan Altima	13 000 $ à 16 000 $	suspension et roues, allumage, échappement
Honda Accord	12 000 $ à 17 000 $	suspension et roues
Acura Integra	13 000 $ à 18 000 $	transmission, freins, instruments et accessoires
Toyota Camry	14 000 $ à 19 000 $	direction, suspension et roues

MODÈLES À ÉVITER: Pontiac Grand Am - Chrysler Le Baron - Ford Tempo/Mercury Topaz - Dodge Spirit/Plymouth Acclaim - Dodge Shadow/Plymouth Sundance - Volkswagen Jetta

INTERMÉDIAIRES ET GRANDES BERLINES

MODÈLES	ÉCHELLE DE PRIX	POINTS FAIBLES À SURVEILLER
Buick Century	12 000 $ à 13 000 $	alimentation, allumage, habitacle, instruments et accessoires
Dodge Intrepid/Chrysler Concorde/Eagle Vision	12 000 $ à 15 000 $	transmission
Ford Crown Victoria/Mercury Grand Marquis	12 000 $ à 17 000 $	alimentation, freins
Buick Le Sabre	15 000 $ à 17 000 $	échappement, équipement électrique
Buick Park Avenue	21 000 $ à 24 000 $	moteur

MODÈLES À ÉVITER: Buick Roadmaster/Chevrolet Caprice - Pontiac Grand Prix - Oldsmobile Cutlass Suprême

VOITURES DE LUXE

MODÈLES	ÉCHELLE DE PRIX	POINTS FAIBLES À SURVEILLER
Nissan Maxima	16 000 $ à 19 000 $	aucun
Volvo 960	20 000 $ à 22 000 $	données insuffisantes
Audi 90 Quattro	22 000 $ à 23 000 $	données insuffisantes
Volvo 850/Turbo	22 000 $ à 27 000 $	système de refroidissement, alimentation, suspension et roues, habitacle
Saab 9000	20 000 $ à 29 000 $	équipement électrique
Cadillac Seville	25 000 $ à 29 000 $	habitacle, instruments et accessoires, étanchéité
Subaru SVX	26 000 $ à 29 000 $	données insuffisantes
Mercedes classe C	24 000 $ à 32 000 $	équipement électrique, accessoires
BMW 325i	30 000 $ à 32 000 $	habitacle, instruments et accessoires
Audi S4	35 000 $ à 36 000 $	données insuffisantes
Infiniti Q45	35 000 $ à 40 000 $	données insuffisantes
Mercedes E300 diesel	38 000 $ à 40 000 $	équipement électrique
Lexus SC400	38 000 $ à 42 000 $	aucun
Mercedes E320	40 000 $ à 42 000 $	équipement électrique
BMW 530i/540i	38 000 $ à 46 000 $	données insuffisantes
Lexus LS400	43 000 $ à 47 000 $	aucun
BMW 740i/iL	52 000 $ à 55 000 $	données insuffisantes
BMW 750iL	65 000 $ à 70 000 $	données insuffisantes
Mercedes classe S	60 000 $ à 120 000 $	données insuffisantes

MODÈLES À ÉVITER: Acura Vigor - Mazda 929 Serenia

COUPÉS SPORT

MODÈLES	ÉCHELLE DE PRIX	POINTS FAIBLES À SURVEILLER
Ford Probe GT	13 000 $ à 14 000 $	données insuffisantes
Ford Mustang GT	15 000 $ à 16 000 $	carrosserie
Camaro/Firebird	13 000 $ à 17 000 $	habitacle, étanchéité, équipement électrique
Honda Prelude	15 000 $ à 20 000 $	aucun
Volkswagen Corrado VR6	18 000 $ à 20 000 $	données insuffisantes

MODÈLE À ÉVITER: aucun

VOITURES SPORT

MODÈLES	ÉCHELLE DE PRIX	POINTS FAIBLES À SURVEILLER
Nissan 300ZX/Turbo	27 000 $ à 32 000 $	données insuffisantes
Toyota Supra Turbo	38 000 $ à 42 000 $	données insuffisantes
Porsche 911 Carrera	55 000 $ à 65 000 $	données insuffisantes
Acura NSX	62 000 $ à 65 000 $	données insuffisantes

MODÈLE À ÉVITER: aucun

CABRIOLETS

MODÈLES	ÉCHELLE DE PRIX	POINTS FAIBLES À SURVEILLER
Mazda Miata	16 000 $ à 19 000 $	aucun
Ford Mustang GT	17 000 $ à 20 000 $	carrosserie
Camaro Z28	22 000 $ à 25 000 $	habitacle, étanchéité, équipement électrique
BMW 325iC	42 000 $ à 45 000 $	habitacle, instruments et accessoires
Mercedes E320	62 000 $ à 67 000 $	équipement électrique
Mercedes SL500	82 000 $ à 85 000 $	données insuffisantes

MODÈLES À ÉVITER: Alfa Romeo Spider - Oldsmobile Cutlass Suprême - Pontiac Sunbird

FOURGONNETTES

MODÈLES	ÉCHELLE DE PRIX	POINTS FAIBLES À SURVEILLER
Dodge Caravan/Plymouth Voyager	12 000 $ à 17 000 $	système de refroidissement, échappement
Toyota Previa	20 000 $ à 27 000 $	données insuffisantes
Nissan Quest/Mercury Villager	17 000 $ à 20 000 $	système de refroidissement, moteur, suspension et roues

MODÈLES À ÉVITER: Chevrolet Astro/GMC Safari - Chevrolet Lumina APV/Pontiac Trans Sport - Ford Aerostar

CAMIONNETTES

MODÈLES	ÉCHELLE DE PRIX	POINTS FAIBLES À SURVEILLER
Mazda Série B/Ford Ranger	8000 $ à 16 000 $	données insuffisantes
Nissan	8000 $ à 16 000 $	données insuffisantes
Toyota compactes	9000 $ à 18 000 $	données insuffisantes

MODÈLES À ÉVITER: Chevrolet C-K/GMC Sierra - Dodge RAM - Ford Série F

UTILITAIRES

MODÈLES	ÉCHELLE DE PRIX	POINTS FAIBLES À SURVEILLER
Nissan Pathfinder	19 000 $ à 22 000 $	données insuffisantes
Toyota 4Runner	22 000 $ à 25 000 $	données insuffisantes
Isuzu Trooper II	24 000 $ à 25 000 $	données insuffisantes
Jeep Grand Cherokee	19 000 $ à 25 000 $	moteur, direction, équipement électrique

MODÈLES À ÉVITER: Chevrolet Blazer/GMC Jimmy - Jeep Cherokee - Lada Niva

ANNÉE-MODÈLE 1995

Une année riche en nouveautés...

Pendant que Ford et Chrysler remplaçaient leurs économiques compactes (Ford Tempo/Mercury Topaz et Dodge Spirit/Plymouth Acclaim) par de nouvelles venues beaucoup plus intéressantes mais aussi beaucoup plus onéreuses (Ford Contour/Mercury Mystique et Chrysler Cirrus/Dodge Stratus), GM eut la bonne idée de renouveler ses populaires Chevrolet Cavalier et Pontiac Sunbird par des modèles plus modernes et de meilleure qualité (Chevrolet Cavalier et Pontiac Sunfire) sans toutefois tomber dans le piège de hausser ses prix de façon exagérée. Deux autres nouveautés de la cuvée 1995 auront fait couler beaucoup d'encre. L'une est la Neon, la nouvelle «grande sous-compacte» de Chrysler, alors que la seconde est nulle autre que la nouvelle génération de la formidable et incomparable Porsche 911.

Les meilleurs achats de l'année-modèle 1995

MINI, SOUS-COMPACTES ET PETITS COUPÉS

MODÈLES	ÉCHELLE DE PRIX	POINTS FAIBLES À SURVEILLER
Geo Metro/Pontiac Firefly/Suzuki Swift	7000 $ à 9000 $	données insuffisantes
Hyundai Accent	8000 $ à 9000 $	freins, instruments et accessoires, habitacle
Toyota Tercel	8000 $ à 10 000 $	échappement, équipement électrique, instruments et accessoires
Mazda Protegé	10 000 $ à 13 000 $	données insuffisantes
Chevrolet Cavalier/Pontiac Sunfire	11 000 $ à 14 000 $	allumage, carrosserie, suspension et roues rouage d'entraînement (Sunfire)
Toyota Corolla	11 000 $ à 14 000 $	aucun
Toyota Paseo	13 000 $ à 14 000 $	données insuffisantes
Honda Civic	10 000 $ à 15 000 $	direction, transmission

MODÈLE À ÉVITER: Dodge Neon

COMPACTES

MODÈLES	ÉCHELLE DE PRIX	POINTS FAIBLES À SURVEILLER
Ford Contour/Mercury Mystique	14 000 $ à 16 000 $	rouage d'entraînement, transmission, habitacle instruments et accessoires
Nissan Altima	14 000 $ à 19 000 $	données insuffisantes
Mazda 626 Cronos	14 000 $ à 19 000 $	données insuffisantes
Chrysler Cirrus/Dodge Stratus	14 000 $ à 19 000 $	freins
Honda Accord	17 000 $ à 21 000 $	allumage, échappement, rouage d'entraînement, instruments et accessoires, carrosserie
Toyota Camry	17 000 $ à 23 000 $	transmission

MODÈLES À ÉVITER: Buick Skylark - Oldsmobile Achieva - Pontiac Grand Am

INTERMÉDIAIRES ET GRANDES BERLINES

MODÈLES	ÉCHELLE DE PRIX	POINTS FAIBLES À SURVEILLER
Chevrolet Lumina	14 000 $ à 16 000 $	aucun
Dodge Intrepid/Chrysler Concorde/Eagle Vision	16 000 $ à 19 000 $	moteur, carrosserie
Volkswagen Passat	18 000 $ à 22 000 $	instruments et accessoires

MODÈLE À ÉVITER: Oldsmobile Cutlass Supreme

VOITURES DE LUXE

MODÈLES	ÉCHELLE DE PRIX	POINTS FAIBLES À SURVEILLER
Audi 90 Quattro	24 000 $ à 25 000 $	données insuffisantes
Nissan Maxima	20 000 $ à 26 000 $	transmission
Subaru SVX	25 000 $ à 27 000 $	données insuffisantes
Volvo 960	26 000 $ à 27 000 $	données insuffisantes
Cadillac Seville	26 000 $ à 29 000 $	données insuffisantes
Mazda Millenia S	27 000 $ à 29 000 $	données insuffisantes
Volvo 850/Turbo	23 000 $ à 30 000 $	données insuffisantes
Oldsmobile Aurora	29 000 $ à 30 000 $	données insuffisantes
BMW 325i	32 000 $ à 35 000 $	données insuffisantes
Mercedes classe C	27 000 $ à 37 000 $	données insuffisantes
Mercedes E300 diesel	36 000 $ à 39 000 $	données insuffisantes
Lexus SC400	40 000 $ à 42 000 $	aucun
Mercedes E320	42 000 $ à 45 000 $	données insuffisantes
Audi S6	43 000 $ à 45 000 $	données insuffisantes
BMW 530i/540i	44 000 $ à 50 000 $	données insuffisantes
Infiniti Q45	50 000 $ à 52 000 $	données insuffisantes
Lexus LS400	54 000 $ à 56 000 $	aucun
Jaguar XJ	50 000 $ à 65 000 $	données insuffisantes
BMW 740i/iL	61 000 $ à 66 000 $	données insuffisantes
BMW 750iL	90 000 $ à 94 000 $	données insuffisantes
Mercedes classe S	63 000 $ à 129 000 $	données insuffisantes

MODÈLE À ÉVITER: aucun

COUPÉS SPORT

MODÈLES	ÉCHELLE DE PRIX	POINTS FAIBLES À SURVEILLER
Ford Probe GT	16 000 $ à 17 000 $	données insuffisantes
Eagle Talon	16 000 $ à 20 000 $	données insuffisantes
Camaro/Firebird	16 000 $ à 23 000 $	données insuffisantes
Honda Prelude	20 000 $ à 23 000 $	aucun
Volkswagen Corrado VR6	23 000 $ à 24 000 $	données insuffisantes

MODÈLE À ÉVITER: aucun

VOITURES SPORT

MODÈLES	ÉCHELLE DE PRIX	POINTS FAIBLES À SURVEILLER
Nissan 300ZX/Turbo	29 000 $ à 35 000 $	données insuffisantes
Toyota Supra Turbo	45 000 $ à 47 000 $	données insuffisantes
Porsche 911 Carrera	65 000 $ à 75 000 $	données insuffisantes
Acura NSX	78 000 $ à 80 000 $	données insuffisantes

MODÈLE À ÉVITER: aucun

CABRIOLETS

MODÈLES	ÉCHELLE DE PRIX	POINTS FAIBLES À SURVEILLER
Chevrolet Cavalier/Pontiac Sunfire	16 000 $ à 17 000 $	allumage, carrosserie, suspension et roues, rouage d'entraînement (Sunfire)
Mazda Miata	20 000 $ à 22 000 $	aucun
Volkswagen Cabrio	21 000 $ à 22 000 $	suspension et roues, équipement électrique, freins
Ford Mustang GT	23 000 $ à 25 000 $	données insuffisantes
Camaro Z28/Firebird	25 000 $ à 26 000 $	données insuffisantes
SAAB 900	33 000 $ à 37 000 $	données insuffisantes
BMW 325iC	44 000 $ à 45 000 $	données insuffisantes
Mercedes E320	70 000 $ à 72 000 $	données insuffisantes
Mercedes SL500	92 000 $ à 95 000 $	données insuffisantes

MODÈLES À ÉVITER: Oldsmobile Cutlass Supreme - Pontiac Sunbird

FOURGONNETTES

MODÈLES	ÉCHELLE DE PRIX	POINTS FAIBLES À SURVEILLER
Dodge Caravan/Plymouth Voyager	14 000 $ à 20 000 $	moteur, transmission, suspension et roues, direction
Ford Windstar	17 000 $ à 18 000 $	moteur, direction, suspension et roues, freins, équipement électrique, instruments et accessoires
Nissan Quest/Mercury Villager	19 000 $ à 22 000 $	suspension et roues, freins, habitacle, carrosserie
Toyota Previa	20 000 $ à 28 000 $	données insuffisantes

MODÈLES À ÉVITER: Chevrolet Astro/GMC Safari

CAMIONNETTES

MODÈLES	ÉCHELLE DE PRIX	POINTS FAIBLES À SURVEILLER
Chevrolet S-10/GMC Sonoma	12 000 $ à 17 000 $	données insuffisantes
Mazda Série B/Ford Ranger	9000 $ à 20 000 $	données insuffisantes
Toyota compactes	10 000 $ à 20 000 $	données insuffisantes
Dodge RAM	12 000 $ à 24 000 $	données insuffisantes

MODÈLE À ÉVITER: aucun

UTILITAIRES

MODÈLES	ÉCHELLE DE PRIX	POINTS FAIBLES À SURVEILLER
Toyota 4Runner	23 000 $ à 26 000 $	données insuffisantes
Isuzu Trooper II	21 000 $ à 30 000 $	données insuffisantes
Ford Explorer	20 000 $ à 27 000 $	données insuffisantes
Jeep Grand Cherokee	20 000 $ à 28 000 $	données insuffisantes
Land Rover Discovery	36 000 $ à 38 000 $	données insuffisantes

MODÈLES À ÉVITER: Chevrolet Blazer/GMC Jimmy - Lada Niva

DE REGRETTÉES DISPARUES

En guise de conclusion à cette section sur les véhicules d'occasion, je vous propose de jeter un regard sur une dizaine de modèles de différentes catégories qui ne sont plus commercialisés aujourd'hui et qui peuvent constituer de bons achats à des prix alléchants. En effet, le fait de ne plus être offert sur le marché contribue souvent à accroître la dépréciation d'un modèle et ce, même s'il s'agit d'un très bon achat dans une catégorie donnée.

Ford Festiva (1989 à 1993)
Une bonne et agréable petite économique.

Asüna Sunfire (1993)
Petit cousin de la Geo Storm GSi, un petit coupé sport attrayant qui procure un bon agrément de conduite.

Geo Prizm (1992)
Un dérivé de la Corolla de Toyota. Que dire de plus?

Dodge/Eagle 2000 GTX (1989 à 1993)
Une Mitsubishi Galant adaptée à notre marché. Une candidate très sérieuse à considérer dans la catégorie des berlines compactes.

Merkur Scorpio (1988 à 1989)
Malgré l'échec nord-américain de cette division de Ford, la Scorpio est un modèle original qui ne manque pas de qualités. Son grand succès en Europe (elle est d'origine allemande) témoigne d'ailleurs de ses compétences.

Peugeot 405 Mi 16 (1989 à 1991)
Décidément, le succès obtenu en terre européenne n'est pas un gage de succès en Amérique du Nord. Victime d'une mise en marché extrêmement défaillante, ce modèle est une intéressante berline à caractère sportif.

Porsche 944S/S2/Turbo (1988 à 1990)
Tout simplement l'expression d'une vraie voiture sport. Il est possible d'en trouver de beaux exemplaires puisqu'elles sont souvent remisées l'hiver.

BMW 635 CSi (1987 à 1988)
Un classique dans le petit monde des grand-tourisme.

Mercedes 190e 2.3 16 valves (1987)
Un modèle unique. Une berline sport de haut niveau pour les vrais mordus.

Mercedes 300D (1987)
La seule année où le moteur turbo diesel intégré à cette voiture était un 6 cylindres de 3,0 litres. Ce modèle fut par la suite discontinué jusqu'en 1990 alors qu'il réapparut avec un 5 cylindres de 2,5 litres moins puissant.

J.-P. Blais

Matchs comparatifs

LES DETROIT BAD BOYS

par Jacques Duval

L'affrontement Chevrolet Camaro Z28 SS/Ford Mustang Cobra SVT

Il est facile de se laisser impressionner par ces fabuleuses machines que sont les Ferrari, Lamborghini, Porsche, Aston Martin et autres «exotiques» de noble ascendance. Toutefois, on a souvent tendance à oublier qu'en matière de hautes performances et surtout de «buck for the money» comme on dit chez nos voisins du sud pour parler de rapport «prix/performances», des voitures nord-américaines aux noms pas mal moins ronflants peuvent être aussi rapides que n'importe quelle européenne de grande lignée tout en coûtant considérablement moins cher.

J'irais même jusqu'à dire qu'une humble Mustang ou Camaro peut faire rougir de honte bien des Ferrari... surtout si elle arbore le sigle Cobra ou SS comme les antagonistes de ce match comparatif. En réalité, il serait plus juste de parler de combat de boxe tellement la concurrence, l'animosité et la partisanerie sont féroces quand il s'agit de ces deux rescapées de la belle époque des pony cars. Il ne saurait en être autrement quand on réunit deux ennemis jurés comme la Ford Mustang et la Chevrolet Camaro.

On nous pardonnera le titre anglais «Detroit Bad Boys» qui coiffe cet article, mais il nous est apparu parfaitement approprié dans les circonstances même s'il doit son origine au surnom des Detroit Pistons, l'équipe de basketball de la ville de l'automobile, lors sa chevauchée vers le championnat de la NBA il y a quelques années. La Cobra et la SS sont, à leur façon, les «bad boys» de l'industrie automobile nord-américaine, ces voitures qui refusent de se ranger malgré la morosité économique et qui sont perçues comme des Harley Davidson sur quatre roues. Ce sont, en quelque sorte, les symboles motorisés d'une Amérique rebelle, dure et attachée à ses traditions. De toutes les voitures nord-américaines (à l'exception peut-être de la Corvette), la Mustang et la Camaro sont celles dont les partisans sont les plus farouchement convaincus de la supériorité de leur marque respective. Mettez-les dans un bar devant quelques bières et vous avez la combinaison parfaite pour déclencher une bataille en règle entre deux clans.

Pourquoi ne pas la régler sur le terrain, cette fameuse bataille, nous sommes-nous dit à l'apparition sur le marché des versions les plus musclées de ces deux modèles? La Mustang Cobra SVT et la Camaro Z28 SS allaient relancer la sempiternelle bagarre entre ces deux voitures dont les premières confrontations remontent aux courses de la série Trans Am dans les années 70.

Avant de prendre la route et la piste, place aux présentations.

COBRA SVT:
une longue tradition

Un peu galvaudé de nos jours, le nom de Cobra est d'abord celui qu'avait choisi l'ancien pilote de course Carrol Shelby pour baptiser une voiture sport à mécanique Ford qui, dans les années 60, connut un succès phénoménal en compétition. Ford ne mit pas de temps à récupérer un nom aussi auréolé pour le flanquer sur le capot d'une Mustang. On s'est même disputé la paternité du mot Cobra pendant un certain temps, mais c'est finalement Ford qui a eu le dernier mot et qui continue à exploiter le célèbre serpent dans sa nomenclature. La plus méchante des Cobra à ce jour est la SVT offerte sous la forme d'un coupé ou d'un cabriolet comme celui utilisé pour ce match. Nous aurions préféré un coupé, mais aucun n'était disponible au moment de nos essais.

Cette Cobra doit ses percutantes performances à une version encore plus développée du V8 modulaire de 4,6 litres à bloc en aluminium que l'on trouve sous le capot des Lincoln Mark VIII et Continental. Ce tout-puissant moteur délivre pas moins de 305 chevaux, gracieuseté de ses deux arbres à cames en tête et de ses 48 soupapes. C'est, bien sûr, la pièce maîtresse de cette Mustang à tirage limité. Ces modèles concoctés par la division SVT de Ford (pour «Special Vehicle Team») se reconnaissent extérieurement à leur capot plus volumineux, à leurs antibrouillards ronds plutôt que rectangulaires, à leurs jantes particulières (très banales) et, bien sûr, à leurs emblèmes SVT.

Outre le moteur et quelques repères visuels, la Cobra hérite d'un châssis retravaillé avec une suspension aux réglages différents comprenant des barres stabilisatrices de 29 mm à l'avant et de 27 mm à l'arrière, une carrosserie plus rigide, des pneus unidirectionnels 245/45ZR17 fournis par

BF Goodrich et des freins de plus grande dimension avec ABS Bosch. Ce sont là de sérieux ingrédients pour donner à la plus performante des Mustang des aptitudes sportives ailleurs que sur une piste d'accélération.

La Camaro SS: un retour en force

La division Chevrolet n'a pas mis de temps à réagir, sauf qu'elle l'a fait de manière détournée par l'entremise d'une petite firme spécialisée dans la transformation de divers produits General Motors. SLP Engineering a été appelée à la rescousse pour offrir à la Cobra une rivale capable de lui donner du fil à retordre, sinon de lui faire mordre la poussière. Chez SLP, on a ressorti les lettres SS des boules à mites (elles avaient été utilisées pour la dernière fois sur une Camaro en 1976), on a fait venir quelques milliers de Camaro Z28 de l'usine GM de Blainville et on s'est mis au travail. C'est dans un vaste entrepôt de Ville Lasalle que la SS se matérialise pour être ensuite expédiée aux quatre coins de l'Amérique. Le résultat a reçu l'aval de GM dont les concessionnaires Chevrolet ont l'autorisation de vendre cette Camaro spéciale avec sa pleine garantie. L'un d'eux, Whilelmy Chevrolet, de Repentigny, près de Montréal, a même préparé une SS pour la course et a eu l'amabilité de nous fournir pour ce test deux autres versions possédant des options différentes de celles de la voiture de presse.

Car la Z28 SS peut être adaptée aux besoins du client grâce à plusieurs ajouts qui ne sont pas compris dans la version de base. Cette dernière prend d'abord soin d'égaler la puissance de la Cobra en allant chercher 20 chevaux de plus dans le V8 LT1 de 5,7 litres et 285 chevaux qu'on trouve sous le capot d'une Z28 normale. Celui-ci, incidemment, est remplacé par un capot en fibre de verre surmonté d'une grande prise d'air fonctionnelle qui, par le phénomène d'induction, gave le moteur d'une surdose d'azote et d'oxygène permettant de faire passer sa puissance à 305 chevaux… comme la Mustang. Un système d'échappement à haut rendement joue aussi un rôle dans cette transformation. Et l'on peut opter pour un système encore plus performant (et bruyant) gonflant la puissance à 310 chevaux… juste pour faire suer le clan Ford. Le capot, par son apparence, aussi bien que l'échappement, par ses beaux décibels, contribuent à donner à la Z28 ce look «compétition» que les adeptes de ces voitures aiment tant. La SS se chausse aussi de pneus BF Goodrich Comp TA de taille impressionnante (275/40ZR17), mais a l'avantage de les présenter sur des roues beaucoup plus jolies empruntées à la Corvette ZR1.

Pour ce match, la SS mise à l'essai était dotée de la boîte de vitesses manuelle à 6 rapports de la Z28 comprenant la tringlerie

optionnelle Hurst, qui donne au levier une course plus courte et plus précise. Elle pouvait compter aussi sur un différentiel autobloquant Torsen, une autre option quasi indispensable pour bien transmettre la puissance au sol. La suspension optionnelle «Level II» avec des amortisseurs Bilstein n'était cependant pas au programme. Qu'importe, la Cobra n'était pas au bout de ses peines...

Le «supplice» de la route

Maintenant que l'on connaît un peu mieux le pedigree des adversaires en présence, venons-en aux choses sérieuses, c'est-à-dire le face à face sur route et, mieux encore, sur piste.

Dire que nos deux coupés hypersportifs sont des voitures inconfortables est un euphémisme... Avec leurs essieux arrière rigides, elles n'acceptent rien de moins que des revêtements de billard, ce qui, hélas! est plutôt rare sur nos routes mal conçues, mal construites et mal pavées. C'est donc la tenue de route et non pas le coccyx des utilisateurs qui a préoccupé les ingénieurs. La moindre petite détérioration du bitume est sèchement ressentie. Il faut dire en toute justice que la Cobra roule sur un coussin d'air comparativement à la SS, encore plus durement suspendue. La seule façon de rendre cette dernière un peu plus tolérable à ce chapitre est de choisir les sièges en cuir

à commande électrique. Ils sont mieux rembourrés et le réglage permet de les remonter afin de se débarrasser un peu de cette sensation d'être assis au fond d'une cuvette. La Cobra, quant à elle, propose des sièges plus confortables et, point important, plus faciles d'accès. La position de conduite y gagne.

Nos essayeurs ont également favorisé la Mustang au rayon des accessoires (nombre et utilisation) et ont été séduits par le tableau de bord de la Cobra avec ses cadrans sur fond blanc de lecture facile. Côté esthétique, les avis sont partagés. J'ai personnellement penché en faveur de la Camaro parce que j'ai toujours trouvé que la Mustang était mal proportionnée, mais un de mes collègues a «annulé» mon vote en choisissant la Cobra autant pour ses lignes extérieures qu'intérieures. Heureusement, notre troisième larron a fait légèrement pencher la balance en faveur de la SS.

Toujours en utilisation routière, le groupe moteur-transmission de la Mustang a gagné par une faible marge l'approbation des participants grâce surtout à sa plus grande sophistication. Il pousse moins dans le dos que le 5,7 litres de la Z28 SS, mais son niveau sonore est moins assommant à la longue et sa boîte de vitesses à 5 rapports (la seule offerte) est moins coriace en usage journalier. Dans la Camaro, il faut se battre davantage avec le levier malgré la présence du mécanisme Hurst.

Le comportement routier est l'affaire de la SS autant sur route que sur piste. Son adhérence en virage est complètement à l'inverse de son confort: autant elle ne supporte ni les bosses ni les trous, autant elle paraît soudée au macadam quand on a le courage de la pousser dans ses derniers retranchements. La Cobra SVT n'est pas non plus un tapis volant quand elle rencontre un revêtement dégradé, mais disons que ses ruades sont moins violentes. Par contre, elle sautille beaucoup plus que sa rivale lorsqu'elle est confrontée à une série de bosses.

En ce qui concerne la direction et le freinage, il est bien difficile de se ranger d'un côté ou de l'autre compte tenu que les deux voitures sont pratiquement à égalité dans ces domaines, du moins sur la route. En matière de sécurité, la balance penche toutefois du côté de la Mustang, principalement en raison de ses rétroviseurs plus grands qui donnent une meilleure visibilité.

Après le «supplice» de la route, nous avions grande hâte de nous retrouver dans un environnement moins hostile afin de permettre à ces voitures de vraiment s'exprimer. La piste du circuit Deux-Montagnes de Saint-Eustache allait nous permettre de séparer les hommes des enfants.

Le plaisir de la piste

Autant on peut détester conduire une Cobra SVT ou une Camaro Z28 SS sur une route défoncée ou dans le trafic du centre-ville, autant elles sont un plaisir à piloter sur un circuit de vitesse. Pendant trois heures,

je me suis follement amusé à «brasser» ces deux gros coupés sport sur le parcours routier de Saint-Eustache. J'entends déjà les protestations des amateurs de performances en ligne droite qui veulent savoir ce que ces voitures ont dans le ventre. Je vous reporte aux performances chiffrées de notre tableau qui montrent que la SS a un peu plus de «pédale» que la Cobra pour reprendre l'expression consacrée par Jacques Villeneuve (pas le fils, l'oncle). D'ailleurs, nous nous sommes livrés à une petite comparaison sur la ligne droite du circuit en roulant côte à côte à 3000 tr/min en seconde vitesse avant d'accélérer à fond. Cinq cents mètres plus loin, la Camaro avait deux bonnes longueurs d'avance sur la Mustang qui aurait sans doute rattrapé sa rivale sur une plus longue distance, mais dont le moteur n'offre tout simplement pas la «réponse» immédiate et violente de son vis-à-vis. Avec une ligne rouge à 6800 tr/min, le moteur de la Mustang développe sa puissance à plus haut régime que le 350 de la SS qui n'a plus rien dans le ventre après 6000 tours.

Affublée de sa boîte à 6 vitesses, la Camaro Z28 SS se permet cependant de flirter avec les 260 km/h, soit 14 de mieux que la Cobra. Elle domine aussi au quart de mille ainsi que dans le sprint 0-100 km/h et cela aussi bien selon nos chiffres que selon ceux du magazine américain *Car and Driver*. Si les chiffres ne mentent pas pour la distance de freinage (avantage à la Camaro), ce qu'ils oublient de dire c'est qu'en conduite rapide sur circuit, le freinage de la Camaro n'a pas la même

	CHEVROLET CAMARO Z28 SS	FORD MUSTANG COBRA SVT
Longueur	491 cm	461 cm
Empattement	257 cm	257 cm
Poids	1556 kg	1539 kg
Transmission	manuelle	manuelle
Nb. de rapports	6	5
Moteur	V8	V8
Cylindrée	5,7 litres	4,6 litres
Puissance	305 ch	305 ch
Suspension		
avant	indépendante	indépendante
arrière	rigide	rigide
Freins		
avant	disques	disques
arrière	disques	disques
ABS	oui	oui
Pneus	P275/40ZR17	P245/45ZR17
Direction	à crémaillère	à crémaillère
Coussin gonflable	oui	oui
Réservoir de carburant	59 litres	58 litres
Capacité coffre	366/215	306/240
Accélération 0-100 km/h	5,2 s	5,8 s
Freinage 100-0 km/h	44,3 m	45,3 m
Accélération 1/4 mille	14,8 s/152 km/h	15,1 s/150 km/h
Vitesse de pointe	260 km/h	246 km/h
Tour du circuit Saint-Eustache	59,13 s	61,44 s
Consommation	16,6 l/100 km	15,7 l/100 km
Prix	34 595 $*	35 595 $

*varie selon les options

		CAMARO	COBRA
Esthétique	30 pts		
Extérieur	20	16	14,5
Intérieur	10	6,5	7,5
		22,5	22
Accessoires	20 pts		
Nombre et commodités	10	7,5	7,5
Instruments/commandes	10	6,5	8,5
		14	16
Carrosserie	20 pts		
Accès/Espace avant	5	3,5	4
Accès/Espace arrière	5	2	3
Coffre: accès et volume	5	2,5	3,5
Accès mécanique	5	4	3,5
		12	14
Confort	30 pts		
Suspension	5	2,5	3,5
Niveau sonore	5	2,5	3,5
Sièges	10	5,5	7
Position de conduite	10	7	7
		17,5	21
Moteur/Transmission	60 pts		
Rendement	20	15,5	16,5
Performances	20	18,5	16,5
Sélecteur de vitesses	10	6,5	7,5
Passage des vitesses	10	7	7,5
		47,5	48
Comportement routier	50 pts		
Tenue de route	20	18	15,5
Direction	15	11,5	13
Freins	15	12,5	12
		42	40,5
Sécurité	30 pts		
Coussins de sécurité	15	15	15
Visibilité	10	5,5	6
Rétroviseurs	5	3	3,5
		23,5	24,5
Performances mesurées	100 pts		
1/4 de mille	40	40	38
Accélération	40	40	38
Freinage	20	20	19
		100	95
Autres classements	60 pts		
Choix des essayeurs	50	36,5	38,5
Prix	10	8	6
		44,5	44,5
Grand total	**400 pts**	**323,5**	**325,5**
CLASSEMENT		**1**	**2**

endurance. Après cinq tours de piste, une fumée blanche enveloppait la Camaro alors que la Mustang était toujours visible. En toute honnêteté, je dois dire que malgré leur surchauffe, les freins de la SS ne m'ont jamais donné de problèmes en piste.

Comme une balade sur route l'avait laissé entrevoir, «la tenue en virage de la SS transforme le premier venu en un pilote aguerri tellement la voiture est stable». C'est l'opinion de notre partenaire pour ce match comparatif, Claude Carrière, et je la partage entièrement. Après seulement 2 ou 3 tours de «chauffe», j'étais suffisamment à l'aise au volant pour descendre sous la barre des 60 secondes pour un tour de piste. Avec un meilleur temps en 59,13 secondes par rapport au 61,44 de la Cobra SVT, est-il besoin de vous dire quelle a été la gagnante de cette portion de notre essai? La Camaro vire à plat avec une légère trace de sous-virage et s'accommode parfaitement des transferts de masses dans les virages en S. La Cobra se couche davantage et sa suspension plus souple lui enlève de la précision en entrée de virage. Son comportement demeure très sportif, mais celui de la Camaro fait davantage penser à une voiture de course. Seules les trépidations de l'essieu arrière rigide lors d'un freinage intensif m'ont sans doute fait perdre quelques dixièmes de seconde dans mon tour le plus rapide avec la Camaro. C'est une lacune que corrige la suspension «Level II» comme j'ai pu le constater lors de l'essai complémentaire de deux autres SS équipées différemment de la voiture de presse. La version à transmission automatique a été assez révélatrice, ne concédant que 13 centièmes de seconde au modèle à boîte à 6 vitesses. Son grand avantage est qu'elle permet de se concentrer uniquement sur la conduite plutôt que d'avoir à surveiller le compte-tours. Et comme la voiture a de la puissance à revendre, elle est fort peu pénalisée par l'automatique.

Le match presque nul de la raison/passion

Après avoir bouffé une impressionnante quantité de litres d'essence super et sollicité sans ménagement les 610 chevaux de nos deux montures, nous avons bien failli nous retrouver avec un match nul. Cet ennuyeux dénouement nous a été épargné par 2 misérables petits points sur un total possible de 400. Le débat est toutefois loin d'être réglé et nous n'aurons sans doute contribué qu'à jeter de l'huile sur le feu. Certes, la Mustang Cobra SVT l'emporte mais c'est la victoire de la raison alors que la Z28 SS, plus maligne, fait triompher la passion. À vous de décider ce que vous cherchez: une grande sportive avec une certaine dose de civilité ou un coupé hypersportif intimidant de brutalité. Je devine que votre opinion est déjà faite et que rien ne changera jamais les convictions des fans de ces deux monstres sacrés.

CE QU'ILS ONT DIT:

À propos de la Camaro SS

Claude Carrière

Moteur fusée et châssis bien planté, c'est la Schwarzenegger des coupés. Quelle claque quel que soit le régime. À déconseiller dans un quartier BCBG. Intouchable sur la piste mais il y a la vraie vie...

Denis Duquet

La plus macho des deux. Son couple à bas régime efface bien des défauts. Idéal pour se défouler.

À propos de la Mustang Cobra SVT

Claude Carrière

Plus raffinée, plus européenne que la Camaro. Moins puissante et rapide que la Camaro mais plus homogène... Mon choix pour une utilisation journalière.

Denis Duquet

Moins brutale, plus raffinée. Elle ne nous fait pas suffisamment sentir son tempérament sportif.

Et finalement:

La plus urbaine: Cobra
La plus macho: SS
Le meilleur *cruising car.* Cobra

LES OLYMPIADES
DE LA VOITURE ÉCONOMIQUE

Quelle est la meilleure voiture que l'on peut acheter pour moins de 16 000 $?

Il y a 10 ans, tenez-vous bien, on pouvait acheter une Camaro Z28, une Ford Taurus familiale, une minifourgonnette Chrysler ou une Honda Accord bien équipée pour moins de 16 000 $. Et il suffisait de quelques centaines de dollars de plus pour avoir accès à une Saab 900... Oui, les temps ont affreusement changé! L'inflation combinée au raffinement technologique a fait bondir le prix des voitures, mais le budget des acheteurs est loin d'avoir suivi la même courbe ascendante. Avec pour résultante que les automobilistes doivent modifier leurs habitudes d'achat pour boucler leurs fins de mois. C'est ce qui explique l'immense popularité des petites voitures ou, si vous préférez, des sous-compactes, une catégorie qui accapare près de 40 p. 100 du marché au Québec.

Quatre voitures sur dix vendues chez nous appartiennent au groupe qui fait l'objet de ce match comparatif, que nous avons baptisé «olympiades de la voiture économique» parce que notre rencontre a précédé de peu la tenue des Jeux olympiques d'Atlanta.

Notre objectif: Identifier le meilleur achat avec un budget d'environ 16 000 $!

Une lutte serrée

Comme vous pourrez le constater, la bataille a été dure, ce qui démontre qu'il n'y a vraiment pas de mauvaise voiture dans cette catégorie. Des voitures ennuyeuses, oui, mais pas nécessairement mauvaises. Ce match chaudement disputé prouve en même temps que la concurrence est féroce dans ce secteur du marché et que chaque manufacturier redouble d'ardeur pour s'approprier la meilleure part de marché. On se retrouve donc avec des voitures qui se ressemblent énormément... à l'exception peut-être encore une fois de la Golf.

Sous la direction de Denis Duquet, notre équipe d'essayeurs était l'une des plus imposantes jamais réunies pour ce genre de match. Elle réunissait des «vétérans» comme Claude Carrière, Luc Beauregard, François Gastonguay, Jean-Yves Dupuis et Jean-Georges Laliberté, auxquels se sont ajoutées plusieurs «recrues» comme Richard Petit et Daniel Noiseux, deux connaisseurs qui se passionnent autant pour les voitures anciennes que pour les modernes. Et puisque ces voitures visent en grande partie la jeunesse, la nouvelle vague était représentée par Patrick Poitras, Johan Latulippe et Daniel Duquet.

Ce ne fut pas facile, et cela pour plusieurs raisons. D'abord, nous tenions à ce que les voitures soumises à ce test représentent le plus fidèlement possible les modèles les plus vendus par chacun des manufacturiers. Exception faite de la Golf de VW, la sous-compacte de prédilection est dotée d'une transmission automatique, ce qui dans certains cas augmente son prix au-dessus du plafond que nous nous étions fixé. Qu'importe, puisque les modèles les plus chers, à équipement égal, ont été pénalisés au classement final. Précisons aussi que toutes les voitures ont été évaluées en tenant compte du prix de détail suggéré pour un modèle de base à boîte automatique.

Notre équipe d'essayeurs a donc sillonné les routes de l'Estrie pour passer au peigne fin les meilleures représentantes du «beau, bon, pas cher».

Le temps est venu de décerner nos médailles d'or, d'argent et de bronze et d'évaluer, en ordre décroissant, les performances des autres concurrentes.

Jacques Duval,
RÉDACTEUR EN CHEF

HONDA CIVIC

Au-dessus du lot

La Civic est indubitablement la grande gagnante de ce match. Peu importe que la priorité soit accordée au prix, aux coussins gonflables, aux performances ou à tout autre élément, elle s'en tire avec les grands honneurs. En fait, elle ne s'est pas contentée de remporter la palme au classement cumulatif, elle a été en plus la préférée des essayeurs dans la catégorie «choix personnel» et a pris les devants dans les catégories «esthétique», «accessoires», «confort», «moteur/ transmission» et «comportement routier». Et j'allais oublier, la Civic s'est même permis de décrocher la catégorie «autres classements». Elle a vraiment varlopé ses adversaires.

De la 5ᵉ à la première place

Cette domination vient couronner l'excellent travail accompli par les ingénieurs de Honda lors de la refonte complète de la Civic survenue l'automne dernier. On a préféré raffiner un design de base très sain plutôt que de jouer d'audace en tentant de réinventer la catégorie. Lors du match comparatif des sous-compactes effectué dans le *Guide de l'auto 94*, cette japonaise avait terminé au cinquième rang. Sa remontée souligne avec éloquence qu'on n'a pas chômé chez Honda. Et si la Civic brille avec autant d'aisance, c'est qu'on a justement corrigé les lacunes que notre équipe d'essayeurs avait soulignées en 1994. Le défaut majeur de la version précédente était la faible insonorisation de son habitacle et le sourd grognement du moteur. Cette fois, elle a remporté le titre quant au silence de roulement. D'ailleurs, un essayeur, lui-même propriétaire d'une Civic de la génération précédente, a souligné avec emphase le caractère silencieux de cette nouvelle édition. De plus, la finition de notre voiture d'essai était nettement plus relevée que celle des voitures d'il y a trois ans. En fait, en 1994, la berline qui défendait les couleurs de la compagnie était vraiment déficiente à ce chapitre et détonnait avec la réputation de Honda en la matière.

Parmi les autres améliorations remarquées par rapport au modèle précédent, il faut souligner une tenue de route en progrès, des tapis plus épais, des sièges confortables et un meilleur équilibre d'ensemble.

Toutefois, certains des traits de caractère de la nouvelle Civic ont déplu à nos essayeurs. Ainsi, à défaut de s'atteler à une refonte complète de la caisse, les stylistes ont fait appel à des phares avant proéminents dans le but de donner de la personnalité à cette berline. C'est peine perdue, car ces phares en ont choqué plusieurs. Certains les ont qualifiés de disproportionnés, de bizarres ou d'étranges. Par ailleurs, le design de l'habitacle et du tableau de bord a obtenu de bonnes notes malgré son dépouillement.

Si cette Civic domine le lot, c'est essentiellement en raison de la solidité de sa construction, de son comportement routier honnête et de son agrément de conduite. Par contre, plusieurs essayeurs auraient apprécié que le moteur soit en mesure de collaborer davantage avec la boîte automatique. L'accélération avec départ arrêté force le moteur à atteindre un régime assez élevé avant de passer à un autre rapport. Malgré tout, elle a devancé plusieurs concurrentes à ce chapitre.

Comme il s'agissait d'un match opposant des modèles de base, la Civic a été pénalisée pour son prix par rapport aux Ford Escort et Hyundai Elantra. Malgré tout, elle a suffisamment brillé sur tous les autres points pour devenir notre championne incontestée. Et contrairement à d'autres, elle offre deux coussins de sécurité en équipement de série.

> *Il a dit:*
>
> *Claude Carrière: Plus solide, plus silencieuse, toujours nerveuse, elle ne donne nullement l'impression d'être une voiture économique. L'habitacle est plus généreux, les commandes intérieures de qualité, tandis que la tenue de route impressionne. Malheureusement, sa personnalité est moins définie que celle de l'ancienne Civic.*

VOLKSWAGEN GOLF

L'économie n'exclut pas le plaisir

Grande championne lors de notre dernier match de sous-compactes, la Golf doit cette fois s'incliner devant la Civic. Ce n'est pas tellement que cette allemande d'origine mexicaine a régressé sur le plan de la conduite ou des performances. C'est tout simplement que certains éléments de notre match l'ont handicapée. Par exemple, nous avions décidé de tester des modèles équipés d'une boîte automatique. Ce choix était basé sur le fait que la majorité des voitures de cette catégorie sont commandées avec la boîte automatique. Mais ce n'est pas le cas de la Golf, qui attire généralement des clients plus intéressés par l'agrément de conduite, la tenue de route et les performances. Les acheteurs de Golf optent donc plus souvent pour la boîte manuelle. Les règles de notre match comparatif ont donc fait en sorte que la Golf qui y participait était une version GL, plus luxueuse et aussi plus onéreuse que le modèle CL, qui ne peut être commandé avec l'automatique. Naturellement, elle a perdu des points en raison de son prix d'achat dépassant allègrement la barre des 16 000 $.

Même si c'était cette version plus coûteuse et donc mieux équipée au départ qu'elle mettait à l'essai, notre équipe n'a pu s'empêcher d'être désagréablement surprise en découvrant la présentation très dépouillée du coffre arrière et l'absence de coffre à gants. Les ingénieurs allemands nous ont habitués à des solutions plus ingénieuses par le passé. Cette fois, on élimine le coffre à gants pour faire place au coussin gonflable pour le passager. Quant au coffre à bagages, ses parois ne sont pas recouvertes de garniture comme sur la plupart des autres voitures et sa présentation est assez austère.

Comme il fallait s'y attendre, les avis sont partagés quant à l'esthétique de la carrosserie. Quelques-uns nous ont parlé de «boîte carrée sur roues», de «style lourd et rétro». Par contre, pour d'autres, la silhouette de la Golf possède ce p'tit quelque chose de différent et de fonctionnel à la fois qui les fait craquer. Et comme le faisait si justement remarquer un essayeur, cette voiture est toujours économique, mais elle ne fait pas bon marché. Sa classe lui permet de se distinguer et de toujours être à la hauteur sans défoncer votre compte en banque.

Caractère européen

Mais, élégante ou pas, c'est surtout le caractère européen de cette voiture ainsi que son agrément de conduite qui lui ont permis de gagner les votes de nos essayeurs. Ces derniers l'ont d'ailleurs placée au deuxième rang quant à leur choix personnel, le même qu'elle a obtenu dans les résultats chiffrés. L'un des points forts de la Golf a toujours été sa conduite et le modèle actuel ne fait pas exception à la règle. Autant par ses performances que par sa tenue de route, elle a cumulé des points. En revanche, les performances du moteur 2,0 litres n'ont pas emballé notre équipe qui l'a classé dans le dernier tiers du groupe après avoir donné de très hautes notes à la tenue de route.

La souplesse assez généreuse des amortisseurs est probablement la cause d'un certain va-et-vient de la caisse dans les virages. Les Allemands préfèrent assouplir cette pièce d'équipement pour plaire aux acheteurs des États-Unis plutôt que de s'en tenir à l'approche originale. Pas surprenant que tant de Québécois investissent dans des amortisseurs de meilleure qualité. Chez les enthousiastes, c'est toute la suspension qui est remplacée.

Somme toute, la Golf s'incline devant la Civic mais sans rien perdre de son excellence au chapitre de la conduite qui la fait tant apprécier des connaisseurs. Cependant, plusieurs se sont inquiétés de sa fiabilité inférieure à celle des japonaises.

> **Il a dit:**
>
> *Jacques Duval: Infiniment agréable parce que différente de la horde des sous-compactes habituelles: une preuve que l'économie n'a pas besoin d'être drabe. Le point d'interrogation reste sa fiabilité. Mais dans un test comme celui-ci, son caractère européen brille de tous ses feux.*

FORD ESCORT

La plus japonaise des américaines

L'Escort a été la grande surprise de notre match. Quand on considère que cette Ford s'était classée au dernier rang lors de notre dernière évaluation effectuée en 1994, on se rend compte des progrès réalisés. En effet, lors de notre randonnée d'essai, tous les participants avaient des commentaires élogieux à émettre à propos de cette berline. Non seulement sa silhouette plaît, mais elle lui confère une apparence de grosse voiture qui lui permet de mieux soutenir la comparaison avec les Chevrolet Cavalier et Toyota Corolla. D'ailleurs, elle a nettement devancé la concurrence pour son esthétique extérieure. Tandis que l'habitacle de la version précédente était ennuyeux comme la pluie, la nouvelle présentation intérieure s'est attiré de très bonnes notes: seule la Civic l'a devancée à ce chapitre. En plus, l'Escort a décroché la palme pour la qualité de sa finition intérieure.

Méconnaissable

Inutile de mentionner que ce modèle a accompli des progrès remarquables tant sur le plan de la présentation que de la qualité d'assemblage. Son comportement routier s'est également amélioré de façon spectaculaire. La conduite d'une berline de la génération précédente nous permettait de découvrir une suspension mal adaptée à la conduite avec un roulis de caisse prononcé et un sous-virage marqué. De plus, la précision de la direction ne pouvait soutenir la comparaison avec la concurrence. En revanche, sur le modèle 1997, non seulement la caisse est stable en virage, mais la direction est en mesure de se démarquer par sa précision. Enfin, la voiture est étonnamment stable dans les virages serrés. Bref, cette Escort est méconnaissable. D'ailleurs, sur plusieurs des feuilles de commentaires, on pouvait lire: «Est-ce possible que cette voiture soit une Ford?»

Le nouveau moteur 2,0 litres de 110 chevaux s'acquitte honnêtement de sa tâche. Son couple généreux à bas régime lui permet de cohabiter harmonieusement avec la boîte automatique. Toutefois, cette dernière manque quelque peu de raffinement et a tendance à chasser fréquemment dans les pentes. À ce chapitre, la transmission de la Civic est supérieure tandis que la Golf offre le même niveau d'efficacité.

Agrément de conduite à la hausse

Ford a donc visé dans le mille avec cette voiture qui utilise la même plate-forme que le modèle précédent, mais qui le devance à tous les points de vue. Les ingénieurs de Ford ont consacré beaucoup de temps et d'efforts à raffiner cette voiture afin de la rendre plus solide, plus confortable et plus agréable à conduire. Ajoutez une finition en progrès, une silhouette du tonnerre, et vous comprendrez pourquoi l'Escort a progressé de sept rangs depuis notre dernier comparatif.

Il lui est toutefois impossible de faire l'unanimité quant à l'esthétique du module de commande de la radio et de la climatisation. Certains détestent cette présentation originale tandis que d'autres en sont emballés. Mais il s'agit d'un détail, l'important est que l'ensemble de la voiture a été accueilli avec enthousiasme.

> *Il a dit:*
> *Daniel Noiseux: En plus de son esthétique au goût du jour, elle est la plus réussie quant à l'agencement des matériaux et de la couleur. Une voiture honnête nous proposant un rapport qualité/prix correct.*

HYUNDAI ELANTRA 4ᵉ place

Elle s'élève enfin au niveau des japonaises

Plusieurs de nos essayeurs ont été agréablement surpris par la Hyundai Elantra. Son esthétique dynamique, son habitacle spacieux et les prestations de son moteur lui ont valu sa part d'éloges. Il faut cependant se rappeler que sa quatrième place n'est pas une surprise en soi puisque cette sous-compacte s'était classée au même rang en 1994. La voiture a progressé à presque tous les chapitres, mais l'Escort est venue lui souffler le troisième rang en raison d'un équilibre plus marqué et de la présence de coussins gonflables à un prix presque équivalent. D'ailleurs, si l'Elantra n'avait pas été aussi sérieusement handicapée par l'absence de coussins de sécurité, elle aurait pris le second rang. Toutefois, la fiabilité de la mécanique, la qualité du service et la valeur de revente de la voiture n'ont pas été prises en considération dans la comptabilisation des points. Compte tenu que plusieurs membres de l'équipe ont manifesté certaines inquiétudes à ce sujet, l'Elantra se serait certainement inclinée devant la Toyota Corolla, qui est intouchable sur ces points.

La plus belle

La silhouette de l'Elantra a rapidement fait consensus. Même si ce design agressif risque de mal vieillir, il nous en met plein la vue pour l'instant et a capturé le premier rang dans la catégorie «esthétique extérieure». De plus, l'Elantra a devancé plusieurs autres japonaises participant au match pour la qualité de sa finition. Toutefois, le bouclier avant proéminent en matière plastique s'est révélé une cible facile pour les cailloux projetés sur la route. Si la silhouette de l'Elantra joue d'audace, son habitacle est nettement plus réservé. Le tableau de bord ainsi que les commandes sont tout ce qu'il y a de plus «dans la norme». Il faut également souligner que les matériaux sont de meilleure qualité qu'auparavant.

Le moteur de cette coréenne s'est également distingué autant en raison de son rendement que par ses performances. À ce chapitre, il a terminé ex-aequo avec la Corolla et la Golf. Ses freins efficaces ont également joué en sa faveur. Ces résultats ne sont pas le fruit du hasard puisque la version précédente brillait également par ses performances et la vivacité de son moteur. En fait, ce 4 cylindres 1,8 litre s'est taillé une réputation des plus enviables. D'ailleurs, un confrère qui participe à la série Enduro au volant d'une Elantra affirme être impressionné par la robustesse du moteur. Essayée il y a quatre ans avec une boîte manuelle, cette vaillante coréenne avait perdu des points en raison de l'imprécision du levier de vitesses et de l'atroce manque de progressivité de l'embrayage. Le présent match met les boîtes automatiques en vedette et cette Hyundai a été l'objet de plusieurs commentaires à ce sujet. Le système de contrôle de passage des vitesses semble avoir beaucoup de difficulté à se faire une idée quant au rapport à utiliser. Il s'ensuit une suite de changements intempestifs. Et ces passages sont en plus assez saccadés. Les ingénieurs d'Ulsan devront trouver un moyen de remédier à cette lacune, la plus évidente de la voiture.

Toujours considérée comme la plus intéressante voiture chez Hyundai, l'Elantra de la nouvelle génération donne la preuve que le numéro un coréen continue de s'améliorer à tous les chapitres. Au fil des modèles, la différence entre ses voitures et celles réalisées par les Japonais diminue. Mais il reste encore des progrès à faire.

Il a dit:

Luc Beauregard: Hyundai a bien fait ses devoirs avec l'Elantra. Le moteur est extra tandis que la silhouette fait immanquablement tourner les têtes. Malheureusement, dans le match, elle est handicapée par l'absence de coussins de sécurité et une boîte automatique plutôt fantaisiste.

CHEVROLET CAVALIER 5ᵉ place

Le best-seller décalé par son look

Compte tenu qu'il s'agit de la voiture la plus vendue tant au Québec qu'au Canada, il est tout de même surprenant que la Chevrolet Cavalier se retrouve au cinquième rang de ce match et qu'elle soit même devancée par l'Elantra. Il faut toutefois souligner que quelques points seulement séparent ces deux modèles. Mais sur le marché, la logique n'est pas toujours respectée et ce n'est pas toujours la voiture la plus homogène qui domine les classements. Plusieurs autres facteurs viennent s'interposer.

L'un des facteurs qui expliquent les succès de cette voiture sur le marché est son équilibre d'ensemble. Cette Cavalier ne brille à aucun chapitre en particulier, mais elle s'acquitte honnêtement de sa tâche selon tous les critères. Cette approche lui permet de glaner des scores intermédiaires dans tous les secteurs sans pour autant devancer la concurrence par plusieurs points. Tant et si bien que son classement est dans la bonne moyenne, soit au milieu du groupe.

Piètre finition

Si on analyse la feuille de pointage, on constate que ce sont les éléments esthétiques et pratiques qui ont fait le plus de tort à la Cavalier. Ainsi, même si certains chroniqueurs automobiles avaient apprécié sa silhouette lors de son lancement, la présentation intérieure et extérieure n'a guère ému nos jurés, qui l'ont jugée sévèrement. De plus, la finition intérieure a été lourdement pénalisée. Plusieurs ont souligné avec justesse l'allure bon marché du plastique et de certaines commandes. Le mécanisme du cendrier, entre autres, semble avoir été dessiné par un ingénieur russe de chez Lada ayant consommé trop de vodka. En revanche, les sections portant sur les «accessoires et commodités» ainsi que la «sécurité» ont permis à la Cavalier de gagner plusieurs points importants. D'ailleurs, l'habitabilité ainsi que la position de conduite ont été appréciées. Il faut souligner au passage que la voiture offre un système de freins ABS en équipement de série. Ce n'est peut-être pas le plus performant du monde, mais il est suffisamment efficace pour justifier sa présence.

Le moteur 2,2 litres de la Cavalier développe 120 chevaux et il est le seul à ne pas posséder un arbre à cames en tête. Chez Chevrolet, on soutient que l'utilisation de poussoirs et de culbuteurs se justifie toujours. Cette mécanique permet de diminuer les coûts de production et d'assurer un couple généreux à bas régime. Encore une fois, ce 4 cylindres permet à la Cavalier de se classer en milieu de peloton en ce qui concerne les performances et le rendement du moteur et de sa transmission automatique à 3 rapports.

En fait, cette berline est la voiture de tous les jours dont l'honnêteté de ses prestations permet d'apprécier à sa juste valeur tout en bénéficiant d'un prix très compétitif. Mais cette politique de compromis a pour effet de pénaliser la voiture lorsqu'elle est comparée à d'autres modèles plus inspirés et plus relevés. Il est toujours possible d'opter pour le moteur 2,4 litres à double arbre à cames de 150 chevaux et la boîte automatique à 4 rapports, mais le prix est nettement plus prohibitif même si l'agrément de conduite et les performances y gagnent.

Somme toute, la Chevrolet Cavalier tente de nous offrir une voiture dotée d'un maximum d'équipement à un prix minimum. Elle y réussit en partie, mais cette approche donne également une voiture offrant des résultats moyens comme en témoigne son classement en cinquième place.

> Il a dit:
> François Gastonguay: L'espace avant est un peu juste. L'équipement est complet malgré un prix fort convenable. Un marketing relevé assure des ventes nombreuses de cette voiture dont le comportement routier n'est pas à dédaigner.

DODGE/PLYMOUTH NEON 6ᵉ place

Un certain manque de raffinement

Lors du lancement de la Neon il y a deux ans, Chrysler a fait un tapage infernal vantant ses qualités. On affirmait avoir réinventé la petite voiture économique nord-américaine. Des méthodes de conception et de fabrication sortant de l'ordinaire associées à un design très raffiné ont porté cette voiture à l'avant-plan. Malheureusement, ses débuts ont été assez houleux: des défauts de conception et d'assemblage sont venus perturber les premiers mois de la commercialisation.

Même si cette sous-compacte est sur le marché depuis le printemps 1994 en tant que modèle 1995, elle en est à sa première confrontation avec l'ensemble des autres sous-compactes dans le *Guide de l'auto*. Elle avait toutefois participé à un match comparatif limité dans l'édition 1995.

Le constructeur ayant bénéficié de trois années pour peaufiner son modèle, on aurait cru que la Neon serait plus silencieuse et dotée d'une suspension beaucoup plus homogène. Malheureusement, elle s'est classée au dernier rang quant au silence de roulement tandis que sa suspension a reçu sa part de commentaires négatifs. L'infiltration d'air dans l'habitacle à haute vitesse et un moteur au niveau sonore élevé rendent la conduite sur autoroute désagréable. Quant à la suspension, elle en a irrité plus d'un en raison de son sautillement continuel à des vitesses intermédiaires. De plus, la boîte automatique à 3 rapports ne s'est pas illustrée outre mesure.

Du bon et du moins bon

En revanche, la Neon se défend pas mal quant à la tenue de route. Son comportement en virage est rassurant et on peut ainsi profiter des 132 chevaux du moteur qui est rugueux mais performant. Cependant, la direction ne fait pas l'unanimité et gagnerait à être plus précise tandis que la pédale de frein a été jugée spongieuse par la majorité. Les performances de la Neon la situant dans le premier tiers du groupe d'essai viennent compenser ces deux éléments négatifs. Bref, malgré son potentiel, cette voiture est inégale et traîne une bonne dose d'irritants.

Il est difficile de trouver à redire quant à la silhouette de la Neon, qui demeure toujours appréciée quelques années après son lancement. Les stylistes de Chrysler ont vraiment le coup de crayon heureux. Malheureusement, les responsables de la conception des sièges n'ont pas connu autant de succès auprès de nos «critiqueux» d'un jour. En fait, la Neon s'est classée au dernier rang sous ce rapport.

Malgré des améliorations apportées à la suspension et à l'intégrité de la caisse, la Neon n'a pas l'homogénéité requise pour devancer les autres modèles qui l'ont supplantée dans ce match. Il y a également eu des progrès quant au contrôle de la qualité, mais ce n'est pas suffisant. Cette voiture a été développée et commercialisée en un temps record et elle en paie toujours le prix. Malgré tout, elle a réussi à devancer certaines berlines d'origine japonaise dont la conception est plus sophistiquée peut-être, mais qui sont handicapées par un prix de vente plus corsé, une présentation plus dépouillée et des accessoires de sécurité en moins grand nombre.

Inégale certes, la Neon possède du caractère à revendre et plusieurs propriétaires sont prêts à endurer quelques irritants pour s'asseoir au volant d'une sous-compacte se distinguant par une silhouette qui a du punch tout en offrant une tenue de route intéressante et un moteur dynamique malgré son caractère bruyant.

> Il a dit:
> *Richard Petit:* Sa silhouette et son caractère sportif sont à souligner. Son moteur nerveux s'associe à une tenue de route qui n'est pas à dédaigner. Enfin, à son volant, on a l'impression de conduire une voiture au gabarit plus imposant.

TOYOTA COROLLA 7ᵉ place

La Mercedes des petits budgets

La septième position de la Corolla en surprendra plusieurs et elle nous a également étonnés. Cette japonaise s'était classée au deuxième rang de notre dernier match comparatif complet et avait dominé d'emblée un minimatch réalisé en 1995 dans le cadre du *Guide*. Cette dégringolade ne signifie pas que Toyota a perdu sa touche et que ce modèle ne peut suivre la concurrence. En fait, lors des comparaisons antérieures, le facteur prix n'était pas une priorité comme il l'est dans cette évaluation. Chez Toyota, on tient mordicus à offrir la meilleure qualité possible. D'ailleurs, les nombreux prix et mentions concernant la fiabilité et la longévité de ces voitures viennent confirmer leur valeur. Mais, justement, il est impossible d'offrir une longue liste d'accessoires de série et une qualité supérieure tout en maintenant un prix compétitif. La Corolla portant les couleurs du numéro un japonais s'est présentée à notre match dans sa version la plus dépouillée et elle en a payé le prix. D'ailleurs, un de nos essayeurs possède une Corolla équipée au maximum et il a eu toute une surprise en découvrant le dépouillement de la version qui nous a été confiée. Un autre s'est déclaré heureux de constater que l'indicateur de vitesse était quand même inclus compte tenu de la sobriété du tableau de bord.

Malgré tout, cette Toyota a été sévèrement pénalisée en raison de son prix plus élevé. Il est certain qu'une version plus cossue aurait décroché plus de points dans plusieurs catégories, mais elle aurait été sérieusement handicapée par un prix encore plus corsé.

Performances honnêtes

Malgré tout, la Corolla s'est distinguée par ses sièges très confortables associés à une position de conduite fort appréciée. Son moteur offre des performances honnêtes, mais cette Toyota n'a pas tellement emballé notre équipe par son agrément de conduite. Les pneumatiques semblaient être à la limite de leurs capacités en certaines occasions et tout dans cette voiture venait nous rappeler qu'il s'agissait d'un modèle de base. Et, curieusement, sur certaines routes bosselées, des bruits de caisse se sont fait entendre.

Si son dépouillement lui a fait perdre des points, le rendement global de la voiture est demeuré intact. D'ailleurs, plusieurs ont souligné que si cette Corolla n'était pas excitante, elle livrait la marchandise. Même dans cette présentation sobre, la qualité des matériaux, la longévité anticipée de la voiture et sa mécanique solide étaient des éléments à prendre en sérieuse considération. Malheureusement, l'absence d'un coussin gonflable côté passager, l'un des prix de base les plus élevés du groupe et un ennui de conduite assuré ne peuvent lui permettre de surpasser d'autres modèles dont les qualités de solidité et de fiabilité sont moindres, mais qui proposent un meilleur confort et un certain agrément de conduite.

Il faut également tenir compte dans ce classement du fait que plusieurs modèles ont été améliorés ou même complètement transformés depuis quelques années. La Corolla a de plus en plus de difficulté à soutenir la comparaison. D'autant plus que sa dernière refonte, survenue en 1993, avait été plus une évolution qu'une transformation. Malgré tout, elle est souvent considérée comme la petite Mercedes des gens qui ne sont ni riches ni célèbres.

Il a dit:

Jean-Yves Dupuis: Bonne voiture pour une personne à la recherche d'une automobile avant tout fiable et ne désirant pas nécessairement piloter une voiture agréable à conduire. Le moteur ne m'a pas impressionné par ses performances.

SATURN 8ᵉ place

De bonnes idées mal exploitées

La Saturn se présentait à notre match avec des atouts supplémentaires puisque sa carrosserie a été transformée l'an dernier et que son habitacle avait fait peau neuve une année auparavant. Il semble que chez Saturn on utilise une forme d'étapisme quelconque pour lancer les nouveaux modèles. Pourtant, malgré ces améliorations, elle se classe au huitième rang, tout comme lors de notre dernier match opposant le même type de voiture. Il est vrai que la silhouette est plus moderne, l'habitacle plus intéressant et le moteur de base plus puissant, mais les changements n'ont pas été en mesure de faire la différence.

Curieusement, un peu comme avec la Toyota Corolla qui est fortement appréciée par ses propriétaires, la Saturn continue de dominer les classements de satisfaction de la clientèle. Pourtant, elle se fait allègrement devancer par sept autres voitures dans notre match. Il semble que l'intérêt croît au fil des kilomètres comme nous avons été en mesure de le vérifier dans le cadre d'un essai à long terme réalisé il y a quelques années. Par contre, les quelques kilomètres passés à son volant n'ont certainement pas enthousiasmé nos essayeurs.

Si la silhouette extérieure a cumulé plusieurs points, la présentation intérieure a indéniablement déplu: on lui a accordé la plus basse note de la catégorie. La division Saturn s'est toujours efforcée de dessiner des commandes de conception différente. Cette approche n'a pas réussi à amadouer nos jurés qui l'ont classée au neuvième rang sous ce rapport. Certains ont qualifié l'habitacle d'horrible tandis que quelques commandes ont été décrites comme «surprenantes». Bref, Saturn tente bien de «réinventer l'automobile», mais les succès sont mitigés si on en juge par l'opinion de notre jury.

Moteur bruyant

Cette petite nord-américaine était autrefois handicapée par un moteur de base nettement déficient au chapitre de la puissance et des prestations. Il y a deux ans, on a remédié à cette lacune en portant la puissance à 100 chevaux. Malheureusement, le niveau sonore de ce moteur est très élevé. Si on a le malheur d'enfoncer l'accélérateur avec enthousiasme, on obtient des accélérations et des reprises adéquates, mais accompagnées d'un grognement désagréable. De plus, en accélération, l'effet de couple se fait sentir dans le volant. Comme le soulignait la feuille d'évaluation d'un des essayeurs, «ça tire à droite». Et la tenue de route n'a guère impressionné non plus: cette berline s'est classée dans le dernier tiers sur ce point.

La Saturn pourrait se rattraper en offrant un confort au-dessus de la moyenne. Les sièges, bien que confortables, sont relativement bas tandis que la ceinture de caisse est élevée. Une configuration qui ne plaira pas aux claustrophobes. De plus, les places arrière sont toujours mal servies par un dossier dont le rembourrage est particulièrement mince. Il faut toutefois souligner que la qualité des matériaux, des tissus et du plastique de l'habitacle est supérieure à la moyenne de cette catégorie.

Heureusement pour General Motors, la qualité de la mise en marché et du service après-vente permettent à la Saturn de devancer la concurrence quant à la satisfaction de la clientèle. En fait, les propriétaires satisfaits sont les meilleurs vendeurs. Ce qui explique probablement pourquoi l'usine Saturn de Spring Hills, dans le Tennessee, ne suffit pas à la demande.

> **Il a dit:**
> *Jean-Georges Laliberté: La nouvelle planche de bord est beaucoup plus agréable à regarder et à palper, et brille par son originalité... La ligne est en progrès par rapport à la précédente, mais le porte-à-faux avant est d'une longueur désastreuse.*

MAZDA PROTEGÉ 9ᵉ place

Un dépouillement plus ou moins réussi

À l'origine, ce match semblait être fait sur mesure pour la Protégé SE. En effet, avec le plus bas prix de toutes les voitures en lice et la qualité de conception et de fabrication des produits Mazda, cette berline semblait destinée à figurer tout au moins sur le podium. Pourtant, elle se retrouve en avant-dernière place. Pire encore, elle a dégringolé de six places par rapport à notre dernière évaluation comparative. Il semble qu'elle soit victime des mêmes circonstances que la Toyota Corolla qui brille de tous ses feux lorsque bien équipée et qui déçoit lorsqu'elle se présente dans son plus simple appareil.

Chez Mazda, on a été obligé de tricoter serré pour nous proposer une voiture fabriquée au Japon à un prix aussi compétitif. Il faut souligner que toutes les autres japonaises participant à ce match sont assemblées en Amérique du Nord. D'ailleurs, la Subaru Impreza, elle aussi fabriquée au Japon, s'est disqualifiée au tout début en raison d'un prix de vente excédant les 20 000 $. Pour nous offrir une aubaine, les planificateurs de Mazda ont été obligés de dépouiller la voiture et d'opter pour un 4 cylindres 1,5 litre au lieu du 1,8 litre qui était le seul disponible jusqu'à cette année. Qu'il suffise de mentionner que les enjoliveurs ne sont même plus de la partie. Le fait qu'on leur ait préféré des boulons chromés nous donne une excellente idée du zèle apporté aux restrictions en matière d'équipement. La présentation esthétique intérieure et extérieure n'a pas tellement inspiré notre panel qui lui a accordé des notes relativement modestes. Le look dépouillé à l'extrême est un peu trop radical pour permettre à la Protégé de devancer des concurrentes mieux nanties sous ce rapport. D'ailleurs, plusieurs ont souligné dans leurs commentaires que cette voiture serait nettement plus compétitive si elle était mieux équipée et plus puissante. Et pour accentuer ce caractère «el cheapo», les coussins de sécurité brillaient par leur absence.

Pneus bon marché

Toutefois, l'habitacle est spacieux tandis que les sièges ont été jugés parmi les plus confortables du groupe. Mais, encore une fois, ce n'est pas suffisant pour pallier un comportement routier pas tellement inspirant. Une partie des problèmes de tenue de route est causée par des pneumatiques totalement déficients. Un essayeur a cru rouler sur un chemin de fer lorsqu'il était au volant de la Protégé sur une section de route quelque peu dégradée. Et comme la majorité des routes du Québec sont en mauvais état, ce n'est pas de bon augure. Il n'est pas surprenant de constater que les essayeurs l'ont classée dans le dernier tiers quant à leur choix personnel. En fait, un seul membre du groupe a eu des mots encourageants pour cette Mazda en la classant au second rang de son classement personnel. Et ce choix se justifiait beaucoup plus en fonction du potentiel de la plate-forme que des performances de notre modèle d'essai.

Malheureusement, ces matchs comparatifs ne doivent pas être basés sur ce qui pourrait être, mais sur ce qui nous est soumis à des fins de comparaison. Malgré son classement décevant, cette Mazda pourrait facilement être plus intéressante si on prenait la peine d'investir dans des pneumatiques plus performants. Par ailleurs, si vous recherchez une sous-compacte spacieuse, dotée de bons sièges et économique à l'achat, la Protégé n'est pas dépourvue de qualités.

Il a dit:
Patrick Poitras: J'ai eu l'impression en la regardant et en prenant place dans l'habitacle d'être en présence d'une Geo Metro tellement la finition intérieure et extérieure m'a déçu.

NISSAN SENTRA 10ᵉ place

Une vocation économique évidente

Mieux vaut le souligner tout de suite, cette dixième et dernière place de la Nissan Sentra n'est pas attribuable à une finition atroce, une mécanique fragile ou un niveau de qualité inférieur. Si elle se retrouve dans cette position embarrassante, c'est tout simplement que son agrément de conduite est pratiquement inexistant. D'ailleurs, un essayeur l'a qualifiée d'«incolore, inodore et sans saveur, une voiture parfaite pour la revue *Consumer Report*». Ajoutez un prix légèrement au-dessus de la moyenne, l'absence de coussins gonflables, une silhouette terne et vous pouvez expliquer un tel classement. Il est intéressant de mentionner que pratiquement tous les membres de notre équipe ont souligné que la partie arrière de la carrosserie était ratée et handicapait la voiture à leurs yeux.

De plus, le niveau sonore dans la cabine ainsi que la piètre efficacité des pneumatiques sont venus handicaper cette japonaise fabriquée à Smyrna, dans le Tennessee. Bref, un peu comme la Corolla et la Protegé, elle s'accommode assez mal de son rôle de voiture économique. Et elle est si peu inspirante qu'elle s'est classée à l'avant-dernière place en ce qui a trait au choix des essayeurs. Incidemment, plusieurs lui ont difficilement pardonné de ne posséder aucun coussin gonflable tandis que d'autres voitures, vendues moins cher, offraient des coussins pour le conducteur et le passager.

Encore les pneus

Même si la qualité de sa construction a été bien notée, c'est surtout le comportement routier et le rendement du moteur qui ont été les plus sévèrement jugés. Comme dans le cas de la Corolla et de la Protegé, les pneumatiques de faible rendement expliquent en partie cette tenue de route déficiente puisque la plate-forme de cette Nissan est rigide. Quant au moteur, il faut admettre qu'il était tout neuf et encore en période de rodage. Cela pourrait expliquer la timidité de son rendement. De plus, il semble nettement mieux adapté à une boîte manuelle qu'à l'automatique.

En résumé, Nissan s'est contentée de réviser certains éléments lors de la refonte de ce modèle il y a quelques années. Malheureusement,

cette transformation a été trop superficielle pour permettre à la Sentra de pouvoir remonter la pente. Elle est sans doute plus solide et mieux assemblée que jamais, mais la concurrence a progressé davantage. De plus, à force de vouloir corriger tous les petits défauts, on a dangereusement aseptisé cette voiture et elle est devenue ennuyante comme la pluie.

Toutefois, un modèle mieux équipé se serait défendu avec plus de succès, mais son prix serait certainement devenu prohibitif pour la catégorie. Donc, si son dépouillement et sa conduite ennuyeuse ne vous incommodent pas, il est intéressant de souligner que la mécanique de cette voiture s'est taillé une fort enviable réputation sur le plan de la fiabilité.

Elle a dit:

Johan Latulippe: Une voiture intéressante par sa qualité de fabrication et sa solidité. Cependant, elle est ennuyante à conduire et son design est vraiment raté.

Le mot de la fin

Voilà, les dés sont jetés. Certaines voitures nous ont offert d'agréables surprises tandis que d'autres ont été décevantes. Au risque de se répéter, à l'exception de la Honda Civic, notre médaillée d'or, plusieurs voitures japonaises ont été handicapées par la vocation «version économique» de ce match. D'ailleurs, lorsque Honda a modifié sa gamme Civic l'an dernier, les représentants de la compagnie avaient insisté pour nous mentionner que la voiture avait été raffinée et améliorée sans que soient sacrifiés pour autant les performances et l'agrément de conduite. Quant à la Volkswagen Golf, médaillée d'argent, elle demeure fidèle à elle-même bien que la version participant à notre match ait été désavantagée par une boîte automatique qui a fortement fait grimper son prix. Enfin, la troisième lauréate sur le podium et médaillée de bronze est la Ford Escort, la plus grande surprise de ce match. En utilisant les mêmes éléments que la version précédente, les ingénieurs de Ford ont complètement transformé cette voiture. Ils ont corrigé ses faiblesses et lui ont donné une silhouette dont l'élégance a fait l'unanimité.

En conclusion, ce match permet de constater que les sous-compactes offrent aux acheteurs un confort, un comportement routier et des performances qui étaient l'apanage de voitures plus grosses et plus luxueuses il y a quelques années à peine. Malheureusement, il faut payer le prix et la barrière des 16 000 $ pourrait ne pas résister à la publication de la prochaine liste de prix.

D. Duquet

Fiche technique

	CAVALIER	CIVIC	COROLLA	ELANTRA
Longueur	456 cm	418 cm	437 cm	442 cm
Empattement	254 cm	262 cm	246,5 cm	255 cm
Poids	1180 kg	1008 kg	1095 kg	1200 kg
Transmission	automatique	automatique	automatique	automatique
Nb. de rapports	4	4	4	4
Moteur	4L	4L	4L	4L
Cylindrée	2,2 litres	1,6 litre	1,8 litre	1,8 litre
Puissance	122 chevaux	106 chevaux	105 chevaux	130 chevaux
Suspension				
avant	indépendante	indépendante	indépendante	indépendante
arrière	semi-ind.	indépendante	indépendante	semi-ind.
Freins				
avant	disques	disques	disques	disques
arrière	tambours	tambours	tambours	tambours
ABS	oui	optionnel	optionnel	optionnel
Pneus	195/65R14	185/65R14	175/65R14	195/60R14
Direction	à crémaillère	à crémaillère	à crémaillère	à crémaillère
Coussin gonflable	oui	oui	conducteur	non
Réservoir de carburant	58 litres	45 litres	50 litres	52 litres
Capacité du coffre	374 litres	363 litres	360 litres	390 litres
Accélération 0-100 km/h	10,4 s	10,3 s	10,4 s	10,6 s
Freinage 100-0 km/h	46,3 m	42,4 m	39,8 m	42,1 m
Accélération 1/4 mille	17,2 s	17,1 s	17,4 s	17,6 s
Vitesse de pointe	175 km/h	185 km/h	192 km/h	192 km/h
Consommation	9,8 l/100 km	8,4 l/100 km	10,8 l/100 km	10,6 l/100 km
Prix	14 650 $	15 895 $	16 778 $	14 395 $

ESCORT	GOLF	NEON	PROTEGÉ	SATURN	SENTRA
444 cm	408 cm	436 cm	444 cm	440 cm	432 cm
250 cm	247 cm	264 cm	260 cm	260 cm	253 cm
1135 kg	1195 kg	1120 kg	1105 kg	1100 kg	1050 kg
automatique	automatique	automatique	automatique	automatique	automatique
4	4	3	4	4	4
4L	4L	4L	4L	4L	4L
2,0 litres	2,0 litres	2,0 litres	1,5 litre	1,9 litre	1,6 litre
110 chevaux	115 chevaux	132 chevaux	92 chevaux	100 chevaux	115 chevaux
indépendante	indépendante	indépendante	indépendante	indépendante	indépendante
indépendante	semi-ind.	indépendante	indépendante	indépendante	semi-ind.
disques	disques	disques	disques	disques	disques
tambours	tambours	tambours	tambours	tambours	tambours
optionnel	oui	optionnel	non	optionnel	optionnel
185/65R14	195/60R14	185/65R14	175/70R13	175/70R14	175/70R13
à crémaillère	à crémaillère	à crémaillère	à crémaillère	à crémaillère	à crémaillère
oui	oui	oui	non	oui	non
48 litres	55 litres	42 litres	50 litres	48 litres	50 litres
342 litres	495 litres	340 litres	371litres	340 litres	303 litres
11,0 s	10,4 s	10,4 s	13,8 s	11,1 s	10,9 s
44,1 m	44,5 m	42,5 m	44,5 m	48,7 m	49,2 s
17,7 s	16,6 s	17,6 s	18,5 s	17,8 s	17,5 s
175 km/h	195 km/h	195 km/h	175 km/h	185 km/h	180 km/h
8,6 l/100 km	10,2 l/100 km	9,1 l/100 km	8,6 l/100 km	11,8 l/100 km	9,6 l/100 km
15 235 $	17 795 $	14 250 $	14 450 $	15 698 $	15 548 $

Fiche d'évaluation

		CAVALIER	CIVIC	COROLLA	ELANTRA	ESCORT	GOLF	NEON	PROTEGÉ	SATURN	SENTRA
Esthétique											
Extérieur	10	6,5	7,3	7,8	8,5	8,4	8,3	7,6	6,7	7,0	6,8
Intérieur	10	6,3	8,0	7,3	7,2	7,7	7,9	6,9	6,8	6,1	7,0
Finition extérieure	10	7,2	9,0	7,7	7,5	7,6	8,0	7,5	6,4	7,5	7,1
Finition intérieure	10	6,5	8,1	7,5	7,8	8,5	7,8	7,2	6,0	6,5	7,3
	40 pts	26,5	**32,4**	30,3	31,0	32,2	32,0	29,2	25,9	27,1	28,2
Accessoires											
Nombre et commodités	10	8,0	8,3	7,3	7,4	7,7	8,0	7,0	6,9	7,6	6,5
Espaces de rangement	10	7,8	8,5	7,7	7,9	7,4	6,3	7,8	7,8	6,8	7,3
Instruments/commandes	10	7,5	8,1	7,8	7,5	7,4	7,7	7,6	7,6	7,2	6,9
Ventilation/chauffage	10	8,5	8,6	7,9	7,8	7,8	8,0	7,7	7,6	7,1	8,0
	40 pts	31,8	**33,5**	30,7	30,6	30,3	30,0	30,1	29,9	28,7	28,7
Carrosserie											
Accès/Espace avant	15	12,0	14,0	13,2	13,0	13,0	11,0	12,0	13,5	12,0	12,5
Accès/Espace arrière	15	12,0	11,0	11,0	13,2	10,5	12,5	13,5	14,0	12,0	13,0
Coffre: accès et volume	5	3,0	4,0	5,0	4,0	4,0	3,0	3,0	4,0	4,0	4,0
Accès mécanique	5	4,0	4,0	4,0	5,0	3,0	5,0	5,0	3,0	4,0	5,0
	40 pts	31,0	33,0	33,2	**35,2**	30,5	31,5	33,5	34,5	32,0	34,5
Confort											
Suspension	10	7,5	8,0	7,5	7,5	7,5	8,3	6,5	7,0	8,5	7,5
Niveau sonore	10	7,5	8,5	8,0	7,5	7,5	8,0	6,0	6,5	7,0	6,5
Sièges	10	7,4	7,8	9,0	7,0	8,0	7,5	6,5	9,0	7,8	8,5
Position de conduite	10	8,4	9,0	8,0	10,0	8,5	8,5	7,5	8,0	7,5	9,0
	40 pts	30,8	**33,3**	32,5	32,0	31,5	32,3	26,5	30,5	30,8	31,5
Moteur/Transmission											
Rendement	15	12,6	13,2	9,2	11,0	11,5	12,5	10,6	11,0	10,5	9,5
Performances	15	10,5	12,7	9,0	10,5	12,0	10,5	13,5	10,0	12,5	10,5
Sélecteur de vitesses	5	3,0	4,7	4,0	4,0	4,0	3,0	3,0	3,0	3,0	4,0
Passage des vitesses	5	3,5	4,0	4,0	3,0	4,0	4,5	3,5	4,0	3,5	3,5
	40 pts	29,6	**34,6**	26,2	28,5	31,5	30,5	30,6	28,0	29,5	27,5
Comportement routier											
Tenue de route	20	15,2	16,7	13,6	15,5	15,8	16,6	14,6	12,8	12,6	12,7
Direction	15	10,0	13,7	10,8	12,0	13,2	12,8	10,2	11,4	10,4	11,6
Freins	15	11,6	13,2	11,4	11,2	12,5	13,2	10,4	11,6	10,6	12,4
	50 pts	36,8	**43,6**	35,8	38,7	41,5	42,6	35,2	35,8	33,6	36,7
Sécurité											
Coussins de sécurité	15	15,0	15,0	5,0	0,0	15,0	15,0	15,0	0,0	15,0	0,0
Visibilité	10	7,5	10,0	8,0	8,5	8,5	7,5	7,0	8,0	7,0	8,0
Rétroviseurs	5	3,0	5,0	5,0	3,0	2,0	5,0	4,0	4,0	3,5	3,0
	30 pts	25,5	**30,0**	18,0	11,5	25,5	27,5	26,0	12,0	25,5	11,0
Performances mesurées											
1/4 mille	10	8,0	8,0	8,0	7,0	7,0	10,0	8,0	6,0	6,0	7,0
Accélération 0-100 km/h	20	17,0	18,0	17,0	20,0	18,0	18,0	17,0	16,0	16,0	16,0
Freinage 100-0 km/h	20	16,0	18,0	20,0	18,0	17,0	17,0	18,0	17,0	16,0	16,0
	50 pts	41,0	44,0	**45,0**	**45,0**	42,0	**45,0**	43,0	39,0	38,0	39,0
Autres classements											
Espace pour bagages	10	8,0	8,0	7,0	10,0	7,0	7,0	6,0	8,0	6,0	6,0
Choix des essayeurs	40	36,0	40,0	36,0	38,0	38,0	40,0	36,0	34,0	34,0	34,0
Prix	20	18,0	16,0	16,0	18,0	18,0	16,0	17,0	20,0	17,0	17,0
	70 pts	62,0	**64,0**	59,0	66,0	63,0	63,0	59,0	62,0	57,0	57,0
Grand total	400 pts	315,0	348,4	310,7	318,5	328,0	334,4	313,1	297,6	302,2	294,1
CLASSEMENT		**5**	**1**	**7**	**4**	**3**	**2**	**6**	**9**	**8**	**10**

LE MATCH DES UTILITAIRES SPORT COMPACTS

Le Suzuki Sidekick Sport se mesure aux nouveaux Toyota RAV4 et Honda CR-V

Le marché des utilitaires sport est en pleine ébullition. En deux ans, pas moins d'une quinzaine de nouveaux modèles sport auront fait leur entrée sur le marché nord-américain. Et l'engouement du public pour ce type de véhicules est tel que même Mercedes-Benz a jugé bon de se joindre à la lutte en créant la classe M qui sera assemblée aux États-Unis et dévoilée au printemps 1997 (voir essais et analyses).

Cette progression quasi sauvage du marché des utilitaires sport n'est pas directement reliée à un désir des gens d'envahir les prés, les champs et les forêts au volant d'un 4X4. En fait, très peu de propriétaires les utilisent en conduite hors route. La grande majorité apprécient la polyvalence de leur carrosserie inspirée des familiales, leur solidité mécanique et leur capacité à affronter de mauvaises conditions routières. Au fil des années, les femmes ont appris à découvrir les qualités de ce type de véhicule et représentent maintenant tout près de la moitié de la clientèle des diverses versions des Suzuki et Geo Tracker compacts.

Comme il se doit, les constructeurs japonais ne pouvaient ignorer ce marché très prometteur; ils nous proposent déjà depuis quelques années des utilitaires sport intermédiaires ou réguliers. Toutefois, comme ils sont les maîtres des voitures sous-compactes et compactes, il n'est pas surprenant d'apprendre que Toyota et Honda ont imité Suzuki et réalisé des utilitaires sport compacts. Le premier a lancé son modèle RAV4 à l'automne 1996 tandis que Honda dévoilera le CR-V en janvier 1997.

Compte tenu de la disponibilité de ces deux modèles dès la fin de l'été 1996, nous en avons profité pour comparer ces nouveaux venus au Suzuki Sidekick Sport, le seul autre 4X4 compact capable de se mesurer à eux. Le Jeep TJ pourrait être qualifié de compact, mais nous nous sommes limités aux familiales quatre portes.

Deux prototypes

Avant de passer aux résultats proprement dits de ce match, il est important de souligner que deux des trois véhicules évalués étaient

Honda CR-V

des prototypes. Dans le cas du Toyota, il s'agissait d'un modèle américain. Il se distinguait de la version canadienne par des passages de roues plus étroits, des jantes différentes et plusieurs autres détails de présentation. En revanche, la mécanique est la même pour les versions canadienne et américaine. Le modèle essayé était une version automatique animée par le 4 cylindres 2,0 litres couplé à une traction intégrale.

Quant au CR-V utilisé, il différait encore plus radicalement de ceux qui seront distribués au Canada au début de 1997 puisque le volant était à droite. Ce modèle mis à notre disposition par Honda Canada était une version destinée au marché du Japon et proposait en plus un habitacle dont les garnitures et certains détails ne seront certainement pas incorporés à la version canadienne. De plus, la présentation extérieure était agrémentée de décalcomanies qui ne seront probablement pas de la partie. Comme celui du RAV4, son moteur est un 4 cylindres 2,0 litres. Toutefois, sa puissance est de 131 chevaux. Seule la version à traction intégrale et boîte automatique à 4 rapports est

disponible. Nous tenons d'ailleurs à remercier ces deux compagnies qui n'ont pas eu peur de soumettre leur prototype à notre évaluation.

Le Suzuki Sidekick Sport était donc le seul modèle de production faisant partie de ce test. Animé par un 4 cylindres 1,8 litre, il a une puissance de 120 chevaux, soit 25 de plus que le modèle régulier animé par un 1,6 litre. Il s'agit en fait d'une version plus cossue et plus homogène du Sidekick régulier.

Ce trio de 4X4 pour le moins inusité s'est dirigé vers les Cantons de l'Est pour une randonnée de plus de 300 kilomètres. La veille, les essais en conduite hors route avaient été réalisés sur un sentier témoin utilisé précédemment lors d'autres tests impliquant des utilitaires sport. Notre équipe d'essayeurs accueillait cette fois deux recrues, soit Carole Dugré et Dominique Godbout. Une présence féminine était d'autant plus bienvenue que les femmes sont attirées par ce type de véhicule tandis que les modèles du genre Jeep TJ, plus macho, sont davantage une affaire de mâle. Le reste de notre équipe était constitué de Jean-Yves Dupuis et d'Yvan Fournier, deux «vétérans» de ce type d'évaluation. Jacques Duval et l'auteur de ces lignes complétaient l'alignement.

Honda CR-V: la plus spacieuse

Deux éléments ont joué en faveur de la Honda CR-V: son moteur plus puissant et son habitabilité supérieure. Ces deux facteurs lui ont permis d'amasser des points au détriment du RAV4, plus limité sous ces deux rapports. Le 4 cylindres 2,0 litres est moins bruyant et plus incisif tandis qu'il faut également accorder de très bonnes notes à la boîte automatique.

Honda CR-V

Et après que nos essayeurs se sont habitués à conduire du côté droit, ils ont été en mesure d'apprécier le comportement routier très homogène de ce véhicule. En fait, il s'apparente de très près de celui d'une automobile. Parmi les commentaires recueillis, Carole Dugré écrivait: «Je me sens beaucoup plus au volant d'une voiture que d'un 4X4.» Jacques Duval soulignait que «ce Honda est plus près d'un Accord que d'un petit 4X4». Cependant, il déplorait cette tendance à trop vouloir transformer les SUV en voitures. Malgré cette personnalité «automobile» ce petit utilitaire sport tire assez bien son épingle du jeu en conduite tout-terrain. Toutefois, plusieurs de ses éléments mécaniques ne sont pas protégés contre des contacts avec des pierres, souches et autres accidents de terrain.

Comme notre modèle d'essai était une version japonaise, il est difficile d'évaluer la présentation intérieure. Toutefois, les tissus des sièges sont trop bigarrés tandis que certains détails sont à revoir. De plus, aucun essayeur n'a apprécié le levier du frein d'urgence comprenant une tige verticale terminée par une poignée pistolet. Tous ont été unanimes cependant à vanter le système de climatisation à thermostat. Quant à la portière arrière constituée d'un hayon vitré en partie supérieure et d'une portière latérale en partie inférieure, les commentaires sont partagés. Mais la table à pique-nique placée sous le tapis de la soute à bagage est amusante. Une fois le véhicule chargé, cependant, il faut vider le coffre pour accéder à la fameuse table, une perspective assez peu encourageante.

Le Honda CR-V devance donc de peu le RAV-4, surtout en raison de sa plus grande homogénéité et de son comportement plus bourgeois.

Toyota RAV-4

Toyota RAV4: apparence et solidité

Si on devait se fier aux autres véhicules tout-terrains de Toyota — soit les 4Runner, LX450 et Land Cruiser —, on serait en droit de s'attendre que le RAV4 soit sans relief sur le plan de la silhouette. Curieusement, c'est le plus attrayant du groupe. Si ce véhicule a fait un malheur sur tous les marchés, c'est justement en raison de son allure très dynamique. Un arrière relevé, des garnitures latérales très larges, un capot plongeant et des phares arrière bien intégrés lui donnent un look qui plaît à coup sûr.

Jean-Yves Dupuis affirme que c'est son profil à la Range Rover qui le fascine. Quant à Dominique Godbout, il a apprécié la qualité de l'assemblage même s'il s'agissait d'un prototype, le sérieux de la conception et le système de son qu'il qualifie de très bon. C'est justement cette solidité de l'ensemble qui a permis au RAV4 d'amasser des points. Et il faut souligner que cet utilitaire sport pourra être commandé avec une foule d'accessoires comprenant un double toit ouvrant amovible, des sacoches de rangement accrochées à l'intérieur de la porte arrière, des bas de caisse décoratifs, des pare-chocs d'appoint et une foule d'autres éléments semblables.

Là où ce Toyota perd des points, c'est au chapitre de l'habitabilité, du niveau sonore du moteur et du passage des rapports côté transmission. Cette dernière s'est révélée moins douce que celle du CR-V. En outre, le Honda a le dessus sur le Toyota en conduite tout-terrain. Comme il s'agit de prototypes dans les deux cas, il faut toujours anticiper des modifications sur les modèles de production. Malgré tout, le système de traction intégrale utilisé sur le RAV4 a des limites et le blocage automatique de la boîte de transfert sur le modèle automatique s'effectue avec un temps de réponse appréciable. Sa qualité de construction et son agrément de conduite sont toutefois à retenir.

Le RAV4 s'incline de très peu face au CR-V. En fait, si le Toyota pouvait offrir une habitabilité et une accéléra-

Toyota RAV-4

tion égales, ces deux protagonistes seraient pratiquement nez à nez. Leur prix servira souvent à les départager aux yeux des gens.

Suzuki Sidekick Sport: la fin d'une évolution

Le Sidekick Sport n'est plus seul dans sa classe. Après avoir tenu le monopole du marché en compagnie des Geo Tracker, il doit maintenant faire face à une rude concurrence de la part des RAV4 et CR-V.

Le Sidekick Sport de Suzuki est le modèle le plus cossu de toute la famille Geo Tracker/Suzuki Sidekick. Son moteur 1,8 litre, ses dimensions plus généreuses et un équipement relativement

Honda CR-V (conduite à droite)

Toyota RAV-4

Suzuki Sidekick Sport

		HONDA CR-V	SUZUKI SIDEKICK	TOYOTA RAV-4
Esthétique	40 pts			
Extérieur	10	8,0	7,0	8,5
Intérieur	10	7,0	6,5	8,0
Finition extérieure	10	8,0	8,5	9,0
Finition intérieure	10	7,5	7,0	7,0
		30,5	29,0	**32,5**
Accessoires	40 pts			
Nombre et commodités	10	7,5	7,0	8,0
Espaces de rangement	10	8,0	7,5	9,0
Instruments/commandes	10	9,0	7,0	8,0
Ventilation/chauffage	10	9,0	7,5	8,5
		33,5	29,0	33,5
Carrosserie	40 pts			
Accès/Espace avant	15	13,5	12,5	13,0
Accès/Espace arrière	15	13,0	11,0	12,0
Coffre: accès et volume	5	3,5	3,0	4,0
Accès mécanique	5	2,5	4,0	2,0
		32,5	30,5	31,0
Confort	40 pts			
Suspension	10	8,0	6,0	7,0
Niveau sonore	10	8,0	6,0	7,0
Sièges	10	9,0	7,5	8,0
Position de conduite	10	8,5	6,0	8,0
		33,5	25,5	30,0
Moteur/Transmission	40 pts			
Rendement	15	12,0	9,0	11,0
Performances	15	13,0	9,0	12,0
Sélecteur de vitesses	5	4,0	4,0	5,0
Passage des vitesses	5	4,5	2,0	3,5
		33,5	24,0	31,5
Comportement routier	60 pts			
Tenue de route	20	18,0	15,0	17,0
Hors route	10	8,0	10,0	7,0
Direction	15	12,0	10,0	13,0
Freins	15	12,0	11,0	12,0
		50,0	46,0	49,0
Sécurité	30 pts			
Coussins de sécurité	15	15,0	15,0	15,0
Visibilité	10	8,0	6,5	8,0
Rétroviseurs	5	4,5	3,5	4,0
		27,5	25,0	27,0
Performances mesurées	40 pts			
Accélération	20	20,0	17,0	18,0
Freinage	20	20,0	18,0	20,0
		40,0	35,0	38,0
Autres classements	70 pts			
Espace pour bagages	10	8,0	10,0	7,0
Choix des essayeurs	40	40,0	37,0	38,0
Prix	10	8,0	10,0	8,0
Capacité de remorquage	10	10,0	10,0	10,0
		66,0	67,0	63,0
Grand total	400 pts	347,0	313,0	335,0
CLASSEMENT		1	3	2

Suzuki Sidekick Sport

complet lui permettent de se démarquer. C'est de plus le seul autre utilitaire sport présentement sur le marché à pouvoir se défendre honorablement face aux deux nouveaux venus dans cette catégorie.

Malheureusement, ce véhicule a été initialement conçu pour être plus à l'aise en forêt qu'en ville. Ses origines carrément utilitaires lui permettent de se distinguer en conduite hors route, mais viennent le hanter sur la route ou en ville. Le moteur 1,8 litre se défend honorablement et il est même moins bruyant que le groupe propulseur du RAV4. Toutefois, c'est un peu juste. D'autant plus que la boîte automatique effectue les passages de vitesses sèchement en certaines circonstances. Et l'essieu arrière rigide ne fait rien pour améliorer le confort. Comme le souligne Yvan Fournier: «Une tenue de route à la limite de l'acceptable, un moteur très sonore et une visibilité arrière limitée viennent porter ombrage à une présentation intérieure et extérieure très soignée.»

Avec ses bas de caisse et ses passages de roues de couleur contrastante, le Sidekick est attrayant. Cependant, il n'est pas en mesure de se comparer à ses deux concurrentes, surtout pas au chapitre de la tenue de route. Ajoutez une mauvaise note pour les commandes de la radio qui sont carrément «débiles» par leur petitesse et leur complexité. En revanche, le système 4 roues motrices partiel assure un meilleur contrôle en conduite hors route.

Malgré ses efforts pour masquer ses origines anciennes et sa conception plus portée vers une utilisation hors route, le Suzuki est unanimement déclaré troisième et ce sans équivoque. Mais pour plusieurs, son prix plus modeste peut faire pencher la balance en sa faveur.

Plus à la ville qu'aux champs

Pour pasticher une fable de La Fontaine, il y a l'utilitaire sport des champs et celui de la ville. Le Sidekick Sport fait partie de la première catégorie. Son rouage d'entraînement à temps partiel, sa suspension arrière simple et une indéniable agilité en tout-terrain le feront apprécier des pêcheurs et des amateurs de plein air. Les CR-V et RAV4 sont plus à l'aise en ville même s'ils tirent quand même leur épingle du jeu lorsque la chaussée se dégrade. Toutefois, ils n'ont pas la robustesse voulue pour soutenir les excès des vrais mordus de la conduite hors route.

En fait, leur confort, leurs lignes sympathiques et une foule d'accessoires branchés les feront apprécier des citadins à la recherche d'une familiale tout-terrain au gabarit plus soutenu. Et puisque c'est présentement la grande tendance du marché, ces deux nouveaux venus ont de fortes chances de faire la vie dure au Sidekick Sport et à ses semblables.

D. Duquet

Toyota RAV-4

	HONDA CR-V	SUZUKI SIDEKICK SPORT	TOYOTA RAV4
Empattement	260 cm	248 cm	241 cm
Longueur	447 cm	412 cm	415 cm
Hauteur	171 cm	168 cm	166 cm
Largeur	175 cm	169,5 cm	169 cm
Poids	1340 kg	1338 kg	1360 kg
Transmission	automatique	automatique	automatique
No. de rapports	4	4	4
Moteur	4L	4L	4L
Cylindrée	2,0 litres	1,8 litre	2,0 litres
Puissance	131 ch à 5500 tr/min	120 ch à 6500 tr/min	120 ch à 5400 tr/min
Suspension:			
avant	indépendante	indépendante	indépendante
arrière	indépendante	essieu rigide	indépendante
Freins:			
avant	disques	disques	disques
arrière	tambours	tambours	tambours
ABS	oui	oui	oui
Pneus	P205/70R15	P215/65R16	P215/70R16
Direction	à crémaillère	à billes	à crémaillère
Diamètre de braquage	10,6 mètres	11,0 mètres	10,6 mètres
Coussins gonflables	cond. et pass.	cond. et pass.	cond. et pass.
Réservoir de carburant	58 litres	70 litres	58 litres
Capacité du coffre	375 litres	252 litres	460 litres
Garde au sol	20 cm	19,5 cm	19 cm
Capacité de remorquage	680 kg	680 kg	680 kg
Accélération 0-100 km/h	11,1 s	14,2 s	12,5 s
Vitesse de pointe	160 km/h	160 km/h	160 km/h
Consommation	11,7 litres/100 km	11,1 litres/100 km	11,3 litres/ 100 km
Prix:	**25 000 $ à 29 000 $**	**24 000 $ à 26 000 $**	**27 000 $ à 30 000 $**

LA FIÈVRE DES ROADSTERS

par Jacques Duval

Un virus venu d'Allemagne!

Au moment même où les Japonais tournent le dos à la voiture sport, l'industrie automobile allemande plonge tête première dans ce secteur du marché. Pourtant, les statistiques semblent vouloir donner raison aux bonzes de Nagoya, de Hiroshima ou de Tokyo. Depuis quelques années, les voitures sport se vendent autant que des climatiseurs au pôle Nord et ce secteur du marché est en pleine déroute. Les Mazda RX-7, Nissan 300ZX et Dodge Stealth (une Mitsubishi rebaptisée) nous ont déjà faussé compagnie et leurs congénères nippones ne sont pas loin de la sortie.
Seule la Mazda Miata occupe une niche bien spéciale et semble vouloir échapper à ce triste destin.

Ces sombres statistiques s'appliquent toutefois exclusivement au marché nord-américain. Même si nos voisins du sud ont souvent tendance à penser qu'ils sont les seuls habitants de la planète, il se passe autre chose ailleurs dans le monde et notamment en Europe. Là-bas, on assiste depuis le début de l'actuelle décennie à une véritable renaissance de la voiture sport. Autant l'Amérique se pâme pour des «utilitaires sport» qui n'ont rien d'utile ni de sportif, autant l'Europe chavire pour les roadsters et leurs semblables. D'un côté, le pragmatisme fait loi alors que, de l'autre, le romantisme l'emporte.

Chez Mercedes-Benz, on se montre très optimiste quand on nous dit qu'entre 1992 et 1995, les ventes dans ce segment du marché en Europe sont passées de 11 300 à 98 500 unités. Ces chiffres expliquent pourquoi les quatre grands constructeurs allemands ont décidé de revenir aux sources en créant chacun leur petit cabriolet deux places, faisant revivre du même coup leur vieille appellation de «roadster». Si l'Amérique décide de leur faire la moue, ils pourront toujours aller promener leur jolie frimousse sur la Costa Del Sol. Cependant, s'il faut en croire l'accueil bouillant réservé à la première de la dynastie, la BMW Z3, il se pourrait bien que le vent tourne et que nous soyons à notre tour frappés par la fièvre des roadsters. Comment, en effet, s'immuniser contre un tel virus, qu'il s'appelle SLK, TTS ou Boxster? Ces petits engins sont de vrais antidépresseurs sous leur robe aguichante et ils ont le don de nous faire succomber au premier coup d'œil.

Voyons la recette empruntée par chacun des quatre grands constructeurs allemands dans sa tentative de créer le roadster parfait.

BMW Z3

À l'exception de Porsche dont la Boxster sera complètement inédite, les autres manufacturiers allemands pratiquent la recette du partage dans l'élaboration de leur roadster. C'est ce qui permet de garder les coûts de production à un niveau acceptable.

Chez BMW, c'est la série 3 qui a servi de point de départ à la Z3 en lui prêtant plate-forme, moteur et train roulant. Elle partage même son usine d'assemblage nord-américaine avec les célèbres coupés et berlines du constructeur munichois. Là encore, c'est par mesure d'économie que BMW a pris la décision de construire son roadster en Caroline du Sud.

Si la SLK de Mercedes est une descendante des célèbres 190 et 300SL de naguère, la Z3 a aussi de profondes racines qu'elle arbore fièrement. Les ouïes d'aération avec l'emblème BMW intégrées dans les flancs avant sont une révérence au légendaire roadster 507 des années 50. La Z3 a toutefois eu une devancière plus jeune (1987) sous les traits de la Z1 dont elle reprend d'ailleurs l'une des caractéristiques. Ses panneaux de carrosserie sont vissés au lieu d'être soudés, ce qui permet de les remplacer sans problème.

L'essieu avant de la Z3 a été repris de la série 3 alors que la suspension arrière s'inspire fortement des éléments de la 318ti. Pour le moteur, on a retenu le M44, le 4 cylindres de 1,8 litre dont on a porté la cylindrée à 1895 cm^3 pour en extraire 138 chevaux. Mais ce serait mal connaître BMW de penser que l'on va s'arrêter là. Dès le

printemps de 1997, le 6 cylindres de la 328 viendra se loger sous le capot de la Z3 en attendant l'arrivée d'un surcroît de puissance encore plus percutant dans une version M du roadster de James Bond. Déjà montrée dans divers salons automobiles en Europe, cette Z3 d'au moins 240 chevaux risque de donner des cheveux blancs à la concurrence. D'autant plus que ce moteur haute performance s'accompagne d'un réaménagement intérieur du plus grand chic, un atout qui manque cruellement à l'actuelle Z3.

En attendant ce roadster tous azimuts, un kit aérodynamique d'origine BMW permet de donner un caractère distinctif à la Z3 en la dotant de boucliers avant et arrière, de bas de caisse spéciaux et d'un becquet arrière.

Amélioré ou non, le roadster BMW Z3 attire les regards comme aucune autre voiture qu'il m'a été donné d'essayer en 31 ans de métier. Il sera intéressant de voir l'accueil que l'on réservera à ses semblables et surtout à la SLK.

Mercedes-Benz SLK

Le roadster-coupé de Mercedes m'apparaît comme une plus grande réussite que la Z3 sur le plan esthétique. Or, il s'agit d'un dessin maison qui n'est même pas l'œuvre d'une seule personne, mais d'un comité d'une vingtaine de stylistes. C'est une formule qui ne donne habituellement pas d'aussi bons résultats. Pour la SLK, on a cherché à respecter la tradition des années 20 et 30, la belle époque des SSK (*Super Sport Kurz*), SSKL (*Super Sport Kurz Leicht*), 500 et 540K ainsi que des modèles d'après-guerre comme la 300SL. Le renflement du capot avec ses deux *power-domes* en est la preuve. Les premières esquisses consacrées à la carrosserie et à l'habitacle remontent à 1991. Déjà, on savait que la voiture serait une sportive deux places coiffée d'un toit rigide. L'objectif? Créer le bonheur sur quatre roues...

Dans cette optique, Mercedes a frôlé le sans-faute comme on pourra le constater en prenant connaissance de mon essai publié à la p. 346. En lui intégrant un toit magique (voir photo), on a voulu faire de la SLK «deux voitures dans une» et «une voiture toutes raisons, toutes saisons», comme le souligne la documentation.

Depuis son dévoilement officiel au Salon de Turin en avril 1996 jusqu'à ses premiers tours de roue trois mois plus tard en Toscane, la SLK a fait l'objet du plus grand battage promotionnel de toute l'histoire de la marque allemande. Quand j'ai vu le pilote de Formule 1

Mika Hakkinen sortir d'un *container* au volant d'une SLK au milieu du stand Mercedes à Turin et que j'ai assisté au feu d'artifice sous la tente à l'issue du dîner le même soir, j'ai compris que je venais d'assister à un tournant dans l'histoire de cette firme. De toute évidence, on veut se défaire d'une image jugée trop «sérieuse» et courtiser une clientèle plus jeune. Et comme celle-ci est généralement moins fortunée, on assiste depuis déjà quelques années à une révision à la baisse des prix des divers modèles. La SLK, notamment, sera mise en vente à moins de 60 000 $. Le fait que l'on ait largement puisé dans les stocks de pièces des modèles des classes C et E a, bien sûr, beaucoup aidé les gourous de la finance.

Mercedes a parfaitement fait ses devoirs et il ne reste qu'à souhaiter que la fièvre des roadsters atteigne son paroxysme avec l'arrivée de la SLK.

Porsche Boxster

S'il est une voiture qui alimente la rumeur et les spéculations depuis trois ans, c'est bien la Porsche Boxster, le troisième larron de cette trilogie des roadsters allemands. C'est une voiture d'une importance capitale pour la petite fabrique allemande qui, elle le sait, ne peut survivre avec la coûteuse 911 comme seule source de revenus. Bien qu'elle veuille rivaliser avec la Z3 et la SLK, la Boxster sera néanmoins la plus chère des trois, ce qui n'est pas sans inquiéter la firme de Stuttgart. Pourtant, plus de 10 000 «Porschistes» endurcis ont déjà

signé des chèques pour réserver leur voiture sans même avoir vu autre chose que des photos de prototypes. La version définitive de la voiture s'en rapproche beaucoup... à quelques prises d'air près. Comme la Z3 et la SLK, la Boxster se colle au passé et rappelle la 550 Spyder, un classique immortalisé davantage par l'accident fatal de James Dean que par ses nombreuses victoires en course. C'est toutefois son seul lien avec d'autres Porsche, car elle diffère totalement de la 911. Le moteur arrière de celle-ci a longtemps

été son handicap majeur en matière de tenue de route, ce qui a conduit à l'adoption d'une position centrale pour le 6 cylindres à plat de la Boxster. Ce 2,4 litres de 204 chevaux délaisse aussi le refroidissement par air du moteur de la 911 en faveur d'un refroidissement par eau qui permet de mieux contrôler le bruit afin de respecter les dernières normes gouvernementales à ce chapitre. Avant même que la voiture arrive sur le marché, il est déjà question d'une version haute performance avec moteur 3,0 litres de 245 chevaux. Bref, si la Z3 M ou une SLK dotée du nouveau V6 de la marque devaient menacer la suprématie de la Boxster, Porsche est prêt à réagir. La première version sera malgré tout très performante et c'est l'angle que compte exploiter la publicité pour faire accepter son prix plus élevé que celui de la Z3 et la SLK.

Si la plate-forme du nouveau roadster de Porsche est inédite, elle ne le restera pas longtemps puisqu'elle sera utilisée sur la remplaçante de l'actuelle 911, la 996, annoncée pour l'an prochain.

Audi TTS

La quatrième grande marque allemande, Audi, vient elle aussi d'attraper la fièvre des roadsters. Le pionnier de la traction intégrale Quattro annonçait il y a quelques mois qu'il a l'intention de faire son entrée sur le marché restreint mais en pleine effervescence des cabriolets deux places.

La riposte d'Audi n'arrivera toutefois qu'en 1998 et possiblement un peu plus tard sous les traits de la TTS, un roadster radicalement différent des trois autres.

Sa mise en production fait suite à l'accueil enthousiaste réservé aux prototypes Audi TT et TTS lors des grands salons automobiles tenus à Francfort, à Tokyo et à Detroit. La principale caractéristique

de cette future Audi est sa ligne avant-gardiste pour ne pas dire controversée. À mi-chemin entre le style Bauhaus et les formes classiques des années 30, c'est un design qui plaît ou qui ne plaît pas mais qui a l'avantage d'être inédit. La carrosserie très profilée fait largement appel à des panneaux d'aluminium (capot, portes, couvercle du coffre, etc.) avec une découpe pouvant accommoder des roues de 18 pouces. À l'intérieur, les stylistes avouent s'être inspirés d'un gant de baseball, spécifiquement pour les coutures du cuir recouvrant les sièges.

L'âme de ce modèle est un 4 cylindres à 5 soupapes par cylindre et turbocompresseur de 1,8 litre seulement développant 210 chevaux.

Monté transversalement, il promet un 0-100 km/h en 6 secondes, une vitesse maxi de 240 km/h et une consommation d'environ 9 litres aux 100 km. Par rapport à ses rivales germaniques, cette Audi bénéficiera de la traction intégrale, un atout qui permettra une utilisation en tout temps.

Rien n'a encore transpiré sur le style définitif de la TTS, mais il est permis de croire que son toit de type «parapluie» sans lunette arrière restera un exercice de style sans lendemain.

Et les autres

Ces quatre roadsters germaniques ne seront pas les seuls à tenter de ranimer le marché moribond de la voiture sport en Amérique. La nouvelle Corvette de Chevrolet et le *hot-rod* moderne de Chrysler, la Plymouth Prowler, devraient susciter à leur façon beaucoup de

curiosité. J'ignore si toutes ces voitures réussiront à faire vibrer la fibre émotionnelle des automobilistes d'aujourd'hui mais, chose certaine, elles vont embellir le paysage routier des prochaines années.

Classement 1997

Comme chaque année, le Guide de l'auto a dressé la liste des véhicules que nous considérons comme les meilleurs achats dans chaque catégorie.

En 1997, le marché est plus diversifié que jamais et notre palmarès compte 16 groupes distincts de modèles.

Les classements ont été faits en tenant compte de plusieurs critères depuis l'agrément de conduite jusqu'au rapport qualité/prix. À noter que certaines voitures hors de prix ou de très faible diffusion n'ont pas été retenues faute d'espace.

Aubaines et minis

Toyota Tercel

Hyundai Accent

Suzuki Swift/Geo Metro

4- Ford Aspire 5- Lada Samara

Sous-compactes

Honda Civic/Acura 1,6 EL

Volkswagen Golf

Ford Escort

4- Hyundai Elantra 5- Chevrolet Cavalier 6- Toyota Corolla 7- Subaru Impreza 8- Chrysler Neon 9- Saturn SL1 10- Mazda Protegé
11- Nissan Sentra

Grandes compactes

Toyota Camry

Honda Accord

Dodge Stratus/Plymouth Breeze

4- Ford Contour/Mercury Mystique 5- Chevrolet Malibu 6- Mazda 626 7- Volkswagen Jetta 8- Nissan Altima 9- Subaru Legacy

Intermédiaires

Nissan Maxima

Toyota Avalon

Pontiac Grand Prix

4- Ford Taurus/Mercury Sable 5- Volvo 850 TL 6- Buick Century 7- Volkswagen Passat 8- Chevrolet Lumina

Grosses berlines

Chrysler Intrepid/Eagle Vision/Chrysler Concorde

Pontiac Bonneville

Oldsmobile Delta 88

4- Buick Le Sabre 5- Ford Crown Victoria/Mercury Grand Marquis

Fourgonnettes

Chrysler Town & Country/Dodge Caravan/Plymouth Voyager

Ford Windstar

Chevrolet Venture/Pontiac Trans Sport

4- Nissan Quest/Mercury Villager 5- Honda Odyssey 6- Mazda MPV/Toyota Previa 7- Chevrolet Astro/Pontiac Safari 8- Ford Aerostar
9- Volkswagen Eurovan

Familiales

Subaru Outback

Volvo 850

Ford Taurus/Mercury Sable

4- Volkswagen Passat 5- Ford Escort 6- Hyundai Elantra 7- Saturn SW2

Berlines de moins de 50 000 $

Mercedes-Benz classe C

Audi A4

BMW 328

4- Cadillac Catera 5- Lexus ES300 6- Infiniti I30 7- Mazda Millenia 8- Volvo 850 9- Oldsmobile Aurora 10- Buick Park Avenue
11- Acura TL 12- Saab 900 13- Chrysler LHS 14- Infiniti J30 15- Lincoln Town Car

Berlines de plus de 50 000 $

BMW 528/540

Mercedes-Benz classe E

Cadillac Seville

4- Audi A6   5- Infiniti Q45   6- Acura RL   7- Lexus GS300   8- Saab 9000   9- Lincoln Continental

Berlines Grand Luxe plus de 70 000 $

Audi A8

Mercedes-Benz classe S

BMW 750

4- Lexus LS400   5- Jaguar XJ12

Cabriolets de moins de 40 000 $

BMW Z3

Mazda Miata

Volkswagen Golf

4- Chrysler Sebring   5- Ford Mustang   6- Chevrolet Cavalier   7- Pontiac Firebird

Mercedes-Benz SLK

Porsche Boxster

BMW 328i

4- Saab 900

Hyundai Tiburon

Acura Integra

Honda Civic Coupé

4- Toyota Paseo   5- Chevrolet Cavalier Z24   6- Nissan 200SX   7- Saturn SC   8- Chrysler Neon

Jeep Grand Cherokee

Toyota 4Runner

Ford Explorer V6

4- Land Rover Discovery   5- Nissan Pathfinder   6- Jeep Cherokee   7- Chevrolet Blazer/GMC Jimmy

Ford Expedition

Infiniti QX4

Range Rover SE

4- Lexus LX450   5- Chevrolet Tahoe/GMC Yukon   6- Chevrolet/GMC Suburban

Mini utilitaires sport

Honda CR-V

Toyota RAV-4

Suzuki Sidekick Sport

En plus des meilleurs achats dans chaque catégorie, le jury du *Guide de l'auto* décerne cette année le prix de «voiture de l'année» à la meilleure nouvelle voiture d'origine nord-américaine et étrangère.

En nomination pour les manufacturiers nord-américains: Buick Century, Buick Park Avenue Ultra, Cadillac Catera, Chevrolet Malibu, Chevrolet Venture, Ford Escort, Ford Expedition, Ford Taurus SHO, Jeep TJ, Plymouth Prowler, Pontiac Grand Prix, Pontiac Trans Sport, Saturn SC
FINALISTES: Cadillac Catera, Chevrolet Malibu, Ford Escort, Pontiac Grand-Prix

Voiture nord-américaine de l'année: Ford Escort

En nomination pour les manufacturiers étrangers: Acura 1,6 EL, Acura CL, Acura RL, Audi A8, BMW série 5, Honda CR-V, Honda Prelude, Hyundai Tiburon, Infiniti QX4, Infiniti Q45, Jaguar XK-8, Lexus ES300, Subaru Impreza Outback, Toyota Camry, Toyota RAV4
FINALISTES: BMW série 5, Hyundai Tiburon, Jaguar XK-8, Toyota RAV4

Voiture étrangère de l'année: BMW série 5

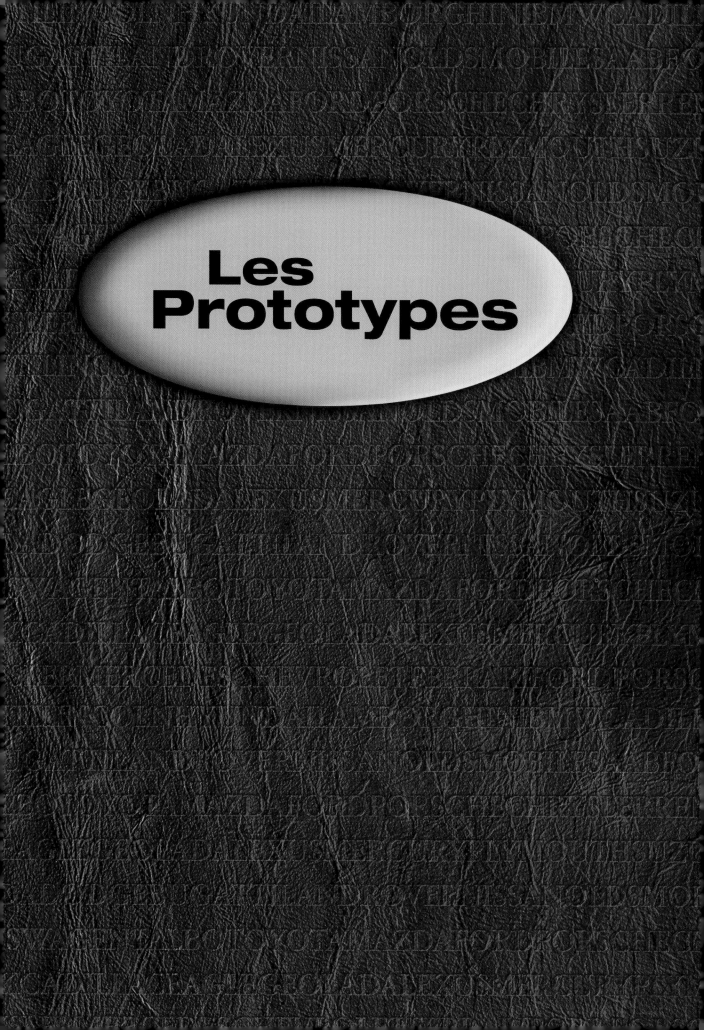

Les Prototypes

Ford Ghia Saetta: Si les formes ovales sont omniprésentes dans le dessin de la dernière Ford Taurus, c'est le triangle qui a été la source d'inspiration de Ghia dans l'élaboration de cette Saetta construite sur la base d'une Ford Fiesta.

La Saetta de Ghia est un roadster deux places aux formes inusitées. Malgré tout, il n'est pas impossible qu'elle atteigne le stade de la production en Europe où la fièvre des roadsters semble contagieuse, particulièrement en Allemagne.

Mitsubishi HSR-V: Cette Mitsubishi HSR-V (pour «Harmonic Science Research») tente de créer l'harmonie entre la machine, les humains et l'environnement. Sa coque est faite d'un acier spécial atténuant la résistance à l'air. Ce véhicule, certes futuriste mais un peu grotesque, peut aussi adopter une configuration «targa».

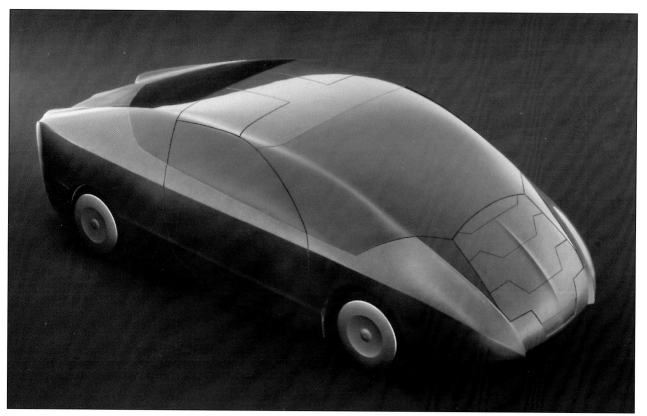

Maggiora Armadillo: Cette voiture réalisée par le Centro Stile Fiat en collaboration avec Maggiora s'appelle Armadillo (tatou). Son coefficient de traînée se situe à 0,17. Les matériaux utilisés dans l'habitacle sont les mêmes que ceux avec lesquels sont fabriqués les objets domestiques: jute, bois et cuivre.

VW Beetle: Voici la version quasiment définitive de la «Nouvelle Coccinelle» ou comme les gens de Volkswagen 'appellent: «Der Neue Beetle».

Comme sur la Coccinelle originale, le tableau de bord est tout aussi sobre. Les cadrans de cette version sont plus réalistes que ceux utilisés sur le prototype original.

Malgré le passage du moteur à l'avant, on a conservé le design très typique de la partie arrière de la légendaire voiture.

Bertone Enduro: Fiat a donné carte blanche aux maîtres du style italien en leur commandant 10 créations «griffées» à partir d'une plate-forme de Bravo-Brava. Dévoilées au dernier Salon de Turin, ces voitures sans limite font preuve d'une grande originalité comme le démontre l'Enduro de Bertone.

La Bertone Enduro, vue ici de dos, est née de la volonté de créer un coupé tout-terrain, une idée apparemment contradictoire. Le résultat est un mini 4X4 alliant l'élégance de James Bond aux qualités de sprinter de Carl Lewis.

Bertone Slalom: Le Slalom est un autre prototype spectaculaire de Bertone. Cette fois, ce coupé sport est dérivé d'une plate-forme et d'éléments mécaniques Opel. C'est la première fois que Bertone réalise un prototype à partir d'une voiture Opel.

Cette voiture est baptisée Slalom en raison du «slalom» entre les surfaces pleines et transparentes.

La couleur choisie pour le Slalom est une nuance d'orange semblable à l'étiquette du champagne favori de Nuccio Bertone, Veuve Cliquot.

Chrysler LHX: Si vous vous demandez de quoi aura l'air la future berline de luxe de Chrysler, la LHX nous en donne un aperçu. Notez l'inclinaison très prononcée du pare-brise et les roues de 20 pouces.

Comme toute berline qui se respecte, la LHX offre des places arrière confortables. Même en l'an 2000, les gens vont toujours penser à leur confort.

Pininfarina Song: Pininfarina donne la réplique à la Sing avec la Song, un monocorps avec deux rangées de sièges seulement. Grâce à cette caractéristique, la voiture garde ses dimensions hors tout d'origine ainsi que l'agilité propre à une berline classique.

Mercury Fusion: La Mercury Fusion est une voiture concept s'adressant à de jeunes acheteurs. En dépit de ses dimensions réduites, la Fusion est équipée de roues de 16 pouces.

La Fusion est une création de Concept Center California Inc avec la collaboration des studios de design de Ford aux États-Unis, en Australie, au Japon, en Grande-Bretagne, en Italie et en Allemagne.

Pininfarina Argento Vivo: L'Argento Vivo est une création de Pininfarina. Utilisant un moteur Honda 5 cylindres, le carrossier italien a créé un cabriolet faisant montre d'une architecture inusitée pour Honda: moteur avant, propulsion aux roues arrière. Nommé «Best in Show» au dernier Salon de l'auto de Tokyo.

Opac Spider PIV: Leader italien de la production de toits rigides et de capotes pour cabriolets, la maison Opac de Rivalta a tenté l'aventure de réaliser son propre spider, le PIV. Il fait appel à la traction et à un moteur 4 cylindres Peugeot de 1,4 litre.

Fiovaranti NYCE: Dans le sillage des gros SUV (Sports Utility Vehicle), on assiste à une ruée vers de petits engins dits de loisirs-plaisirs comme ce NYCE (pour Natural, Young Car, Economical). C'est un peu tiré par les cheveux, mais le résultat est mignon comme tout. Un prototype émanant d'Italie et signé Fiovaranti.

Le NYCE Fiovaranti est un petit véhicule de ville ou de plage pouvant transporter deux personnes, leurs vélos, leurs planches à voile et toute une panoplie d'outils de loisirs. Il a fait un malheur au Salon de Turin 1996.

Mazda RX-01: Le prototype RX-01 de Mazda est considéré par plusieurs comme étant le modèle appelé à remplacer l'actuelle RX-7. D'ailleurs, il est animé par un moteur rotatif, monté en position centrale. Son avenir repose toutefois entre les mains de Ford.

Le cockpit est relativement étroit, mais tout est à la portée de la main du pilote. Les cadrans sont directement dans le champ de vision du conducteur.

Le fait d'utiliser un moteur central permet à la RX-01 d'adopter une silhouette nettement originale. Le feu arrière transversal est inspiré de celui de la RX-7.

Peugeot Toscana: À partir de la berline 406, les stylistes de Peugeot se sont amusés à créer ce coupé sport. Le design de la lunette arrière constitue l'élément le plus spectaculaire de cette voiture.

Renault Fiftie: En créant la voiture concept Fiftie, les stylistes de Renault se sont inspirés de la Renault 4CV et de la Beetle Concept de VW. Elle démontre la capacité de puiser dans le patrimoine Renault pour créer de nouveaux véhicules.

Voilà une silhouette rétro qui s'accommode fort bien du présent. La voiture est basée à partir de la Spider Renault Sport et sa coque est en fibre de carbone.

La cabine fait appel aux matériaux naturels: panneaux de portes en rotin, sièges garnis de lin et coton. Elle est relativement spacieuse compte tenu des dimensions très modestes de la Fiftie.

Comme sur la 4CV, le moteur est à l'arrière. Ce moteur est le tout nouveau D7F appelé à être utilisé sur plusieurs voitures Renault. Sa cylindrée est de 1,2 litre et sa puissance de 60 chevaux.

Dodge ESX: Chez Dodge, on veut s'assurer que les berlines alimentées par des piles électriques ne seront pas des véhicules sans relief. Utilisant un système d'alimentation hybride, cette Dodge peut compter sur une puissance de 200 chevaux.

Le tableau de bord de l'ESX ne manque certainement pas d'audace. Malgré tout, la disposition des instruments est conventionnelle.

I.D.E.A. Vuscia: Cette minifourgonnette très particulière est l'œuvre de I.D.E.A., une firme de design italienne. Vuscia signifie «Votre Seigneurie» en dialecte génois, ce qui laisse deviner que nous sommes en présence du prototype d'un véhicule d'exception.

Giannini Windsurf: Fonctionnement silencieux et suppression de toute source de turbulence ont guidé le carrossier Giannini dans la réalisation du Windsurf. La voiture est dotée d'éléments mobiles, de capteurs de pression et d'une centrale de données.

Ford Indigo: La Ford Indigo est une voiture concept associant la technologie utilisée en Formule Indy avec les besoins des utilisateurs de la route. Le châssis est réalisé en fibre de carbone et d'aluminium alvéolé.

La pièce de résistance de l'Indigo est son moteur V12 6,0 litres. Avec une puissance estimée de 435 chevaux, il permet de boucler le 0-100 km/h en 4,0 secondes!

Mega Track: Le coupé Mega Track est une voiture haute performance décidément pas comme les autres. En plus d'offrir la traction intégrale, cette sportive est animée par un moteur Mercedes V12 de 395 chevaux. Fabriqué en France par Aixam Mega automobile, son prix est de 500 000 $!!!!

Pininfarina Eta Beta: Carrossier de la plupart des Ferrari, Pininfarina est aussi à l'aise dans les petites voitures pratico-pratiques comme en témoigne l'Eta Beta, un véhicule urbain destiné à combattre pollution et congestion.

L'intérieur de l'Eta Beta est un peu «bonbon».

Voiture écologico-énergétique, l'Eta Beta possède une carrosserie modulable en résine recyclable et en aluminium ainsi qu'une propulsion mixte: moteur à essence et électrique (placé dans les roues arrière). La carrosserie peut s'allonger de 20 cm par l'arrière.

Ssang Yong CCR 1: Ssang Yong est une firme coréenne qui commercialise surtout des véhicules à quatre roues motrices. Ce coupé quatre places à portes papillon et space-frame en aluminium laisse supposer qu'elle pourrait étendre sa production à divers modèles moins utilitaires. Le prototype CCR 1 pour Clear Car Research est doté d'un moteur électrique.

Ssang Yong Solo III: Ce très beau coupé d'allure infiniment moderne est le Solo III de la firme coréenne Ssang Yong.

Italdesign Hammer: Cette évolution plus ou moins heureuse du prototype Formula 4 d'Italdesign s'appelle Hammer. On a voulu en faire un petit véhicule récréatif pour excursions hors route. Eh oui! même les Italiens peuvent quelquefois s'égarer.

Italdesign Legram: Pour répondre à l'invitation de Fiat, Italdesign a créé cette voiture à deux volumes avec une partie arrière tronquée et plongeante avec une coupole transparente.

Bonetto Miki: Plus petite qu'une Fiat Cinquecento, ce qui n'est pas peu dire, cette voiturette est l'œuvre de Bonetto Design. Baptisée Miki, elle ne fait que 270 cm de longueur et peut être équipée d'une motorisation thermique ou électrique.

De Tomaso Bigua: Rendue célèbre par la Pantera dont plus de 10 500 unités ont été construites, la firme De Tomaso est toujours en vie. Elle se concentre actuellement sur deux modèles, la Guarà et la nouvelle Biguà dévoilée en 1996.

La carrosserie de la Biguà est celle d'un coupé que l'on peut transformer en spider ou «targa» en moins de deux minutes. Sous le capot avant, cette Pantera des années 2000 reçoit le V8 de 4,6 litres et 305 chevaux de la Mustang Cobra.

BMW Just 4/2: Les sérieux stylistes de BMW se sont amusés à créer ce petit *hot rod* mû par un moteur de moto de 1,1 litre. Just 4/2 est son nom et il offre, dit-on, plus de plaisir au litre d'essence que tout ce qui roule sur cette planète.

Pas de toit, pas de coffre... bref pas de compromis pour cette BMW Just 4/2, une étude de style qui se distingue par la simplicité et la modernité de son tableau de bord.

Lexus FLV: Si jamais Lexus décide de commercialiser une minifourgonnette haut de gamme, elle pourrait ressembler à ce prototype FLV. Ce monospace dessiné en Californie est une version de luxe de la Toyota FLV dévoilée au Salon de Tokyo en 1995. C'est une traction animée par un V6 de 3,1 litres.

Opel Maxx: Opel s'est amusé à dessiner la Maxx, une voiture modulaire à châssis en aluminium.

Les concepteurs de la Maxx ont pensé aux besoins de tous. Cette version est certainement destinée aux misanthropes.

Malgré ses dimensions très modestes, la Maxx peut se transformer en monospace quatre portes.

L'habitacle très dépouillé et les sièges à montants tubulaires sont adaptés à une conduite sur de courts trajets et presque exclusivement en milieu urbain.

Fiovaranti Flair: Le coupé réalisé par Fiovaranti à partir de la Fiat Bravo HGT se caractérise par une partie avant plongeante qui lui confère un remarquable Cx de 0,18 et une consommation de 5,6 litres aux 100 km malgré une vitesse de pointe de 265 km/h.

Notez l'aérofrein très efficace de la Fiovaranti Flair qui fait passer son coefficient aérodynamique de 0,18 à 0,37. Comme quoi la résistance à l'air est une réalité très complexe.

TLC Yello Talbo: Le préparateur suisse Rinnspeed a été séduit par la reproduction de la Talbo-Lago créée par TLC en Floride et essayée dans le *Guide de l'auto 96*. Il a commandé à George Balachack une version spéciale légèrement remaniée qu'il a baptisée Yello Talbo.

Par rapport à la Talbo «normale» présentée l'an dernier, la Yello Talbo se signale par ses phares visibles, ses ailes arrière ajourées, ses portes s'ouvrant dans le sens normal et son moteur Ford V8 à compresseur de 355 chevaux.

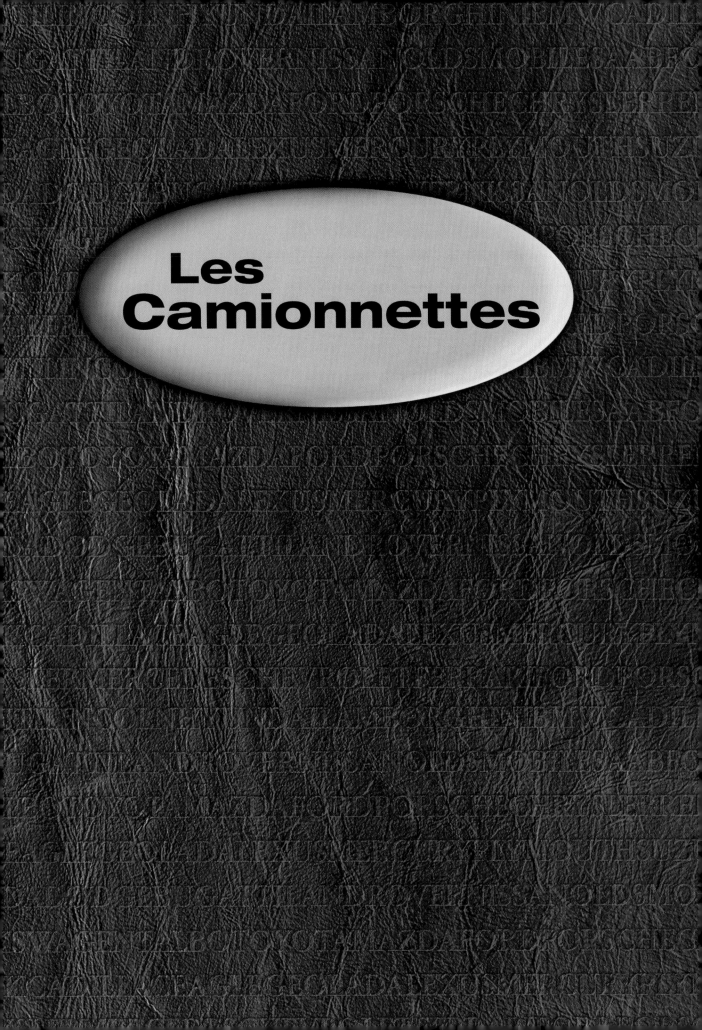

Les Camionnettes

CHEVROLET C/K/GMC Sierra

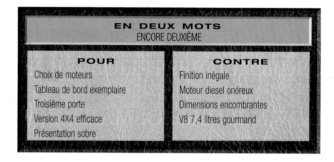

L'attrait de la maturité

L'arrivée de la nouvelle camionnette F-150 de Ford n'a pas été sans causer certains remous chez General Motors. Après tout, cette compagnie livre une lutte de tous les instants pour enlever la première place à Ford dans la catégorie des camionnettes régulières et compactes. Sans succès jusqu'ici…

Ford a eu le haut du pavé jusqu'à maintenant et l'arrivée d'une version plus moderne et plus attrayante de la F-150 lui permettra de maintenir cette avance. Mais General Motors n'est pas démuni en fait dans ce domaine. Ses camionnettes C/K ont toujours l'avantage de posséder une silhouette équilibrée qui plaît. Aussi, la diversité des modèles offerts est un autre avantage jouant en faveur du numéro un américain. D'autant plus que tous les moteurs ont été modifiés l'an dernier afin d'augmenter leur puissance et d'assurer une meilleure fiabilité.

Le moteur de base est toujours le célèbre V6 4,3 litres dont la puissance et la robustesse conviennent si vous n'entrevoyez pas charger votre camionnette plus qu'il ne le faut. Sa puissance est quand même impressionnante pour un V6 puisqu'il développe 200 chevaux, cinq de moins que le nouveau V6 4,2 litres de Ford. Mais, c'est partie égale côté couple puisque les deux en ont un de 255 lb-pi.

En revanche, si vous prévoyez utiliser votre camionnette pour un service dur, trois moteurs V8 à essence sont au programme. Le 5,0 litres a une puissance de 230 chevaux tandis que le 5,7 litres en développe 25 de plus. Enfin, pour les cas les plus sérieux, on peut toujours commander le gargantuesque V8 de 7,4 litres dont les 290 chevaux et les 410 lb-pi de couple ne sont intimidés par aucune charge.

Les diesels au programme

Si les moteurs diesels vous attirent, le V8 6,5 litres combine puissance et économie de carburant. GM fabrique même une version «usage intensif» de ce même moteur. En plus d'une puissance légèrement inférieure à 200 chevaux et d'un couple de près de 400 lb-pi, ces diesels consomment moins que les moteurs à essence. Mais leur prix est quelque peu plus élevé. Il faut donc envisager un kilométrage annuel élevé pour rentabiliser ces diesels.

Comme c'est la norme dans la catégorie des grosses camionnettes, le choix des modèles et leurs variantes est presque infini. Versions dépouillées, modèles sport, cabine allongée, 4X4, le choix ne

EN DEUX MOTS	
ENCORE DEUXIÈME	
POUR	**CONTRE**
Choix de moteurs	Finition inégale
Tableau de bord exemplaire	Moteur diesel onéreux
Troisième porte	Dimensions encombrantes
Version 4X4 efficace	V8 7,4 litres gourmand
Présentation sobre	

fait pas défaut. De plus, même si la silhouette de ces modèles C/K et Sierra est avec nous depuis quelques années, ces camionnettes sont toujours plaisantes du point de vue esthétique. Dans l'habitacle, le tableau de bord est devenu un exemple d'efficacité sur le plan de l'ergonomie.

Côté conduite, ces gros camions proposent un confort remarquable compte tenu de leur vocation première, les mauvaises routes, les trous et les bosses étant bien absorbés par la suspension. Ajoutons des sièges confortables, une cabine allongée proposant une troisième porte du côté droit et vous êtes au volant d'un véhicule drôlement polyvalent.

Conçues pour les travaux durs, ces camionnettes ont atteint un niveau de raffinement qui permet de les utiliser pour son usage personnel. Ce qui explique pourquoi ce marché continue de croître année après année. Après tout, les deux véhicules les plus vendus en Amérique du Nord sont les camionnettes pleine grandeur de Ford et de Chevrolet.

D. Duquet

CHEVROLET S-10/GMC Sonoma

**Beaucoup
de diversité**

Jadis de simples outils de travail, les camionnettes sont devenues la coqueluche du marché et on dit même que leurs ventes dépasseront bientôt celles des voitures particulières. Dorénavant utilisées à toutes les sauces, elles sont offertes dans une grande variété de modèles. Après nous avoir offert un panneau d'accès sur le modèle à cabine allongée l'an dernier, GM met maintenant à notre disposition une version à parois latérales sculptées.

Sur les grosses camionnettes, les parois de la caisse sont modifiées afin de permettre l'emplacement de marchepieds. Cette transformation a pour but de permettre d'accéder à la caisse de chaque côté. Surnommés «Stepside», ces modèles se caractérisent également par leur allure plus sportive. En effet, les ailes en relief donnent plus de caractère à la partie arrière.

En réalité, cette astuce n'est vraiment pas indispensable sur une camionnette compacte, car le contenu de la boîte est facile d'accès. C'est surtout le côté sportif de cette silhouette qui incite les gens à opter pour une telle version sur un modèle compact. D'ailleurs, chez Chevrolet et GMC, ce modèle est appelé «Sportside». Et si vous vous demandez pourquoi GM ajoute ce modèle à sa gamme, c'est tout simplement parce que Ford offre la Ranger Splash depuis quelque temps déjà. Mais tandis que la Splash utilise des parois en matière composite, GM a opté pour des panneaux de caisse entièrement métalliques.

Il ne serait pas surprenant que la «Sportside» devienne l'une des versions les plus appréciées d'une certaine clientèle branchée. Déjà sur la côte californienne, il est très «in» chez les surfeurs de se présenter à la plage au volant d'un tel modèle, doté de toutes les options et animé par le célèbre moteur V6 Vortec.

Pas toujours branché

Il ne faut cependant pas s'imaginer que les camionnettes compactes sont devenues des jouets pour la majorité des acheteurs. La vocation première de ces véhicules continue d'être un outil de travail. Compte tenu de ces considérations, les critères visant l'allure sport et le confort sont relégués au second plan dans bien des cas. C'est pourquoi il se vend tellement de modèles à cabine régulière animés par le 4 cylindres 2,2 litres d'une puissance de 118 chevaux.

EN DEUX MOTS	
POUR LE JEU OU LE TRAVAIL	
POUR	**CONTRE**
Cabine confortable	Banquette de série
Choix de suspension	Pratiquement aucun espace de
Panneau d'accès arrière	rangement (cabine régulière)
Tenue de route équilibrée	Pneus de série très moyens
Version 4X4 efficace	Finition souvent inégale

Cette combinaison n'est pas recommandée pour les gros travaux, mais le moteur a suffisamment de couple pour permettre de transporter des objets relativement lourds sur de courtes distances. De plus, comme sa consommation est raisonnable, cela ne vient pas grever le budget de la petite compagnie artisanale. Et si cette camionnette est utilisée comme véhicule d'appoint pour la famille, ce 4 cylindres peu assoiffé est recommandé.

Si deux personnes prennent place à bord de la cabine régulière, impossible alors d'y ranger des objet. À part cet inconvénient, l'espace pour les jambes, la tête et les coudes est adéquat. La banquette régulière pourrait être plus confortable et mieux dessinée cependant. Heureusement qu'il est possible de choisir parmi plusieurs modèles de sièges baquets offerts en option.

La suspension régulière est correcte. Et si elle ne convient pas à vos aspirations, vous pouvez également commander la suspension «Service dur» ou «Sport».

Comme vous le constatez, les S-10 et Sonoma vous permettent de vraiment concevoir la camionnette qui répond à vos besoins et vos attentes. De plus, elles peuvent se transformer en jouets très agréables à conduire pour qui sait choisir les options appropriées.

D. Duquet

DODGE Dakota

Un compromis
saprement efficace

Plus gros qu'une camionnette compacte, moins imposant que la Dodge Ram de format régulier, la Dakota se veut la solution du compromis. En règle générale, cette approche donne des résultats mitigés. Heureusement pour Chrysler, elle a permis de toucher la cible en plein centre. Et la nouvelle version est encore plus intéressante à tous les chapitres.

Dévoilée en 1987, la Dakota avait connu des débuts difficiles en raison d'un choix de moteurs assez peu intéressant et d'un manque de caractère. Au fil des années, l'arrivée de nouveaux groupes propulseurs et d'un modèle à cabine allongée a permis à cette camionnette de connaître beaucoup de succès. En fait, l'an dernier, elle a obtenu ses meilleurs chiffres de ventes à ce jour. Il lui était toutefois de plus en plus difficile de masquer son âge et une révision s'imposait. La nouvelle version rend la Dakota plus compétitive en raison de son habitacle transformé et de sa silhouette plus agréable.

Compte tenu des immenses succès de la Dodge Ram, les stylistes s'en sont inspirés pour dessiner la caisse de la nouvelle Dakota. Les ailes avant en relief, l'allure absolument macho de la calandre et son look de gros camion sont empruntées à la Ram. Non seulement la nouvelle Dakota possède un air de famille qui ne trompe pas, mais sa silhouette est agressive et élégante à la fois. Bref, l'anonymat de la version précédente est sans contredit chose du passé.

Mais les progrès les plus spectaculaires réalisés en matière de présentation se retrouvent dans l'habitacle. Le tableau de bord et la finition de la cabine de la version précédente étaient sans doute ce qui se faisait de plus désuet dans la catégorie. La version 1997 vient effacer ce mauvais souvenir par une planche de bord sobre, équilibrée, où chaque chose est à sa place tout en étant facile d'accès. De plus, comme cet habitacle est très spacieux, même version à cabine régulière nous permet d'y prendre nos aises. Quant à la cabine allongée, elle est confortable et permet d'accueillir deux adultes de taille moyenne dans la partie arrière. Il est toutefois surprenant que Chrysler ne propose pas une troisième porte sur ces modèles.

Si les changements esthétiques ont transformé cette camionnette, les améliorations apportées à la conduite sont encore plus marquantes. Le châssis a gagné en rigidité tandis que l'insonorisation s'est amé-

EN DEUX MOTS	
UN GRAND PAS EN AVANT	
POUR	**CONTRE**
Silhouette élégante	Consommation élevée (V8)
Caisse spacieuse	Moteur 4 cylindres un peu juste
Tableau de bord équilibré	Siège de série moyen
Moteur V8	Boîte automatique fragile
Finition améliorée	Conduite hivernale délicate (V8, 4x2)

liorée. Il suffit de quelques kilomètres à son volant pour en apprécier la solidité, la précision de la direction et le confort des sièges. De plus, le tableau de bord est de consultation facile même si sa présentation n'est pas aussi moderne que celle des nouvelles planches de bord des camions GM.

Un élément n'a pas changé par rapport à la version précédente et c'est la possibilité de pouvoir commander un V8 de 5,2 litres d'une puissance de 230 chevaux. Sur le plan pratique, son couple de 300 lb-pi permet d'assurer une capacité de remorquage de plus de 2900 kg. Mais ce V8 transforme également la Dakota en véhicule sport ultraperformant. Couplez ce moteur à une boîte manuelle, choisissez la bonne suspension et vous êtes au volant d'un authentique véhicule sport dont les accélérations sont capables d'intimider plusieurs voitures à vocation sportive. Si vos ambitions sont plus modestes, le V6 3,9 litres avec ses 175 chevaux s'avère un choix sage. Enfin, pour ceux qui ne prévoient pas utiliser ce camion pour des travaux lourds, les 120 chevaux du 4 cylindres 2,5 litres peuvent être adéquats, mais c'est juste.

D. Duquet

DODGE Ram

Une gamme complète

Lancée avec fracas en 1995, la grosse camionnette Dodge Ram continue de faire son petit bonhomme de chemin. Au fil des mois, de nouveaux modèles viennent s'ajouter à une gamme qui est dorénavant en mesure de lutter avec Ford et GM.

C'est ainsi que l'arrivée de versions à cabines allongées, d'options plus nombreuses et de nouveaux groupes d'équipement sont venus consolider l'offre. Malgré ces mutations, les données de base de cette populaire camionnette n'ont pas changé. Par exemple, la cabine demeure toujours l'une des plus logeables de l'industrie. En fait, elle est suffisamment spacieuse pour permettre d'incliner les dossiers des sièges de façon significative tout en disposant de bacs de rangement derrière les sièges. De plus, une ingénieuse banquette 60/40 permet d'asseoir confortablement trois adultes au gabarit imposant. Et si la portion centrale du siège n'est pas occupée, le dossier se rabat pour former une console spacieuse qui se double d'un appuie-bras. Il faut souligner que la version à cabine allongée offre un niveau de confort encore plus relevé.

Toujours dans l'habitacle, le tableau de bord n'est pas tellement stylé, mais son ergonomie est bonne et la disposition générale sans défaut majeur. Toutefois, il nous a semblé que la buse centrale servant à diriger l'air vers le conducteur est un peu trop décentrée vers la droite. Enfin, le porte-verres est monté sur la partie supérieure du tableau de bord, au centre droit. Une position qui a ses détracteurs et ses partisans.

Du solide

La camionnette Ram ne se contente pas de proposer une allure de costaud. Les ingénieurs ont conçu un châssis ultrarobuste. La partie avant comprend des poutres emboîtées de forme rectangulaire afin d'obtenir plus de force en cette partie très sollicitée. Et la suspension avant à ressorts hélicoïdaux est constituée de pièces très solides. Soulignons au passage que Chrysler a été la première compagnie à utiliser sur ses camionnettes des ressorts hélicoïdaux associés à des bras parallèles sur la version 4X4.

Côté moteur, l'acheteur a l'embarras du choix puisque pas moins de cinq groupes propulseurs sont au catalogue: deux 6 cylindres, deux V8 et un V10. L'un des deux 6 cylindres est le V6 3,9 litres également

EN DEUX MOTS	
TOUJOURS EN PROGRÈS	
POUR	**CONTRE**
Suspension confortable	Fiabilité capricieuse
Habitacle spacieux	Certains pneumatiques décevants
Excellent choix de moteurs	Levier d'enclenchement 4X4 encombrant
Version 4X4 efficace	V10 gourmand
Choix de modèles	Caisse mal arrimée

utilisé depuis quelques années chez la Dakota. Ses 175 chevaux sont bien adaptés. L'autre 6 cylindres est le diesel Cumins d'une cylindrée de 5,9 litres. Ce moteur turbocompressé avec refroidisseur d'air est une brute de travail avec sa puissance de 175 chevaux et son couple de 420 lb-pi à 1600 tr/min.

Parmi les V8, les Magnum 5,2 et 5,9 litres sont toujours au catalogue. Et si ce n'est pas suffisant, il y a le V10 8,0 litres dont la puissance est de 300 chevaux et le couple de 450 lb-pi à 2400 tr/min.

Sur la route, cette camionnette Dodge Ram nous impressionne par son homogénéité, la puissance de ses moteurs et la robustesse de sa conception. De plus, le confort et l'habitabilité de la cabine sont d'autres éléments positifs jouant en sa faveur. Et la cabine allongée est certainement l'une des plus spacieuses de la catégorie. Bref, trois années après son lancement, la Dodge Ram semble avoir atteint une maturité de bon aloi sur le plan de l'équilibre d'ensemble. Reste à la compagnie Chrysler à en améliorer la fiabilité pour être en mesure de continuer à gagner du terrain sur la concurrence.

D. Duquet

FORD Ranger/Mazda Série B

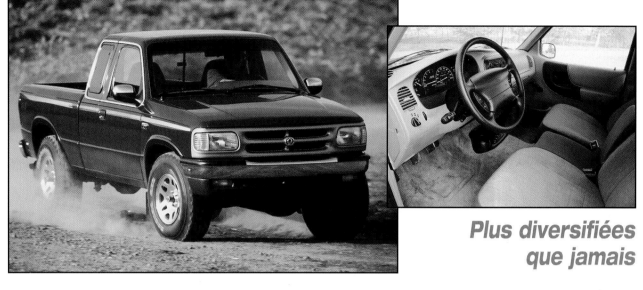

*Plus diversifiées
que jamais*

Un nombre sans cesse croissant d'utilisateurs ont choisi leur camionnette compacte comme véhicule familial. Au fur et à mesure que cette nouvelle vocation se développe, les compagnies ne cessent d'y apporter améliorations et raffinements afin d'en rehausser encore davantage le confort et l'agrément de conduite.

Chez la Ranger 1997, la vocation famille et loisirs se développe au détriment des aspects travail et charge lourde. Ainsi, le moteur V6 4,0 litres est dorénavant couplé à une transmission automatique à 5 rapports. Vous avez bien lu, 5 rapports comme sur les Mercedes et BMW, entre autres. Et ce cinquième rapport n'est pas une autre surmultipliée qui viendrait atténuer les reprises de ce V6 à haute vitesse. En fait, ce rapport supplémentaire a été inséré entre la première et la seconde vitesse afin d'assurer des accélérations plus linéaires et plus douces en réduisant l'écart entre ces deux vitesses.

Cette boîte automatique n'est disponible qu'avec le V6 4,0 litres. Les moteurs 2,3 litres et 3,0 litres peuvent toujours être associés en option avec l'automatique à 4 rapports. Cette dernière bénéficie de plusieurs modifications afin d'améliorer la douceur de ses changements de vitesse et sa durabilité. Toutes deux utilisent le lubrifiant Mecon V qui devrait durer toute la vie du véhicule, à moins que celui-ci ne soit utilisé pour effectuer des remorquages lourds. Dans ces conditions, il faut le vidanger à tous les 80 000 km.

Au rayon des options

Dans le but d'ajouter au raffinement de cette camionnette sans pour autant la pénaliser au chapitre des prix, on peut dorénavant commander plusieurs accessoires séparément, sans être obligé de choisir le groupe d'accessoires au complet. Par exemple, sur le modèle XLT, on peut obtenir les glaces et les serrures à commande électrique sans devoir payer pour une foule d'autres éléments faisant partie du groupe d'accessoires privilégiés. Dans le cas du modèle 4X4, les freins ABS ne sont plus de série, ce qui a permis d'en abaisser le prix. Toujours en respectant cette même philosophie, il est possible de commander une

boîte «Flareside» sans nécessairement payer pour les autres éléments de la version «Splash» dotée d'une présentation plus relevée et d'une suspension sport.

EN DEUX MOTS	
POLYVALENTE ET BON MARCHÉ	
POUR	**CONTRE**
Choix de moteur	Suspension ferme
Boîte automatique améliorée	Moteur 4,0 litres gourmand
Fabrication soignée	Boîte manuelle mal étagée
Bonne valeur de revente	Cabine régulière exiguë
Version «Flareside»	

Compte tenu des changements apportés au cours des trois dernières années et de l'engouement des acheteurs pour les camionnettes, Ford tente de trouver de nouvelles combines afin d'augmenter sa clientèle. Et il faut admettre que la Ranger peut facilement être utilisée comme véhicule familial en raison de son confort et de son comportement routier. Pour ce faire, il faut absolument opter pour un modèle «Supercab». Plusieurs bricoleurs ne jurent que par cette camionnette.

La Mazda Série B est pareille à la Ranger à quelques détails de présentation près. Pourquoi choisir une Mazda? Selon le manufacturier japonais, plusieurs clients n'envisagent même pas de visiter un concessionnaire nord-américain. Ils préfèrent le service et l'accueil réservés par un constructeur asiatique. En retour, ils peuvent conduire l'une des camionnettes les plus homogènes de la catégorie.

D. Duquet

FORD F-150

La nouvelle référence

Les utilisateurs de camionnettes sont reconnus pour être plutôt conservateurs. Pourtant, ils ont accueilli à bras ouverts cette camionnette Ford, même si sa silhouette rompt avec la tradition. En fait, depuis son lancement, la F-150 est devenue la «nouvelle référence».

Il est curieux de parler de style dans le cas d'une camionnette. Pourtant, même dans cette catégorie, les apparences jouent un rôle de plus en plus important. En ce qui concerne la F-150, les résultats sont spectaculaires. On a réussi à arrondir les angles de partout pour faire paraître le véhicule plus compact. Pourtant, la cabine régulière de cette nouvelle venue est plus longue de 12,9 cm sur la version à empattement normal, et de 19,5 cm sur le modèle à caisse allongée. La cabine des modèles Supercab est également plus longue.

La caractéristique la plus remarquable de la carrosserie est la présence d'une porte arrière du côté droit sur tous les modèles Supercab. Il s'agit d'une astuce fort intéressante puisque la partie postérieure de la paroi droite de la cabine s'articule sur des charnières montées vers l'arrière. Comme le pilier B est éliminé de ce côté, il est alors relativement aisé de prendre place sur la banquette arrière. En fait, deux adultes de taille moyenne peuvent s'installer confortablement pour un trajet de quelques heures. Lorsque les places arrière ne sont pas occupées, le siège peut se rabattre pour offrir un espace de rangement additionnel.

Le tableau de bord est naturellement tout nouveau. Les stylistes n'ont pas poussé l'audace jusqu'à utiliser un centre de contrôle ovale comme sur la Taurus, mais la présentation est dynamique et innovatrice. Cependant, la télécommande des rétroviseurs ainsi que certaines autres commandes sont empruntées à d'autres modèles et cadrent mal avec l'ensemble.

Les coussins de sécurité gonflables pour le conducteur et le passager sont offerts en équipement de série. Cette F-150 propose également un commutateur actionné par la clé de contact qui permet de désactiver le coussin de sécurité du côté du passager. Cela afin de permettre l'utilisation sans danger d'un porte-bébé du côté droit. Un témoin lumineux visible en tout temps rappelle aux occupants des places avant que le coussin gonflable du côté du passager est désactivé.

La camionnette F-150 ne se contente pas de nous offrir une belle gueule. Sa mécanique a la solidité qui sied aux véhicules appelés à effectuer des travaux robustes. Le moteur de série est un V6 4,2 litres

EN DEUX MOTS	
À L'ASSAUT DE L'AN 2000	
POUR	**CONTRE**
Silhouette spectaculaire	Certaines commandes peu esthétiques
Troisième porte astucieuse	Versions allongées encombrantes
Bon choix de moteurs	Clé de désactivation controversée
Suspension avant toute nouvelle	Accoudoir difficile à abaisser
Cabine plus spacieuse	Répartition du siège arrière 60/40

d'une puissance de 205 chevaux tandis qu'il est possible de commander en option un V8 4,6 litres à simple arbre à cames en tête développant 210 chevaux et un V8 de 5,4 litres. Le V6 4,2 litres est une version plus puissante et plus moderne du V6 3,8 litres utilisé sur plusieurs produits Ford.

En plus de nouveaux groupes propulseurs, cette camionnette possède une suspension avant entièrement renouvelée. La suspension avant à bras asymétriques est constituée d'un bras supérieur forgé en acier et d'un bras inférieur moulé, également en acier. Quant aux versions 4X4, elles remplacent le ressort hélicoïdal par une barre de torsion pour plus de robustesse. Toutes les versions possèdent une barre antiroulis.

La suspension est surprenante en douceur et en progressivité. Il est vrai qu'on se retrouve assis plus haut que la moyenne, que les dimensions du véhicule sont vraiment imposantes, mais cette camionnette se comporte comme une automobile ou presque. Sur une route en bonne condition, le confort de la suspension est surprenant tandis que la direction est précise. En revanche, lorsque la chaussée se détériore, les ruades du train arrière sont bien contrôlées mais présentes. Ford a donc touché la cible en plein centre avec cette nouvelle génération du camion le plus populaire sur le marché.

D. Duquet

HUMMER

Stationnement interdit

Pendant plusieurs années, le Hummer se contentait de répondre aux besoins des soldats de l'Oncle Sam. Mais l'intérêt d'Arnold Schwarzenegger pour ce gros engin utilitaire est venu tout bouleverser.

En effet, lorsque la nouvelle courut qu'Arnold venait de s'acheter un Hummer, tout le gratin du jet-set d'Hollywood voulut faire de même. La demande a été telle que le constructeur AM-General a été dans l'obligation de produire une gamme de modèles destinés aux civils.

Il est certain que les allures militaires et machos de tous les Hummer sont de nature à intéresser une bonne partie des personnes attirées par ce genre de véhicule. Toutefois, en utilisation quotidienne, ces dimensions plus que généreuses deviennent un handicap majeur. Dans un premier temps, sa largeur ne permet pas à ce gros utilitaire d'emprunter certains chemins forestiers trop étroits. Dans un second temps, ces mêmes dimensions rendent assez aléatoires les déplacements dans la circulation urbaine. C'est vraiment un test d'habileté très poussé que de tenter de garer ce mastodonte dans un espace de stationnement régulier. Non seulement les dimensions d'un autre monde rendent la manœuvre difficile, mais la visibilité est limitée. De plus, le diamètre de braquage de cette traction intégrale laisse fortement à désirer.

Intérieur spartiate

Il faut également ajouter que l'habitacle a été initialement conçu pour répondre aux exigences de la vie militaire. Les stylistes ont eu beau tenter de donner un peu plus de convivialité à la présentation, le tout demeure très austère. Et curieusement, dans la cabine la plus large chez les utilitaires sport, conducteur et passagers disposent d'un espace très restreint. En effet, le tunnel du rouage d'entraînement empiète très sérieusement dans la cabine. Tant et si bien que les occupants sont tous coincés contre la portière.

Le groupe propulseur de série est le V8 6,5 litres de General Motors. Avec sa puissance de 175 chevaux, ce moteur est bien adapté à ce véhicule. Mais il faut prendre en considération que le Hummer pèse plus de 2,5 tonnes et cette puissance n'est pas superflue. D'autant plus que la traction intégrale et la boîte

automatique viennent en gruger une partie. Quant au moteur diesel, il est plus économique, mais ses prestations sont encore plus timides.

EN DEUX MOTS	
JOUET COSTAUD POUR MILLIONNAIRE MACHO	
POUR	**CONTRE**
Véritable passe-partout	Dimensions gargantuesques
Choix de modèles	Prix excessif
Robustesse sans égale	Faible habitabilité
Traction intégrale	Ventilation déficiente
Consommation élevée	Performances moyennes

Mais lorsque le sentier est suffisamment large, ce tout-terrain est d'une efficacité sans pareille. Son système de traction intégrale se moque de la majorité des obstacles. En fait, il faut que le terrain soit totalement impraticable pour que ce gros véhicule ne puisse le maîtriser. Son efficacité dans la neige profonde est tout aussi impressionnante.

Avec un prix de vente à l'image de sa taille et une largeur limitant l'accès aux routes forestières, le Hummer n'est pas un véhicule appelé à une grande diffusion. Mais si vous voulez vous faire remarquer au volant d'un véhicule, c'est un choix à considérer sérieusement.

D. Duquet

NISSAN Costaud

Sur la défensive

Que les temps ont changé! Il n'y a pas si longtemps, les constructeurs japonais étaient toujours sur la brèche, mettant de la pression sur les compagnies américaines avec une pluie de nouveaux modèles. Maintenant, c'est à leur tour d'avoir de la difficulté à suivre la musique.

Le Costaud de Nissan est un cas type. Alors que ce modèle a longtemps été associé aux succès des Japonais sur notre marché, aussi bien en raison de ses chiffres de ventes que par ses innovations, il se retrouve sur la défensive en attendant une réforme qui se laisse désirer. Sa silhouette convient toujours, mais elle nous a été présentée au milieu des années 80. Depuis ce temps, Ford, GM et Toyota ont complètement renouvelé leurs camionnettes, tant sur le plan de la carrosserie que de la mécanique. Nissan tente donc de limiter les dégâts.

Heureusement, lorsque le modèle actuel a été lancé, ses rondeurs alors inhabituelles lui donnaient une avance sur son époque. Mais les autres l'ont rattrapé et cette Nissan affiche maintenant un petit air rétro. Il lui faudra plus qu'un changement de calandre et quelques retouches esthétiques pour revenir au premier plan. Soulignons également que les nouvelles versions de la concurrence ne se contentent pas d'avoir meilleure allure. Elles sont également plus silencieuses, plus robustes, plus confortables et d'un agrément de conduite supérieur.

Il serait malhonnête de juger une camionnette uniquement sur son apparence. En fait, l'esthétique est vraiment secondaire dans cette catégorie de véhicules, même si elle semble prépondérante aux yeux de plusieurs. À l'usage, le Costaud de Nissan se débrouille quand même assez bien. Son moteur 4 cylindres 2,4 litres développe 134 chevaux, ce qui est suffisant pour des charges légères et moyennes. Mais il lui sera impossible de se charger avec facilité de poids importants et de travaux lourds. De plus, Nissan n'a pas encore remplacé son moteur V6 3,0 litres abandonné en 1996, parce qu'il était incapable de rencontrer les normes imposées par l'arrivée du système de diagnostic avancé OBD II.

Heureusement pour Nissan, le 4 cylindres est capable de faire face à la musique. Ce 2,4 litres est robuste et sa consommation raisonnable. Il a un défaut cependant: il n'aime pas les régimes élevés. Il émet un grognement désagréable et le niveau des vibrations devient passablement élevé si on le pousse trop. D'ailleurs, le caractère

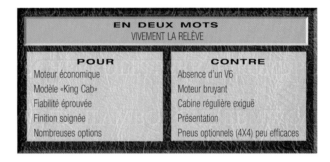

EN DEUX MOTS	
VIVEMENT LA RELÈVE	
POUR	**CONTRE**
Moteur économique	Absence d'un V6
Modèle «King Cab»	Moteur bruyant
Fiabilité éprouvée	Cabine régulière exiguë
Finition soignée	Présentation
Nombreuses options	Pneus optionnels (4X4) peu efficaces

rugueux de ce moteur est accentué lorsqu'il est couplé à une boîte automatique.

Comme le Costaud a été l'une des premières camionnettes à privilégier une présentation raffinée et les modèles à cabine allongée, son habitacle permet de se lancer dans de longs trajets sans risque de fatigue et d'inconfort. Mais à la condition, bien sûr, de ne pas avoir opté pour la banquette de série dont le dossier n'offre pratiquement aucun support. D'ailleurs, si vous prévoyez acheter un Costaud pour une utilisation personnelle, il est fortement recommandé d'opter pour la version «King Cab», dotée de sièges baquets. Le niveau de confort et la polyvalence de cette version seront grandement appréciés au fil des années.

Au fur et à mesure que la concurrence se modernise, il devient donc de plus en plus difficile pour le Costaud de tirer son épingle du jeu. Comme on semble avoir accordé la priorité à d'autres véhicules chez ce manufacturier, l'entrée en scène d'un nouveau modèle a été retardée. Le Costaud peut toujours suivre le peloton, mais c'est de plus en plus difficile.

D. Duquet

TOYOTA T100

Entre deux chaises

Les compromis sont parfois la solution idéale pour trouver le modèle qui convient. Toyota a essayé cette tactique avec la T100. Cependant, le numéro un japonais a malheureusement découvert qu'il passait carrément à côté de la cible.

Pendant des années, la compagnie Toyota jouissait d'une position privilégiée dans le secteur des camionnettes compactes. Celles-ci étaient fort appréciées pour leur confort, leur fiabilité et leur incroyable longévité. Bref, elles possédaient les mêmes qualités que les automobiles. Compte tenu de la popularité encore plus importante des camionnettes grand format, Toyota a décidé d'amadouer ce marché en développant une camionnette «intermédiaire» capable de transporter autant qu'une camionnette régulière tout en bénéficiant d'un encombrement moindre.

De prime abord, cette approche semble dériver d'une logique implacable. Mais ce que Toyota n'avait pas prévu, c'est que les gens trouvaient que la T100 était à la fois trop grosse par rapport aux camionnettes compactes et trop petite par rapport aux grosses camionnettes. On perdait sur tous les plans.

Après une réception catastrophique, l'arrivée d'un moteur V6 plus puissant et d'une cabine allongée ont permis à cette camionnette de connaître une popularité un peu plus intéressante. Malgré tout, le concept est loin de faire l'unanimité, même quelques années après son lancement.

Un V8 à l'horizon

Si le premier V6 était anémique, la version actuelle de V6 3,4 litres développe 190 chevaux, soit 15 de moins que le V6 4,2 litres de 205 chevaux offert en équipement de série sur la nouvelle camionnette Ford F-150. C'est tout de même acceptable puisque la T100 est plus petite. Mais ce V6 de 190 chevaux semble en développer 20 de moins en réalité. D'anémiques, les prestations sont devenues correctes avec l'arrivée de ce moteur il y a trois ans. D'ailleurs, un V8 est en développement et sera éventuellement offert. Ce qui permettra à la T100 de pouvoir offrir davantage côté puissance.

Malgré tout, cette camionnette Toyota n'est pas dépourvue de qualités. Sa fabrication est impeccable, la qualité des matériaux de premier ordre et le comportement routier fort acceptable. À son

EN DEUX MOTS	
CIBLE RATÉE	
POUR	**CONTRE**
Moteur robuste	Banquette de série inconfortable
Finition impeccable	Tableau de bord austère
Cabine XtraCab	Suspension arrière sèche
Sièges baquets confortables	Certains modèles de prix corsés
Bonne valeur de revente	Silhouette quelconque

volant, on sent la solidité de l'ensemble. Les camionnettes ne sont pas initialement conçues pour les prouesses au volant, mais cette Toyota est bien équilibrée tant du côté du confort que de la tenue de route.

L'habitacle est sobre, d'une finition impeccable. La version à cabine allongée est pratiquement un *must* si l'on veut transporter ses objets personnels dans la cabine. En revanche, la banquette est nettement moins confortable que les sièges baquets offerts en option. Quant au tableau de bord, il est moyennement réussi et ses cadrans pourraient être plus élégants.

Somme toute, la camionnette T100 possède les qualités propres à tous les produits Toyota. Cependant, elle a de la difficulté à convaincre les acheteurs que sa solution de compromis soit la bonne. Mais il ne faut pas prendre Toyota pour battu. Déjà, la prochaine génération de la T100 est en développement et on saura corriger les erreurs de jeunesse.

D. Duquet

TOYOTA Tacoma

La qualité d'abord

De nos jours 38 p. 100 des acheteurs de camionnettes proviennent des rangs des propriétaires d'automobiles. Les lois de la mise en marché ont donc chuchoté aux dirigeants de Toyota de réaliser des camionnettes compactes aussi attrayantes que robustes.

En effet, depuis l'an dernier, Toyota a décidé de donner une personnalité plus distincte à sa «camionnette compacte» devenue la Tacoma. Le nouveau nom était un indice de cette volonté. Mais cette camionnette a bénéficié de plus qu'un changement de nom. La mécanique s'est également raffinée afin de lui permettre de croiser le fer à forces égales avec la concurrence.

Trois moteurs sont au programme. Le moteur de base de la version 4X2 est un 4 cylindres 2,4 litres de 142 chevaux. Par ailleurs, si vous avez opté pour un modèle à quatre roues motrices, c'est un 4 cylindres 2,7 litres de 150 chevaux qui se chargera d'animer votre camionnette. Enfin, si vous voulez vous payer ce qu'il y a de plus puissant, le V6 3,4 litres de 190 chevaux devrait vous permettre d'affronter toutes les charges et tous les terrains. Malheureusement, autant le 2,7 litres que le 3,4 litres ne peuvent être livrés qu'avec la version 4X4. C'est nettement injuste pour les propriétaires des modèles 4X2 qui doivent se contenter d'un moteur aux prestations trop modestes.

ABS sur 4 roues

Le confort de tous les modèles s'est amélioré depuis que les barres de torsion avant ont été remplacées par des ressorts hélicoïdaux. Une direction à pignon et à crémaillère permet d'accentuer les sensations de conduite. Les freins ABS sont disponibles en option, mais contrôlent maintenant les quatre roues et non pas seulement les roues arrière comme c'est souvent le cas sur plusieurs camionnettes. Et nous avons apprécié à plus d'une reprise leur efficacité sur la version 4X4. Incidemment il est possible d'enclencher le système 4X4 en roulant. Sur les modèles SR5 V6, il suffit d'appuyer sur un bouton pour passer en mode 4X4 tandis que les autres versions font encore appel à un levier placé sur le plancher.

La Tacoma dispose d'une cabine relativement confortable et d'une finition impeccable. Toutefois, on aurait apprécié un peu plus d'espace, notamment sur la version dotée de la cabine normale. Et l'inconfort de

EN DEUX MOTS	
UN TANTINET TROP AUSTÈRE	
POUR	**CONTRE**
Choix de moteurs	Banquette de série
Finition impeccable	Bruits éoliens
Suspension plus raffinée	Suspension arrière sèche
Sièges baquets confortables	Performances moyennes (2,4 litres)
Bonne valeur de revente	Certains modèles de prix corsés

la banquette 60/40 s'accentue lorsqu'il y a une grande différence de taille entre le chauffeur et le passager.

Sur le plan de la conduite, c'est surtout la solidité de la caisse et du châssis qui nous ont emballés. Quant au moteur 2,4 litres de la version 4X2, il est recommandé de vous tourner vers la boîte de vitesses manuelle, car ses performances sont moyennes tout au plus. Il faut pratiquement se résigner à opter pour un modèle avec traction aux quatre roues pour avoir droit à un moteur plus incisif. En fait, le 4 cylindres 2,7 litres est un très bon compromis entre la puissance et l'économie de carburant.

Sur la route, le confort de ces camionnettes s'est amélioré par rapport à la version précédente. La suspension absorbe une bonne partie des trous et des bosses, mais c'est encore sec. Et ça ne s'améliore pas avec les versions quatre roues motrices. Malgré tous les raffinements apportés, la solidité et la robustesse continuent de primer.

D. Duquet

Fiche d'évaluation

Marque	Marque	Marque	Dodge	Dodge	Ford	Ford	AMG	Nissan	Toyota	Toyota
	C/K	S-10	Dakota	Ram	Ranger	Série F	Hummer	Costaud	Tacoma	T-100
Type	cab. all. 3 portes	cab. rég. 4X2	cab. all. 4X2	cab. rég. 4X2	cab. all. 4X2	cab. rég. 4X2	util. sport 4X4	cab. rég. 4X2	cab. all. 4X2	cab. all. 4X2
Empattement	359 cm	299 cm	333 cm	342 cm	318 cm	304 cm	330 cm	265 cm	309 cm	309 cm
Longueur	553 cm	520 cm	545 cm	569 cm	504 cm	513 cm	467 cm	443 cm	491 cm	531 cm
Poids	1987 kg	1381 kg	1455 kg	2092 kg	1628 kg	1741 kg	2654 kg	1250 kg	1252 kg	1610 kg
Moteur/transmission	V8 5,0 litres	V6 4,3 litres	V6 3,9 litres	V8 5,2 litres	4L 2,3 litres	V6 4,2 litres	V8 6,5 litres diesel	4L 2,4 litres	4L 2,4 litres	V6 3,4 litres
Puissance	230 ch	180 ch	175 ch	230 ch	112 ch	205 ch	170 ch	134 ch	142 ch	190 ch
Transmission	man. 5 rapports	man. 5 rapports	man. 5 rapports	man. 5 rapports	man. 5 rapports	man. 5 rapports	aut. 4 rapports	man. 5 rapports	man. 5 rapports	man. 5 rapports
Autres moteurs	V6 4,3 litres / V8 5,7 litres	4L 2,2 litres	4L 2,5 litres / V8 5,2 litres	6L TD 5,9 litres / V10 8,0 litres	V6 3,0 litres / V6 4,0 litres	V8 4,6 ou 5,4 litres / V8 7,3 TD	V8 6,7 litres	V6 3,0 litres	4L 2,7 litres / V6 3,4 litres	–
Autre transmission	aut. 4 rapports	aut. 4 rapports	aut. 4 rapports	aut. 4 rapports	aut. 4 ou 5 rapports	aut. 4 rapports	–	aut. 4 rapports	aut. 4 rapports	aut. 4 rapports
Suspension av.	indépendante	indépendante	indépendante	indépendante	indépendante	indépendante	indépendante	indépendante	indépendante	indépendante
Suspension arr.	essieu rigide	essieu rigide	essieu rigide	essieu rigide	essieu rigide	essieu rigide	indépendante	essieu rigide	essieu rigide	essieu rigide
Freins av.	disques ABS	disques ABS	disques ABS	disques ABS	disques ABS	disques ABS	disques	disques ABS	disques ABS	disques
Freins arr.	tambours ABS	tambours ABS	tambours ABS	tambours ABS	tambours ABS	tambours ABS	disques	tambours ABS	tambours ABS	tambours
Direction	billes, assistée	billes, assistée	crémaillère, assistée	billes, assistée	billes, assistée	billes, assistée	billes, assistée	billes, assistée	crémaillère, assistée	crémaillère, assistée
Pneus	P235/75R15	P205/75R15	P215/75R15	P225/75R16	P195/70R14	P235/70R16	37x12.5 OR16,5	P195/75R14	P215/70R14	P235/75R15
Accél. 0-100 km/h	11,2 secondes	9,1 secondes	9,6 secondes	10,3 secondes	13,6 secondes	9,7 secondes	19,8 secondes	13,4 secondes	12,6 secondes	9,3 secondes
Vitesse maximale	180 km/h	170 km/h	175 km/h	175 km/h	160 km/h	175 km/h	135 km/h	165 km/h	165 km/h	165 km/h
Consommation	14,6 l/100 km	12,6 l/100 km	12,8 l/100 km	13,4 l/100 km	9,3 l/100 km	14,3 l/100 km	8,2 l/100 km	9,8 l/100 km	10,3 l/100 km	14,2 l/100 km
Échelle de prix	18 000 $/30 000 $	15 300 $/24 500 $	16 000 $/25 500 $	17 500 $/35 600 $	15 200 $/25 650 $	18 500 $/35 700 $	70 000 $/105 000 $	14 500 $/24 000 $	17 250 $/26 950 $	23 998 $/37 895 $

ACURA NSX-T

L'esseulée de la catégorie

Lancée sous un tollé de louanges, l'Acura NSX ne semble pas être en mesure de se faire justice sur le marché des exotiques. Ses ventes sont toujours confidentielles, tandis que la passion de ses propriétaires ne fait pas long feu.

Lors de son entrée sur le marché en 1990, tous les espoirs semblaient permis à ce coupé nippon dont la structure et la carrosserie en aluminium étaient inédites pour l'époque. Les premiers exemplaires arrivés sur le marché ont même été l'objet d'une vigoureuse surenchère. Malheureusement pour Acura, cet engouement s'est vite apaisé et la demande pour ce coupé s'est atténuée au fil des années.

Malgré une demande assez mince, Acura continue de raffiner son coupé. L'an dernier, une version «Targa» était offerte. Comme les ingénieurs de Honda ne sont jamais pris au dépourvu, le panneau de toit amovible se range dans une coquille de plastique placée sous la lunette arrière. Il faut moins d'une minute pour enlever et remiser le panneau.

Une fois décoiffée, le comportement routier et la rigidité de la caisse de ce coupé sont exemplaires. À part un léger tourbillonnement d'air dans la cabine, on a peine à croire que la partie supérieure est remisée derrière nous. En fait, seule la version Targa de la Porsche 911 peut se vanter d'un tel brio. Incidemment, les ingénieurs qui ont procédé à la décapitation de la NSX devraient aller prêter main-forte à leurs collègues de chez Honda pour corriger les lacunes de la del Sol à ce chapitre.

En revanche, il faut déplorer la présentation terne de la cabine. La NSX affiche un prix de vente dans les six chiffres et la cabine est aussi dépouillée que celle d'une Civic. De plus, les espaces de rangement sont toujours aussi rarissimes.

Si vous aimez jouer les pilotes de Grand Prix qui manipulent leur boîte de vitesses du bout des doigts, il est possible depuis l'an dernier de commander une boîte automatique à partir d'un petit sélecteur monté sur la colonne de direction. Jadis, il aurait été impensable de même songer à proposer une boîte automatique sur une voiture de ce genre. Mais les temps ont changé. Heureusement, la majorité devrait opter pour la boîte de vitesses manuelle dont le levier est d'un maniement exemplaire.

Sur le plan de l'agrément de conduite, il est difficile de trouver à redire. Le moteur V6 est aussi souple que performant. Ce n'est pas sa puissance brute qui nous impressionne, mais bien son brio à toutes les plages. De plus, la tenue de route prévisible et nettement supérieure à la moyenne permet de tirer avantage des performances du moteur. Par contre, les freins sont moins brillants et leur efficacité s'atténue assez rapidement.

En dépit de tous ces accessits, la NSX est plus ou moins boudée. Il semble qu'elle soit trop docile. Plusieurs amateurs de voitures sport préfèrent celles qui ont plus de caractère. D'ailleurs, lors de l'essai simultané entre une Porsche 911 et une NSX, l'allemande était et de loin la plus populaire des deux.

D. Duquet

DONNÉES GÉNÉRALES	
Type de véhicule:	coupé - 2 places / propulsion
Empattement:	253 cm
Longueur:	442 cm
Poids:	1410 kg
Moteur/Transmission:	V6 - 3,0 litres - 252 ch ou 270 ch/aut. 4 rapports ou man. 5 rapports
Suspension av./arr.:	indépendante
Freins av./arr.:	disques ABS
Direction:	à crémaillère, assistée
Pneus av./arr.:	P215/35ZR16 / P245/40ZR17
Accél. 0-100 km/h:	6,7 secondes (automatique)
Freinage 100-0 km/h:	35,4 mètres
Vitesse maximale:	260 km/h
Consommation:	13,5 litres/100 km
Échelle de prix:	128 000$ à 140 000$

ASTON MARTIN DB7/Volante

Beauté mobile

Paul Deutschman l'a dit et je ne suis pas le seul à être d'accord avec notre premier designer automobile québécois: l'Aston Martin DB7 est la plus belle voiture au monde. Et sa version cabriolet, la Volante, n'est pas loin derrière. Mais qu'en est-il du reste?

Deux choses sont certaines... *Primo*, la DB7 est la meilleure Aston Martin jamais construite. *Secundo*, malgré tous les progrès accomplis par la marque anglaise depuis qu'elle est passée sous la tutelle de Ford, son coupé grand-tourisme n'a pas le lustre d'une Ferrari 456GT. Je n'hésiterais toutefois pas à la placer devant la Lamborghini Diablo dans un palmarès des meilleures supervoitures. Car c'est bien dans cette catégorie qu'il faut ranger les Aston DB7 et Volante. Autant pour leurs prix que pour leurs performances! Toutefois, depuis que Ford est à la barre (cela date de 1987), les Aston se sont rationalisées, devenant plus fiables et moins coûteuses à construire. Cela tient surtout au partage que Ford a instauré en puisant dans les stocks de l'autre marque britannique dont elle a le contrôle, Jaguar. Les DB7 font appel à la plate-forme de la XJS et vont même jusqu'à utiliser le 6 cylindres en ligne à compresseur qui campe sous le capot de la XJR avec une cylindrée ramenée à 3,2 litres. Malgré cette baisse, on lui attribue 335 chevaux et un couple de 361 lb-pi à des régimes respectifs de 5750 et 3000 tr/min. Cela est suffisant pour lancer ses quelque 1700 kg de 0 à 100 km/h en moins de six secondes avec la boîte manuelle à 5 rapports. La DB7 n'a pas à rougir de sa vitesse de pointe (260 km/h), mais elle doit quand même concéder un bon 40 km/h à la Ferrari 456 et autant à la Porsche 911 Turbo. La transmission automatique est aussi au catalogue et elle s'accommode très bien merci de la puissance quasi inépuisable du moteur.

Malgré des Bridgestone 18 pouces de série 40 ultrabas, le confort et la douceur de roulement étonnent dans une telle voiture. D'autant plus que la tenue de route n'a pas été sacrifiée pour autant.

Si le coupé DB7 dessiné par l'Écossais Ian Callum (anciennement de chez Ghia) est la plus belle voiture au monde, la DB7 Volante est certes l'un des plus jolis cabriolets de la production automobile actuelle. Seul le couvre-capote avec le toit en position ouverte l'empêche de décrocher un score parfait en matière d'esthétique. Ce modèle partage sa mécanique avec le coupé, ce qui permet d'ajouter que le compresseur simple Eaton est complété par un «intercooler» et que le 6 cylindres en ligne 24 soupapes est géré par le système électronique EEC V de Ford, l'un des plus sophistiqués du genre.

Comme tout cabriolet, l'Aston Volante bénéficie d'une abondance de renforts qui ont une incidence sur le poids, celui-ci étant majoré d'environ 150 kilos par rapport au coupé.

L'aménagement intérieur des DB7 respire la richesse avec un séduisant mélange de cuir Connolly et de vrai bois. Certains vont tiquer sur les deux couleurs de la sellerie ou sur l'aspect peu sportif du volant Ford, mais c'est le prix à payer pour le coussin gonflable qui y est enfermé.

De l'avis même de David Price, le grand patron d'Aston Martin, ces nouvelles DB7 sont les voitures les plus perfectionnées jamais produites par la firme anglaise. Elles devraient permettre à la marque d'entreprendre un nouveau départ sur les marchés du Canada et des États-Unis.

J. Duval

DONNÉES GÉNÉRALES

Type de véhicule:	cabriolet - propulsion
Empattement:	259 cm
Longueur:	471 cm
Poids:	1875 kg
Moteur/Transmission:	6L - 3,2 litres à compresseur - 335 ch/man. 5 rapports
Suspension av./arr.:	indépendante
Freins av./arr.:	disques ABS
Direction:	crémaillère, assistée
Pneus av./arr.:	P245/40ZR18
Accél. 0-100 km/h:	5,7 secondes
Freinage 100-0 km/h:	n.d.
Vitesse maximale:	266 km/h
Consommation:	15,0 litres/100 km
Prix:	135 000 $US

BMW Série 8

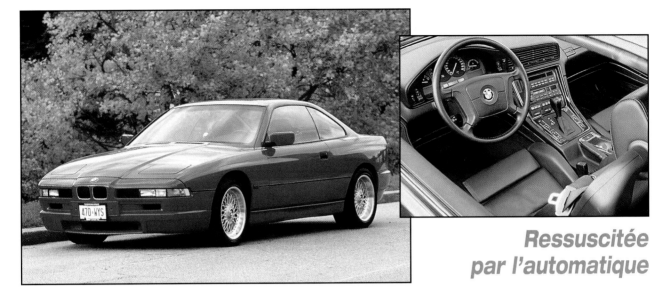

Ressuscitée par l'automatique

Au pinacle de la haute performance automobile, la F1 a changé la façon de penser des puristes. Il y a 10 ans, à leurs yeux, l'achat d'une voiture sport affublée d'une transmission automatique était un crime de lèse-majesté. Maintenant que les Villeneuve ou Schumacher de ce monde ont relégué le levier de vitesses manuel au musée, ce qui est bon pour les voitures de course les plus rapides au monde l'est également pour les meilleures GT de cette planète. Bref, on ne lève plus le nez sur un coupé grand-sport comme la BMW 850Ci parce qu'il est doté d'une boîte automatique.

Quelle transmission automatique! Combinée à un V12 de 5,4 litres délivrant pas moins de 322 chevaux, elle fait littéralement renaître une voiture qui ne m'avait pas impressionné outre mesure avec son V8 et ses 6 vitesses manuelles (840Ci). En revanche, le cocktail V12-automatique fait merveille...

Le moteur repose sous un capot en matière plastique, dans un compartiment susceptible de donner des cauchemars au meilleur diplômé d'une école de mécanique tellement il est encombré. Il ne saurait en être autrement dans une voiture qui pousse la sophistication jusqu'à offrir une suspension adaptive contrôlée électroniquement, un système antipatinage d'une rare efficacité et même un téléphone cellulaire parfaitement intégré.

Cette suspension, incidemment, s'«adapte» bel et bien aux conditions de la route, offrant un impeccable mélange de confort et de stabilité. Que ce soit en virage ou en ligne droite à plus de 230 km/h, cet imposant coupé demeure imperturbable sans pour autant sacrifier à la maniabilité. Celle-ci est d'autant plus surprenante que la 850Ci trouve ses godasses au rayon des grandes pointures avec des 235/45 sur l'essieu antérieur et des 265/40 sur les jantes postérieures.

La 850 s'adapte à votre humeur: on peut se détendre et laisser dormir le moteur à 1800 tr/min à 100 km/h ou profiter pleinement de l'inépuisable réserve de puissance de son V12. S'apparentant à la Tiptronic de Porsche, la transmission à deux modes (semi-manuel ou automatique) prend le nom de «Steptronic» dans les coupés BMW série 8. Elle m'est apparue plus agréable et plus efficace que celle de la 911 sauf pour son réglage à partir d'un départ arrêté. Sur le mode «manuel», la voiture s'élance alors en deuxième vitesse plutôt qu'en première et ce n'est qu'en faisant appel au *kick down* qu'on peut obtenir le maximum de puissance. À part ce détail, il faut vraiment expérimenter cette transmission «Steptronic» pour apprécier toutes ses possibilités.

De prime abord, la présentation intérieure en met plein la vue grâce à l'abondance de ses accessoires de luxe, mais après quelques jours en compagnie de la 850, on découvre le revers de la médaille. Autant les sièges garantissent votre bien-être, autant le large seuil de porte est gênant au moment d'entrer dans la voiture. Il ne faut pas être très grand non plus pour se plaindre d'un manque de dégagement pour la tête à l'avant. Finalement, le bois qui décore le tableau de bord est si lustré et parfait qu'on pense avoir affaire à du simili.

Ce qui ressemble à des places arrière est beaucoup plus une occasion d'agrandir le coffre en rabattant les dossiers qu'un espace habilité à accueillir des êtres humains.

Aussi admirable que soit cette BMW 850Ci par sa débauche de technologie, on ne peut s'empêcher de se demander si elle vaut 50 000 $ de plus qu'une Lexus SC400. Personnellement, j'investirais les 125 000 $ qu'elle commande dans une BMW540 (pour le luxe), une Z3 (pour le sport) et un 4X4 (pour l'hiver).

J. Duval

DONNÉES GÉNÉRALES	
Type de véhicule:	coupé - propulsion
Empattement:	268 cm
Longueur:	478 cm
Poids:	1895 kg
Moteur/Transmission:	V12 - 5,4 litres - 322 ch/Steptronic 5 rapports
Suspension av./arr.:	indépendante
Freins av./arr.:	disques ABS
Direction:	crémaillère, assistée
Pneus av./arr.:	P235/45ZR17 / P265/40ZR17
Accél. 0-100 km/h:	7,0 secondes
Freinage 100-0 km/h:	250 km/h (limitée)
Vitesse maximale:	36,0 mètres
Consommation:	17,0 litres/100 km
Échelle de prix:	100 900 $ à 130 900 $

BMW M3

Authentique ou succédané?

En 1995, BMW a importé au Canada une poignée de M3 dans leur version pure et dure animée par le moteur de 286 chevaux de l'époque. Pendant ce temps, BMW USA importait un modèle offrant la même présentation et le même habitacle, mais avec une suspension plus souple et un moteur développant 46 chevaux de moins. Cette année, cette version est importée au Canada.

Une suspension et un moteur différents, c'est suffisant pour lancer un débat à savoir si cette version «allégée» et plus économique est vraiment digne de porter la bannière Motorsport. Les irréductibles ont immédiatement accusé la compagnie bavaroise de céder aux pressions du marketing et de nous offrir un modèle diminué par rapport à l'actuelle version européenne. D'autres trouvent que la M3 nord-américaine correspond beaucoup plus à nos besoins réels.

Qui a raison? Sans vouloir éluder la question, on peut affirmer que les deux parties ont de bons arguments en leur faveur. Il est vrai que ce serait drôlement intéressant de pouvoir encore commander la M3 européenne avec ses 321 chevaux et sa suspension très ferme qui permet de jouer les pilotes de course. Et pour les gens pressés, soulignons que cette version boucle le 0-100 km/h en 5,5 secondes. Par contre, la version nord-américaine ne prend qu'une demi-seconde de plus pour le faire, et sa suspension plus souple s'adapte beaucoup mieux à nos routes et à une utilisation quotidienne. Enfin, son prix est beaucoup plus abordable que celui de la version germanique qui n'offre aucun compromis, même sur le plan financier.

Sièges exceptionnels

Quelques mordus vont être déçus, c'est vrai, mais il faut quand même donner raison à BMW Canada de mettre ce coupé sport sur le marché, car cette M3 America est une sportive de premier plan. Sa présentation extérieure est relevée par la présence d'un déflecteur avant plus généreux qui lui confère ce look spécial qui plaît aux initiés. C'est juste assez pour la démarquer et non pas la défigurer. En fait, l'élément le plus sensuel de la présentation se trouve dans l'habitacle: les sièges baquets avant sont non seulement d'un design très flatteur, mais leur confort et leur support est à nul autre pareil. Il est difficile de trouver mieux sur des voitures vendues au double et même au triple du prix.

Malgré tout, on n'achète pas une BMW de cette nature pour s'extasier sur le confort des sièges. C'est la qualité de la conduite et des performances qui nous intéresse. En fait, rarement avons-nous conduit une voiture offrant un tel équilibre entre les performances du moteur, la précision de la boîte et la tenue de route. Le pilote fait corps avec la mécanique qui se plie à ses moindres désirs sans rechigner et sans faire d'erreur. Le levier de vitesses se manie avec une étonnante facilité et sa précision est quasiment chirurgicale. De plus, les régimes élevés sont loin de déplaire à ce 6 cylindres en ligne de 3,2 litres qui collabore sans rechigner à la tâche. Une direction précise et une suspension qui pardonne presque toutes les fautes de pilotage viennent compléter l'équation. De plus, pour une voiture dotée d'un tel potentiel sportif, le confort de la suspension nous a étonnés. S'il faut la prendre en défaut, eh bien! déplorons son prix assez corsé. Malgré tout, elle vaut chaque dollar qu'elle coûte.

D. Duquet

DONNÉES GÉNÉRALES

Type de véhicule:	coupé - propulsion
Empattement:	271 cm
Longueur:	444 cm
Poids:	1440 kg
Moteur/Transmission:	6L - 3,2 litres - 240 ch/man. 5 rapports
Suspension av./arr.:	indépendante
Freins av./arr.:	disques ABS
Direction:	crémaillère, assistée
Pneus av./arr.:	P225/45ZR17
Accél. 0-100 km/h:	5,9 secondes
Freinage 100-0 km/h:	37,2 mètres
Vitesse maximale:	250 km/h (limitée)
Consommation:	13,3 litres/100 km
Échelle de prix:	n.d.

DODGE Viper RT/10 Roadster/GTS Coupe

Wow!!!!!!

La Dodge Viper jouait le rôle de «cabriolet d'enfer» avec son moteur V10 8,0 litres de 450 chevaux. Voilà que son frère cadet, le Coupé GTS, vient se joindre à la famille des reptiles ultravéloces de Chrysler. Mieux encore, la GTS est une sportive nettement plus raffinée.

Parmi toutes les automobiles sport sur le marché, plusieurs possèdent des silhouettes à couper le souffle et à faire tourner les têtes. Mais aucune ne peut rivaliser avec la GTS qui nous emballe par cet irrésistible mélange d'élégance rétro et de machisme. Elle s'inspire du coupé Cobra des années 60, une version produite à quelques exemplaires seulement et fortement recherchée par les collectionneurs. Mais la Viper GTS est encore plus spectaculaire avec son arrière tout en rondeurs et ses renflements latéraux. Même si le moteur était un modeste 4 cylindres de 80 chevaux et les sièges bourrés de noyaux de pêche, ce coupé serait un best-seller.

En fait, ce coupé possède des performances et un comportement routier à la hauteur de son apparence. Avec 450 chevaux et un couple frôlant les 500 lb-pi, les accélérations sont carrément spectaculaires. De plus, si le roadster a toujours tendance à faire patiner les roues arrière presque à volonté, le coupé GTS transmet beaucoup plus efficacement la puissance au pavé et les accélérations sont encore plus véloces bien qu'un tantinet moins spectaculaires. De plus, puisque le châssis est plus rigide, le comportement routier de ce coupé est plus efficace. Avis aux cardiaques, il faut avoir une forte dose d'audace et être un spécialiste du pilotage par accélérateur pour pouvoir tirer tout le potentiel de cette voiture. Les audacieux seront récompensés par des mégadoses de sensations fortes. En fait, à côté de la GTS, la Corvette a l'air d'un «char de moumounes».

La GTS ne se contente pas d'offrir un toit rigide. Cette voiture est carrément plus raffinée que la Viper cabriolet en ce qui concerne le châssis et la tenue de route. De plus, l'habitacle est plus confortable. Le seul fait d'avoir des ceintures de sécurité qui se bouclent du côté de la portière rend les choses plus faciles. En outre, la course du siège est plus longue, un détail apprécié par les personnes de grande taille. On ne recule pas devant les astuces et c'est un commutateur électrique qui permet d'ouvrir la portière. Par contre, le pédalier est toujours fortement décentré vers la gauche, le levier de vitesses démesurément haut et le tableau de bord d'une ergonomie douteuse. Toutefois, quand on boucle le 0-100 km/h en un peu plus de 4 secondes, on s'en fiche éperdument.

Quant à la Viper RT/10 cabriolet, son défaut majeur est d'être essentiellement réservée aux régions où la pluie est pratiquement inexistante. En effet, son toit souple est inefficace en plus d'altérer sérieusement l'esthétique de la voiture. Un toit semi-rigide tente de pallier cette faiblesse, mais mieux vaut opter pour le coupé. De plus, le roadster n'offre pas la même tenue de route que le coupé en plus de voir les roues arrière patiner exagérément en accélération.

Ces deux Viper garantissent d'impressionner les plus blasés en matière d'accélération. À défaut de pouvoir piloter un F-18, la meilleure alternative est de prendre le volant d'une Viper GTS. Et mieux vaut vous prévenir, cette sportive ne passe pas inaperçue, mais pas du tout!

D. Duquet

DONNÉES GÉNÉRALES

Type de véhicule:	coupé - 2 places - propulsion
Empattement:	245 cm
Longueur:	448 cm
Poids:	1570 kg
Moteur/Transmission:	V10 - 8,0 litres - 450 ch/man. 6 rapports
Suspension av./arr.:	indépendante
Freins av./arr.:	disques ABS
Direction:	crémaillère, assistée
Pneus av./arr.:	P275/40ZR17 / P335/35ZR17
Accél. 0-100 km/h:	4,2 secondes
Freinage 100-0 km/h:	35,6 mètres
Vitesse maximale:	280 km/h
Consommation:	16,2 litres/100 km
Échelle de prix:	85 000 $ à 95 000 $

FERRARI F50

Carnet de ventes complet

Qui a dit que l'économie avait du plomb dans l'aile? Bon an, mal an, la marque Ferrari réussit à écouler la totalité des voitures produites par sa petite usine de Maranello en Italie, c'est-à-dire environ 3000 voitures grand-tourisme dont la moins chère coûte la rondelette somme de 175 000 $.

Même à 650 000 $, la F50, celle que l'on présente comme la Formule 1 de la route, a trouvé ses 349 acheteurs en moins de temps qu'il n'en faut pour qu'elle atteigne sa vitesse de pointe de 325 km/h.

Expliquons d'abord que c'est pour respecter le désir du fondateur de la marque, Enzo Ferrari, décédé en 1989, que l'on produira 349 exemplaires de la voiture au lieu de 350. «Une de moins que la demande», se plaisait à dire M. Ferrari pour expliquer la rareté de ses voitures. Sauf que cette fois-ci, Ferrari a bien mal fait ses calculs selon Antonio Ghini, le directeur des communications. «Nous aurions facilement pu en vendre 500 unités», affirme-t-il tout en nous faisant visiter la chaîne de montage de cette «supervoiture». C'est la morosité du marché et l'insuccès de modèles comme la McLaren F1 (1 million de dollars) ou la Jaguar XJ 220 (750 000 $) qui ont incité Ferrari à la prudence. On pensait, à tort, que l'époque des voitures à très haute performance vendues à prix d'or était révolue. Or, il semble que Ferrari soit l'exception qui confirme la règle.

Pourtant, la F50 est loin d'être la plus attrayante des Ferrari. Même qu'elle ne casse rien au plan esthétique et qu'elle n'a aucune polyvalence. Pour s'éclater sur un petit circuit fermé, c'est bien, mais ce n'est pas le genre de voiture avec lequel on va faire ses courses ou le tour de la Gaspésie.

Technique Formule 1

Au moment de ma visite chez Ferrari, la chaîne de montage fonctionnait à plein régime et l'on mettra environ un an et demi à compléter les 349 voitures déjà promises, à raison de quatre par semaine. La construction de chaque F50 exige cependant 10 jours de travail comparativement à trois pour une F355 et à cinq pour la 456GT. Par rapport à la F40 qui l'a précédée, la F50 (nommée ainsi à l'occasion du cinquantenaire de Ferrari cette année) fait appel à un plus grand nombre de techniques issues de la Formule 1. Le moteur, par exemple, un V12 à 60 soupapes,

utilise le bloc-cylindres en V et les culasses du moteur de Formule 1 de 1993-1994 avec une cylindrée portée à 4,7 litres et une puissance ramenée à 513 chevaux. Cependant, la boîte de vitesses à 6 rapports est à commande classique plutôt qu'automatique comme dans les voitures de Formule 1. Comme ces dernières toutefois, la F50 est privée de direction assistée, de servo-freins ou même d'un ABS. Et les options de luxe étant inexistantes, il ne faut pas y chercher de lecteur de disques au laser ou de commandes électriques pour ceci et cela. Par contre, les rois du pétrole qui commandent des F50 comme on achète une Toyota Tercel auront droit à des amortisseurs pilotés électroniquement à chacune des roues et à une carrosserie en fibre de carbone pouvant se transformer en coupé ou en cabriolet.

Si jamais le gros lot vous souriait à la loterie et que vous décidiez de vous payer ce genre de folie, sachez que les F50 sont non seulement toutes vendues, mais que Ferrari a fait promettre à ses acquéreurs de ne pas se livrer à la spéculation qui avait entouré la commercialisation de la F40. C'est triste...

J. Duval

DONNÉES GÉNÉRALES	
Type de véhicule:	coupé spider - propulsion
Empattement:	258 cm
Longueur:	448 cm
Poids:	1230 kg
Moteur/Transmission:	V12 - 4,7 litres - 513 ch/man. 6 rapports
Suspension av./arr.:	indépendante
Freins av./arr.:	disques
Direction:	crémaillère
Pneus av./arr.:	P245/35ZR18 / P335/30ZR18
Accél. 0-100 km/h:	3,8 secondes
Freinage 100-0 km/h:	33,6 mètres
Vitesse maximale:	325 km/h
Consommation:	22,0 litres/100 km
Prix:	650 000 $

FERRARI F355

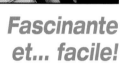

Fascinante et... facile!

S 'il est un mot qui sert rarement à décrire une Ferrari, c'est bien l'adjectif «facile». Conduire l'une ou l'autre des merveilles de Maranello est une expérience qu'on peut difficilement associer à la facilité comme j'ai pu m'en rendre compte une fois de plus l'an dernier.

Invité à prendre le volant de toutes les Ferrari actuellement en production sur la piste de Fiorano à l'occasion du 30e anniversaire du *Guide de l'auto*, j'ai de nouveau constaté que ces monstres sacrés exigent de leur conducteur une participation pleine et entière. L'exception à la règle est peut-être la F355 qui m'apparaît comme la moins «physique» de toutes les Ferrari actuelles. D'ailleurs, tous ses propriétaires s'accordent pour dire que ce modèle est une voiture que l'on peut enfin conduire tous les jours sans effort particulier. On s'entend aussi pour affirmer qu'il s'agit, globalement, de la meilleure Ferrari jamais construite en termes de fiabilité, de confort et d'agrément de conduite.

Ces compliments sont d'autant plus lourds de signification qu'il s'agit de la moins chère des GT commercialisées par la marque italienne, que ce soit dans sa version coupé ou spider.

Si l'épithète «facile» colle à la F355, c'est certainement en raison de sa grande maniabilité et d'un moteur peu capricieux, un V8 de 3,5 litres qui accepte de libérer allègrement ses 375 chevaux sur une plage d'utilisation allant jusqu'à 8500 tr/min.

Suspension à deux modes

Parfaitement équilibrée grâce à son architecture à moteur central, cette Ferrari répond instantanément à la moindre commande. Elle vire, accélère, freine et se place en virage le plus simplement du monde. Seul le levier de la boîte de vitesses à 6 rapports est un peu moins... facile à déplacer. L'an dernier à Fiorano, c'est la seule avec laquelle je m'étais offert quelques dérapages du train arrière... contrôlés avec une grande facilité. À très grande vitesse, la carrosserie élaborée par Pininfarina montre de belles qualités aérodynamiques qui, de concert avec un fond plat, contribuent à maintenir une tenue de cap remarquable. La suspension est programmable électroniquement en deux

modes: sport ou normal. Toutefois, même ce dernier réglage ne réussit pas à faire oublier les mauvais revêtements qui sont durement ressentis par les occupants. C'est le prix à payer pour une tenue de route qui donne au premier venu le talent d'un pilote chevronné.

Comme je l'ai écrit l'an dernier, la F355 n'affiche qu'un seul vrai défaut et c'est son aménagement intérieur qui n'affiche pas la richesse qu'on s'attend à retrouver dans une voiture de ce prix. Le tableau de bord, en particulier, semble venir tout droit d'une banale Fiat.

Par rapport à l'ancienne 348, la F355 Spider possède une capote à commande électrique dont la fiabilité est aussi incertaine que la météo. À part ces menus détails, cette Ferrari est aussi fascinante que facile à conduire.

J. Duval

DONNÉES GÉNÉRALES	
Type de véhicule:	cabriolet - propulsion
Empattement:	245 cm
Longueur:	425 cm
Poids:	1350 kg
Moteur/Transmission:	V8 - 3,5 litres - 375 ch/man. 6 rapports
Suspension av./arr.:	indépendante
Freins av./arr.:	disques ABS
Direction:	crémaillère, assistée
Pneus av./arr.:	P225/40ZR18 / P265/40ZR18
Accél. 0-100 km/h:	4,7 secondes
Freinage 100-0 km/h:	36,0 mètres
Vitesse maximale:	295 km/h
Consommation:	17,2 litres/100 km
Prix:	179 000 $

FERRARI 456GT

L'inaccessible étoile

Je peux vous assurer que la Ferrari 456GT est la voiture qui embellirait mon garage si son prix n'était pas aussi scandaleusement élevé. Comme je l'ai écrit l'an dernier après l'avoir essayée, elle représente l'essence même du grand-tourisme. La voiture de rêve!

Quand on pense que la 456GT coûte près de 300 000 $, on se met à jongler avec les chiffres pour se rendre compte que le seul montant des taxes suffirait à payer une BMW 328! On pourrait continuer longtemps ce genre de raisonnement, mais cela ne vous dirait pas grand-chose sur ce que je considère comme la Ferrari de route la plus fidèle à la tradition de la marque. C'est son moteur V12 implanté à l'avant qui lui vaut ce titre. Sa spontanéité et sa musicalité nous ramènent à la belle époque de la Daytona avec des accélérations qui ne laissent jamais soupçonner que les 452 chevaux du moteur doivent pousser près de deux tonnes. Malgré son poids, la 456 enfile le 0-100 km/h en 5 secondes et deux clics et conserve la maniabilité d'une vraie voiture sport. Cette qualité est attribuable à une direction à assistance et à rapport variables ainsi qu'au bel équilibre du châssis.

Notons que la boîte de vitesses à 6 rapports fait corps avec le différentiel et est reliée à la cloche d'embrayage par un gros tube de section elliptique dans lequel passe l'arbre de transmission. Cette configuration, déjà vue sur la Daytona, permet d'obtenir une répartition des masses quasi égale entre les trains avant et arrière. La tenue de route en fait son profit en affichant un comportement en courbe très neutre. À très grande vitesse, un aileron mobile intégré au pare-chocs arrière s'ajuste automatiquement pour stabiliser la tenue de cap.

La nouvelle GTA

En ville, le passage des vitesses est quelquefois ardu en raison de la raideur de l'embrayage et de la petite grille métallique qui sert à guider avec précision le levier commandant les 6 rapports de la boîte. Pour faire taire cette critique et se plier aux exigences de sa capricieuse clientèle, Ferrari a mis au point une nouvelle transmission automatique capable d'encaisser les 398 lb-pi de couple du V12 de 5,5 litres. Ainsi dénaturée, elle devient la 456GTA et son moteur voit sa puissance ramenée à 440 chevaux, mais les accélérations s'en ressentent à peine.

Contrairement à la F355 dont l'intérieur fait très grande série, l'habitacle de la 456GT sent bon le cuir Connolly et se distingue par son plus grand raffinement. En dépit des apparences, les sièges offrent un excellent maintien latéral mais les places arrière ne sont qu'un complément d'espace à utiliser occasionnellement. Quant au coffre, il peut recevoir un ensemble de valises en cuir faites sur mesure qui n'ont rien à envier aux Vuitton les plus exclusives. Son volume est beaucoup plus important que celui de la nouvelle 550 Maranello et souligne la vraie vocation grand-tourisme de la 456.

Quel dommage que cette Ferrari soit, pour la plupart d'entre nous, l'inaccessible étoile...

J. Duval

DONNÉES GÉNÉRALES	
Type de véhicule:	coupé - propulsion
Empattement:	260 cm
Longueur:	473 cm
Poids:	1772 kg
Moteur/Transmission:	V12 - 5,5 litres - 440 ch/aut. 4 rapports
Suspension av./arr.:	indépendante
Freins av./arr.:	disques ABS
Direction:	crémaillère, assistée
Pneus av./arr.:	P255/45ZR17 / P285/40ZR17
Accél. 0-100 km/h:	5,4 secondes
Freinage 100-0 km/h:	37,3 mètres
Vitesse maximale:	298 km/h
Consommation:	16,8 litres/100 km
Prix:	275 000 $

FERRARI 550 Maranello

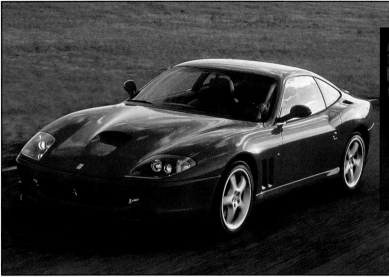

Un retour aux sources

En inventoriant la gamme des Ferrari dites de série l'an dernier sur le circuit de Fiorano, c'est la F512M qui m'avait le moins emballé. Après que j'eus conduit la F355 et la 456GT, son comportement brutal et ses lignes disproportionnées m'avaient clairement laissé entendre que sa remplaçante n'était pas loin. Place à la 550 Maranello!

Après une carrière de 12 ans, la Testarossa (appellation première de la F512) a pris sa retraite pour faire place à la 550 Maranello qui devient la plus jeune des Ferrari. D'une conception fort moderne, elle n'en respecte pas moins la tradition, d'abord par ses lignes et ensuite par son architecture. C'est même un retour aux sources pour la célèbre marque italienne qui renoue avec les fameuses berlinettes du passé dont le moteur V12 était implanté à l'avant plutôt qu'en position centrale. La 550 s'inscrit donc dans la lignée des 250 GTO, 275 GTB *(Guide de l'auto 70)* ou Daytona *(Guide 73)*. Les deux prises d'air latérales placées derrière les roues avant témoignent d'ailleurs de cette filiation.

Entre les mains expertes de Pininfarina, la Maranello prend la forme d'un coupé biplace dont l'aérodynamisme a été étudié afin de minimiser la sensibilité au vent latéral et d'assurer une charge verticale constante sur les roues à grande vitesse. Il n'a pas été nécessaire d'avoir recours à des ailerons ou à d'autres artifices pour obtenir un tel résultat, ce qui en dit long sur la nécessité d'affubler la moindre petite trottinette d'un aileron arrière.

La chasse aux kilos

Cette carrosserie, précisons-le, est en aluminium et on a eu recours à un alliage spécial appelé Feran qui a permis de la souder à un châssis tubulaire en acier. L'aluminium a aussi été utilisé pour les étriers de frein qui, avec les disques ajourés et les jantes en magnésium, contribuent à réduire le poids non suspendu. Les roues de 8,5 et 10,5 pouces spécialement conçues par la maison Speedline sont aussi 25 p. 100 plus légères que la norme habituelle. Elles sont enveloppées de pneus produits eux aussi à l'usage exclusif de la Ferrari 550 Maranello. Quatre firmes ont d'ailleurs relevé ce défi et la voiture pourra être livrée avec des Good Year Eagle GS Fiorano, des Bridgestone Expedia S02, des Pirelli P Zéro ou des Michelin MXX3 Pilot.

Malgré cette chasse aux kilos, la dernière merveille de Maranello reste une voiture relativement lourde accusant 1690 kg, une augmentation substantielle par rapport à la F512M essayée l'an dernier. Elle compense ce poids par une puissance accrue de 45 chevaux. Le moteur qui trône sous son long capot avant est un 12 cylindres en V à 65 degrés comparativement aux 180 degrés du groupe propulseur du précédent modèle. Même s'il est très semblable à celui de la 456GT et que sa cylindrée de 5,5 litres est identique, il développe sa puissance à un régime supérieur. Cela lui permet de revendiquer 485 chevaux à 7000 tr/min avec un couple maximum de 419 lb-pi disponible à compter de 3000 tours pour une plus grande souplesse.

Un bel équilibre

Afin d'assurer une répartition du poids quasi égale entre l'avant et l'arrière, la Ferrari Maranello fait appel à une boîte pont à 6 rapports intégrée au différentiel arrière. Sur la piste d'essai de Fiorano (modifiée depuis l'an dernier), elle a bouclé un tour rapide en 1 minute 34 secondes, battant

DONNÉES GÉNÉRALES	
Type de véhicule:	coupé - 2 places - propulsion
Empattement:	250 cm
Longueur:	455 cm
Poids:	1690 kg
Moteur/Transmission:	V12 - 5,5 litres - 485 ch/man. 6 rapports
Suspension av./arr.:	indépendante
Freins av./arr.:	disques ABS
Direction:	crémaillère, à assistance variable
Pneus av./arr.:	P255/40ZR18 / P295/35ZR18
Accél. 0-100 km/h:	4,4 secondes
1/4 de mille:	12,6 secondes
Vitesse maximale:	320 km/h
Consommation:	n.d.
Prix:	environ 300 000 $

ainsi la F512M par 3,2 secondes. Elle devance aussi la F355 par une petite demi-seconde pour devenir la plus rapide des Ferrari de route... à l'exception bien sûr de la F50 qui reste un modèle hors série.

Un antipatinage réglable

Pour faire oublier la F512M, la 550 se devait d'offrir un confort affiné et une certaine facilité de conduite. À cette fin, Ferrari s'est par exemple résigné à utiliser pour la première fois un système antipatinage mais pas n'importe lequel. Celui que l'on a retenu est réglable, au même titre que la suspension, en mode «normal» ou «sport». Il fait appel à une réduction du couple du moteur et au système ABS pour freiner les roues arrière indépendamment l'une de l'autre. C'est d'ailleurs le premier antipatinage dont le conducteur peut modifier les paramètres. Les

quatre freins à disques de la 550 sont perforés non seulement pour un meilleur refroidissement mais aussi afin d'éliminer l'eau qui s'insère entre le disque et la surface de contact des garnitures lorsqu'on roule sous la pluie. Ces freins mis au point par Brembo sont inspirés de ceux utilisés sur les Ferrari de Formule 1.

Parmi les autres astuces visant à optimiser les performances, on peut citer une voie avant plus large que la voie arrière qui aide à mieux inscrire la voiture en virage. La servo-direction à crémaillère ZF bénéficie en plus d'une assistance variable selon la vitesse.

Sans être une voiture de grand luxe, la 550 Maranello propose néanmoins de nombreux accessoires assurant le bien-être du conducteur dont des sièges à commande électrique, le climatiseur et une radio Sony avec lecteur CD comprenant un chargeur à six disques logé dans le coffre. Ce dernier, justement, a été passablement sacrifié à des fins esthétiques. L'arrière tronqué de la 550 limite son coffre à un volume de 185 litres seulement. Voilà la preuve que cette Ferrari vous amène si rapidement à destination que vous n'avez sans doute pas besoin de bagages.

J. Duval

LAMBORGHINI Diablo

Rêve ou cauchemar?

Tandis que Ferrari continue à faire des affaires d'or, Lamborghini doit se contenter de chiffres de ventes très modestes. La raison de cette disparité est pourtant bien facile à expliquer, la Diablo est un bolide d'utilisation trop limitée et de conception trop radicale.

Même si les modèles Ferrari possèdent des lignes fort spectaculaires par rapport aux autres coupés sport, elles ne peuvent rivaliser d'audace avec celles de la Diablo. En fait, aucune autre voiture ne possède la superbe de cette voiture côté look. Mais justement, c'est cette allure quasiment extraterrestre qui est sa principale faiblesse. Si cette Lamborghini est la plus spectaculaire de toutes, à l'usage, cette esthétique joue contre elle.

En effet, la position de conduite très à l'avant associée à une section arrière démesurément large paraît très bien sur les photos, mais devient un inconvénient en conduite. Il est facile de s'habituer à la fougue du moteur, à la fermeté de la direction et à une pédale de frein extradure, mais à la piètre visibilité, jamais! Faire marche arrière au volant d'une Diablo est un exercice nécessitant une habileté diabolique. En réalité, les pilotes d'essai à l'usine ouvrent la porte papillon, se mettent un genou sur la banquette et sont en mesure de se sortir la tête de l'habitacle pour y voir quelque chose. Mais ce n'est certainement pas une méthode à recommander en usage normal.

La Diablo est une bête racée hors de l'ordinaire que l'on conduit le dimanche matin sur des routes à faible circulation et qu'on remise dans son garage pour le reste de la semaine. Au moins, une Ferrari, c'est une voiture de week-end qui a quand même sa place dans la circulation urbaine et qui peut, à la limite, être utilisée quotidiennement.

Mais si vous avez les moyens financiers d'un Donald Trump et un coup de volant audacieux, la Diablo est pour vous. C'est une voiture qu'il faut mater autant en raison de ses commandes dures que de son rugissant moteur V12 de 492 chevaux. Pour les amateurs de musique produite par les belles mécaniques, le vrombissement du V12 est un délice, le niveau sonore dans la cabine est tel qu'on a l'impression d'être installé dans le compartiment moteur. Cela fait partie intégrante du côté supermacho de cette voiture et c'est emballant pour quelques kilomètres. En revanche, toute randonnée de plus de deux heures vous fera bourdonner les oreilles.

Sur le plan de la conduite, pas besoin d'être un expert pour réaliser qu'une puissance d'un peu moins de 500 chevaux sur une voiture de 1575 kg mérite notre respect. Il faut savoir doser les coups d'accélérateurs, car l'arrière se dérobe Heureusement, une traction intégrale à visco-coupleur central permet de répartir le couple plus efficacement. Malgré tout, 85 p. 100 de la puissance va aux roues arrière. On est loin du 4X4. Mais si vous trouvez la bonne combinaison, la conduite de cette rugissante italienne vous assure des sensations fortes, même si vous vous contentez d'accélérer en ligne droite. Avec un temps d'accélération de 4,1 secondes pour boucler le 0-100 km/h, même le conducteur le plus blasé en a pour son argent.

Cette année, Lamborghini propose une version à toit amovible. Cette portion du pavillon se remise sur des ancrages placés derrière la lunette arrière. Il faut espérer que le système d'arrimage est efficace, car la Diablo a une vitesse de pointe pouvant atteindre les 325 km/h! Produite en version limitée, cette édition demi-cabriolet possède des renforts de caisse pour assurer la même rigidité du châssis que la version régulière. Et si elle vous intéressait, le Cabrio affiche tout vendu pour l'Amérique.

D. Duquet

DONNÉES GÉNÉRALES

Type de véhicule:	coupé - 2 places - toit amovible - traction intégrale
Empattement:	265 cm
Longueur:	446 cm
Poids:	1625 kg
Moteur/Transmission:	V12 - 5,7 litres - 492 ch/man. 5 rapports
Suspension av./arr.:	indépendante
Freins av./arr.:	disques ABS
Direction:	crémaillère, assistée
Pneus av./arr.:	P235/40ZR17 / P335/35ZR17
Accél. 0-100 km/h:	4,1 secondes
Freinage 100-0 km/h:	39,6 mètres
Vitesse maximale:	325 km/h (données usine)
Consommation:	21,0 litres/100 km
Échelle de prix:	350 000 $ à 375 000 $

LOTUS ELISE

Une Super 7 moderne

Colin Chapman, le génial fondateur de la compagnie Lotus, a toujours dessiné des voitures agiles et légères. Leur légendaire tenue de route compensait pour un moteur de puissance moyenne. L'Elise, la dernière création de la compagnie, est de la même lignée.

La nouvelle Elise, un roadster aux lignes «rétro-futuristes», respecte cette philosophie à la lettre. Son poids total est de 650 kg. Ce qui est remarquable compte tenu qu'une Mazda Miata pèse plus de 1000 kg. Cette légèreté s'explique en grande partie par un châssis révolutionnaire dont le poids total n'est que de 65 kg. Pour ce faire, les ingénieurs de Lotus ont collaboré avec la compagnie Hydro Aluminium Structures pour concevoir un châssis réalisé à partir de pièces d'aluminium extrudées collées les unes aux autres. Il en résulte un châssis extrêmement rigide en flexion et en torsion tout en étant très léger.

Comme il est très rigide, ce châssis assure un ancrage efficace de la suspension, des barres latérales et des pédales. D'ailleurs, Lotus a déposé plusieurs brevets quant aux éléments innovateurs de cet ensemble.

La silhouette de l'Elise nous laisse un peu perplexes. Ses rondeurs répondent aux exigences esthétiques de notre époque. Mais elle n'est pas sans rappeler certaines voitures de course des années 60 et 70. Si l'apparence de cette Lotus ne nous fait pas craquer, surtout lorsqu'elle est capotée, on peut toujours se consoler en songeant que l'aérodynamique de la voiture a fait l'objet de plusieurs heures d'essai en soufflerie. Ce faible coefficient de traînée permet d'économiser du carburant.

Deux moteurs sont offerts et, dans chaque cas, il s'agit d'un 4 cylindres de 1,8 litre. Le modèle de base développe 120 chevaux tandis qu'on en obtient 30 de plus grâce au calage variable des soupapes. La version la plus puissante permet d'obtenir des performances très relevées. C'est ainsi que le 0-100 km/h est bouclé en 5,9 secondes alors que la vitesse de pointe se situe autour de 202 km/h. Ce qui est plus que raisonnable pour un cabriolet.

Comme toutes les voitures de tourisme produites par Lotus, l'Elise déborde d'astuces technologiques. En plus du châssis en aluminium, il

faut souligner l'utilisation de freins à disques réalisés à partir d'un composite de métal et de céramique. Jusqu'à présent, ces freins étaient uniquement utilisés sur les voitures de compétition.

Au chapitre du pilotage, ce roadster se caractérise par une grande agilité, une direction très précise et un agrément de conduite qui plaira aux amateurs de voitures très pointues. Les changements de direction sont rapides et précis tandis que la tenue en virage est presque aussi impressionnante que celle d'une voiture de course. Malheureusement, comme toutes les autres Lotus, l'habitacle est assez petit et il faut une grande souplesse pour y entrer et en sortir. À moins d'avoir la taille d'un jockey ou d'un pilote de F1.

Lotus prévoit une production initiale de 700 unités. Quitte à augmenter la production si la demande se fait plus forte.

D. Duquet

DONNÉES GÉNÉRALES

Type de véhicule:	cabriolet - 2 places - propulsion
Empattement:	230 cm
Longueur:	373 cm
Poids:	650 kg
Moteur/Transmission:	4L - 1,8 litre - 150 ch/man. 5 rapports
Suspension av./arr.:	indépendante
Freins av./arr.:	disques
Direction:	crémaillère, assistée
Pneus av./arr.:	P185/55VR15 / P205/50VR16
Accél. 0-100 km/h:	5,9 secondes
Freinage 100-0 km/h:	34,0 mètres
Vitesse maximale:	202 km/h
Consommation:	9,8 litres/100 km
Échelle de prix:	n.d.

MERCEDEZ-BENZ SL

À l'ombre de la SLK

Tout d'un coup, sans qu'on ait le temps de s'en rendre compte, la suave SL de Mercedes-Benz est devenue l'aînée de la famille en même temps que la parente pauvre du groupe. C'est en effet la plus ancienne des voitures du constructeur allemand et, cette année, l'arrivée de la resplendissante SLK lui porte ombrage.

C'est pourtant la SL qui a enseigné les bonnes manières à sa sœur cadette, la SLK, et il suffit de conduire les deux l'une après l'autre pour s'en convaincre. La SL, surtout la 500, est certes plus musclée avec son V8 de 315 chevaux, mais les deux voitures affichent de nombreuses similarités. On pourrait conduire les yeux bandés et savoir que l'on est au volant d'une Mercedes grâce à cette construction «serrée» qui élimine tous les bruits parasites et au comportement typique des suspensions. Beaucoup plus grosse, la SL donne une impression de grand confort, mais cela tient uniquement à ce que l'intérieur est plus spacieux. La SLK soigne tout autant ses occupants lorsque la route se dégrade. Ce qui n'empêche pas les diverses versions de la SL de représenter le *nec plus ultra* du cabriolet. Éclipsée par le toit magique de la SLK, la capote entièrement automatique des SL n'en continue pas moins de soulever l'admiration.

Dévoilée il y a maintenant huit ans, la dernière génération de ces voitures a connu en 1996 ses premières retouches sous la forme d'une calandre, de pare-chocs et de jantes arrière redessinés. Si vous ne vous en êtes pas aperçu, nul besoin de consulter un oculiste. Les changements étaient à peine visibles... Toutes les SL ont par ailleurs été dotées d'une transmission automatique à 5 rapports s'adaptant au type de conduite tandis que les coussins gonflables latéraux sont apparus sur tous les modèles. Moins chère et moins puissante avec son 6 cylindres en ligne de 3,2 litres et 229 chevaux, la SL320 reste, à mon sens, le meilleur achat même si sa valeur de revente est inférieure à celle des modèles haut de gamme. Ses performances sont tout à fait convenables et sa tenue de route mieux équilibrée.

À l'autre extrémité, on trouve la SL600 avec son copieux V12 de 6 litres à 72 soupapes et 389 chevaux. Elle commande un supplément de prix de 50 000 $ par rapport à la 320 ou de 25 000 $ comparativement à la 500, sans offrir pour autant un agrément de conduite plus marqué que les autres modèles.

Il apparaît plus logique de se prévaloir de l'option «Sport Package» qui, en 1997, propose un ensemble de modifications susceptible de rehausser la tenue de route des SL. Ce groupe comprend un déflecteur avant à prise d'air avec phares antibrouillards intégrés, des jupes latérales, un tablier arrière allongé et des pneus à cote Z dans la dimension 275/35 à l'arrière et 245/40 à l'avant. Ceux-ci chaussent des roues monobloc en alliage de 18 pouces. Enfin, un emblème sport se retrouve sur le levier de vitesses et sur la carrosserie juste derrière les puits de roues avant. Soulignons que ce kit peut aussi être monté sur des SL existantes. Autre nouveauté 1997: un toit rigide Panorama avec panneau vitré et écran pare-soleil.

La p'tite nouvelle de Mercedes, la SLK, vole la vedette à la SL cette année, mais on peut parier que cette dernière prendra bientôt sa revanche.

J. Duval

DONNÉES GÉNÉRALES

Type de véhicule:	cabriolet - propulsion
Empattement:	251 cm
Longueur:	450 cm
Poids:	1900 kg
Moteur/Transmission:	V8 - 5,0 litres - 315 ch/aut. 5 rapports
Suspension av./arr.:	indépendante
Freins av./arr.:	disques ABS
Direction:	à billes, assistée
Pneus av./arr.:	P225/55ZR16
Accél. 0-100 km/h:	6,7 secondes
Freinage 100-0 km/h:	250 km/h (limitée)
Vitesse maximale:	38,7 mètres
Consommation:	15,0 litres/100 km
Échelle de prix:	101 500 $ à 154 500 $

NISSAN 300ZX Turbo

Un dernier tour de piste

Même la mieux réussie et la plus belle des GT japonaises n'aura pas survécu à la morosité du marché nord-américain à l'égard des voitures sport haute performance. En effet, la Nissan 300ZX va tirer sa révérence dès que les inventaires actuels auront été écoulés.

Encore une cinquantaine d'exemplaires à vendre et il faudra dire adieu à celle qui avait fait chavirer la presse automobile à son entrée en scène en 1990. Mais avant de tirer le rideau, la 300ZX s'offre un dernier tour de piste et pas n'importe lequel. Sous la houlette du préparateur californien Steve Millen, elle reçoit un kit spécial qui transforme ce presque bolide en une quasi-voiture de course.

Cette SMZ brandit des temps d'accélération voisins de ceux du modèle de série (0-160 km/h en 12,8 secondes), mais elle est capable de reprises proprement foudroyantes et d'une vitesse de pointe que la décence nous empêche de crier sur les toits. Le V6 bi-turbo de 300 chevaux bénéficie d'un échappement moins restrictif qui gonfle légèrement sa puissance, mais le gros du travail a porté sur les ajouts aérodynamiques en uréthane et le train roulant.

Des roues et des pneus haute performance de 18 pouces, des AV1 35i émanant de chez Yokohama, se chargent de plaquer la voiture au sol avec la participation de barres antiroulis ajustables et de ressorts hélicoïdaux plus costauds.

En piste

Tout cela contribue à faire de cette 300ZX spéciale une voiture avide de virages qui négocie chaque changement de direction avec une facilité déconcertante. Sur le circuit routier de l'autodrome Saint-Eustache, elle a fait montre d'un survirage que la puissance permet de contrôler à l'accélérateur. Et, en bout de ligne droite, elle touchait les 180 km/h, soit un bon 15 km/h de mieux que la pourtant redoutable Camaro Z28 SS essayée sur le même terrain un mois plus tôt. La SMZ se distingue de certaines autres voitures «trafiquées» par la qualité des transformations dont elle a fait l'objet. Les bruits de caisse sont inexistants et la voiture reste à sa place dans la circulation urbaine.

Si l'extérieur est spectaculaire et un brin trop «voyant», l'intérieur possède de belles touches sportives avec des pédales perforées enveloppées d'un mélange d'aluminium et de magnésium à texture antidérapante ainsi qu'un levier de vitesses en fibre de carbone.

Ce joujou a ses revers toutefois: le confort y est un peu sacrifié mais pas autant que la visibilité arrière ou latérale que l'aileron rend précaire. Et, à 74 000 $, la note est plutôt salée... Qu'importe, Nissan offre la chance aux collectionneurs de se procurer une voiture quasi unique, héritière de la célèbre 240Z de 1970. Autant cette dernière avait créé de toutes pièces un nouveau marché pour la voiture sport, autant sa descendante aura été son chant du cygne.

J. Duval

DONNÉES GÉNÉRALES	
Type de véhicule:	coupé - propulsion
Empattement:	245 cm
Longueur:	430 cm
Poids:	1610 kg
Moteur/Transmission:	V6 bi-turbo - 3,0 litres - +300 ch/man. 5 rapports
Suspension av./arr.:	indépendante
Freins av./arr.:	disques ABS
Direction:	crémaillère, assistée
Pneus av./arr.:	av.: P225/40ZR18; arr.: P275/35ZR18
Accél. 0-100 km/h:	6,0 secondes
Freinage 100-0 km/h:	33,0 mètres
Vitesse maximale:	260 km/h
Consommation:	14,0 litres/100 km
Prix:	60 698 $ (base) 74 000 $ (SMZ)

SUBARU SVX

Avec sa ligne spectaculaire, son perfectionnement mécanique et sa conception originale, la Subaru SVX avait tout pour attirer l'attention. Mieux, son rapport qualité/prix, pour une voiture de cette catégorie s'entend, ne la rendait que plus attrayante. Malgré toutes ces qualités, les ventes sont demeurées minimes et elle poursuit sa carrière dans un anonymat qu'elle ne mérite d'aucune façon.

Lancé à l'automne 1991, le coupé grand-tourisme qu'est la SVX confirmait le virage amorcé par Subaru, constructeur aussi original que marginal qui se spécialisait jusque-là dans la production de véhicules robustes, increvables même, mais peu raffinés, bruyants et lents comme des chevaux de trait. Sans compter que certaines réalisations antérieures de la marque étaient affligées d'un physique pour le moins ingrat...

Outre leur vocation utilitaire, les Subaru se sont toujours distinguées par des solutions techniques qui en ont fait leur marque de commerce: le rouage intégral vient en tête de liste, ainsi que leurs moteurs de type «Boxer», une architecture qui fit les beaux jours de la défunte Coccinelle, mais qui a acquis ses lettres de noblesse sous le capot des Porsche 911 et de certaines Ferrari. Toutefois, force est d'admettre que ces 4 cylindres à plat à la sauce nippone évoquaient davantage le moteur de la première nommée, tant par leurs performances anémiques que par leur sonorité de moulin à coudre.

Audacieuse

Dieu merci, cette époque semble bel et bien révolue chez ce manufacturier et la SVX en est l'exemple le plus convaincant. La plus chère et la plus sophistiquée des Subaru jamais construites est pourtant restée fidèle à la tradition maison: les quatre roues motrices sont toujours au rendez-vous, tout comme les cylindres du moteur disposés en H.

Pour ce qui est de son allure, on a évité de sombrer dans l'ésotérisme, comme ce fut le cas avec le défunt coupé XT, tout droit sorti d'un film de science-fiction japonais. Ce qui n'est pas peu dire... Mais elle n'a rien de conventionnel pour autant: le dessin a été confié

Incomprise

au styliste milanais Giorgio Giugiaro, qui a accouché d'une carrosserie aux lignes très pures, dont le style controversé ne laisse personne indifférent. Voilà qui est plutôt rare chez les Japonais, dont les réalisations sont trop souvent aseptisées, sinon carrément drabes. Et à en juger par les nombreux commentaires reçus chaque fois que l'auteur de ces lignes a fait l'essai d'une SVX, cette apparence audacieuse charme plus qu'elle ne déplaît.

Ce qui frappe de prime abord, c'est la séparation des glaces latérales, une astuce aérodynamique qui a notamment pour but de réduire les bruits éoliens, grâce à la partie supérieure bombée desdites glaces. Avec un coefficient de traînée (Cx) de 0,29, on ne peut mettre en doute l'efficacité aérodynamique de la carrosserie: preuve à l'appui, le silence règne à bord et ce, même à haute vitesse.

Avec ses appliques de bois et ses garnitures en suède brossé sur la planche de bord et l'intérieur des portières, l'habitacle se montre à la hauteur d'une voiture de ce calibre. La seule note discordante émane

DONNÉES GÉNÉRALES

Type de véhicule:	coupé - traction intégrale
Empattement:	261 cm
Longueur:	462 cm
Poids:	1675 kg
Moteur/Transmission:	H6 - 3,3 litres - 230 ch/aut. 4 rapports
Suspension av./arr.:	indépendante
Freins av./arr.:	disques ABS
Direction:	crémaillère, assistée
Pneus av./arr.:	P225/50VR16
Accél. 0-100 km/h:	7,6 secondes
Freinage 100-0 km/h:	36,0 mètres
Vitesse maximale:	235 km/h
Consommation:	13,0 litres/100 km
Prix:	47 495 $

de l'instrumentation, certes complète mais agencée de façon banale. Remarquez, il s'agit bien là de la seule banalité qu'on retrouve sur cette voiture peu conventionnelle, de sorte que cela se pardonne plus facilement. *Idem* pour les places arrière, le dégagement pour les jambes n'étant pas le propre de ce type de véhicule. En revanche, à l'avant comme à l'arrière, les sièges, recouverts d'une sellerie cuir du meilleur goût, sont d'un confort irréprochable. Une insonorisation poussée, dépourvue de tout bruit de vent, couronne le tout.

Ajoutons à cela un riche équipement de série, où les options brillent par leur absence, et une finition en tout point méticuleuse, qui vient rehausser la présentation déjà relevée de l'ensemble. En somme, la description de l'habitacle pourrait se résumer en deux mots: élégance et confort. C'est un peu l'histoire de la SVX: pas de défauts majeurs, que de rares broutilles.

Un secret bien gardé

Contrairement à ses compatriotes et rivales que sont les Toyota Supra, Nissan 300ZX et Mitsubishi 3000GT (ou Dodge Stealth, si vous préférez), la SVX ne s'affiche pas comme une sportive, privilégiant plutôt le luxe et le confort. Le vocable «grande routière» lui sied davantage, car elle se défend bien d'être une machine à sensations fortes.

Au volant, tout se passe en douceur mais attention, son comportement routier n'est pas à dédaigner pour autant: grâce à l'équilibre de sa suspension et, surtout, à son rouage intégral, sa tenue de route inspire confiance. Stable à haute vitesse comme dans les grandes courbes, elle se ressent cependant de ses kilos en trop dans des virages plus serrés. Quoique encore là, tout dépend de la vitesse à laquelle on les aborde... Peu importent les conditions du revêtement ou les intempéries, sa motricité demeure en tout temps exceptionnelle et,

contrairement à la plupart des modèles concurrents, elle se prête à une utilisation «quatre saisons».

Cette sportive de luxe possède ainsi de solides qualités, et non les moindres: en plus d'être un modèle d'équilibre mariant confort et agrément de conduite, elle se démarque par sa conception peu conventionnelle, qui lui confère notamment une polyvalence que n'ont pas ses rivales. Chose certaine, elle n'a rien à se reprocher et son insuccès tire probablement son origine de la perception des consommateurs pour les produits Subaru. Lorsqu'une image vous colle à la peau, il est souvent difficile de s'en défaire. C'est sans doute ce qui explique le snobisme dont la SVX est victime. Autrement dit, il lui faudrait peut-être s'appeler Acura, Lexus ou Infiniti pour qu'elle reçoive l'attention qu'elle mérite.

Ceux qui ont fait fi du prestige pour s'en procurer une peuvent se réjouir: ils profitent de l'un des secrets les mieux gardés de l'industrie automobile.

P. Laguë

VECTOR M12

Pays d'abondance, du superlatif et du *best in the world*, les États-Unis n'ont, étrangement, jamais produit un équivalent de ce que les mordus de l'automobile appellent une voiture exotique. La Corvette a bien tenté de s'approprier ce titre de noblesse, mais malgré de sérieuses performances et son impressionnant pedigree, elle a été boudée par le cercle des connaisseurs. Elle était probablement trop courante et pas assez sophistiquée pour se joindre à l'élite des super-voitures. Ce statut d'automobile d'exception, c'est la nouvelle Vector M12 qui va tenter de le décrocher en devenant la première voiture exotique conçue et construite au pays de l'oncle Sam. Si le nom de ce curieux engin ne vous est pas inconnu, c'est que la firme a plus souvent défrayé la manchette pour ses tentatives de mettre au monde une voiture haute performance que pour le nombre de modèles construits. N'entrons pas dans les détails de cette histoire incongrue et précisons plutôt que le projet Vector semble vouloir décoller pour de bon cette fois.

Made in Florida

Enfantée sur la côte Ouest, la Vector a été réalisée en Floride, plus précisément dans la région de Jacksonville, où une petite usine se consacre à la construction de 150 Vector M12 annuellement. Et comme les promoteurs savent très bien que les acheteurs n'attendent plus aux portes pour acquérir ce genre de bolides, on a mis sur pied un plan de location. Si vous penchez pour une telle option, sachez que vos fins de mois risquent d'être douloureuses. Après avoir fait un premier déboursé de 29 300 $US, vous devrez exécuter 36 versements mensuels de 3473 $US et un autre de 75 500 $US à la fin du terme pour devenir enfin propriétaire d'une M12. Vous pouvez aussi éviter toute cette comptabilité et acquitter les 184 000 $US du prix de vente normal. Qu'obtiendrez-vous en retour de cette petite fortune? La Vector n'a peut-être pas l'apparence à couper le souffle d'une Diablo, mais presque... Elle emprunte l'architecture de la cabine avancée chère à Chrysler avec une structure frontale en forme de gueule de requin et de larges prises d'air latérales servant au refroidissement du moteur central, un V12 48 soupapes de 5,7 litres développant 490 chevaux

La fierté américaine

à 6800 tr/min et plus de 425 lb-pi de couple. Si ces chiffres ressemblent à un certain V12 italien, c'est que le groupe propulseur de la Vector est emprunté à la Lamborghini Diablo. Une boîte manuelle à 5 rapports et un différentiel autobloquant acheminent toute cette cavalerie aux roues arrière de 18 pouces chaussées de Michelin MXX3.

L'aménagement intérieur regroupe tous les accessoires habituels susceptibles d'optimiser le confort avec une sellerie cuir et suède.

Le constructeur annonce une vitesse de pointe excédant les 300 km/h et un temps d'accélération de moins de 4,5 secondes entre 0 et 100 km/h.

Malgré toutes les bonnes intentions de la firme Vector, il faudra des acheteurs drôlement patriotiques pour payer le prix d'une Diablo ou d'une Ferrari 550 Maranello pour une voiture aussi peu éprouvée. À moins que son cachet d'exclusivité devienne son principal attrait...

J. Duval

DONNÉES GÉNÉRALES	
Type de véhicule:	coupé - 2 places - propulsion
Empattement:	274 cm
Longueur:	477 cm
Poids:	1634 kg
Moteur/Transmission:	V12 - 5,7 litres - 490 ch/man. 5 rapports
Suspension av./arr.:	indépendante
Freins av./arr.:	disques ABS
Direction:	crémaillère, assistée
Pneus av./arr.:	P235/40ZR18 / P325/30ZR18
Accél. 0-100 km/h:	4,5 secondes (données usine)
Freinage 100-0 km/h:	44,2 mètres
Vitesse maximale:	308 km/h (données usine)
Consommation:	24,0 litres/100 km (estimée)
Prix:	184 000 $US

Essais et analyses

Le coût annuel qui apparaît à la dernière ligne de la fiche technique est basé sur un parcours annuel de 22 000 km à 0,65 $ le litre d'essence. Ces chiffres constituaient la moyenne pour les voitures circulant au Québec en 1996.

La cote «valeur de revente» a été élaborée à partir de la moyenne des deux guides de calcul de la valeur résiduelle utilisés au Canada par la plupart des locateurs de voitures sur une base de 4 ans d'utilisation.

ACURA 2,5TL/3,2TL

Chez Acura, lorsque les concepteurs tentent de combiner conduite sportive et luxe, le résultat n'est pas toujours concluant. Les modèles de la gamme TL sont un bel exemple de ces tentatives qui nous laissent sur notre appétit.

E n théorie, toutes les Acura devraient être dans une classe à part. Après tout, Acura c'est Honda. Et Honda est reconnue pour fabriquer les meilleurs moteurs de l'industrie ou tout au moins les plus sportifs. En outre, cette même compagnie s'est bâti une réputation enviable grâce à ses berlines au tempérament sportif qui privilégient l'agrément de conduite. Mais dans le cas des modèles TL, cette logique est loin d'être respectée.

Les moteurs 5 cylindres et V6 disponibles sur la TL sont intéressants, sophistiqués et relativement performants en fonction de leur cylindrée. Le châssis de ces berlines est d'une rigidité de bon aloi, tandis que sa tenue de route inspire confiance. Néanmoins, le tout est loin de dépasser la qualité des divers éléments pris individuellement. Il manque à toutes les TL l'homogénéité de conduite qui permet à certaines voitures de se démarquer du lot.

En plus, ce tempérament ordinaire est reflété par une carrosserie d'apparence quelque peu discrète. Au premier coup d'œil, il est difficile de la différencier et de l'identifier. Et comme leur diffusion est relativement modeste, les modèles TL circulent dans le plus parfait anonymat ou presque. Cette carrosserie aux lignes timides possède cependant une bonne habitabilité. Les places avant conviennent à deux adultes qui n'ont pas à jouer du coude pour se sentir confortables. Malheureusement, le support pour les cuisses est un peu court pour les personnes de grande taille. Les places arrière ne sont pas très généreuses, c'est vrai, mais deux

Banales berlines

personnes de taille moyenne s'y logeront à l'aise quoique le dégagement pour la tête paraisse assez modeste.

Le tableau de bord est de la plus pure tradition Honda/Acura. La disposition des commandes est bonne, la consultation des instruments aisée et le choix des matériaux sans reproche. Une bonne note également pour les commandes de la climatisation. Toutefois, l'apparence du tableau de bord est vraiment ultraconservatrice. Rien ne nous indique que nous sommes au volant d'une berline milieu de gamme à vocation sportive.

La 2,5TL

Selon la logique du manufacturier, la version 2,5TL devrait être non seulement le modèle le plus économique, mais aussi le plus sportif en raison de son moteur plus léger. Une masse plus légère à l'avant devrait théoriquement lui assurer une meilleure agilité sur les routes sinueuses. De plus, les 176 chevaux de ce 5 cylindres monté en position longitudinale devraient être suffisants pour assurer des prestations intéressantes.

Hélas! une fois de plus, la logique n'est pas respectée. Il est vrai que les chiffres donnent raison à notre proposition initiale. La suspension est efficace et il est possible d'enfiler les virages à haute vitesse avec une certaine assurance. De plus, les 176 chevaux permettent de boucler le 0-100 km/h en moins de 9 secondes. Malheureusement, la direction ne donne pas suffisamment de sensation de la route et son action est assez rapide. Une combinaison qui nous a réservé quelques surprises lors d'une randonnée sur une route sinueuse qui nous était inconnue.

Le désagrément majeur de cette voiture demeure toutefois le comportement de son moteur 5 cylindres. En effet, il semble que la puissance n'arrive en trombe qu'après 4000 tr/min. Pendant que le niveau sonore dans l'habitacle augmente au fil du régime du moteur, un coup de pied dans le derrière nous informe que nous venons d'atteindre le régime «puissance». Il est donc particulièrement difficile d'adopter une conduite en souplesse lorsqu'il faut fréquemment solliciter le moteur.

Pour éviter ces irritants, il faut donc caresser l'accélérateur ou bien se contenter de rouler peinard sur les autoroutes. Rien de bien excitant quand on croit avoir affaire à une berline sport. Bref, chez Acura, on ne semble pas vouloir se brancher lorsque vient le temps de donner du caractère à une voiture.

La 3,2TL: une vraie Buick

Le fait d'insérer un moteur V6 3,2 litres de 220 chevaux sous le capot d'une voiture compacte devrait donner l'assurance de performances intéressantes et d'une conduite relevée. Surtout quand on connaît la sophistication du châssis de la 3,2TL. Encore une fois, les performances sont au rendez-vous. Ce V6 nous propulse de 0 à 100 km/h en quelques fractions de secondes de moins que le 2,5 litres 5 cylindres, mais on y gagne énormément en souplesse et en silence. Le passage des vitesses est moins saccadé et la puissance répartie sur toutes les plages de la boîte automatique à 4 rapports.

Cependant, la suspension est plus souple et la direction semble profiter d'une assistance encore plus forte. Il est donc difficile d'adopter un style de conduite enjoué avec de tels réglages. Il est préférable de se laisser guider par la voiture qui est en mesure de vous mener à bon port dans un grand confort et un silence de roulement remarquable. Mais si vous croyez être au volant d'une berline sport de la même catégorie qu'une BMW 540i, oubliez cela tout de suite. La 3,2TL s'apparente davantage à une Buick.

Il faut toutefois admettre qu'on se laisse gagner par cette douceur au fil des kilomètres. C'est le type de voiture qui devrait plaire à ceux et celles qui préfèrent les autoroutes aux routes secondaires tout en recherchant un véhicule d'un certain luxe et d'une certaine exclusivité.

D. Duquet

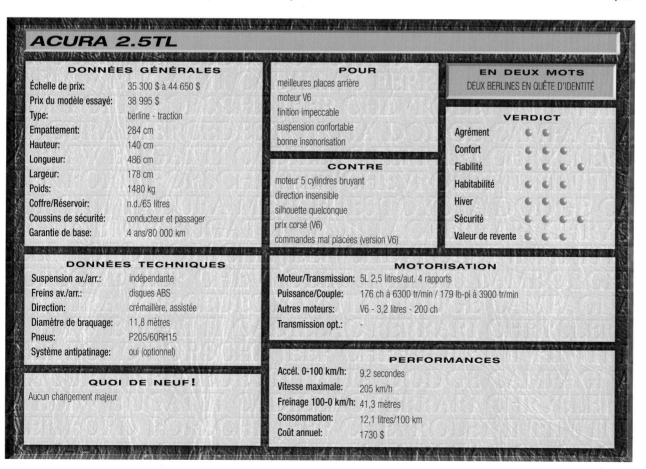

ACURA 2.5TL

DONNÉES GÉNÉRALES

Échelle de prix:	35 300 $ à 44 650 $
Prix du modèle essayé:	38 995 $
Type:	berline - traction
Empattement:	284 cm
Hauteur:	140 cm
Longueur:	486 cm
Largeur:	178 cm
Poids:	1480 kg
Coffre/Réservoir:	n.d./65 litres
Coussins de sécurité:	conducteur et passager
Garantie de base:	4 ans/80 000 km

POUR

meilleures places arrière
moteur V6
finition impeccable
suspension confortable
bonne insonorisation

CONTRE

moteur 5 cylindres bruyant
direction insensible
silhouette quelconque
prix corsé (V6)
commandes mal placées (version V6)

EN DEUX MOTS

DEUX BERLINES EN QUÊTE D'IDENTITÉ

VERDICT

Agrément	
Confort	
Fiabilité	
Habitabilité	
Hiver	
Sécurité	
Valeur de revente	

DONNÉES TECHNIQUES

Suspension av./arr.:	indépendante
Freins av./arr.:	disques ABS
Direction:	crémaillère, assistée
Diamètre de braquage:	11,8 mètres
Pneus:	P205/60RH15
Système antipatinage:	oui (optionnel)

QUOI DE NEUF!

Aucun changement majeur

MOTORISATION

Moteur/Transmission:	5L 2,5 litres/aut. 4 rapports
Puissance/Couple:	176 ch à 6300 tr/min / 179 lb-pi à 3900 tr/min
Autres moteurs:	V6 - 3,2 litres - 200 ch
Transmission opt.:	-

PERFORMANCES

Accél. 0-100 km/h:	9,2 secondes
Vitesse maximale:	205 km/h
Freinage 100-0 km/h:	41,3 mètres
Consommation:	12,1 litres/100 km
Coût annuel:	1730 $

ACURA CL

Avez-vous remarqué que toutes les publicités imprimées de la récente Acura CL nous la montrent vue de l'arrière? Ou bien les stylistes de la marque sont particulièrement fiers de son postérieur, ou bien ils admettent que sa partie frontale n'est pas une réussite. Cachez ce visage que je ne saurais voir...

Visage caché!

Le petit coupé mi-sportif, mi-luxueux d'abord dévoilé sous la forme d'un prototype en 1995 avait créé de grandes attentes, mais le modèle de série qui en est résulté a déçu par ses lignes banales. Présentée à Detroit en janvier 1996, la version définitive du coupé CL a reçu un accueil plutôt glacial de la part de la presse spécialisée, qui s'est contentée d'applaudir poliment son dévoilement. Si ce modèle ne casse rien sur le plan esthétique — et bien sûr dans la mesure où tout est matière de goût —, qu'en est-il de ses autres attributs?

Petit budget

Précisons d'abord que ce modèle a été conçu aux États-Unis expressément pour le marché nord-américain et qu'il est fabriqué sur place dans une usine de East Liberty, en Ohio. L'opération n'a certes pas exigé un investissement considérable puisque cette Acura emprunte son infrastructure et presque tous ses organes mécaniques au coupé Honda Accord. Certaines méchantes langues vont même jusqu'à dire que la CL est en réalité une Honda bourrée de silicone et fardée de similibois. On fait allusion par là à la généreuse quantité de matériaux d'amortissement et d'insonorisation utilisés dans le but de rendre la voiture plus silencieuse et plus rigide ainsi qu'au faux bois qui orne le tableau de bord de la CL.

En toute justice, il faut préciser que le coupé Honda Accord peut déjà être considéré comme une bonne voiture et que toute amélioration qu'on est susceptible de lui apporter ne peut que donner de bons résultats. Et tant mieux pour Acura si cet exercice a pu se faire à bon compte en rentabilisant un modèle déjà existant. C'est l'acheteur qui, en bout de ligne, en est le principal bénéficiaire puisqu'il peut obtenir cette nouvelle venue pour moins de 30 000 $ en version 2,2. En revanche, il ne faut pas s'attendre à trouver chez elle un agrément de conduite de premier plan. On a voulu faire de la CL un élégant petit coupé plus luxueux que sportif et c'est exactement ce qu'elle est. Dans cette optique, on lui pardonne bien des choses, notamment un moteur 2,2 litres de 145 chevaux vraiment peu convaincant, esclave de 1390 kilos à déplacer. Ce faible rapport poids/puissance est estompé par le moteur V6 de la 3,0CL mais, dans les deux cas, cette Acura ne mérite pas de figurer au livre des records de la haute performance. Dans la 2,2, comptez 10 secondes pour vous rendre à 100 km/h avec la transmission automatique à 4 rapports offerte en option. Une boîte manuelle à 5 rapports permet de gruger une bonne seconde à ce sprint, mais celle-ci n'est hélas pas disponible avec le moteur V6. Quant à l'automatique, elle est munie du

«système de contrôle logique en pente», une expression assez obscure signifiant qu'une régulation électronique supprime la recherche répétée du bon rapport en montant ou en descendant une pente.

Si vous associez le plaisir de conduire au confort, au silence et à la douceur de roulement, sachez que les ingénieurs de chez Honda ont vraiment livré la marchandise à cet égard. La CL est d'une discrétion remarquable qui gomme entièrement tout ce qu'elle pourrait avoir d'aspirations sportives. Son freinage, notamment, malgré un léger louvoiement en attaque, est rassurant grâce à la présence de disques aux quatre roues travaillant en tandem avec l'ABS.

La plus grande lacune de la CL est son diamètre de braquage beaucoup trop grand. Armez-vous de patience pour stationner entre deux voitures et ne comptez pas effectuer des virages en U dans une rue étroite. La CL a besoin de 12 mètres pour le faire, soit autant qu'un Blazer ou une grosse Buick Riviera. La direction est néanmoins légère, assez précise et sans aucun effet de couple. La tenue de route, quant à elle, est paisible malgré le sous-virage propre à la traction avant et une bonne dose de roulis. La suspension, c'est évident, a été réglée en mode confort plutôt que performance.

Quatre vraies places

À l'intérieur du coupé CL, le conducteur est accueilli par des sièges en tissu d'un confort appréciable (la sellerie en cuir n'est de série que dans la 3,0) et confronté à un joli petit volant derrière lequel se trouve un tableau de bord élégamment exécuté. Le bois qui le ceinture est faux, mais il ajoute malgré tout une certaine classe à la présentation. Cette Acura est généreuse en espaces de rangement et en accessoires de luxe avec, entre autres, un siège du conducteur à réglage électrique, un climatiseur et un grand toit ouvrant. Elle offre aussi quatre vraies places avec un espace arrière supérieur à celui de bien des berlines. Bien sûr, on a triché un peu en abaissant la banquette et en la dotant de coussins profonds afin d'assurer un dégagement suffisant pour la tête, mais l'espace est là. En revanche, le confort est moins évident et l'accès est difficile, comme dans tout coupé. On a eu la bonne idée d'ajouter un crochet porte-manteau escamotable qui ne risque pas de causer de blessures à la tête en cas d'accident. Enfin, le vaste coffre est au moins aussi pratique que celui de voitures plus volumineuses et il présente l'avantage de comprendre un sac à skis.

Si l'Acura 3,0CL permet d'oublier le moteur un peu ankylosé de la 2,2, il reste que ces deux voitures ont été conçues pour une clientèle nord-américaine. D'ailleurs, la marque de prestige de Honda est inexistante ailleurs dans le monde. Cela a donné des petits coupés plus luxueux que sportifs axés davantage sur un confort douillet que sur des performances de premier plan.

J. Duval

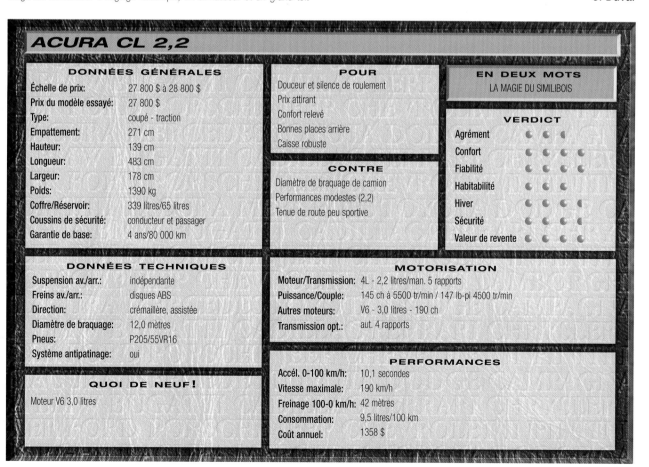

ACURA CL 2,2

DONNÉES GÉNÉRALES

Échelle de prix:	27 800 $ à 28 800 $
Prix du modèle essayé:	27 800 $
Type:	coupé - traction
Empattement:	271 cm
Hauteur:	139 cm
Longueur:	483 cm
Largeur:	178 cm
Poids:	1390 kg
Coffre/Réservoir:	339 litres/65 litres
Coussins de sécurité:	conducteur et passager
Garantie de base:	4 ans/80 000 km

DONNÉES TECHNIQUES

Suspension av./arr.:	indépendante
Freins av./arr.:	disques ABS
Direction:	crémaillère, assistée
Diamètre de braquage:	12,0 mètres
Pneus:	P205/55VR16
Système antipatinage:	oui

QUOI DE NEUF!

Moteur V6 3,0 litres

POUR

Douceur et silence de roulement
Prix attirant
Confort relevé
Bonnes places arrière
Caisse robuste

CONTRE

Diamètre de braquage de camion
Performances modestes (2,2)
Tenue de route peu sportive

MOTORISATION

Moteur/Transmission:	4L - 2,2 litres/man. 5 rapports
Puissance/Couple:	145 ch à 5500 tr/min / 147 lb-pi 4500 tr/min
Autres moteurs:	V6 - 3,0 litres - 190 ch
Transmission opt.:	aut. 4 rapports

PERFORMANCES

Accél. 0-100 km/h:	10,1 secondes
Vitesse maximale:	190 km/h
Freinage 100-0 km/h:	42 mètres
Consommation:	9,5 litres/100 km
Coût annuel:	1358 $

EN DEUX MOTS

LA MAGIE DU SIMILIBOIS

VERDICT

Agrément	
Confort	
Fiabilité	
Habitabilité	
Hiver	
Sécurité	
Valeur de revente	

ACURA 1,6 EL

Depuis 1994, la division Acura a presque totalement remanié sa gamme de voitures. Non seulement elle s'est carrément détourné des modèles à caractère sportif, mais elle a en plus adopté une nomenclature alphanumérique. La 1,6 EL est la dernière recrue à venir se joindre à la famille. Remplaçante de la berline Integra, il s'agit également d'une exclusivité canadienne.

Pour la première fois de son histoire, Acura nous propose une voiture fabriquée au Canada, une berline exclusive au marché canadien. Cette nouvelle venue est assemblée à l'usine Honda d'Alliston en Ontario. Et pour rassurer les acheteurs éventuels quant à la qualité de leur voiture de prestige, les dirigeants de Honda Canada ont beaucoup insisté sur le fait que cette usine a mérité la médaille d'argent de la qualité de la part de la firme J.D. Powers.

Il n'en demeure pas moins que la 1,6 EL n'est rien d'autre qu'une Honda Civic dotée de pare-chocs différents, de phares avant exclusifs et d'une présentation arrière légèrement retouchée. Le capot et le couvercle du coffre ont été également remplacés. Ces quelques modifications ont pour but de donner à cette berline une silhouette quelque peu différente de la Civic. L'habitacle est plus relevé en raison d'un tableau de bord doté de cadrans Acura à lettres rouge sur fond noir, de tissus de sièges de meilleure qualité et d'une insonorisation plus poussée.

C'est surtout sur le plan mécanique que cette Honda Civic camouflée en Acura se démarque. En effet, la 1,6 EL est animée par un moteur 4 cylindres 1,6 litre VTEC d'une puissance de 127 chevaux. À titre de comparaison, la Civic quatre portes doit vivre avec 21 chevaux de moins, ce qui constitue toute une différence tant au chapitre de l'agrément de conduite que des performances. Des roues de 15 pouces ainsi que l'ajout d'une barre stabilisatrice arrière sont les autres modifications mécaniques susceptibles d'améliorer le comportement

Une Honda Civic de luxe unifoliée

routier. La dernière née des Acura se distingue de sa sœur chez Honda en utilisant des jets d'essuie-glace plus efficaces, des rétroviseurs extérieurs chauffants, le levier de vitesses de la boîte automatique des Acura et enfin un système de chauffage plus performant.

Adieu le sport

Comme vous pouvez le constater à la lecture de notre match des berlines sous-compactes, la Honda Civic est la meilleure de sa catégorie. Le fait de l'équiper d'un moteur de 127 chevaux emprunté au coupé Civic devrait théoriquement permettre aux ingénieurs d'Acura de nous concocter une berline à caractère sportif, soit la 1,6 EL. Cette dernière se débrouille assez bien sur le plan du comportement routier et des performances, mais elle est nettement plus axée vers le luxe que le sport. Tandis que la berline Integra avec son moteur 1,8 litre de 142 chevaux était à vocation plus sportive, même au détriment de la présentation intérieure, sa remplaçante est plus cossue et privilégie le confort.

Cette personnalité est en harmonie avec la nouvelle orientation de toute la gamme Acura. En 1994, cette division entreprenait son opération Renaissance. Non seulement les voitures sont dorénavant désignées par des appellations alphanumériques, mais leur caractère a changé. Contrairement à la vocation initiale de la marque qui était de nous offrir des voitures luxueuses et performantes, on a dévoilé toute une gamme de modèles dont le caractère est plus axé vers le luxe et le silence de roulement. C'est ainsi que les modèles TL, CL et RL sont inspirés de cette nouvelle approche.

Quant à la 1,6 EL, elle possède naturellement toutes les qualités routières de la Civic. Ce qui signifie que sa conduite est fort agréable en raison de l'agilité de la voiture, le confort de sa suspension, la précision de la direction et l'efficacité de ses boîtes de vitesses. Comme toujours, la boîte manuelle se mérite de bonnes notes par ses passages de rapports rapides et un levier dont la course est courte et précise. L'automatique à 4 rapports est particulièrement appréciée dans les montées, car son système de logique de pente évite que la boîte ne passe inutilement d'un rapport à l'autre.

Moteur VTEC

Ce qui distingue le plus l'Acura 1,6 EL de la Civic berline est son moteur VTEC de 127 chevaux et ses roues de 15 pouces. Ces dernières améliorent le confort en plus de favoriser la tenue de route. Grâce à ces pneumatiques, nous avons la sensation de conduire une voiture au gabarit plus imposant. En revanche, la présence d'un passager à l'avant nous permet de constater la relative étroitesse de l'habitacle. Il est toutefois important de souligner que la berline Integra proposait des dimensions pratiquement similaires puisqu'elle était, elle

aussi, dérivée de la Civic. Il faut également préciser que ce modèle va poursuivre sa carrière sur le marché des États-Unis.

Le moteur 1,6 litre de 127 chevaux permet donc à la 1,6 EL de nous offrir des accélérations et des performances adéquates. Les côtes sont grimpées avec plus d'aisance et le moteur peine moins à la tâche. C'est trop juste pour une berline sport, mais adéquat pour une voiture à caractère bourgeois.

L'implacable logique des lois de la mise en marché s'est appliquée une fois de plus. La berline Integra était intéressante, mais sa présentation intérieure était dépouillée, son prix plus élevé et sa personnalité cadraient beaucoup moins avec la nouvelle orientation adoptée par la division Acura. Les origines canadiennes de la 1,6 EL la mettent à l'abri des fluctuations du yen en plus d'assurer un prix abordable. Et cette nouvelle venue cadre mieux avec la stratégie globale de la division Acura et des besoins du marché canadien. Voilà qui explique tout.

D. Duquet

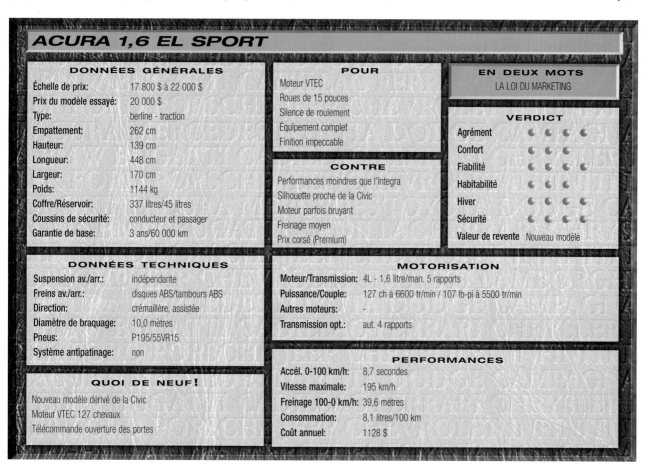

ACURA 1,6 EL SPORT

DONNÉES GÉNÉRALES

Échelle de prix:	17 800 $ à 22 000 $
Prix du modèle essayé:	20 000 $
Type:	berline - traction
Empattement:	262 cm
Hauteur:	139 cm
Longueur:	448 cm
Largeur:	170 cm
Poids:	1144 kg
Coffre/Réservoir:	337 litres/45 litres
Coussins de sécurité:	conducteur et passager
Garantie de base:	3 ans/60 000 km

DONNÉES TECHNIQUES

Suspension av./arr.:	indépendante
Freins av./arr.:	disques ABS/tambours ABS
Direction:	crémaillère, assistée
Diamètre de braquage:	10,0 mètres
Pneus:	P195/55VR15
Système antipatinage:	non

QUOI DE NEUF!

Nouveau modèle dérivé de la Civic
Moteur VTEC 127 chevaux
Télécommande ouverture des portes

POUR

Moteur VTEC
Roues de 15 pouces
Silence de roulement
Équipement complet
Finition impeccable

CONTRE

Performances moindres que l'Integra
Silhouette proche de la Civic
Moteur parfois bruyant
Freinage moyen
Prix corsé (Premium)

MOTORISATION

Moteur/Transmission:	4L - 1,6 litre/man. 5 rapports
Puissance/Couple:	127 ch à 6600 tr/min / 107 lb-pi à 5500 tr/min
Autres moteurs:	-
Transmission opt.:	aut. 4 rapports

PERFORMANCES

Accél. 0-100 km/h:	8,7 secondes
Vitesse maximale:	195 km/h
Freinage 100-0 km/h:	39,6 mètres
Consommation:	8,1 litres/100 km
Coût annuel:	1128 $

EN DEUX MOTS
LA LOI DU MARKETING

VERDICT

Agrément	●●●◐
Confort	●●●◐
Fiabilité	●●●●
Habitabilité	●●◐◐
Hiver	●●●◐
Sécurité	●●●●
Valeur de revente	Nouveau modèle

ACURA Integra

Lorsque la division Acura fut établie par Honda, elle avait pour vocation d'offrir des voitures sportives et luxueuses. Mais à part la NSX, l'Integra est la seule qui ait un tempérament sportif. Les autres Acura affichent un curieux mélange de sophistication technique, de luxe et de personnalité bourgeoise.

La sportive de la famille

Ce ne sont certainement pas les berlines TL et RL qui vont nous inspirer sur le plan de la conduite. Quant au coupé CL, il s'associe davantage au placide coupé Honda Accord qu'à une sportive pure et dure. L'Integra avait donc pour mission de porter le flambeau des voitures compactes à la fois pratiques et intéressantes à conduire. Cette année, Honda rectifie le tir puisque la berline disparaît du catalogue, remplacée plus ou moins par la 1,6 EL. Il ne reste que le coupé pour satisfaire les conducteurs à tempérament sportif.

Panache et sobriété

En général, les productions sortant des ateliers de design de Honda se démarquent plus par la sobriété de leurs lignes que par leur silhouette audacieuse. L'Integra n'a pas une apparence spectaculaire, mais son museau agressif lui donne sûrement plus de caractère que n'en ont les autres Acura. Ce nez arrondi en matière plastique abrite quatre phares circulaires donnant une identité visuelle marquée.

De plus, les parois bombées et les angles arrière arrondis ont pour effet de donner de l'élan à l'ensemble. Par contre, il faut souligner au passage l'apparente fragilité de la caisse. Les portières sont minces et se referment avec un bruit de boîte de sardine. Pourtant, plusieurs essais routiers réalisés au volant de différents modèles d'Integra n'ont jamais permis de mettre en doute la rigidité de la caisse. En revanche, une fois les vitres latérales baissées, on entend toujours un certain bruit pas tellement rassurant lorsqu'on ferme les portières.

Malgré tout, la présentation extérieure de l'Integra est nettement plus inspirée que celle de l'habitacle. Le dessin du tableau de bord est correct mais terne. Les stylistes de chez Acura se sentiraient mal à l'aise chez Pontiac où l'on pêche par excès contraire. Qui sait, peut-être qu'Acura a demandé à Volkswagen de concevoir cet intérieur...

La disposition des cadrans dans une nacelle ovale les abrite des rayons de soleil parasites et facilite leur consultation. Le tachymètre et l'indicateur de vitesse sont de dimensions généreuses en plus d'être faciles à lire avec leurs chiffres blancs sur fond noir. Il faut également accorder de bonnes notes aux commandes de climatisation. Mais si les commandes sont efficaces, la ventilation et le chauffage donnent un rendement inconsistant. Par temps humide, dès qu'il y a plus de deux personnes à bord, les vitres s'embuent très rapidement.

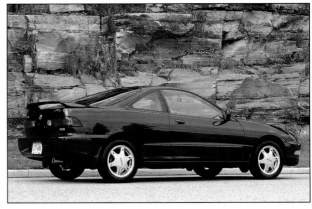

Les sièges avant sont confortables et ce, même pour des trajets de plusieurs heures. Malheureusement, on ne peut en dire autant des places arrière qui n'offrent pratiquement aucun dégagement pour les jambes.

Une mécanique pointue

Fidèle à sa vocation plus sportive, l'Integra est animée par des moteurs offrant un intéressant rapport puissance/cylindrée. Le moteur de série est un 4 cylindres 1,8 litre développant 142 chevaux. Quand on songe que la Honda Accord est animée par un 4 cylindres 2,2 litres dont la puissance n'est que de 130 chevaux, l'Integra est impressionnante à ce chapitre. Mais ce n'est qu'un début. Les magiciens de chez Honda ont également réalisé une version VTEC de ce moteur. Par la magie du calage variable des soupapes, la puissance est portée à 170 chevaux. Et malgré sa puissance élevée, ce moteur possède une excellente réputation de fiabilité. Il y a un hic cependant: les chevaux n'arrivent en trombe qu'après qu'on a atteint un régime élevé, ce qui nécessite un style de conduite engagé qui devient lassant à la longue. Soulignons que ce moteur est exclusif au modèle GS-R et est uniquement couplé à une boîte manuelle dont les rapports sont plus courts.

La suspension conserve ses leviers triangulés doubles, comme c'est le cas sur la majorité des produits Honda. Et pour freiner les élans de cette Integra, des freins à disques aux quatre roues sont offerts en équipement de série.

Agréables à conduire

Si la majorité des modèles Honda se sont assagis au fil des années, l'Acura Integra continue à nous offrir un agrément de conduite plus relevé. On peut lui reprocher une direction pas toujours agréable, mais la vivacité du moteur associée à un comportement routier fort intéressant permettent de rendre la conduite quotidienne plus inspirante. En effet, c'est toujours un plaisir que de jouer du levier de vitesses pour faire chanter ce 4 cylindres, bruyant mais plutôt en verve. De plus, elle se tire très bien d'affaire sur une route sinueuse. Quant à la version GS-R et à son moteur de 170 chevaux, il faut manier le levier de vitesses avec vigueur pour en tirer tout le potentiel.

Malgré son prix plus élevé que la moyenne de la catégorie, l'Integra possède plusieurs éléments prêchant en sa faveur. Elle est toutefois handicapée lorsque le moteur de série est associé à une boîte automatique. La magie de la combinaison moteur/transmission manuelle s'estompe et on est plus porté à lui reprocher le bruit émis par son groupe propulseur. Quant à l'aspect pratique, il faudra maintenant se rabattre sur la 1,6 EL.

D. Duquet

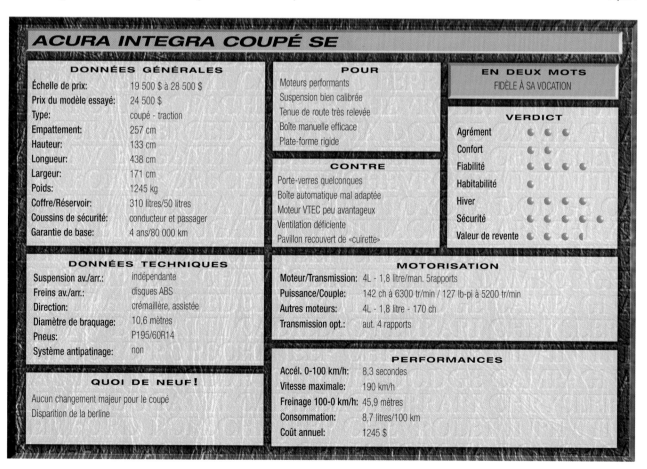

ACURA INTEGRA COUPÉ SE

DONNÉES GÉNÉRALES

Échelle de prix:	19 500 $ à 28 500 $
Prix du modèle essayé:	24 500 $
Type:	coupé - traction
Empattement:	257 cm
Hauteur:	133 cm
Longueur:	438 cm
Largeur:	171 cm
Poids:	1245 kg
Coffre/Réservoir:	310 litres/50 litres
Coussins de sécurité:	conducteur et passager
Garantie de base:	4 ans/80 000 km

POUR

Moteurs performants
Suspension bien calibrée
Tenue de route très relevée
Boîte manuelle efficace
Plate-forme rigide

CONTRE

Porte-verres quelconques
Boîte automatique mal adaptée
Moteur VTEC peu avantageux
Ventilation déficiente
Pavillon recouvert de «cuirette»

EN DEUX MOTS

FIDÈLE À SA VOCATION

VERDICT

Agrément	◖◖◖◖
Confort	◖◖◖
Fiabilité	◖◖◖◖
Habitabilité	◖
Hiver	◖◖◖◖
Sécurité	◖◖◖◖◖
Valeur de revente	◖◖◖

DONNÉES TECHNIQUES

Suspension av./arr.:	indépendante
Freins av./arr.:	disques ABS
Direction:	crémaillère, assistée
Diamètre de braquage:	10,6 mètres
Pneus:	P195/60R14
Système antipatinage:	non

MOTORISATION

Moteur/Transmission:	4L - 1,8 litre/man. 5rapports
Puissance/Couple:	142 ch à 6300 tr/min / 127 lb-pi à 5200 tr/min
Autres moteurs:	4L - 1,8 litre - 170 ch
Transmission opt.:	aut. 4 rapports

QUOI DE NEUF !

Aucun changement majeur pour le coupé
Disparition de la berline

PERFORMANCES

Accél. 0-100 km/h:	8,3 secondes
Vitesse maximale:	190 km/h
Freinage 100-0 km/h:	45,9 mètres
Consommation:	8,7 litres/100 km
Coût annuel:	1245 $

ACURA RL

Premier produit de la première marque japonaise de voitures de luxe, l'Acura Legend n'a jamais réussi à assumer un patronyme aussi lourd de responsabilité. Partie en flèche, elle n'a pas su résister au premier souffle de la morosité économique. On l'oublie et on recommence...

Silence, on roule!

Exit la Legend... pleins feux sur la RL! Celle-ci fait beaucoup d'efforts pour ressembler à une Mercedes et, en général, le subterfuge est réussi. La première remarque de tous ceux qui sont confrontés à la voiture est qu'elle a «l'air» d'une Mercedes. L'important est de savoir si elle a aussi la chanson... Rien n'est moins sûr.

Cette Acura est visiblement tournée vers une clientèle nord-américaine. Sa suspension souple, son insonorisation soignée et la douceur de tout ce qu'elle fait plairont aux ex-conducteurs de Cadillac ou de Lincoln, mais pourraient bien laisser sur leur appétit les amateurs de berlines germaniques.

La voiture fait bonne impression jusqu'à ce que l'on mentionne son prix. Les oh! et les ah! d'admiration se transforment alors en scepticisme. Pas facile de vendre des japonaises, aussi luxueuses soient-elles, au prix d'une allemande.

Pour se défendre, l'Acura 3,5RL annonce un nouveau moteur V6 de 3,5 litres qui a été considérablement raffiné par rapport à l'ancien 3,2 de la Legend. Curieusement, sa puissance a chuté de 20 chevaux (elle n'en a plus que 210) tandis que le couple a fait un léger bond. Autre exemple de l'orientation plus bourgeoise de ce modèle, le moteur voit son régime maximal passer de 6700 tr/min à 5900.

Championne du silence

Toujours dans le but de créer une voiture de grand luxe qui ne perturbe jamais ses occupants, on s'est aussi beaucoup attardé à la rigidité du châssis. Torsion et flexion ont été réduites à leur minimum dans la meilleure tradition allemande et le sonomètre a sans doute joué un grand rôle dans la mise au point de la 3,5RL. Sans avoir fait de comparaison directe, je peux affirmer que le nombre de décibels qu'elle laisse échapper à une vitesse de croisière est certainement parmi les plus bas de toute la production automobile actuelle.

Nous sommes donc en présence d'une voiture de père tranquille et il appert que c'est exactement le but recherché par les ingénieurs d'Acura-Honda.

C'est sans doute la raison pour laquelle on n'a jamais vraiment envie d'aller vite au volant d'une RL. Excellent pour éviter les points de démérite. Si l'envie vous prend tout de même d'exploiter ses ressources, sachez que la voiture peut flirter avec les 225 km/h et qu'elle accélère franchement dans un temps de 8,2 secondes entre 0 et 100 km/h. La transmission automatique est ainsi réglée qu'elle assure d'excellentes reprises à bas et à moyen régime. Le moteur manque de tonus à grande

vitesse, mais il livre sa puissance là où on en a le plus besoin, pour doubler notamment.

ABS et antipatinage

En virage, l'Acura 3,5RL est prise d'un roulis considérable si on la pousse le moindrement, mais cela ne compromet jamais sa sécurité d'utilisation. On ne peut en dire autant du freinage, cependant, et la voiture mise à l'essai était peu impressionnante lors d'arrêts d'urgence simulés. Elle piquait du nez et mettait beaucoup de temps à s'immobiliser. De plus, on ne pouvait deviner d'aucune façon la présence du système ABS dont la voiture est équipée puisqu'il est impossible de faire bloquer les roues. L'autre système de sécurité, l'antipatinage, a aussi ses caprices. Sur des routes non pavées, il intervient à la moindre petite perte d'adhérence et vous prive de toute motricité aux roues avant. Nul doute que sur la neige, il doit être d'une efficacité irréprochable.

L'aménagement intérieur reflète aussi le souci d'Acura de créer une voiture facile à vivre. La 3,5RL décroche une note quasi parfaite à ce chapitre. Le tableau de bord est d'une rare élégance avec des instruments joliment éclairés jour et nuit. Il se complète d'une large console centrale regroupant les systèmes de son et d'air climatisé ainsi qu'un grand vide-poches à deux compartiments.

On y trouve aussi les commutateurs pour le chauffage des sièges, drapés d'un cuir inodore mais néanmoins agréable au toucher. Toutes les commandes sont bien disposées et on bénéficie même de petites touches sur le volant pour régler le volume de la radio ou changer de poste, sans oublier le régulateur de vitesse de croisière.

Au cours des quelque 1500 kilomètres de l'essai, les sièges se sont avérés confortables et il est heureux que l'on ait prévu un système de mise en mémoire de leur position. Leur réglage électrique permet un si vaste choix qu'il est à peu près impossible de retrouver votre position de conduite originale si quelqu'un la modifie. Bien que l'Acura 3,5RL soit annoncée comme une cinq places, seule une personne de petite taille peut s'asseoir au centre sur la banquette arrière à cause du faible dégagement pour la tête. D'autre part, le coffre à bagages est immense, très profond, et comporte au fond une petite ouverture sur le compartiment arrière permettant de transporter de longs objets, telle une paire de skis. Finalement, la visibilité est généralement bonne, à l'exception peut-être du léger angle mort causé par le feu de freinage surélevé qui crée une protubérance sur la plage arrière.

Finition exemplaire, fiabilité proverbiale, luxe attentif et confort attentionné font partie des attributs de cette nouvelle Acura RL. Il n'y manque vraiment que ce brin d'enthousiasme qui déclenche le plaisir de conduire.

J. Duval

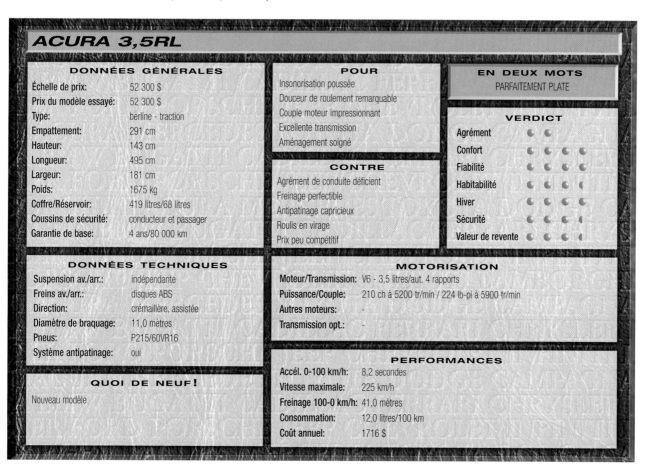

ACURA 3,5RL

DONNÉES GÉNÉRALES

Échelle de prix:	52 300 $
Prix du modèle essayé:	52 300 $
Type:	berline - traction
Empattement:	291 cm
Hauteur:	143 cm
Longueur:	495 cm
Largeur:	181 cm
Poids:	1675 kg
Coffre/Réservoir:	419 litres/68 litres
Coussins de sécurité:	conducteur et passager
Garantie de base:	4 ans/80 000 km

POUR

Insonorisation poussée
Douceur de roulement remarquable
Couple moteur impressionnant
Excellente transmission
Aménagement soigné

CONTRE

Agrément de conduite déficient
Freinage perfectible
Antipatinage capricieux
Roulis en virage
Prix peu compétitif

EN DEUX MOTS

PARFAITEMENT PLATE

VERDICT

Agrément	●●
Confort	●●●●
Fiabilité	●●●●
Habitabilité	●●●●
Hiver	●●●
Sécurité	●●●●
Valeur de revente	●●●●

DONNÉES TECHNIQUES

Suspension av./arr.:	indépendante
Freins av./arr.:	disques ABS
Direction:	crémaillère, assistée
Diamètre de braquage:	11,0 mètres
Pneus:	P215/60VR16
Système antipatinage:	oui

QUOI DE NEUF!

Nouveau modèle

MOTORISATION

Moteur/Transmission:	V6 - 3,5 litres/aut. 4 rapports
Puissance/Couple:	210 ch à 5200 tr/min / 224 lb-pi à 5900 tr/min
Autres moteurs:	-
Transmission opt.:	-

PERFORMANCES

Accél. 0-100 km/h:	8,2 secondes
Vitesse maximale:	225 km/h
Freinage 100-0 km/h:	41,0 mètres
Consommation:	12,0 litres/100 km
Coût annuel:	1716 $

AUDI A4

S'il est une voiture qui a été l'enfant chérie de la presse automobile depuis sa sortie l'an dernier, c'est bien l'Audi A4. Ce qui est encore plus impressionnant, c'est que cette berline a réussi à reconquérir une clientèle qui, après d'heureuses fréquentations, ne voulait plus rien savoir d'une Audi depuis un bon moment.

P lébiscitée de toutes parts en Europe, l'A4 a eu droit à la même cote d'amour à son arrivée en Amérique et elle a su en profiter sans jamais décevoir. L'auteur de ces lignes a pu recueillir les témoignages de quelques propriétaires qui se disent emballés de leur acquisition. Mon essai sur plus de 1500 km m'a permis de partager leur enthousiasme... avec, cependant, quelques réserves.

Des dimensions de sous-compactes

Le *Guide de l'auto* ayant réalisé un essai à long terme du modèle Audi qui a précédé l'A4 (une 90 Quattro Sport), voyons d'abord ce qui distingue la nouvelle venue de sa devancière. La première chose que l'on remarque en s'installant au volant, c'est que l'habitacle est plus dégagé. Cela est attribuable, en partie, à la ceinture de caisse plus basse et, conséquemment, à la plus grande surface vitrée. Même si l'on est assis relativement bas, la visibilité vers l'avant marque un net progrès. Les sièges baquets profitent d'un galbe et d'un rembourrage qui les rendent plus confortables que ceux de l'ancienne version. Audi a toujours fait preuve d'une grande distinction dans le dessin de ses tableaux de bord et celui de la dernière A4 est encore une très belle réussite. Il suffit d'opter pour le petit volant sport optionnel pour que la présentation intérieure devienne un modèle du genre.

La nouvelle petite Audi est plus courte que l'ancienne de 8 cm et cela se remarque aux places arrière où l'espace pour les jambes est

Une belle réhabilitation

limité, pour ne pas dire insuffisant. Profitons-en pour souligner que l'A4 est une voiture beaucoup plus petite qu'on l'imagine avec une longueur hors tout inférieure à celle d'une Chevrolet Cavalier. Elle propose malgré tout un vaste coffre à bagages toujours muni d'un sac à skis qui permet de remiser une ou deux paires de planches.

Au tableau de bord, on a corrigé une lacune en ajoutant un témoin lumineux de faible niveau d'essence. Et puisqu'il est question de carburant, aussi bien vous dire tout de suite qu'en version Quattro (pour quatre roues motrices), cette Audi consomme un bon 20 p. 100 de plus que la même voiture en traction avant. Par expérience encore une fois, nous savons qu'il est difficile de faire descendre la moyenne sous la barre des 12 litres aux 100 km, ce qui est énorme pour une voiture de ce gabarit.

La finition de la voiture mise à l'essai (une A4 Quattro 5 vitesses) était dans la tradition allemande et il n'y a vraiment que les petites languettes de plastique jouant le rôle de porte-verres qui, par leur

fragilité, donnent l'impression d'un bricolage bon marché. En revanche, les A4 1997 bénéficient enfin d'une télécommande d'ouverture des portes avec antivol intégré et, en option, d'un ordinateur de bord.

Un moteur étouffé

Jusqu'ici, la zone d'ombre des Audi avait toujours été leur moteur V6 de 2,8 litres dont le manque de souffle était encore plus flagrant dans les versions Quattro, nécessairement plus lourdes. Audi a enfin répondu à notre appel et, pour apaiser les critiques, proposera en cours d'année une version revue de ce moteur muni de cinq soupapes par cylindre, ce qui fait bondir la puissance de 178 à 193 chevaux. Les versions à traction sont désormais équipées d'un antipatinage de série avec le moteur V6. Ce dernier est maintenant secondé par un 4 cylindres turbo de 1,8 litre affichant aussi cinq soupapes par cylindre et développant 150 chevaux. Ce moteur a permis de réaliser une version moins chère de la populaire A4. En version manuelle, l'A4 Quattro V6 met 9,4 secondes à franchir le 0-100 km/h et, grâce à ses 5 rapports, la nouvelle transmission automatique permet d'obtenir des performances quasi identiques. Dans toutes les A4, la vitesse maximale est cependant limitée électroniquement à 210 km/h.

Le vrai plaisir que l'on trouve à conduire cette Audi repose principalement sur son comportement routier. Sa direction est plus précise et moins molle qu'auparavant, et la voiture freine avec beaucoup d'aplomb. En virage, sa limite d'adhérence se traduit par une glissade très neutre des quatre roues. Les suspensions sont fermes comme on les aime, mais jamais inconfortables, et la caisse demeure solide au passage de revêtements dégradés.

D'habitude extraordinairement sûre sur pavé mouillé, l'Audi Quattro A4 s'est avérée décevante par temps de pluie et je soupçonne ses pneus Good Year Eagle d'être à l'origine de cette faiblesse. Dans la 90 Sport dotée de Michelin Pilote, l'adhérence était tout simplement phénoménale. Avec des Pirelli Ice d'hiver, la petite Audi transforme n'importe quelle route enneigée en un ruban de Velcro tellement les roues motrices s'agrippent au sol sans le moindre patinage. Ces pneus sont particulièrement performants par très grand froid grâce à une gomme dont l'élasticité varie très peu en fonction de la température.

Par sa maniabilité, son confort, son luxe et surtout ses grandes qualités hivernales, l'Audi A4 a vraiment tout ce qu'il faut pour plaire. Pas surprenant qu'elle soit en train de réhabiliter cette marque allemande dans la mémoire des automobilistes d'ici.

J. Duval

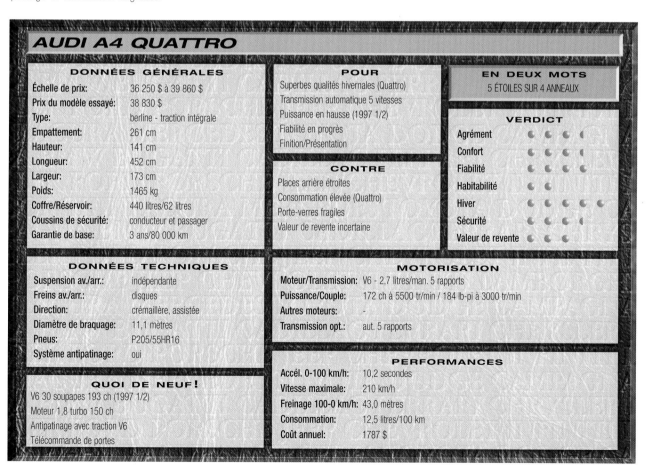

AUDI A4 QUATTRO

DONNÉES GÉNÉRALES

Échelle de prix:	36 250 $ à 39 860 $
Prix du modèle essayé:	38 830 $
Type:	berline - traction intégrale
Empattement:	261 cm
Hauteur:	141 cm
Longueur:	452 cm
Largeur:	173 cm
Poids:	1465 kg
Coffre/Réservoir:	440 litres/62 litres
Coussins de sécurité:	conducteur et passager
Garantie de base:	3 ans/80 000 km

POUR

Superbes qualités hivernales (Quattro)
Transmission automatique 5 vitesses
Puissance en hausse (1997 1/2)
Fiabilité en progrès
Finition/Présentation

CONTRE

Places arrière étroites
Consommation élevée (Quattro)
Porte-verres fragiles
Valeur de revente incertaine

EN DEUX MOTS

5 ÉTOILES SUR 4 ANNEAUX

VERDICT

Agrément	●●●●
Confort	●●●●
Fiabilité	●●●●
Habitabilité	●●
Hiver	●●●●●
Sécurité	●●●●
Valeur de revente	●●●

DONNÉES TECHNIQUES

Suspension av./arr.:	indépendante
Freins av./arr.:	disques
Direction:	crémaillère, assistée
Diamètre de braquage:	11,1 mètres
Pneus:	P205/55HR16
Système antipatinage:	oui

MOTORISATION

Moteur/Transmission:	V6 - 2,7 litres/man. 5 rapports
Puissance/Couple:	172 ch à 5500 tr/min / 184 lb-pi à 3000 tr/min
Autres moteurs:	-
Transmission opt.:	aut. 5 rapports

QUOI DE NEUF!

V6 30 soupapes 193 ch (1997 1/2)
Moteur 1,8 turbo 150 ch
Antipatinage avec traction V6
Télécommande de portes

PERFORMANCES

Accél. 0-100 km/h:	10,2 secondes
Vitesse maximale:	210 km/h
Freinage 100-0 km/h:	43,0 mètres
Consommation:	12,5 litres/100 km
Coût annuel:	1787 $

AUDI A6/S6 Quattro/S6

En 1998, la gamme A6 d'Audi nous arrivera avec une transformation majeure. En attendant, ces berlines et familiales font l'objet de très légers changements et continuent d'être sous-motorisées. À l'exception, bien sûr, de la S6 à moteur turbo, tantôt brillante, tantôt insolite.

S i la firme d'Ingolstadt n'a pas confié aux A6 le nouveau moteur V6 30 soupapes que l'on trouvera bientôt sous le capot de la petite A4, c'est qu'il aurait été trop coûteux de faire homologuer une telle modification dans une voiture en fin de carrière. Il faudra donc continuer à faire preuve de patience et subir pendant encore un an la torpeur du 2,8 litres de 172 chevaux qui tente de déplacer tant bien que mal les A6 à traction ou à rouage intégral Quattro. À moins de se rabattre sur la S6 que j'ai soumise cette année à un essai exhaustif ponctué par un accident peu commun.

Sur une petite route campagnarde, une pierre grosse comme une balle de balle-molle tombée d'un camion est venue fracasser lourdement la partie droite du pare-brise. Des éclats de verre ont fusé de partout, mais il faut s'incliner devant l'incroyable résistance du verre laminé. Malgré la violence et la vitesse de l'impact, le pare-brise a empêché cette pierre de pénétrer dans l'habitacle et peut-être de blesser gravement un passager.

Une dévoreuse de kilomètres

L'Audi S6 est sans doute la voiture qui mérite le plus l'appellation de grande routière. C'est une dévoreuse de kilomètres comme il s'en fait peu... Avec la poussée de son turbocompresseur, on a l'impression qu'elle vole. Les 227 chevaux de son 5 cylindres suralimenté s'expriment avec beaucoup d'éloquence si l'on utilise pleinement les 5 rapports

Patience ou S6

de la boîte de vitesses manuelle. Ceux-ci sont en effet très longs (la troisième monte jusqu'à 160 km/h) et ce n'est qu'en les poussant près des 7000 tours autorisés qu'on arrive à arracher à cette S6 son plein potentiel. Le revers de la médaille est que les hauts régimes déclenchent quelques vibrations dans la pédale d'embrayage tout en nous rappelant que l'on a affaire à un moteur de faible cylindrée. L'Audi S6 est beaucoup plus impressionnante sur l'autoroute que dans des sprints d'accélération. L'adhérence des quatre roues motrices est telle que les départs en flèche sont quasi impossibles. En plus, la conduite en ville peut se substituer à n'importe quelle séance de musculation tellement l'embrayage de cette Audi est dur. Qu'importe, c'est une voiture qui a ses adeptes en raison probablement du sentiment de sécurité qu'elle procure. La stabilité à grande vitesse, une tenue de route pratiquement neutre et un freinage d'une précision et d'une puissance exemplaires sont parmi les grandes qualités de cette Audi. Son rouage intégral n'est pas la moindre de ses qualités et seule une «tempête

du siècle» pourrait empêcher une Audi S6 ou Quattro de se rendre à destination pendant une chute de neige. Sur pavé mouillé, les quatre roues motrices de la S6 lui donnent une adhérence qui ne cesse d'étonner. Il faut louer également son silence de roulement et un diamètre de braquage exceptionnellement court pour une voiture de ce format. Le stationnement s'en trouve grandement facilité. Sur une voiture qui affiche autant d'assurance en virage, la suspension procure aussi un confort très satisfaisant.

Le plus beau volant

Un coup d'œil à l'aménagement intérieur permet d'admirer d'abord le plus beau volant de l'industrie automobile. Depuis l'avènement du coussin gonflable, cette pièce d'équipement avait subi les pires affronts, adoptant des formes souvent grotesques qui tranchaient tristement avec les beaux volants en bois ou en cuir artistiquement modelés par les Nardi et Momo de ce monde. Or, Audi a trouvé une manière d'incorporer le coussin gonflable à un volant en cuir à trois branches d'une élégance indiscutable. Il prend place devant un tableau de bord lui aussi très réussi avec sa série d'instruments sur fond blanc faciles à consulter. Le soir, par contre, le petit éclairage rougeâtre est désagréable. Les sièges aussi risquent de susciter des commentaires négatifs de la part de certains usagers. Peu faciles à régler, ils ressemblent à un assemblage de rouleaux à pâte qui, pour moi, n'était pas très confortable.

Audi mérite des compliments pour ses appuie-tête aux places arrière mais, en revanche, ceux-ci nuisent quelque peu à la visibilité. La marque allemande fait usage de matériaux de qualité pour la finition. Même si l'on offre désormais une voiture encore plus spacieuse avec la A8, les A6 disposent d'un espace à l'arrière parfaitement convenable pour trois personnes, avec un dégagement exceptionnel pour les jambes. En plus de bons espaces de rangement à l'avant, de petits filets placés dans le dossier des sièges s'avèrent très utiles pour les cartes routières ou les journaux. Et l'on n'a pas oublié, évidemment, le sac à skis dont Audi fut l'instigateur à l'époque des premières Quattro. Il complète un coffre à bagages dont le volume de 510 litres est supérieur à celui d'une grande Mercedes-Benz de la classe S.

Malgré ses remarquables qualités, la S6 d'Audi n'est pas une voiture pour tout le monde. Elle est destinée à des connaisseurs qui font beaucoup de longs déplacements et qui savent apprécier les avantages d'une grande routière à l'européenne. Quelqu'un qui débourse 60 000 $ pour une berline aussi sobre et dotée d'une boîte de vitesses manuelle n'agit pas pour faire de l'esbroufe, mais parce qu'il aime vraiment l'automobile.

J. Duval

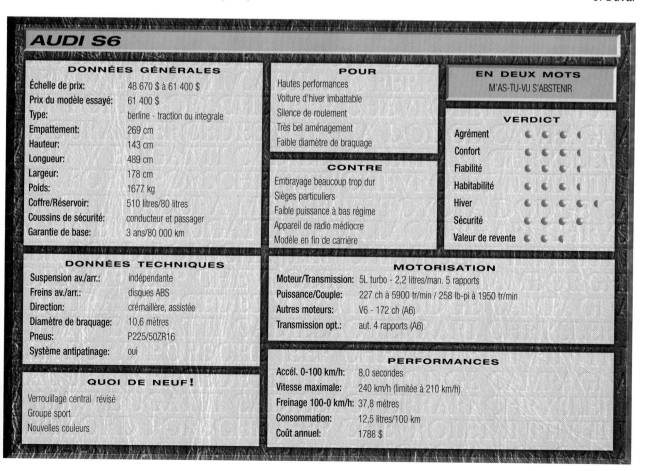

AUDI S6

DONNÉES GÉNÉRALES

Échelle de prix:	48 670 $ à 61 400 $
Prix du modèle essayé:	61 400 $
Type:	berline - traction ou integrale
Empattement:	269 cm
Hauteur:	143 cm
Longueur:	489 cm
Largeur:	178 cm
Poids:	1677 kg
Coffre/Réservoir:	510 litres/80 litres
Coussins de sécurité:	conducteur et passager
Garantie de base:	3 ans/80 000 km

DONNÉES TECHNIQUES

Suspension av./arr.:	indépendante
Freins av./arr.:	disques ABS
Direction:	crémaillère, assistée
Diamètre de braquage:	10,6 mètres
Pneus:	P225/50ZR16
Système antipatinage:	oui

QUOI DE NEUF!

Verrouillage central révisé
Groupe sport
Nouvelles couleurs

POUR

Hautes performances
Voiture d'hiver imbattable
Silence de roulement
Très bel aménagement
Faible diamètre de braquage

CONTRE

Embrayage beaucoup trop dur
Sièges particuliers
Faible puissance à bas régime
Appareil de radio médiocre
Modèle en fin de carrière

MOTORISATION

Moteur/Transmission:	5L turbo - 2,2 litres/man. 5 rapports
Puissance/Couple:	227 ch à 5900 tr/min / 258 lb-pi à 1950 tr/min
Autres moteurs:	V6 - 172 ch (A6)
Transmission opt.:	aut. 4 rapports (A6)

PERFORMANCES

Accél. 0-100 km/h:	8,0 secondes
Vitesse maximale:	240 km/h (limitée à 210 km/h)
Freinage 100-0 km/h:	37,8 mètres
Consommation:	12,5 litres/100 km
Coût annuel:	1788 $

EN DEUX MOTS

M'AS-TU-VU S'ABSTENIR

VERDICT

Agrément	
Confort	
Fiabilité	
Habitabilité	
Hiver	
Sécurité	
Valeur de revente	

AUDI A8

Avec l'A8, Audi a voulu construire la meilleure voiture au monde. Rien de moins... Les moyens mis en place sont impressionnants: structure et carrosserie en alu, système Quattro, luxe raffiné, sécurité optimale et j'en passe. L'important est de savoir si la somme de ces efforts a porté fruit.

Très respectée en Europe, la marque Audi a connu sa part d'ennuis sur le marché nord-américain. Sans qu'il soit nécessaire de ressasser ces quelques erreurs de parcours, on peut affirmer que la firme allemande a besoin de polir son image pour espérer rejoindre ses congénères dans l'estime des consommateurs. Le processus a été enclenché l'an dernier avec l'arrivée d'une A4 prisée autant par la presse spécialisée que par la clientèle. Mais ce n'est là qu'un début et Audi va mettre les bouchées doubles au cours des années à venir en misant notamment sur l'aluminium.

Utilisé trop souvent jusqu'ici comme simple substitut de l'acier, ce matériau a besoin d'être traité différemment lorsqu'il est employé dans la construction automobile. «Le simple fait de remplacer l'acier par de l'aluminium comme l'a fait un concurrent (on parle de l'Acura NSX) n'est pas justifiable et il faut envisager un tel changement comme un concept global», souligne le D᷄ Franz-Josef Paefgen, responsable du développement de l'Audi A8, la première voiture de luxe de grande série dont la structure et la carrosserie sont totalement en aluminium.

Avant d'en venir à mes impressions de conduite recueillies lors d'un sprint de deux jours entre l'Allemagne, la France, le Luxembourg et la Belgique, il est intéressant de fureter un peu dans l'usine de Neckarsulm, où l'A8 est construite. Et croyez-moi, sa chaîne d'assemblage diffère passablement de celles vouées à la fabrication de voitures dites «conventionnelles».

Aluminium et audace

«La meilleure voiture au monde»

Précisons d'abord que malgré sa diffusion limitée, l'A8 marque une étape cruciale pour Audi, du moins en Amérique. Cette voiture de grand luxe sera non seulement le porte-étendard de la gamme, mais aura aussi pour mission de démontrer que Audi est un chef de file en matière de haute technologie. Son constructeur affirme avoir voulu produire la meilleure voiture au monde et mon collègue européen Paul Frère, ingénieur et ancien pilote de course, est d'avis que l'on y est arrivé.

Même à un prix frôlant les 100 000 $, il se pourrait bien que ce modèle ne rapporte pas gros dans les coffres d'Audi. En visitant l'usine de Neckarsulm où les anciennes NSU étaient construites, on est en effet étonné de constater que seulement 25 p. 100 de l'assemblage est automatisé, ce qui est moins que pour une Ferrari. Entretenir une équipe de spécialistes ayant pour fonction de repérer à la main la moindre petite irrégularité dans les différents panneaux de carrosserie

avant le passage à la peinture n'est pas le genre d'opération qui amortit les coûts de production.

Audi travaille en étroite collaboration avec Alcoa dans la réalisation de cette voiture et on soupçonne la grande aluminerie américaine de mettre la main dans sa poche pour le financement de la phase un de ce projet.

Un triomphe technologique

Car si l'Audi A8 est un triomphe technologique, on doute qu'elle soit rentable pour le moment. On avoue d'ailleurs chez Audi que l'on a beaucoup appris depuis la mise en production de ce modèle il y a déjà environ un an et que les coûts de fabrication des modèles de seconde génération iront en diminuant. Une telle éventualité permettrait d'envisager l'utilisation de l'aluminium dans d'autres voitures moins coûteuses de la gamme.

Les autres constructeurs automobile surveillent Audi du coin de l'œil, mais se montrent plutôt sceptiques sur la rentabilité de l'affaire. Car l'aluminium, malgré ses grandes vertus, coûte plus cher que l'acier et impose des procédés de fabrication plus perfectionnés. Sans être complexe, sa réparation en cas d'accident exige aussi une main-d'œuvre spécialisée. En revanche, l'économie de poids qui s'accompagne d'une diminution de la consommation est loin d'être le seul avantage de ce matériau.

Un châssis unique

Audi insiste beaucoup par exemple pour parler d'une sécurité passive accrue. Ce résultat a justement été obtenu par la mise au point d'un châssis unique en son genre que l'on a mis 10 ans à développer. Appelé *space frame*, ce châssis fait appel à un type de construction qui s'apparente davantage aux méthodes de l'industrie aéronautique qu'à celles de l'automobile. La structure principale se compose de profilés d'aluminium extrudés soudés sur lesquels sont fixés par boulonnage ou rivetage les tôles d'aluminium formant la robe de la carrosserie. Cette structure est non seulement 40 p. 100 plus légère que son équivalent en acier, mais aussi 40 p. 100 plus rigide. Cette dernière statistique explique que la voiture soit considérée comme une cellule de survie en cas d'accident. Sa déformation progressive permet une meilleure absorption de l'énergie lors d'un impact.

Un autre bénéfice de ce châssis est qu'il atténue les bruits et vibrations de la route. En chiffres purs, l'Audi A8 pèse 350 kg de moins

qu'une Mercedes-Benz S420, l'une de ses rivales dans la classe des voitures de grand luxe.

Un style discret

Il n'y a pas que les chiffres qui parlent avec éloquence de cette Audi. Un long essai sur plus de 1000 km m'a permis de bien la situer par rapport à ses rivales.

Si la voiture possède d'indéniables qualités, son style n'a pas la distinction d'une A4 et on a l'impression de regarder une A6 qui ferait de l'embonpoint. L'élégance y est mais les lignes sont un tantinet trop classiques. Cela est matière de goût bien sûr et un remarquable Cx de 0,29 plaide en faveur de cette silhouette épurée. Pour trouver une justification au style discret de l'A8, il faut se reporter aux trois petites citations que Audi utilise fièrement pour décrire sa voiture: «l'excellence sans excès, l'élégance sans arrogance et la classe sans la masse».

Limitée électroniquement à 210 km/h, l'A8 4,2 (la seule version importée au Canada) roule à une telle vitesse dans un calme étonnant. C'est la résultante d'un aérodynamisme peaufiné et d'une mécanique d'une grande douceur. Cette dernière fait appel à un moteur V8 DACT 32 soupapes de 4,2 litres et 300 chevaux qui utilise une transmission automatique à 5 vitesses pour transmettre la puissance aux quatre roues motrices de l'A8 Quattro. Audi présente ce modèle comme le plus rapide de sa catégorie en fonction d'un rapport poids/puissance meilleur que celui d'une BMW 740, mais cet avantage n'est pas évident avec la boîte automatique. Il faudrait pouvoir compter sur le système Tiptronic offert en Europe pour rééditer le temps de 6,9 secondes annoncé par l'usine pour le 0-100 km/h. Cette boîte manuelle est pourtant présente sur les modèles vendus ici, mais son utilisation est condamnée par une grille de levier de vitesses (en aluminium incidemment) qui empêche de s'en servir. Parions que des petits débrouillards trouveront le moyen de déjouer les plans d'Audi pour remettre le Tiptronic

en fonction. Une telle solution permettrait de faire fi de la lenteur relative de la transmission automatique dont le contrôle électronique est censé l'adapter à votre style de conduite. Par contre, dans la deuxième A8 conduite pendant ce périple européen, la transmission répondait mieux aux sollicitations de l'accélérateur.

Avec ses quatre roues motrices, sa suspension multibras et son ABS de série 5, est-il besoin de préciser que cette Audi n'a strictement rien à envier à ses rivales germaniques sur le plan du comportement routier? Même un roulis de caisse important n'arrive pas à lui faire lâcher prise en virage. Un collègue prétend avoir «enflammé» les freins en conduite sportive, mais «ma» voiture ne m'a jamais causé de frayeur même lors d'arrêts d'ultime urgence derrière une 2 chevaux qui traînait dans la voie de gauche après être surgie de nulle part sur l'*Autobahn*.

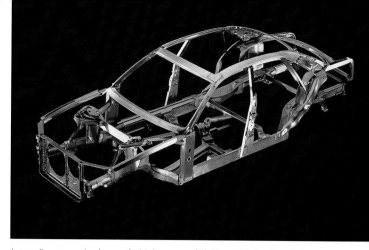

Six coussins gonflables

Ce qui va «vendre» encore mieux l'A8 à mon avis est son aménagement intérieur, son haut niveau de sécurité et ses nombreux accessoires de luxe exclusifs.

La richesse habituelle des bois et des cuirs utilisés par Audi, la parfaite ergonomie du tableau de bord, la protection de six coussins gonflables et des équipements inédits comme le *warm weather package* sont des arguments convaincants. En plus des coussins frontaux, l'A8 possède le même type de sacs de chaque côté de la voiture à l'avant comme à l'arrière. Ils sont de plus intégrés aux sièges pour une plus grande efficacité. Quant au groupe «temps chaud», il comprend notamment un toit ouvrant qui capte l'énergie solaire et met en marche un ventilateur pour rafraîchir l'habitacle pendant que la voiture est stationnée. L'A8 utilise aussi un vitrage spécial à deux épaisseurs entre lesquelles on a placé un métal infrarouge réfléchissant la lumière. Cela permet de bloquer 99 p. 100 de la radiation des rayons ultraviolets tout en filtrant mieux le bruit.

L'excellente habitabilité de cette Audi n'est assombrie que par une console démesurément large qui gêne un peu l'espace pour les jambes. Côté coffre toutefois, la voiture surpasse en volume autant la Mercedes classe S que la BMW série 7.

Il y aurait encore beaucoup à dire sur une voiture aussi sophistiquée mais, faute d'espace, je me contenterai de conclure en souhaitant que Audi soit capable, par son marketing et sa publicité, de la faire apprécier à sa juste valeur. Car on ne réinvente pas la voiture de luxe sans le crier sur tous les toits.

J. Duval

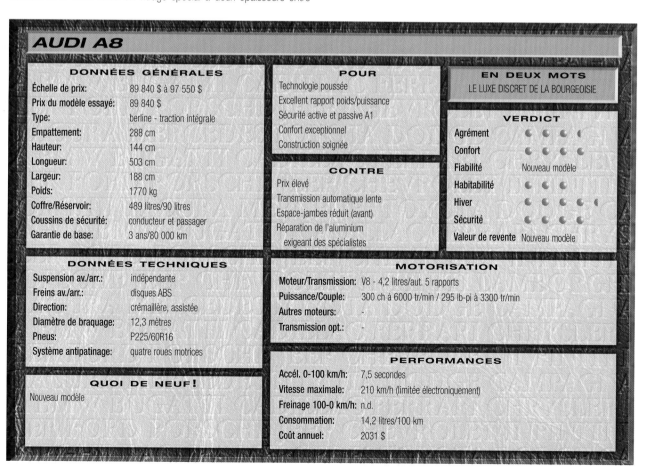

AUDI A8

DONNÉES GÉNÉRALES

Échelle de prix:	89 840 $ à 97 550 $
Prix du modèle essayé:	89 840 $
Type:	berline - traction intégrale
Empattement:	288 cm
Hauteur:	144 cm
Longueur:	503 cm
Largeur:	188 cm
Poids:	1770 kg
Coffre/Réservoir:	489 litres/90 litres
Coussins de sécurité:	conducteur et passager
Garantie de base:	3 ans/80 000 km

DONNÉES TECHNIQUES

Suspension av./arr.:	indépendante
Freins av./arr.:	disques ABS
Direction:	crémaillère, assistée
Diamètre de braquage:	12,3 mètres
Pneus:	P225/60R16
Système antipatinage:	quatre roues motrices

QUOI DE NEUF!

Nouveau modèle

POUR

Technologie poussée
Excellent rapport poids/puissance
Sécurité active et passive A1
Confort exceptionnel
Construction soignée

CONTRE

Prix élevé
Transmission automatique lente
Espace-jambes réduit (avant)
Réparation de l'aluminium
    exigeant des spécialistes

MOTORISATION

Moteur/Transmission:	V8 - 4,2 litres/aut. 5 rapports
Puissance/Couple:	300 ch à 6000 tr/min / 295 lb-pi à 3300 tr/min
Autres moteurs:	-
Transmission opt.:	-

PERFORMANCES

Accél. 0-100 km/h:	7,5 secondes
Vitesse maximale:	210 km/h (limitée électroniquement)
Freinage 100-0 km/h:	n.d.
Consommation:	14,2 litres/100 km
Coût annuel:	2031 $

EN DEUX MOTS

LE LUXE DISCRET DE LA BOURGEOISIE

VERDICT

Agrément	●●●●◖
Confort	●●●●◖
Fiabilité	Nouveau modèle
Habitabilité	●●●◖
Hiver	●●●◖
Sécurité	●●●●
Valeur de revente	Nouveau modèle

BENTLEY/ROLLS-ROYCE

Cette année, ce sont à nouveau les modèles pro-duits en petite série qui retiennent l'attention chez Bentley/Rolls-Royce. Tandis que la Park Ward est la limousine la plus huppée chez Rolls, les Continental et Turbo R de Bentley jouent la carte de la perfor-mance.

Quand le luxe flirte avec la performance

La Rolls Park Ward est tellement exclusive qu'elle ne sera produite qu'à une vingtaine d'exemplaires. Les artisans de Mulliner Park Ward, une filiale de Rolls-Royce, ont vraiment mis le paquet pour faire de cette grosse limousine le summum en matière de luxe et de confort.

Néanmoins, ce sont les Bentley Continental T et Turbo R Sport qui font chuchoter les cercles de connaisseurs. Le Continental T a pour base le coupé Continental R. Cependant, le moteur développe 400 chevaux tandis que son couple de 590 lb-pi est vraiment dans une classe à part. Un empattement raccourci de 10 cm, des ailes élargies pour faire place aux roues de 18 pouces, ainsi qu'une suspension révisée permettent à cette Bentley de se distinguer. Un système électronique d'assistance de la traction est adopté en série pour la première fois sur des voitures Bentley et Rolls-Royce, une preuve de plus que l'on a affaire à une marque très conservatrice. L'habitacle est également doté de nouveaux sièges sportifs et d'un revêtement de cuir intégral, tandis que le tableau de bord en aluminium est ceinturé d'appliques en acajou.

La Bentley Turbo R Sport est une autre voiture performante alliant exclusivité et grand luxe. En fait, seulement 30 exemplaires de cette Bentley seront disponibles en 1997. Les stylistes ont donné au modèle Turbo R un habitacle exceptionnel soulignant à la fois le luxe et le caractère exclusif de cette britannique. Ils ont intégré un système de navigation par satellite ultraperfectionné et n'ont rien négligé en matière de divertissement et de communication. De nouveaux sièges sport en

cuir deux tons se marient au volant et au pommeau du levier de vitesses. Le client peut aussi opter pour la fibre de carbone comme élément de décoration.

Extérieurement, la Turbo R sport se caractérise par de nouvelles roues à cinq branches et une calandre peinte de la même couleur que la voiture. Et il faut se souvenir que cette grosse voiture est capable d'atteindre des vitesses vraiment impressionnantes. Assis derrière le volant, le conducteur a davantage l'impression de conduire un TGV que de piloter une voiture de grand luxe.

Mis à part ces modèles exclusifs, la palette des spécimens en provenance de Crewe, en Angleterre, demeure virtuellement la même. Des changements apparaissent cependant à l'horizon. En effet, d'ici quelques années, Rolls dévoilera une nouvelle génération de modèles, les premières nouveautés depuis les modèles Silver Spirit/Spur lancés en 1980.

Même si leurs formes vont ressembler d'assez près à celles des modèles actuels, leur mécanique sera relativement différente. Ils utili-

seront des moteurs en provenance de BMW modifiés par Rolls-Royce. Au programme, on nous annonce un moteur V12 de 5,4 litres et un V8 de 4,4 litres. Par ailleurs, Bentley va concocter une version à double turbocompresseur du V8. La suspension arrière à bras multiples sera également toute nouvelle sur la plupart des modèles.

Malgré ces progrès techniques, la présentation demeurera typiquement *british* avec son habitacle tapissé de cuir et son tableau de bord en ronces de noyer.

L'Azure: un rayon de soleil

Quant au reste de la gamme, on y trouve des berlines quelque peu austères qui n'ont rien de bien emballant. C'est pourquoi le duo des Bentley Continental et Azure vient ajouter une touche d'excentricité. La Continental R est un coupé aux formes plutôt controversées. Si la partie avant et le profil du toit sont des réussites totales, les feux arrière et le galbe des ailes ne s'harmonisent pas avec l'ensemble. Malgré tout, il se dégage de cette voiture un charme et un raffinement esthétiques quasiment envoûtants. Et le prix est également en mesure de vous faire tourner la tête, puisque la facture oscille autour de 400 000 $!

Mais si la Continental R possède un certain charme, elle ne peut rivaliser avec l'Azure côté exotisme. La version cabriolet de la Continental est non seulement très rare, mais sa silhouette est nettement mieux réussie que celle du coupé. Si vous êtes convaincu que l'Azure est conçue pour vous, cet amour sera onéreux puisque le prix de vente suggéré est de 425 000 $.

Ces deux grandes dames de la route sont également en mesure d'atteindre des vitesses élevées. Les deux sont animées par un moteur V8 6,8 litres turbocompressé développant 385 chevaux. Suffi-samment de muscles pour leur permettre d'atteindre une vélocité maximale de 245 km/h et de boucler le 0-100 km/h en 6 secondes approximativement. Mais cette puissance se paie: la consommation d'essence peut grimper jusqu'à 25 litres aux 100 km.

La location peut-être?

Les prix astronomiques de ces voitures vous impressionnent? Pourquoi ne pas envisager de les louer, une méthode très populaire par les temps qui courent?

La location vous permet de diminuer vos primes mensuelles. Mais dans le cas de ces voitures, les mensualités sont toujours très corsées. Par exemple, pour louer une Rolls Silver Dawn, le modèle le plus économique de la marque à 192 000 $, il faut un acompte de 20 000 $ et 36 mensualités de 2228 $!!! L'option d'achat n'est que de 100 000 $. Alors, toujours intéressé?

D. Duquet

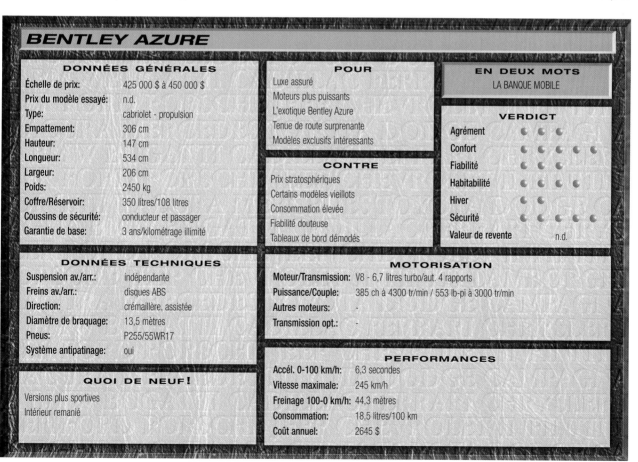

BENTLEY AZURE

DONNÉES GÉNÉRALES

Échelle de prix:	425 000 $ à 450 000 $
Prix du modèle essayé:	n.d.
Type:	cabriolet - propulsion
Empattement:	306 cm
Hauteur:	147 cm
Longueur:	534 cm
Largeur:	206 cm
Poids:	2450 kg
Coffre/Réservoir:	350 litres/108 litres
Coussins de sécurité:	conducteur et passager
Garantie de base:	3 ans/kilométrage illimité

POUR

- Luxe assuré
- Moteurs plus puissants
- L'exotique Bentley Azure
- Tenue de route surprenante
- Modèles exclusifs intéressants

CONTRE

- Prix stratosphériques
- Certains modèles vieillots
- Consommation élevée
- Fiabilité douteuse
- Tableaux de bord démodés

EN DEUX MOTS
LA BANQUE MOBILE

VERDICT

Agrément	◖◖◖
Confort	◖◖◖◖
Fiabilité	◖◖◖
Habitabilité	◖◖◖◖
Hiver	◖◖
Sécurité	◖◖◖◖◖
Valeur de revente	n.d.

DONNÉES TECHNIQUES

Suspension av./arr.:	indépendante
Freins av./arr.:	disques ABS
Direction:	crémaillère, assistée
Diamètre de braquage:	13,5 mètres
Pneus:	P255/55WR17
Système antipatinage:	oui

MOTORISATION

Moteur/Transmission:	V8 - 6,7 litres turbo/aut. 4 rapports
Puissance/Couple:	385 ch à 4300 tr/min / 553 lb-pi à 3000 tr/min
Autres moteurs:	-
Transmission opt.:	-

QUOI DE NEUF!

Versions plus sportives
Intérieur remanié

PERFORMANCES

Accél. 0-100 km/h:	6,3 secondes
Vitesse maximale:	245 km/h
Freinage 100-0 km/h:	44,3 mètres
Consommation:	18,5 litres/100 km
Coût annuel:	2645 $

BMW 318ti

Depuis quelques années, la mode est aux coupures. On nous rebat les oreilles à l'effet qu'elles sont nécessaires et que de toute façon nous ne perdrons pas tellement au change. C'est maintenant au tour de BMW, avec sa version raccourcie de la 318, de tenir ce discours. Les gens de Munich sont-ils plus crédibles que ceux de nos gouvernements?

On sait maintenant que le manufacturier allemand a de grandes ambitions. Après avoir absorbé Rover, il continue d'attaquer très fort et confirme ses prétentions de généraliste avec la 318ti qui lui permet d'annoncer une BMW à 25 000 $. La petite se présente en trois modèles, soit la 318ti de base, la 318ti Sport avec principalement des jantes en alliage de 16 pouces, suspension spéciale avec sièges en tissus/cuir et antibrouillards, et la 318ti Active avec entre autres des jantes en alliage de 15 pouces, régulateur de vitesse, antibrouillards et sonorisation spéciale. Remarquez que la climatisation est optionnelle, tout comme le toit ouvrant et le différentiel autobloquant.

Des techniques recyclées

Extérieurement, on a eu la sagesse de conserver intégralement le mufle agressif de la série 3 pleine grandeur. À l'arrière, un magistral coup de scalpel ampute 23 cm à la malle et du coup, le porte-à-faux est réduit à presque rien puisqu'on a conservé le même empattement pour préserver l'espace dans l'habitacle. Résultat mixte; pour certains dynamique et trapue, pour d'autres, inachevée, la voiture ne laisse personne indifférent.

Réduit du tiers, le coffre est limité à un pauvre 300 litres, mais on le découvre maintenant avec un pratique hayon arrière qui descend jusqu'au pare-chocs. Pour dégager le maximum d'espace, le pneu de secours pleine grandeur propre aux BMW est remplacé par une galette

La «Bébébéhème»

logée sous le plancher, et le dossier de la banquette arrière se replie en deux parties égales.

La voiture reçoit un tableau de bord spécifique inspiré de l'ancienne série 3. Les instruments sont bien lisibles, sauf pour les indications fournies par la radio et l'ordinateur de bord lorsque le soleil en éclaire la face. Ils sont peu nombreux: on cherche en vain un manomètre de pression d'huile et un indicateur de charge. Si la qualité des plastiques a régressé par rapport aux autres modèles, le montage est cependant à la hauteur de la marque.

Les passagers sont bien protégés par deux coussins gonflables et un dispositif antiglissement. L'espace disponible pour les occupants à l'avant est généreux et la visibilité est excellente sous tous les angles. On accède assez facilement aux places arrière, car les sièges avancent lorsqu'on en penche le dossier. Deux passagers prendront place à l'arrière sans que vous les entendiez grogner avant un certain temps.

La suspension est bien entendu indépendante aux quatre roues avec des jambes MacPherson bien guidées à l'avant. Elle ne bénéficie

pas à l'arrière des épures sophistiquées de la 318i et reprend *grosso modo* le train de l'ancienne série 3. Le freinage est assuré de série par quatre disques dotés d'un système ABS Bosch. Il est puissant, endurant et très facilement modulable: un modèle du genre.

Le seul moteur disponible cette année est un 4 cylindres en ligne de 1,9 litre, 16 soupapes double arbre à cames en tête développant encore 138 chevaux et 4 lb-pi de plus à 300 tr/min de moins. Pas vraiment de quoi faire taire les critiques. De plus, il émet une sonorité très «roturière» pour un moteur de BMW, très loin du chant des autres engins de la marque.

Des prestations douteuses

Les performances des deux modèles essayés nous ont laissés perplexes. La prise de contact a eu lieu avec une Active de couleur «violet black» avec la boîte automatique à 4 rapports. Déception: les accélérations sont timides, le 0-100 km/h est atteint en un peu plus de 10 longues secondes et le moteur ne s'anime vraiment qu'à partir de 4000 tr/min, ce qui laisse une étroite plage d'utilisation de 2300 tr/min.

Consolation du côté comportement routier. Le confort des suspensions est de bon niveau et la tenue de cap imperturbable. L'adhérence est excellente, l'auto vire bien à plat et de façon très neutre comme une bonne propulsion. Deux petites notes discordantes: l'arrière chasse facilement sur mauvais revêtement, conséquence de la suspension arrière simplifiée, et les amortisseurs déficients en détente occasionnent un tangage désagréable. Somme toute, une petite bourgeoise bien élevée mais pas tellement excitante.

Vient le tour de la version dite Sport. Les spécifications sont les mêmes sauf pour la boîte de vitesses, une suspension et des sièges «sport». Dès la prise en main, l'ambiance est complètement différente.

La voiture est étincelante dans sa livrée rouge vif et les sièges, la gaine du levier de vitesses, ainsi que l'intérieur des portières sont de la même teinte. Époustouflant à l'arrêt mais comme il n'y a toujours que 138 chevaux disponibles, les performances seront-elles à l'avenant?

La voiture est transformée, le moteur ne demande qu'à taquiner le rupteur, la boîte se manie comme un charme, c'est une des meilleures, l'embrayage est progressif, la suspension un peu plus ferme mais tout de même très confortable. Les accélérations s'améliorent; on retranche près d'une seconde au 0-100 km/h, même le son du petit moulin semble plus mélodieux.

En fin de compte il ne faut pas se leurrer. Il n'y a pas de vrai «Béhème» neuve à 25 000 $. La 318ti offre tout au plus une belle gueule, une façade, mais n'a pas grand-chose dans le ventre. Et pour le même prix, la concurrence se rit des performances timides de la petite. Il faut plus qu'un logo pour donner des ailes, fût-il en forme d'hélice...

J.-G. Laliberté

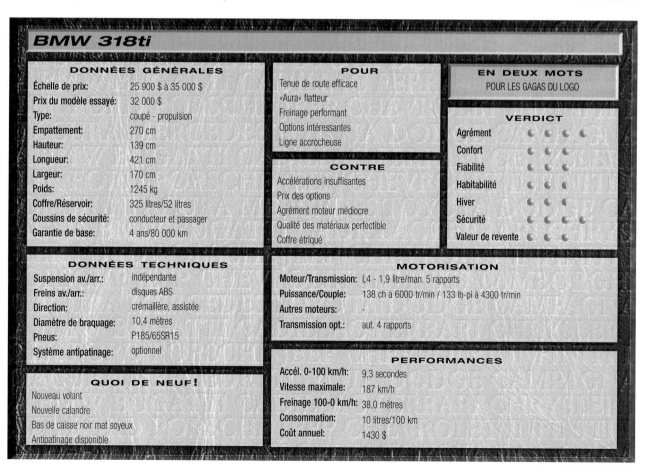

BMW 318ti

DONNÉES GÉNÉRALES

Échelle de prix:	25 900 $ à 35 000 $
Prix du modèle essayé:	32 000 $
Type:	coupé - propulsion
Empattement:	270 cm
Hauteur:	139 cm
Longueur:	421 cm
Largeur:	170 cm
Poids:	1245 kg
Coffre/Réservoir:	325 litres/52 litres
Coussins de sécurité:	conducteur et passager
Garantie de base:	4 ans/80 000 km

DONNÉES TECHNIQUES

Suspension av./arr.:	indépendante
Freins av./arr.:	disques ABS
Direction:	crémaillère, assistée
Diamètre de braquage:	10,4 mètres
Pneus:	P185/65SR15
Système antipatinage:	optionnel

QUOI DE NEUF!

Nouveau volant
Nouvelle calandre
Bas de caisse noir mat soyeux
Antipatinage disponible

POUR

Tenue de route efficace
«Aura» flatteur
Freinage performant
Options intéressantes
Ligne accrocheuse

CONTRE

Accélérations insuffisantes
Prix des options
Agrément moteur médiocre
Qualité des matériaux perfectible
Coffre étriqué

MOTORISATION

Moteur/Transmission:	L4 - 1,9 litre/man. 5 rapports
Puissance/Couple:	138 ch à 6000 tr/min / 133 lb-pi à 4300 tr/min
Autres moteurs:	-
Transmission opt.:	aut. 4 rapports

PERFORMANCES

Accél. 0-100 km/h:	9,3 secondes
Vitesse maximale:	187 km/h
Freinage 100-0 km/h:	38,0 mètres
Consommation:	10 litres/100 km
Coût annuel:	1430 $

EN DEUX MOTS

POUR LES GAGAS DU LOGO

VERDICT

Agrément	
Confort	
Fiabilité	
Habitabilité	
Hiver	
Sécurité	
Valeur de revente	

BMW Série 3

Belle comme pas une, la série 3 de BMW en est à sa sixième année dans sa forme actuelle. Toutefois, dans un marché aussi rudement compétitif, l'espérance de vie d'un modèle est de plus en plus courte. Désireux de faire durer sa série 3 quelques années de plus, le constructeur munichois l'a donc envoyée aux soins intensifs.

Pour insuffler une nouvelle vie aux versions haut de gamme de la série 3, BMW a mis à profit ce qui lui est le plus précieux, c'est-à-dire ses talents de motoriste. D'où les récentes 328 dont les carrosseries (berline, coupé et cabriolet) conservent les lignes à succès des anciennes 325, mais qui se parent d'un moteur 6 cylindres encore plus performant dont la cylindrée, on l'aura deviné, est de 2,8 litres. Cela n'a pas une grande influence sur la puissance, mais le couple est en hausse de 14,4 p. 100, une amélioration notable à régime moyen.

Toute petite

Si l'harmonie des lignes de la BMW 328i fait l'unanimité, l'aménagement intérieur qu'on lui a réservé est moins réussi.

Il suffit par exemple de prendre place à l'arrière pour se rendre compte jusqu'à quel point les divers modèles de la série 3 sont de petites voitures guère plus grandes qu'une berline Honda Civic. Il ne faut donc pas se surprendre de l'étroitesse des portes arrière qui s'ouvrent sur une banquette où il vaut mieux être en bons termes avec son voisin tellement on est au coude à coude. Oubliez la place du centre dont l'espace est occupé par un généreux accoudoir renfermant, entre autres, deux de ces porte-verres que le jargon automobile québécois appelle de l'un des noms les plus laids de la langue française... des porte-gobelets. En matière d'habitabilité, cette BMW est donc une quatre places dans laquelle les passagers arrière ont un minimum d'espace pour se délier

Aux soins intensifs!

les jambes. *Idem* pour le coupé dans lequel l'accès aux places arrière est encore plus difficile.

Le coffre non plus n'impressionne pas outre mesure par sa grandeur, bien qu'il faille noter la présence d'un sac à skis très pratique semblable à celui des Audi.

Le conducteur est mieux servi avec une excellente position de conduite grâce à un nouveau volant et à des sièges, ajustables à l'infini. Les sièges qui accompagnent l'option «sport» font bien leur travail autant en virage que sur de longs parcours tandis que les commandes et les instruments sont bien regroupés pour une utilisation facile. On trouve de bons espaces de rangement et un certain nombre d'accessoires de luxe comme les sièges chauffants et la climatisation à réglage séparé pour le conducteur et le passager. La visibilité est correcte bien qu'elle souffre d'une lunette arrière étroite qui empêche de faire marche arrière l'esprit en paix.

Dans la 328i mise à l'essai, ni la présentation ni la finition n'étaient celles d'une voiture de près de 50 000 $. Le tableau de bord tout noir, privé

de la moindre touche de bois, est semblable à ce que l'on trouve dans n'importe quelle voiture bon marché. Quant à la finition, la poignée servant à ouvrir la porte du côté du conducteur était extrêmement difficile à manipuler après quelques jours.

Une sportive déguisée

Là où la 328i brille de tous ses feux, c'est sur une petite route parsemée de virages. Suspension, direction, freinage, tout concorde à faire disparaître la notion de berline et à vous donner la ferme impression que vous êtes au volant d'une sportive aguerrie. La plus petite des BMW demeure encore et toujours la référence première parmi les berlines sport, en faisant exception bien sûr de la M3 qui fait un retour remarqué cette année et dont on trouvera le compte rendu dans la section des supervoitures. Si la tenue de route est stimulante, attention par contre aux nids-de-poule. La suspension raffermie de la 328i les déteste autant que Patrick Roy est incapable de supporter Mario Tremblay (ou vice versa). Nuisible au confort, la dégradation du revêtement permet par ailleurs d'apprécier la solidité de la carrosserie. Cette BMW donne vraiment l'impression d'être d'une seule et même pièce tellement elle est intègre.

Son splendide moteur la propulse à 100 km/h en seulement 7,4 secondes tout en se contentant de 11,5 litres aux 100 km en conduite normale. La transmission automatique lui sied bien, mais le bouton qui permet de contrôler manuellement les changements de vitesse n'améliore en rien les temps d'accélération. Ce «gadget» peut même s'avérer dangereux, compte tenu qu'en mode manuel la transmission est bloquée sur le rapport enclenché et qu'elle est insensible au *kick down*. Si l'on a besoin d'un surcroît de puissance pour se tirer d'un mauvais pas, il faut penser à rétrograder manuellement ou passer en mode automatique, ce qui n'est pas évident à un moment critique.

Si la 328 va vite, elle stoppe aussi avec un aplomb remarquable grâce à un système qui offre un judicieux dosage entre la force de freinage et l'ABS.

Quand on vante l'agrément de conduite des BMW, il faut spécifier que cette qualité est surtout présente dans les divers modèles de la série 3 et plus particulièrement dans le coupé ou la berline 328. Malgré un couple en hausse, les 318i demeurent sous-motorisées et carrément moins plaisantes à conduire, ce que leurs prix plus abordables ne réussissent pas à faire oublier.

De l'aveu même d'un représentant de la marque, c'est le *Guide de l'auto* qui, il y a 25 ans, a lancé BMW sur la voie du succès au Québec. J'avais écrit à l'époque de la 2002 que c'était l'une des meilleures voitures au monde et qu'aucune autre ne procurait un tel agrément de conduite. On peut dire la même chose aujourd'hui de la 328... même si elle a désormais quelques concurrentes et que son prix incite davantage à la réflexion.

J. Duval

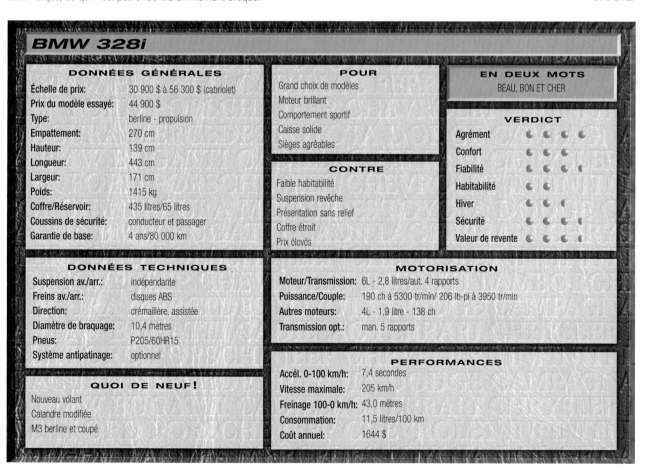

BMW 328i

DONNÉES GÉNÉRALES

Échelle de prix:	30 900 $ à 56 300 $ (cabriolet)
Prix du modèle essayé:	44 900 $
Type:	berline - propulsion
Empattement:	270 cm
Hauteur:	139 cm
Longueur:	443 cm
Largeur:	171 cm
Poids:	1415 kg
Coffre/Réservoir:	435 litres/65 litres
Coussins de sécurité:	conducteur et passager
Garantie de base:	4 ans/80 000 km

POUR

Grand choix de modèles
Moteur brillant
Comportement sportif
Caisse solide
Sièges agréables

CONTRE

Faible habitabilité
Suspension revêche
Présentation sans relief
Coffre étroit
Prix élevés

EN DEUX MOTS

BEAU, BON ET CHER

VERDICT

Agrément	●●●●
Confort	●●●
Fiabilité	●●●●
Habitabilité	●●
Hiver	●●○
Sécurité	●●●●
Valeur de revente	●●●●

DONNÉES TECHNIQUES

Suspension av./arr.:	indépendante
Freins av./arr.:	disques ABS
Direction:	crémaillère, assistée
Diamètre de braquage:	10,4 mètres
Pneus:	P205/60HR15
Système antipatinage:	optionnel

QUOI DE NEUF!

Nouveau volant
Calandre modifiée
M3 berline et coupé

MOTORISATION

Moteur/Transmission:	6L - 2,8 litres/aut. 4 rapports
Puissance/Couple:	190 ch à 5300 tr/min/ 206 lb-pi à 3950 tr/min
Autres moteurs:	4L - 1,9 litre - 138 ch
Transmission opt.:	man. 5 rapports

PERFORMANCES

Accél. 0-100 km/h:	7,4 secondes
Vitesse maximale:	205 km/h
Freinage 100-0 km/h:	43,0 mètres
Consommation:	11,5 litres/100 km
Coût annuel:	1644 $

BMW Série 5

La nouvelle définition de la voiture qui, depuis au moins une décennie, incarne la fine fleur de l'agrément de conduite a curieusement fait ses débuts... sur l'eau. En effet, c'est en remontant le Danube à bord du M.S. Mozart que la presse automobile internationale a découvert la nouvelle série 5 de BMW.

Depuis Vienne jusqu'à Melk, pendant une croisière nocturne, nous avons été informés en long et en large des nombreuses caractéristiques inédites des modèles de quatrième génération de la gamme médiane du constructeur bavarois. Puis, au débarcadère, face à l'abbaye de Melk, une flottille de 528 attendait notre retour sur terre pour nous permettre d'expérimenter le plaisir de conduire nouvelle façon. En revenant à Vienne par Wachau, Wienerwald et Burgenland, nous avons non seulement découvert la spectaculaire campagne autrichienne, mais nous avons eu le loisir de faire plus ample connaissance avec cette grande routière signée BMW. Plus tard, dans un décor tout aussi bucolique, sur l'île de Victoria en Colombie-Britannique, ce fut au tour de la 540 de se laisser apprivoiser.

Avant de rendre compte de leurs aptitudes routières, voyons un peu comment leur constructeur a conçu ces modèles présentés dans un français un peu boîteux comme «la consécration de l'étalon». On comprend par là que la marque allemande considère sa série 5 comme la référence des voitures de la classe moyenne et que les nouvelles versions ont été conçues pour devenir la consécration d'un classique de l'automobile. À écouter les ingénieurs et à lire les documents techniques décrivant cette série 5, on constate que BMW n'a pas lésiné sur les moyens à prendre pour que la voiture reste au sommet de sa classe.

L'agrément de conduite redéfini

Une suspension en aluminium

On est particulièrement fier de souligner que la nouvelle 5 est la première voiture de grande série à utiliser un train de roulement en aluminium. Cela se traduit par une diminution du poids de l'ordre de 65 kg qui est d'autant plus efficace qu'elle permet de réduire les masses non suspendues qui ont toujours un effet nocif sur le comportement routier. Parmi les éléments réalisés en aluminium, on trouve les supports de l'essieu avant et arrière, les triangles, les bras, les jambes de suspension et même les étriers de freins.

Une autre caractéristique remarquable des voitures de la nouvelle série 5 est leur étanchéité aux bruits extérieurs, assurée d'abord par la présence d'un double vitrage isolant pour les glaces latérales. Une carrosserie à 80 p. 100 plus rigide que l'ancienne et une réduction de la résistance de l'air de 20 p. 100 apportent aussi leur contribution au silence de roulement. L'aérodynamisme très poussé s'exprime dans un

Cx de 0,27 pour la 528i et de 0,31 pour la 540i en raison de ses pneus beaucoup plus larges.

Bientôt six coussins gonflables

Si la sécurité active a toujours été au centre des préoccupations de BMW, la sécurité passive sera bientôt portée à un niveau exceptionnel avec la présence dans l'habitacle de pas moins de six coussins gonflables. En plus des deux coussins frontaux pour les occupants des places avant, la 540 reçoit deux sacs latéraux comme on en trouve sur les récentes classe E de Mercedes et certaines Volvo. Mais, ce n'est pas tout... La firme bavaroise va bientôt innover en ajoutant deux autres sacs gonflables sous la forme de bourrelets intégrés dans le cadre du toit. Sachant que la sécurité est désormais bonne vendeuse, BMW a cherché à construire la voiture à sécurité maximum, la dotant par exemple de cinq appuie-tête.

Petite astuce intéressante à propos des coussins gonflables, le siège de droite à l'avant est muni d'un détecteur d'occupation qui empêche le coussin de se déployer inutilement en cas de collision si personne n'y est assis.

Un luxe particulier

Les berlines de ce prix et de cette classe se doivent d'offrir de petites attentions particulières pour le bien-être de leurs occupants. À cet égard, les BMW série 5 proposent, entre autres nouveautés, un volant chauffant, un rappel automatique de la position du siège du conducteur et de la colonne de direction et une climatisation à deux zones permettant d'obtenir des températures différentes entre le côté conducteur et celui du passager avant. Il suffit simplement de placer les deux thermostats à des niveaux différents.

L'apport le plus notable au confort de la voiture se trouve toutefois dans le système automatique de recirculation de l'air. Celui-ci détecte un haut niveau de pollution de l'air extérieur et s'enclenche de lui-même. De concert avec un microfiltre au charbon actif, l'air que l'on respire au volant d'une BMW série 5 réduit les troubles respiratoires pour ceux et celles qui souffrent d'allergies.

La 528i

Reste à savoir si tous ces efforts ont abouti à ce l'on s'attend d'une BMW, c'est-à-dire une voiture sûre, confortable et, surtout, infiniment agréable à

conduire. Ceux et celles qui, comme moi, ont l'oreille sensible et réfractaire au bruit seront éblouis par l'insonorisation autant de la 528 que de la 540. Il m'est rarement arrivé d'être à ce point impressionné par le silence de roulement d'un véhicule: il est certain que BMW a fait un travail colossal à cet égard. Une autre conclusion à laquelle on arrive rapidement est le haut niveau de confort des sièges. Et cela ne se limite pas aux baquets des places avant mais également à la banquette arrière, exception faite de la place du centre. Avec son accoudoir dissimulant le sac à skis et un tunnel de transmission plutôt gênant, cette BMW est avant tout une quatre places. L'intérieur est truffé de belles et bonnes idées avec une pléthore d'espaces de rangement et des poignées de maintien fort commodes.

Dynamique et sportive

Sur la route, la 528 a conservé toutes les qualités qui permettent de pratiquer la conduite sportive, mais le mariage de la boîte manuelle au moteur 6 cylindres ne m'apparaît pas le plus heureux. Ce 2,8 litres n'est pas suffisamment performant pour qu'il vaille la peine de changer les vitesses manuellement. Luxueuse et confortable, la 528i semble plus à l'aise avec l'automatique. Un peu comme les moteurs Ferrari qui ont une sonorité typique (et musicale), les 6 cylindres BMW tournent avec une douceur et un murmure bien particuliers. Et en boni, leur consommation ne cesse de diminuer avec une cote remarquable de 10,3 litres aux 100 km pendant l'essai.

La tenue de route est immensément rassurante et la nouvelle direction à crémaillère impeccable de précision permet de bien sentir la route. En conduite nocturne, on appréciera aussi l'assistance des phares auxiliaires qui éclairent le bas-côté de la route.

Vroum... la 540i

La 540i commande un supplément de prix assez substantiel d'environ 14 000 $, une somme équivalente au coût de bien des sous-compactes. Elle se doit donc d'offrir plus qu'un

La BMW 540 sur les verts du club de golf de la Vallée des Forts à Saint-Jean-sur-Richelieu.

moteur de 4,4 litres par rapport à la 528i. En plus de son V8 32 soupapes à quatre arbres à cames en tête de 282 chevaux, elle peut compter sur une boîte de vitesses manuelle Getrag à 6 rapports ou encore sur une transmission automatique à 5 rapports ZF. Les roues et les pneus changent aussi de physionomie puisque la version manuelle arbore des jantes de 17 pouces au lieu de 15 et des pneus de série 45 en lieu et place des 60 de la 528. Et ce n'est pas tout... Les 540i font confiance à une direction à billes comme les modèles de série 7, parce que ce type de direction transmet moins les chocs de la route, nous dit-on. Même le sous-châssis est fait d'acier plutôt que d'aluminium comme celui de la 528. Cela dit, la 540 est beaucoup plus fidèle à l'image de marque de BMW.

Comme dans la 528, l'aménagement intérieur respire la qualité tant par la belle texture des matériaux que par le soin apporté à leur assemblage. La sellerie cuir de série se marie harmonieusement aux appliques en bois. Les sièges sont ultraconfortables et la position de conduite sans reproche derrière un volant inclinable ou télescopique réunissant les commandes de la chaîne audio, du régulateur de vitesse et même du téléphone cellulaire optionnel.

Si la 528i en laissera certains sur leur appétit de performances, la 540 porte bien haut le fanion BMW, principalement avec la boîte manuelle à 6 rapports.

Le modèle essayé était muni de la transmission automatique à 5 rapports qui s'adapte électroniquement au type de conduite pratiquée et qui pénalise d'une petite seconde le chrono de 0 à 100 km/h (7,2 contre 6,3 secondes). Tel qu'observé l'an dernier au volant d'une 740, cette transmission tarde toutefois à réintégrer le mode «économie» après que l'on a abandonné un style de conduite très

sportif. D'autre part, dans toutes les situations, le système de contrôle de traction (ASC+T) se révèle d'une surprenante efficacité et d'une totale discrétion de fonctionnement. *Idem* pour le freinage dont la puissance est mise en évidence par la faible intervention de l'ABS lors d'un arrêt d'urgence. Certains jugeront que la voiture a un peu perdu son caractère sportif mais, fort heureusement, il existe une option alternative intéressante: une 540i avec boîte de vitesses manuelle à 6 rapports, une suspension plus sportive et des pneus haute performance montés sur des jantes de 17 pouces au lieu de 16.

Vieille d'un quart de siècle, la série 5 de BMW entre dans sa quatrième génération et ses concepteurs ont la ferme conviction qu'elle va redevenir la toute première référence des berlines de luxe à caractère sportif. Il est indéniable que le confort, le luxe, la sécurité et le comportement routier en général ont fait des progrès importants. Si la fiabilité s'est améliorée, il se pourrait bien que ce soit la meilleure BMW jamais construite.

J. Duval

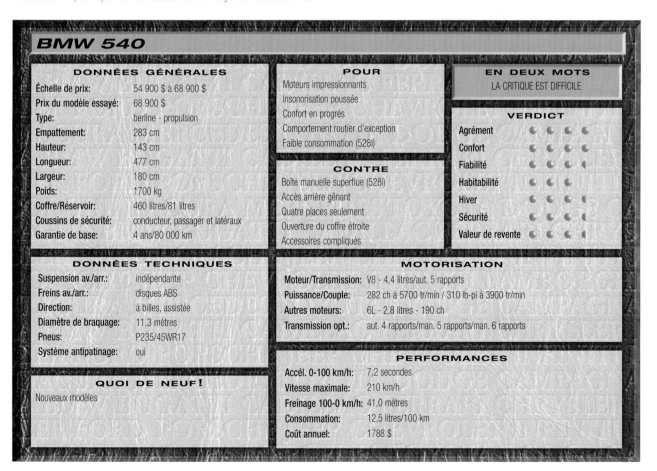

BMW 540

DONNÉES GÉNÉRALES

Échelle de prix:	54 900 $ à 68 900 $
Prix du modèle essayé:	68 900 $
Type:	berline - propulsion
Empattement:	283 cm
Hauteur:	143 cm
Longueur:	477 cm
Largeur:	180 cm
Poids:	1700 kg
Coffre/Réservoir:	460 litres/81 litres
Coussins de sécurité:	conducteur, passager et latéraux
Garantie de base:	4 ans/80 000 km

DONNÉES TECHNIQUES

Suspension av./arr.:	indépendante
Freins av./arr.:	disques ABS
Direction:	à billes, assistée
Diamètre de braquage:	11,3 mètres
Pneus:	P235/45WR17
Système antipatinage:	oui

QUOI DE NEUF!

Nouveaux modèles

POUR

Moteurs impressionnants
Insonorisation poussée
Confort en progrès
Comportement routier d'exception
Faible consommation (528i)

CONTRE

Boîte manuelle superflue (528i)
Accès arrière gênant
Quatre places seulement
Ouverture du coffre étroite
Accessoires compliqués

MOTORISATION

Moteur/Transmission:	V8 - 4,4 litres/aut. 5 rapports
Puissance/Couple:	282 ch à 5700 tr/min / 310 lb-pi à 3900 tr/min
Autres moteurs:	6L - 2,8 litres - 190 ch
Transmission opt.:	aut. 4 rapports/man. 5 rapports/man. 6 rapports

PERFORMANCES

Accél. 0-100 km/h:	7,2 secondes
Vitesse maximale:	210 km/h
Freinage 100-0 km/h:	41,0 mètres
Consommation:	12,5 litres/100 km
Coût annuel:	1788 $

EN DEUX MOTS

LA CRITIQUE EST DIFFICILE

VERDICT

Agrément	
Confort	
Fiabilité	
Habitabilité	
Hiver	
Sécurité	
Valeur de revente	

BMW Série 7

L'an dernier, l'essai d'une BMW 740iL ne s'était pas soldé par le degré d'enthousiasme qui accompagne le plus souvent la conduite des voitures du constructeur munichois. Une trop courte semaine au volant d'une 750iL a modifié ma vision de ces grandes berlines de luxe aux aspirations sportives.

Est-ce la magie du V12 ou l'incroyable panoplie d'équipements de série dont ce modèle est rehaussé qui m'a ébloui? J'ai l'impression que la réponse se situe quelque part entre les performances de haut niveau d'une 750iL et la remarquable sensation de sécurité que procure une telle voiture. Je n'hésiterais d'ailleurs à décrire cette BMW comme «la voiture à sécurité maximum». Pour 1997, on en a encore haussé la barre en dotant la série 7 de coussins gonflables latéraux de série. Avec ses multiples systèmes électroniques veillant à la bonne marche du véhicule, la 750 est un véritable fourre-tout de haute technologie. On épuise pratiquement les lettres de l'alphabet à énumérer ses nombreux dispositifs de prévention: ASC, DSC, EDC, PDC, ABS, alouette...

Pour votre gouverne, l'ASC correspond à l'antipatinage et il travaille à l'unisson avec le DSC pour «Dynamic Stability Control» ou contrôle de la stabilité. En bref, le premier empêche les roues de tourner à vide sur des surfaces glissantes tandis que le second a pour mission de prévenir les dérapages latéraux et les tête-à-queue. Disons tout de suite que ce dernier système peut être pris en défaut et qu'il ne faut y voir une garantie absolue contre les dérapages. En somme, le DSC corrige les petites erreurs de conduite, mais ne pardonne pas les bourdes monumentales.

La magie du V12

Un mouchard électronique

L'EDC pour sa part, plus courant, constitue un amortissement variable de la suspension alors que le PDC est ni plus ni moins qu'un mouchard électronique qui vous avertit de la proximité d'un obstacle. Ce «Parking Distance Control» est composé de quatre capteurs placés sur les pare-chocs qui déclenchent une séquence de «bip bip» au fur et à mesure que l'on s'approche de l'obstacle à partir de 30 cm. Plus dément qu'utile si vous voulez mon avis... à moins d'avoir obtenu son permis de conduire dans une boîte de céréales. Même si la BMW 750iL semble presque une voiture autopilotée, elle est très agréable à conduire.

Son moteur de 322 chevaux n'y est pas étranger. Il est ample et onctueux, et son ardeur est inouïe lorsque la transmission automatique à 5 rapports rétrograde. Avec un couple supérieur, le V12 de 5,4 litres répond présent à la moindre sollicitation alors que le V8 affectionne plutôt les hauts régimes. La transmission, par contre, n'est toujours pas

sans reproche et il faut conduire sportivement pour l'empêcher d'hésiter ou même de glisser. Avec leur large empreinte, les gros Michelin MXV4 font merveille au freinage, mais sont moins brillants sous la pluie. Ils protestent aussi énergiquement en virage rapide, mais tiennent suffisamment le coup pour que cette grande BM confirme son penchant sportif. Solide et sereine, la 750 offre un confort magistral sans pour autant que ses dimensions importantes soient une entrave à sa maniabilité. En conduite nocturne, les phares au xénon assurent une visibilité à la hauteur des performances de la voiture.

Une débauche d'accessoires

Longtemps réfractaire à l'«accessoirite», BMW ne rate pas une occasion de doter ses récentes voitures de luxe de tous les équipements imaginables. À moins que vous ne soyez l'oiseau rare qui peut programmer un ordinateur sans même mettre le nez dans un manuel, je vous mets au défi de faire fonctionner une BMW série 7 sans consulter le mode d'emploi. La chaîne stéréo à 14 haut-parleurs de 440 watts épuise à elle seule 24 pages d'explications et s'accompagne d'un lecteur de disques compacts avec un chargeur à six disques. Le volant chauffant (eh oui!) regroupe aussi neuf commandes à distance, incluant celle du téléphone cellulaire de série. Il y a aussi les sièges électriques à 16 positions, l'ordinateur de bord et le système de chauffage à deux zones qui, malgré tous mes efforts de réglage, ne m'a pas épaté par son rendement.

Pour ce qui est du pratico-pratique, un coup de chapeau à BMW pour la multiplicité des espaces de rangement, la trousse médicale, le sac à skis logé dans l'accoudoir central arrière et l'inimitable petit coffre à outils logé dans le couvercle du coffre à bagages.

L'empattement allongé des 740/750 a des répercussions heureuses sur les places arrière qui sont non seulement spacieuses, mais somptueusement aménagées avec des sièges électriques et chauffants, une climatisation individuelle, un briquet, un rideau pare-soleil pour la lunette arrière et, comble du bien-être, un p'tit coussin servant de repose-pieds. Bref, la première classe...

Le conducteur est gâté lui aussi avec une position de conduite à trois programmes, une climatisation «tête froide, pieds chauds», des sièges en cuir tout confort et un tableau de bord à la fois complet et beau à regarder avec son bois naturel.

Moins complaisante que la 740, sa grande sœur à moteur V12 s'affirme comme une limousine haute performance au sommet de sa classe.

J. Duval

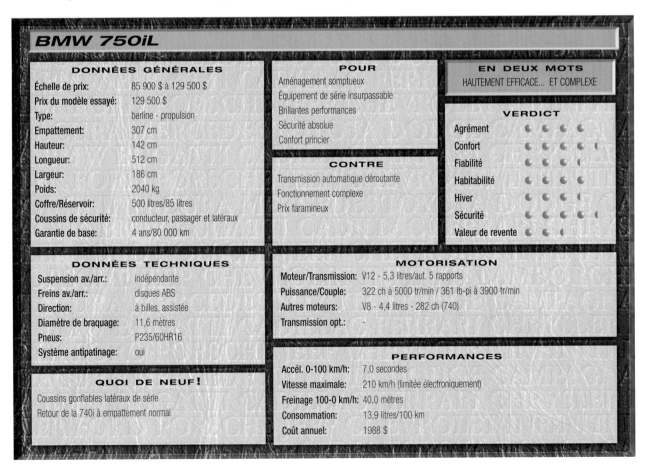

BMW 750iL

DONNÉES GÉNÉRALES

Échelle de prix:	85 900 $ à 129 500 $
Prix du modèle essayé:	129 500 $
Type:	berline - propulsion
Empattement:	307 cm
Hauteur:	142 cm
Longueur:	512 cm
Largeur:	186 cm
Poids:	2040 kg
Coffre/Réservoir:	500 litres/85 litres
Coussins de sécurité:	conducteur, passager et latéraux
Garantie de base:	4 ans/80 000 km

DONNÉES TECHNIQUES

Suspension av./arr.:	indépendante
Freins av./arr.:	disques ABS
Direction:	à billes, assistée
Diamètre de braquage:	11,6 mètres
Pneus:	P235/60HR16
Système antipatinage:	oui

QUOI DE NEUF!

Coussins gonflables latéraux de série
Retour de la 740i à empattement normal

POUR

Aménagement somptueux
Équipement de série insurpassable
Brillantes performances
Sécurité absolue
Confort princier

CONTRE

Transmission automatique déroutante
Fonctionnement complexe
Prix faramineux

MOTORISATION

Moteur/Transmission:	V12 - 5,3 litres/aut. 5 rapports
Puissance/Couple:	322 ch à 5000 tr/min / 361 lb-pi à 3900 tr/min
Autres moteurs:	V8 - 4,4 litres - 282 ch (740)
Transmission opt.:	-

PERFORMANCES

Accél. 0-100 km/h:	7,0 secondes
Vitesse maximale:	210 km/h (limitée électroniquement)
Freinage 100-0 km/h:	40,0 mètres
Consommation:	13,9 litres/100 km
Coût annuel:	1988 $

EN DEUX MOTS

HAUTEMENT EFFICACE... ET COMPLEXE

VERDICT

Agrément	
Confort	
Fiabilité	
Habitabilité	
Hiver	
Sécurité	
Valeur de revente	

BMW Z3

La voiture la plus admirée du dernier semestre a été, sans l'ombre d'un doute, la très médiatisée Z3 de BMW. Projeté dans l'actualité par le plus récent James Bond (GoldenEye), ce sympathique roadster a passé l'été 1996 à faire tourner les têtes. Au-delà de ce grand pouvoir hypnotique, qu'en est-il de cette création germano-américaine?

Puisque la Z3 possède indubitablement l'art de plaire, il ne faudrait surtout pas se fier uniquement aux apparences. Belle à croquer, cette «voiture de sport décapotable à deux places» (dixit *Le Petit Robert* au mot «roadster») affiche une personnalité très sensible à l'humeur de la météo. Par beau temps, je vous mets au défi de résister à son charme mais, dès que le ciel s'assombrit, la Z3 montre sa vraie nature: celle d'une voiture assez peu polyvalente ou, si vous voulez, d'un jouet beaucoup plus agréable par un paresseux après-midi ensoleillé que par temps orageux.

Je n'ai pas la prétention de vous apprendre quelque chose par ces propos, mais il m'apparaît utile de démontrer que la Z3 n'a rien d'une voiture grand-tourisme. Elle est destinée aux courtes escapades et se prête plutôt mal aux longs déplacements. On peut toujours composer avec le faible espace pour les bagages (le coffre a un volume de 180 litres seulement), mais le bruissement de l'air sur la capote relevée et le sifflement du vent perturbent sérieusement l'agrément de conduite et le confort.

L'hiver en Floride

À 100 km/h ou moins, ça va toujours, mais dès qu'on excède le moindrement cette limite, on a l'impression, surtout s'il pleut, d'être dans un lave-auto. La capote simple épaisseur faite d'un tissu polyacrylique mélangé à du coton est étanche, mais ne fait pas grand-chose pour

Maudit hiver!

repousser le bruit lorsque la température vous force à la mettre en place. Son maniement, même sans commande électrique, est toutefois d'une grande simplicité et l'on a eu la sage idée de la doter d'une lunette arrière à fermeture éclair permettant de la remplacer en un tournemain. Malheureusement, ladite lunette est en plastique et on a oublié de la munir d'un dégivrage électrique. Traduction libre: la Z3 devra passer ses hivers en entrepôt... ou en Floride.

En me relisant, je me trouve tout d'un coup très rationnel pour un «accro» d'automobile et j'ai l'impression qu'il est temps que je laisse mon naturel revenir au galop. Oui, la Z3 est le symbole absolu du credo de BMW: le plaisir de conduire. Oui, elle tient la route comme un go-kart et se laisse guider du bout des doigts avec une précision sans nom. Oui, elle freine fort et droit comme une monoplace.

Le maniaque que je suis déplore toutefois la timidité de son 4 cylindres de 1,9 litre emprunté à la 318 et surtout la sonorité «fêlée» de son pot d'échappement. Bien difficile de croire que les ingénieurs de

BMW ont déployé de grands efforts pour fignoler l'accord accoustique du moteur 16 soupapes de la Z3. Pour la performance, on ne saurait trop s'en plaindre puisque ce roadster nous permet de prendre notre plaisir ailleurs que dans de foudroyantes accélérations. Qu'importe, tous les inconditionnels attendent avec impatience le 6 cylindres de 2,8 litres qui sera offert à partir de mars 1997 et qui saura très certainement donner sa véritable raison d'être à la Z3. Un autre moteur, électrique celui-là, viendra commander la capote.

En parfaite harmonie

Harmonie est un mot qui revient souvent quand on veut décrire la sensation de conduite que procure cette BMW. Le moteur est en parfait accord avec la boîte de vitesses à 5 rapports dont le levier tombe tout naturellement dans la paume de la main et ne demande qu'à être manipulé. Le même équilibre se retrouve dans le train roulant provenant des berlines 318, qui offre une parfaite combinaison de confort et de tenue de route.

Avec son empattement relativement long, ses voies larges, ses porte-à-faux réduits, son centre de gravité très bas et une répartition des charges pratiquement égale entre l'essieu avant et arrière, la Z3 ne pouvait rater la cible au chapitre de la maniabilité. Dès qu'on prend le volant, son architecture particulière (capot allongé, arrière tronqué) donne l'impression que l'on a affaire à une voiture plus volumineuse. Le gros capot bombé n'est évidemment pas étranger à cette sensation et, au début, on a les yeux rivés sur lui. Il fournit d'ailleurs le premier indice sur le type de construction de la Z3, qui utilise des panneaux de carrosserie vissés plutôt que soudés, concept mis de l'avant sur la Z1, un roadster que BMW a commercialisé uniquement en Europe à partir de 1987. Un ami québécois a toutefois réussi à mettre la main sur un exemplaire de la Z1 qui, selon lui, n'a rien en commun avec la Z3 si l'on exclut la façon dont les éléments de la caisse sont assemblés.

Au pays de Nascar

Ce qui l'a déçu dans la Z3, et j'abonde dans le même sens, c'est que l'on n'a pas l'impression de conduire une voiture allemande et encore moins une BMW. Le fameux capot susmentionné bouge et remue à la moindre imperfection du revêtement et les bruits de caisse sont légion. J'en profite pour ouvrir une parenthèse sur le passeport germano-

américain de ce modèle. Élaboré en Allemagne, au cœur de la Bavière, il est construit en Amérique profonde dans le *deep South* de Spartansburg, dans la Caroline du Sud de Nascar et des hillbillies. Est-ce parce qu'il n'a pas été boulonné par des Allemands qu'il fait entendre toutes sortes de petits et de gros bruits (cognement du tuyau d'échappement) que l'on est en droit de ne pas vouloir entendre dans une voiture de près de 50 000 $?

Curieusement, les Z3 conduites en Caroline lors de l'avant-première de la sortie de ce modèle à l'automne 1995 étaient solides comme le roc et beaucoup plus représentatives de leurs racines allemandes. Malgré un petit 5000 km au compteur, l'échantillon qui me fut confié pour cet essai était bien en deçà des normes habituelles de BMW en matière de qualité de construction. Par ailleurs, sa couleur «bleu Montréal» *(sic)* contribuait largement à mettre en valeur les lignes provocantes de ce petit engin dont certains éléments de style (les prises d'air latérales sur les ailes avant) rappellent la légendaire BMW 507 du début des années 50.

Pour la forme, précisons que la Z3 est une propulsion à moteur avant, une recette incontournable pour un roadster. L'option antipatinage ASC+T est donc pratiquement indispensable, sauf si l'on se résigne à lui faire passer l'hiver au garage. On doit souligner cependant que l'antipatinage BMW est particulièrement efficace et qu'il fonctionne non pas par un réglage du papillon des gaz, mais par la coupure électronique de l'injection sur un ou plusieurs cylindres. Et si cela s'avère nécessaire, le système peut aussi faire intervenir les freins de manière à améliorer la motricité. Avec un tel équipement et le *hard top* qui sera bientôt proposé, gageons qu'il se trouvera des purs et durs pour affronter l'hiver en Z3.

Coupe-vent obligatoire

Puisqu'il est question d'options, il ne faudrait surtout pas oublier de cocher celle du coupe-vent, cette sorte de moustiquaire

installée derrière les sièges afin de réduire la turbulence de l'air quand on roule à ciel ouvert. Sans cet accessoire, la conduite en plein air est plutôt dérangeante. L'air frais qui vous fouette le cou annonce un torticolis en puissance. Lorsqu'elle est dans sa position verticale, la moustiquaire masque quelque peu la visibilité vers l'arrière. Et quand on la range dans le coffre, il faut réduire d'autant la quantité de bagages à emporter.

Si le prix d'admission pour une Z3 est alléchant, la facture se corse considérablement au fil des options... qui sont nombreuses. En plus de celles déjà citées, on peut ajouter l'option «dessin chrome» qui dépose un peu de métal brillant ici et là (poignées de porte, cadre du pare-brise, frein à main, cerclage des instruments, etc.). On pourra même remplacer les roues de 15 pouces par des jantes de 16 ou 17 pouces, profiter d'une suspension abaissée ou «personnaliser» sa voiture avec des kits aérodynamiques. Ces dernières modifications sont particulièrement faciles à effectuer en raison de la possibilité de visser ou de dévisser les panneaux de carrosserie, tel qu'expliqué précédemment.

Un habitacle *cosy*

L'habitacle intime de la Z3 suggère de n'inviter que des proches à partager le plaisir de rouler dans une telle voiture. Personne n'a envie d'y être au coude à coude avec des indésirables... Une partie du plaisir réside dans la proximité de toutes les commandes et dans le bien-être que l'on ressent à ne pas avoir à faire d'effort pour que tout vous tombe sous la main. On a prévu de petits rangements pratiques ici et là, dont deux coffrets verrouillables derrière les sièges. Ces derniers sont confortables et vous gardent bien en place lorsque vous cédez à votre envie d'enfiler quelques virages serrés. Plusieurs se sont plaints de la hauteur du volant non ajustable mais avec mon 1,80 m, la position de

conduite m'est apparue plus que parfaite. Seules les fichues ceintures qui ne cessent de se reserrer sont agaçantes.

Si ce n'était de la mauvaise insonorisation de la capote, la Z3 mériterait une très bonne note en matière de confort. Sa suspension concède un peu de roulis, mais elle est d'une souplesse qui fait plaisir sur mauvaise route.

En l'apercevant, il est difficile de ne pas tomber amoureux de cette adorable petite BMW. Si son comportement d'adolescente en cavale est extrêmement attachant, son prix fait toutefois réfléchir. D'accord, elle se classe au-dessus d'une Miata mais dans quelle mesure? Certainement pas à presque le double du prix... Attention cependant... La Z3 est le type de voiture qui a tout pour mûrir et devenir ce que l'on attendait d'elle. Un peu plus de puissance, une capote mieux isolée et quelques petits réglages ici et là suffiront pour faire du roadster de James Bond une des grandes vedettes de l'industrie automobile.

J. Duval

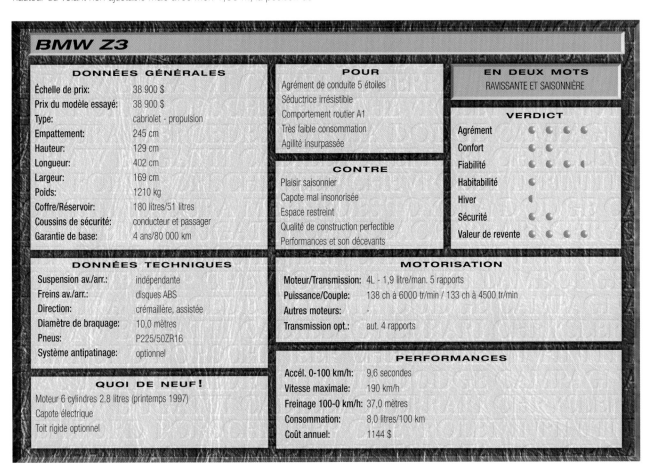

BMW Z3

DONNÉES GÉNÉRALES

Échelle de prix:	38 900 $
Prix du modèle essayé:	38 900 $
Type:	cabriolet - propulsion
Empattement:	245 cm
Hauteur:	129 cm
Longueur:	402 cm
Largeur:	169 cm
Poids:	1210 kg
Coffre/Réservoir:	180 litres/51 litres
Coussins de sécurité:	conducteur et passager
Garantie de base:	4 ans/80 000 km

POUR

Agrément de conduite 5 étoiles
Séductrice irrésistible
Comportement routier A1
Très faible consommation
Agilité insurpassée

CONTRE

Plaisir saisonnier
Capote mal insonorisée
Espace restreint
Qualité de construction perfectible
Performances et son décevants

EN DEUX MOTS

RAVISSANTE ET SAISONNIÈRE

VERDICT

Agrément	● ● ● ◐
Confort	● ● ◐
Fiabilité	● ● ● ◐
Habitabilité	●
Hiver	◐
Sécurité	● ● ◐
Valeur de revente	● ● ● ●

DONNÉES TECHNIQUES

Suspension av./arr.:	indépendante
Freins av./arr.:	disques ABS
Direction:	crémaillère, assistée
Diamètre de braquage:	10,0 mètres
Pneus:	P225/50ZR16
Système antipatinage:	optionnel

MOTORISATION

Moteur/Transmission:	4L - 1,9 litre/man. 5 rapports
Puissance/Couple:	138 ch à 6000 tr/min / 133 ch à 4500 tr/min
Autres moteurs:	-
Transmission opt.:	aut. 4 rapports

QUOI DE NEUF!

Moteur 6 cylindres 2,8 litres (printemps 1997)
Capote électrique
Toit rigide optionnel

PERFORMANCES

Accél. 0-100 km/h:	9,6 secondes
Vitesse maximale:	190 km/h
Freinage 100-0 km/h:	37,0 mètres
Consommation:	8,0 litres/100 km
Coût annuel:	1144 $

BUICK Century/Regal

Après plus d'une quinzaine d'années de loyaux et bons services, la Buick Century met fin à sa carrière sous sa forme actuelle. Elle est remplacée par une voiture non seulement plus moderne, mais plus inspirante. Quant à la Regal, elle sera transformée d'ici l'an prochain.

La simplicité a ses mérites

Buick a fabriqué des Regal version 1996 jusqu'en septembre dernier afin de pouvoir en livrer une certaine quantité à ses concessionnaires puisque ceux-ci devront patienter jusqu'au début de 1997 avant d'être en mesure d'offrir la nouvelle Century. Par la suite, ce sera au tour de la Regal d'être entièrement transformée. Dans leur version actuelle, les Regal proposent une tenue de route saine et un certain agrément de conduite qui risquent encore d'intéresser plusieurs acheteurs. Malheureusement, leur âge les trahit et elles ont de plus en plus de difficulté à faire le poids.

Un modèle d'équilibre

À première vue, la nouvelle Century peut paraître fade et manquer de relief. Toutefois, en la regardant de plus près, on ne peut qu'apprécier l'équilibre de ses lignes qui conservent des éléments visuels empruntés aux anciennes Buick tout en adoptant une silhouette indéniablement moderne. Du passé, Wayne Caddy, le responsable du design de la carrosserie, a conservé la calandre en forme de chute d'eau et la rondeur des ailes arrière inspirée de la Skylark 1954 tandis que le feu arrière pleine largeur est inspiré des Buick des années 50. Bref, ces emprunts visuels au passé permettent de reconnaître cette Buick au premier coup d'œil.

En revanche, des angles arrondis, un porte-à-faux arrière minime et un pare-brise incliné sont des éléments très modernes. Un autre secteur

où l'on n'a pas respecté le passé est celui du tableau de bord et c'est tant mieux. La version précédente de la Century nous offrait cette sempiternelle planche de bord rectangulaire qui représentait ce que les stylistes de GM avaient de pire à nous offrir. Celui de la Century est sobre, très sobre même. C'est non seulement réussi sur le plan esthétique, mais le côté pratique est à souligner. En fait, c'est le genre de design qui nous semble simple, simpliste même. Pourtant, tout est là.

Certaines commandes pourraient être plus faciles à utiliser, notamment les boutons de commande de la radio et le levier incorporant le régulateur de vitesse. De plus, on peut se demander pourquoi la banquette arrière ne possède pas de dossier 60/40 au lieu d'être fixe. Par contre, les places arrière sont parmi les plus généreuses de la catégorie tandis que les 484 litres du coffre ne sont pas à dédaigner. Soulignons au passage la présence de vide-poches dans toutes les portes et des sièges avant très confortables, entre autres sur le plan du support lombaire.

Éléments connus, personnalité à part

Théoriquement, la Century partage cette plate-forme avec la Pontiac Grand Prix et l'Oldsmobile Intrigue. Auparavant, ces trois voitures n'auraient différé l'une de l'autre que dans les détails. Mais c'était l'ancienne approche. Ces trois modèles se partagent la même plate-forme, mais se distinguent l'un de l'autre par le réglage et même par la mécanique. C'est ainsi que la Century accueille le V6 3,1 litres tandis que les deux autres offrent les V6 3800 plus puissants d'au moins 35 chevaux. Chez Buick, on nous a répondu que les clients interrogés avaient déclaré qu'un moteur de 160 chevaux était adéquat. Ce V6 a heureusement été révisé. Il est non seulement plus silencieux, mais son couple de 185 lb-pi à 4000 tr/min permet d'obtenir des accélérations et des reprises adéquates. Il n'est toutefois pas un foudre de guerre et les conducteurs nerveux risquent de s'impatienter.

En fait, la conduite d'une Century ne fait pas grimper votre taux d'adrénaline. C'est la voiture des paisibles randonnées familiales au cours desquelles le confort, le silence de roulement et l'habitabilité prennent le dessus sur les performances. Il ne faut pas en conclure que cette nouvelle Buick est une voiture terne. La qualifier d'équilibrée et de polyvalente serait plus juste. Sa tenue de route n'est pas à négliger non plus. La suspension sera jugée trop souple par plusieurs et la direction pourrait être moins assistée. Malgré tout, la voiture tient son bout dans un virage même si le roulis de caisse est trop important et il faut regretter que Buick n'ait pas jugé bon d'offrir une suspension plus ferme en option. Il est vrai que cette division a maintenant pour mission de nous offrir des voitures inspirées du luxe traditionnel, mais un peu plus de fermeté en option ne ferait pas de mal à personne.

Contrairement aux versions passées vers lesquelles GM tentait de nous attirer par des artifices de style ou certains gadgets, la Century mise sur le gros bon sens pour réussir. C'est le genre de voiture que l'on risque de conserver pendant plusieurs années avant de s'en lasser tant elle ne possède pas d'irritants majeurs. Certains vont lui reprocher son manque de caractère et un moteur qui pourrait bénéficier d'une vingtaine de chevaux additionnels. Pourtant, plusieurs familles vont apprécier cette berline aux allures distinguées qui ne risque jamais de les mettre dans l'embarras tout en s'avérant très pratique. D'autant plus que les places arrière sont parmi les plus spacieuses de cette catégorie. Lors de la présentation de la nouvelle Century, nous avons été en mesure de vérifier l'habitabilité de cette dernière face à la Taurus, à la Honda Accord et à la Toyota Camry. La Buick les devance toutes à ce chapitre. Bref, GM a délaissé les excentricités de design et les solutions techniques bâclées pour nous proposer des voitures reposant sur le simple bon sens. La Century fait partie de ce groupe et elle risque de connaître du succès.

D. Duquet

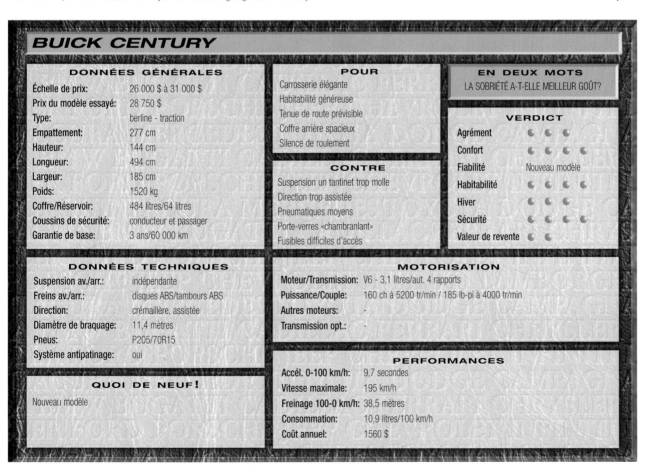

BUICK CENTURY

DONNÉES GÉNÉRALES

Échelle de prix:	26 000 $ à 31 000 $
Prix du modèle essayé:	28 750 $
Type:	berline - traction
Empattement:	277 cm
Hauteur:	144 cm
Longueur:	494 cm
Largeur:	185 cm
Poids:	1520 kg
Coffre/Réservoir:	484 litres/64 litres
Coussins de sécurité:	conducteur et passager
Garantie de base:	3 ans/60 000 km

DONNÉES TECHNIQUES

Suspension av./arr.:	indépendante
Freins av./arr.:	disques ABS/tambours ABS
Direction:	crémaillère, assistée
Diamètre de braquage:	11,4 mètres
Pneus:	P205/70R15
Système antipatinage:	oui

QUOI DE NEUF!

Nouveau modèle

POUR

Carrosserie élégante
Habitabilité généreuse
Tenue de route prévisible
Coffre arrière spacieux
Silence de roulement

CONTRE

Suspension un tantinet trop molle
Direction trop assistée
Pneumatiques moyens
Porte-verres «chambranlant»
Fusibles difficiles d'accès

MOTORISATION

Moteur/Transmission:	V6 - 3,1 litres/aut. 4 rapports
Puissance/Couple:	160 ch à 5200 tr/min / 185 lb-pi à 4000 tr/min
Autres moteurs:	-
Transmission opt.:	-

PERFORMANCES

Accél. 0-100 km/h:	9,7 secondes
Vitesse maximale:	195 km/h
Freinage 100-0 km/h:	38,5 mètres
Consommation:	10,9 litres/100 km
Coût annuel:	1560 $

EN DEUX MOTS

LA SOBRIÉTÉ A-T-ELLE MEILLEUR GOÛT?

VERDICT

Agrément	◖◖◖
Confort	◖◖◖◖
Fiabilité	Nouveau modèle
Habitabilité	◖◖◖◖
Hiver	◖◖◖
Sécurité	◖◖◖◖
Valeur de revente	◖◖

BUICK Le Sabre/Oldsmobile 88

Dans la volée de nouveaux modèles proposés par General Motors cette année, la Buick Le Sabre est étiquetée «toute nouvelle» tandis que l'Oldsmobile Delta 88 demeure plus ou moins la même. Malgré tout, Oldsmobile aura peut-être le dernier mot. Essayons d'y voir clair.

Refonte modeste et statu quo

Les versions précédentes des Buick Le Sabre et Park Avenue étaient relativement identiques. Cette fois, dans la planification globale du panorama des modèles chez GM, les deux ne partagent plus la même plate-forme. Tandis que la nouvelle Park Avenue est plus ou moins une version quatre portes de la Riviera, la Le Sabre doit se contenter d'une révision nettement plus modeste tant sur le plan de la mécanique que de la présentation extérieure.

En fait, la «nouvelle» Le Sabre se contente d'une carrosserie à peine modifiée tout en utilisant ni plus ni moins le même groupe propulseur que précédemment. Il y a une certaine logique dans cette décision, soit de permettre à la Park Avenue de se différencier davantage d'un modèle moins luxueux et moins prestigieux. Après tout, l'Aurora d'Oldsmobile était beaucoup plus raffinée que la Park Avenue. Avec les transformations apportées à la gamme Buick, on a remis les pendules à l'heure.

Si une différenciation plus marquée entre ces deux berlines est une bonne chose, il est toutefois dommage que la Le Sabre n'ait fait l'objet que de retouches mineures à sa carrosserie. Il est vrai que la calandre est plus proéminente, les angles plus arrondis et les phares avant entièrement repensés, mais c'est quand même peu. Pourtant, à notre grande surprise, plusieurs personnes se sont retournées sur notre passage quand nous l'avons essayée. Il semble donc que ces modifications soient suffisantes pour que les gens les détectent.

Le nouvel habitacle a été conçu avec la même retenue. Le tableau de bord que nous avons critiqué année après année nous revient, à peine retouché malheureusement. On y retrouve donc la même présentation rectangulaire, tout à fait dépassée. La disposition des cadrans et des contrôles est bonne, mais on a l'impression de conduire une voiture des années 80. De plus, le volant, avec son moyeu galbé, ne s'harmonise pas tellement à l'ensemble. Sur la version précédente, ce volant avait été ajouté à la dernière minute pour abriter le coussin gonflable, mais on l'a tout de même conservé.

Les sièges sont beaucoup plus confortables que précédemment, notamment sur le modèle Limited. Le support pour la région lombaire et les cuisses est très bon. Enfin, l'habitabilité est généreuse.

Suspension: toujours la souplesse

La mécanique n'a subi aucun changement et il en est de même de la suspension qui est toujours aussi molle. Chez Buick, on ne parle pas de tenue de route, mais de «portée» et de «confort». La version régulière est dotée

d'amortisseurs et de ressorts vraiment très souples et on remarque un mouvement de va-et-vient vertical sur mauvaise route. Malgré tout, la tenue en virage est passablement neutre, même s'il faut agripper le volant en raison de l'inclinaison de la caisse. La suspension grand-tourisme comprend des roues de 16 pouces et des amortisseurs plus fermes qui ont des répercussions positives sur la tenue en virage. De plus, elle assure un comportement moins guimauve, bien que le roulis et le tangage de la caisse sur une mauvaise route sont toujours faciles à détecter. Quant au tandem moteur/transmission, ce V6 3800 Série II est toujours aussi performant grâce à ses 205 chevaux. Il faut également souligner le silence de roulement de cette voiture.

Somme toute, la Buick Le Sabre s'est raffinée, mais sa transformation a été timide par rapport à plusieurs autres modèles renouvelés chez GM. Et force est d'admettre que l'Oldsmobile Delta 88 est probablement plus attrayante.

Un secret bien gardé

Dans sa lutte pour la survie, il est tout de même curieux de constater qu'Oldsmobile ne semble pas miser outre mesure sur la Delta 88. Pourtant, non seulement cette berline intermédiaire est élégante, mais ses qualités routières la rendent vraiment très compétitive. Tandis que Buick vend ses Le Sabre en grande quantité, Oldsmobile doit mettre les bouchées doubles pour que sa berline soit prise en considération par les acheteurs.

Pourtant, dans sa version LSS, cette voiture offre un agrément de conduite fort intéressant et un confort de haut niveau. Le V6 3,8 litres est en verve avec ses 205 chevaux et sa puissance est utilisée avec grande efficacité en raison du système de contrôle de traction. À ces accessits, il faut ajouter un tableau de bord élégant, des sièges confortables et une cabine spacieuse.

Malheureusement, on ne retrouve pas le même brio sur la version régulière. La suspension normale est moins efficace et s'accommode moins bien des trous et des bosses. De plus, la présentation de l'habitacle est terne; le tissu des sièges n'a rien d'excitant. Il semble que l'on ait presque lancé la serviette pour cette version de base qui pourrait tout de même tirer aisément son épingle du jeu si on se mettait en frais de lui donner un peu plus de relief chez Oldsmobile. Après tout, si on a réussi avec la LSS, on pourrait faire de même avec le modèle plus économique.

Même si elle est dépouillée de son panache dans la version de base, la Delta 88 continue quand même d'être une intermédiaire équilibrée qui mérite un meilleur sort. C'est d'ailleurs en raison de mauvaises perceptions de ses modèles qu'Oldsmobile connaît des ennuis sur le marché. Il faut souhaiter que les modifications, quand même mineures, apportées à la présentation extérieure de la Delta 88 seront de nature à la faire remarquer davantage. Elle mérite un meilleur sort.

D. Duquet

BUICK LE SABRE LIMITED

DONNÉES GÉNÉRALES

Échelle de prix:	32 370 $ à 36 500 $
Prix du modèle essayé:	34 595 $
Type:	berline - traction
Empattement:	281 cm
Hauteur:	188 cm
Longueur:	508 cm
Largeur:	190 cm
Poids:	1556 kg
Coffre/Réservoir:	481 litres/68 litres
Coussins de sécurité:	conducteur et passager
Garantie de base:	3 ans/60 000 km

POUR

Moteur impeccable
Boîte automatique efficace
Sièges confortables
Habitabilité exemplaire
Finition en progrès

CONTRE

Tableau de bord désuet (Buick)
Roulis en virage (Buick)
Pneumatiques décevants
Sièges de série moyens (Olds)
Freinage perfectible

EN DEUX MOTS

L'UNE PLAÎT, L'AUTRE «PORTE» BIEN

VERDICT

Agrément	● ● ●
Confort	● ● ● ●
Fiabilité	● ● ● ●
Habitabilité	● ● ● ●
Hiver	● ● ●
Sécurité	● ● ● ●
Valeur de revente	● ●

DONNÉES TECHNIQUES

Suspension av./arr.:	indépendante
Freins av./arr.:	disques ABS/tambours ABS
Direction:	crémaillère, assistée
Diamètre de braquage:	12,2 mètres
Pneus:	P215/60R16
Système antipatinage:	oui

MOTORISATION

Moteur/Transmission:	V6 - 3,8 litres/aut. 4 rapports
Puissance/Couple:	205 ch à 5200 tr/min / 230 lb-pi à 4000 tr/min
Autres moteurs:	-
Transmission opt.:	-

QUOI DE NEUF!

Nouveau modèle
Caisse révisée
Tableau de bord retouché

PERFORMANCES

Accél. 0-100 km/h:	7,9 secondes
Vitesse maximale:	210 km/h
Freinage 100-0 km/h:	39,8 mètres
Consommation:	14,5 litres/100 km
Coût annuel:	2735 $

BUICK Park Avenue/Oldsmobile Regency

Même si elle bénéficie de transformations mécaniques et esthétiques plus importantes que la LeSabre, la nouvelle Park Avenue ne tente pas de réinventer la voiture de luxe. Elle se contente d'être plus raffinée et plus moderne que sa devancière tout en conservant ses qualités de base.

La Park Avenue utilise dorénavant la plate-forme de la Riviera, mais sa conduite ne diffère pas de façon appréciable par rapport au modèle précédent. La rigidité de la caisse est perceptible, le raffinement de la suspension ne peut être nié, mais le progrès n'est pas renversant. Cela ne signifie pas que la voiture est ratée. Tout simplement, la Park Avenue 1996 était une bonne voiture et le modèle 1997 est encore meilleur.

Les sensations de conduite sont pratiquement les mêmes, mais elles se sont affinées. Et la nouvelle version ne se démarque pas de façon radicale de l'ancienne en ce qui concerne les performances. Tout simplement parce qu'elle utilise le même moteur qu'auparavant, soit le V6 3800 Series II. Ses 205 chevaux assurent des performances intéressantes. Cependant, le V8 4,0 litres de l'Aurora nous en propose 250. Même la version suralimentée du V6 3,8 litres, offert sur la Park Avenue Ultra, doit lui concéder 10 chevaux.

Cette année, la nouvelle Park Avenue bénéficie d'une transmission automatique dotée d'un module de commande électronique plus sophistiqué tandis que le modèle Ultra est doté d'une boîte plus robuste afin de pouvoir supporter sans problème le couple supérieur du moteur suralimenté.

Il faut également souligner que la caisse est nettement plus rigide aussi bien en torsion qu'en flexion tandis qu'un minichâssis permet de

La sagesse de l'évolution

mieux ancrer les éléments de la suspension avant afin de filtrer davantage les bruits et les vibrations.

Une approche raisonnée

Compte tenu que cette nouvelle Park Avenue est conçue sur la même plate-forme que la Riviera et par extension que l'Oldsmobile Aurora, on se serait attendu que la carrosserie fasse l'objet de changements plus draconiens. Pourtant, même si les modifications esthétiques qu'elle a connues sont plus remarquables que celles apportées à la LeSabre, elles sont tout de même évolutives. En fait, c'est essentiellement la partie avant qui a subi les modifications les plus importantes: elle a obtenu une calandre nouvelle et des phares redessinés. Le pavillon a également droit à un nouveau profil.

Si la voiture a peu changé esthétiquement, c'est parce que les propriétaires de l'ancienne version se sont déclarés heureux de l'allure de leur voiture. Des modifications trop importantes risquaient de leur

déplaire. Pourtant, quelques coups de crayon un peu plus soutenus ici et là auraient contribué à donner plus de caractère à la voiture. En revanche, les changements sont suffisamment importants pour la distinguer de la version antérieure.

La même approche «étapiste» a été adoptée pour le design du tableau de bord. On a abandonné la présentation rectangulaire chère à Buick. Malgré une allure moderne, on sent que les stylistes se sont retenus pour ne pas nous présenter quelque chose de trop excentrique. Cette planche de bord nous réserve toutefois une surprise. La porte du cendrier est très imposante. Mais appuyez dessus et c'est un minuscule cendrier qui apparaît!

Il faut prendre le temps de souligner le confort des sièges avant et arrière. À première vue, ils nous apparaissent assez plats et on est en droit de s'interroger quant à leur efficacité. Il est vrai que le support latéral est moyen, mais le support lombaire est excellent et le confort en général très bon.

Guimauve ou régulier

Toujours fidèle à sa politique de réglage des suspensions, Buick nous propose donc une suspension essentiellement calibrée en fonction de la souplesse et du silence de roulement. Tout est ouaté et on a l'impression que les amortisseurs sont remplis de guimauve. Malgré tout, le roulis et le tangage sont assez bien contrôlés, du moins à des vitesses boulevardières. Mais les choses se détériorent dès que les courbes se dressent sur notre passage. Le roulis de caisse devient plus important et on ne peut profiter de la sophistication de la plate-forme. Pour ce faire, il est impérieux d'équiper la voiture de la suspension grand-tourisme. Celle-ci est non seulement plus ferme, mais elle est

également accompagnée de pneus plus performants. Cette suspension met davantage en évidence les qualités dynamiques du châssis.

Quant au modèle Ultra, il est pourvu d'un équipement plus complet, du moteur suralimenté de 240 chevaux, de la direction assistée Magnasteer, plus précise, et d'une foule d'accessoires de série qui ont pour effet de relever le niveau de confort et d'agrément de conduite. Il ne faudrait pas se surprendre si la Park Avenue/Ultra continue à jouir d'une bonne popularité.

Enfin, si vous croisez une Oldsmobile Regency lors d'un voyage au pays de l'oncle Sam, sachez que vous ne rêvez pas. Pour pallier le départ de la Ninety-Eight, Oldsmobile a concocté la Regency. Ce modèle est exclusif au marché américain. Il s'agit d'une Eighty-Eight équipée des mêmes sièges que l'ancienne Ninety-Eight, d'une direction plus assistée et d'une suspension très, très souple. N'ayez crainte, elle ne sera pas importée au Canada.

D. Duquet

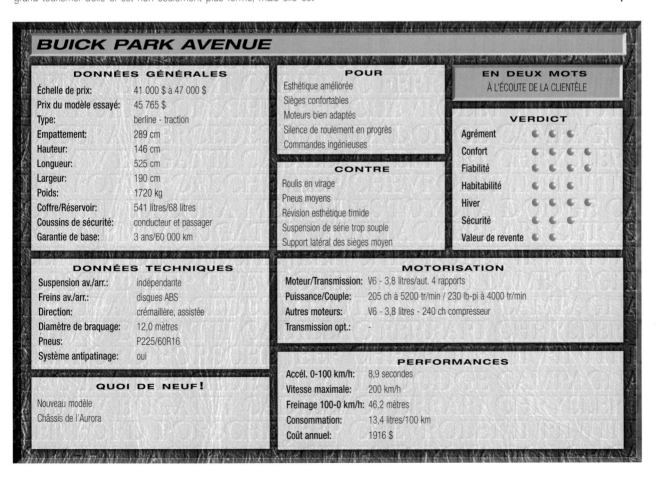

BUICK PARK AVENUE

DONNÉES GÉNÉRALES

Échelle de prix:	41 000 $ à 47 000 $
Prix du modèle essayé:	45 765 $
Type:	berline - traction
Empattement:	289 cm
Hauteur:	146 cm
Longueur:	525 cm
Largeur:	190 cm
Poids:	1720 kg
Coffre/Réservoir:	541 litres/68 litres
Coussins de sécurité:	conducteur et passager
Garantie de base:	3 ans/60 000 km

POUR

Esthétique améliorée
Sièges confortables
Moteurs bien adaptés
Silence de roulement en progrès
Commandes ingénieuses

CONTRE

Roulis en virage
Pneus moyens
Révision esthétique timide
Suspension de série trop souple
Support latéral des sièges moyen

EN DEUX MOTS
À L'ÉCOUTE DE LA CLIENTÈLE

VERDICT

Agrément	●●●
Confort	●●●●
Fiabilité	●●●●
Habitabilité	●●●●
Hiver	●●●
Sécurité	●●●●
Valeur de revente	●●

DONNÉES TECHNIQUES

Suspension av./arr.:	indépendante
Freins av./arr.:	disques ABS
Direction:	crémaillère, assistée
Diamètre de braquage:	12,0 mètres
Pneus:	P225/60R16
Système antipatinage:	oui

MOTORISATION

Moteur/Transmission:	V6 - 3,8 litres/aut. 4 rapports
Puissance/Couple:	205 ch à 5200 tr/min / 230 lb-pi à 4000 tr/min
Autres moteurs:	V6 - 3,8 litres - 240 ch compresseur
Transmission opt.:	-

QUOI DE NEUF!

Nouveau modèle
Châssis de l'Aurora

PERFORMANCES

Accél. 0-100 km/h:	8,9 secondes
Vitesse maximale:	200 km/h
Freinage 100-0 km/h:	46,2 mètres
Consommation:	13,4 litres/100 km
Coût annuel:	1916 $

BUICK Riviera

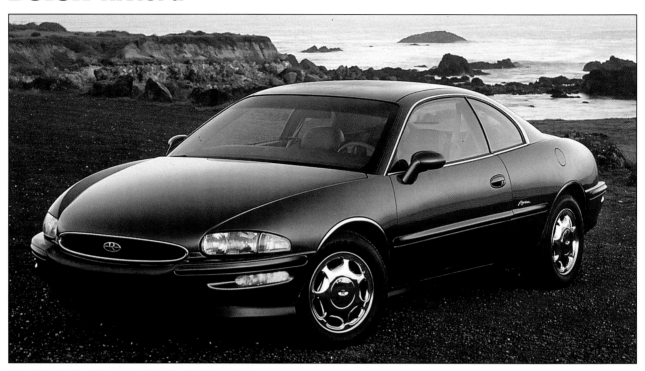

«La fortune sourit aux audacieux.» Bill Mitchell, le regretté chef styliste de GM au cours des années 60, devait songer à ces vers de Virgile lorsqu'il décida de créer un coupé à la fois agressif et élégant, un amalgame de Ferrari et de Rolls-Royce. La dixième génération de Riviera s'inscrit dans la tradition d'originalité qui lui est la caractéristique.

Il fallait en effet une bonne dose de courage pour mettre de l'avant un tel projet en 1963. Peut-être le célèbre dessinateur avait-il en tête des images de la Riviera italienne? On imagine sans peine l'actuelle carrosserie dans ce décor sublime du littoral italien. Mieux encore, elle s'intègre parfaitement dans le concept des bateaux «Cigarette», ces immenses embarcations fuselées ultrapuissantes qui fendent les eaux du golfe de Gênes.

Il faut examiner attentivement tous les détails pour mieux apprécier l'ensemble. Suivez du regard l'arête qui parcourt les ailes avant et se prolonge jusqu'au coffre. Admirez l'intégration des formes ovoïdes de la prise d'air avec le capot, la ligne parfaitement fuyante du pavillon et de la lunette arrière. Ne vous attardez surtout pas trop sur l'assemblage bâclé des panneaux; les travailleurs des chaînes de montage doivent faire rager les concepteurs de cette voiture. Continuez et soulevez le capot par curiosité. Le moteur et tous ses accessoires parfaitement intégrés constituent un exemple classique de design industriel.

Un confort de haut niveau

Dans la cabine, les fauteuils ont quelque chose de «suédois» dans leur simplicité, leur confort et la chaleur de leur cuir. Bien sûr, les passagers assis à l'arrière souffrent un peu de la configuration de coupé de la Riviera, surtout s'ils sont trois. Il faut en effet consentir à quelques contorsions pour y prendre place et en ressortir, mais une fois qu'on y est installé, les genoux sont bien dégagés et la tête éloignée suffisamment du pavillon et protégée de

Un beau bateau

l'ardent soleil par une bande noire dans la lunette. L'espace disponible comblera les plus difficiles et le coffre permet d'embarquer toutes vos belles valises Gucci même si le seuil de chargement est très haut.

Votre plaisir pourrait être partiellement gâché par le dessin de la planche de bord. Imaginez une espèce d'étagère qui la coiffe sur toute sa largeur et qui se prolonge jusque dans les contre-portes. Bizarre... Surtout que la couleur et la texture de cet accessoire *(sic)* se marient mal avec la partie inférieure et que l'ajustement des pièces est très perfectible. Les gros cadrans circulaires, par contre, sont très clairs et la conception des bouches d'aération en surprendra plusieurs. Aucune excuse pour ne pas jouir d'une température confortable. On retrouve en effet des contrôles individuels pour le conducteur et le passager et un autre réglage sur le volant en plus de ceux du volume et des stations de la chaîne stéréo. Cette dernière comporte un lecteur de cassettes et de CD dont la sonorité ravit les amateurs. L'équipement de série brille par sa richesse et les seules options concernent le toit ouvrant vitré coulissant, diverses configurations

de sièges pour asseoir deux ou trois occupants à l'avant ainsi que le cuir et des roues en aluminium chromées.

Mais monsieur, ce beau bateau a-t-il de bonnes jambes? D'emblée, il faut répondre par l'affirmative. Les ingénieurs lui ont concocté un châssis d'une extrême robustesse possédant une fréquence naturelle très élevée de 25 cycles par seconde. Il se situe dans la classe des meilleures allemandes et on le retrouve d'ailleurs dans l'Aurora et la nouvelle Park Avenue. Sur cette base on a greffé des éléments de suspension très classiques, jambes de force MacPherson à l'avant et bras oscillants à l'arrière. On retrouve de plus un correcteur d'assiette automatique à l'arrière.

Le moteur quant à lui réussit à renier ses origines roturières et personne ne se souvient plus vraiment de la date de naissance du V6 3800 Series II. Cependant, d'incessants perfectionnements et l'adjonction il y a quelques années d'un compresseur volumétrique lui permettent de produire 240 chevaux malgré ses 12 soupapes et son arbre à cames central. Ses performances se comparent favorablement à celles du très moderne V8 4,0 litres de l'Aurora avec ses 32 soupapes et cela, à moindre coût. Il est accouplé à une boîte de vitesses automatique électronique à 4 rapports et surmultiplication qui est un modèle de douceur et de robustesse. Un antipatinage sophistiqué permet de restreindre ses ardeurs.

Des performances intéressantes

Mais comment se comporte cette cigarette américaine? Très bien merci, mais avec certaines limitations. Sur une mer d'huile, le confort et le silence se comparent à ceux d'une très bonne chambre d'hôtel qui roulerait à des vitesses d'autoroute. La direction à assistance variable électromagnétique est précise bien qu'un peu trop légère. Les accélérations étonnent, car le moteur délivre un flot ininterrompu de couple jusqu'à 5000 tr/min et il faut

une oreille avertie pour entendre le son du compresseur. On est d'autant surpris, car l'embarcation pèse quand même plus de 1700 kg et sa taille dépasse les 5 mètres. Les quatre disques des freins dotés de l'ABS, eux, s'en ressentent, car ils s'envolent en fumée après quelques reprises.

Par gros temps, vous apprécierez la douceur de la suspension qui permet de fendre la vague en souplesse. Ne vous avisez pas cependant de tenter de suivre les petits «Sea-Doo» dans leurs manœuvres fantaisistes. Le bateau tangue et roule mollement et les piètres gros pneus à cote de vitesse S se rendent à la moindre provocation. Pourtant, GM a consenti de si beaux efforts pour concocter une voiture performante et agréable à conduire.

Il faut se rendre à l'évidence, la Riviera est un succès. La concurrence tant américaine qu'étrangère lui rend des points surtout si on tient compte de son prix très attractif. Preuve que la fortune a souri à Buick, les ventes de la Riviera sont contingentées au Canada et en constante augmentation aux États-Unis.

J.-G. Laliberté

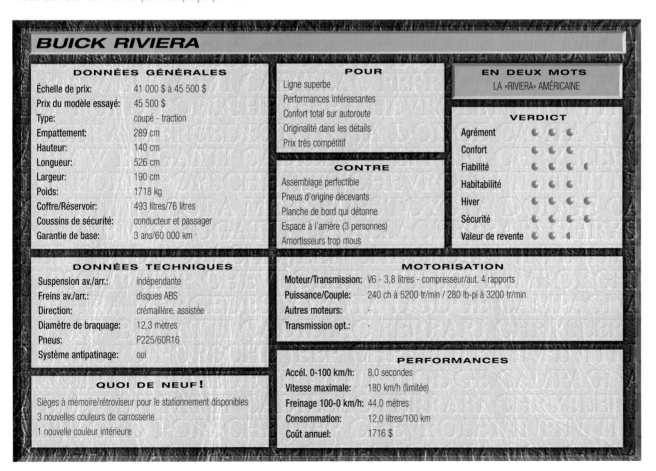

BUICK RIVIERA

DONNÉES GÉNÉRALES

Échelle de prix:	41 000 $ à 45 500 $
Prix du modèle essayé:	45 500 $
Type:	coupé - traction
Empattement:	289 cm
Hauteur:	140 cm
Longueur:	526 cm
Largeur:	190 cm
Poids:	1718 kg
Coffre/Réservoir:	493 litres/76 litres
Coussins de sécurité:	conducteur et passager
Garantie de base:	3 ans/60 000 km

POUR
Ligne superbe
Performances intéressantes
Confort total sur autoroute
Originalité dans les détails
Prix très compétitif

CONTRE
Assemblage perfectible
Pneus d'origine décevants
Planche de bord qui détonne
Espace à l'arrière (3 personnes)
Amortisseurs trop mous

EN DEUX MOTS
LA «RIVIERA» AMÉRICAINE

VERDICT
Agrément	●●●
Confort	●●●○
Fiabilité	●●●●
Habitabilité	●●●
Hiver	●●●●
Sécurité	●●●
Valeur de revente	●●●

DONNÉES TECHNIQUES

Suspension av./arr.:	indépendante
Freins av./arr.:	disques ABS
Direction:	crémaillère, assistée
Diamètre de braquage:	12,3 mètres
Pneus:	P225/60R16
Système antipatinage:	oui

MOTORISATION

Moteur/Transmission:	V6 - 3,8 litres - compresseur/aut. 4 rapports
Puissance/Couple:	240 ch à 5200 tr/min / 280 lb-pi à 3200 tr/min
Autres moteurs:	-
Transmission opt.:	-

QUOI DE NEUF!
Sièges à mémoire/rétroviseur pour le stationnement disponibles
3 nouvelles couleurs de carrosserie
1 nouvelle couleur intérieure

PERFORMANCES

Accél. 0-100 km/h:	8,0 secondes
Vitesse maximale:	180 km/h (limitée)
Freinage 100-0 km/h:	44,0 mètres
Consommation:	12,0 litres/100 km
Coût annuel:	1716 $

CADILLAC Catera

La division Cadillac veut désespérément transformer son image. Pour une trop grande majorité de consommateurs, il faut pratiquement être octogénaire pour rouler en Caddy. La Catera a pour mission de modifier cette perception et de recruter une clientèle plus jeune. Le défi est de taille.

Au cours des cinq dernières années, Cadillac a réussi à élaborer des voitures capables de rivaliser avec les meilleures en termes de performances et de tenue de route. Il n'en demeure pas moins que le public perçoit toujours cette marque comme étant celle réservée au troisième âge et aux directeurs de funérailles. Pourtant, les Seville et Eldorado de la nouvelle génération sont d'une rare compétence en raison de leur moteur Northstar et d'une suspension sophistiquée. Mais elles ne réussissent pas à convaincre tout le monde. De plus, leur prix les place au-dessus des compactes de luxe, la catégorie la plus dynamique du marché.

Constatant que les acheteurs s'intéressaient de plus en plus à ce genre de voitures, la division Cadillac a décidé de se tourner vers cette clientèle. Mais elle n'avait malheureusement aucun modèle dans cette catégorie. La nouvelle Catera a donc une double mission: permettre à Cadillac de s'immiscer dans le marché des compactes de luxe et donner une image moins pépère à la marque. Elle doit également lutter contre le spectre du désastre laissé par la défunte Cimarron, de triste mémoire.

S.O.S. Opel

Par le passé, le réflexe de General Motors aurait été de transformer la nouvelle Chevrolet Malibu en Cadillac à l'aide de quelques accessoires et décalques. Cela aurait été une solution économique et rapide pour entrer dans cette chasse gardée des Japonais et des Européens. Mais,

Pour rajeunir son image

justement, les acheteurs de ce type de voiture ne sont pas à la recherche d'une nord-américaine déguisée en européenne ou en japonaise animée par un moteur provenant d'une compacte économique. En plus, il aurait été trop onéreux pour Cadillac de transformer la Seville en compacte et de modifier le V8 Northstar.

Pour joindre ce club des compactes de luxe comprenant les Audi A4, Volvo 850, BMW 328i, Lexus ES300 et Mercedes C280, il fallait une voiture offrant tout au moins la même sophistication sur tous les plans. Cadillac s'est donc tournée vers Opel, la filiale allemande de GM, pour y recruter l'Omega. Cette berline compacte a été dévoilée il y a deux ans et a obtenu plusieurs honneurs en plus de se défendre très honorablement sur le plan des ventes. Elle a conquis le trophée du «Volant d'or» en Europe et le titre de «Voiture importée de l'année» au Japon.

L'Omega possédait donc tous les atouts pour se mesurer à forces égales ou supérieures avec les modèles des autres marques. Mais si

la voiture avait le potentiel nécessaire pour bien figurer sur le marché nord-américain, il fallait tout de même qu'elle soit adaptée à nos besoins et à nos conditions. Le travail le plus délicat restait donc à faire.

Un jeu d'équilibre

Il n'est pas toujours facile d'adapter une voiture pour le marché nord-américain. Les européennes possèdent généralement une suspension plus ferme et un habitacle plus dépouillé, et leur niveau d'équipement est moins relevé que celui d'une nord-américaine d'égale valeur. De plus, pour le client américain, le silence de roulement et de nombreux accessoires tels le climatiseur électronique, des sièges à commande électrique et la télécommande d'ouverture des portières sont des éléments essentiels ou presque.

Si on donne un caractère trop américain à une voiture européenne, cela ne plaira pas à une partie de la clientèle visée. En revanche, si on n'effectue pas suffisamment de modifications, les Nord-Américains vont bouder cette voiture mal adaptée. Il faut donc retenir les qualités routières de la voiture européenne tout en offrant le confort et les gadgets tant appréciés des Nord-Américains.

Pour ce faire, les ingénieurs d'Opel en collaboration avec ceux de Cadillac ont entrepris un programme visant à améliorer la rigidité de la caisse, des ouvertures des portes ainsi que du plancher du coffre à bagages. Cette rigidité permet d'améliorer le rendement de la suspension, de diminuer les bruits et les vibrations en plus de donner une sensation de solidité à la voiture. De plus, pour atténuer davantage les vibrations, le moteur est placé sur des boulons d'ancrage hydrauliques tandis que le support de la transmission est renforcé. Les impacts latéraux ont également été pris en considération. Non seulement des membrures transversales ont été placées dans les portières, mais le tunnel de l'arbre de couche a également été renforcé.

Bref, une foule de changements invisibles à l'œil nu qui permettent de raffiner le comportement général de la voiture en plus d'améliorer le silence de roulement et la sécurité passive.

Une propulsion

Par un curieux concours de circonstances, la Catera est la seule Cadillac à ne pas être une traction. La popularité des propulsions en Allemagne a incité Opel à adopter cette configuration et Cadillac n'avait

pas d'autre choix. Sur le plan de la fiche technique, la Catera n'a rien à envier aux autres germaniques de sa catégorie: suspension avant de type MacPherson, suspension arrière à bras multiples et direction à billes, voilà une approche particulièrement appréciée des ingénieurs allemands. De plus, la suspension avant comprend des joints hydrauliques qui ont pour rôle de modifier vers l'intérieur le pincement des roues avant au freinage. Par contre, les joints très rigides à l'avant des bras de contrôle permettent d'assurer une direction très précise et offrant un bon *feed-back* de la route.

La suspension arrière est montée sur un minichâssis, lui-même boulonné au châssis autoporteur. Cela permet de gagner en rigidité en plus de mieux filtrer les bruits de la route. L'utilisation de joints de liaison de dureté variable permet de contrôler l'angle de positionnement des roues au freinage.

Le groupe propulseur de la Catera soutient bien la comparaison d'avec ses concurrentes pour son perfectionnement. Ce V6 3,0 litres est non seulement très compact, mais ses deux arbres à cames en tête et les quatre soupapes par cylindre permettent d'obtenir une puissance de 200 chevaux. De plus, on a modifié le système de gestion du moteur afin d'assurer de meilleures accélérations à bas régime tout en donnant au conducteur l'occasion de demeurer très à l'aise sur l'autoroute. Le système d'admission d'air utilise des chambres d'air calibrées et un jeu de deux soupapes papillon pour obtenir un débit d'air optimal à tous les régimes. La progression s'effectue a deux niveaux. Le premier papillon s'ouvre à environ 3100 tr/min et le second à 4200 tr/min.

Seule la boîte automatique à quatre rapports est disponible. En plus de proposer les modes d'opération «Normal» «Sport» et «Hiver», cette boîte possède un mode de logique d'utilisation permettant d'adapter la boîte aux conditions du moment. Cette fiche est complétée par des freins ABS aux quatre roues et un système de contrôle de la traction en modifiant la puissance du moteur.

Une excellente routière

Il est vrai que l'apparence de la Catera sera jugée quelque peu terne par certains. Pour notre part, nous lui trouvons une ressemblance avec la nouvelle berline Saturn, ce qui risque d'incommoder une partie des acheteurs potentiels. Ces quelques détails mis à part, cette berline est élégante, sobre et appelée à bien vieillir. L'habitacle est très spacieux pour une voiture de cette catégorie. Même les personnes de grand gabarit n'auront aucune difficulté à se sentir à l'aise. Quant au tableau de bord, sa présentation est élégante et équilibrée. Son apparence semble avoir été inspirée par une perspective de mise en marché international. Malheureusement, cette approche globale se traduit par une esthétique qui manque de relief.

Mais ce qui est le plus intéressant sur cette voiture, c'est son équilibre général en ce qui concerne le comportement routier. Non seulement la tenue de route est exemplaire, mais le moteur V6 fait sentir la présence de ses 200 chevaux à toutes les plages d'utilisation. Et sur les routes sinueuses de la côte californienne, nous avons été en mesure de constater, une fois de plus, que les berlines sport à propulsion proposent un agrément de conduite vraiment à part. La précision de la direction ainsi que son *feed-back* sont à placer en position privilégiée dans la colonne des plus. À noter aussi que les freins ont résisté à l'échauffement lors de rapides descentes dans les canyons.

Il faudra cependant s'adapter à un tableau de bord pas tout à fait conventionnel. En plus, le bouton servant à désactiver la surmultipliée est placé directement sur le pommeau du levier de vitesses. Il est vraiment trop facile de l'accrocher involontairement.

Un avenir incertain

Le plus difficile reste à faire. Il n'est pas évident que Cadillac réussira à convaincre les gens que la Catera est une voiture intéressante. Si elle y parvient, ce sera le tour de force de la décennie dans le domaine du marketing automobile.

Il est vrai que les qualités de cette voiture lui permettent d'affronter les meilleurs modèles de la catégorie, et c'est ce qui nous a incités à la comparer à ses trois principales rivales dans un match comparatif, dont on trouvera le résultat en première partie. On verra si la Catera est capable de soutenir la comparaison avec ce qui se fait de mieux en Allemagne. Mais elle est également affublée de l'écusson Cadillac, un stigmate qui en fera frémir plusieurs. Car, qu'on le veuille ou non, une Mercedes ou une BMW impressionne davantage la galerie.

D. Duquet

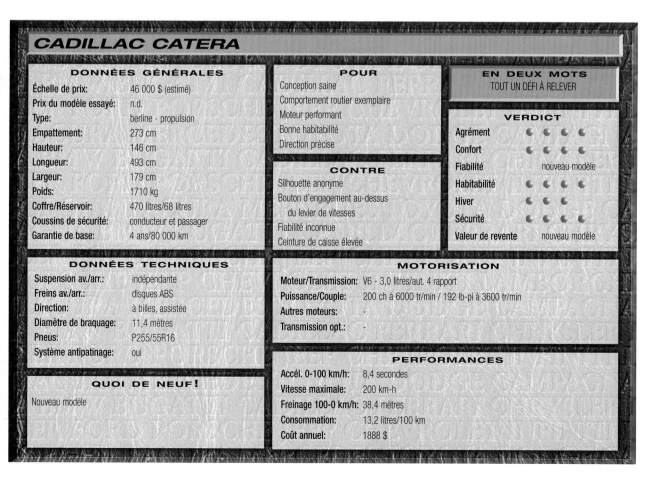

CADILLAC CATERA

DONNÉES GÉNÉRALES

Échelle de prix:	46 000 $ (estimé)
Prix du modèle essayé:	n.d.
Type:	berline - propulsion
Empattement:	273 cm
Hauteur:	146 cm
Longueur:	493 cm
Largeur:	179 cm
Poids:	1710 kg
Coffre/Réservoir:	470 litres/68 litres
Coussins de sécurité:	conducteur et passager
Garantie de base:	4 ans/80 000 km

DONNÉES TECHNIQUES

Suspension av./arr.:	indépendante
Freins av./arr.:	disques ABS
Direction:	à billes, assistée
Diamètre de braquage:	11,4 mètres
Pneus:	P255/55R16
Système antipatinage:	oui

QUOI DE NEUF !

Nouveau modèle

POUR

Conception saine
Comportement routier exemplaire
Moteur performant
Bonne habitabilité
Direction précise

CONTRE

Silhouette anonyme
Bouton d'engagement au-dessus du levier de vitesses
Fiabilité inconnue
Ceinture de caisse élevée

MOTORISATION

Moteur/Transmission:	V6 - 3,0 litres/aut. 4 rapport
Puissance/Couple:	200 ch à 6000 tr/min / 192 lb-pi à 3600 tr/min
Autres moteurs:	
Transmission opt.:	

PERFORMANCES

Accél. 0-100 km/h:	8,4 secondes
Vitesse maximale:	200 km-h
Freinage 100-0 km/h:	38,4 mètres
Consommation:	13,2 litres/100 km
Coût annuel:	1888 $

EN DEUX MOTS
TOUT UN DÉFI À RELEVER

VERDICT

Agrément	◕ ◕ ◕ ◔
Confort	◕ ◕ ◕ ◔
Fiabilité	nouveau modèle
Habitabilité	◕ ◕ ◕ ◔
Hiver	◕ ◕ ◕ ◔
Sécurité	◕ ◕ ◕ ◔
Valeur de revente	nouveau modèle

CADILLAC De Ville/Concours

Il n'y a pas si longtemps, la plus grosse des Cadillac se contentait d'être un mastodonte sur roues doté d'une suspension spongieuse et d'une direction tentant de nous isoler complètement de la route. Les temps ont changé et la De Ville/Concours se pique de nous proposer une surprenante sophistication technique.

Cette bourgeoise cache bien son jeu puisque son apparence joue la carte de la tradition. Pour plaire à ses acheteurs, la De Ville est toujours de dimensions plus que généreuses, ses flancs sont presque verticaux et elle n'affiche que quelques rondeurs pour s'inscrire dans la mode actuelle. Même si sa silhouette est conservatrice, on a quand même assez bien réussi à équilibrer sa présentation extérieure. D'autant plus que les changements à la carrosserie effectués cette année lui donnent une silhouette plus actuelle, même si elle conserve cet air un tantinet rétro que certains apprécient tant.

Du côté de l'habitacle, les changements au tableau de bord ont été rendus nécessaires par la présence de l'écran de navigation du système OnStar, pas encore disponible au Canada. L'influence de la Seville est apparente, mais on y retrouve toujours des affinités avec la défunte Fleetwood, surtout en ce qui concerne le dénuement de la présentation. Et toujours pour satisfaire aux demandes des clients, l'indicateur de vitesse est à affichage numérique. Il n'y a que deux autres cadrans: l'indicateur de niveau d'essence et le thermomètre.

Le point fort de cette cabine est son habitabilité. Les places arrière n'ont rien à envier à celles des limousines tandis qu'à l'avant, tous les gabarits se sentent à l'aise. La banquette arrière est l'une des plus confortables qui soient. À l'avant, le confort a préséance sur le support latéral, mais on peut parier que cette Cadillac ne se fera pas trop «brasser» par son conducteur.

La tradition se modernise

Une combinaison unique

Depuis plusieurs années maintenant, Cadillac vise à être une division proposant des mécaniques sophistiquées. La De Ville/Concours ne fait pas exception à cette nouvelle règle. En fait, elle propose une combinaison unique chez Cadillac. C'est le seul modèle à offrir le système OnStar, les coussins de sécurité latéraux et le mécanisme de contrôle de dérapage. Par exemple, sur le tandem Eldorado/Seville, on n'obtiendra pas les coussins latéraux, même s'il sera équipé des deux autres éléments. Il est malheureux que Cadillac n'offre pas le système OnStar à ses clients canadiens, du moins pas au début.

Heureusement, le «Système intégré de contrôle de la direction» sera disponible sur les modèles destinés au Canada. Il sera certainement fort apprécié des conducteurs devant rouler en hiver sur des routes glacées ou enneigées. En effet, grâce à ce système, des capteurs de forces gravitationnelles placés en des endroits stratégiques sur la voiture détectent

tout dérapage. En utilisant les freins ABS qui activeront les freins avant de gauche ou de droite, il sera possible d'annuler la perte de contrôle.

Le confort avant la conduite

Si vous poussez une De Ville sur une route parsemée de courbes intimidantes, il est fort probable qu'elle sera en mesure de se tirer d'affaire et même de maintenir une vitesse moyenne capable de satisfaire les gens pressés. Mais il faudra supporter un roulis de caisse passablement important et une direction qui pourrait être plus précise. Cette Caddy, animée par la version régulière du moteur V8 Northstar 4,6 litres de 275 chevaux, et même avec la boîte automatique à 4 rapports, s'en sort de façon honorable.

Tous ces éléments performent de façon plus harmonieuse lorsqu'on adopte une conduite en douceur. De plus, cette berline est nettement plus à l'aise sur les autoroutes et à une vitesse de croisière constante. Sur une route sinueuse, elle se débrouille honorablement, mais l'important roulis de caisse met rapidement frein aux élans du conducteur.

C'est pourquoi il faut s'interroger quant à la pertinence de la version Concours. Celle-ci est dotée de la suspension plus sportive de la Seville en plus d'être animée par la version de 295 chevaux du V8 Northstar. Grâce à sa suspension plus sophistiquée, à ses pneumatiques plus larges et aux 20 chevaux supplémentaires qu'elle offre, cette berline est pratiquement dans une classe à part. La précision de la conduite ainsi que les performances sont nettement améliorées. Il est difficile de trouver une voiture de ce gabarit capable de tenir la dragée haute à une De Ville Concours.

À notre avis, il serait plus simple d'opter pour une Seville STS au caractère plus sportif et à la tenue de route supérieure. De plus, ce modèle est plus intéressant sur les plans esthétique et pratique. Il faut

se demander si Cadillac ne propose par le modèle Concours tout simplement pour réfuter ses détracteurs qui accusent la De Ville d'être une autre grosse «minoune» à l'ancienne. Le fait d'offrir la Concours permet de répliquer qu'on répond aux goûts de tous. C'est un argument qui se défend, mais encore une fois, le public aura le dernier mot.

Si cela vous surprend, il faut se souvenir que le marché québécois a peut-être un intérêt mitigé pour une voiture possédant le gabarit et la personnalité de la De Ville, mais que nos voisins du sud ont toujours un faible pour ce genre d'automobile. À nos yeux, cette voiture, c'est peut-être l'ancien servi à la moderne. Toutefois, une population vieillissante et un retour en faveur du rétro aux É.-U. augurent bien pour cette grosse Cadillac. À notre avis, la Seville est un choix plus logique. Curieusement, les mordus des grosses américaines trouvent ses dimensions trop modestes!

D. Duquet

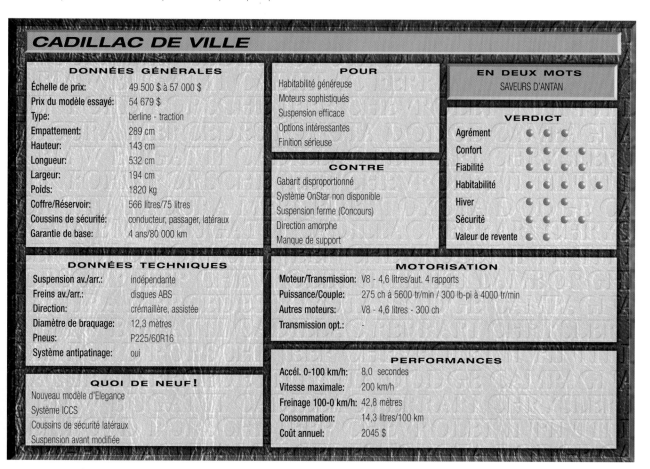

CADILLAC DE VILLE

DONNÉES GÉNÉRALES

Échelle de prix:	49 500 $ à 57 000 $
Prix du modèle essayé:	54 679 $
Type:	berline - traction
Empattement:	289 cm
Hauteur:	143 cm
Longueur:	532 cm
Largeur:	194 cm
Poids:	1820 kg
Coffre/Réservoir:	566 litres/75 litres
Coussins de sécurité:	conducteur, passager, latéraux
Garantie de base:	4 ans/80 000 km

POUR

Habitabilité généreuse
Moteurs sophistiqués
Suspension efficace
Options intéressantes
Finition sérieuse

CONTRE

Gabarit disproportionné
Système OnStar non disponible
Suspension ferme (Concours)
Direction amorphe
Manque de support

EN DEUX MOTS

SAVEURS D'ANTAN

VERDICT

Agrément	● ● ● ◐
Confort	● ● ● ◐
Fiabilité	● ● ● ●
Habitabilité	● ● ● ● ●
Hiver	● ● ●
Sécurité	● ● ● ● ◐
Valeur de revente	● ◐

DONNÉES TECHNIQUES

Suspension av./arr.:	indépendante
Freins av./arr.:	disques ABS
Direction:	crémaillère, assistée
Diamètre de braquage:	12,3 mètres
Pneus:	P225/60R16
Système antipatinage:	oui

MOTORISATION

Moteur/Transmission:	V8 - 4,6 litres/aut. 4 rapports
Puissance/Couple:	275 ch à 5600 tr/min / 300 lb-pi à 4000 tr/min
Autres moteurs:	V8 - 4,6 litres - 300 ch
Transmission opt.:	-

QUOI DE NEUF!

Nouveau modèle d'Elegance
Système ICCS
Coussins de sécurité latéraux
Suspension avant modifiée

PERFORMANCES

Accél. 0-100 km/h:	8,0 secondes
Vitesse maximale:	200 km/h
Freinage 100-0 km/h:	42,8 mètres
Consommation:	14,3 litres/100 km
Coût annuel:	2045 $

CADILLAC Eldorado/Seville

L'époque où les voitures de luxe nord-américaines étaient un objet de dérision sur le plan de la sophistication technique est bel et bien révolue. Ces deux Cadillac nous en fournissent la preuve une fois de plus en 1997 en continuant de proposer des éléments mécaniques modernes et d'une technologie avancée.

Il y a dix ans à peine, les principaux changements apportés aux modèles Cadillac étaient généralement d'ordre cosmétique. La technologie demeurait plus ou moins inchangée entre les transformations des modèles. Et encore, on s'intéressait davantage à l'épaisseur des moquettes et aux différentes «bébelles» à commande électrique qu'aux performances de la suspension et du moteur.

Mais c'était l'époque de «l'ancienne division Cadillac». La «nouvelle» ne veut s'en laisser imposer par personne sur le plan technique. Les Eldorado et Seville sont des voitures animées par un moteur Northstar d'un grand raffinement et offrent en plus un châssis à l'égal des meilleures européennes. Mieux, chaque année, ces voitures sont l'objet de plusieurs améliorations mécaniques et esthétiques. Cadillac tient mordicus à être reconnue pour le perfectionnement de ses voitures et y met le paquet. L'an dernier, le moteur Northstar a fait l'objet de petites retouches afin d'améliorer son rendement et sa fiabilité; le tableau de bord a été transformé et la suspension RSS infiniment variable a été dévoilée.

Il semblait difficile de poursuivre à ce rythme. Pourtant, autant la Seville que l'Eldorado affichent deux intéressantes nouveautés destinées à améliorer la sécurité et l'agrément de conduite. La première est le système OnStar combinant la téléphonie cellulaire et le Système de positionnement global (GPS) pour offrir aux conducteurs de Cadillac un ensemble de services d'une grande polyvalence. Il permet de joindre,

De plus en plus sérieuses

au simple toucher d'un bouton, le centre OnStar. Les pannes, les clés perdues, les crevaisons ne risquent plus de vous importuner. Un simple appel à ce centre permet d'obtenir très rapidement l'assistance routière désirée. Et le système est tellement développé qu'il détecte tout incident pouvant survenir. Le déploiement des coussins de sécurité aura pour effet d'avertir la centrale OnStar qui contactera le corps policier le plus rapproché de votre position. Vous pouvez également utiliser la centrale de données pour réserver une place au restaurant le plus proche ou pour être guidé vers un guichet automatique. Bien entendu, OnStar offre également un téléphone cellulaire intégré qui vous permet de mener vos affaires ou de contacter vos amis tout en conduisant. Pour l'instant, ce service ne sera offert qu'aux États-Unis. Toutefois, si la demande est importante, les automobilistes canadiens pourront commander cette option très bientôt. Et même si toutes les informations fournies par OnStar ne vous intéressent pas, ce système constitue un antivol drôlement efficace. Non seulement il avertira silen-

cieusement les autorités policières du vol de votre Caddy, mais il leur transmettra la position du véhicule.

Le «Système intégré de contrôle de direction», qui vise à améliorer la stabilité directionnelle, fait partie de l'équipement de série sur la Seville STS et l'Eldorado ETC. Ce mécanisme ultrasophistiqué détecte les amorces de dérapage et prévient toute perte de contrôle. Cette intervention s'effectue sur les freins avant qui sont stimulés individuellement. C'est ainsi qu'un sous-virage est corrigé par l'application du frein de la roue avant positionnée à l'intérieur du virage. Par contre, un survirage sera contrôlé par le frein avant de la roue située à l'extérieur du point de corde. De plus, ce mécanisme améliore les performances des freins ABS sur une route bosselée.

Enfin, ce système comprend également un capteur visant à analyser la texture de la surface de la route afin de modifier le comportement des freins ABS en fonction de ces informations. Ajoutez la suspension à changement continuellement variable, et vous avez un coupé et une berline en mesure de supporter avantageusement la confrontation avec plusieurs allemandes fort réputées.

De grandes routières

Nous ne nous sommes jamais habitués à la silhouette de l'Eldorado tandis que celle de la Seville commence à prendre de l'âge. Mais force est d'admettre que ces deux voitures possèdent d'indéniables qualités routières tout en offrant un agrément de conduite relevé. Il faut toutefois nuancer cette appréciation. Les modèles STS et ETC sont non seulement performants, mais leur tenue en virage est excellente. De plus, la direction variable réagit à la vitesse de l'éclair à tout écart de vélocité tout en étant d'une grande précision.

Quant aux modèles réguliers, ils sont moins incisifs mais constituent d'intéressantes voitures également. Leur comportement est moins affûté en raison d'une suspension plus souple, tandis que les réactions de la mécanique nous parviennent avec un certain recul. Malgré ces réserves, les Cadillac dépassent d'emblée la Lincoln Continental et la Mark VIII sur le plan de l'agrément de conduite. La Continental se fait nettement larguer par la Seville. Dans le cas de la Mark VIII, la bataille est plus serrée mais le brio du moteur Northstar fait la différence.

Les Seville et Eldorado nous donnent une idée des possibilités de GM lorsque cette compagnie se met en frais de raffiner ses mécaniques et de nous proposer une voiture perfectionnée.

D. Duquet

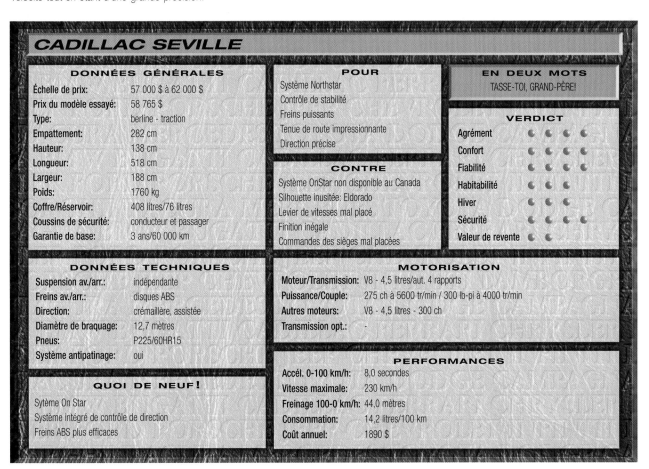

CADILLAC SEVILLE

DONNÉES GÉNÉRALES

Échelle de prix:	57 000 $ à 62 000 $
Prix du modèle essayé:	58 765 $
Type:	berline - traction
Empattement:	282 cm
Hauteur:	138 cm
Longueur:	518 cm
Largeur:	188 cm
Poids:	1760 kg
Coffre/Réservoir:	408 litres/76 litres
Coussins de sécurité:	conducteur et passager
Garantie de base:	3 ans/60 000 km

DONNÉES TECHNIQUES

Suspension av./arr.:	indépendante
Freins av./arr.:	disques ABS
Direction:	crémaillère, assistée
Diamètre de braquage:	12,7 mètres
Pneus:	P225/60HR15
Système antipatinage:	oui

QUOI DE NEUF!

Sytème On Star
Système intégré de contrôle de direction
Freins ABS plus efficaces

POUR

Système Northstar
Contrôle de stabilité
Freins puissants
Tenue de route impressionnante
Direction précise

CONTRE

Système OnStar non disponible au Canada
Silhouette inusitée: Eldorado
Levier de vitesses mal placé
Finition inégale
Commandes des sièges mal placées

MOTORISATION

Moteur/Transmission:	V8 - 4,5 litres/aut. 4 rapports
Puissance/Couple:	275 ch à 5600 tr/min / 300 lb-pi à 4000 tr/min
Autres moteurs:	V8 - 4,5 litres - 300 ch
Transmission opt.:	-

PERFORMANCES

Accél. 0-100 km/h:	8,0 secondes
Vitesse maximale:	230 km/h
Freinage 100-0 km/h:	44,0 mètres
Consommation:	14,2 litres/100 km
Coût annuel:	1890 $

EN DEUX MOTS

TASSE-TOI, GRAND-PÈRE!

VERDICT

Agrément	
Confort	
Fiabilité	
Habitabilité	
Hiver	
Sécurité	
Valeur de revente	

CHEVROLET Astro/Pontiac Safari

Les fourgonnettes se raffinent au fil des ans afin de garantir un confort s'apparentant davantage à celui d'une automobile. Cette tendance les rend moins habiles à remorquer une tente-roulotte, à transporter des objets lourds ou même à servir d'outil de travail. En revanche, le duo Chevrolet Astro/Pontiac Safari peut accomplir toutes ces tâches.

Le couteau suisse des fourgonnettes

Le duo Astro/Safari peut s'acquitter avec aisance des tâches les plus ingrates tout en assurant un niveau de confort adéquat. Par contre, il ne possède pas la silhouette élancée des nouvelles fourgonnettes Venture/Trans Sport ou encore leurs sièges pouvant s'agencer de mille et une façons. En fait, la silhouette de l'Astro s'apparente bien plus à celle d'une brique sur roues qu'à toute autre fourgonnette sur le marché. Elle a bénéficié d'un *face lift* il y a quelques années, mais l'allure robuste est toujours au rendez-vous. Elle est en voie de devenir la Volvo des fourgonnettes en demeurant fidèle aux formes équarries. Le fait d'être demeurée fidèle à la même présentation extérieure depuis son lancement en 1985 est un avantage aux yeux de plusieurs, notamment les compagnies utilisant de nombreux véhicules du même modèle. Le consommateur est content de pouvoir conserver sa Astro ou sa Safari pendant plusieurs années sans se sentir obligé de la remplacer pour des raisons esthétiques.

Malheureusement, une chose aurait avantage à être changée sur ces fourgonnettes et ce, depuis le premier jour. En effet, l'espace réservé au pied gauche du conducteur et au pied droit du passager avant est pratiquement nul en raison de l'intrusion du passage de roue dans l'habitacle. Il est vrai qu'on s'y habitue à la longue et qu'on adopte une position en conséquence. Mais c'est tout de même inadmissible sur un véhicule vendu en 1997. Ce qui est vraiment dommage compte tenu que l'Astro/Safari a gagné en raffinement depuis quelques années. L'an

dernier, elle bénéficiait de l'arrivée d'un tout nouveau tableau de bord aussi pratique qu'esthétique. Il affiche les mêmes rondeurs que les planches de bord des camionnettes C/K tout en offrant quelques touches additionnelles. C'est ainsi que la console centrale des commandes est placée en angle vers le conducteur tout en étant quand même facile d'accès pour le passager. Les commandes de la climatisation sont placées au-dessus de celles de la radio, comme le recommandent les spécialistes en ergonomie. De plus, un coffre à gants s'associe à un vide-poches central et à un espace pour ranger les cartes placé sur la droite de la console pour ajouter à l'efficacité de l'ensemble. Malheureusement, la buse de ventilation centrale pour le passager est très modeste.

Rétro mais solide

En dépit de son apparence des années 80, l'Astro s'est nettement améliorée au chapitre de la finition et de la solidité de la caisse. Dans les premières années, la finition était plutôt aléatoire tandis que des

bruits de caisse se faisaient entendre après seulement 25 000 km d'utilisation. Ces lacunes ont été corrigées. La qualité d'assemblage s'est resserrée au cours des trois dernières années tandis que la qualité des matériaux n'a cessé de faire des progrès. Quant aux bruits de caisse, il est difficile dans le cadre d'un essai de quelques jours de vérifier les améliorations effectuées sur ce plan. Pourtant, une mini enquête auprès de propriétaires de modèles récents nous permet de croire que de sérieuses améliorations ont été réalisées.

Malheureusement, notre modèle d'essai était équipé de portes arrière à battants. Cette configuration empêche de profiter d'un essuie-glace pour nettoyer la lunette arrière. En outre, la jonction des portes crée une large poutre centrale qui obstrue pratiquement toute visibilité arrière. Heureusement que les rétroviseurs extérieurs sont de dimensions généreuses. Toutefois, il est possible de pallier cet inconvénient en optant pour la portière «hollandaise» constituée d'un demi-hayon et de deux petites portes à battant dans la partie inférieure.

Les sièges arrière n'offrent pas la même polyvalence que ce que nous propose la Venture, mais il est possible d'y trouver son compte. La version sept passagers comporte deux sièges baquets et une banquette trois places à l'arrière. Si vous désirez pouvoir accueillir huit personnes à bord, deux banquettes trois places occupent la partie arrière de l'habitacle. Mais il faut des muscles pour les déplacer!

Sa conduite surprend

À examiner cette fourgonnette en forme de frigo, on a l'impression qu'elle doit être aussi difficile à conduire qu'une semi-remorque. Pourtant, les apparences sont trompeuses puisque ce costaud se débrouille fort bien dans la circulation. Sa direction précise et son diamètre de braquage très modeste lui permettent de se faufiler partout ou presque. Sur la route, le moteur V6 4,3 litres fait sentir sa présence par des accélérations et des reprises assez musclées. Il permet de pouvoir également compter sur une capacité de remorquage très intéressante.

Il est vrai qu'une propulsion est plus délicate à conduire en hiver, mais l'acquisition de quatre bons pneus d'hiver permet de remédier à la situation. Il faut également rappeler qu'il est possible d'opter pour la traction intégrale qui ne fait jamais sentir sa présence tout en nous assurant que les roues ont toute la motricité voulue. Et même avec ce système, la capacité de remorquage est généreuse.

Sous une allure d'une autre époque, cette Astro/Safari s'est améliorée au fil des années. Elle peut remplir de nombreuses fonctions que des fourgonnettes plus orientées vers le confort et l'agrément de conduite ne sont pas capables de faire.

D. Duquet

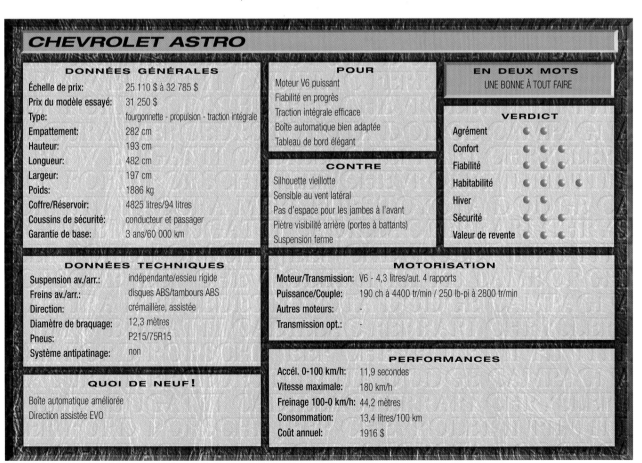

CHEVROLET ASTRO

DONNÉES GÉNÉRALES

Échelle de prix:	25 110 $ à 32 785 $
Prix du modèle essayé:	31 250 $
Type:	fourgonnette - propulsion - traction intégrale
Empattement:	282 cm
Hauteur:	193 cm
Longueur:	482 cm
Largeur:	197 cm
Poids:	1886 kg
Coffre/Réservoir:	4825 litres/94 litres
Coussins de sécurité:	conducteur et passager
Garantie de base:	3 ans/60 000 km

DONNÉES TECHNIQUES

Suspension av./arr.:	indépendante/essieu rigide
Freins av./arr.:	disques ABS/tambours ABS
Direction:	crémaillère, assistée
Diamètre de braquage:	12,3 mètres
Pneus:	P215/75R15
Système antipatinage:	non

QUOI DE NEUF!

Boîte automatique améliorée
Direction assistée EVO

POUR

Moteur V6 puissant
Fiabilité en progrès
Traction intégrale efficace
Boîte automatique bien adaptée
Tableau de bord élégant

CONTRE

Silhouette vieillotte
Sensible au vent latéral
Pas d'espace pour les jambes à l'avant
Piètre visibilité arrière (portes à battants)
Suspension ferme

MOTORISATION

Moteur/Transmission:	V6 - 4,3 litres/aut. 4 rapports
Puissance/Couple:	190 ch à 4400 tr/min / 250 lb-pi à 2800 tr/min
Autres moteurs:	-
Transmission opt.:	-

PERFORMANCES

Accél. 0-100 km/h:	11,9 secondes
Vitesse maximale:	180 km/h
Freinage 100-0 km/h:	44,2 mètres
Consommation:	13,4 litres/100 km
Coût annuel:	1916 $

EN DEUX MOTS

UNE BONNE À TOUT FAIRE

VERDICT

Agrément	
Confort	
Fiabilité	
Habitabilité	
Hiver	
Sécurité	
Valeur de revente	

CHEVROLET Blazer/GMC Jimmy

Il est curieux de constater que les utilitaires sport compacts de GM ne sont pas les best-sellers dans ce secteur du marché hautement compétitif, présentement dominé par les Ford Explorer et Jeep Grand Cherokee. Ironie du sort, ce sont les Blazer et Jimmy qui ont initialement contribué à populariser cette catégorie. Pourtant, ces deux 4X4 ont beaucoup à offrir.

S i le tandem Blazer/Jimmy a perdu des plumes au cours des dernières années face à la concurrence, c'est en grande partie dû au fait que General Motors a attendu trop longtemps avant de transformer ses deux utilitaires sport. En effet, bien que plus vétustes que les autres, ces modèles pouvaient encore affronter leurs rivaux avec sérénité tant qu'il s'agissait de la Jeep Cherokee et du Ford Bronco II. Malheureusement pour GM, le Grand Cherokee et l'Explorer ont littéralement fait exploser le marché et la nouvelle génération a trop tardé à arriver en force.

Suspensions à la carte

Ce n'est qu'en 1995 que la relève s'est pointé le bout du nez. Elle nous revient virtuellement inchangée en 1997. Cette génération est basée sur la plate-forme de la camionnette S-10. Comme sur cette dernière, le châssis est de type à échelle. Il a été renforcé pour affronter des conditions d'utilisation sévères. Les ingénieurs ont également travaillé fort pour doter ces deux modèles d'une suspension offrant un confort routier presque équivalent à celui d'une berline. On est même allé plus loin dans la mise au point des suspensions, puisque l'acheteur peut choisir parmi plusieurs types selon l'utilisation envisagée. Il y a la «Suspension tourisme» avec ses amortisseurs monotubes deCarbon, recommandée pour le remorquage lourd. Si vous êtes plus intéressé par le confort et la tenue de route au détriment de la capacité de remorquage, la «Suspension haut de gamme» est pour vous. Si le confort est votre

Elles remontent la pente

principal critère, la «Suspension conduite douce» a été créée pour répondre à vos désirs. Enfin, comme sur tout 4X4 qui se respecte, il est possible de commander la «Suspension tout-terrain». Comme son nom l'indique, elle est destinée à ceux qui veulent conduire de façon agressive dans des conditions difficiles. Disponible uniquement sur le deux portes 4X4, elle comprend des pneus tout-terrain P235/75R15, des amortisseurs monotubes à gaz haute pression deCarbon, des ressorts et des barres de torsion arrière surdimensionnés ainsi que des barres stabilisatrices plus grosses. Il faut noter que nous avons eu l'occasion de mettre à l'essai une version équipée de cette suspension tout-terrain sur une piste d'essai de GM. Elle est efficace, mais le confort qu'elle procure laisse à désirer. C'est une option essentiellement réservée aux spécialistes et aux inconditionnels du 4X4, prêts à souffrir pour être en mesure de dompter un sentier boueux lors d'une randonnée.

Sur le plan mécanique, un seul moteur est disponible, mais pas le moindre. En effet, le 4,3 litres Vortex est le plus puissant V6 offert dans

cette catégorie et son rendement est impressionnant. L'an dernier, il a été l'objet de plusieurs révisions internes destinées à améliorer la douceur de son ralenti, à augmenter sa fiabilité, à diminuer la consommation de carburant tout en atténuant le niveau sonore. Sur la version quatre portes, il ne peut être livré qu'avec la boîte automatique 4L60-E à commande électronique, considérée comme une des meilleures sur le marché en ce moment. La boîte manuelle à 5 rapports est également au catalogue, mais uniquement sur le modèle deux portes.

Bien entendu, on peut choisir entre des modèles 4X2 et 4X4. Dans le cas des quatre roues motrices, la version équipée du système à temps partiel se contrôle à l'aide d'un bouton sur le tableau de bord ou d'un levier de commande au plancher. Ce duo propose également depuis quelques mois la traction intégrale. Il s'agit ni plus ni moins du mécanisme qui était disponible depuis quelques années sur l'Oldsmobile Bravada, un modèle non disponible au Canada. Ce dispositif a démontré son efficacité au fil des années, mais n'est offert que sur le modèle LT quatre portes, le plus luxueux de la gamme.

Des hauts et des bas

Jadis reconnues pour l'atrocité de leur tableau de bord et l'inconfort de leurs sièges, les Blazer et Jimmy n'ont dorénavant aucun complexe à avoir face à la concurrence. La planche de bord est non seulement esthétique mais pratique. Les commandes de la radio sont obstruées par le levier de vitesses et les commandes de la climatisation sont placées un peu trop vers la droite, mais ce sont là des inconvénients mineurs. Soulignons également la présence de deux fiches de branchement 12 volts en plus du briquet. Les sièges ont gagné en confort, bien que le tissu qui les recouvre soit à revoir. Quant aux places

arrière, elles souffrent d'un coussin trop bas qui rend inconfortable tout trajet de plus d'une heure.

Autant le Blazer que le Jimmy se débrouillent aussi bien sur la route qu'en sentier. Le tandem moteur/transmission s'associe à une suspension confortable pour rendre la conduite agréable sur la grand-route. Certains trouvent à redire quant au support offert par les sièges avant, mais c'est quand même équivalent à la moyenne du groupe.

Lorsque les conditions se détériorent, le système de traction intégrale nous démontre son efficacité, même s'il manque parfois de subtilité dans des situations où les conditions d'adhérence sont délicates. Quant au système à temps partiel, le système à boutons-poussoirs est plus facile que le levier au plancher, dont le maniement n'est pas toujours une sinécure. Donc, dans leur ensemble, ces deux utilitaires nous proposent un très bon rapport qualité/prix en plus d'un grand raffinement accru tant au chapitre de la finition que des performances.

D. Duquet

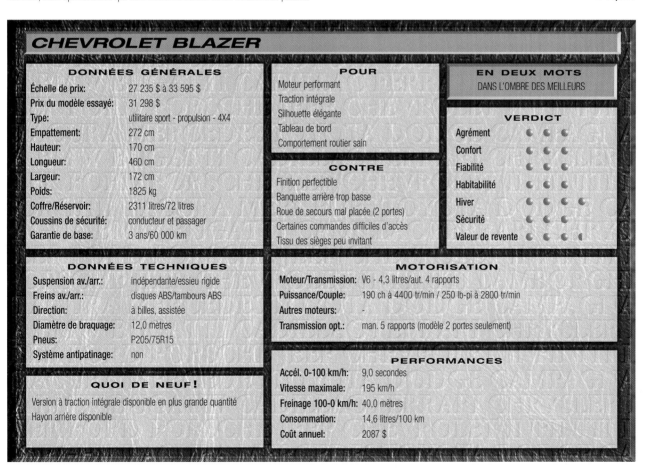

CHEVROLET BLAZER

DONNÉES GÉNÉRALES

Échelle de prix:	27 235 $ à 33 595 $
Prix du modèle essayé:	31 298 $
Type:	utilitaire sport - propulsion - 4X4
Empattement:	272 cm
Hauteur:	170 cm
Longueur:	460 cm
Largeur:	172 cm
Poids:	1825 kg
Coffre/Réservoir:	2311 litres/72 litres
Coussins de sécurité:	conducteur et passager
Garantie de base:	3 ans/60 000 km

POUR

Moteur performant
Traction intégrale
Silhouette élégante
Tableau de bord
Comportement routier sain

CONTRE

Finition perfectible
Banquette arrière trop basse
Roue de secours mal placée (2 portes)
Certaines commandes difficiles d'accès
Tissu des sièges peu invitant

EN DEUX MOTS

DANS L'OMBRE DES MEILLEURS

VERDICT

Agrément	◖◖◖
Confort	◖◖◖
Fiabilité	◖◖◖
Habitabilité	◖◖◖
Hiver	◖◖◖
Sécurité	◖◖◖
Valeur de revente	◖◖◖◖

DONNÉES TECHNIQUES

Suspension av./arr.:	indépendante/essieu rigide
Freins av./arr.:	disques ABS/tambours ABS
Direction:	à billes, assistée
Diamètre de braquage:	12,0 mètres
Pneus:	P205/75R15
Système antipatinage:	non

MOTORISATION

Moteur/Transmission:	V6 - 4,3 litres/aut. 4 rapports
Puissance/Couple:	190 ch à 4400 tr/min / 250 lb-pi à 2800 tr/min
Autres moteurs:	-
Transmission opt.:	man. 5 rapports (modèle 2 portes seulement)

QUOI DE NEUF !

Version à traction intégrale disponible en plus grande quantité
Hayon arrière disponible

PERFORMANCES

Accél. 0-100 km/h:	9,0 secondes
Vitesse maximale:	195 km/h
Freinage 100-0 km/h:	40,0 mètres
Consommation:	14,6 litres/100 km
Coût annuel:	2087 $

CHEVROLET Camaro/Pontiac Firebird

Détentrice d'un honorable palmarès sportif, acquis principalement dans la série Trans Am, la Camaro de Chevrolet représente aux yeux de plusieurs l'incarnation du plaisir de conduire. Or il n'en est rien: s'il y a «erreur sur la personne», c'est bien dans le cas de cette voiture.

30 ans et pas encore mature...

C onstruite au Québec depuis 1994 sur la même chaîne que sa sœur jumelle, la Pontiac Firebird, la Camaro célèbre cette année ses 30 ans. Histoire de commémorer cette longévité, la gamme s'enrichit d'une édition spéciale «30e anniversaire», dont les exemplaires produits en quantité limitée se distingueront avant tout par une livrée blanche et orange, à l'intérieur comme à l'extérieur. Il s'agit là du seul changement digne de mention apporté à ce modèle en 1997, et on peut se demander si ce n'est pas trop peu, trop tard, compte tenu de ses ventes moribondes.

Pire: deux ans plus tard, le succès pour le moins mitigé de ces deux modèles assemblés à l'usine GM de Sainte-Thérèse a même entraîné la suppression d'un quart de travail entre ses murs. Pendant ce temps, les ventes de leur éternelle rivale qu'est la Ford Mustang se portent assez bien merci; c'est particulièrement vrai au Canada et seule la fidélité des acheteurs américains permet d'expliquer la survie des Camaro/Firebird.

Évolution? Stagnation, plutôt...

Ces deux voitures furent introduites en 1967, en réplique justement à la Mustang. C'était l'époque des *pony cars*, ces sportives américaines aux dimensions réduites — par rapport aux paquebots à quatre roues qui circulaient alors sur nos routes... — mais animées par des V8 «gros comme ça». On se souviendra de leurs performances ahurissantes, mais aussi des sensations fortes que procurait leur conduite

délicate: la tenue de route était un concept bien abstrait pour ces arracheuses de bitume.

Ceux qui ont vécu ces années mouvementées ne seront guère dépaysés à bord des Camaro et Firebird actuelles: ces dernières sont restées tellement fidèles à leurs ancêtres qu'elles en ont conservé tous les défauts. Ou presque: elles tiennent un peu mieux la route, freinent avec un peu plus d'autorité et leurs directions ont gagné en précision, mais face aux sportives nippones et européennes, elles accusent un retard de 20 ans.

Le poids étant l'ennemi n° 1 d'une sportive, ces lourds et volumineux coupés souffrent dès le départ d'un handicap insurmontable. Comme si on demandait à une nageuse est-allemande de faire de la gymnastique... Leur conduite nécessite un certain doigté, sinon un cours de pilotage en bonne et due forme pour les versions les plus performantes que sont les Z28 (Camaro) et Trans Am (Firebird). Le train arrière réagit à la moindre imperfection du revêtement, auquel cas il faut doublement se méfier tant des

mouvements de la caisse (peu rigide de surcroît) que de la brutalité du V8. Celui-ci ravira les amateurs de couple et de puissance brute, mais ils devront éviter les tracés sinueux pour s'en tenir aux longues lignes droites s'ils veulent s'éclater le moindrement; pour l'agilité et la maniabilité, il faudra regarder ailleurs. La puissance est une chose, mais lorsqu'on ne peut l'exploiter d'aucune façon, à quoi sert-elle? Poser la question, c'est y répondre.

Si faire crisser les pneus et incruster du caoutchouc dans l'asphalte sur 10 mètres correspond à votre définition de l'agrément de conduite, les Z28 et Trans Am vous combleront. Sinon, il serait plus sage, si vous tenez mordicus à vous balader dans une Camaro ou une Firebird, de considérer les versions de base ou intermédiaires, plus civilisées et moins assoiffées de carburant.

Parmi les quatre moteurs disponibles, le V6 3800 apparaît comme le meilleur compromis: il est moins glouton, plus discret et plus souple. Et fiable avec ça: cette motorisation, l'une des très bonnes de GM, a fait ses preuves. De plus, ses 200 chevaux permettent d'obtenir des performances à tout le moins honnêtes, malgré l'obésité du véhicule.

D'autres fausses notes

Pour les versions les plus performantes, on a éliminé un autre mot du vocabulaire des Camaro et Firebird: confort. Celui-ci est tout simplement inexistant et, non, il n'est pas disponible en option... La suspension est moins revêche sur les autres versions, mais tous les modèles de cette gamme souffrent des mêmes défauts: une visibilité nulle à l'avant (avec une assise basse combinée à un capot qui n'en finit plus) comme à l'arrière, qui transforme le plus banal stationnement en parallèle en véritable tour de force; une finition douteuse, tant à l'œil qu'à l'oreille — les innombrables craquements font craindre le pire lorsqu'on constate la surabondance de plastique — et un espace restreint pour tout le monde sauf pour le conducteur. Après les 2+2, GM vient d'introduire un nouveau concept: les 1+3 *(sic)*... En effet, celui ou celle qui prend place aux côtés du chauffeur est aux prises avec l'énorme bosse du catalyseur, qui pénalise le dégagement pour les jambes. Quant aux places arrière, leur fonction est avant tout décorative. Il est difficile de croire qu'on a pu concevoir, dans les années 90, un habitacle aussi mal foutu que peu pratique. Le meilleur exemple... à ne pas suivre, qui devrait être montré dans toutes les écoles de design.

«Une belle voiture ne peut pas être mauvaise», a déjà dit un ingénieur automobile. Pas de doute, le tandem Camaro/Firebird est l'exception qui confirme la règle. C'est payer bien cher pour jouer les m'as-tu-vu. Quant aux nostalgiques purs et durs des «gros cubes», ils devraient plutôt considérer la Mustang, qui a su s'adapter à son époque tout en conservant sa touche rétro. L'une vieillit bien, l'autre pas...

P. Laguë

CHEVROLET CAMARO Z28

DONNÉES GÉNÉRALES

Échelle de prix:	20 910 $ à 34 070 $ (cabriolet)
Prix du modèle essayé:	27 780 $
Type:	coupé - 2+2 - propulsion
Empattement:	257 cm
Hauteur:	130 cm
Longueur:	491 cm
Largeur:	188 cm
Poids:	1572 kg
Coffre/Réservoir:	365 litres/59 litres
Coussins de sécurité:	conducteur et passager
Garantie de base:	3 ans/60 000 km

POUR

Ligne réussie
Bon choix de moteurs
Performances musclées (V8)

CONTRE

Assemblage bâclé
Aspect pratique inexistant
Poids excessif
Agrément de conduite mitigé
Conception préhistorique

EN DEUX MOTS

SOIS BELLE ET TAIS-TOI

VERDICT

Agrément	◖◖
Confort	◖◖
Fiabilité	◖◖◖
Habitabilité	◖
Hiver	◖◖
Sécurité	◖◖◖◖
Valeur de revente	◖◖◖◖

DONNÉES TECHNIQUES

Suspension av./arr.:	indépendante/essieu rigide
Freins av./arr.:	disques ABS
Direction:	crémaillère, assistée
Diamètre de braquage:	13,0 mètres
Pneus:	P235/55ZR16
Système antipatinage:	optionnel

MOTORISATION

Moteur/Transmission:	V8 - 5,7 litres/man. 6 rapports
Puissance/Couple:	285 ch à 5200 tr/min / 325 lb-pi à 2400 tr/min
Autres moteurs:	V6 - 160 ch/V6 - 200 ch/V8 - 305 ch
Transmission opt.:	aut. 4 rapports/man. 5 rapports

QUOI DE NEUF!

Console et sièges redessinés
Nouvelles couleurs
Groupe décor 30e anniversaire (Camaro)

PERFORMANCES

Accél. 0-100 km/h:	6,6 secondes
Vitesse maximale:	240 km/h
Freinage 100-0 km/h:	38,0 mètres
Consommation:	12,5 litres/100 km
Coût annuel:	1788 $

CHEVROLET Cavalier/Pontiac Sunfire

D'honnêtes sous-compactes, les siamoises que sont la Chevrolet Cavalier et la Pontiac Sunfire ne pratiquent pas l'agrément de conduite sur une très haute échelle. Leur succès repose avant tout sur une fourchette de prix très intéressante qui donne à ces voitures un attrait indéniable quand on considère leur équipement de série et le montant de la facture.

M algré cela, la Chevrolet Cavalier inscrite à notre match comparatif (voir première partie) n'y a pas connu le même succès qu'au classement des voitures les plus vendues au Canada, où elle domine la concurrence. Son rapport qualité/prix n'a pas su faire oublier son faible agrément de conduite et elle a été reléguée au cinquième rang. Si le tandem Cavalier-Sunfire n'offre pas des performances très relevées, il existe toutefois une cure à cet ennui que l'on peut commander en cochant l'option Z24 dans le cas de la Cavalier ou GT pour la Sunfire. Ces groupes donnent droit d'abord à un moteur vitaminé, un 4 cylindres de 2,4 litres à double arbre à cames en tête et 4 soupapes par cylindre délivrant 150 chevaux contre 120 pour le 4 cylindres de base. Les coupés qui en tirent profit bénéficient en même temps d'une suspension dite sport et de roues de 16 pouces avec pneus 205/55. Il résulte de tout cela un agrément de conduite haussé d'un cran comme j'ai pu m'en rendre compte lors d'une prise en main sur le circuit routier de Shannonville et au cours d'une bordée de kilomètres sur les routes avoisinantes.

Une tenue sportive

Le coupé Sunfire qui m'a servi de cobaye s'est montré étonnant de stabilité dans les virages serrés du circuit, affichant un comportement routier carrément sportif. Ordinairement, lorsqu'on prend le volant d'une voiture qui ne nous est pas familière, il est prudent de compléter

Z24 et GT pour le plaisir

quelques tours du circuit à vitesse moyenne afin de se familiariser avec ses réactions. Cette précaution est quasi superflue avec la Sunfire GT qui, dès le premier virage, affiche ses couleurs. Le roulis est minime et le sous-virage annonciateur de la traction avant est, à toutes fins pratiques, absent. Nous sommes en présence d'une voiture assez neutre dont ni le train avant ni les roues arrière n'ont tendance à se dérober même à très grande vitesse dans les courbes moyennes ou serrées du circuit de Shannonville.

On souhaiterait cependant mieux ressentir le travail des roues motrices à travers le volant. La direction est en effet beaucoup trop légère et son assistance ne convient pas au caractère sportif de ce modèle. Un autre pavé dans la mare est le profil des sièges. Ceux-ci n'offrent aucun support latéral en plus de créer un effet de rouleau à pâte au niveau lombaire. C'est à la fois désagréable et inconfortable. On sera bien avisé de vérifier si l'on peut s'accommoder de la position de conduite de la Cavalier Z24 ou de la Sunfire GT avant d'en faire l'acquisition.

Un autre aspect de ces voitures qui les avantage en conduite rapide est la résistance des freins. Même avec des tambours à l'arrière, la Sunfire se tire fort bien d'affaire avec des arrêts rectilignes sur des distances relativement courtes.

Le groupe propulseur m'a laissé un peu perplexe... Je n'ai d'abord pas été gêné par la boîte de vitesses manuelle à 5 rapports que certains trouvent capricieuse. Le levier se déplaçait avec facilité et bénéficiait d'un guidage assez précis. En revanche, j'ai des réserves sur le moteur, qui donne l'impression d'être très performant mais qui est trahi par le chronomètre. Celui-ci affiche un temps de 9,2 secondes entre 0 et 100 km/h, ce qui n'est pas à crier sur les toits. *Idem* pour la vitesse de pointe, que General Motors a cru bon de limiter à 175 km/h. On appréciera davantage la faible consommation que le cycle ville/route de Transports Canada situe à 8,8 litres aux 100 km. J'ajoute tout de même que le couple amélioré du moteur le rend très nerveux à régime moyen et que la réserve de puissance aux vitesses courantes est impressionnante. Il faudra juste supporter son niveau sonore assez élevé à haut régime.

Une solidité incertaine

Quittant le circuit de Shannonville, j'ai bourlingué sur les petites routes rurales des alentours et la Sunfire m'a étonné autant par sa solidité que par sa stabilité sur des revêtements défoncés. L'état neuf de la voiture y est sans doute pour quelque chose puisqu'un essai préalable avec une Sunfire normale affichant près de 10 000 km m'avait incité à conclure que la solidité de la caisse montrait déjà des signes de faiblesse.

Si les Sunfire et Cavalier ont fière allure de l'extérieur, le tableau de bord pourrait certes être un peu mieux réussi. Les deux blocs super-posés qui le composent ne sont pas d'une très grande originalité. Cela est matière de goût bien sûr et l'on sera certes plus heureux d'apprendre que les places arrière, même dans les coupés, peuvent recevoir deux adultes de taille moyenne en tout confort. Leurs bagages pourront trouver refuge dans un coffre dont le seuil est semi-élevé et dont le couvercle voit sa dimension réduite par la proéminence des feux arrière. La hauteur du coffre, par ailleurs, gêne quelque peu la visibilité arrière, une faute courante sur bien des voitures récentes.

Le bilan global de ces sous-compactes aux aspirations sportives est plutôt positif. Si les Cavalier et Sunfire normales ne sont pas les meilleures voitures de leur catégorie, leurs cousines un peu plus musclées rehaussent très certainement leur agrément de conduite.

J. Duval

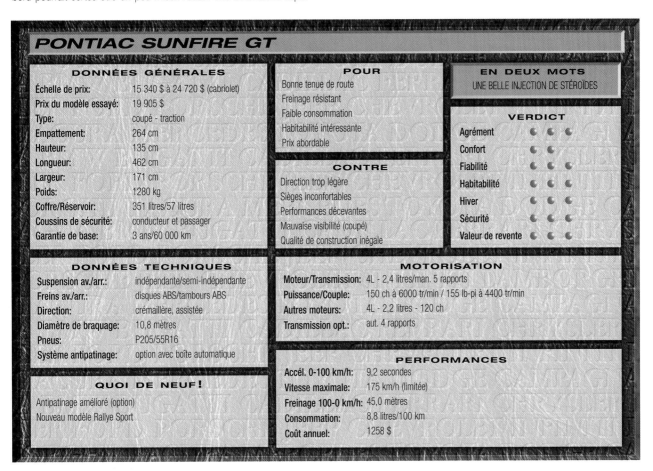

PONTIAC SUNFIRE GT

DONNÉES GÉNÉRALES

Échelle de prix:	15 340 $ à 24 720 $ (cabriolet)
Prix du modèle essayé:	19 905 $
Type:	coupé - traction
Empattement:	264 cm
Hauteur:	135 cm
Longueur:	462 cm
Largeur:	171 cm
Poids:	1280 kg
Coffre/Réservoir:	351 litres/57 litres
Coussins de sécurité:	conducteur et passager
Garantie de base:	3 ans/60 000 km

DONNÉES TECHNIQUES

Suspension av./arr.:	indépendante/semi-indépendante
Freins av./arr.:	disques ABS/tambours ABS
Direction:	crémaillère, assistée
Diamètre de braquage:	10,8 mètres
Pneus:	P205/55R16
Système antipatinage:	option avec boîte automatique

QUOI DE NEUF!

Antipatinage amélioré (option)
Nouveau modèle Rallye Sport

POUR

Bonne tenue de route
Freinage résistant
Faible consommation
Habitabilité intéressante
Prix abordable

CONTRE

Direction trop légère
Sièges inconfortables
Performances décevantes
Mauvaise visibilité (coupé)
Qualité de construction inégale

MOTORISATION

Moteur/Transmission:	4L - 2,4 litres/man. 5 rapports
Puissance/Couple:	150 ch à 6000 tr/min / 155 lb-pi à 4400 tr/min
Autres moteurs:	4L - 2,2 litres - 120 ch
Transmission opt.:	aut. 4 rapports

PERFORMANCES

Accél. 0-100 km/h:	9,2 secondes
Vitesse maximale:	175 km/h (limitée)
Freinage 100-0 km/h:	45,0 mètres
Consommation:	8,8 litres/100 km
Coût annuel:	1258 $

EN DEUX MOTS

UNE BELLE INJECTION DE STÉROÏDES

VERDICT

Agrément	●●●
Confort	●●
Fiabilité	●●●
Habitabilité	●●●
Hiver	●●●
Sécurité	●●●
Valeur de revente	●●●

CHEVROLET Corvette

Chevrolet devait dévoiler sa légendaire Corvette à l'automne 1996. Les grands vizirs du marketing ont jugé qu'il était plus sage d'attendre au Salon de l'auto de Detroit pour lancer le célèbre coupé sport. Entre-temps, cette division de GM a levé quelque peu le voile sur le nouveau moteur chargé d'animer la Vette, histoire de nous faire patienter avant le grand dévoilement.

La stratégie de Chevrolet n'est pas inconnue puisqu'elle a eu recours au même stratagème en 1983 lors du lancement de la présente version. Le projet initial prévoyait de dévoiler le nouveau modèle au cours de l'automne 1982. D'ailleurs, le *Guide de l'auto* avait eu droit à une avant-première au début de septembre 1982 et la photo de la nouvelle Corvette était la grande vedette de la page couverture du *Guide 83*. Un changement de dernière minute a reporté le dévoilement de la voiture au printemps 1983 et on a paniqué chez Chevrolet en apprenant que le *Guide* allait être publié avec la Corvette en première page. General Motors a même songé à acheter l'édition complète du *Guide* qui avait déjà été imprimé. Devant l'ampleur de la dépense, on a décidé de laisser faire et le *Guide de l'auto* a eu l'honneur d'avoir une primeur mondiale.

Quant à la nouvelle version, la grande surprise est le fait qu'on a conservé la configuration originale, soit les soupapes en tête, pour le moteur V8 5,7 litres. Cette décision est pour le moins surprenante. En effet, pourquoi retenir un moteur à poussoirs et culbuteurs sur une voiture destinée à être le fer de lance des voitures sport de GM? Les ingénieurs nous ont juré qu'ils avaient le choix et qu'ils ont préféré respecter la tradition du légendaire «Small Block» de Chevrolet. Même si la configuration mécanique est d'une autre époque, les éléments sont modernes: le bloc et la culasse sont en aluminium, le passage des poussoirs est optimisé et le système d'allumage est à bobine individuelle pour chaque cylindre.

En attendant...

Tant et si bien que la puissance de ce nouveau V8 portant le nom de code LS1 est de 345 chevaux, ce qui est plus qu'adéquat. Un généreux couple de 350 lb-pi permet de compter sur d'excellentes reprises à bas régime. À titre de comparaison, le moteur régulier de la Corvette 1996, le LT1, développe 300 chevaux tandis que le LT4 optionnel en fournit 330. Malgré l'utilisation de soupapes en tête, ce nouveau moteur se défend fort honorablement. Et sa robustesse ne fera certainement pas défaut puisque tous ses éléments sont éprouvés. Et comme sur les moteurs de course modernes, le carter d'huile fait partie de la structure même du moteur afin d'assurer une plus grande rigidité. Ce carter possède des réservoirs latéraux qui lui confèrent une allure vraiment à part. Ils permettent d'éviter que le moteur soit sevré d'huile dans les virages serrés.

Parmi les autres caractéristiques de ce moteur, il faut mentionner le collecteur d'admission en matériau composite doté de tubulures assurant une accélération efficace de l'air dans les cylindres. Quant aux tubulures

d'échappement, elles sont en acier inoxydable plutôt qu'en fonte moulée. Celles-ci sont doubles et un coussin d'air qui s'insère entre les deux parois permet de réduire les pertes de chaleur dans le compartiment moteur. Bref, tous les éléments sont très modernes en dépit d'un jeu de soupapes passablement rétro. Après tout, Mercedes a remporté les 500 Milles d'Indianapolis, en 1994, avec un moteur de configuration similaire.

Une nouvelle Vette évolutive

Bien que Chevrolet soit discrète quant à la nouvelle Corvette, plusieurs rumeurs nous permettent de dresser un portrait de la nouvelle venue. Dans un premier temps, tout porte à croire qu'il s'agira d'un modèle très évolutif tant sur le plan mécanique qu'esthétique. Il semble que les ingénieurs soient satisfaits de la qualité de la plate-forme existante. Ils jugent plus pratique et plus économique de la moderniser que de la remplacer du tout au tout. En revanche, l'empattement sera allongé tandis que la caisse sera plus courte. Cela réduira davantage le porte-à-faux avant et arrière. De plus, la cabine sera plus large et plus spacieuse. Toutefois, les stylistes devraient conserver la traditionnelle silhouette cintrée au centre et évasée aux extrémités, ce que nos amis américains appellent la forme «bouteille de Coca-Cola». Et, j'allais oublier, la carrosserie sera toujours en fibre de verre.

Certains seront déçus que cette Corvette ne soit pas révolutionnaire. Elle respecte pourtant la nouvelle politique de GM qui est de donner aux clients ce qu'ils désirent. La nouvelle génération de la Vette devrait être très compétitive en termes de prix tandis que les performances et la tenue de route seront meilleures que jamais.

Et s'il faut en croire la rumeur, l'an prochain, une Corvette plus raffinée et plus puissante serait disponible. Elle utiliserait une version révisée du

V8 4,0 litres Northstar, ce qui permettrait de disposer d'un moteur 32 soupapes relativement économique dont la fiabilité a fait plus que ses preuves. Mais il s'agit, dans ce cas, de rumeurs de laboratoires et de pistes d'essai. La première vague des nouvelles Corvette sera animée par le LS1 5,7 litres de 345 chevaux. Pour le reste, tout est conjecture.

Quant à la version 1996, on en a poursuivi la production jusqu'à l'automne 1996 afin de pouvoir maintenir un inventaire suffisant pour approvisionner les concessionnaires. Par la suite, on procédera graduellement à l'accélération de la chaîne d'assemblage de la nouvelle version. Et si vous voulez être de ceux qui auront acquis la dernière vague de la présente génération, il faut vous rappeler qu'il s'agit d'une voiture qui a atteint une belle maturité sur le plan mécanique. Les freins sont améliorés, le choix des moteurs intéressant et les sièges plus confortables que jamais. De plus, la qualité d'assemblage s'est drôlement resserrée au fil des années: la légendaire finition bâclée des Corvette est une histoire du passé.

D. Duquet

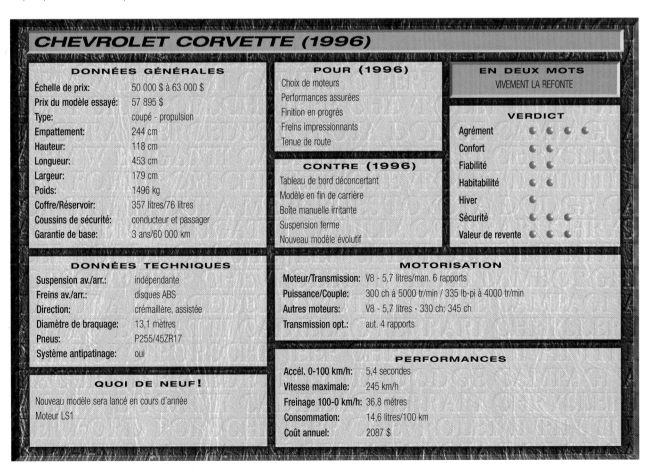

CHEVROLET CORVETTE (1996)

DONNÉES GÉNÉRALES

Échelle de prix:	50 000 $ à 63 000 $
Prix du modèle essayé:	57 895 $
Type:	coupé - propulsion
Empattement:	244 cm
Hauteur:	118 cm
Longueur:	453 cm
Largeur:	179 cm
Poids:	1496 kg
Coffre/Réservoir:	357 litres/76 litres
Coussins de sécurité:	conducteur et passager
Garantie de base:	3 ans/60 000 km

DONNÉES TECHNIQUES

Suspension av./arr.:	indépendante
Freins av./arr.:	disques ABS
Direction:	crémaillère, assistée
Diamètre de braquage:	13,1 mètres
Pneus:	P255/45ZR17
Système antipatinage:	oui

QUOI DE NEUF!

Nouveau modèle sera lancé en cours d'année
Moteur LS1

POUR (1996)

Choix de moteurs
Performances assurées
Finition en progrès
Freins impressionnants
Tenue de route

CONTRE (1996)

Tableau de bord déconcertant
Modèle en fin de carrière
Boîte manuelle irritante
Suspension ferme
Nouveau modèle évolutif

MOTORISATION

Moteur/Transmission:	V8 - 5,7 litres/man. 6 rapports
Puissance/Couple:	300 ch à 5000 tr/min / 335 lb-pi à 4000 tr/min
Autres moteurs:	V8 - 5,7 litres - 330 ch; 345 ch
Transmission opt.:	aut. 4 rapports

PERFORMANCES

Accél. 0-100 km/h:	5,4 secondes
Vitesse maximale:	245 km/h
Freinage 100-0 km/h:	36,8 mètres
Consommation:	14,6 litres/100 km
Coût annuel:	2087 $

EN DEUX MOTS

VIVEMENT LA REFONTE

VERDICT

Agrément	
Confort	
Fiabilité	
Habitabilité	
Hiver	
Sécurité	
Valeur de revente	

CHEVROLET Lumina/Monte Carlo

Lors de leur dernier remaniement en 1994, la Lumina et la Monte Carlo devaient servir de fer de lance à Chevrolet dans leur créneau respectif. Mais plutôt que d'y investir de gros efforts, GM semble les avoir conçues avec un peu de désinvolture. Le grand manufacturier a-t-il égaré sa «recette» de la bonne voiture quotidienne?

La berline Lumina est disponible en deux versions: une de base et une LS dotée d'un équipement plus riche. Le moteur de série est le vieux V6 de 2,8 litres porté il y a quelque temps à 3,1 litres. Un autre V6 3,4 litres beaucoup plus moderne peut aussi être retenu pour la LS. Le coupé Monte Carlo, quant à lui, est livré en version LS et Z34. En attribuant à ce dernier le gros V6, on a voulu lui donner un tempérament plus sportif. Les dimensions, comportements et équipements ne diffèrent que par certains détails mineurs, mais nos commentaires portent plus spécifiquement sur la Lumina LS mise à l'essai.

Un style anodin

Le moins que l'on puisse dire est que les formes de ces deux sœurs que sont la Lumina et la Monte Carlo manquent d'originalité.La Monte Carlo, particulièrement, devrait prendre exemple sur la Grand Prix dont elle partage le châssis et démontrer un peu de *sex-appeal* ou d'agressivité.

C'est d'autant plus déplorable que l'intérieur est dans la même veine. La grosse planche de bord envahit l'espace réservé aux occupants. L'ajustement du panneau recouvrant le coussin gonflable côté passager et de la nacelle regroupant les instruments laissait beaucoup à désirer dans notre monture. Cependant, les leviers et commandes tombent bien sous la main et donnent une bonne impression de solidité. Les instruments, pas trop nombreux, ont toutefois le mérite d'être très clairs et bien dessinés. Au premier regard, on a l'impression qu'un gros effort a été consenti par

Une voiture sans conviction

Chevrolet pour améliorer l'aspect de la finition intérieure. Puis on jette un coup d'œil au bas des contre-portes, recouvert d'un tapis qu'on dirait rongé par les mites, et on se dit que la qualité n'est pas partout au rendez-vous...

Les gros sièges baquets à l'avant promettent un confort moelleux mais déçoivent dès les premiers kilomètres. Leur support lombaire très proéminent repousse littéralement le dos vers l'avant et personne ne s'y sent vraiment à l'aise. À l'arrière, l'espace disponible comblera deux sinon trois occupants, grâce entre autres à un plancher remarquablement plat. Le dossier de la banquette, de forme assez bizarre, ne soulève pas de commentaires négatifs à part le fait qu'il ne peut basculer pour agrandir le coffre sauf dans la Monte Carlo. La soute est de bonnes dimensions, mais les énormes charnières risquent d'écraser les bagages lorsqu'on referme le couvercle.

Des performances bien tièdes

Le comportement routier est à l'image de la voiture, c'est-à-dire sans histoire. Notre Lumina profitait de très gros pneus optionnels qui offraient

une adhérence et un confort appréciables. Cependant, la mollesse des suspensions confère à la voiture une tendance à se vautrer dans les courbes malgré la précision de la direction. Le diamètre de braquage pâtit avec les pneumatiques de 16 pouces, mais il n'en demeure pas moins qu'ils doivent être préférés aux moins performantes enveloppes de 15 pouces.

Le confort sur autoroute est d'une efficacité surprenante et le silence de fonctionnement, tant aérodynamique que mécanique, satisfera les plus difficiles. La voiture réagit calmement et efficacement au passage des plaies et bosses de notre réseau routier et le châssis très rigide n'émet aucun craquement. La position de conduite est confortable, aidée en cela par les ajustements électriques du siège du conducteur disponibles en option. On devrait cependant y retrouver un réglage «stationnement» qui permettrait de le relever rapidement au maximum, tant les extrémités de la carrosserie sont invisibles lors de cette manœuvre.

Le tandem formé du moteur 3,1 litres et de la boîte automatique ne manifeste aucun tempérament particulier. Les changements de rapports s'effectuent avec douceur et au moment ou on s'y attend le plus. Tel que prévu, les accélérations sont molles, car les 160 chevaux doivent tirer plus de 1500 kg. Le petit V6 se tire assez bien d'affaire à bas régime, mais déteste qu'on le brusque passé 4500 tr/min. Sa consommation moyenne très importante de 14 litres/100 km étonne, mais pourrait s'expliquer du fait que notre véhicule en était à ses tout premiers kilomètres.

La fiche technique du 3,4 litres augure beaucoup mieux quant à ses performances, mais les conducteurs possédant quelque velléité sportive resteront sur leur appétit.

L'antiblocage se retrouve de série sur toute la gamme, mais seule la Z34 peut recevoir des disques aux quatre coins. Le freinage est loin de constituer l'une des vertus de la Lumina, car sa résistance à l'échauffement s'évanouit après le deuxième essai. En conduite plus «sédentaire» les distances de freinage se situent dans la moyenne, mais il faut pousser vraiment fort pour faire déclencher l'ABS.

Somme toute, le seul argument vraiment convaincant de cette gamme Chevrolet est son prix compétitif, surtout si on tient compte de l'équipement assez complet comprenant entre autres deux coussins gonflables. GM s'entête à nous servir (dans ce créneau) des voitures tellement ordinaires qu'on a l'impression qu'elles ne se retrouvent que dans les agences de location. Un peu d'originalité permettrait peut-être de batailler pour les premières places comme du temps de nos vieilles Impala.

J.-G. Laliberté

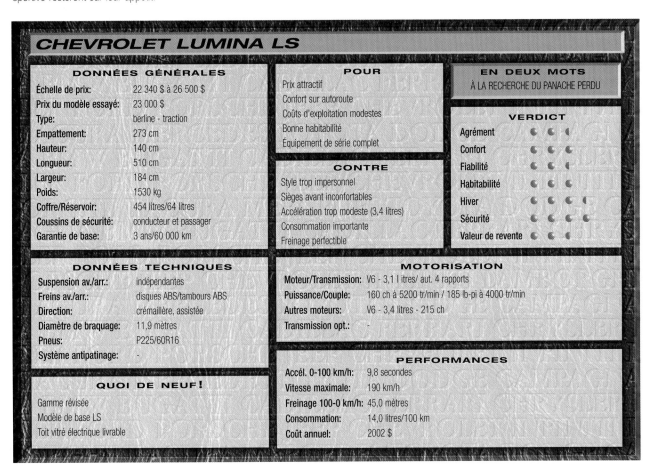

CHEVROLET LUMINA LS

DONNÉES GÉNÉRALES

Échelle de prix:	22 340 $ à 26 500 $
Prix du modèle essayé:	23 000 $
Type:	berline - traction
Empattement:	273 cm
Hauteur:	140 cm
Longueur:	510 cm
Largeur:	184 cm
Poids:	1530 kg
Coffre/Réservoir:	454 litres/64 litres
Coussins de sécurité:	conducteur et passager
Garantie de base:	3 ans/60 000 km

DONNÉES TECHNIQUES

Suspension av./arr.:	indépendantes
Freins av./arr.:	disques ABS/tambours ABS
Direction:	crémaillère, assistée
Diamètre de braquage:	11,9 mètres
Pneus:	P225/60R16
Système antipatinage:	-

QUOI DE NEUF!

Gamme révisée
Modèle de base LS
Toit vitré électrique livrable

POUR

Prix attractif
Confort sur autoroute
Coûts d'exploitation modestes
Bonne habitabilité
Équipement de série complet

CONTRE

Style trop impersonnel
Sièges avant inconfortables
Accélération trop modeste (3,4 litres)
Consommation importante
Freinage perfectible

MOTORISATION

Moteur/Transmission:	V6 - 3,1 litres / aut. 4 rapports
Puissance/Couple:	160 ch à 5200 tr/min / 185 lb-pi à 4000 tr/min
Autres moteurs:	V6 - 3,4 litres - 215 ch
Transmission opt.:	-

PERFORMANCES

Accél. 0-100 km/h:	9,8 secondes
Vitesse maximale:	190 km/h
Freinage 100-0 km/h:	45,0 mètres
Consommation:	14,0 litres/100 km
Coût annuel:	2002 $

EN DEUX MOTS

À LA RECHERCHE DU PANACHE PERDU

VERDICT

Agrément	
Confort	
Fiabilité	
Habitabilité	
Hiver	
Sécurité	
Valeur de revente	

CHEVROLET Malibu

Depuis que Chevrolet a dévoilé la Malibu au Salon de l'auto de Detroit, cette voiture a suscité un très grand intérêt de la part du public. Cet enthousiasme pour l'appellation Malibu nous prouve que Chevrolet a fait une erreur en l'abandonnant il y a plusieurs années. Mais si ce nom est évocateur, il faut tout de même que la voiture possède les qualités voulues pour réussir.

Dans le passé, General Motors et la division Chevrolet en particulier ont souvent fait des belles promesses mais, malheureusement, les résultats étaient souvent décevants. Il suffit de mentionner les modèles Beretta et Corsica pour comprendre. À cette époque, on croyait fermement chez Chevrolet qu'une silhouette plaisante combinée à des éléments mécaniques très moyens suffisaient pour convaincre les clients.

Cette époque est bel et bien révolue. Dorénavant, chez GM, on fait l'impossible pour répondre aux besoins et aux attentes des clients tout en offrant des voitures de conception saine. La Malibu semble être le parfait exemple de cette nouvelle approche.

Plus spacieuse qu'élégante

Il est vrai que les goûts ne se discutent pas. Toutefois, il est difficile de décerner des notes très élevées à la Malibu pour l'esthétique de sa carrosserie. La silhouette est sobre et équilibrée, mais aussi très anonyme. C'est le genre de voiture qui se perd dans le décor. Interrogés à ce sujet, les stylistes de Chevrolet nous ont affirmé que c'est pour répondre à la demande de la clientèle que la caisse est aussi discrète. Les gens préfèrent une carrosserie sobre capable de vieillir sans devenir désuète trop rapidement.

Ces mêmes sondages ont souligné l'importance d'une bonne habitabilité. Et, encore une fois, Chevrolet a répondu aux attentes. Les

Chaudement attendue

places arrière sont nettement plus généreuses que celles des Honda Accord et Toyota Camry 1996. De plus, le dégagement pour la tête et les coudes ne fait pas défaut à l'avant.

À l'image de la carrosserie, le tableau de bord est aussi très sobre. Celui-ci est de présentation plaisante et on y trouve les rondeurs à la mode. Les stylistes ont toutefois saisi le message et abandonné les excentricités baroques de jadis. Il faut également souligner la présence sur la planche de bord d'un porte-verres placé à gauche du volant. Cette disposition empêche le passager de voler votre café, mais nécessite un certain temps d'apprentissage. De plus, il nous est arrivé de heurter le porte-verres en actionnant le clignotant.

Enfin, il est important de mentionner que le coffre à bagages est l'un des plus spacieux de la catégorie. Bref, les concepteurs de cette voiture ont fait fi des solutions marginales pour nous proposer une voiture équilibrée tant sur le plan esthétique que pratique.

Une mécanique efficace

La même philosophie de simplicité et d'efficacité a présidé au choix des organes mécaniques. La plate-forme est d'une rigidité de bon aloi puisque son indice de résonance longitudinale est de 23,5 hertz, un chiffre généralement associé à des voitures plus onéreuses. Les suspensions avant et arrière utilisent des jambes de force. Toutefois, à l'arrière, deux bras latéraux et un bras tiré permettent aux roues de maintenir leur trajectoire sous l'effet des forces latérales. La suspension avant, le moteur et les autres éléments mécaniques sont supportés par un berceau rigide qui assure un meilleur silence de roulement tout en réduisant les vibrations.

Le moteur de série est le 4 cylindres 2,4 litres qui a connu de nombreuses améliorations au fil des années. Ses 150 chevaux rendent possibles des accélérations adéquates. En revanche, le V6 3,1 litres disponible en option est plus doux et légèrement plus performant. Les deux sont couplés à une boîte automatique à 4 rapports.

La Malibu nous a offert une agréable surprise au chapitre de la conduite, non pas en raison de ses performances ou d'un agrément de conduite nettement au-dessus de la moyenne, mais tout simplement pour son équilibre général. La position de conduite est bonne, la visibilité pratiquement sans reproche et la tenue en virage rassurante. Pour une voiture familiale, il est difficile de demander mieux. Le V6 est doux à défaut d'être incisif. Par contre, nous avons apprécié la rigidité de la caisse et la précision de la direction.

La Malibu ne révolutionne rien. Cependant, ses performances générales et son comportement la rendent fort bien appropriée à son rôle de voiture tout usage si valorisé par les familles. Et il faut souligner que la qualité de l'assemblage de cette voiture sera nettement supérieure à ce qui nous était proposé sur les Beretta et Corsica. Vous allez dire que ce n'est pas difficile de faire mieux, mais encore faut-il y arriver. Cette voiture sera également distribuée, aux États-Unis seulement, par la division Oldsmobile en tant que Cutlass. Elle est semblable à la Chevy sauf que sa présentation intérieure est plus luxueuse et qu'elle ne fait pas appel au moteur 4 cylindres. Même si cette version est présentement cantonnée sur le marché américain pour les mois à venir, John Rock, le grand patron chez Oldsmobile, a la ferme intention de franchir la frontière avec sa Cutlass.

Quant à la Malibu, son nom devrait faire courir les nostalgiques dans les salles de montre. Ils vont y découvrir une voiture qui ne mise pas que sur un nom populaire pour réussir.

D. Duquet

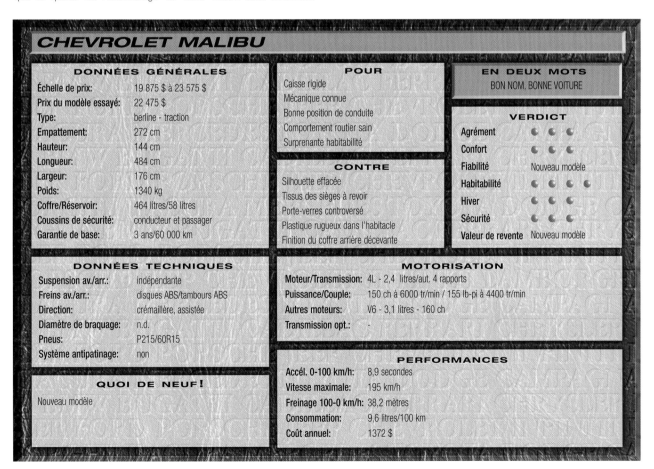

CHEVROLET MALIBU

DONNÉES GÉNÉRALES

Échelle de prix:	19 875 $ à 23 575 $
Prix du modèle essayé:	22 475 $
Type:	berline - traction
Empattement:	272 cm
Hauteur:	144 cm
Longueur:	484 cm
Largeur:	176 cm
Poids:	1340 kg
Coffre/Réservoir:	464 litres/58 litres
Coussins de sécurité:	conducteur et passager
Garantie de base:	3 ans/60 000 km

DONNÉES TECHNIQUES

Suspension av./arr.:	indépendante
Freins av./arr.:	disques ABS/tambours ABS
Direction:	crémaillère, assistée
Diamètre de braquage:	n.d.
Pneus:	P215/60R15
Système antipatinage:	non

QUOI DE NEUF!

Nouveau modèle

POUR

Caisse rigide
Mécanique connue
Bonne position de conduite
Comportement routier sain
Surprenante habitabilité

CONTRE

Silhouette effacée
Tissus des sièges à revoir
Porte-verres controversé
Plastique rugueux dans l'habitacle
Finition du coffre arrière décevante

MOTORISATION

Moteur/Transmission:	4L - 2,4 litres/aut. 4 rapports
Puissance/Couple:	150 ch à 6000 tr/min / 155 lb-pi à 4400 tr/min
Autres moteurs:	V6 - 3,1 litres - 160 ch
Transmission opt.:	-

PERFORMANCES

Accél. 0-100 km/h:	8,9 secondes
Vitesse maximale:	195 km/h
Freinage 100-0 km/h:	38,2 mètres
Consommation:	9,6 litres/100 km
Coût annuel:	1372 $

EN DEUX MOTS

BON NOM, BONNE VOITURE

VERDICT

Agrément	◖ ◖ ◖
Confort	◖ ◖ ◖
Fiabilité	Nouveau modèle
Habitabilité	◖ ◖ ◖ ◖ ◖
Hiver	◖ ◖ ◖
Sécurité	◖ ◖ ◖
Valeur de revente	Nouveau modèle

CHEVROLET Tahoe/GMC Yukon/Suburban

La fièvre des utilitaires sport fait toujours rage. Même les modèles de grand format sont plus en demande que jamais. L'arrivée, l'an dernier, des versions quatre portes du Tahoe et du Yukon a permis à ces 4X4 de connaître encore plus de succès.

Jusqu'à l'entrée en scène des Yukon et Tahoe quatre portes, le gigantesque Suburban demeurait la seule option alternative pour les personnes à la recherche d'un 4X4 quatre portes grand format. Mais, justement, pour plusieurs, cette habitabilité gargantuesque n'est pas nécessaire. Certaines qualités du Suburban sont indéniables, notamment sa capacité à transporter neuf personnes et tous leurs bagages dans un confort acceptable. De plus, le choix de moteurs et la possibilité d'opter pour un système 4X4 sont des considérations importantes. En dépit de ses dimensions encombrantes, le Suburban se débrouille quand même pas mal sur le plan de la conduite. Il est vrai que ce gabarit ne se prête pas à des manœuvres audacieuses et ne donne certainement pas envie de participer à des événements sportifs. Aux vitesses légales, cependant, il se tire d'affaire même si la suspension rigide est la source de sautillements lorsque le véhicule est légèrement chargé.

Mais dans bien des cas, trop c'est trop. L'énormité du «Sub», sa consommation élevée et un prix presque à la mesure de son volume le disqualifient aux yeux de plusieurs. En revanche, même si le coût des Yukon et Tahoe quatre portes est également assez important, leurs dimensions plus modestes alliées à une bonne habitabilité permettent à ces deux utilitaires sport de connaître du succès.

Un bon compromis

Contrairement à ce que plusieurs seraient portés à croire, ces deux modèles quatre portes ne sont pas des versions raccourcies du

Tailles extra-larges

Suburban. Il s'agit, au contraire, de Yukon et Tahoe deux portes spécialement conçus pour permettre d'ajouter deux portières supplémentaires. Pour assurer un bon équilibre en termes de tenue de route, on ne s'est pas contenté d'ajouter une extension de caisse à l'arrière pour faire place aux deux portières.

Le châssis a été modifié afin d'assurer la rigidité de la plate-forme en dépit de ces quelques centimètres de plus en longueur. Quant à la suspension, elle demeure similaire à celle des modèles deux portes, mais elle a été révisée en fonction de cet empattement allongé et d'une répartition différente du poids.

Même si ces utilitaires sport sont de format plus modeste que le Suburban, les dimensions tout de même généreuses de tous les modèles Yukon/Tahoe font en sorte qu'ils peuvent accepter une quantité impressionnante d'objets de toutes sortes. Ainsi, un Tahoe quatre portes a avalé sans coup férir une lourde table de cuisine qui a été simplement glissée dans l'aire de chargement et ce, sans même qu'on soit

obligé de l'incliner. Elle est entrée tout de go. Cela vous donne un aperçu de la capacité de chargement. Mieux encore, nous avons eu assez d'espace pour transporter aussi les quatre chaises.

Et même lorsque le Tahoe est lourdement chargé, les accélérations et les reprises sont bonnes. Le moteur de base, un V8 5,7 litres d'une puissance de 250 chevaux, est à la hauteur de la tâche. Il permet également de pouvoir compter sur une capacité de remorquage de près 3200 kg, ce qui ajoute à son attrait pour les propriétaires de roulottes et d'embarcations remorquées.

Il faut également ajouter que la cabine est accueillante et les sièges avant confortables, même s'il y a place pour de l'amélioration. Malheureusement, les sièges arrière sont moins bien desservis à cet égard. Leur rembourrage est mince tandis que le siège 60/40 est davantage 70/30, ce qui laisse peu d'espace pour le passager une fois la portion majoritaire du dossier abaissée.

Le tableau de bord est directement emprunté des camionnettes C/K et il est difficile d'y trouver à redire. Dans sa version précédente, cette planche de bord souffrait d'une ergonomie cauchemardesque et sa présentation faisait vieux jeu. La présente génération est non seulement esthétique, mais pratique. Les cadrans sont de dimensions généreuses, les commandes à la portée de la main et les buses de ventilation nombreuses.

Deux conclusions différentes

Lors de l'entrée en scène de la version quatre portes l'année dernière, nous avons eu l'occasion de conduire un Tahoe à deux reprises. Dans les deux cas, ce véhicule nous a surpris autant par son agrément de conduite, que par sa suspension bien confortable et sa polyvalence. De

plus, c'était avec le moteur de 200 chevaux dans les deux cas. Parmi les critiques retenues lors de cet essai, il y avait cette portière arrière à battant que nous avions jugée peu intéressante et qui peut d'ailleurs être remplacée par un hayon.

Tout récemment, nous avons eu l'occasion de prendre les commandes d'un Yukon quatre portes animé par le V8 5700 de 250 chevaux. Si les performances du moteur montrent une nette amélioration par rapport à la version antérieure, tout particulièrement au moment des reprises, le reste du véhicule a déçu. La présence de bruits de caisse et une suspension qui nous est apparue plus ferme qu'auparavant sont venus gâcher la sauce.

Il se peut que ce soit un accident de parcours. Sinon, ce modèle aura vieilli prématurément.

D. Duquet

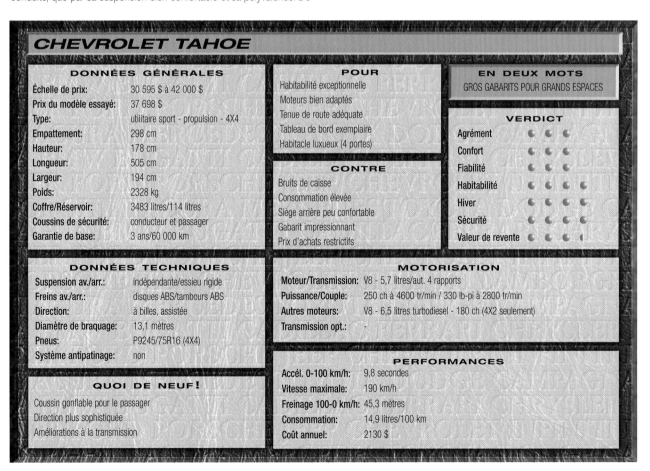

CHEVROLET TAHOE

DONNÉES GÉNÉRALES

Échelle de prix:	30 595 $ à 42 000 $
Prix du modèle essayé:	37 698 $
Type:	utilitaire sport - propulsion - 4X4
Empattement:	298 cm
Hauteur:	178 cm
Longueur:	505 cm
Largeur:	194 cm
Poids:	2328 kg
Coffre/Réservoir:	3483 litres/114 litres
Coussins de sécurité:	conducteur et passager
Garantie de base:	3 ans/60 000 km

DONNÉES TECHNIQUES

Suspension av./arr.:	indépendante/essieu rigide
Freins av./arr.:	disques ABS/tambours ABS
Direction:	à billes, assistée
Diamètre de braquage:	13,1 mètres
Pneus:	P9245/75R16 (4X4)
Système antipatinage:	non

QUOI DE NEUF!

Coussin gonflable pour le passager
Direction plus sophistiquée
Améliorations à la transmission

POUR

Habitabilité exceptionnelle
Moteurs bien adaptés
Tenue de route adéquate
Tableau de bord exemplaire
Habitacle luxueux (4 portes)

CONTRE

Bruits de caisse
Consommation élevée
Siège arrière peu confortable
Gabarit impressionnant
Prix d'achats restrictifs

MOTORISATION

Moteur/Transmission:	V8 - 5,7 litres/aut. 4 rapports
Puissance/Couple:	250 ch à 4600 tr/min / 330 lb-pi à 2800 tr/min
Autres moteurs:	V8 - 6,5 litres turbodiesel - 180 ch (4X2 seulement)
Transmission opt.:	-

PERFORMANCES

Accél. 0-100 km/h:	9,8 secondes
Vitesse maximale:	190 km/h
Freinage 100-0 km/h:	45,3 mètres
Consommation:	14,9 litres/100 km
Coût annuel:	2130 $

EN DEUX MOTS

GROS GABARITS POUR GRANDS ESPACES

VERDICT

Agrément	
Confort	
Fiabilité	
Habitabilité	
Hiver	
Sécurité	
Valeur de revente	

CHEVROLET Venture/Pontiac Trans Sport

Les Chevrolet Astro et Pontiac Safari sont des four-gonnettes dérivées de camionnettes compactes avec tout ce que cela laisse sous-entendre. Les Lumina/Trans Sport, de leur côté, n'ont jamais bien fait la transition entre le prototype et le véhicule de tous les jours. Voilà qui explique pourquoi GM a dû se contenter jusqu'ici d'une honnête figuration sur le lucratif marché des fourgonnettes.

Pour 1997, avec le duo Chevrolet Venture et Pontiac Trans Sport, on s'est enfin décidé à fournir une concurrence sérieuse aux vedettes de cette catégorie que sont les Dodge Caravan et Ford Windstar. En effet, plus question d'avoir recours à une silhouette excentrique pour capter l'attention des gens ou encore tenter de diminuer les coûts en utilisant des éléments mécaniques mal agencés au reste du véhicule. Pour une fois, on n'a pas essayé de finasser avec le produit. Cette nouvelle génération de fourgonnette ne tente pas d'être la plus stylisée, la plus économique ou la plus originale, mais tout simplement un véhicule en mesure de répondre aux attentes des clients. Et l'enjeu est encore plus important cette fois puisque pas moins de cinq versions seront fabriquées. En effet, en plus des Chevrolet Venture et Pontiac Trans Sport, l'Oldsmobile Silhouette, l'Opel Sintra et la Vauxhall Sintra seront dérivées de la même plate-forme. Mieux encore, les deux versions destinées au marché européen sont assemblées en Amérique, une première chez GM. Cependant, pour répondre aux besoins de marchés spécifiques, le réglage des suspensions, la présentation intérieure et les groupes propulseurs sont différents. En ce qui concerne les modèles destinés à l'Amérique, ils sont animés par un V6 3,4 litres. D'ailleurs, nous allons nous limiter ici à l'analyse des Chevrolet Venture et Pontiac Trans Sport.

Une structure saine

Encore aujourd'hui, les ingénieurs de GM tentent de renforcer la caisse de l'Astro/Safari afin d'éliminer les quelques bruits de caisse qui sub-

Cette fois, c'est sérieux

sistent toujours plus d'une décennie après son lancement. Quant aux Lumina/Trans Sport, leur structure métallique sur laquelle sont ancrés des panneaux en matière synthétique s'est révélée coûteuse et complexe à produire en plus d'être difficile à réparer.

La nouvelle génération de fourgonnettes s'est mise au pas avec la concurrence en se limitant à une structure autoportante en métal, non seulement légère mais également très solide. D'autant plus que la présence d'une deuxième porte côté gauche nécessite une structure encore plus solide. Chrysler a démontré qu'il était possible de réaliser un châssis capable d'accepter une ouverture additionnelle sur la paroi gauche sans affecter son homogénéité structurelle.

Pour ce faire, les ingénieurs de GM font appel à la technique de la structure continue qui voit ses éléments latéraux se poursuivre sous le plancher pour se joindre à des poutres transversales afin d'obtenir une rigidité exemplaire. Ce système est inspiré des voitures de course et

permet d'associer légèreté et solidité. De plus, cette méthode a pour effet de limiter au maximum les vibrations.

GM a emprunté une astuce aux ingénieurs de Chrysler qui ont utilisé un support extrarigide pour la direction. Si Chrysler fait appel à une poutre en aluminium, GM utilise un support en magnésium ancré à une poutre transversale de 4 po x 6 po pouces qui vient renforcer toute la structure à ce niveau. Autre astuce: cette poutre est utilisée pour transporter l'air émanant du climatiseur. Soulignons également que le hayon arrière fait partie intégrante de la structure une fois fermé.

Toujours à propos de la plate-forme, des longerons parallèles à la structure du moteur permettent de dissiper l'énergie plus efficacement en cas d'impact frontal. Enfin, la suspension avant, le moteur et la transmission sont supportés par un châssis autonome. Pour éliminer les bruits parasites et les vibrations, des pastilles en caoutchouc isolent ce châssis. Somme toute, cette conception ne révolutionne rien, se contentant d'être simple et efficace. Et les organes mécaniques sont inspirés de la même approche.

L'efficacité avant tout

La première génération des fourgonnettes Lumina et Trans Sport était animée par un V6 3,1 litres très mal adapté. Rugueux, bruyant et manquant de souffle avec ses 120 chevaux et sa boîte automatique à 3 rapports, il constituait la principale faiblesse de ces fourgonnettes. Au fil des années, la situation a été corrigée, mais il était trop tard. La perception du public était négative et presque impossible à modifier malgré l'arrivée du V6 3,8 litres, beaucoup plus intéressant. Cette fois, on s'y prend de la bonne façon en faisant appel à un V6 3,4 litres dont les 180 chevaux se révèlent fort adéquats. De plus, un couple de 205 lb-pi à 4000 tr/min permet d'obtenir des accélérations nerveuses à bas régime. Et il faut également souligner que ce moteur a fait ses preuves au fil des années. D'ailleurs, il était le groupe propulseur de série sur les Lumina/Trans Sport en 1996.

Il est couplé à une boîte automatique à 4 rapports qui a également subi l'épreuve du temps. En plus d'être robuste et fiable, cette boîte effectue le passage des rapports en douceur. La suspension avant est ancrée au minichâssis indépendant mentionné plus haut et constituée de jambes de force reliées en leur partie inférieure à un support en forme de L. De plus, ces éléments de suspension utilisent des coussinets souples sur le plan longitudinal pour assurer une douceur

de roulement intéressante. Par contre, ceux qui sont montés latéralement sont plus rigides afin d'assurer plus de précision à la direction.

Sur ces fourgonnettes de la nouvelle génération, la suspension arrière ne fait pas appel à un ressort transversal en résine synthétique. Pour plus de simplicité et en même temps plus d'efficacité, les ingénieurs ont opté pour une poutre déformante. Des ressorts hélicoïdaux permettent d'obtenir un niveau de confort plus acceptable que les ressorts à lames utilisés par plusieurs autres fourgonnettes. Enfin, les amortisseurs sont placés à angle afin d'obstruer le moins possible l'intérieur de la cabine.

Pour stopper ces fourgonnettes, des freins à disques à l'avant et des tambours à l'arrière sont associés à un système ABS. Il est également possible de commander en option le système de traction asservie qui agit conjointement sur l'allumage et les freins pour assurer une meilleure traction sur les chaussées mouillées ou glacées.

Cette fiche technique se compare donc à ce que la concurrence nous propose depuis quelques années. GM vient juste de remettre ses pendules à l'heure en abandonnant les solutions incongrues et les compromis sur la qualité.

Sous le signe de l'efficacité

Une fourgonnette peut avoir toutes les qualités du monde, si l'aspect pratique de son habitacle n'est pas à la hauteur, c'est peine perdue. Et autant chez Chevrolet que chez Pontiac, on a mis le paquet pour tenter de rendre l'habitacle ultrafonctionnel. On a tellement insisté sur cet aspect que le nouveau directeur général de la division Chevrolet, John Middlebrook, avait l'air d'un piètre animateur d'infopublicité en nous vantant les mérites des sièges arrière amovibles. En jouant les Mr Popeil, Middlebrook mettait quand même le doigt sur la caractéristique la plus intéressante de cet habitacle: la facilité avec laquelle on peut agencer les sièges arrière. Il est en effet possible de choisir en option des sièges individuels pour les places médianes. Comme leur châssis est en magnésium, ils sont très légers. Les places avant sont

des baquets tandis que la troisième rangée est constituée d'une banquette possédant un dossier 50/50. Ce banc possède un dossier réglable et peut être déplacé vers l'avant ou l'arrière. Il est également possible de commander un ou deux sièges intégrés pour enfant sur la banquette intermédiaire. Leur présence diminue cependant le confort des passagers adultes une fois qu'ils sont remisés dans le dossier.

Ajoutez des buses de ventilation au pavillon pour les passagers assis à l'arrière ainsi qu'une multitude d'espaces de rangement et de porte-verres et vous avez un habitacle passablement pratique. Et comme il se doit maintenant, il est possible de commander une porte coulissante arrière du côté gauche. En outre, en équipement optionnel, on peut choisir la porte coulissante arrière droite à commande électrique. Une version à empattement long figure également parmi la liste des options.

Enfin, le tableau de bord est sobre et fonctionnel avant tout. Le tachymètre et l'indicateur de vitesse sont de dimensions généreuses et de consultation facile tandis que les commandes de la climatisation et de la radio sont regroupées dans une console verticale directement placée sous les buses de ventilation. Encore une fois, le côté pratique a eu le dessus. D'ailleurs, ces fourgonnettes se distinguent par une foule de détails qui rendront la vie plus facile à ses propriétaires. On peut noter, entre autres, un filet de retenue qui permet de remiser des objets entre les deux sièges avant.

Toujours l'équilibre

Il faut songer à l'aspect pratique dans la conception d'une fourgonnette, mais son comportement routier doit être tout au moins honnête. Même si notre première prise de contact avec ces véhicules s'est limitée à une randonnée d'environ une centaine de kilomètres, le trajet

était suffisamment varié pour nous permettre d'avoir une bonne idée de leur potentiel routier.

En tout premier lieu, le V6 3,4 litres est à la hauteur de la tâche. Il est plus silencieux qu'auparavant et ses performances sont adéquates. Le moteur réagit dès qu'on appuie sur l'accélérateur et sa plage de puissance est bien adaptée. Une bonne note également pour la boîte automatique qui est à la hauteur de sa réputation.

Les ingénieurs de GM que nous avons rencontrés nous ont souligné qu'ils étaient particulièrement fiers de la précision de la direction. Elle n'est pas tout à fait l'égale de ce que nous propose Chrysler, mais elle n'a rien à envier au reste de la concurrence. De plus, sur la grand-route, sa stabilité directionnelle est bonne. Cette prise de contact relativement modeste ne nous permet pas de la classer en comparaison avec les autres, mais elle ne sera certainement pas laissée pour compte, car elle a pris les moyens pour plaire à la clientèle et ce, grâce à une conception saine à la base.

D. Duquet

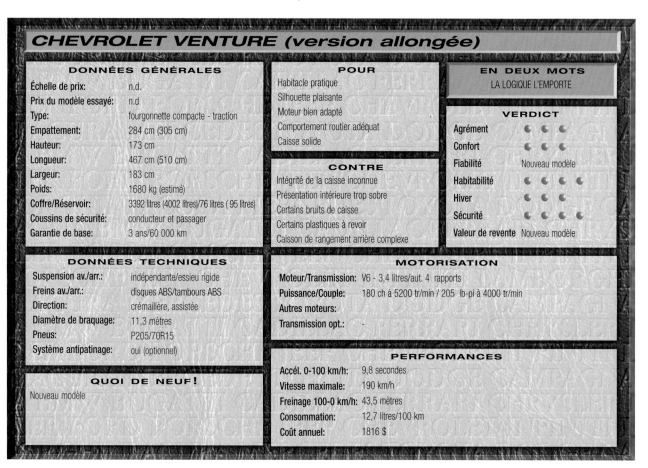

CHEVROLET VENTURE (version allongée)

DONNÉES GÉNÉRALES

Échelle de prix:	n.d.
Prix du modèle essayé:	n.d
Type:	fourgonnette compacte - traction
Empattement:	284 cm (305 cm)
Hauteur:	173 cm
Longueur:	467 cm (510 cm)
Largeur:	183 cm
Poids:	1680 kg (estimé)
Coffre/Réservoir:	3392 litres (4002 litres)/76 litres (95 litres)
Coussins de sécurité:	conducteur et passager
Garantie de base:	3 ans/60 000 km

POUR

Habitacle pratique
Silhouette plaisante
Moteur bien adapté
Comportement routier adéquat
Caisse solide

CONTRE

Intégrité de la caisse inconnue
Présentation intérieure trop sobre
Certains bruits de caisse
Certains plastiques à revoir
Caisson de rangement arrière complexe

EN DEUX MOTS

LA LOGIQUE L'EMPORTE

VERDICT

Agrément	●●●◖
Confort	●●●◖
Fiabilité	Nouveau modèle
Habitabilité	●●●●●
Hiver	●●●●
Sécurité	●●●◖
Valeur de revente	Nouveau modèle

DONNÉES TECHNIQUES

Suspension av./arr.:	indépendante/essieu rigide
Freins av./arr.:	disques ABS/tambours ABS
Direction:	crémaillère, assistée
Diamètre de braquage:	11,3 mètres
Pneus:	P205/70R15
Système antipatinage:	oui (optionnel)

MOTORISATION

Moteur/Transmission:	V6 - 3,4 litres/aut. 4 rapports
Puissance/Couple:	180 ch à 5200 tr/min / 205 lb-pi à 4000 tr/min
Autres moteurs:	
Transmission opt.:	-

QUOI DE NEUF !

Nouveau modèle

PERFORMANCES

Accél. 0-100 km/h:	9,8 secondes
Vitesse maximale:	190 km/h
Freinage 100-0 km/h:	43,5 mètres
Consommation:	12,7 litres/100 km
Coût annuel:	1816 $

CHRYSLER Cirrus/Dodge Stratus/Plymouth Breeze

Entre les grandes intermédiaires de la gamme LH (Intrepid, Concorde, Vision) et les diverses variantes de la sous-compacte Neon, les voitures JA de Chrysler n'ont aucun mal à s'affirmer comme les meilleurs produits du troisième constructeur automobile nord-américain. Elles s'avèrent la solution du juste milieu...

C ette série bien née nous a d'abord donné la Cirrus qui, d'entrée de jeu, s'est emparée du titre de voiture de l'année en 1995 aux États-Unis. Elle a par la suite proliféré sous les étiquettes Dodge et Plymouth avec la Stratus et la Breeze. C'est un essai prolongé de cette dernière qui m'a confirmé les qualités des divers modèles de cette série.

Il est facile de se laisser séduire par le luxe d'une Cirrus à moteur V6 et de la juger sous un angle favorable. En revanche, dans une Breeze, seules les qualités intrinsèques du modèle peuvent vous influencer. Et celles-ci sont suffisamment attrayantes pour me permettre d'affirmer que la Breeze offre en ce moment le meilleur rapport qualité/prix de toute la production Chrysler. Au prix le plus bas, cette Plymouth est nécessairement dépouillée, mais elle s'offre tout de même le luxe d'un climatiseur de série. Par contre, ne cherchez pas de commandes électriques pour les glaces ou les rétroviseurs extérieurs et encore moins un verrouillage central des portières. C'est fou ce qu'on s'habitue vite à de telles commodités; il suffit d'en être privé pour se rendre compte jusqu'à quel point on ne peut pas s'en passer. Au cours des 2000 km parcourus au volant de deux versions différentes de la Plymouth Breeze, le verrouillage central des portières est l'option dont l'absence s'est avérée la plus difficile à supporter. Le fait d'avoir à verrouiller ou à déverrouiller individuellement chaque portière est agaçant et donne lieu à de fréquents oublis.

Chrysler à son mieux

Moteurs: de 132 à 150 chevaux

L'autre sacrifice que doit s'imposer le conducteur d'une Breeze de base est la modicité de la puissance disponible avec le 4 cylindres d'origine, un 2,0 litres de seulement 132 chevaux. Même si le 2,4 litres n'affiche que 18 chevaux de plus, il permet de retrancher près de 2 secondes au temps d'accélération entre 0 et 100 km/h et il ne donne surtout pas cette sensation d'«impuissance» que l'on ressent au volant de la version de base. Quand vient le moment de doubler ou de se glisser dans le flot de la circulation d'une autoroute, le petit moteur de 2,0 litres ne se montre pas particulièrement coopératif; lorsqu'il est poussé à fond, il s'avère plutôt bruyant. Le 2,4 litres est nettement préférable dans de telles conditions même s'il avale 10,5 litres aux 100 km comparativement à 8,5 pour le 2,0 litres. En revanche, si l'on peut s'accommoder d'une boîte manuelle à 5 rapports, le moteur 2,0 litres s'avère un choix parfaitement défendable, d'autant

plus que le passage des vitesses s'effectue sans problème. L'automatique à 4 rapports est également sans histoire. La tenue de route et le confort font partie des meilleurs attributs des voitures JA de Chrysler. Celles-ci sont très à l'aise en virage avec un comportement neutre et un très faible roulis. Pour soigner le confort, on a réussi à éliminer le détestable cognement que l'on ressentait quelquefois dans le train avant des premières Cirrus au passage de vilains nids-de-poule.

Bien que les distances d'arrêt soient relativement longues, le freinage a fait des progrès sur le plan de l'endurance par rapport à la Stratus essayée l'an dernier. Quant à la direction, il suffit de noter qu'elle est plus ferme dans la version à moteur 2,0 litres et sans doute un peu moins communicative.

Quelques points de démérite

Si le confort de suspension est louable, on ne peut en dire autant des sièges dont la forme s'est avérée désagréable aussi bien pour nous que pour une amie qui a loué une Plymouth Breeze pendant quelques jours. Le maintien latéral est inexistant et les coutures décoratives du tissu sont gênantes à la longue. Comme nous, cette utilisatrice a été ennuyée également par le couvercle du coffre qui vous retombe sur la tête si vous n'avez pas eu la prudence de le pousser complètement vers l'avant en l'ouvrant. Et puisque nous en sommes au chapitre des «contre», notons aussi la piètre visibilité vers l'arrière commune à plusieurs produits Chrysler. Dans la Breeze, un coup d'œil dans le rétroviseur vous permet de voir beaucoup mieux la plage arrière que les obstacles qui pourraient se trouver directement derrière le véhicule.

Avec ces dernières remarques, on a à peu près fait le tour des points de démérite de la Breeze qui a droit à un certificat de bonne conduite dans des domaines comme l'habitabilité, la visibilité vers l'avant, le confort de la suspension, la qualité de la radio et de la climatisation ou la grandeur du coffre à bagages.

Si l'on fait le bilan de ces impressions de conduite tout en tenant compte de certaines considérations budgétaires, on s'aperçoit que la plus austère des voitures JA de Chrysler est celle qui, en bout de ligne, constitue le meilleur achat.

Après 15 000 km

Aussi impressionnante soit-elle, la série des voitures JA traîne avec elle le point d'interrogation qui plane sur toute la production Chrysler concernant la fiabilité. On a beaucoup dit et beaucoup écrit à ce sujet depuis quelques années et, pour en avoir le cœur net, le *Guide de l'auto* a soumis une Plymouth Breeze à un essai à moyen terme de 15 000 km. Le verdict s'il vous plaît?

Avant de passer l'essai proprement dit, il faut souligner que la voiture qui nous a été confiée représente, à notre avis, ce que l'acheteur moyen pourrait commander. Ainsi, notre Breeze d'essai «moyenne durée» était équipée du moteur optionnel à 4 cylindres 2,4 litres de 150 chevaux couplé à une boîte automatique à 4 rapports. Parmi les autres options, il faut mentionner les glaces à commande électrique, les rétroviseurs extérieurs télécommandés et une radio de meilleure qualité. Curieusement, cette version comprenait presque tous les éléments dont on avait déploré l'absence lors de tests antérieurs. C'est plus dur pour le porte-monnaie, mais l'agrément d'utilisation et de conduite est nettement plus intéressant avec ces petits luxes qui sont quasiment devenus indispensables de nos jours.

Notre voiture était dotée d'un siège pour enfant intégré la banquette arrière. Si cet accessoire peut valoir son pesant d'or pour les familles avec de jeunes enfants, il a pour effet d'éliminer le dossier arrière rabattable, une caractéristique fort appréciée aussi bien par les familles que par les célibataires. À l'usage, son absence a été une source de frustration à quelques reprises.

Unanimité et désaccord

S'il est un élément qui a fait la joie de tous les essayeurs, c'est bien la silhouette. Tant au début qu'à la fin de l'essai, les gens étaient unanimes: la carrosserie de cette Plymouth a du caractère.

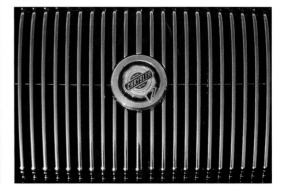

Il y a également eu unanimité sur la piètre visibilité arrière au cours des manœuvres de stationnement. Tous les conducteurs, grands et petits, ont déclaré ne jamais savoir où se terminait la caisse lorsqu'ils faisaient marche arrière. Comme sur les autres versions mises à l'essai, le couvercle du coffre à bagages a tendance à se refermer tout seul si on ne le relève pas au maximum. Ce trait de caractère a été la cause de plusieurs emportements bien légitimes.

Il y a toutefois eu controverse quant aux sièges avant. Les gens se sont divisés entre défenseurs et détracteurs. Au fil des kilomètres, le siège du passager a reçu une cote passable de la part de la majorité. Quant au siège du conducteur, certains l'ont trouvé adéquat, d'autres vraiment pénible.

Le tableau de bord a été jugé élégant, pratique et bien disposé. Toutefois, la course des boutons de contrôle de la climatisation devient trop ferme au centre, surtout par temps froid. Cette caractéristique laisse entrevoir un bris éventuel.

Au fil des années, Chrysler s'est taillé la réputation de fabriquer des voitures jolies et agréables à conduire, mais dont la caisse était d'une solidité douteuse. Notre voiture d'essai nous permet de conclure que la compagnie a réalisé des progrès de ce côté. En effet, après six mois et plus de 15 000 km, cette Plymouth n'émettait aucun bruit de caisse et sa fiabilité a été impeccable. Le moteur tourne toujours comme un moulin et la boîte automatique à 4 rapports, jadis un point sombre sur la fiche de Chrysler, s'est acquitté de sa tâche sans coup férir.

Cependant, lors de cet essai, la voiture a été l'objet d'un rappel préventif. En effet, les ingénieurs de Chrysler ont décidé d'améliorer le système de rétention du bouchon de vidange d'huile. Ce qui fut effectué en moins d'une heure chez le concessionnaire, sans frais bien entendu.

L'épreuve du quotidien

L'essai d'une Breeze sur plus de 15 000 km ajoutés à ceux réalisés auparavant nous permet de décerner un bulletin de bonne santé mécanique à ce modèle.

Nous devons cependant préciser que, par temps très froid, la suspension devient anormalement ferme. De plus, sur les surfaces inégales, la voiture a tendance à sautiller. Une fois le mercure revenu à des températures plus clémentes, la suspension est plus agréable.

Somme toute, la Plymouth Breeze nous a prouvé qu'elle ne se contentait pas de nous offrir une silhouette flatteuse. Elle s'est révélée polyvalente et fiable tout au long de ces 15 000 km. C'est de bon augure.

J. Duval/D. Duquet

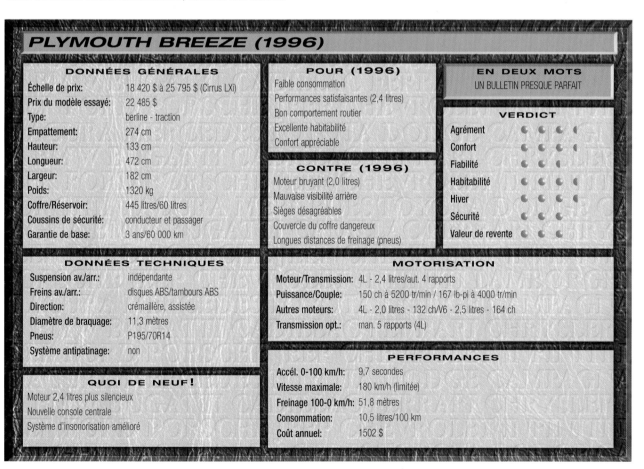

PLYMOUTH BREEZE (1996)

DONNÉES GÉNÉRALES

Échelle de prix:	18 420 $ à 25 795 $ (Cirrus LXi)
Prix du modèle essayé:	22 485 $
Type:	berline - traction
Empattement:	274 cm
Hauteur:	133 cm
Longueur:	472 cm
Largeur:	182 cm
Poids:	1320 kg
Coffre/Réservoir:	445 litres/60 litres
Coussins de sécurité:	conducteur et passager
Garantie de base:	3 ans/60 000 km

DONNÉES TECHNIQUES

Suspension av./arr.:	indépendante
Freins av./arr.:	disques ABS/tambours ABS
Direction:	crémaillère, assistée
Diamètre de braquage:	11,3 mètres
Pneus:	P195/70R14
Système antipatinage:	non

QUOI DE NEUF !

Moteur 2,4 litres plus silencieux
Nouvelle console centrale
Système d'insonorisation amélioré

POUR (1996)

Faible consommation
Performances satisfaisantes (2,4 litres)
Bon comportement routier
Excellente habitabilité
Confort appréciable

CONTRE (1996)

Moteur bruyant (2,0 litres)
Mauvaise visibilité arrière
Sièges désagréables
Couvercle du coffre dangereux
Longues distances de freinage (pneus)

MOTORISATION

Moteur/Transmission:	4L - 2,4 litres/aut. 4 rapports
Puissance/Couple:	150 ch à 5200 tr/min / 167 lb-pi à 4000 tr/min
Autres moteurs:	4L - 2,0 litres - 132 ch/V6 - 2,5 litres - 164 ch
Transmission opt.:	man. 5 rapports (4L)

PERFORMANCES

Accél. 0-100 km/h:	9,7 secondes
Vitesse maximale:	180 km/h (limitée)
Freinage 100-0 km/h:	51,8 mètres
Consommation:	10,5 litres/100 km
Coût annuel:	1502 $

EN DEUX MOTS

UN BULLETIN PRESQUE PARFAIT

VERDICT

Agrément	
Confort	
Fiabilité	
Habitabilité	
Hiver	
Sécurité	
Valeur de revente	

CHRYSLER Concorde/Intrepid/Eagle Vision

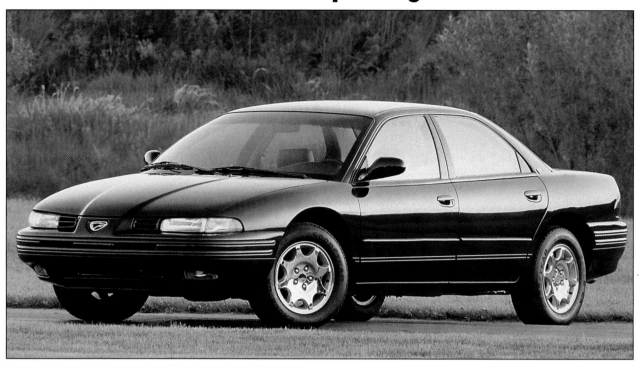

Eh oui! les étonnantes voitures LH de Chrysler, dont on disait le plus grand bien à leur sortie, sont déjà prêtes à passer sous le bistouri. Ce ne sera pas un luxe parce qu'après une courte carrière de cinq ans, elles accusent déjà leur âge et commencent même à montrer des rides.

L a refonte de ces modèles, qui aura lieu l'an prochain, s'annonce spectaculaire à en juger par les divers prototypes placés sous le feu des projecteurs dans les divers salons de l'auto de 1996 (voir la section sur les prototypes). En attendant cette réincarnation des grandes tractions que sont la Chrysler Concorde, l'Intrepid et l'Eagle Vision, j'ai soumis cette dernière à un dernier tour de piste. Et pour donner un peu plus d'intérêt à une évaluation qui risquait de sentir le réchauffé, je me suis attardé à une Vision TSi dotée de l'option «Autostick», une transmission automatique 4 vitesses ayant une lointaine parenté avec la «Tiptronic» de Porsche. Pour les non-initiés, précisons qu'il s'agit d'une boîte qui, en plus d'être totalement automatique, permet de passer les rapports manuellement, à sa guise, sans toutefois avoir besoin d'utiliser un embrayage.

Sans intérêt

Dans des voitures comme la Porsche 911, l'Acura NSX ou la BMW 850, cette transmission spéciale est un équipement qui n'est pas dépourvu d'intérêt puisque l'on peut bénéficier de l'automatique sans pour autant sacrifier complètement l'agrément de conduite que de telles voitures peuvent procurer en mode manuel. Le hic avec l'Eagle Vision TSi, c'est que l'agrément de conduite ne fait pas partie des attributs de cette immense berline et ce, malgré ses louables efforts pour se donner une touche sportive avec un V6 de 214 chevaux, des

En attendant le bistouri!

freins ABS, un antipatinage et une suspension «performance» rehaussée par des pneus de 16 pouces 225/60.

Ainsi garnie, l'Eagle Vision TSi voit son prix se gonfler bien au-delà de 30 000 $, ce qui la met vite hors concours dans la catégorie des intermédiaires à prix moyen. Fort heureusement, l'acheteur avisé en quête d'une voiture de ce gabarit, remarquablement spacieuse, relativement confortable et passablement solide pourra se tourner vers une ESi beaucoup moins chère ou encore une Intrepid, son clone sous l'emblème Chrysler.

Pour 1997, toutes les LH sont reconduites sans changement d'importance. Après des débuts éblouissants suivis d'une période plutôt chaotique au cours de laquelle la qualité de construction a été remise en question, ces voitures ont retrouvé une certaine respectabilité. Mais le temps a été imperturbable à leur endroit et ses effets se sont manifestés avec une rapidité déconcertante. Lors de notre match comparatif de l'an dernier, la brave Chrysler Intrepid est venue bien près de

se retrouver dernière au classement: seule la présence de la Hyundai Sonata et de l'indescriptible Buick Regal lui a évité cette humiliation.

L'ombre de la Cirrus

Que s'est-il donc passé pour qu'un aussi brillant design (dixit la presse écrite il y a cinq ans) se voie soudainement envoyé aux géhennes? Rien de plus que le fait que ces voitures ont été rattrapées, sinon dépassées par la concurrence et même éclipsées par le triumvirat Cirrus-Stratus-Breeze venant du même constructeur. On peut leur reprocher encore et toujours un accélérateur trop peu progressif qui rend la conduite en hiver délicate, une insonorisation déficiente et une direction qui ne déplaît pas tant par sa fermeté, mais par l'effet de couple qui l'afflige. Le V6 24 soupapes de 3,5 litres est performant tout en sachant s'accommoder de 11,3 litres d'essence aux 100 km mais, dans l'ensemble, il manque de raffinement. Le 3,3 litres est moins perfectionné et moins puissant, mais il s'acquitte de sa tâche avec une douceur qui étonne.

Pour revenir à l'«Autostick», l'utilisation du mode manuel de la transmission se fait en déplaçant le levier latéralement (vers la droite pour monter les rapports et la gauche pour rétrograder). Cela n'a toutefois guère d'effet sur les performances et je n'ai réussi qu'à retrancher un maigre 0,3 seconde au 0-100 km/h de 8,8 secondes obtenu en automatique. J'ai aussi noté que la boîte tombe automatiquement en première lorsqu'on s'arrête à un feu rouge ou à un stop même si l'on est en mode manuel, ce qui semble contraire au principe consistant à laisser le conducteur décider quel rapport il veut sélectionner.

Même si son format exclut que l'on parle de la Vision comme d'une berline sport, sa tenue de route est tout de même surprenante avec la suspension optionnelle. L'adhérence et l'absence de roulis étonnent dans une voiture d'un tel volume.

Dans l'habitacle, la position de conduite est bonne, les sièges sont confortables et les commodités abondent: volant réglable, porte-verres, rangements pour les lunettes et la télécommande de porte de garage, ordinateur de bord, etc. La voiture se paie même le luxe d'offrir des rétroviseurs extérieurs chauffants de série. Seul le cellulaire a été oublié. Nul doute que ce petit détail et de nombreux autres auront été corrigés quand les LH auront passé dans la moulinette l'an prochain.

J. Duval

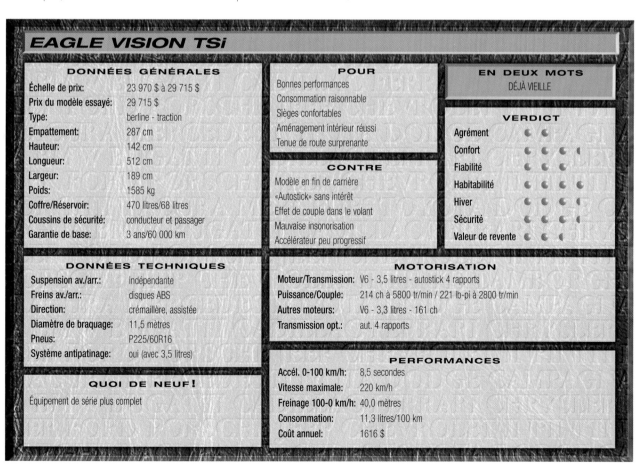

EAGLE VISION TSi

DONNÉES GÉNÉRALES

Échelle de prix:	23 970 $ à 29 715 $
Prix du modèle essayé:	29 715 $
Type:	berline - traction
Empattement:	287 cm
Hauteur:	142 cm
Longueur:	512 cm
Largeur:	189 cm
Poids:	1585 kg
Coffre/Réservoir:	470 litres/68 litres
Coussins de sécurité:	conducteur et passager
Garantie de base:	3 ans/60 000 km

DONNÉES TECHNIQUES

Suspension av./arr.:	indépendante
Freins av./arr.:	disques ABS
Direction:	crémaillère, assistée
Diamètre de braquage:	11,5 mètres
Pneus:	P225/60R16
Système antipatinage:	oui (avec 3,5 litres)

QUOI DE NEUF!

Équipement de série plus complet

POUR

Bonnes performances
Consommation raisonnable
Sièges confortables
Aménagement intérieur réussi
Tenue de route surprenante

CONTRE

Modèle en fin de carrière
«Autostick» sans intérêt
Effet de couple dans le volant
Mauvaise insonorisation
Accélérateur peu progressif

MOTORISATION

Moteur/Transmission:	V6 - 3,5 litres - autostick 4 rapports
Puissance/Couple:	214 ch à 5800 tr/min / 221 lb-pi à 2800 tr/min
Autres moteurs:	V6 - 3,3 litres - 161 ch
Transmission opt.:	aut. 4 rapports

PERFORMANCES

Accél. 0-100 km/h:	8,5 secondes
Vitesse maximale:	220 km/h
Freinage 100-0 km/h:	40,0 mètres
Consommation:	11,3 litres/100 km
Coût annuel:	1616 $

EN DEUX MOTS

DÉJÀ VIEILLE

VERDICT

Agrément	
Confort	
Fiabilité	
Habitabilité	
Hiver	
Sécurité	
Valeur de revente	

CHRYSLER LHS

La précédente génération des grandes Chrysler, les Imperial/Fifth-Avenue, était constituée d'espèces de travestis élaborés à partir de voitures «K» lourdement maquillées. Heureusement, le tir a été corrigé, et la plus grosse voiture de ce manufacturier s'impose comme une valeur de plus en plus sûre avec les petits raffinements apportés annuellement.

Rappelons que nous avons affaire à une version de la série LH (Intrepid, Concorde et Vision) allongée de 14 cm introduite pour l'année 1994 sous les noms de LHS et New Yorker (maintenant disparue du catalogue). La présente édition reçoit la même tôlerie et une mécanique identique à la précédente. En fin de compte, c'est une version mieux fignolée, peaufinée.

Un look étudié, détails à parfaire

On a l'impression que deux équipes différentes étaient responsables du dessin des deux extrémités de cette voiture. La calandre n'est pas à la hauteur de la belle allure un peu rétro et sophistiquée de la partie postérieure. Mais rien n'est parfait, et la faible hauteur de la lunette arrière et la distorsion qu'elle engendre encouragent fortement le conducteur à suivre un cours de navigation accéléré tant les manœuvres de stationnement sont hasardeuses. Le diamètre de braquage est cependant étonnamment court malgré l'imposant gabarit de la LHS.

À l'intérieur, la qualité des matériaux est en net progrès par rapport aux autres produits de la marque, à l'exception de quelques plastiques encore trop durs et secs. Mauvaise note aussi pour les appliques de similibois invraisemblables, et pour l'épaisseur du cuir garnissant l'assise des sièges qui provenait certainement d'une bête anorexique. La précision du montage est à la hausse, sans atteindre les standards fixés maintenant par les Japonais et certains Européens. Seul un léger craquement en provenance de la portière arrière venait troubler la quiétude de la cabine.

La grosse américaine réinventée

L'ergonomie de la planche de bord est sans reproches sauf pour les contrôles de la radio qui prêtent à confusion, mais chapeau pour l'espèce de petit *joystick* qui sert à équilibrer le son dans l'habitacle. L'emplacement très bas des branches du volant et des contrôles du klaxon nous laisse facilement imaginer que la conduite sportive n'était pas la priorité du concepteur de cette pièce d'équipement. Un détail à revoir pour attirer des amateurs plus avertis et plus jeunes. Par contre, les commandes de l'air climatisé thermostatique à une seule zone et du toit ouvrant pourraient servir de leçon à d'autres qui veulent faire dans l'inutilement compliqué. Avis entre autres à BMW.

L'équipement de série est tout à fait complet et la liste des options très brève puisqu'on n'y retrouve que le toit ouvrant électrique et un lecteur CD. Le client a aussi le choix entre des banquettes avant 50/50 et des sièges baquets. Il ne manque que des éléments pour les chauffer.

L'espace disponible est tout simplement gigantesque. À titre d'illustration, les passagers arrière bénéficient de près de 8 cm de plus pour les genoux que dans une LH déjà très bien pourvue à cet égard.

Une suspension encore trop molle

Le seul moteur disponible, soit le V6 3,5 litres à simple arbre à cames en tête 24 soupapes est le même que l'on retrouve dans certains autres véhicules de la marque. Moderne, il réussit à mouvoir l'ensemble en souplesse et avec une certaine célérité. Bien entendu, on ne peut le qualifier de foudre de guerre, mais les clients potentiels apprécient plutôt la discrétion que les crissements de pneumatiques. De toute façon, la moindre saute d'humeur est tempérée par un antipatinage assez rudimentaire agissant sur les freins jusqu'à 40 km/h et qui peut être désengagé.

On dit que les gens heureux n'ont pas d'histoire et il en va de même pour le «mariage» entre le moteur et la boîte de vitesses automatique. Cette dernière possède 4 rapports avec une gérance électronique et un verrouillage du convertisseur. Les deux se laissent facilement oublier, tant le passage du couple et de la puissance sont harmonieux. Un Cx de 0,31 et un régime moteur «relaxe» de 2000 tr/min à 100 km/h permettent de maintenir la consommation à un niveau raisonnable compte tenu de la masse.

Les suspensions classiques comprennent les jambes de force MacPherson à l'avant et leur pendant à l'arrière, ainsi qu'une barre antiroulis aux deux extrémités. L'ABS de série trahit la piètre performance des amortisseurs sur mauvais revêtement. En effet, le déclenchement intempestif de cet accessoire ne laisse planer aucun doute sur le fait que les pneus perdent contact brièvement mais en plusieurs occasions avec la route. D'autant plus que ceux de notre voiture d'essai, avec leur cote de vitesse S, favorisaient largement le confort au détriment de l'adhérence. Quant au freinage proprement dit, la lecture de la fiche technique impressionne, mais la pédale spongieuse et la résistance à l'échauffement semblaient pour le moins discutables.

Ces deux problèmes (facilement corrigibles) mis à part, le comportement routier de la LHS surprend par sa bonne tenue et les longs trajets s'effectuent en tout confort grâce entre autres à la direction précise à assistance variable.

Pour certains, l'imposant gabarit est un *must*, mais pour d'autres, il est un empêchement majeur à toute transaction. Il faut vraiment passer un peu de temps au volant pour apprécier l'équilibre de l'ensemble qui nous amène à mettre une sourdine sur l'encombrement de cette voiture. En fin de compte, il ne manque pas grand-chose pour que la LHS puisse se mesurer objectivement à une concurrence fort relevée. Et il devient même difficile de trouver mieux lorsqu'on ajoute le facteur prix à l'équation. Chrysler a réussi cette fois à rendre sa grande berline attrayante sans trop la farder.

J.-G. Laliberté

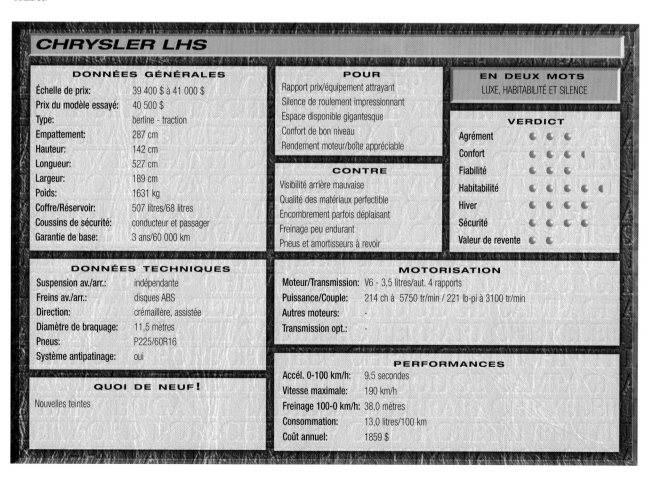

CHRYSLER LHS

DONNÉES GÉNÉRALES

Échelle de prix:	39 400 $ à 41 000 $
Prix du modèle essayé:	40 500 $
Type:	berline - traction
Empattement:	287 cm
Hauteur:	142 cm
Longueur:	527 cm
Largeur:	189 cm
Poids:	1631 kg
Coffre/Réservoir:	507 litres/68 litres
Coussins de sécurité:	conducteur et passager
Garantie de base:	3 ans/60 000 km

DONNÉES TECHNIQUES

Suspension av./arr.:	indépendante
Freins av./arr.:	disques ABS
Direction:	crémaillère, assistée
Diamètre de braquage:	11,5 mètres
Pneus:	P225/60R16
Système antipatinage:	oui

QUOI DE NEUF!

Nouvelles teintes

POUR

Rapport prix/équipement attrayant
Silence de roulement impressionnant
Espace disponible gigantesque
Confort de bon niveau
Rendement moteur/boîte appréciable

CONTRE

Visibilité arrière mauvaise
Qualité des matériaux perfectible
Encombrement parfois déplaisant
Freinage peu endurant
Pneus et amortisseurs à revoir

MOTORISATION

Moteur/Transmission:	V6 - 3,5 litres/aut. 4 rapports
Puissance/Couple:	214 ch à 5750 tr/min / 221 lb-pi à 3100 tr/min
Autres moteurs:	-
Transmission opt.:	-

PERFORMANCES

Accél. 0-100 km/h:	9,5 secondes
Vitesse maximale:	190 km/h
Freinage 100-0 km/h:	38,0 mètres
Consommation:	13,0 litres/100 km
Coût annuel:	1859 $

EN DEUX MOTS

LUXE, HABITABILITÉ ET SILENCE

VERDICT

Agrément	◕ ◕ ◕
Confort	◕ ◕ ◕ ◕
Fiabilité	◕ ◕ ◕
Habitabilité	◕ ◕ ◕ ◕ ◕
Hiver	◕ ◕ ◕
Sécurité	◕ ◕ ◕ ◕
Valeur de revente	◕ ◕

CHRYSLER Sebring cabriolet

Chrysler veut changer la perception populaire voulant que les cabriolets soient des voitures d'une utilisation restreinte mal adaptées aux climats rigoureux d'une bonne partie de l'Amérique. Il a fait le pari que son nouveau cabriolet Sebring lui permettra d'accroître la mince part de marché que détient ce type de véhicule en offrant toutes les qualités d'une voiture quatre saisons.

Le cabriolet réinventé?

L'aspiration de Chrysler de réinventer le cabriolet peut sembler bien ambitieuse, mais elle s'avère très légitime quand on prend connaissance de certaines des caractéristiques de ce nouveau modèle dont j'ai fait la connaissance sous le soleil de plomb du désert californien dans la région de Palm Springs et que j'ai soumis à un essai prolongé sous le ciel nuageux du Québec en 1996.

Bien sûr, un cabriolet comme celui-là se fait apprécier davantage à Palm Springs, où le soleil brille 350 jours par année, mais sa traction avant, ses places arrière spacieuses, son coffre de bonne dimension, sa lunette arrière dégivrante en verre et l'étanchéité de sa capote sont autant d'atouts qui devraient permettre à la Sebring d'envisager une utilisation au-delà des belles journées d'été. À l'exception du remarquable cabrio Golf de Volkswagen, peu de cabriolets offrent l'ensemble des qualités que l'on retrouve dans le nouveau modèle de Chrysler.

L'héritier de la Cirrus

Celui-ci aurait très bien pu faire carrière sous le nom de Cirrus puisqu'il emprunte sa plate-forme à la populaire berline de Chrysler plutôt qu'au coupé dont il partage le patronyme.

Deux versions sont proposées, la JX à moteur 4 cylindres, 16 soupapes de 150 chevaux et la JXi dotée d'un V6 à simple arbre à cames en tête de 2,5 litres développant 168 chevaux. Ces deux moteurs ne sont toutefois offerts qu'avec la transmission automatique à 4 rapports.

Le grand défi des ingénieurs qui ont eu à développer le cabriolet Sebring a été de créer une voiture fonctionnelle pour les 12 mois de l'année. On a donc apporté un soin particulier à son insonorisation, à son étanchéité et à la rigidité de son châssis. Sous ce dernier aspect, par exemple, on dit que la voiture possède une structure qui est 80 p. 100 plus rigide que celle de l'ancienne Le Baron. Toutefois, si l'on doit se fier à l'état du modèle JX enrôlé dans un de nos essais à long terme, cette solidité du châssis résiste mal aux mauvais traitements de notre réseau routier. Notre Sebring grince, craque et chambranle à qui mieux mieux après seulement 8000 km d'utilisation. On a aussi un peu lésiné sur la sécurité puisque la Sebring cabriolet ne possède ni d'arceau antitonneau ni de renforcement spécial intégré au pare-brise. Cette lacune et le fait que la voiture est construite au Mexique sont les deux seuls aspects sur lesquels on peut s'interroger.

Des performances timides

Sur les routes californiennes, la JX et la JXi, avec ou sans capote, ont d'abord fait montre d'une très grande douceur de roulement, trop peut-être pour s'afficher comme des voitures sport. Ce sont avant tout des coupés de luxe dont les performances sont au seuil de la timidité. Le 4 cylindres de la JX s'essouffle rapidement et son piètre rendement en terrain montagneux ne convient pas très bien à une voiture de cette classe. Il est si lymphatique qu'il faut pratiquement défoncer le plancher avec le pied droit pour arriver à enclencher le *kick down*. Sans être beaucoup plus musclé, le V6 se tire mieux d'affaire avec des reprises un peu plus vives, quoique bruyantes. Pour préserver un semblant de performance, Chrysler a utilisé des matériaux composites pour le capot moteur et le couvercle du coffre afin de réduire le poids de l'ensemble.

Causer à 130 km/h

Dans les deux versions, la direction trop légère ne permet pas de bien sentir la route et le grand pare-brise fortement incliné n'est pas à l'abri des vibrations ou soubresauts qui sont le lot de bien des cabriolets. Le bruit du vent est par contre bien assourdi. Même avec le toit ouvert à 130 km/h, on peut entretenir une conversation sans élever la voix. Ce toit, incidemment, est doté d'un mécanisme électrique et est fait de toile dans les JXi alors que la capote de la JX utilise un vinyle beaucoup moins élégant. Dans les deux cas, la housse semi-rigide d'une seule pièce est un peu encombrante lorsqu'on doit la remiser dans le coffre. Ce dernier offre un meilleur volume que celui de la Mustang ou de la BMW cabriolet, mais sa forme tourmentée commande l'utilisation de bagages souples.

La plus grande qualité de cette Sebring cabriolet reste toutefois ses places arrière où deux adultes peuvent s'asseoir sans problème. Les sièges avant sont aussi d'un confort notable et dotés d'une innovation intéressante sous la forme de ceintures de sécurité attachées à la structure du siège et dont la sangle sortant du dossier est beaucoup plus facile d'accès. Si le cabriolet Sebring a bien paru dans un environnement aussi propice que celui du désert californien, il s'est fort bien comporté également sous le climat plus hostile du Québec. Toutefois, nos routes cahoteuses et défoncées n'ont pas été tendres à son endroit. La structure va nécessiter une révision pour que l'on puisse apprécier les qualités quatre saisons de la Sebring.

J. Duval

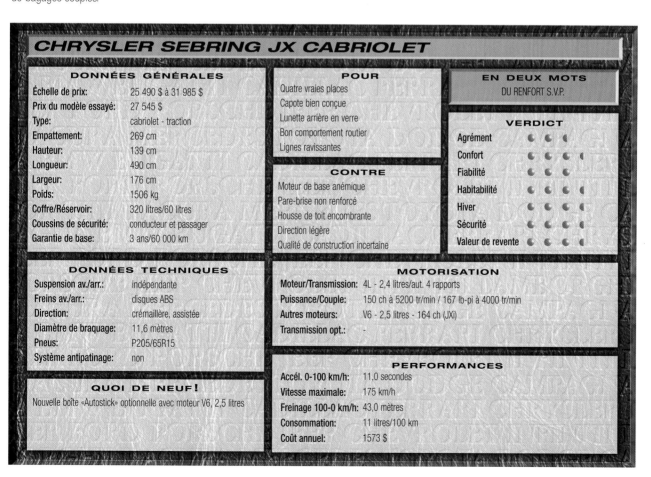

CHRYSLER SEBRING JX CABRIOLET

DONNÉES GÉNÉRALES

Échelle de prix:	25 490 $ à 31 985 $
Prix du modèle essayé:	27 545 $
Type:	cabriolet - traction
Empattement:	269 cm
Hauteur:	139 cm
Longueur:	490 cm
Largeur:	176 cm
Poids:	1506 kg
Coffre/Réservoir:	320 litres/60 litres
Coussins de sécurité:	conducteur et passager
Garantie de base:	3 ans/60 000 km

POUR

Quatre vraies places
Capote bien conçue
Lunette arrière en verre
Bon comportement routier
Lignes ravissantes

CONTRE

Moteur de base anémique
Pare-brise non renforcé
Housse de toit encombrante
Direction légère
Qualité de construction incertaine

EN DEUX MOTS

DU RENFORT S.V.P.

VERDICT

Agrément	
Confort	
Fiabilité	
Habitabilité	
Hiver	
Sécurité	
Valeur de revente	

DONNÉES TECHNIQUES

Suspension av./arr.:	indépendante
Freins av./arr.:	disques ABS
Direction:	crémaillère, assistée
Diamètre de braquage:	11,6 mètres
Pneus:	P205/65R15
Système antipatinage:	non

QUOI DE NEUF !

Nouvelle boîte «Autostick» optionnelle avec moteur V6, 2,5 litres

MOTORISATION

Moteur/Transmission:	4L - 2,4 litres/aut. 4 rapports
Puissance/Couple:	150 ch à 5200 tr/min / 167 lb-pi à 4000 tr/min
Autres moteurs:	V6 - 2,5 litres - 164 ch (JXi)
Transmission opt.:	-

PERFORMANCES

Accél. 0-100 km/h:	11,0 secondes
Vitesse maximale:	175 km/h
Freinage 100-0 km/h:	43,0 mètres
Consommation:	11 litres/100 km
Coût annuel:	1573 $

DODGE Avenger/Chrysler Sebring

La Dodge Avenger et la Chrysler Sebring sont deux coupés pratiquement similaires, conçus et développés par Chrysler mais fabriqués par Mitsubishi dans son usine de l'Illinois. Ces voitures nous offrent donc l'audace du design américain avec la qualité d'assemblage et la fiabilité des mécaniques japonaises. Cette combinaison promet.

Au cours des derniers mois, nous avons eu l'occasion de rencontrer plusieurs personnes qui ont opté pour l'Avenger ou la Sebring. Pour ces gens, le critère numéro un a été l'esthétique de cette voiture. Ils ont craqué pour son apparence vraiment à part. Son nez très plongeant et son arrière très élevé lui confèrent une allure sportive à coup sûr. Mais cette esthétique n'est pas sans inconvénients. L'arrière relevé rend toute manœuvre de stationnement délicate. Il est donc recommandé de jeter un coup d'œil à l'arrière avant d'entrer dans sa voiture afin de vérifier s'il n'y a aucun obstacle. Quant au becquet avant doté de deux ouvertures rectangulaires placées très près du sol, il s'accommode assez mal de certains plans inclinés un peu trop raides et nous avons frotté le museau à quelques reprises lors de notre essai.

Ce coupé ne manque certainement pas d'élégance. Ses lignes sont classiques, mais ne se refusent pas à une certaine audace visuelle. Toutefois, certains de ses éléments esthétiques ont des inconvénients sur le plan pratique.

Une cabine spacieuse

Les coupés sport purs et durs sont généralement des entités peu accueillantes nous proposant des sièges avant fermes, un faible dégagement pour la tête et des places arrière réservées à des enfants. Le duo Avenger/Sebring est différent. Selon Chrysler, l'acheteur veut bien une silhouette sportive, mais pas au détriment du confort et du sens pratique. C'est pourquoi l'Avenger est

L'équilibre provoque parfois l'ennui

dotée d'un habitacle spacieux. Les places arrière ne sont pas l'équivalent de celles d'une berline, mais deux adultes peuvent y prendre place dans un certain confort. Toutefois, la ceinture de caisse passablement relevée alliée à des sièges relativement bas ne plaira pas aux claustrophobes. Soulignons au passage que le dossier arrière se rabat dans une proportion 60/40.

À l'avant, les sièges baquets sont confortables et leurs bourrelets latéraux assurent un bon support latéral. Toutefois, pour les conducteurs de grande taille, le siège est un peu court. De plus, le volant réglable est carrément trop bas, même levé au maximum.

Le tableau de bord est bien équilibré, sa présentation ne se prête à aucune critique majeure et la plupart des commandes sont à la bonne place et faciles d'utilisation. Toutefois, la radio est coincée derrière un volumineux levier de vitesses et il faut pratiquement que la voiture soit en marche pour être en mesure de la régler sans s'accrocher dans la pomme du levier. Enfin, malgré cet amalgame d'éléments positifs, il se dégage de ces modèles une impression plus ou moins favorable en raison d'un manque de caractère.

Mécanique: un cocktail

Sur le plan mécanique, l'Avenger et la Sebring empruntent plusieurs éléments mécaniques à l'Eagle Talon qui utilise pour sa part une plate-forme dérivée de celle de la Mitsubishi Galant. À la limite, on peut affirmer que l'Avenger/Sebring est une Talon allongée. Quoi qu'il en soit, cela permet aux constructeurs de nous proposer une plate-forme moderne et rigide. De plus, ces deux coupés partagent leur suspension avec la Talon. À l'avant, on retrouve des bras inégaux tandis que l'essieu arrière indépendant est à liens multiples. Sur la version ES, les freins à disques aux quatre roues sont en équipement de série tandis que l'ABS est disponible en option sur toutes les versions.

Le modèle de base est livré avec une boîte manuelle et un moteur 4 cylindres 2,0 litres d'une puissance de 140 chevaux. Quant à l'ES, elle ne peut être commandée qu'avec le moteur V6 2,5 litres de 155 chevaux. Le meilleur indice que ces coupés ne sont pas conçus pour jouer les sportives à tout crin est que ce V6 ne peut être livré qu'avec une boîte automatique. Il faut préciser que ce moteur, même si sa cylindrée est identique à celle du V6 de la Stratus, est propre à l'Avenger/Sebring. Tandis que le 2,5 litres de la Stratus développe 161 chevaux, celui de l'Avenger fait 155 chevaux. Curieux tout de même que la berline ait plus de puissance que ce coupé «sportif».

Relativement fade

Le comportement de ces deux coupés est correct. La direction est précise, la caisse ne penche pas indûment dans les virages et les accélérations sont dans la bonne moyenne. Le V6 n'est pas un foudre d'accélération, mais on peut facilement boucler le 0-100 km/h en 9,0 secondes. Cela n'est pas tellement sportif, mais «politiquement correct». Après tout, il faut tenter de vivre avec son époque.

C'est d'ailleurs cet équilibre, cette homogénéité qui gomme pratiquement tout le caractère de ces voitures. Elles ne font rien de mal, et sont même brillantes sous certains aspects. Mais au chapitre de l'agrément de conduite, ça laisse à désirer. Bref, elles n'ont rien à se reprocher, mais il est difficile d'avoir le coup de foudre pour elles en les conduisant. En fait, c'est la silhouette et le confort de la cabine qui sont les arguments de décision dans plusieurs des cas.

Une approche logique

Qu'il s'agisse de l'Avenger ou de la Sebring, les amateurs de voitures sport seront déçus. Toutefois, ces coupés possèdent tous les ingrédients pour plaire à un auditoire plus vaste et moins branché sur les performances. Élégantes, gracieuses et dotées d'une tenue de route sans défaut majeur et même assez performante, ces voitures plaisent à la majorité. Les sportifs doivent en faire leur deuil tandis que les conducteurs à la recherche d'une voiture à l'apparence sportive tout en étant confortable seront attirés par ce duo. Et ce, même si la sauce manque un peu de sel.

D. Duquet

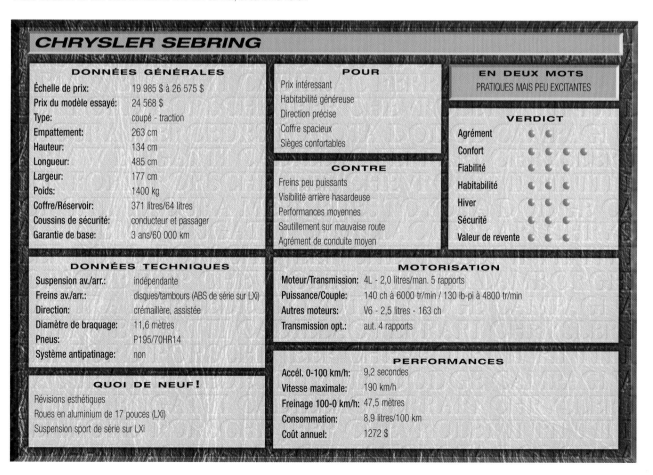

CHRYSLER SEBRING

DONNÉES GÉNÉRALES

Échelle de prix:	19 985 $ à 26 575 $
Prix du modèle essayé:	24 568 $
Type:	coupé - traction
Empattement:	263 cm
Hauteur:	134 cm
Longueur:	485 cm
Largeur:	177 cm
Poids:	1400 kg
Coffre/Réservoir:	371 litres/64 litres
Coussins de sécurité:	conducteur et passager
Garantie de base:	3 ans/60 000 km

DONNÉES TECHNIQUES

Suspension av./arr.:	indépendante
Freins av./arr.:	disques/tambours (ABS de série sur LXi)
Direction:	crémaillère, assistée
Diamètre de braquage:	11,6 mètres
Pneus:	P195/70HR14
Système antipatinage:	non

QUOI DE NEUF!

Révisions esthétiques
Roues en aluminium de 17 pouces (LXi)
Suspension sport de série sur LXi

POUR

Prix intéressant
Habitabilité généreuse
Direction précise
Coffre spacieux
Sièges confortables

CONTRE

Freins peu puissants
Visibilité arrière hasardeuse
Performances moyennes
Sautillement sur mauvaise route
Agrément de conduite moyen

MOTORISATION

Moteur/Transmission:	4L - 2,0 litres/man. 5 rapports
Puissance/Couple:	140 ch à 6000 tr/min / 130 lb-pi à 4800 tr/min
Autres moteurs:	V6 - 2,5 litres - 163 ch
Transmission opt.:	aut. 4 rapports

PERFORMANCES

Accél. 0-100 km/h:	9,2 secondes
Vitesse maximale:	190 km/h
Freinage 100-0 km/h:	47,5 mètres
Consommation:	8,9 litres/100 km
Coût annuel:	1272 $

EN DEUX MOTS

PRATIQUES MAIS PEU EXCITANTES

VERDICT

Agrément	
Confort	
Fiabilité	
Habitabilité	
Hiver	
Sécurité	
Valeur de revente	

DODGE/PLYMOUTH Neon

Après quelques ratés au démarrage, la production de la Dodge Neon a atteint l'an dernier une vitesse de croisière correcte. Pour bien saisir cette métaphore, il faut savoir que la populaire sous-compacte de Chrysler n'affichait pas toujours à ses débuts une très grande qualité de construction.

Mieux qu'hier, moins bien que...

compacte, aussi sportive soit-elle. Cela dit, plusieurs des observations faites au cours de cet essai s'appliquent aussi aux divers autres modèles de la gamme Neon, y compris la Neon Expresso qui identifie le coupé sport à l'enseigne Plymouth.

Même le moteur de série, par exemple, place la Neon en tête des sous-compactes en matière de performances et bien en avant de cette chère Golf dont les «mon oncle» n'ont rien à craindre tellement elle est anémique.

Aussi enjoué qu'il soit, le 4 cylindres à double arbre à cames en tête écorche l'oreille avec une sonorité qui tient davantage de la scie à chaîne que d'un moteur d'automobile. Si l'on accepte ce bruit un peu curieux, on sera ravi des accélérations et de la faible consommation de cette Neon Sport qui se contente de 8,7 litres aux 100 km en conduite mi-route, mi-ville. La boîte manuelle à 5 rapports n'égale pas les meilleures réalisations japonaises dans le domaine, mais le levier se manie quand même sans effort particulier. On doit aussi accorder de

Aujourd'hui, à part de détestables exceptions, les Dodge Neon (cela vaut aussi pour la version Plymouth) sont mieux assemblées qu'elles ne l'étaient à leur apparition sur le marché au début de 1994.

Je prends pour exemple le coupé deux portes essayé pour le *Guide de l'auto 97*. À l'exception de la mauvaise étanchéité de la glace de portière du côté droit, la voiture ne souffrait d'aucun vice de construction. Cette lacune risque toutefois d'être courante pour la simple raison que les glaces latérales des Neon ne sont pas encadrées et que le moindre écart d'alignement de la partie supérieure peut entraîner un bruit de vent. Si la qualité d'assemblage est en progrès, il n'en reste pas moins que la Neon conserve un certain nombre de caractéristiques plus ou moins souhaitables inhérentes à sa conception.

Originalement proposée en berline quatre portes seulement, la Neon se pavane depuis l'an dernier dans les atours d'un coupé possédant de solides références sur le plan sportif. Cela se vérifie d'abord par la présence sous le capot d'un moteur musclé, un 4 cylindres 16 soupapes de 2,0 litres et 150 chevaux qui électrise ce modèle. Des roues de 14 pouces renfermant quatre freins à disques assortis d'un ABS viennent aussi seconder les prestations du moteur.

Un hic, le prix

Ce séduisant emballage fait toutefois grimper le prix de départ bien au-delà de ce que bien des gens sont prêts à payer pour une sous-

bonnes notes à la direction pour sa vivacité en dépit d'un léger effet de couple et surtout d'un volant dont le pourtour exagérément gros risque de déplaire à des mains délicates. Le freinage, pour sa part, ferait meilleure figure si l'antiblocage n'entrait pas en fonction aussi rapidement lors d'un arrêt d'urgence. En ce qui a trait à la tenue de route, le coupé Neon Sport est avantagé par ses roues et ses pneus de 14 pouces qui lui donnent un comportement presque neutre le plaçant parmi les meilleures voitures de la catégorie. Sous plusieurs aspects, cette voiture s'adresse à une clientèle jeune qui devra se montrer tolérante à l'égard de la suspension dont le débattement est très limité sur mauvaise route. Sur des revêtements ondulés ou en piteux état, le confort n'est pas l'argument majeur de ce coupé sport.

Un aménagement plutôt soigné

L'aménagement intérieur de la Neon a valu jusqu'ici de bien beaux compliments à Chrysler. On peut renchérir en soulignant l'aspect pratique du coffret de rangement avec couvercle placé sur la console centrale, des pare-soleil extensibles et de l'incontournable porte-verres dont l'emplacement au plancher est cependant un peu trop bas pour être pratique. Les instruments sont faciles à consulter et toutes les commandes sont ergonomiquement disposées pour faciliter la vie du conducteur. Malgré de beaux efforts de présentation, cette sous-compacte n'échappe pas complètement à la critique. Les sièges, par exemple, ne feront pas l'unanimité au point de vue confort en raison d'un coussin qui apparaît trop haut à l'avant, ce qui est gênant pour les cuisses. La sellerie en cuir de la voiture mise à l'essai s'est avérée très glissante, au point de nuire au maintien dans les virages. Si l'on peut toujours s'adapter au dessin des sièges, la visibilité vers l'arrière pose

un sérieux problème. À cause de son arrière retroussé et d'un aileron absolument inutile, il devient traumatisant de reculer au volant de cette Neon tellement la visibilité est atroce.

Si le coupé a très bonne mine, on doit cependant s'accommoder de places arrière difficiles d'accès et d'un coffre au volume plutôt moyen où les passages de roues rognent sur l'espace disponible.

Avec ses berlines et coupés Neon, Chrysler s'est dotée d'une sous-compacte qui a créé de grandes attentes auprès de la clientèle. Celles-ci n'ont pas toujours été remplies au début, mais la qualité de construction s'est par la suite grandement améliorée. Encore un p'tit effort et la Neon montera d'un cran de plus dans notre estime (voir aussi le match comparatif des sous-compactes en première partie).

J. Duval

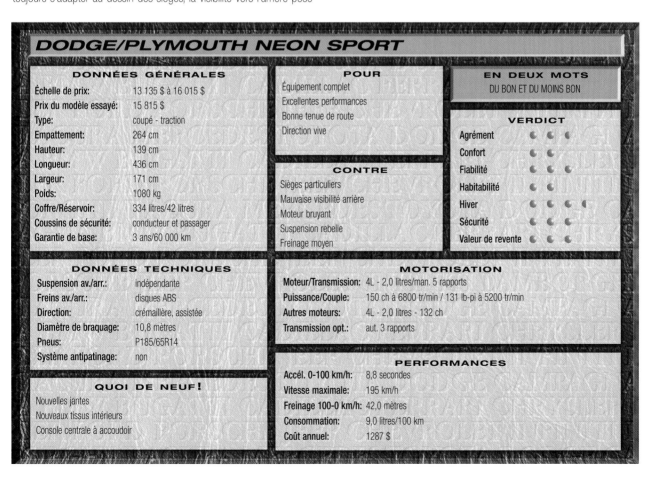

DODGE/PLYMOUTH NEON SPORT

DONNÉES GÉNÉRALES

Échelle de prix:	13 135 $ à 16 015 $
Prix du modèle essayé:	15 815 $
Type:	coupé - traction
Empattement:	264 cm
Hauteur:	139 cm
Longueur:	436 cm
Largeur:	171 cm
Poids:	1080 kg
Coffre/Réservoir:	334 litres/42 litres
Coussins de sécurité:	conducteur et passager
Garantie de base:	3 ans/60 000 km

DONNÉES TECHNIQUES

Suspension av./arr.:	indépendante
Freins av./arr.:	disques ABS
Direction:	crémaillère, assistée
Diamètre de braquage:	10,8 mètres
Pneus:	P185/65R14
Système antipatinage:	non

QUOI DE NEUF!

Nouvelles jantes
Nouveaux tissus intérieurs
Console centrale à accoudoir

POUR

Équipement complet
Excellentes performances
Bonne tenue de route
Direction vive

CONTRE

Sièges particuliers
Mauvaise visibilité arrière
Moteur bruyant
Suspension rebelle
Freinage moyen

MOTORISATION

Moteur/Transmission:	4L - 2,0 litres/man. 5 rapports
Puissance/Couple:	150 ch à 6800 tr/min / 131 lb-pi à 5200 tr/min
Autres moteurs:	4L - 2,0 litres - 132 ch
Transmission opt.:	aut. 3 rapports

PERFORMANCES

Accél. 0-100 km/h:	8,8 secondes
Vitesse maximale:	195 km/h
Freinage 100-0 km/h:	42,0 mètres
Consommation:	9,0 litres/100 km
Coût annuel:	1287 $

EN DEUX MOTS

DU BON ET DU MOINS BON

VERDICT

Agrément	
Confort	
Fiabilité	
Habitabilité	
Hiver	
Sécurité	
Valeur de revente	

EAGLE Talon

Conçue et assemblée conjointement par Chrysler et Mitsubishi, l'Eagle Talon a conquis le cœur des amateurs de sportives dès son apparition, en 1990. Mais, comme c'est le cas pour la plupart des voitures de cette catégorie, ses ventes n'ont cessé de dégringoler depuis et le lancement de la deuxième génération, il y a deux ans, n'a pu stopper l'hémorragie.

Chez nos voisins du sud, ce petit coupé est également vendu sous la bannière Mitsubishi, où il porte le nom d'Eclipse. Ces sœurs jumelles continuent d'être assemblées en Amérique du Nord, à l'usine Diamond Star (Illinois). Celle-ci est désormais la propriété de Mitsubishi, Chrysler ayant entrepris il y a deux ans de se défaire de la majeure partie de ses actions au sein de ce consortium japonais et, par ricochet, de l'usine d'assemblage en question.

Ce qui n'empêche toutefois pas le troisième constructeur américain, malgré son autonomie grandissante, de continuer à collaborer avec son partenaire de longue date. Ainsi, sous le capot des versions de base des Talon/Eclipse, on retrouve désormais le 4 cylindres atmosphérique de 2,0 litres des compactes Neon.

Des ajouts douteux

Malgré des formes plus élancées, la Talon n'a pas perdu, lors de sa refonte, son allure trapue et costaude qui, compte tenu de son tempérament bouillant, l'apparente à un pit-bull. Sauf que cette année, on a eu la fâcheuse idée d'installer sur la version la plus sportive (TSi) un immense aileron au bas de la lunette arrière, semblable à celui de la Stealth de même famille, et de trafiquer sa devanture à l'aide d'une immense prise d'air sous la calandre. Ces ajouts ne font qu'alourdir sa silhouette, qui paraît ainsi surchargée. De très mauvais goût...

Dès qu'on s'installe à bord, on trouve rapidement la position de conduite idéale, et les superbes baquets sont aussi confortables que sportifs, offrant tout le support latéral nécessaire. De plus, la hauteur de la console centrale fait en

Victime de sa vocation

sorte que le levier de transmission se manie avec le bras en angle de 90 degrés: bien calé dans le siège, on a l'impression de se trouver dans le cockpit d'une voiture de course. Pour les conducteurs à tendance sportive, en fonction desquels la Talon TSi est conçue, ce genre de détail a toute son importance.

Mis à part les places arrière plutôt symboliques, comme c'est le cas dans la plupart des coupés sport, l'habitacle est relativement pratique, avec ses espaces de rangement là où il en faut et les commandes à portée de main. Avec, en prime, une présentation agréable, relevée par un tableau de bord aussi complet que facile à consulter. Le coffre n'est pas des plus spacieux, principalement à cause de son manque de profondeur, et son seuil de chargement est relativement élevé. En revanche, la banquette arrière rabattable permet de compenser ces lacunes.

Délinquante TSi...

La Talon n'est peut-être pas la plus volumineuse de sa catégorie, mais elle ne figure pas parmi les plus légères pour autant, particulièrement la

version TSi dont le rouage intégral s'accompagne de quelques kilos supplémentaires. De plus, elle a pris de l'embonpoint depuis sa refonte. Pour pallier cette lacune, on a porté la puissance de son moteur turbocompressé à 210 chevaux, un gain de 20 chevaux par rapport à sa devancière. Les performances se maintiennent donc au même niveau et le 0-100 km/h s'effectue tout juste sous la barre des 7 secondes, ce qui n'a rien de déshonorant, convenons-en.

De plus, la grande souplesse de ce 4 cylindres multisoupape turbocompressé lui permet des envolées à haut régime sans qu'il ne rechigne le moindrement. Par contre, pour peu qu'on le sollicite, on se retrouve à la station-service plus souvent qu'à son tour, comme quoi le plaisir n'est jamais gratuit… Sans parler des contraventions astronomiques qu'on peut récolter à bord d'un véhicule aussi fougueux, qui pousse à la délinquance. Pas d'erreur, cette petite bête demande — sans jeu de mots — une bonne dose d'autodiscipline.

Même si les deux premiers rapports demeurent un peu courts, la boîte est un modèle de précision et son petit levier se montre des plus agréables à utiliser. Il est étonnant de constater que dans la version la plus sportive (et la plus relevée) de la gamme Talon, l'ABS demeure optionnel. Remarquez que cette omission risque de faire le bonheur des conducteurs sportifs «purs et durs», qui n'apprécient guère ce dispositif. Sauf que ceux-ci représentent une infime minorité, voire une certaine élite, et surtout pas la masse.

Cette bombe en format de poche mord littéralement le bitume et il faut vraiment la pousser dans ses derniers retranchements pour que le sous-virage propre aux intégrales se fasse sentir. La tenue de route est sûre, impressionnante même, et la motricité phénoménale que lui confère son mode de traction ne fait que rehausser ses aptitudes routières déjà excellentes.

Malgré son poids, la Talon TSi fait preuve d'une belle agilité, légèrement atténuée toutefois par le trop grand diamètre de braquage de sa direction. Cette dernière brille cependant par sa précision et par sa nervosité. Il suffit d'enfiler une série de virages serrés pour constater le tempérament incisif de cette sportive, et tant ses réactions saines que sa motricité exceptionnelle viennent équilibrer cette belle agressivité. Pas étonnant, avec de telles qualités, qu'elle soit la voiture préférée de bon nombre de pilotes de rallye en Amérique du Nord.

Les seuls petits bobos de la Talon TSi sont ceux inhérents à la plupart des véhicules de cette catégorie, le confort et l'aspect pratique n'étant pas leurs principaux atouts. Mais elle compense largement ces lacunes tant par sa grande polyvalence, gracieuseté de sa traction intégrale, et par sa forte personnalité, que par un rapport qualité/prix toujours aussi intéressant. Pas d'erreur, nous sommes en présence d'un cheval gagnant.

Le hic, c'est qu'en raison d'un marché à la baisse, les jockeys se font de plus en plus rares…

P. Laguë

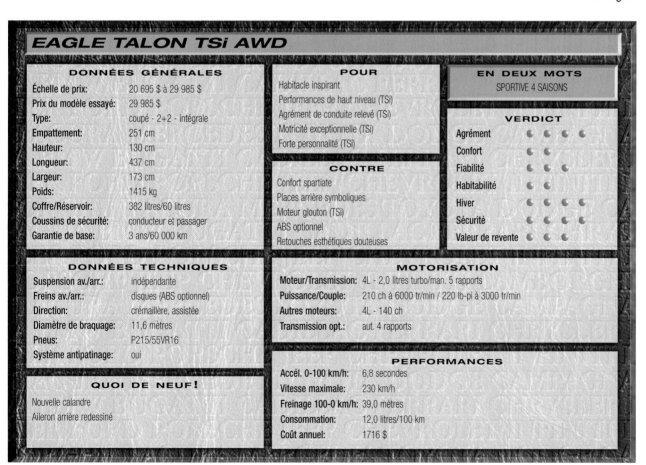

EAGLE TALON TSi AWD

DONNÉES GÉNÉRALES

Échelle de prix:	20 695 $ à 29 985 $
Prix du modèle essayé:	29 985 $
Type:	coupé - 2+2 - intégrale
Empattement:	251 cm
Hauteur:	130 cm
Longueur:	437 cm
Largeur:	173 cm
Poids:	1415 kg
Coffre/Réservoir:	382 litres/60 litres
Coussins de sécurité:	conducteur et passager
Garantie de base:	3 ans/60 000 km

POUR

Habitacle inspirant
Performances de haut niveau (TSi)
Agrément de conduite relevé (TSi)
Motricité exceptionnelle (TSi)
Forte personnalité (TSi)

CONTRE

Confort spartiate
Places arrière symboliques
Moteur glouton (TSi)
ABS optionnel
Retouches esthétiques douteuses

EN DEUX MOTS

SPORTIVE 4 SAISONS

VERDICT

Agrément	●●●●
Confort	●●
Fiabilité	●●●
Habitabilité	●●●
Hiver	●●●●
Sécurité	●●●●
Valeur de revente	●●●

DONNÉES TECHNIQUES

Suspension av./arr.:	indépendante
Freins av./arr.:	disques (ABS optionnel)
Direction:	crémaillère, assistée
Diamètre de braquage:	11,6 mètres
Pneus:	P215/55VR16
Système antipatinage:	oui

MOTORISATION

Moteur/Transmission:	4L - 2,0 litres turbo/man. 5 rapports
Puissance/Couple:	210 ch à 6000 tr/min / 220 lb-pi à 3000 tr/min
Autres moteurs:	4L - 140 ch
Transmission opt.:	aut. 4 rapports

QUOI DE NEUF!

Nouvelle calandre
Aileron arrière redessiné

PERFORMANCES

Accél. 0-100 km/h:	6,8 secondes
Vitesse maximale:	230 km/h
Freinage 100-0 km/h:	39,0 mètres
Consommation:	12,0 litres/100 km
Coût annuel:	1716 $

FORD Aerostar/Econoline

L'arrivée de la Windstar devait marquer la dispari-tion de l'Aerostar. Pourtant, celle-ci est toujours sur le marché en raison d'une demande suffisamment importante pour assurer sa survie. Quant à la légendaire Econoline, elle devient la première four-gonnette à proposer un moteur V10.

L'une survit, l'autre se raffine

V6 4,2 litres de 205 chevaux et un V8 5,4 litres de 225 chevaux. Tous ces moteurs sont dotés de bougies au platine permettant d'es-pacer les mises au point de 160 000 km.

Si l'arrivée du V10 est la nouvelle la plus spectaculaire, l'Econoline a également droit à plusieurs modifications sur le plan esthétique. C'est ainsi que sa calandre est toute nouvelle. Cela a permis aux stylistes de l'harmoniser avec la plupart des autres modèles de la corporation, la camionnette F-150 entres autres. Le tableau de bord de l'Econoline est également tout nouveau. Sa présentation générale est plus moderne et la disposition des commandes améliorée. La présence de buses d'air plus grosses favorise une meilleure ventilation. De plus, les commandes de la radio sont dotées de boutons plus gros, donc plus faciles d'utilisa-tion. On a finalement abandonné les commandes de radio minuscules qui étaient une insulte à l'ergonomie.

Compte tenu de ces changements, Ford croit être en mesure de con-server sa position de leader dans le domaine des grosses fourgonnettes. Et

D ans les éditions précédentes du *Guide de l'auto,* on ne parlait souvent de l'Econoline qu'un peu, à la fin du texte sur l'Aerostar. Cette année, elle mérite d'être au premier plan en raison des nombreuses améliorations dont elle fait l'objet. Mais avant de parler plus en détail des nouveautés qu'elle nous propose, il faut souligner que cette grosse fourgonnette domine sa catégorie depuis plus d'un quart de siècle. À tel point qu'on désigne toutes les grosses fourgonnettes comme étant des «Econoline». Quand on détient plus de 50 p. 100 du marché, c'est la rançon de la gloire.

Les dimensions pour le moins généreuses de cette grosse propulsion ne conviennent certainement pas à tous, mais si vous devez transporter plusieurs personnes à la fois, l'Econoline est à prendre en considération. Plusieurs la préfèrent à une camionnette lorsque vient le temps de partir en vacances en tractant une caravane ou une embarcation. Plusieurs retraités en ont fait leur véhicule pour partir vers le sud; ils y accrochent une maison mobile.

Cette année, on a refait une beauté à l'Econoline, qui offre en plus le pre-mier moteur V10 à être commercialisé dans une fourgonnette. Ce nouveau moteur possède une cylindrée de 6,8 litres et sa puissance est de 265 chevaux. Mais son couple est encore plus impressionnant, puisqu'il est de 405 lb-pi à 4000 tr/min. Avec de telles statistiques, aucune charge et aucune remorque ne seront en mesure de lui résister.

Le Triton V10 est l'un des trois moteurs modulaires qu'on pourra choisir pour l'Econoline en 1997. Ce trio comprend également un

cette popularité ne s'explique pas uniquement par des statistiques: l'Econoline se débrouille aussi fort bien sur le plan de la conduite. Il est vrai que son gabarit imposant nécessite une certaine acclimatation et que sa conduite en ville peut être intimidante pour certains, mais c'est le véhicule idéal pour ceux qui ont toujours trop de bagages. L'Econoline a la robustesse d'un camion et sa longue caisse fermée permet de transporter les objets les plus encombrants au sec et en toute sécurité. De plus, on voyage dans un confort que certaines berlines ne peuvent égaler.

L'Aerostar: elle s'accroche

Le dicton selon lequel le client a toujours le dernier mot s'est avéré une fois de plus dans le cas de l'Aerostar. En effet, ce modèle était condamné à disparaître il y a trois ans et il est encore sur le marché. La raison est bien simple: les clients ont continué à l'acheter, forçant ainsi la compagnie Ford à poursuivre la production.

Si l'Aerostar est toujours populaire, c'est en bonne partie en raison de son prix très compétitif. En effet, il est possible de commander le modèle à traction intégrale, fort bien équipé, pour un prix inférieur de plusieurs milliers de dollars à celui d'une traction plus moderne. On peut ainsi envisager d'acquérir un véhicule suffisamment robuste pour tracter une remorque et assez bien fait pour amener sa petite famille en vacances dans un confort plus que raisonnable. Vous devrez cependant vous habituer à une suspension relativement sèche qui tient davantage du camion. De plus, en conduite hivernale, les modèles à propulsion se sont toujours illustrés par leur propension à déraper avec grande facilité sur la neige et la glace. Les pneus d'hiver sont fortement conseillés. Quant au modèle à traction intégrale, il est plus rassurant en conduite hivernale que le modèle à deux roues motrices. Malheureusement, le moteur V6 4,0 litres couplé à ce système est assez

gourmand. D'ailleurs, l'arrivée d'une boîte automatique à 5 rapports sur cette version devrait permettre de diminuer la consommation. Il faut ajouter que ce 4,0 litres ne peut être commandé que sur les versions allongées et le modèle à quatre roues motrices.

Quant au V6 3,0 litres offert sur les versions courtes, il se débrouille quand même pas mal. Il est toutefois moins brillant lorsque le véhicule est lourdement chargé. Dans de telles conditions, son couple relativement peu élevé pour une telle cylindrée ne facilite pas les choses.

Somme toute, l'Aerostar est toujours en mesure de défendre sa part du marché très compétitif des fourgonnettes. Son prix, la robustesse de son châssis et la possibilité de commander un moteur V6 sur le modèle le plus économique sont autant d'arguments qui sonnent comme de la musique aux oreilles des acheteurs. Compte tenu de ce contexte, ces derniers ont tendance à fermer les yeux sur une suspension ferme, un agrément de conduite moyen et une sensibilité certaine aux vents latéraux.

D. Duquet

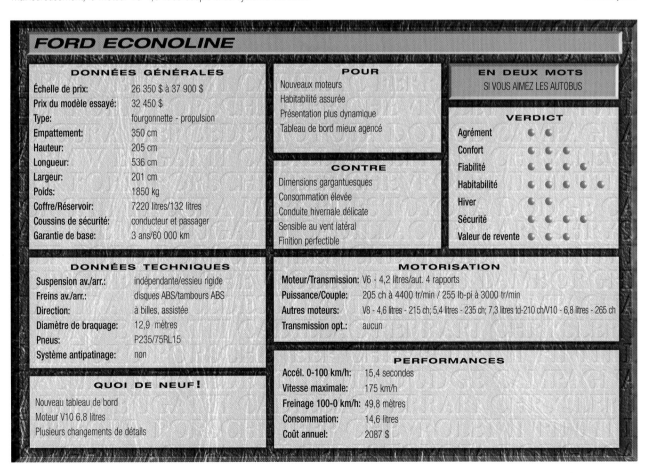

FORD ECONOLINE

DONNÉES GÉNÉRALES

Échelle de prix:	26 350 $ à 37 900 $
Prix du modèle essayé:	32 450 $
Type:	fourgonnette - propulsion
Empattement:	350 cm
Hauteur:	205 cm
Longueur:	536 cm
Largeur:	201 cm
Poids:	1850 kg
Coffre/Réservoir:	7220 litres/132 litres
Coussins de sécurité:	conducteur et passager
Garantie de base:	3 ans/60 000 km

POUR

Nouveaux moteurs
Habitabilité assurée
Présentation plus dynamique
Tableau de bord mieux agencé

CONTRE

Dimensions gargantuesques
Consommation élevée
Conduite hivernale délicate
Sensible au vent latéral
Finition perfectible

EN DEUX MOTS

SI VOUS AIMEZ LES AUTOBUS

VERDICT

Agrément	◖◖
Confort	◖◖◖
Fiabilité	◖◖◖◖
Habitabilité	◖◖◖◖
Hiver	◖◖
Sécurité	◖◖◖◖
Valeur de revente	◖◖◖

DONNÉES TECHNIQUES

Suspension av./arr.:	indépendante/essieu rigide
Freins av./arr.:	disques ABS/tambours ABS
Direction:	à billes, assistée
Diamètre de braquage:	12,9 mètres
Pneus:	P235/75RL15
Système antipatinage:	non

MOTORISATION

Moteur/Transmission:	V6 - 4,2 litres/aut. 4 rapports
Puissance/Couple:	205 ch à 4400 tr/min / 255 lb-pi à 3000 tr/min
Autres moteurs:	V8 - 4,6 litres - 215 ch; 5,4 litres - 235 ch; 7,3 litres td-210 ch/V10 - 6,8 litres - 265 ch
Transmission opt.:	aucun

QUOI DE NEUF!

Nouveau tableau de bord
Moteur V10 6,8 litres
Plusieurs changements de détails

PERFORMANCES

Accél. 0-100 km/h:	15,4 secondes
Vitesse maximale:	175 km/h
Freinage 100-0 km/h:	49,8 mètres
Consommation:	14,6 litres
Coût annuel:	2087 $

FORD ASPIRE

> *Si la Ford Festiva connaissait une certaine popularité au Québec, elle n'a jamais réussi à percer le marché nord-américain. C'est le rôle qui a été confié à sa remplaçante, l'Aspire. Malheureusement, après deux années sur le marché, elle n'a pas livré la marchandise.*

Ford affirmait avoir appris sa leçon de la déconfiture de la Festiva et pris les mesures qui s'imposaient pour que l'Aspire se trouve une place au soleil. Pourtant, cette minicompacte passe presque inaperçue. Son apparence avait été particulièrement soignée. Et même deux années après son lancement, sa silhouette demeure mignonne, sinon jolie. Mais si elle devance la Hyundai Accent à ce chapitre, elle doit s'incliner devant la Geo Metro, nettement plus moderne. Puisque la vocation de l'Aspire était de courtiser une clientèle féminine, les formes et les coloris ont été choisis en conséquence. Il en est de même des moulures latérales et des pare-chocs de couleur harmonisée. Malheureusement, il aurait été plus sage d'intégrer une direction assistée à la liste d'équipement de série. La belle petite couleur «cute» de la carrosserie n'impressionne plus personne lorsqu'il faut déployer ses muscles pour stationner sa diminutive coréenne. Eh oui! cette Ford est d'origine asiatique!

Il est vrai cependant que plusieurs représentantes de la gent féminine nous ont félicité pour notre «belle p'tite voiture» chaque fois que nous en avons conduit une. Et elles avaient raison même s'il faut admettre que la couleur fraise écrasée d'une des voitures d'essai convenait beaucoup plus à une femme qu'à un chroniqueur grisonnant et bedonnant.

Un habitacle accueillant

Un des éléments positifs de l'Aspire est son habitacle, non seulement spacieux mais de présentation agréable. Les sièges sont invitants et le tissu à

Elle a raté le coche

motif utilisé sur certains modèles ajoute un élément dynamique. C'est tout le contraire sur la version régulière, plutôt triste avec ses tissus dont la texture fait bon marché. Le tableau de bord ne renverse rien côté design, mais il est facile à consulter et la plupart des commandes sont à portée de la main. Toutefois, le moyeu du volant abritant le coussin de sécurité est démesurément gros et obstrue la vue de certaines commandes.

Pour une voiture de ce format, l'habitabilité est bonne. Le dégagement pour les jambes et la tête peut même être considéré comme généreux. C'est beaucoup plus limité en largeur. Deux adultes de taille moyenne vont parfois jouer du coude. Curieusement, malgré son habitacle spacieux, l'Aspire s'incline à ce chapitre devant la défunte Festiva deux portes. En revanche, cette dernière n'offrait pas de modèle quatre portes.

Une mécanique simple

Chez les voitures de cette catégorie, il est primordial de limiter les coûts le plus possible. C'est pourquoi l'Aspire utilise encore la même plate-forme

que sa devancière, même si son empattement est plus long de 1,5 cm. Toujours selon la même philosophie, la configuration mécanique est des plus conventionnelles. Des jambes de force MacPherson sont utilisées à l'avant tandis que la suspension arrière est constituée d'une poutre de torsion associée à des ressorts hélicoïdaux et à des amortisseurs. Une barre antiroulis est utilisée à l'avant.

L'Aspire est animée par un 4 cylindres 1,3 litre qui n'est pas de la toute dernière cuvée. Cependant, le jeu de soupapes a été modifié au fil des années afin de réduire l'entretien nécessaire. Signe des temps, ce moteur pollue peu et sa consommation est modeste avec une moyenne de 7,0 litres aux 100 km obtenue en conduisant sans se soucier d'économie.

La boîte de vitesses de série est manuelle à 5 rapports tandis que l'automatique à 3 rapports est offerte en option. Des disques avant ventilés sont utilisés pour plus d'efficacité tandis que l'assistance est de série. Quant au système ABS disponible en option, il s'agit d'un Sumitomo à trois canaux faisant appel à des capteurs similaires à ceux utilisés sur les modèles plus luxueux et plus gros.

S.O.S puissance!

Malgré toutes ses qualités, l'Aspire a de la difficulté à s'imposer. Elle est coûteuse et en plus elle doit concurrencer la famille des Geo Metro/Suzuki Swift, plus modernes et plus dynamiques. Et il ne faut pas oublier la Hyundai Accent avec son moteur 1,5 litre de 92 chevaux. C'est justement au chapitre de la puissance que l'Aspire a le plus de difficulté à soutenir la comparaison.

Les performances sont adéquates avec la version dotée de la boîte manuelle et lorsque le conducteur est seul à bord. Mais accueillez deux passagers et leurs bagages avant de vous engager sur une route montagneuse et le manque de puissance se fait tristement sentir. Il faut alors rétrograder et le moteur doit peiner pour maintenir la cadence tandis que le niveau sonore dans la cabine devient à peine tolérable.

C'est dommage puisque l'Aspire se défend assez bien sur le plan du comportement routier. Il faut également lui accorder de bonnes notes pour la précision de la direction qui n'est malheureusement pas assistée dans la version de base. Non seulement sa lourdeur rend toute manœuvre de stationnement assez ardue, mais elle atténue quelque peu l'agrément de conduite en toutes circonstances. Par contre, si vous maniez le levier de vitesses avec une fréquence élevée, il est possible de piloter cette voiture avec un certain enthousiasme. Mais vous allez rapidement découvrir que sa vocation est essentiellement utilitaire.

Bref, l'Aspire a bien des qualités, mais la concurrence est plus brillante et souvent moins onéreuse. Alors!

D. Duquet

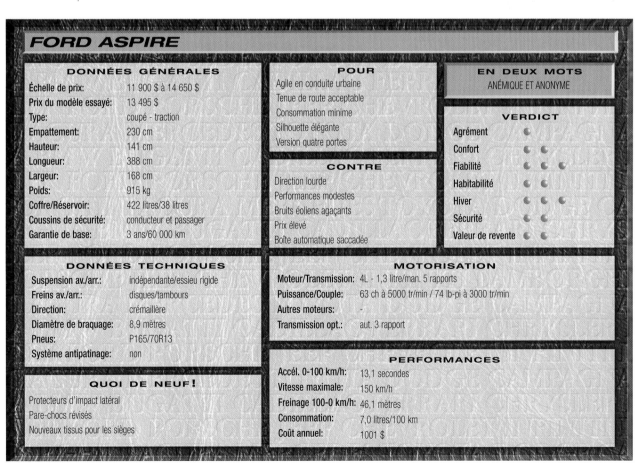

FORD ASPIRE

DONNÉES GÉNÉRALES

Échelle de prix:	11 900 $ à 14 650 $
Prix du modèle essayé:	13 495 $
Type:	coupé - traction
Empattement:	230 cm
Hauteur:	141 cm
Longueur:	388 cm
Largeur:	168 cm
Poids:	915 kg
Coffre/Réservoir:	422 litres/38 litres
Coussins de sécurité:	conducteur et passager
Garantie de base:	3 ans/60 000 km

POUR
Agile en conduite urbaine
Tenue de route acceptable
Consommation minime
Silhouette élégante
Version quatre portes

CONTRE
Direction lourde
Performances modestes
Bruits éoliens agaçants
Prix élevé
Boîte automatique saccadée

EN DEUX MOTS
ANÉMIQUE ET ANONYME

VERDICT
Agrément	
Confort	
Fiabilité	
Habitabilité	
Hiver	
Sécurité	
Valeur de revente	

DONNÉES TECHNIQUES

Suspension av./arr.:	indépendante/essieu rigide
Freins av./arr.:	disques/tambours
Direction:	crémaillère
Diamètre de braquage:	8,9 mètres
Pneus:	P165/70R13
Système antipatinage:	non

MOTORISATION

Moteur/Transmission:	4L - 1,3 litre/man. 5 rapports
Puissance/Couple:	63 ch à 5000 tr/min / 74 lb-pi à 3000 tr/min
Autres moteurs:	-
Transmission opt.:	aut. 3 rapport

QUOI DE NEUF!
Protecteurs d'impact latéral
Pare-chocs révisés
Nouveaux tissus pour les sièges

PERFORMANCES

Accél. 0-100 km/h:	13,1 secondes
Vitesse maximale:	150 km/h
Freinage 100-0 km/h:	46,1 mètres
Consommation:	7,0 litres/100 km
Coût annuel:	1001 $

FORD Contour/Mercury Mystique

Même si leur développement a coûté plusieurs milliards de dollars, la Contour et la Mystique ont complètement raté leur entrée en scène en 1995. Les visées de Ford étaient trop ambitieuses: on avait fixé des prix trop élevés. Voilà qu'on révise la stratégie en les proposant à meilleur prix.

Pourtant, tout s'annonçait pour le mieux pour les Mystique et Contour. Ces deux modèles étaient dérivés de la Mondeo qui avait remporté le titre de voiture européenne de l'année en 1993. De plus, Ford n'avait rien ménagé pour faire de ces berlines les meilleures de leur catégorie. Pourtant, leur entrée en scène en Amérique du Nord a été quasiment catastrophique. À tel point qu'on a même songé à effectuer un second lancement.

Il semble que les attentes des acheteurs étaient différentes des ambitions du manufacturier. Alors que la compagnie voulait une voiture d'un prix légèrement inférieur à celui de la Taurus, les acheteurs s'attendaient à un produit offert à un prix quelque peu supérieur à celui de l'Escort.

Cette incompatibilité a duré plusieurs mois avant que Ford n'ajuste son tir et propose un ou deux modèles à des prix plus compétitifs.

Elle a inspiré l'Escort

Avec l'arrivée de la nouvelle Escort, il sera parfois difficile, au premier coup d'œil, de distinguer les deux berlines de cette petite dernière. En effet, la sous-compacte possède une carrosserie inspirée de la Contour même, d'ailleurs l'Escort est mieux réussie à ce chapitre. Il semble que les stylistes aient manqué d'audace en cours de route et aient finalement adopté une solution de compromis qui donne un air trop ordinaire à cette voiture. C'est probablement pour cette raison que l'avant et l'arrière de ces deux berlines ont été révisés pour 1997. Malgré tout, à

Mieux ciblée

notre avis, les retouches sont trop modestes. Elles permettent quand même de donner un peu plus de relief à la présentation extérieure.

L'habitacle est réussi et la disposition du tableau de bord presque sans reproche. La position de conduite est bonne et elle peut être améliorée grâce au volant réglable, une option qui n'était pas offerte sur les premiers modèles. Les sièges sont également confortables, même ceux équipant la version de base. Quant à ceux de la SE, ils assurent un bon support pour les cuisses et un bon maintien latéral. Ils se sont révélés confortables lors de longs trajets.

Cependant, ces berlines sont de dimensions passablement modestes pour leur catégorie, ce qui explique pourquoi les places arrière offrent un aussi faible dégagement pour les jambes. On a eu beau sculpter le dossier des sièges avant pour corriger cette lacune, même les personnes de taille moyenne n'ont pas tellement d'espace pour s'étirer les jambes. Curieusement, le coffre à bagages est l'un des plus spacieux de la catégorie. Si les occupants des places avant doivent avancer leur siège afin d'offrir plus

d'espace aux passagers assis à l'arrière, ils se trouveront à l'étroit. Cette compacte s'adresse donc aux couples sans enfants ou aux jeunes familles. Ceux qui ont des ados devraient s'intéresser à d'autres modèles.

Un bon comportement routier

Il est dommage que l'habitacle ne soit pas à la hauteur de la tâche, puisque les Contour et Mystique sont des routières capables de se défendre très honorablement face à la concurrence. Elles bénéficient d'un châssis moderne et très rigide. De plus, la suspension est de type à liens multiples à l'arrière et à jambes de force MacPherson à l'avant, soit la norme établie pour une traction.

Le moteur 4 cylindres est plus rugueux que le V6 Duratec 2,5 litres à double arbre à cames en tête développant 170 chevaux. Par contre, même s'il doit concéder 45 chevaux au V6, ce 2,0 litres se tire fort bien d'affaire en raison d'un couple généreux à bas régime. Ce qui le rend particulièrement à l'aise avec une boîte automatique. Le V6 est plus puissant et plus sophistiqué, mais il doit atteindre un régime plus élevé avant de livrer la marchandise. C'est pourquoi, avec la boîte automatique, les passages de vitesses sont parfois saccadés.

La version de base voit sa suspension calibrée surtout en fonction d'un certain confort par rapport à la tenue de route. On note un certain roulis en virage bien contrôlé tandis qu'un sous-virage passablement accentué se manifeste à des vitesses plus élevées. En revanche, conduire une Contour SE avec une boîte manuelle est une expérience des plus agréables. La direction est précise et la voiture accroche dans les courbes comme si elle était sur des rails. De plus, le moteur V6 Duratec répond bien aux sollicitations de la boîte même s'il s'exprime surtout après 3500 tr/min. Pour plusieurs, il s'agit d'un modèle à découvrir

même si son prix est plutôt corsé si l'on veut équiper convenablement la voiture.

Quant à la version régulière, il s'agit d'une voiture familiale de prix légèrement supérieur à la moyenne, dotée de bonnes manières sur la route, mais handicapée par une habitabilité très moyenne. De plus, la direction est plus molle que sur le modèle SE. Soulignons au passage que le système de contrôle de traction offert sur ces deux voitures est très efficace.

Heureusement que Ford a ajusté son tir en proposant un ou deux modèles équipés de groupes d'options économiques qui permettent aux consommateurs de se payer une Contour ou une Mystique sans puiser outre mesure dans leurs fonds. Cela a également amélioré la perception du public envers ces deux voitures. Le fait demeure cependant que certains modèles sont toujours de prix élevé. Enfin, la popularité de ces deux berlines est toujours limitée, à cause de leur départ raté, qui leur a nui de façon irrémédiable.

D. Duquet

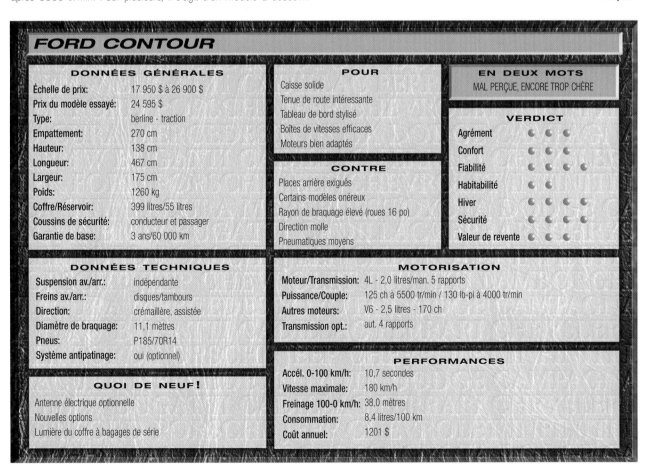

FORD CONTOUR

DONNÉES GÉNÉRALES

Échelle de prix:	17 950 $ à 26 900 $
Prix du modèle essayé:	24 595 $
Type:	berline - traction
Empattement:	270 cm
Hauteur:	138 cm
Longueur:	467 cm
Largeur:	175 cm
Poids:	1260 kg
Coffre/Réservoir:	399 litres/55 litres
Coussins de sécurité:	conducteur et passager
Garantie de base:	3 ans/60 000 km

POUR

Caisse solide
Tenue de route intéressante
Tableau de bord stylisé
Boîtes de vitesses efficaces
Moteurs bien adaptés

CONTRE

Places arrière exiguës
Certains modèles onéreux
Rayon de braquage élevé (roues 16 po)
Direction molle
Pneumatiques moyens

EN DEUX MOTS

MAL PERÇUE, ENCORE TROP CHÈRE

VERDICT

Agrément	◖◖◖
Confort	◖◖◖
Fiabilité	◖◖◖◖
Habitabilité	◖◖
Hiver	◖◖◖
Sécurité	◖◖◖
Valeur de revente	◖◖◖

DONNÉES TECHNIQUES

Suspension av./arr.:	indépendante
Freins av./arr.:	disques/tambours
Direction:	crémaillère, assistée
Diamètre de braquage:	11,1 mètres
Pneus:	P185/70R14
Système antipatinage:	oui (optionnel)

QUOI DE NEUF!

Antenne électrique optionnelle
Nouvelles options
Lumière du coffre à bagages de série

MOTORISATION

Moteur/Transmission:	4L - 2,0 litres/man. 5 rapports
Puissance/Couple:	125 ch à 5500 tr/min / 130 lb-pi à 4000 tr/min
Autres moteurs:	V6 - 2,5 litres - 170 ch
Transmission opt.:	aut. 4 rapports

PERFORMANCES

Accél. 0-100 km/h:	10,7 secondes
Vitesse maximale:	180 km/h
Freinage 100-0 km/h:	38,0 mètres
Consommation:	8,4 litres/100 km
Coût annuel:	1201 $

FORD Crown Victoria/Mercury Grand Marquis

Avec la disparition des Buick Roadmaster et Chevrolet Caprice, la Crown Victoria et la Grand Marquis demeurent les seules propulsions de prix abordable sur le marché. En effet, les autres modèles disponibles sont offerts par BMW, Cadillac, Lincoln, Mercedes et Volvo. Ces deux berlines figurent parmi les dernières survivantes d'une espèce pratiquement disparue: la grosse berline américaine.

Et ces rescapées ne se contentent pas d'offrir la propulsion aux roues arrière et une caisse aux dimensions très généreuses. Comme à la «belle époque» la carrosserie repose sur un châssis indépendant. Cette configuration permet de mieux isoler l'habitacle des bruits et vibrations de la route. C'est d'ailleurs pour la même raison que certaines voitures à caisse autoporteuse font appel à des minichâssis pour supporter le groupe propulseur. En revanche, pour obtenir la rigidité voulue, ce châssis autonome doit être très costaud, ce qui entraîne une augmentation du poids. Enfin, il ne faut pas oublier que les bruits de caisse ont tendance à être plus nombreux sur ce type de voiture. Cependant, ils devraient théoriquement offrir une meilleure protection en cas d'impact.

Ces deux intermédiaires sont les rares survivantes d'une espèce qui a jadis dominé les routes et autoroutes des États-Unis et du Canada. Heureusement ou malheureusement, la demande est de plus en plus faible pour ce genre de véhicule. Et si les forces policières ne tenaient pas mordicus à utiliser des voitures de ce gabarit, il y a belle lurette qu'on les aurait retirées du marché. Les corps policiers sont friands de ces voitures parce que leurs dimensions

Une espèce rare

généreuses leur facilitent la tâche. Toujours selon ces mêmes sources, un châssis indépendant apporte à ces voitures une solidité qui leur permet de subir les pires abus sans problème.

Une allure cossue

Bien que la vue d'une Crown Victoria sur la route fasse immédiatement songer à une voiture de police banalisée, il faut avouer que sa silhouette est loin d'être austère. Ses angles arrondis, un pavillon aux lignes courbes et une calandre chromée lui confèrent un look nettement plus bourgeois que policier. Par contre, les dimensions très généreuses de la caisse sont incontournables et nous en mettent plein la vue. Heureusement, les stylistes n'ont pas dérapé sur leur planche à dessin comme ce fut le cas chez Chevrolet avec la défunte Caprice. L'équilibre général des formes est bon, classique même. Voilà une voiture qui donne l'impression de coûter deux fois plus cher que la réalité. En fait, comparée à la Town Car, une Grand Marquis représente un meilleur

achat en termes de rapport qualité/prix. Toutefois, la Lincoln a l'avantage d'être dotée d'un habitacle beaucoup plus luxueux.

Malgré tout, les tableaux de bord de la Lincoln et de la Mercury sont tout de même assez semblables l'un de l'autre sur le plan esthétique. On retrouve cette longue planche de bord rectangulaire dotée d'une console centrale abritant les commandes de la climatisation et de la radio. Un autre réceptacle rectangulaire accueille les instruments. Il faut souligner au passage la qualité de la sonorisation, qui est tout simplement superbe sur une voiture de ce prix.

Comme il se doit, l'habitabilité est impressionnante. En fait, avec la banquette avant qui peut accommoder trois passagers, la Crown Victoria et la Grand Marquis sont d'authentiques six places, une espèce rare de nos jours. Cette banquette peut être commandée en version 60/40 afin de permettre à deux occupants de prendre leurs aises en fonction de leur taille.

Moteur raffiné, douceur de roulement

Même si ce tandem défend les couleurs d'une catégorie de voiture en voie de disparition, sa fiche technique n'est pas à dédaigner, surtout en raison de la présence sous le capot d'un V8 4,6 litres à simple arbre à cames en tête. Ce moteur développe 190 chevaux et il est couplé à une boîte automatique à 4 rapports. Ce qui n'est pas du tout superflu pour déplacer avec une certaine vélocité cette masse de 1720 kg. Ce V8 est ce qui se fait de plus moderne sur le plan technique et il est quelque peu curieux de le retrouver dans une voiture prêchant des valeurs rétro. Toutefois, pour garder contact avec le passé, l'essieu arrière est rigide, comme dans le «bon vieux temps».

Malgré tout, ces deux mastodontes affichent une tenue de route qui n'est pas vilaine. Le roulis en virage est prononcé tandis que la suspension de série a tendance à tanguer sur mauvaise route, mais la voiture conserve sa trajectoire. D'ailleurs, il est fortement recommandé d'opter pour la suspension haute performance qui corrige roulis et tangage en plus d'offrir 20 chevaux de plus côté moteur. Cette année toutefois, la direction gagne en précision en raison d'une révision complète de ses principaux éléments. Cela permet d'éliminer le flou au centre et d'obtenir une assistance variable plus progressive. Il s'agit d'ailleurs de la seule modification technique apportée à ces voitures pour 1997.

Malgré ces qualités, il est indéniable que ces deux berlines sont beaucoup plus à l'aise lorsqu'elles roulent à des vitesses permises sur une autoroute. Conducteur et passagers peuvent apprécier davantage la douceur de roulement, la souplesse de la suspension et l'insonorisation de l'habitacle. C'est une voiture toute désignée pour les longs trajets sur les autoroutes de notre continent. Vous aurez l'impression de rouler dans une voiture dont le prix de vente est beaucoup plus élevé.

D. Duquet

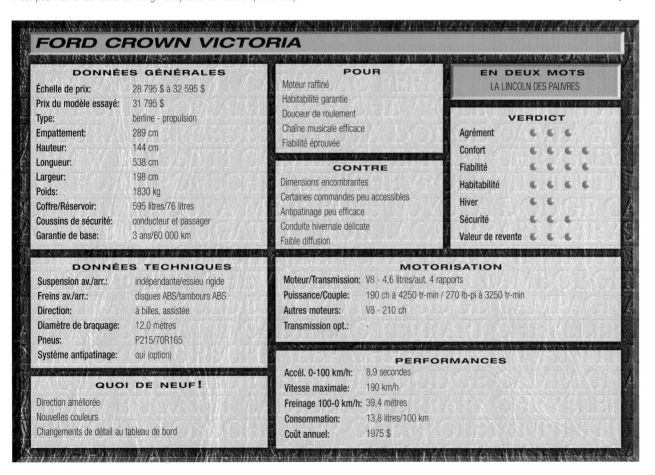

FORD CROWN VICTORIA

DONNÉES GÉNÉRALES

Échelle de prix:	28 795 $ à 32 595 $
Prix du modèle essayé:	31 795 $
Type:	berline - propulsion
Empattement:	289 cm
Hauteur:	144 cm
Longueur:	538 cm
Largeur:	198 cm
Poids:	1830 kg
Coffre/Réservoir:	595 litres/76 litres
Coussins de sécurité:	conducteur et passager
Garantie de base:	3 ans/60 000 km

DONNÉES TECHNIQUES

Suspension av./arr.:	indépendante/essieu rigide
Freins av./arr.:	disques ABS/tambours ABS
Direction:	à billes, assistée
Diamètre de braquage:	12,0 mètres
Pneus:	P215/70R165
Système antipatinage:	oui (option)

QUOI DE NEUF!

Direction améliorée
Nouvelles couleurs
Changements de détail au tableau de bord

POUR

Moteur raffiné
Habitabilité garantie
Douceur de roulement
Chaîne musicale efficace
Fiabilité éprouvée

CONTRE

Dimensions encombrantes
Certaines commandes peu accessibles
Antipatinage peu efficace
Conduite hivernale délicate
Faible diffusion

MOTORISATION

Moteur/Transmission:	V8 - 4,6 litres/aut. 4 rapports
Puissance/Couple:	190 ch à 4250 tr-min / 270 lb-pi à 3250 tr-min
Autres moteurs:	V8 - 210 ch
Transmission opt.:	-

PERFORMANCES

Accél. 0-100 km/h:	8,9 secondes
Vitesse maximale:	190 km/h
Freinage 100-0 km/h:	39,4 mètres
Consommation:	13,8 litres/100 km
Coût annuel:	1975 $

EN DEUX MOTS

LA LINCOLN DES PAUVRES

VERDICT

Agrément	● ● ◐
Confort	● ● ● ◐
Fiabilité	● ● ● ●
Habitabilité	● ● ● ◐
Hiver	● ◐
Sécurité	● ● ◐
Valeur de revente	● ● ●

FORD Escort

Lapidée par la presse automobile et décriée par à peu près tout le monde, la Ford Escort est devenue malgré tout la petite voiture la plus vendue en Amérique pendant 13 années consécutives. Le fait que l'on ait réussi à écouler cinq millions d'exemplaires d'un modèle aussi maltraité constitue une véritable énigme.

C e qui est encore plus étonnant, c'est que la faveur du public a commencé à baisser à partir du moment où l'Escort est devenue une bien meilleure voiture que la version originale apparue en 1981. Suivant cette tendance, on peut se demander ce qu'il adviendra de l'édition 1997, compte tenu qu'il s'agit assurément de la meilleure Escort jamais construite. Autre détail troublant, cette excellente petite voiture n'est qu'un modèle de transition dont la carrière s'annonce très brève. Ford, en effet, compte la remplacer par un modèle-maison d'ici deux ans. Cela signifie que le constructeur américain s'apprête à rompre les ponts avec Mazda qui, depuis 1990, lui fournissait la plate-forme et un bonne partie des composantes de sa populaire sous-compacte. À partir de 1999, l'Escort redeviendra une voiture autonome complètement dissociée des Mazda 323 et Protegé auxquelles elle empruntait jusqu'ici de nombreux éléments.

Dans l'immédiat, l'Escort 1997 qui a fait son apparition sur le marché en mai dernier n'est proposée qu'en deux versions: berline et familiale. Un coupé utilisant le moteur Zetec de 125 chevaux de la Contour fera son apparition l'an prochain.

La meilleure jusqu'ici

Dans le moule de la Contour

Visuellement, la nouvelle berline est une belle réussite. Ses lignes se rapprochent beaucoup de celles de la Contour et lors d'un essai comparatif regroupant les 10 sous-compactes les plus populaires sur le marché, la représentante de Ford a été jugée parmi les plus joliment dessinées. Mais une voiture ne peut pas se contenter d'être belle pour avoir du succès dans une catégorie aussi compétitive. Le prix, la fiabilité et l'agrément de conduite sont des arguments massue. Sur ces points, l'Escort réussit à se défendre avec beaucoup d'habileté si j'en juge par mon essai de plus de 1000 km et par les commentaires flatteurs qu'elle a soulevés face à ses rivales. En réalité, personne ne semblait croire qu'un modèle aussi déprécié dans le passé puisse avoir fait tant de progrès.

Un moteur tout neuf

Sa nouvelle respectabilité, l'Escort la doit à une foule de petits et de gros détails qui vont des nouveaux pneus de 14 pouces à un moteur 2,0 litres tout neuf affichant 25 p. 100 plus de puissance que le 1,9 litre des anciennes versions. Si l'on s'attarde à ce moteur, on constate qu'il possède un système d'admission d'air à géométrie variable qui lui permet de se comporter comme un multisoupape. À haut régime, une augmentation de l'admission d'air accroît la puissance qui atteint désormais 110 chevaux à 5000 tr/min avec un couple se situant à 125 lb-pi à 3750 tr/min. En plus d'un bloc-cylindres en fonte et d'une culasse en aluminium, ce 2,0 litres reçoit la commande électronique munie du processeur le plus poussé chez Ford, le EEC-V d'abord expérimenté sur les moteurs de Formule 1. De solides coordonnées pour une voiture aussi modeste...

Parmi les autres améliorations dont la sous-compacte de Ford a fait l'objet, on peut mentionner une suspension avant dotée de barres stabilisatrices tubulaires plus rigides et d'un plus gros diamètre. À l'arrière, la suspension à quatre bras transversaux a aussi été modifiée afin de bonifier la tenue de route aussi bien que la stabilité. Toujours dans le but de parfaire les qualités dynamiques de l'Escort, l'ingénierie de Ford a rendu le châssis plus rigide au moyen de traverses plus robustes. Si l'on ajoute à cela de nouveaux matériaux insonorisants et un coefficient de pénétration dans l'air (Cx) de 0,34, on se rend compte que la berline Escort cherche à calquer ses homologues européennes. Notons enfin que les tambours de freins sont plus grands et qu'un système ABS Kelsey-Yayes est proposé en option.

Une réincarnation

Dans la pratique, les allégations des brochures publicitaires ne répondent pas toujours aux attentes des usagers, mais l'Escort est une heureuse exception à la règle. Les améliorations précitées ne sont pas de la frime comme j'ai pu le constater au cours de mon essai. Et je n'étais pas le seul à apprécier cette réincarnation de l'Escort. Une conductrice très familière avec les anciennes versions a été étonnée des progrès accomplis tout comme la dizaine de personnes qui ont eu à la conduire au cours de notre essai comparatif. Nonobstant son classement final dans ce test, l'Escort 1997 se place parmi les meilleures pour la précision de sa direction, sa maniabilité et l'impression de solidité qui s'en dégage lorsqu'on circule sur des routes dégradées. La puissance du moteur fait bon ménage avec la transmission automatique, comme le démontre un temps d'accélération de 11,4 secondes dans le sprint 0-100 km/h. Bien qu'un tel équipement fasse partie de presque 80 p. 100 des Escort vendues, ceux et celles qui croient encore en la supériorité d'une boîte manuelle ne seront pas déçus.

En virage, ce n'est ni une Audi A4 ni une BMW série 3, mais il suffirait d'un peu plus de caoutchouc pour qu'elle puisse leur donner la réplique. Les pneus sont bruyants et ne collent pas particulièrement bien au bitume, mais ce genre de remarque s'applique à la presque totalité des voitures de cette catégorie et de ce prix.

C'est une incontournable mesure d'économie avec laquelle il faut vivre... à moins de se résigner à investir dans des pneus de qualité supérieure comme les nouveaux Michelin X One. J'en parle en connaissance de cause puisque j'ai eu l'occasion d'en faire l'essai sur une VW Golf. En aparté, on peut souligner leur remarquable adhérence sur sol mouillé et le confort de roulement qu'ils assurent.

Les belles prestations de l'Escort sont d'autant plus impressionnantes que le modèle mis à l'essai était une version bas de gamme avec, pour tout équipement optionnel, un climatiseur et un système d'ouverture sans clef de la porte côté conducteur. Incidemment, inutile d'enfoncer le bouton de la télécommande une seconde fois pour tenter d'ouvrir les autres portes comme cela se fait sur d'autres voitures. Dans le cas de la Ford Escort, un tel système est une option plus coûteuse. Toujours est-il que même sans artifice, ma voiture d'essai a fait très belle figure.

Le bruit mystérieux

L'Escort est confortable, stable et agréable à conduire. Le seul vrai reproche que je pourrais lui adresser a trait à un mystérieux grincement qui se manifestait autour de 120 km/h par temps venteux. Il s'agit de toute évidence d'un problème aérodynamique causé par un joint quelconque, mais il m'a été impossible de mettre le doigt sur le bobo. Il est d'ailleurs d'autant plus mystérieux qu'il s'est manifesté sur trois autres voitures de marques différentes à quelques jours d'intervalle. D'abord sur une Toyota Paseo, ensuite sur la berline Honda Civic invitée à notre essai comparatif et enfin sur le coupé Hyundai Tiburon essayé en Californie. Une histoire de voitures hantées en quelque sorte!

Un inventaire de l'aménagement intérieur et des divers accessoires de l'Escort montre que l'on a affaire à une voiture sérieusement construite. La finition, par exemple, était meilleure que celle de la Mercury Sable soumise à notre essai de 10 000 km. Le tableau de bord est simple mais correct et l'ergonomie mérite de très bonnes notes en raison principalement du bloc de commande de forme ovale que l'on a emprunté aux dernières Taurus et Sable. On y retrouve tous les boutons servant à contrôler la radio et le système de chauffage-ventilation.

La position de conduite est sans faute, mais les sièges ont conservé le rembourrage extradur des précédentes versions de l'Escort. Après quelques heures au volant, on a l'impression d'être assis sur un banc de parc. Les rangements sont parcimonieux tout comme le dégagement pour la tête à l'arrière. Trois personnes de petite taille peuvent y trouver refuge à condition d'être au coude à coude. En revanche, le coffre est assez logeable et d'un volume équivalent aux autres modèles de la catégorie. Quant à la visibilité, on ne peut trouver à redire que sur la petitesse des rétroviseurs extérieurs.

Que ce soit dans sa version berline ou familiale, l'édition 1997 de l'Escort n'est peut-être pas tout à fait au sommet de sa catégorie mais, comme je le soulignais au début, c'est indubitablement la meilleure Escort jamais construite. Espérons que cela ne jouera pas contre elle (voir aussi «Les olympiades de la voiture économique» en première partie).

J. Duval

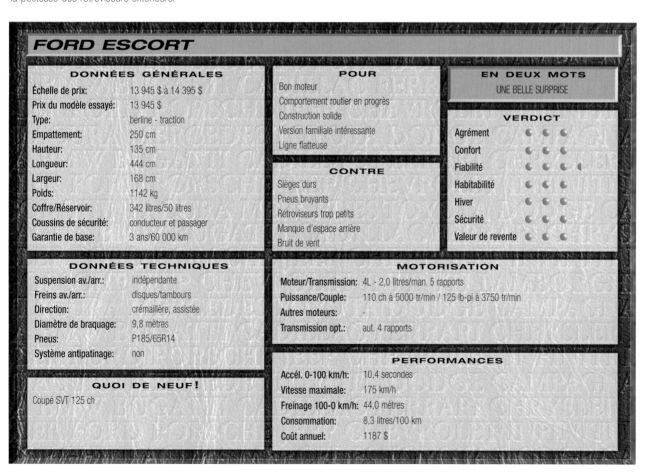

FORD ESCORT

DONNÉES GÉNÉRALES

Échelle de prix:	13 945 $ à 14 395 $
Prix du modèle essayé:	13 945 $
Type:	berline - traction
Empattement:	250 cm
Hauteur:	135 cm
Longueur:	444 cm
Largeur:	168 cm
Poids:	1142 kg
Coffre/Réservoir:	342 litres/50 litres
Coussins de sécurité:	conducteur et passager
Garantie de base:	3 ans/60 000 km

DONNÉES TECHNIQUES

Suspension av./arr.:	indépendante
Freins av./arr.:	disques/tambours
Direction:	crémaillère, assistée
Diamètre de braquage:	9,8 mètres
Pneus:	P185/65R14
Système antipatinage:	non

QUOI DE NEUF!

Coupé SVT 125 ch

POUR

Bon moteur
Comportement routier en progrès
Construction solide
Version familiale intéressante
Ligne flatteuse

CONTRE

Sièges durs
Pneus bruyants
Rétroviseurs trop petits
Manque d'espace arrière
Bruit de vent

MOTORISATION

Moteur/Transmission:	4L - 2,0 litres/man. 5 rapports
Puissance/Couple:	110 ch à 5000 tr/min / 125 lb-pi à 3750 tr/min
Autres moteurs:	-
Transmission opt.:	aut. 4 rapports

PERFORMANCES

Accél. 0-100 km/h:	10,4 secondes
Vitesse maximale:	175 km/h
Freinage 100-0 km/h:	44,0 mètres
Consommation:	8,3 litres/100 km
Coût annuel:	1187 $

EN DEUX MOTS

UNE BELLE SURPRISE

VERDICT

Agrément	●●●
Confort	●●●
Fiabilité	●●●◗
Habitabilité	●●●
Hiver	●●●
Sécurité	●●●
Valeur de revente	●●●

FORD Expedition

Le Bronco que O.J. Simpson a rendu tristement célèbre a tiré sa révérence. Chronologiquement, il est vrai que l'Expedition le remplace. Mais il fait nettement plus que cela. Il s'agit d'une toute nouvelle catégorie de véhicule. Et c'est au cours d'une «expédition» en Alaska que Ford nous a présenté... l'Expedition.

Adieu au Bronco!

S i Ford a mis le paquet pour le lancement de la nouvelle Expedition, c'est que l'enjeu est de taille. En effet, autant par ses dimensions que par ses caractéristiques, on l'a conçu comme un concurrent de taille pour les Chevrolet Tahoe/GMC Yukon et même le Suburban. L'engouement pour les véhicules utilitaires sport a permis à tous ces modèles de voir leurs ventes augmenter. Dans la conception de l'Expedition, Ford a voulu réaliser un modèle dont les dimensions et les performances lui permettraient d'affronter les Tahoe/Yukon. Mais en nous proposant un véhicule plus long et plus large que ces deux derniers tout en offrant une troisième banquette, on a voulu intéresser ceux et celles qui apprécient les avantages du Suburban, mais le trouvent trop encombrant.

De solides fondations

Les ingénieurs de Ford n'ont pas eu à chercher longtemps pour trouver une plate-forme à leur tout-terrain gros format. En effet, la camionnette F-150, qui vient à peine d'être dévoilée, est l'une des plus sophistiquées sur le marché. Cette dernière a donc servi d'élément de base. Toutefois, comme un utilitaire sport préconisant un certain luxe se doit d'être encore plus raffiné qu'une camionnette, on a modifié la plate-forme. Le châssis à échelle est le même, mais on a fait appel à des poutres refermées au lieu des poutres en H pour plus de rigidité et un plus grand confort. La suspension arrière utilise des ressorts hélicoïdaux cintrés ainsi que des bras tirés. En revanche, pour améliorer le niveau de confort et maintenir une assiette correcte lorsqu'on

remorque une charge, il est également possible de commander en option une suspension pneumatique aux quatre roues avec correcteur d'assiette intégré sur le modèle à quatre roues motrices. En utilisation normale, ce dispositif permet d'abaisser le véhicule 5 cm plus bas que la version régulière. Il est donc plus facile de monter à bord. Toutefois, cette même suspension s'élève automatiquement. C'est non seulement plus efficace, mais aussi drôlement plus confortable. Quant au modèle 4X2, il est possible de commander une suspension arrière dotée de ressorts pneumatiques.

Pour animer ce véhicule d'un poids de 2200 kg, deux groupes propulseurs nous sont proposés. Le moteur de série est le V8 4,6 litres d'une puissance de 215 chevaux. Il est également possible de commander en option le V8 5,4 litres développant 230 chevaux. Son couple plus élevé le rend mieux adapté au remorquage. Seule la boîte automatique à 4 rapports est offerte. Une version à deux roues motrices sera également disponible. Elle est moins populaire au Québec, mais représente quand même un marché intéressant aux États-Unis où ces véhicules sont

fréquemment utilisés comme de grosses familiales. Néanmoins, les modèles à quatre roues motrices devraient représenter 80 p. 100 des ventes.

Comme sur l'Explorer, c'est un bouton rotatif qui commande la boîte de transfert. Il est possible de rouler en deux roues motrices, en traction intégrale à répartition de couple automatique, en 4HI et en 4LO. Ce n'est pas le choix qui manque. La plupart du temps, les utilisateurs devraient opter pour la traction intégrale à répartition automatique du couple. Toutefois, en certaines situations, une répartition 50/50 de la puissance aux roues avant et arrière est nécessaire. Dans ce cas, il suffit de placer le sélecteur à 4HI. Comme sur l'Explorer, le réglage 4LO permet de contrôler la vitesse dans les pentes en plus d'assurer une traction optimale à basse vitesse lorsque les conditions sont difficiles.

Une limousine de brousse

Dans le cadre de la présentation, Ford nous a permis de conduire tous les modèles de la gamme sur une grande variété de terrains. Peu importe le moteur ou la suspension choisie, tous nous ont surpris par leur silence de roulement, le confort de la suspension et la précision de la direction. C'est un peu comme si on conduisait une Crown Victoria montée sur des talons hauts et dotée d'une suspension plus ferme. Quant au tableau de bord, il est bien équilibré et moderne puisqu'il a été carrément emprunté au complet à la nouvelle F-150.

Malgré des dimensions qui font paraître l'Explorer comme un nain lorsque les deux véhicules sont stationnés côté à côte, l'Expedition ne donne pas l'impression d'être aussi volumineux lorsqu'on le conduit. Nous avons eu la chance d'emprunter le terrain d'exercice des célèbres véhicules Hummer à la base militaire de l'armée américaine située à Anchorage, en Alaska. Ce parcours sélectif a été franchi sans problème par l'Expedition. La version dotée de la suspension pneumatique aux quatre roues est non seulement plus confortable, mais aussi plus efficace. D'ailleurs, le célèbre Parnelli Jones nous a accompagnés lors de notre excursion sur ce terrain d'exercice et il était impressionné par le confort de ce tout-terrain et sa suspension pneumatique.

Malgré ses qualités, ce tout-terrain s'adresse à une clientèle bien précise qui veut un véhicule spacieux au point de pouvoir accommoder 9 personnes avec la banquette arrière optionnelle. Cette dernière est toutefois réservée à des enfants ou à des adultes de petite taille. Elle est confortable en soi, mais le dégagement pour la tête et les jambes est assez limité.

Pour opter en faveur de l'Expedition par rapport à l'Explorer, il faut donc avoir besoin de beaucoup d'espace ou avoir une grosse remorque à tracter. Compte tenu des succès remportés par les Yukon, Tahoe et Suburban, il semble que des milliers d'automobilistes ressentent ces besoins. Ford entend les combler avec l'Expedition.

D. Duquet

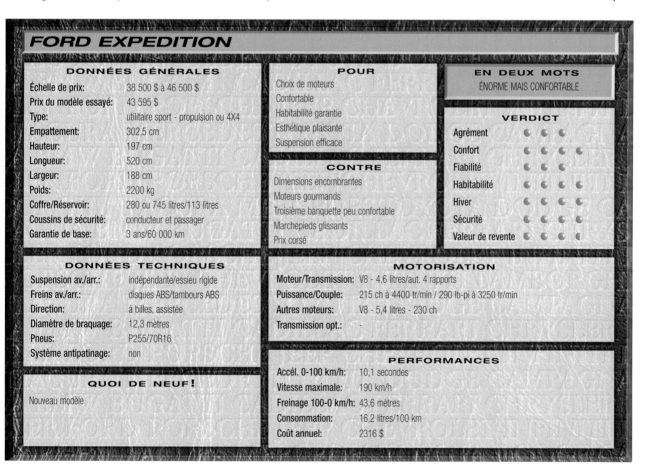

FORD EXPEDITION

DONNÉES GÉNÉRALES

Échelle de prix:	38 500 $ à 46 500 $
Prix du modèle essayé:	43 595 $
Type:	utilitaire sport - propulsion ou 4X4
Empattement:	302,5 cm
Hauteur:	197 cm
Longueur:	520 cm
Largeur:	188 cm
Poids:	2200 kg
Coffre/Réservoir:	280 ou 745 litres/113 litres
Coussins de sécurité:	conducteur et passager
Garantie de base:	3 ans/60 000 km

DONNÉES TECHNIQUES

Suspension av./arr.:	indépendante/essieu rigide
Freins av./arr.:	disques ABS/tambours ABS
Direction:	à billes, assistée
Diamètre de braquage:	12,3 mètres
Pneus:	P255/70R16
Système antipatinage:	non

QUOI DE NEUF!

Nouveau modèle

POUR

Choix de moteurs
Confortable
Habitabilité garantie
Esthétique plaisante
Suspension efficace

CONTRE

Dimensions encombrantes
Moteurs gourmands
Troisième banquette peu confortable
Marchepieds glissants
Prix corsé

MOTORISATION

Moteur/Transmission:	V8 - 4,6 litres/aut. 4 rapports
Puissance/Couple:	215 ch à 4400 tr/min / 290 lb-pi à 3250 tr/min
Autres moteurs:	V8 - 5,4 litres - 230 ch
Transmission opt.:	-

PERFORMANCES

Accél. 0-100 km/h:	10,1 secondes
Vitesse maximale:	190 km/h
Freinage 100-0 km/h:	43,6 mètres
Consommation:	16,2 litres/100 km
Coût annuel:	2316 $

EN DEUX MOTS
ÉNORME MAIS CONFORTABLE

VERDICT

Agrément	
Confort	
Fiabilité	
Habitabilité	
Hiver	
Sécurité	
Valeur de revente	

FORD Explorer

L'Explorer est le véhicule utilitaire sport le plus vendu en Amérique. Malgré tout, son moteur V6 4,0 litres manquait de puissance en plus d'être rugueux tandis que son système 4X4 n'était pas très efficace. Cette année, Ford a corrigé ces lacunes.

La grande nouvelle dans la gamme Explorer est donc l'arrivée d'une version plus raffinée et plus puissante du V6 4,0 litres. En effet, ce V6 développe dorénavant 205 chevaux, soit 45 de plus que le modèle à soupapes en tête. Pour obtenir un tel gain de puissance, les ingénieurs de Ford basés à Cologne, en Allemagne, ont complètement redessiné le 4,0 litres à soupapes en tête utilisé depuis plusieurs années sur l'Explorer. Pour ce faire, ils ont fait appel à des culasses comprenant des arbres à cames en tête, à un arbre d'équilibrage dans le carter d'huile, à un rouage d'entraînement des arbres à cames en alternance et à une tubulure d'admission à flot d'air dévié. En fait, cette nouvelle version permet de pouvoir compter sur l'un des moteurs les plus sophistiqués de la catégorie. De plus, il est moins gourmand que la version de 160 chevaux puisque les ingénieurs de Ford ont réussi à obtenir une réduction de la consommation de 2 litres/100 km. Ce moteur vient donc corriger la principale lacune de l'Explorer. Jusqu'à son arrivée, il fallait automatiquement opter pour le moteur V8, plus coûteux et plus gourmand.

L'autre grande nouveauté est l'arrivée d'une boîte automatique à 5 rapports qui fait ses débuts cette année. Il s'agit en fait d'une version améliorée de la boîte à 4 rapports utilisée sur le 4,0 litres à soupapes en tête, toujours disponible, et le V8 5,0 litres. Contrairement à ce que l'on serait porté à croire, ce cinquième rapport n'est pas une surmultipliée venant coiffer la quatrième. Il s'agit plutôt d'une surmultipliée

Méconnaissable

venant s'immiscer entre le premier et le second rapport, ce qui permet d'obtenir une progression plus douce dans les changements de vitesses. En fait, ce rapport supplémentaire agit comme une surmultipliée de la première vitesse. Incidemment, la compagnie Ford a déposé une demande de brevet pour cette nouvelle transmission.

Il faut souligner que le système de traction intégrale de l'Explorer a également connu plusieurs changements. Tandis que le modèle animé par un moteur V8 se contente d'être associé à une traction intégrale à transfert automatique du couple, les autres versions bénéficient d'un système plus complet. Grâce à un simple bouton rotatif monté sur le tableau de bord, il est possible de choisir entre les modes 4X4 automatique, 4HI et 4LO. Le premier mode répartit automatiquement le couple aux roues qui ont le plus de motricité. En conduite normale, 10 p. 100 de la puissance va aux roues avant et 90 p. 100 aux roues arrière. Par la suite, cette répartition s'effectue automatiquement. Certaines utilisations exigent une répartition 50/50 du couple. C'est ce

qu'on obtient en plaçant la commande à 4HI, qui permet également de conduire le véhicule sur terrain sec. Quant au mode 4LO, il permet de mieux contrôler le véhicule dans les descentes en plus d'offrir une motricité supérieure lorsque les conditions de piste se détériorent. Si les deux premiers modes s'enclenchent en roulant, il faut immobiliser le véhicule, mettre la transmission au point mort et appuyer sur la pédale de frein avant d'enclencher le mode 4LO. Malgré tout, ces changements permettent de pouvoir compter sur un système de traction intégrale plus souple et plus polyvalent qu'auparavant.

Toute une différence!

Dans le cadre du lancement de l'Explorer animé par ce nouveau V6, nous avons parcouru plus de 200 km sur les chemins forestiers, routes et autoroutes de l'Alaska. Peu importe les conditions, ce V6 de 205 chevaux nous a agréablement surpris. Les vibrations, les grognements et le manque de punch de la version régulière sont disparus. Il suffit d'enfoncer l'accélérateur pour obtenir une réponse immédiate et incisive. Fini les hésitations dans les côtes, le rugissement du V6 à soupapes en tête et les dépassements un peu justes. De plus, la boîte automatique à 5 rapports a nettement gagné en douceur. Les passages des rapports sont pratiquement imperceptibles. On a peine à reconnaître l'Explorer tant les améliorations sont marquantes.

Ce nouveau groupe propulseur vient s'ajouter aux qualités intrinsèques de l'Explorer, soit son habitabilité, son confort et un espace généreux réservé aux bagages. Par contre, le dossier de la banquette arrière n'est pas particulièrement confortable.

Compte tenu de l'équilibre de la version animée par ce nouveau moteur, on est en droit de s'interroger sur la pertinence des deux autres moteurs. Le V8 s'adresse surtout aux utilisateurs qui doivent remorquer de lourdes caravanes. Quant au V6 de 160 chevaux, il est le seul à pouvoir être couplé à une boîte manuelle à 5 rapports. Il est aussi plus économique à l'achat, une considération à ne pas négliger en ces temps difficiles sur le plan économique.

Même s'il ne représente que 12 p. 100 des ventes totales de l'Explorer, le modèle deux portes continuera d'être produit en 1997. La demande est suffisamment importante pour justifier sa survie. Son coût plus modeste ainsi que son encombrement réduit sont les caractéristiques les plus appréciées des acheteurs. De plus, les responsables du marketing de Ford nous soulignent que le deux portes est surtout apprécié par les célibataires et les jeunes couples sans enfant. D'autres le choisissent à cause de son tempérament plus sportif.

En raison des améliorations apportées au groupe propulseur, l'Explorer pourrait continuer de dominer le marché.

D. Duquet

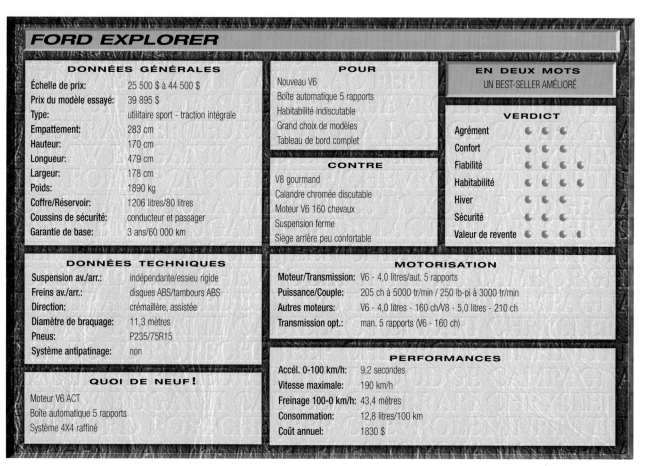

FORD EXPLORER

DONNÉES GÉNÉRALES

Échelle de prix:	25 500 $ à 44 500 $
Prix du modèle essayé:	39 895 $
Type:	utilitaire sport - traction intégrale
Empattement:	283 cm
Hauteur:	170 cm
Longueur:	479 cm
Largeur:	178 cm
Poids:	1890 kg
Coffre/Réservoir:	1206 litres/80 litres
Coussins de sécurité:	conducteur et passager
Garantie de base:	3 ans/60 000 km

DONNÉES TECHNIQUES

Suspension av./arr.:	indépendante/essieu rigide
Freins av./arr.:	disques ABS/tambours ABS
Direction:	crémaillère, assistée
Diamètre de braquage:	11,3 mètres
Pneus:	P235/75R15
Système antipatinage:	non

QUOI DE NEUF!

Moteur V6 ACT
Boîte automatique 5 rapports
Système 4X4 raffiné

POUR

Nouveau V6
Boîte automatique 5 rapports
Habitabilité indiscutable
Grand choix de modèles
Tableau de bord complet

CONTRE

V8 gourmand
Calandre chromée discutable
Moteur V6 160 chevaux
Suspension ferme
Siège arrière peu confortable

MOTORISATION

Moteur/Transmission:	V6 - 4,0 litres/aut. 5 rapports
Puissance/Couple:	205 ch à 5000 tr/min / 250 lb-pi à 3000 tr/min
Autres moteurs:	V6 - 4,0 litres - 160 ch/V8 - 5,0 litres - 210 ch
Transmission opt.:	man. 5 rapports (V6 - 160 ch)

PERFORMANCES

Accél. 0-100 km/h:	9,2 secondes
Vitesse maximale:	190 km/h
Freinage 100-0 km/h:	43,4 mètres
Consommation:	12,8 litres/100 km
Coût annuel:	1830 $

EN DEUX MOTS

UN BEST-SELLER AMÉLIORÉ

VERDICT

Agrément	◖◖◖◖
Confort	◖◖◖◖
Fiabilité	◖◖◖◖
Habitabilité	◖◖◖◖
Hiver	◖◖◖
Sécurité	◖◖◖
Valeur de revente	◖◖◖◖

FORD Mustang/GT/Cobra

La Mustang a bâti sa réputation surtout grâce à certains modèles très performants apparus dans les années 60. C'est dans le respect de cette tradition que Ford a développé les modèles GT et Cobra animés par des versions différentes du V8 4,6 litres. Mais c'est la Mustang la plus économique qui remplit la cagnotte.

Fidèle à ses origines

L'an dernier, la GT avait pour but de convaincre les enthousiastes que la version à simple arbre à cames en tête du V8 4,6 litres était une digne remplaçante du légendaire V8 5,0 litres Cleveland que Ford utilisait à toutes les sauces depuis des décennies. Malheureusement ou heureusement selon les opinions entendues, le 5,0 litres devait tirer sa révérence, n'étant plus en mesure de rencontrer les nouvelles normes antipollution et surtout le système de diagnostic intégré OBDII.

Les ingénieurs de Ford ont très bien réussi la transition et il est presque impossible de faire la différence entre les deux moteurs. En fait, le 4,6 litres offre des performances à bas régime aussi musclées que celles de son prédécesseur. Mais il est non seulement plus moderne, mais plus propre, consomme moins et s'accommode mieux des régimes plus élevés. De plus, pour les amateurs de boîte manuelle, celle qui lui est associée se tire fort bien d'affaire.

Mais si le groupe propulseur a subi avec succès son examen d'admission l'an dernier, il faut encore une fois déplorer le fait que cette

Commençons par le haut de la pyramide, soit la Cobra. Il s'agit de la version la plus performante, mais aussi la plus rare. En effet, les gourous de la mise en marché chez Ford ont décidé de ne fabriquer ce modèle qu'au compte-gouttes, histoire de l'entourer d'une réputation de voiture difficile à obtenir et donc enrobée d'un certain mystère. Incidemment, au Québec, un seul concessionnaire est habilité à vendre les quelques exemplaires destinés à notre marché.

Pourtant, cette Cobra n'est rien d'autre qu'une Mustang GT dotée d'une suspension révisée, d'une boîte de vitesses manuelle plus robuste, de pneus spéciaux et d'une version de 305 chevaux du V8 4,6 litres. À notre connaissance, ce ne sont pas des éléments d'une très grande rareté. Cette approche de mise en marché est abusive: la Cobra ne mérite pas cette exclusivité qui met en rogne plusieurs mordus de ce modèle.

GT: un arbre à cames en moins

La Cobra représente une bonne affaire, surtout compte tenu de son prix. Mais puisqu'on peut pratiquement compter sur ses 10 doigts le nombre d'exemplaires du coupé et du cabriolet disponibles au Québec, des centaines d'acheteurs vont forcément se tourner vers la GT. Et il faut souligner au passage que la Mustang jouit d'une clientèle très fidèle qui n'envisagera pas de se tourner vers la Camaro RSS à défaut de pouvoir se trouver une Cobra.

Mustang est toujours élaborée à partir d'une plate-forme vétuste. Les ingénieurs qui ont présidé à sa révision en 1995 ont accompli du bon boulot avec les moyens mis à leur disposition. Ils n'ont quand même pas fait des miracles. Et cette remarque s'applique à toutes les versions.

Lorsque le revêtement de la chaussée est lisse, la Mustang se comporte de façon honorable. Elle sous-vire passablement, mais on peut utiliser la puissance du moteur pour corriger la situation. Toutefois, les choses se gâtent lorsque la chaussée est bosselée. Ne prenez pas une courbe à vive allure si cette dernière est garnie de trous et de bosses, car vous risquez d'avoir une surprise. Il est donc recommandé de freiner ses élans lorsque la route est dégradée. D'autant plus que la puissance des freins n'est pas féroce et que la voiture pique du nez au freinage.

Un V6 peu inspiré

Mais si les versions Cobra et GT sont constamment sous le feu des projecteurs, ce sont les modèles plus dépouillés qui permettent à Ford de réaliser des affaires d'or avec cette voiture. En effet, les coûts de développement ont été relativement bas, la fabrication du moteur V6 3,8 litres est moins onéreuse que celle d'un V8 et les économies de volume permettent de réaliser des profits avec ce modèle.

Si les Cobra et GT bénéficient d'un moteur raffiné, moderne et performant, le modèle de base est moins gâté puisqu'il doit s'accommoder du V6 3,8 litres. Efficace en tant que groupe propulseur pour des voitures familiales, il n'a pas tellement sa place sur une voiture aux prétentions sportives. Ses révolutions sont limitées à moins de 5000 tr/min et ses performances sont également plafonnées. En revanche, c'est un choix logique pour la personne qui se soucie uniquement de la silhouette de la voiture et qui veut conduire un coupé aux allures sport sans pour autant se préoccuper de ses prestations. Heureusement pour ces personnes, ce V6 s'accommode fort bien de la boîte automatique. En effet, son couple est généreux à bas régime, une bénédiction pour toute voiture démunie de pédale d'embrayage.

Puisque le tempérament sportif de la version avec moteur V6 a été totalement gommé, il faut s'attarder à des considérations plus terre à terre lorsqu'on examine cette Mustang utilitaire. Une utilisation de tous les jours nous permet de découvrir des places arrière exiguës, des sièges avant assez peu confortables et une position de conduite pas tellement conçue pour les grands gabarits.

Malgré ces éléments négatifs, la Mustang se vend plus que toutes les autres voitures de cette catégorie. Son secret: elle respecte ses origines en nous proposant une voiture qui convient aux attentes des inconditionnels prêts à accepter ses défauts pour autant qu'elle ressemble à une Mustang.

D. Duquet

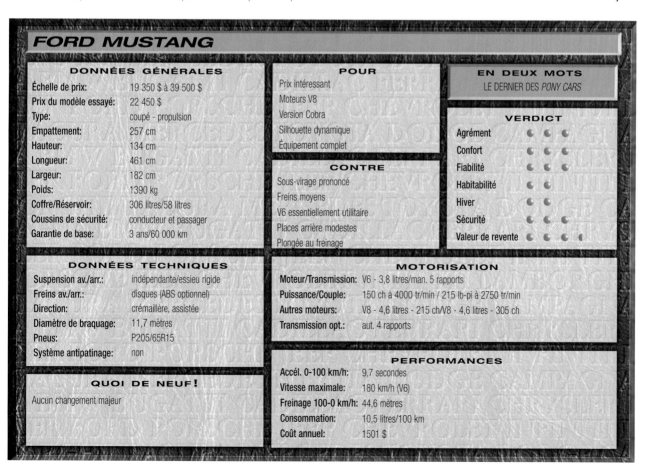

FORD MUSTANG

DONNÉES GÉNÉRALES

Échelle de prix:	19 350 $ à 39 500 $
Prix du modèle essayé:	22 450 $
Type:	coupé - propulsion
Empattement:	257 cm
Hauteur:	134 cm
Longueur:	461 cm
Largeur:	182 cm
Poids:	1390 kg
Coffre/Réservoir:	306 litres/58 litres
Coussins de sécurité:	conducteur et passager
Garantie de base:	3 ans/60 000 km

POUR

Prix intéressant
Moteurs V8
Version Cobra
Silhouette dynamique
Équipement complet

CONTRE

Sous-virage prononcé
Freins moyens
V6 essentiellement utilitaire
Places arrière modestes
Plongée au freinage

EN DEUX MOTS

LE DERNIER DES *PONY CARS*

VERDICT

Agrément	●●●
Confort	●●●
Fiabilité	●●●
Habitabilité	●●
Hiver	●●
Sécurité	●●●
Valeur de revente	●●●●

DONNÉES TECHNIQUES

Suspension av./arr.:	indépendante/essieu rigide
Freins av./arr.:	disques (ABS optionnel)
Direction:	crémaillère, assistée
Diamètre de braquage:	11,7 mètres
Pneus:	P205/65R15
Système antipatinage:	non

MOTORISATION

Moteur/Transmission:	V6 - 3,8 litres/man. 5 rapports
Puissance/Couple:	150 ch à 4000 tr/min / 215 lb-pi à 2750 tr/min
Autres moteurs:	V8 - 4,6 litres - 215 ch/V8 - 4,6 litres - 305 ch
Transmission opt.:	aut. 4 rapports

QUOI DE NEUF!

Aucun changement majeur

PERFORMANCES

Accél. 0-100 km/h:	9,7 secondes
Vitesse maximale:	180 km/h (V6)
Freinage 100-0 km/h:	44,6 mètres
Consommation:	10,5 litres/100 km
Coût annuel:	1501 $

FORD Probe

En procédant, il y a trois ans, à une première refonte majeure de la Mustang depuis des lunes, Ford a gagné et perdu à la fois: le succès de cette dernière fut tel qu'il a entraîné un phénomène de cannibalisation au sein même de la gamme de ce manufacturier. Et c'est le coupé sport Probe qui en fait les frais.

Lancée en 1988, la Probe, cette sportive américano-japonaise qui en est à sa deuxième génération, venait à peine d'être renouvelée et semblait en passe de connaître une carrière aussi fructueuse que sa devancière lorsque apparut la nouvelle Mustang, un an plus tard. Cette dernière venant jouer dans les mêmes plates-bandes, la Probe vit dès lors ses ventes dégringoler.

Ironie du sort, cette même Probe devait, à l'origine, assurer la succession de la Mustang, qui paraissait alors à bout de souffle. Mais c'était sans compter sur les adeptes de cette mythique sportive américaine, qui a atteint le statut de légende de son vivant. Non seulement ce patronyme évocateur ne pouvait être mis de côté, mais la conception même de sa remplaçante désignée fit monter les fans «purs et durs» de la Mustang... sur leurs grands chevaux.

Imaginez: on allait remplacer par une voiture d'origine nippone un modèle qui symbolisait l'Amérique, au même titre qu'Elvis, Marylin Monroe, les motocyclettes Harley-Davidson et le Coca-Cola... Sacrilège, rien de moins! Qui plus est, on parlait de moteurs à 4 et 6 cylindres ainsi que de traction avant; exit le V8 et la propulsion! C'en était trop pour les puristes qui, devant la menace d'extinction qui planait sur leur modèle fétiche, se chargèrent de faire entendre haut et fort leur mécontentement. On connaît la suite.

Plus qu'un clone

Fruit du partenariat entre la firme de Dearborn et le constructeur nippon Mazda, la Probe fait appel à la plate-forme et aux organes mécaniques

Sur la voie d'évitement

du coupé MX-6 et de la berline 626. En fait, il s'agit d'une MX-6 toute japonaise, revue et corrigée par les ingénieurs de Ford. Mais attention, il ne s'agit pas d'un clone pour autant: la Probe possède une carrosserie et un aménagement intérieur bien à elle, ainsi qu'un comportement routier plus affûté que celui de sa sœur, disons, adoptive.

L'habitacle est typiquement Ford, avec les bons et les mauvais côtés que cela implique. Ce qui revient à dire que la présentation est aussi réussie dans la version GT, plus cossue, qu'elle est terne dans sa version de base. L'affreux plastique bon marché qui recouvre la planche de bord jure avec le reste; ce qui est d'autant plus décevant que ce constructeur nous a habitués, depuis une dizaine d'années, à un niveau de finition plus relevé que celui de ses rivaux américains. De plus, les espaces de rangement, qui abondent dans la GT, brillent tout simplement par leur absence dans le modèle dit accessible, ce qui ne fait qu'amplifier la pauvreté de l'équipement de série.

Dommage, puisque la Probe fait montre de quelques qualités d'ordre pratique qui ne sont pas monnaie courante sur les coupés sport. Si les

places arrière paraissent exiguës à première vue, elles peuvent toutefois accueillir deux adultes, à tout le moins pour de courts trajets. On est encore loin d'une véritable quatre places, mais si l'on compare avec la concurrence (Toyota Celica, Honda Prelude, Nissan 240SX, Camaro/Firebird et cie), la Probe demeure tout de même la plus spacieuse. *Idem* pour le coffre, carrément vaste pour une voiture de ce type.

Un contenu à la hauteur de l'emballage

Fort bien tournée, la Probe pourrait se contenter, comme certaines de ses rivales, de jouer les *pin-ups*. Dieu merci, son charme ne se limite pas à son apparence flatteuse, car celle-ci s'accompagne d'une forte personnalité, gracieuseté d'une plate-forme saine et d'une mécanique qui l'est tout autant.

Les deux motorisations disponibles se montrent à la hauteur, chose d'autant plus étonnante que, sur papier, leur puissance respective semble timide. Or il n'en est rien, tant le 4 cylindres que le V6 tirent pleinement profit de leurs chevaux. Puissance linéaire, bonne plage d'utilisation, tous deux s'accommodent aussi bien de la boîte manuelle que de l'automatique. La première brille par sa précision et l'étagement de ses rapports, tandis que la deuxième n'altère pas trop les performances, ce qui relève de l'exploit dans le cas d'un jumelage avec le 4 cylindres.

La Probe démontre de solides aptitudes routières et celles de la GT, mieux chaussée, montent encore d'un cran. Sa suspension plus sportive y est aussi pour quelque chose, mais sa raideur risque d'incommoder les conducteurs plus douillets, qui feraient mieux d'opter pour la version de base et de l'étoffer avec les — nombreuses — options.

Dans les grandes courbes comme dans les virages plus serrés, où son agilité impressionne, la caisse reste neutre et il faut vraiment attaquer très fort pour atteindre la limite d'adhérence. Même sans l'ABS, optionnel sur la seule GT, le freinage est honnête, du moins convient-il à une conduite normale. Plus incisive est la direction, bien dosée et remarquablement précise et ce, sur les deux versions.

Maniabilité et stabilité, voilà les deux termes qui résument le mieux le comportement de ce coupé sport, qui mérite bien pareil qualificatif. S'il faut vraiment la comparer à la Mazda MX-6, elle l'emporte haut la main tant pour l'emballage que pour le contenu.

Combinant confort, agrément de conduite et aspect pratique, la Probe est un coupé sport bien de son temps, adapté aux exigences des années 90. Qui plus est, sa fiabilité n'est pas le moindre de ses atouts. À son dernier tour de piste dans sa forme actuelle, elle mérite une fin de carrière plus glorieuse, car il s'agit d'un modèle aussi réussi dans la forme que dans le fond.

P. Laguë

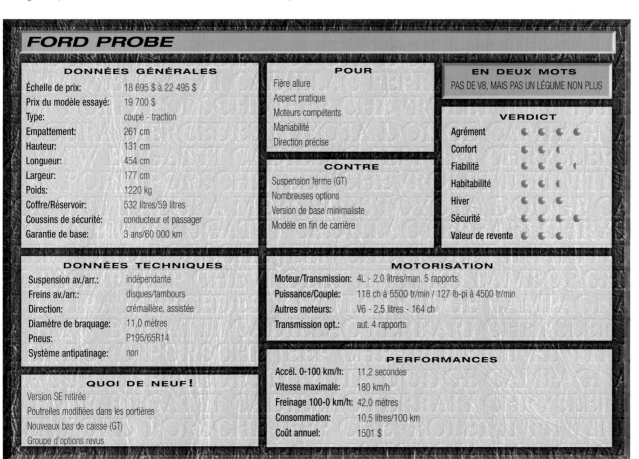

FORD PROBE

DONNÉES GÉNÉRALES

Échelle de prix:	18 695 $ à 22 495 $
Prix du modèle essayé:	19 700 $
Type:	coupé - traction
Empattement:	261 cm
Hauteur:	131 cm
Longueur:	454 cm
Largeur:	177 cm
Poids:	1220 kg
Coffre/Réservoir:	532 litres/59 litres
Coussins de sécurité:	conducteur et passager
Garantie de base:	3 ans/60 000 km

POUR

Fière allure
Aspect pratique
Moteurs compétents
Maniabilité
Direction précise

CONTRE

Suspension ferme (GT)
Nombreuses options
Version de base minimaliste
Modèle en fin de carrière

EN DEUX MOTS

PAS DE V8, MAIS PAS UN LÉGUME NON PLUS

VERDICT

Agrément	●●●◗
Confort	●●●○
Fiabilité	●●●◗
Habitabilité	●●●○
Hiver	●●●○
Sécurité	●●●◗
Valeur de revente	●●●◗

DONNÉES TECHNIQUES

Suspension av./arr.:	indépendante
Freins av./arr.:	disques/tambours
Direction:	crémaillère, assistée
Diamètre de braquage:	11,0 mètres
Pneus:	P195/65R14
Système antipatinage:	non

QUOI DE NEUF !

Version SE retirée
Poutrelles modifiées dans les portières
Nouveaux bas de caisse (GT)
Groupe d'options revus

MOTORISATION

Moteur/Transmission:	4L - 2,0 litres/man. 5 rapports
Puissance/Couple:	118 ch à 5500 tr/min / 127 lb-pi à 4500 tr/min
Autres moteurs:	V6 - 2,5 litres - 164 ch
Transmission opt.:	aut. 4 rapports

PERFORMANCES

Accél. 0-100 km/h:	11,2 secondes
Vitesse maximale:	180 km/h
Freinage 100-0 km/h:	42,0 mètres
Consommation:	10,5 litres/100 km
Coût annuel:	1501 $

FORD Taurus/Taurus SHO/Mercury Sable

Dix ans après un premier marathon de 10 000 km au volant de la toute première Ford Taurus, le Guide de l'auto *a soumis la seconde génération de ce modèle au même exercice. À la fin de l'essai, ce fut au tour de la SHO de s'extérioriser. Les résultats ont été surprenants.*

Après avoir conduit l'une des premières Taurus arrivées au pays l'an dernier, j'étais resté un peu perplexe face aux nouvelles berlines intermédiaires de Ford. Il faut préciser que, comme tout le monde, je m'attendais à mer et monde. Les Taurus et Sable originales étaient des voitures d'une très grande correction, probablement les meilleures à voir le jour chez le second constructeur automobile mondial. Elles ont fait école à plus d'un point de vue et ont littéralement révolutionné la façon de faire des constructeurs automobiles nord-américains tout en ayant une sérieuse influence sur le design des voitures partout dans le monde. Cette ligne aérodynamique, honnie au début, a fait fureur par la suite. Le comportement routier du duo Taurus-Sable a toujours fait partie de leurs meilleurs attributs.

Conséquemment, les attentes étaient grandes lors de l'apparition des nouvelles intermédiaires de Ford. Et comme les progrès réalisés étaient plus subtils que marquants, il était facile d'être déçu.

Aucun incident mécanique

J'ai toutefois voulu donner la chance au coureur, et c'est ainsi qu'une Mercury Sable LS ayant déjà accumulé environ 9000 km a été soumise à un essai plus exhaustif de 10 000 km. Le résultat aurait fait plaisir à n'importe quel acheteur puisque le livre de bord à l'issue de ce test était encore vierge à la section des incidents mécaniques.

Quels autres enseignements a-t-on retirés de cette longue randonnée en Mercury Sable? Allons-y en vrac...

10 ans et 10 000 km plus tard

L'essai a démontré que les Sable et les Taurus ont gagné des points dans bien des domaines. D'abord, la remarquable tenue de route du précédent modèle a été haussée d'un cran. La stabilité à grande vitesse garantit une excellente tenue de cap et le sous-virage qui se manifeste à la limite en virage vient d'un réglage de suspension intentionnel destiné à prévenir le conducteur que l'adhérence est devenue critique. Une sorte de sonnette d'alarme si l'on veut... En revanche, cette même suspension affichait une fermeté inhabituelle sur des revêtements bosselés tout en étant à l'origine de bruits de caisse inacceptables sur une voiture aussi jeune.

Le moteur modulaire V6 Duratec de 3,0 litres est loin d'être aussi éloquent que la puissance annoncée le laisse supposer. On a en effet beaucoup de mal à trouver où se cachent ses quelque 200 chevaux lorsqu'on constate la mollesse des accélérations. Le moteur répond bien à moyen régime (au moment de doubler, par exemple), mais il est loin d'avoir la fougue que ses 24 soupapes et ses deux arbres à cames en tête nous

promettent. En retour, la Sable est d'un silence de monastère sur la route, ce qui lui vaut de très bonnes notes au rayon du confort. Une autre qualité très appréciable de ce V6 est sa très faible consommation de carburant. Tout au long des 10 000 km de l'essai, la conduite en ville n'a jamais exigé plus de 12 litres aux 100 km tandis qu'à vitesse constante sur autoroute, on peut franchir plus de 600 km avec un réservoir de 61 litres, soit une consommation d'environ 9 litres aux 100 km.

La transmission automatique à 4 rapports est pilotée de façon électronique et ne se prête à aucune autre critique que d'avoir un levier de vitesses à trois positions seulement: 1,2 et Drive. En passant de D à 2 pour utiliser le frein moteur (ce qui est utile sur des surfaces enneigées), on rétrograde d'abord de la surmultiplication à la troisième puis, automatiquement, au second rapport. Parmi les autres annotations du livre de bord, on peut mentionner le diamètre de braquage assez court pour une voiture de ce format. La direction assistée, par contre, est sans l'ombre d'un doute la grande faiblesse du duo Sable-Taurus. À maintes reprises, il nous est arrivé de perdre toute assistance au beau milieu d'un virage. Dès que la vitesse d'entrée est un peu plus élevée que la normale, le volant se durcit considérablement et il faut avoir la poigne solide pour le manipuler. L'autre déception de la voiture a trait au freinage. L'absence de disques à l'arrière rend les distances d'arrêt assez longues et il est pratiquement impossible de faire intervenir l'ABS tellement la voiture freine mollement.

De bonnes et de moins bonnes idées

À l'intérieur, la nouvelle Ford Taurus marque encore quelques points, mais soulève aussi certaines interrogations. Pourquoi par exemple a-t-on été aussi avare d'espaces de rangement alors qu'il eût été facile d'en prévoir dans les portières. Il faut savoir se contenter du coffre à gants et d'un minuscule vide-poches sur la console centrale. Même après avoir parcouru 1000 km au volant dans la même journée, les sièges demeurent confortables. De plus, la position de conduite convient à toutes les tailles. La banquette arrière aussi est confortable, mais assurez-vous de plier l'échine en vous y installant. En effet, il est facile de se cogner la tête sur le bord du toit en raison de la ligne surbaissée de celui-ci. La soute à bagages impressionne par son volume et surtout par sa profondeur. On peut aussi la prolonger dans l'habitacle en repliant en deux parties inégales le dossier de la banquette arrière.

Comme dans les premières Taurus, Ford s'est longuement attardé à assurer le caractère ergonomique du tableau de bord et la facilité d'utilisation des diverses commandes qu'on y trouve est excellente. La plus grande amélioration vient du fameux bloc ovale qui, sur la droite, regroupe toutes les commandes de la radio et de la climatisation. Tout est parfaitement à portée de la main et on a eu la sage idée de grossir les boutons de sélection. Sachez cependant qu'il faut se montrer patient au début et que les 34 boutons bien comptés prêtent à confusion pendant quelques milliers de kilomètres.

Avec un odomètre frôlant les 20 000 km, la Sable LS est rentrée à bon port sans jamais nous avoir fait faux bond. Le volet est donc intact, mais la qualité de la finition de la voiture soumise à cet essai prolongé aurait pu être meilleure. La poignée de porte du conducteur ne fonctionnait pas toujours et la cuirette enveloppant la colonne de direction était mal assujettie. En conclusion, il n'était pas facile pour Ford de redessiner et d'améliorer une voiture qui figurait déjà parmi les meilleures de sa catégorie. Les dernières Taurus et Sable ont sans doute fait des progrès par rapport à leurs devancières, mais les changements sont loin d'être aussi marquants qu'on voudrait nous le faire croire.

Une SHO aseptisée

On peut dire la même chose de la SHO, la version ultra-haute performance de la voiture la plus vendue en Amérique. À un prix d'environ 45 000 $ (taxes incluses) pour le modèle mis à l'essai, on est toutefois en droit d'être plus sévère. Comme c'est malheureusement le cas depuis sa première apparition sur le marché en 1989, cette Taurus rapide et chère n'annonce que très peu ses couleurs et il faut être un fin connaisseur pour différencier une SHO de la Taurus de Monsieur-tout-le-monde.

Même dans sa robe toute neuve, la SHO traîne encore un problème d'identité. Ford répète la même erreur qu'avec la version originale en ne lui donnant pas une allure plus distinctive. Et

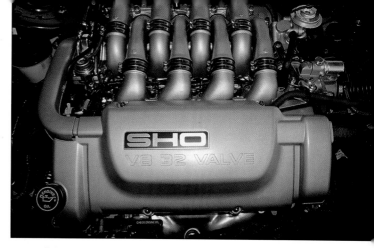

on ajoute l'injure à l'insulte en la privant de la boîte de vitesses manuelle qui lui donnait toute sa crédibilité. Pour 1997, c'est une SHO à transmission automatique seulement qui s'offre en pâture aux amateurs de berlines sportives. Sous le capot, le V6 Yamaha a cédé sa place à un V8 concocté par la même firme japonaise à partir d'un bloc-cylindres en aluminium coulé selon le procédé breveté de Cosworth à l'usine Ford de Windsor. Avec ses 4 arbres à cames en tête, ses 32 soupapes et ses poussoirs en aluminium (une première sur un moteur Ford), ce petit V8 de 3,5 litres développe 235 chevaux, soit 15 de plus seulement que l'ancien V6 de 3,0 litres. Brillant comme un huard tout neuf sous le capot de cette Taurus, il a conservé une apparence aussi impressionnante.

Les autres caractéristiques exclusives à la SHO sont sa direction ZF, sa suspension renforcée à deux niveaux d'amortissement, ses pneus 225/55VR16, ses jantes chromées en aluminium, ses quatre freins à disques plus gros et quelques petites singularités d'ordre esthétique comme les boucliers avant et arrière, une calandre légèrement agrandie et des sorties d'échappement elliptiques chromées. Visuellement, le choc est mineur et il faut un œil aiguisé pour déceler la différence. Mécaniquement, la voiture est un peu plus percutante, mais ne pourra provoquer le coup de foudre ou même recréer l'agrément de conduite que j'avais ressenti en prenant le volant de la première édition de la SHO.

À l'époque, celle-ci était une vraie voiture piège capable de surprendre et d'humilier les conducteurs de voitures sport par ses performances insoupçonnées. Cet effet de surprise est loin d'être aussi évident dans la version 1997.

D'accord, un V8 sera toujours un V8 avec une masse de couple et un son guttural qui impressionnent, mais les chiffres restent peu élo-quents. Il faut presque 9 secondes pour atteindre les 100 km/h et les reprises ne donnent pas le coup de fouet qu'on ressentait en appuyant à fond sur l'accélérateur du V6 Yamaha.

Cette SHO est trahie par son poids relativement élevé et, bien sûr, par sa transmission automatique. En revanche, la tenue de route et le freinage se situent un cran au-dessus de ce que l'on trouve dans une Taurus ordinaire. Encore là, toutefois, on sent que la SHO est devenue une berline puissante plutôt qu'une berline sport. Le côté positif de ce changement de personnalité est un confort très satisfaisant. On appréciera aussi l'absence d'effet de couple dans la direction, un petit exploit dans un sens quand on sait que le volant de certaines petites japonaises de 100 chevaux braque à droite ou à gauche au moindre coup d'accélérateur.

Il n'en demeure pas moins que la Taurus SHO cuvée 1997 est loin d'avoir la même saveur que sa devancière. Dommage...

J. Duval

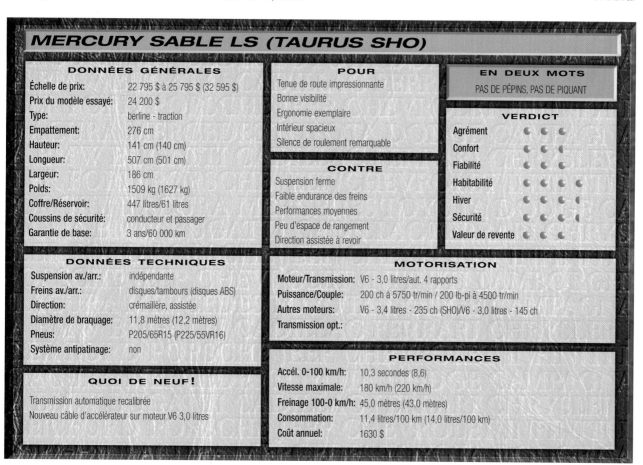

MERCURY SABLE LS (TAURUS SHO)

DONNÉES GÉNÉRALES

Échelle de prix:	22 795 $ à 25 795 $ (32 595 $)
Prix du modèle essayé:	24 200 $
Type:	berline - traction
Empattement:	276 cm
Hauteur:	141 cm (140 cm)
Longueur:	507 cm (501 cm)
Largeur:	186 cm
Poids:	1509 kg (1627 kg)
Coffre/Réservoir:	447 litres/61 litres
Coussins de sécurité:	conducteur et passager
Garantie de base:	3 ans/60 000 km

DONNÉES TECHNIQUES

Suspension av./arr.:	indépendante
Freins av./arr.:	disques/tambours (disques ABS)
Direction:	crémaillère, assistée
Diamètre de braquage:	11,8 mètres (12,2 mètres)
Pneus:	P205/65R15 (P225/55VR16)
Système antipatinage:	non

QUOI DE NEUF !

Transmission automatique recalibrée
Nouveau câble d'accélérateur sur moteur V6 3,0 litres

POUR

Tenue de route impressionnante
Bonne visibilité
Ergonomie exemplaire
Intérieur spacieux
Silence de roulement remarquable

CONTRE

Suspension ferme
Faible endurance des freins
Performances moyennes
Peu d'espace de rangement
Direction assistée à revoir

MOTORISATION

Moteur/Transmission:	V6 - 3,0 litres/aut. 4 rapports
Puissance/Couple:	200 ch à 5750 tr/min / 200 lb-pi à 4500 tr/min
Autres moteurs:	V6 - 3,4 litres - 235 ch (SHO)/V6 - 3,0 litres - 145 ch
Transmission opt.:	

PERFORMANCES

Accél. 0-100 km/h:	10,3 secondes (8,6)
Vitesse maximale:	180 km/h (220 km/h)
Freinage 100-0 km/h:	45,0 mètres (43,0 mètres)
Consommation:	11,4 litres/100 km (14,0 litres/100 km)
Coût annuel:	1630 $

EN DEUX MOTS

PAS DE PÉPINS, PAS DE PIQUANT

VERDICT

Agrément	●●●
Confort	●●●●
Fiabilité	●●●●
Habitabilité	●●●●◐
Hiver	●●●◐
Sécurité	●◐●●
Valeur de revente	●●●

FORD Thunderbird/Mercury Cougar

Malgré le fait que Ford a dévoilé une multitude de nouveaux modèles au cours des deux dernières années, les coupés Thunderbird et Cougar attendent tranquillement leur tour. Et il faudra encore patienter jusqu'à 1998 puisque ces deux propulsions ne font l'objet que de quelques retouches cette année.

C'est d'ailleurs le sort réservé à presque toutes les voitures appelées à être remplacées dans les mois à venir. La compagnie ne veut pas investir beaucoup dans un modèle en fin de carrière. Quelques petits remaniements ont été effectués sur les Thunderbird et Cougar, histoire de différencier une année de l'autre. D'autant plus que la caisse de ces deux coupés a été relativement modifiée l'an dernier après avoir bénéficié d'un nouveau tableau de bord en 1995.

Mais si les changements sont peu nombreux pour 1997, cela ne signifie pas pour autant que ces voitures doivent être ignorées. Il est vrai que leur conception date d'une autre époque, mais leur prix est toujours compétitif et leurs performances ne sont pas à dédaigner.

Un exercice de style

La Mercury Cougar est une voiture quasiment identique à la Ford Thunderbird sur le plan mécanique. Les tarages de la suspension peuvent être plus souples, l'insonorisation plus généreuse, mais mécaniquement, c'est la même chose. Pourtant, pour respecter la parité des modèles entre les deux marques, la Cougar doit posséder une silhouette différente.

Puisque Mercury est la division des modèles plus luxueux, la présentation de la caisse se doit d'être plus «raffinée» que sportive. Et pour les stylistes de Thearborn, cela signifie une lunette arrière plus verticale, des parois latérales moins bombées et un arrière plus carré.

Vestiges d'un passé glorieux

Avec des lignes semblables, ce coupé ressemble à tout sauf à un modèle sportif. Mais attendez: les sondages effectués par la compagnie ont permis de savoir que la majorité des femmes ont un faible pour la Cougar, mais sont déçues par la présentation extérieure de la Thunderbird. Comme il est facile de le constater, des goûts et des couleurs, on ne discute pas.

Puisque les deux voitures se partagent le même habitacle, la créativité des gens de chez Mercury ne peut s'exprimer que dans un cadre très limité quand vient le temps de dessiner le tableau de bord. Heureusement, les designers de Ford ont conçu une planche de bord assez bien réussie il y a deux ans, et on s'en tire à bon compte. L'habitacle est nettement plus agréable que la carrosserie.

Le moteur V6 3,8 litres peine à la tâche afin de déplacer ce coupé de 1650 kg. D'ailleurs, il faut presque 12 secondes pour faire le 0-100 km/h. La Cougar V6, c'est une voiture aux allures peu sportives, à l'habitacle cossu, qui est nettement plus à l'aise sur les autoroutes que sur les

parcours sinueux. On aime bien parler de félin lorsqu'on mentionne la Cougar XR-7, mais le félin n'a plus de griffes depuis longtemps et il doit souffrir de rhumatismes. Il faut cocher l'option du V8 4,6 litres de 205 chevaux pour lui donner de l'élan. Mais si la vélocité sera plus grande, l'agrément de conduite ne changera pas d'un iota.

La T-Bird: aérodynamique gagnante

Chez Ford, on se moque des prétentions à la fois bourgeoises et sportives de la Cougar. Pour la marque à l'ovale bleu, la T-Bird se doit de conserver un certain caractère sportif. C'est pourquoi d'ailleurs ce sont les Thunderbird qui portent la bannière de la compagnie dans les épreuves Winston Cup de NASCAR. Ces courses de stock-car sont extrêmement populaires chez nos voisins du sud et permettent à Ford de convaincre des milliers d'acheteurs des qualités de la marque. C'est également un autre moyen pour Ford de croiser le fer avec Chevrolet et Pontiac.

Ce sont les activités de Ford en NASCAR qui ont incité ses stylistes à dessiner une caisse nettement plus aérodynamique que celle de la Cougar. Sa silhouette est également plus équilibrée et plus esthétique. La Thunderbird paraît quelque peu rétro de nos jours, surtout si on la compare à la nouvelle Taurus. Mais il faut se souvenir que cette voiture a lancé l'allure aérodynamique au début des années 80. Il sera d'ailleurs intéressant de voir ce que nous réserve la nouvelle version, attendue pour 1998. Soulignons que le coefficient de traînée de la version actuelle est de 0,32, un chiffre toujours impressionnant.

Malgré les dimensions extérieures généreuses de la Thunderbird, il est curieux de constater que l'habitacle est plutôt exigu. Les places arrière sont étriquées tandis que la large console limite l'espace réservé aux occupants des places avant. Le coffre à bagages est également assez petit.

Ces critiques s'expliquent par une conception qui date. Il faut aussi ajouter que Ford a raté la T-Bird lorsque celle-ci fut révisée en 1989. En dépit de tout cela, une version équipée du moteur V8 4,6 litres permet de compter sur des performances nettement plus inspirées qu'avec le V6 3,8 litres.

Sur le plan de la conduite, ce coupé surprend par un sous-virage prononcé. Compte tenu de la puissance du moteur, il faut donc aborder certains virages serrés avec prudence. Heureusement que les freins sont efficaces et prévisibles. La T-Bird se prête davantage aux promenades du dimanche qu'à des participations à des gymkhanas ou à des auto-cross.

Donc, malgré leurs dimensions imposantes et leur manque d'agilité, ces deux coupés peuvent être des routières d'un certain intérêt si on sait commander les bonnes options. Et il faut certainement mettre le V8 en tête de ces options.

D. Duquet

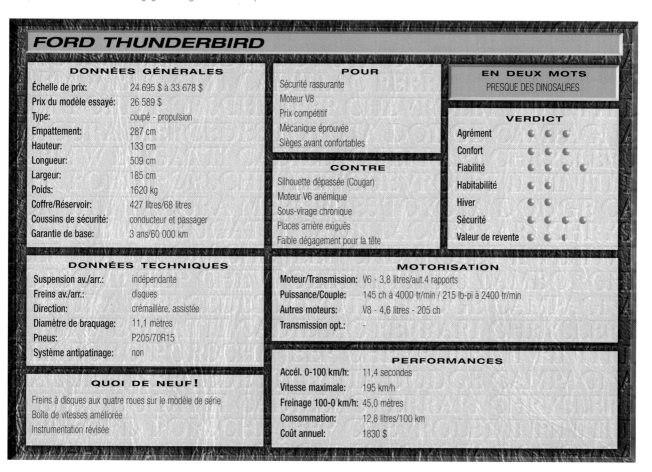

FORD THUNDERBIRD

DONNÉES GÉNÉRALES

Échelle de prix:	24 695 $ à 33 678 $
Prix du modèle essayé:	26 589 $
Type:	coupé - propulsion
Empattement:	287 cm
Hauteur:	133 cm
Longueur:	509 cm
Largeur:	185 cm
Poids:	1620 kg
Coffre/Réservoir:	427 litres/68 litres
Coussins de sécurité:	conducteur et passager
Garantie de base:	3 ans/60 000 km

DONNÉES TECHNIQUES

Suspension av./arr.:	indépendante
Freins av./arr.:	disques
Direction:	crémaillère, assistée
Diamètre de braquage:	11,1 mètres
Pneus:	P205/70R15
Système antipatinage:	non

QUOI DE NEUF!

Freins à disques aux quatre roues sur le modèle de série
Boîte de vitesses améliorée
Instrumentation révisée

POUR

Sécurité rassurante
Moteur V8
Prix compétitif
Mécanique éprouvée
Sièges avant confortables

CONTRE

Silhouette dépassée (Cougar)
Moteur V6 anémique
Sous-virage chronique
Places arrière exiguës
Faible dégagement pour la tête

MOTORISATION

Moteur/Transmission:	V6 - 3,8 litres/aut. 4 rapports
Puissance/Couple:	145 ch à 4000 tr/min / 215 lb-pi à 2400 tr/min
Autres moteurs:	V8 - 4,6 litres - 205 ch
Transmission opt.:	-

PERFORMANCES

Accél. 0-100 km/h:	11,4 secondes
Vitesse maximale:	195 km/h
Freinage 100-0 km/h:	45,0 mètres
Consommation:	12,8 litres/100 km
Coût annuel:	1830 $

EN DEUX MOTS

PRESQUE DES DINOSAURES

VERDICT

Agrément	
Confort	
Fiabilité	
Habitabilité	
Hiver	
Sécurité	
Valeur de revente	

FORD Windstar

Le marché des fourgonnettes étant toujours très animé, les compagnies se livrent une lutte de titans. Récemment, les clients ont craqué pour des versions cinq portes. Un peu prise au dépourvu, Ford joue d'astuce en proposant une solution de compromis: la «Super Porte».

I est tout de même ironique que la compagnie qui a innové dans le secteur des camionnettes en incluant une porte arrière droite sur ses modèles F-150 à cabine allongée n'ait pas pensé à offrir une portière coulissante gauche sur sa fourgonnette Windstar. Pourtant, il ne s'agit pas d'une nouveauté puisque plusieurs autres fourgonnettes ont proposé cette portière par le passé. Mais il aura fallu que Chrysler en fasse un succès sur ses modèles Autobeaucoup pour que Ford encaisse le coup.

À la «belle époque» de la domination des compagnies américaines sur notre marché, on aurait précipité les choses et greffé en panique une portière arrière gauche sans prendre le temps d'apporter les modifications nécessaires à la structure. Il y aurait probablement eu des bruits de caisse et d'autres inconvénients causés par une intégrité amoindrie, et les clients auraient fait les frais du développement. Cette attitude est toutefois chose du passé. Il faut dorénavant offrir un produit de qualité. Donc, en attendant l'arrivée éventuelle d'une portière coulissante gauche, les ingénieurs ont concocté une «Super Door» ou «Super Porte». En fait, il s'agit de la portière du conducteur qui est allongée d'environ 15 cm pour faciliter l'accès à bord. Il va de soi que le siège avant gauche se glisse vers l'avant pour permettre aux passagers des places arrière de monter à bord.

Cette solution mitoyenne risque d'intéresser certains acheteurs, mais ça sent quand même le bricolage de dernière minute. En revanche, cette «Super Porte» est contrôlée par le conducteur. Les enfants ne pourront ouvrir la porte précipitamment du côté de la circu-

Par la porte d'en arrière

lation sans que le conducteur soit là pour freiner leurs élans. Par ailleurs, pour le conducteur, pas besoin d'ouvrir une autre portière pour placer des objets à l'arrière. Bref, le débat est lancé: «Super Porte» ou porte coulissante? Qui sait, Ford a peut-être trouvé une astuce formidable qui deviendra la norme? Il est toutefois plus probable que cette nouveauté ne soit que de courte durée.

L'approche «taille unique»

Tandis que plusieurs fourgonnettes concurrentes se déclinent en versions à empattement régulier ou allongé, la Windstar se contente d'offrir une «taille unique». Selon Ford, la Windstar offre le meilleur compromis en fait d'habitabilité et d'encombrement. Cette approche semble logique. Mais là ou le bât blesse, c'est lorsqu'on constate que la version régulière de l'Autobeaucoup de Chrysler a une capacité pratiquement égale à celle de la Windstar. Bien entendu, le modèle allongé est plus impressionnant à ce chapitre.

Malgré tout, la Windstar possède une habitabilité généreuse en mesure de répondre aux besoins de la majorité des acheteurs. D'ailleurs, nous avons déménagé plusieurs objets encombrants avec une Windstar sans ressentir le besoin de disposer d'une fourgonnette plus volumineuse. Ce qu'elle peut concéder en espace à certaines rivales à empattement allongé, elle se le fait pardonner quand on constate le confort et le silence de roulement qu'elle offre. Même à des vitesses de plus de 120 km/h, les passagers des places arrière peuvent converser avec les occupants des sièges avant sans devoir élever la voix. De plus, comme sur toutes les autres fourgonnettes Ford, des fiches pour casques d'écoute et des contrôles individuels permettent d'écouter sa musique sans déranger les autres.

Selon vos ressources financières ou vos goûts, il est possible de commander des sièges baquets ou une banquette pour la rangée médiane. Quant à la banquette arrière, elle est amovible mais il faut des muscles pour la déplacer.

La plus musclée

Si la Windstar doit s'incliner devant quelques concurrentes en ce qui concerne l'habitabilité, elle n'a aucun complexe en ce qui concerne la puissance. En effet, depuis l'an dernier, elle bénéficie d'une version de 200 chevaux pour son V6 3,8 litres. Et ce gain impressionnant n'a pas été obtenu en faisant appel à une modification exhaustive du V6. C'est plutôt l'utilisation d'un collecteur d'admission plus efficace qui l'explique. Par la même occasion, on en a profité pour raffiner certains éléments de ce moteur qui est vraiment utilisé à toutes les sauces par Ford.

La présence de ces chevaux supplémentaires est surtout appréciée au moment des reprises. En effet, les accélérations sont plus franches, ce qui permet de dépasser avec une plus grande marge de sécurité.

Toutefois, il faut encore déplorer le temps d'hésitation relativement long imposé par une commande d'accélérateur toujours mal calibrée. Malgré tout, la Windstar version 200 chevaux grimpe les côtes plus allègrement et se ressent moins de lourdes charges.

Il ne faut toutefois pas oublier le moteur standard sur la version GL, le V6 Vulcan 3,0 litres. Avec une puissance de 150 chevaux, ce V6 se débrouille assez bien. Après tout, il affiche pratiquement le même nombre de chevaux que le moteur standard des versions 1995. Sa consommation est raisonnable et ses prestations conviennent si vous ne devez pas transporter de lourdes charges en tout temps. Par contre, le V6 3,8 litres propose en option un système de traction asservie très polyvalent qui pourrait vous faire pencher en sa faveur, même s'il n'est disponible qu'avec la version la plus cossue...

La Windstar, «Super Porte» ou pas, possède donc les qualités nécessaires pour se maintenir dans le peloton de tête chez les fourgonnettes.

D. Duquet

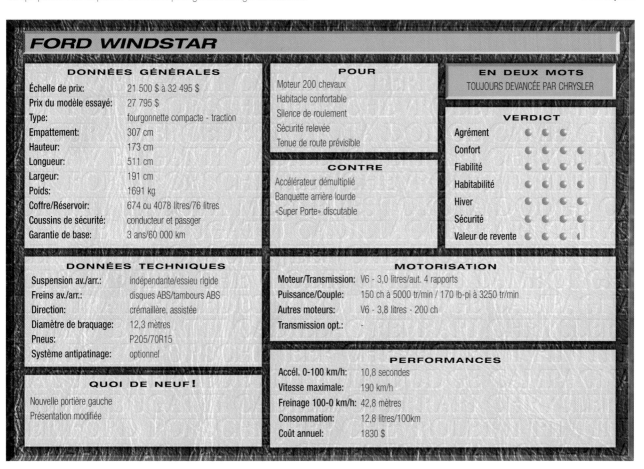

FORD WINDSTAR

DONNÉES GÉNÉRALES

Échelle de prix:	21 500 $ à 32 495 $
Prix du modèle essayé:	27 795 $
Type:	fourgonnette compacte - traction
Empattement:	307 cm
Hauteur:	173 cm
Longueur:	511 cm
Largeur:	191 cm
Poids:	1691 kg
Coffre/Réservoir:	674 ou 4078 litres/76 litres
Coussins de sécurité:	conducteur et passger
Garantie de base:	3 ans/60 000 km

DONNÉES TECHNIQUES

Suspension av./arr.:	indépendante/essieu rigide
Freins av./arr.:	disques ABS/tambours ABS
Direction:	crémaillère, assistée
Diamètre de braquage:	12,3 mètres
Pneus:	P205/70R15
Système antipatinage:	optionnel

QUOI DE NEUF!

Nouvelle portière gauche
Présentation modifiée

POUR

Moteur 200 chevaux
Habitacle confortable
Silence de roulement
Sécurité relevée
Tenue de route prévisible

CONTRE

Accélérateur démultiplié
Banquette arrière lourde
«Super Porte» discutable

EN DEUX MOTS

TOUJOURS DEVANCÉE PAR CHRYSLER

VERDICT

Agrément	◖◖◖
Confort	◖◖◖◖
Fiabilité	◖◖◖◖
Habitabilité	◖◖◖
Hiver	◖◖◖◖
Sécurité	◖◖◖◖
Valeur de revente	◖◖◖◖

MOTORISATION

Moteur/Transmission:	V6 - 3,0 litres/aut. 4 rapports
Puissance/Couple:	150 ch à 5000 tr/min / 170 lb-pi à 3250 tr/min
Autres moteurs:	V6 - 3,8 litres - 200 ch
Transmission opt.:	-

PERFORMANCES

Accél. 0-100 km/h:	10,8 secondes
Vitesse maximale:	190 km/h
Freinage 100-0 km/h:	42,8 mètres
Consommation:	12,8 litres/100km
Coût annuel:	1830 $

GEO Metro/Pontiac Firefly/Suzuki Swift

Les marché des mini est probablement le plus compétitif de toute l'industrie. Non seulement ces voitures doivent être les moins chères, mais elles doivent également être élégantes et agréables à conduire tout en consommant peu. Reste à voir si ce trio a bien fait ses devoirs.

De nos jours, même les voitures économiques se doivent de proposer une silhouette originale si elles veulent se démarquer. À ce chapitre, la Geo Metro et ses sœurs se défendent honorablement. Le coupé à hayon se démarque d'emblée avec son capot plongeant, son arrière relevé et ses renflements latéraux. De par sa configuration, la berline est plus sage même si elle partage le même museau plongeant avec ses phares elliptiques et sa calandre pratiquement inexistante. Toutefois, le pavillon est plus haut, ce qui confère à la Metro un profil en dos de chameau. Malgré tout, ses formes sont équilibrées pour une voiture aux dimensions aussi réduites. L'habitacle affiche également un style plutôt agréable. Au tableau de bord, les instruments sont placés dans un module en forme de demi-lune suffisamment profond pour prévenir l'aveuglement par des rayons lumineux parasites. La partie centrale de la planche de bord se distingue par un module vertical surplombé de deux buses de ventilation dominant les commandes de climatisation et la radio. Comme il fallait s'y attendre sur une voiture de ce prix, les commandes de climatisation sont à glissières et non pas à bouton-poussoir ou à cadran rotatif.

Le volant est de belle présentation, mais son moyeu est volumineux en raison de la présence d'un coussin de sécurité gonflable. Il faut souligner au passage que les coussins de sécurité pour le conducteur et le passager font partie de l'équipement de série. Comme c'est le cas sur plusieurs voitures GM, la texture du plastique fait un peu bon marché et le tissu des sièges n'est pas tellement esthétique. En

Un marché sans pitié

revanche, le dossier de la banquette arrière se rabat. La version de base comporte un dossier d'une seule pièce tandis que les versions LSi, plus luxueuses, abritent un dossier 60/40 plus pratique.

Les sièges avant sont relativement confortables tandis que la banquette arrière peut accommoder deux adultes de taille normale avec un certain confort, du moins sur de courtes et moyennes distances. Par contre, l'accès aux places arrière n'est pas tellement facile pour les personnes de grande taille.

Et malgré les dimensions modestes de ces voitures, leur solidité est de bon aloi. C'est ainsi que le tableau de bord est ancré sur une barre transversale tubulaire qui assure une bonne rigidité à l'ensemble en plus de servir de renfort en cas d'accident. Un système exclusif d'ancrage installé dans le bas et le seuil des portières avant permet d'obtenir une caisse encore plus rigide une fois les portières fermées.

Sur le plan mécanique, le moteur de base de la version coupé est un 3 cylindres 1,0 litre développant 55 chevaux uniquement disponible avec

la boîte manuelle à 5 rapports. Quant au moteur 4 cylindres développant 70 chevaux, il est standard sur la berline et sur le modèle coupé LSi pour 1997. À l'avant comme à l'arrière, on fait appel à des jambes de force MacPherson. Toutefois, à l'arrière, le ressort hélicoïdal est autonome. Des barres antiroulis sont fournies en équipement de série. Enfin, les freins ABS sont optionnels tout comme la direction assistée qui n'est d'ailleurs pas disponible sur la version coupé. Sur la berline, cet accessoire est optionnel.

Une conduite énergique

Malgré ses allures sympathiques, nous ne nous sommes pas entichés de la berline Metro que nous avons mise à l'essai au premier contact. En premier lieu, l'accès à bord est moyen en raison d'une ouverture de portière assez petite. Pour le reste, le dépouillement relatif de l'habitacle, le niveau sonore du moteur ainsi que l'imprécision relative du levier de vitesses sont autant d'éléments qui empêchent le coup de foudre. Cette impression s'est toutefois atténuée au fil des jours. En conduite urbaine, le moteur se débrouille assez bien pour autant qu'on se donne la peine d'utiliser le levier de vitesses à bon escient. De plus, on apprécie très rapidement la maniabilité de la Geo Metro dans la circulation et sa facilité à se stationner dans des espaces très restreints. Toujours au chapitre des «pour», il faut souligner que la visibilité périphérique est bonne, que les sièges ne sont pas trop inconfortables et que l'agrément de conduite n'est pas aussi mauvais que la première prise de contact nous avait permis de le croire. À la fin de la semaine d'essai, c'est avec plaisir qu'on s'amusait à pousser cette petite Metro dans la circulation.

Sur la grand-route, les petites dimensions du véhicule, ses pneus relativement étroits et un moteur de cylindrée réduite n'en font pas le véhicule rêvé pour traverser le pays ou même effectuer des trajets de plusieurs heures. Toutefois, pour les trajets de banlieue et les moyennes distances, c'est adéquat. Cependant, cette Metro est toujours sensible au vent latéral. De plus, il faut ajouter que les modèles qui ne sont pas équipés de direction assistée peuvent en irriter certains.

Quant au coupé, sa vocation est encore plus urbaine que la berline. De plus, les versions animées par le moteur 3 cylindres ne sont pas des foudres de guerre en matière d'accélération et de reprise. Il faut non seulement être économe, mais également très patient lorsqu'on conduit une de ces voitures. Cette année toutefois, le coupé LSi est équipé du moteur 4 cylindres couplé à la boîte manuelle. L'an dernier, seule l'automatique pouvait être commandée avec cette combinaison.

Soulignons en terminant que Suzuki se contente d'offrir la version coupé de la Swift et que sa présentation et son comportement sont semblables à ceux de la Metro/Firefly. La berline est remplacée depuis l'an dernier par l'Esteem à moteur 1,6 litre.

D. Duquet

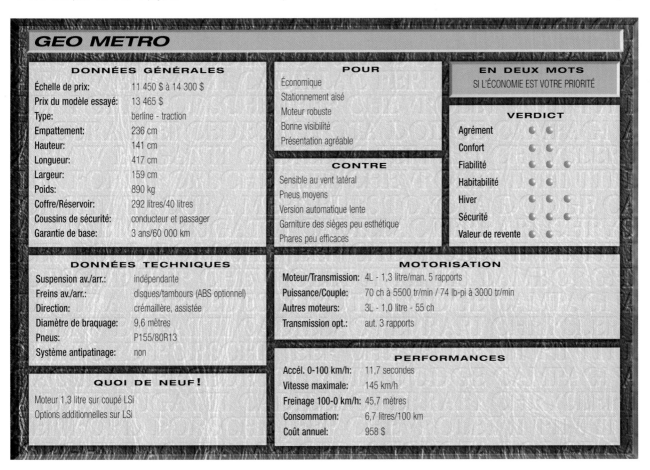

GEO METRO

DONNÉES GÉNÉRALES

Échelle de prix:	11 450 $ à 14 300 $
Prix du modèle essayé:	13 465 $
Type:	berline - traction
Empattement:	236 cm
Hauteur:	141 cm
Longueur:	417 cm
Largeur:	159 cm
Poids:	890 kg
Coffre/Réservoir:	292 litres/40 litres
Coussins de sécurité:	conducteur et passager
Garantie de base:	3 ans/60 000 km

DONNÉES TECHNIQUES

Suspension av./arr.:	indépendante
Freins av./arr.:	disques/tambours (ABS optionnel)
Direction:	crémaillère, assistée
Diamètre de braquage:	9,6 mètres
Pneus:	P155/80R13
Système antipatinage:	non

QUOI DE NEUF!

Moteur 1,3 litre sur coupé LSi

Options additionnelles sur LSi

POUR

Économique
Stationnement aisé
Moteur robuste
Bonne visibilité
Présentation agréable

CONTRE

Sensible au vent latéral
Pneus moyens
Version automatique lente
Garniture des sièges peu esthétique
Phares peu efficaces

MOTORISATION

Moteur/Transmission:	4L - 1,3 litre/man. 5 rapports
Puissance/Couple:	70 ch à 5500 tr/min / 74 lb-pi à 3000 tr/min
Autres moteurs:	3L - 1,0 litre - 55 ch
Transmission opt.:	aut. 3 rapports

PERFORMANCES

Accél. 0-100 km/h:	11,7 secondes
Vitesse maximale:	145 km/h
Freinage 100-0 km/h:	45,7 mètres
Consommation:	6,7 litres/100 km
Coût annuel:	958 $

EN DEUX MOTS

SI L'ÉCONOMIE EST VOTRE PRIORITÉ

VERDICT

Agrément	◖ ◖
Confort	◖
Fiabilité	◖ ◖ ◖
Habitabilité	◖ ◖ ◖
Hiver	◖ ◖
Sécurité	◖ ◖ ◖
Valeur de revente	◖ ◖

Toyota et Honda se tournent soudainement vers les utilitaires sport compacts. Pourtant, il y a plusieurs années que le trio qui nous intéresse a tracé la voie. Ils ont connu tellement de succès que les autres décident d'entrer dans ce marché aussi intéressant que dynamique.

Les pionniers

Il suffit d'observer les véhicules circulant sur nos routes pour constater que les diminutifs utilitaires sport que sont le Tracker, le Sunrunner et le Sidekick sont le choix d'une clientèle aussi variée que nombreuse.

Inutile de préciser que le réseau commercial de GM favorise les ventes des Geo et Sunrunner, qui ne sont en passant que des versions similaires au Suzuki Sidekick. D'ailleurs, tous trois sont assemblés à l'usine CAMI située à Ingersoll en Ontario.

Mais leur grande popularité ne s'explique pas uniquement par un réseau de distribution étoffé. Leur silhouette plaisante de même qu'un comportement routier acceptable et un prix très compétitif sont autant d'éléments qui attirent les consommateurs. D'ailleurs, même s'ils sont sur le marché sous leur présente forme depuis tout près d'une décennie, les Tracker/Sunrunner/Suzuki nous proposent une silhouette toujours actuelle et possédant ce petit quelque chose d'agressif qui les démarque des autres.

En raison de son prix plus modeste, le cabriolet est le plus populaire. Plusieurs apprécient le fait que la partie avant du pavillon sert de barre de protection en plus de favoriser la rigidité de la caisse. Toutefois, il faut avoir de la poigne pour être en mesure d'ouvrir et de fermer ce toit rigide. La toile est très raide et il faut la tendre passablement afin de pouvoir faire glisser les fermetures éclair. De plus, l'accès au coffre à bagages n'est pas une sinécure puisqu'il faut déplacer le

pneu de secours et ouvrir une fermeture éclair pour remiser le moindre bagage. Par contre, la toile de la capote, une fois bien tendue, assure un niveau sonore inférieur à celui que l'on doit endurer au volant de le Jeep TJ. En passant, celle-ci est plus grosse, plus puissante et aussi plus onéreuse qu'un Tracker.

Il faut également préciser que le Pontiac Sunrunner n'est disponible qu'en version cabriolet tandis que le Tracker et le Sidekick peuvent être commandés en version quatre portes avec toit rigide. À notre avis, c'est le choix à faire si vous prévoyez utiliser ces utilitaires sport pour effectuer des trajets de moyenne distance. Enfin, les deux modèles proposent un habitacle équilibré à défaut d'être spectaculaire. Le tableau de bord abrite les instruments dans un croissant inversé qui les protège contre les rayons parasites. Quant aux commandes de climatisation, elles sont à curseur et leur action est parfois hésitante. Elles surplombent la radio, dont le rendement est moyen. En revanche, les coussins gonflables pour le conducteur et le passager sont de série.

Finalement, les sièges avant sont confortables tandis que la banquette arrière sur les deux modèles manque vraiment de rembourrage.

L'agilité avant la puissance

Notre trio est animé par un moteur 1,6 litre de 95 chevaux qui se tire honorablement d'affaire au chapitre des accélérations. Toutefois, les reprises sont plus modestes, surtout lorsque le véhicule est chargé. Une boîte manuelle à 5 rapports est de série et l'automatique à 3 rapports peut être commandée en option sur les modèles décapotables. Cependant, pour accentuer le caractère plus raffiné du modèle à toit rigide, la boîte automatique offerte en option est à 4 rapports. On y gagne en raffinement et en économie de carburant.

Sur la route, les bosses et les trous sont durement ressentis à cause de la suspension relativement ferme du cabriolet associée à un empattement court. Lorsque les conditions se corsent, conducteur et passagers sont passablement secoués. En revanche, grâce à un empattement plus long de 28 cm, le modèle quatre portes est nettement plus confortable.

C'est toutefois dans les sentiers défoncés et les routes forestières que ces diminutifs tout-terrains brillent de tous leurs feux. Ils sont non seulement agiles et capables de se faufiler partout, mais ils sont capables de franchir avec aplomb des obstacles fort intimidants.

Il faut également parler du Suzuki Sidekick Sport. Ce 4X4 est non seulement plus cossu que la version régulière à toit rigide du Sidekick, mais il est plus spacieux et profite d'un moteur plus puissant. Avec ce modèle, Suzuki a montré la voie au Toyota Rav4 et au futur Honda tout-terrain. Il est pratiquement du même format que ces deux modèles tout en possédant la même agilité que la version régulière. Enfin, son

moteur 1,8 litre sait tirer profit des 23 chevaux additionnels dont il dispose. Il est plus désirable et plus performant que le Tracker ou le Sidekick régulier. Cependant, son principal handicap est un prix passablement plus corsé qui le met pratiquement en opposition avec des utilitaires sport plus spacieux, plus performants et pratiquement de même prix. Il doit aussi affronter cette année les nouveaux utilitaires compacts plus modernes de Toyota et Honda. Pour savoir lequel représente le meilleur achat, consultez notre match comparatif en première partie.

D. Duquet

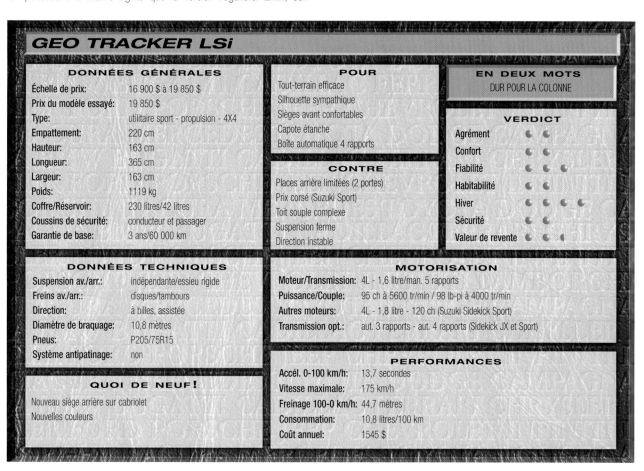

GEO TRACKER LSi

DONNÉES GÉNÉRALES

Échelle de prix:	16 900 $ à 19 850 $
Prix du modèle essayé:	19 850 $
Type:	utilitaire sport - propulsion - 4X4
Empattement:	220 cm
Hauteur:	163 cm
Longueur:	365 cm
Largeur:	163 cm
Poids:	1119 kg
Coffre/Réservoir:	230 litres/42 litres
Coussins de sécurité:	conducteur et passager
Garantie de base:	3 ans/60 000 km

DONNÉES TECHNIQUES

Suspension av./arr.:	indépendante/essieu rigide
Freins av./arr.:	disques/tambours
Direction:	à billes, assistée
Diamètre de braquage:	10,8 mètres
Pneus:	P205/75R15
Système antipatinage:	non

QUOI DE NEUF!

Nouveau siège arrière sur cabriolet
Nouvelles couleurs

POUR

Tout-terrain efficace
Silhouette sympathique
Sièges avant confortables
Capote étanche
Boîte automatique 4 rapports

CONTRE

Places arrière limitées (2 portes)
Prix corsé (Suzuki Sport)
Toit souple complexe
Suspension ferme
Direction instable

MOTORISATION

Moteur/Transmission:	4L - 1,6 litre/man. 5 rapports
Puissance/Couple:	95 ch à 5600 tr/min / 98 lb-pi à 4000 tr/min
Autres moteurs:	4L - 1,8 litre - 120 ch (Suzuki Sidekick Sport)
Transmission opt.:	aut. 3 rapports - aut. 4 rapports (Sidekick JX et Sport)

PERFORMANCES

Accél. 0-100 km/h:	13,7 secondes
Vitesse maximale:	175 km/h
Freinage 100-0 km/h:	44,7 mètres
Consommation:	10,8 litres/100 km
Coût annuel:	1545 $

EN DEUX MOTS

DUR POUR LA COLONNE

VERDICT

Agrément	◖ ◖
Confort	◖ ◖
Fiabilité	◖ ◖ ◖
Habitabilité	◖ ◖
Hiver	◖ ◖ ◖ ◖
Sécurité	◖ ◖
Valeur de revente	◖ ◖ ◖

HONDA Accord

Toute compacte qui se respecte offre un moteur V6, y compris la Honda Accord. Le supplément de coût qui s'y rattache incite toutefois plusieurs mordus de ce modèle à opter pour les versions 4 cylindres, un achat plus logique. Mais, pour plusieurs, l'interrogation demeure: V6 ou 4 cylindres en ligne?

Pendant des années, la Honda Accord est demeurée l'indiscutable référence parmi les compactes. Elle possédait une mécanique raffinée assurant des performances passablement sportives. De plus, l'agrément de conduite supérieur à la moyenne qu'elle offrait ainsi qu'une fiabilité sans tache la démarquaient du lot. La toute dernière génération retient toutes ces qualités, mais la concurrence est nettement plus féroce. Malgré tout, cette Honda continue d'être l'une des meilleures de la catégorie. Son moteur de base est un 4 cylindres 2,2 litres développant 130 chevaux. Utilisé avec la boîte manuelle, il est adéquat pour ceux qui préfèrent l'économie de carburant aux accélérations spectaculaires. Et encore, ce groupe propulseur est très honnête à ce chapitre.

La version VTEC bénéficie de 15 chevaux de plus, mais le prix à payer est plus élevé. Les prestations de ce moteur sont assez semblables à celles du V6. Cependant, le niveau sonore est beaucoup plus élevé. Un grognement persistant se fait entendre sous le capot lorsqu'on appuie sur l'accélérateur. En fait, chaque augmentation de vitesse semble pénible, à entendre les protestations du moteur. Mais une fois lancé, ce moteur se tire admirablement bien d'affaire tant pour ce qui est du rendement que de l'économie de carburant. Il faut souligner que cette mécanique sophistiquée est également très fiable.

La caisse a été légèrement revue l'an dernier et le résultat est plaisant. Les quelques petites retouches ont donné plus de relief à une carrosserie que certains trouvaient quelque peu fade. L'habitacle est dans la plus pure

V6 ou 4 cylindres: le dilemme

tradition Honda. La finition est impeccable, le tableau de bord très simple et efficace. L'habitabilité peut être qualifiée de moyenne, toutefois, surtout aux places arrière. Les personnes plutôt grandes apprécieraient un dégagement plus généreux autant pour les jambes que pour la tête. Du côté des places avant, les sièges ne semblent pas avoir été dessinés pour les personnes de grande taille à en juger par le maigre support qu'ils offrent pour les cuisses.

Un complot contre le V6?

Chez ce manufacturier japonais, on croit mordicus qu'un moteur 4 cylindres est une option plus logique pour une voiture compacte. On affirme que c'est le compromis idéal entre des performances acceptables et une économie de carburant raisonnable. D'ailleurs, les ingénieurs de Honda se sont fait tirer l'oreille avant d'installer un V6 sous le capot de l'Accord. Curieusement, on semble renoncer à donner une dimension encore plus sportive à l'Accord V6 en se contentant de l'offrir uniquement avec une boîte automatique. Cette dernière a beau être efficace en plus d'utiliser le système de contrôle logique

de pente qui élimine les passages intempestifs d'un rapport à l'autre dans les montées, une boîte manuelle aurait certainement été appréciée par plusieurs.

Pour justifier cette décision, les responsables du marketing vont souligner la faible demande pour une boîte manuelle dans cette catégorie. Mais la clientèle de Honda étant plus enthousiaste pour la conduite, on aurait pu lui offrir le plaisir d'une boîte manuelle. On semble s'être donné le mot chez ce manufacturier pour déprécier la version V6. Les gens de chez Honda vont nier cette affirmation avec véhémence et souligner la nature assez spéciale de ce modèle, mais il est tellement plus onéreux qu'on se demande si cette politique n'a pas été concoctée pour brider ses ventes et ainsi démontrer qu'un simple 4 cylindres peut faire l'affaire.

Cette théorie est peut-être tirée par les cheveux, mais la disparité entre les deux versions est telle qu'on est en droit d'en chercher la raison. Sur le plan de la conduite, le V6 ne propose pas nécessairement des performances plus senties, même s'il possède un avantage de 25 chevaux sur le modèle animé par le moteur VTEC 2,2 litres. Il est cependant plus doux et silencieux. Grâce aux modifications apportées à la suspension de ce modèle, le roulis en virage est moins prononcé et la direction profite d'un ancrage plus rigide qui a un effet bénéfique sur sa précision. Le silence de roulement est également supérieur.

L'an dernier, dans le cadre du match comparatif des compactes, c'est une Accord V6 qui a remporté la palme, devançant de très peu la Toyota Camry. Ce titre n'est nullement usurpé puisque les qualités routières de cette Honda lui ont permis de remporter le premier rang dans la catégorie tenue de route en plus de s'accaparer le second rang au classement «confort».

Ce match est venu confirmer les qualités intrinsèques propres à tous les modèles de la gamme. Le V6 vient les relever d'un cran en plus de faire de l'Accord une voiture de premier ordre sur la grand-route, autant par son silence de roulement que par la douceur de son moteur. Cependant, plusieurs ont de la difficulté à se convaincre de débourser davantage pour ce modèle, tout intéressant soit-il. Et l'une des raisons à cela est le fait que les versions équipées du 4 cylindres se débrouillent très bien merci!

Et le coupé?

L'arrivée de l'Acura CL, dont la plate-forme est dérivée de celle du coupé Accord, a remis ce dernier modèle en selle. Malheureusement trop souvent éclipsé par la berline, ce coupé affiche les mêmes caractéristiques de confort et d'habitabilité que le quatre portes. Ce qui signifie que malgré ses prétentions sportives, il offre une conduite plus précise qu'enivrante. Ce n'est certainement pas la voiture des coups de cœur. En revanche, elle nous gratifie d'un bon équilibre entre une consommation de carburant plutôt modeste et des performances tout de même intéressantes puisqu'on peut réaliser le 0-100 km/h en 8,2 secondes avec la version manuelle VTEC. Malgré cela, elle demeure dans l'ombre de la berline.

D. Duquet

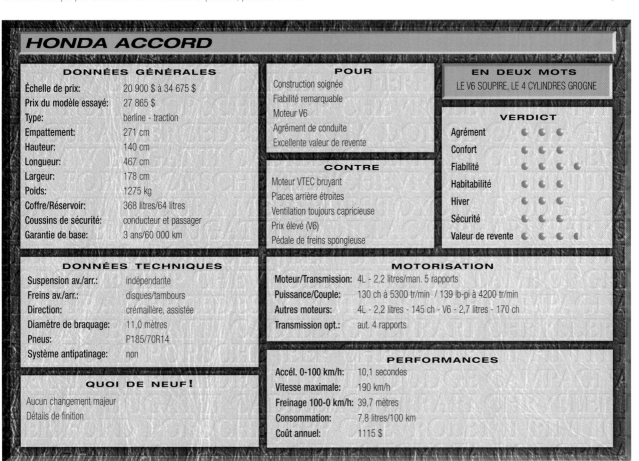

HONDA ACCORD

DONNÉES GÉNÉRALES

Échelle de prix:	20 900 $ à 34 675 $
Prix du modèle essayé:	27 865 $
Type:	berline - traction
Empattement:	271 cm
Hauteur:	140 cm
Longueur:	467 cm
Largeur:	178 cm
Poids:	1275 kg
Coffre/Réservoir:	368 litres/64 litres
Coussins de sécurité:	conducteur et passager
Garantie de base:	3 ans/60 000 km

POUR

Construction soignée
Fiabilité remarquable
Moteur V6
Agrément de conduite
Excellente valeur de revente

CONTRE

Moteur VTEC bruyant
Places arrière étroites
Ventilation toujours capricieuse
Prix élevé (V6)
Pédale de freins spongieuse

EN DEUX MOTS

LE V6 SOUPIRE, LE 4 CYLINDRES GROGNE

VERDICT

Agrément	●●●
Confort	●●●◗
Fiabilité	●●●●
Habitabilité	●●●◗
Hiver	●●●
Sécurité	●●●
Valeur de revente	●●●●

DONNÉES TECHNIQUES

Suspension av./arr.:	indépendante
Freins av./arr.:	disques/tambours
Direction:	crémaillère, assistée
Diamètre de braquage:	11,0 mètres
Pneus:	P185/70R14
Système antipatinage:	non

MOTORISATION

Moteur/Transmission:	4L - 2,2 litres/man. 5 rapports
Puissance/Couple:	130 ch à 5300 tr/min / 139 lb-pi à 4200 tr/min
Autres moteurs:	4L - 2,2 litres - 145 ch - V6 - 2,7 litres - 170 ch
Transmission opt.:	aut. 4 rapports

QUOI DE NEUF!

Aucun changement majeur
Détails de finition

PERFORMANCES

Accél. 0-100 km/h:	10,1 secondes
Vitesse maximale:	190 km/h
Freinage 100-0 km/h:	39,7 mètres
Consommation:	7,8 litres/100 km
Coût annuel:	1115 $

HONDA Civic

C'est en 1973 que le Québec a eu son premier béguin pour la Honda Civic, fraîchement débarquée chez nous en provenance des chaînes de montage d'un constructeur japonais mieux connu jusqu'alors pour ses attrayantes motocyclettes. Depuis, les Québécois et la Civic filent le parfait amour.

Comme moi, vous aurez sans doute remarqué que les conducteurs de Honda, particulièrement les propriétaires de Civic, pratiquent une façon de conduire souvent échevelée. À leur décharge, je dois dire tout de suite que cet apparent manque de discipline est contagieux et qu'il semble s'attraper chaque fois que l'on s'asseoit derrière le volant d'une Honda Civic. Il est en effet très difficile de contenir ses ardeurs ou de rouler lentement dans l'une de ces voitures. Pourquoi?

Par ses dimensions, son empattement court, son agilité et sa nervosité, la voiture incite à une conduite agressive. On a toujours l'impression qu'il y a un trou dans la circulation juste assez grand pour y mettre une Civic et que les performances de ce petit engin permettent de se faufiler à peu près partout. Qu'il soit bien compris que je n'excuse pas, mais que je constate simplement ce qui m'apparaît comme un phénomène réel.

Assagies?

On a reproché à la dernière génération de Civic apparue l'automne dernier de ne pas avoir le même zeste que les anciennes versions et d'avoir joint les rangs du conformisme automobile. C'est partiellement vrai, mais les petites Honda n'ont pas complètement perdu leur côté espiègle comme je l'ai constaté lors d'un essai d'environ 1000 km d'une Civic CX *hatchback* 5 vitesses. Honda a procédé l'an dernier à un sérieux remaniement de ce modèle, le sixième depuis l'arrivée en sol québécois de la première petite Civic.

Provocatrice et économe

Visuellement, la voiture a pris du coffre avec un empattement allongé de 5 cm et une carrosserie caractérisée par de gros blocs optiques qui ne font pas l'unanimité. Les feux arrière, notamment, sont très proéminents et impriment une certaine lourdeur à une voiture qui s'est toujours démarquée par ses lignes sveltes. Tout comme la berline et le coupé, le dernier *hatchback* offre une meilleure insonorisation, un plus grand confort et un volume intérieur à la hausse. Autant de raisons pour affirmer que la Civic s'est assagie... jusqu'à ce que l'on prenne le volant.

Malgré sa faible cylindrée, le moteur 16 soupapes de 1,6 litre réussit à générer 106 chevaux et à donner à ce modèle des performances bien au-dessus de ce que l'on trouve dans les sous-compactes concurrentes, à l'exception d'une VW Golf VR6.

Une boîte... à surprises!

La boîte de vitesses manuelle se prête à de nombreux commentaires. C'est d'abord l'une des meilleures que l'on puisse trouver sur le plan de

la facilité d'utilisation. Bien que cela soit possible avec n'importe quelle autre voiture, le passage des vitesses sans l'utilisation de l'embrayage démontre jusqu'à quel point les boîtes Honda sont réglées comme des mouvements d'horlogerie. L'autre aspect digne de mention est l'étagement des vitesses. Honda a privilégié des rapports très longs avec, par exemple, une deuxième vitesse qui permet d'atteindre 110 km/h lorsque l'aiguille du compte-tours chatouille les 7000 tr/min, marquant le début de la zone interdite. Phénomène peu commun, la voiture dépasse les 160 km/h aussi bien en troisième qu'en quatrième ou en cinquième. Bien sûr, cela permet au moteur de chômer littéralement à une vitesse de croisière, ce qui favorise énormément une consommation limitée. L'envers de la médaille, c'est que les reprises sont angoissantes quand vient le moment de doubler. Nerveuse comme pas une en ville, la Civic exige souvent qu'on rétrograde en troisième pour effectuer un dépassement sur la route. En virage, le *hatchback* Civic affiche une tenue très neutre qui, encore là, incite à la conduite sportive. La direction est un brin légère mais sa précision permet de placer la voiture là où on veut. On a fait des progrès en matière d'insonorisation, mais la Civic est encore bruyante.

Si Honda est en maîtrise parfaite de l'agrément de conduite, certains autres détails semblent lui échapper. Au volant de cette Honda, on est toujours assis un peu bas. Dans la voiture mise à l'essai, la clé de contact était difficile à insérer ou à retirer. La radio a aussi la sonorité d'un appareil bon marché. C'est toutefois l'accès aux places arrière qui s'avère l'exercice le plus pénible. Une bonne surprise nous y attend cependant puisque deux adultes de taille moyenne ont suffisamment de place pour la tête et les jambes. Le coffre n'est pas très grand mais, comme dans tout *hatchback*, il peut se prolonger dans l'habitacle. Au milieu du plastique triste qui habille l'intérieur, on découvre un tableau de bord d'une bonne lisibilité, un nombre surprenant d'espaces de rangement et une finition très correcte.

Coupé et berline

Le coupé Civic se démarque surtout par la possibilité de le doter du moteur VTEC de 127 chevaux, ce qui lui donne une bonne poussée dans le dos sans pour autant en faire un véritable engin sportif. Comme la berline, ce modèle privilégie le confort et le silence de roulement. Leur comportement routier est sain mais pas très stimulant. Curieusement, les places arrière de la berline ne sont pas beaucoup plus spacieuses que celles du *hatchback* et conviennent surtout à des jeunes ou à des personnes assez petites.

Amusantes à conduire, économes et d'un confort surprenant eu égard à leur format, les Honda Civic nouvelle manière vont sans doute continuer à dominer le paysage automobile québécois. Souhaitons seulement que leurs conducteurs ralentissent un peu leurs ardeurs.

J. Duval

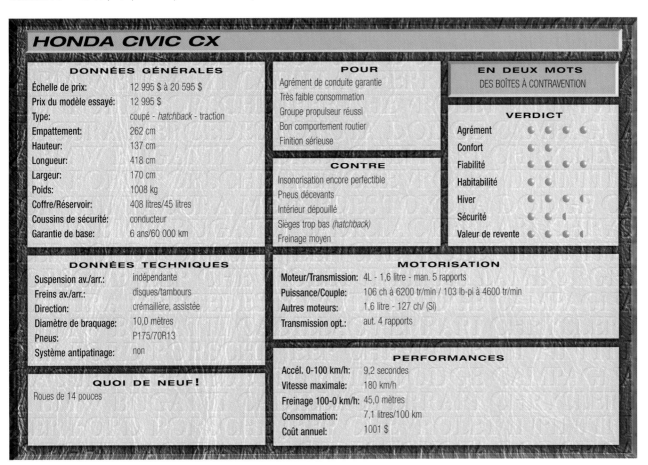

HONDA CIVIC CX

DONNÉES GÉNÉRALES

Échelle de prix:	12 995 $ à 20 595 $
Prix du modèle essayé:	12 995 $
Type:	coupé - hatchback - traction
Empattement:	262 cm
Hauteur:	137 cm
Longueur:	418 cm
Largeur:	170 cm
Poids:	1008 kg
Coffre/Réservoir:	408 litres/45 litres
Coussins de sécurité:	conducteur
Garantie de base:	6 ans/60 000 km

DONNÉES TECHNIQUES

Suspension av./arr.:	indépendante
Freins av./arr.:	disques/tambours
Direction:	crémaillère, assistée
Diamètre de braquage:	10,0 mètres
Pneus:	P175/70R13
Système antipatinage:	non

QUOI DE NEUF !

Roues de 14 pouces

POUR

Agrément de conduite garantie
Très faible consommation
Groupe propulseur réussi
Bon comportement routier
Finition sérieuse

CONTRE

Insonorisation encore perfectible
Pneus décevants
Intérieur dépouillé
Sièges trop bas *(hatchback)*
Freinage moyen

MOTORISATION

Moteur/Transmission:	4L - 1,6 litre - man. 5 rapports
Puissance/Couple:	106 ch à 6200 tr/min / 103 lb-pi à 4600 tr/min
Autres moteurs:	1,6 litre - 127 ch/ (Si)
Transmission opt.:	aut. 4 rapports

PERFORMANCES

Accél. 0-100 km/h:	9,2 secondes
Vitesse maximale:	180 km/h
Freinage 100-0 km/h:	45,0 mètres
Consommation:	7,1 litres/100 km
Coût annuel:	1001 $

EN DEUX MOTS

DES BOÎTES À CONTRAVENTION

VERDICT

Agrément	
Confort	
Fiabilité	
Habitabilité	
Hiver	
Sécurité	
Valeur de revente	

HONDA Del Sol

L'incomprise de la famille Honda nous revient inchangée en 1997, ce qui ne fera que la maintenir dans une marginalité qui s'accompagne de ventes minimes. Dommage, car cet amusant petit jouet mérite un bien meilleur sort, compte tenu de ses nombreuses qualités.

Apparue à l'automne 1992, la del Sol succédait à la CRX, modèle-culte s'il en fut un. Dès lors, il y eut erreur sur la voiture: nombreux sont ceux — chroniqueurs automobiles inclus — qui ont cru qu'elle remplaçait cette dernière. Or, la nuance est importante car on avait voulu faire de cette même del Sol un tout nouveau modèle, qui n'a jamais prétendu chausser les souliers de sa devancière. Comme celle-ci, elle fut élaborée à partir de la plate-forme de la Civic, mais toute comparaison s'arrête là.

L'une rugit, l'autre pas

Réparons d'abord une injustice: si la del Sol n'est pas aussi sportive que l'ancienne CRX ou une Mazda Miata, elle possède néanmoins d'indéniables aptitudes routières. La version VTEC, mue par le moteur du même nom, est la plus intéressante des deux livrées proposées, parce qu'elle est à la fois plus performante et plus inspirante.

Ce petit 4 cylindres multisoupape à calage d'admission variable a été conçu pour les hauts régimes. Aussi ses envolées s'accompagnent-elles d'une plainte stridente qui n'est pas sans évoquer celle d'une motocyclette; certains aimeront, d'autres pas. Mais tant sa souplesse que son élasticité sont remarquables et, jumelé à la boîte manuelle, il procure une bonne dose d'agrément. Ladite boîte, fidèle à la tradition Honda, brille par sa précision et l'étagement de ses rapports, de sorte qu'on se régale à jouer du levier.

Ceux ou celles qui tiennent mordicus à une boîte automatique devront toutefois faire leur deuil des 160 chevaux de la VTEC et se rabattre sur la

Question de perception

version de base, la Si. Cette dernière, comme la Civic du même nom, a droit à une version moins musclée du moteur VTEC, dont les 125 chevaux suffisent tout de même à lui assurer des performances honnêtes.

Munie d'une suspension raffermie et de pneus plus performants, la del Sol VTEC se défend un peu mieux. Le châssis n'est évidemment pas plus rigide, freinage et direction manquent encore de mordant, mais elle ballotte moins et surtout se montre plus agressive dans les virages. En fait, s'il faut absolument faire une comparaison, ses prestations routières se situent à mi-chemin entre celles de la Miata, plus incisive, et de la Golf Cabrio, plus bourgeoise.

Une deux places pratique!

La Honda del Sol se distingue également de la Miata et de la Golf par sa conception bien à elle. Sa consœur japonaise est une deux places à propulsion, tandis que l'allemande est une traction pouvant transporter quatre occupants. Encore une fois, la del Sol est une

espèce de croisement entre les deux: une biplace à traction. Décidément, on ne s'en sort pas...

Toutefois, ce n'est pas une véritable décapotable, au sens littéral du terme, mais bien un coupé pourvu d'un toit amovible, de type Targa. Un choix des plus pertinents, car il permet de profiter pleinement de la conduite à ciel ouvert tout en en éliminant les inconvénients. En plus d'offrir une meilleure insonorisation et d'augmenter la rigidité de la carrosserie, ce panneau d'aluminium s'enlève (ou se réinstalle) en moins de deux et il se range dans un ingénieux support installé sous le couvercle du coffre. À cet endroit, il n'en affecte que très peu la logeabilité, au demeurant surprenante: même si le soleil est de la partie, il est possible de rouler en del Sol avec plus qu'un bikini et une brosse à dents.

Son côté pratique ne s'arrête pas là: si la présence d'un toit rigide minimise les inconvénients causés par les intempéries et protège mieux du froid, la traction permet de son côté une utilisation hivernale exempte de maux de tête... Ou plutôt de maux de dos causés par d'incessantes séances de pelletage.

Quant aux inconvénients reliés à la configuration biplace, ils se limitent justement à cela: l'habitacle ne contient que deux sièges... Si on veut être pointilleux, on pourrait ajouter l'absence de vide-poches dans les portières, mais la présence d'un coffret dans l'accoudoir central et de deux généreux réceptacles derrière les sièges, tous trois verrouillables, compense largement. Ajoutez à cela le coffre à gants et il y a suffisamment de place pour ranger paperasses, cassettes, lunettes de soleil et, pourquoi pas, le contenant de crème solaire pour les longues randonnées par beau temps.

Autre mention honorable pour l'habitacle de la del Sol, sa décoration intérieure cadre parfaitement avec la vocation hédoniste de cet original petit coupé à toit amovible. Bien qu'elle partage plate-forme et organes mécaniques avec la Civic, elle reçoit un tableau de bord différent, d'allure plus sportive, et des sièges très design. Ceux-ci offrent en sus une assise des plus confortables ainsi qu'un maintien digne de ce nom. Et que les personnes de grande taille se rassurent: une fois le toit installé, elles peuvent prendre place à bord sans souffrir de claustrophobie.

La del Sol est un jouet, certes, mais elle n'est pas que ça: conçue pour le plaisir, elle n'en est pas moins pratique, voire astucieuse, et n'a pas besoin d'être remisée dès la première neige. La chèvre et le chou, en quelque sorte, mais ce potentiel de plaire à tout le monde semble avoir eu l'effet contraire: talentueuse, elle rêvait d'être populaire, mais sa carrière n'a jamais vraiment décollé.

Comme quoi il n'y a pas que dans le sport ou le show-business que ça se produit...

P. Laguë

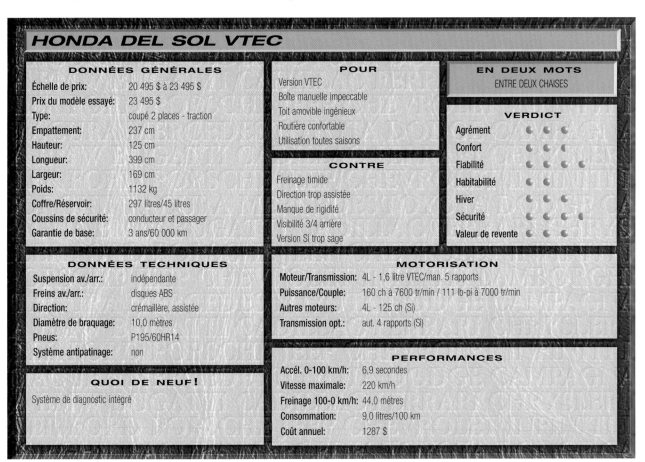

HONDA DEL SOL VTEC

DONNÉES GÉNÉRALES

Échelle de prix:	20 495 $ à 23 495 $
Prix du modèle essayé:	23 495 $
Type:	coupé 2 places - traction
Empattement:	237 cm
Hauteur:	125 cm
Longueur:	399 cm
Largeur:	169 cm
Poids:	1132 kg
Coffre/Réservoir:	297 litres/45 litres
Coussins de sécurité:	conducteur et passager
Garantie de base:	3 ans/60 000 km

DONNÉES TECHNIQUES

Suspension av./arr.:	indépendante
Freins av./arr.:	disques ABS
Direction:	crémaillère, assistée
Diamètre de braquage:	10,0 mètres
Pneus:	P195/60HR14
Système antipatinage:	non

QUOI DE NEUF!

Système de diagnostic intégré

POUR

Version VTEC
Boîte manuelle impeccable
Toit amovible ingénieux
Routière confortable
Utilisation toutes saisons

CONTRE

Freinage timide
Direction trop assistée
Manque de rigidité
Visibilité 3/4 arrière
Version Si trop sage

MOTORISATION

Moteur/Transmission:	4L - 1,6 litre VTEC/man. 5 rapports
Puissance/Couple:	160 ch à 7600 tr/min / 111 lb-pi à 7000 tr/min
Autres moteurs:	4L - 125 ch (Si)
Transmission opt.:	aut. 4 rapports (Si)

PERFORMANCES

Accél. 0-100 km/h:	6,9 secondes
Vitesse maximale:	220 km/h
Freinage 100-0 km/h:	44,0 mètres
Consommation:	9,0 litres/100 km
Coût annuel:	1287 $

EN DEUX MOTS

ENTRE DEUX CHAISES

VERDICT

Agrément	●●●
Confort	●●●
Fiabilité	●●●●
Habitabilité	●●
Hiver	●●●
Sécurité	●●●
Valeur de revente	●●●

HONDA Odyssey

Honda a la réputation de ne jamais rien faire comme les autres. Cette compagnie nous en fournit une autre preuve avec cette fourgonnette qui se plaît à se prendre pour une automobile tout en dévoilant d'intéressantes astuces du côté de l'habitacle.

L'an dernier, Honda faisait le saut dans la catégorie des fourgonnettes compactes. Mais comme ce constructeur se pointait sur ce marché avec plus d'une décennie de retard, il était plus sage de s'y attaquer d'une façon différente. C'est ce qui explique probablement pourquoi l'Odyssey est en fait une grosse familiale empruntant les allures d'une fourgonnette. Au lieu d'affronter les valeurs sûres sur leur propre terrain, on a préféré opter pour un concept non conventionnel, quitte à se contenter d'un créneau encore inexploré.

Les clients visés lors de la conception de l'Odyssey sont des gens qui aimeraient bien profiter des avantages d'une fourgonnette, mais tout en conservant l'agrément de conduite et la maniabilité d'une automobile. C'est pourquoi ce véhicule peut accueillir sept personnes, mais ressemble à une familiale aménagée en fourgonnette. Et on n'est pas loin de la vérité puisque l'Odyssey utilise la même plate-forme que l'Accord. Le choix d'une telle plate-forme limitait les ingénieurs tout en simplifiant leur travail dans une certaine mesure.

Agile et solide

Parce qu'elle fait appel à des éléments empruntés à une automobile, il est certain que le comportement routier de l'Odyssey est plus raffiné que celui d'une fourgonnette pure et dure. Et comme il s'agit de l'Accord, une voiture déjà reconnue pour la précision de sa direction et sa tenue de route relevée, l'Odyssey se défend fort bien à ce chapitre.

Elle se prend pour une voiture

Ce n'est pas tout à fait une Accord, mais presque… Malgré un centre de gravité assez haut, notre grosse familiale surélevée est plutôt neutre dans les virages avec un roulis de caisse bien contrôlé. La suspension arrière indépendante fait également certainement sentir sa présence sur les routes en mauvaise condition.

En outre, le fait d'avoir choisi des portières conventionnelles à l'arrière permet d'obtenir une caisse nettement plus rigide. Cela a une influence sur le comportement routier en plus de contribuer à l'élimination des bruits de caisse. Par la même occasion, l'emplacement des portières de chaque côté facilite l'accès aux places arrière.

Plusieurs auraient espéré la présence d'un moteur V6 sous le capot. Pour des raisons d'économie, Honda a préféré utiliser le 4 cylindres 2,2 litres de l'Accord. Sa puissance est toutefois plus généreuse puisqu'il développe 140 chevaux, soit 10 de plus que celui chargé d'animer l'Accord. Il est couplé à une boîte automatique 4 rapports dotée du système de «contrôle de pente» destiné à éliminer les

changements de rapports inopportuns. Aucune boîte manuelle n'est disponible. Cela aurait pourtant permis de hausser le plaisir de conduire d'un cran.

Une banquette escamotable

En ce qui concerne l'habitabilité, l'Odyssey est supérieure à la moyenne lorsqu'on la compare aux familiales, mais elle se fait damer le pion par toutes les fourgonnettes. En fait, Honda a joué à «qui perd gagne» avec l'habitacle. Ce qu'on cède en espace, on le gagne en astuce. Et l'astuce la plus remarquable est indubitablement la banquette arrière qui s'escamote dans le plancher. Mais ce tour de passe-passe est effectué au détriment du pneu de secours qui est placé dans la paroi de droite.

De plus, pour faciliter la visibilité vers l'avant des occupants des places arrière, on a étagé les places médianes et arrière. On perd en dégagement pour la tête, mais on gagne en visibilité. Enfin, la version sept passagers permet de basculer la banquette médiane vers l'avant pour faciliter l'accès aux places arrière. Mais il faut malgré tout consentir à une gymnastique assez pénible pour s'y glisser. Ces places seront irrémédiablement affectées aux enfants qui se soucieront bien peu de la présence de la roue de secours accrochée à la paroi.

Toujours en respectant la même philosophie, la conduite de l'Odyssey est gratifiante à plus d'un point de vue. Autant à cause de sa tenue de route que de son agilité en ville, il est difficile de réaliser qu'on est au volant d'une fourgonnette. Que ce soit sur une route sinueuse ou dans une ruelle étroite, l'Odyssey n'est jamais prise en défaut côté maniabilité.

Mais faites grimper cinq passagers à bord avec armes et bagages pour entreprendre un trajet d'une certaine envergure et, après quelques kilomètres, vous allez regretter de ne pas avoir opté pour une fourgonnette plus robuste et spacieuse. Notre Honda polyvalente se tire d'affaire, mais on sent qu'elle est à la limite. Et vos passagers vont suffoquer à l'arrière par une journée de canicule, car le climatiseur n'est pas très efficace.

Somme toute, l'Odyssey est une fourgonnette privilégiant l'agrément de conduite et destinée à une utilisation assez légère. Une fois les banquettes enlevées, il est possible d'y loger des objets passablement encombrants, mais pas nécessairement très lourds. D'autre part, cette Honda un peu excentrique consomme moins que la majorité de ses consœurs. Bref, la polyvalence passe avant la robustesse et l'habitabilité. D'ailleurs, la compagnie Honda est bien consciente de la situation et devrait dévoiler d'ici peu une fourgonnette pleine grandeur.

D. Duquet

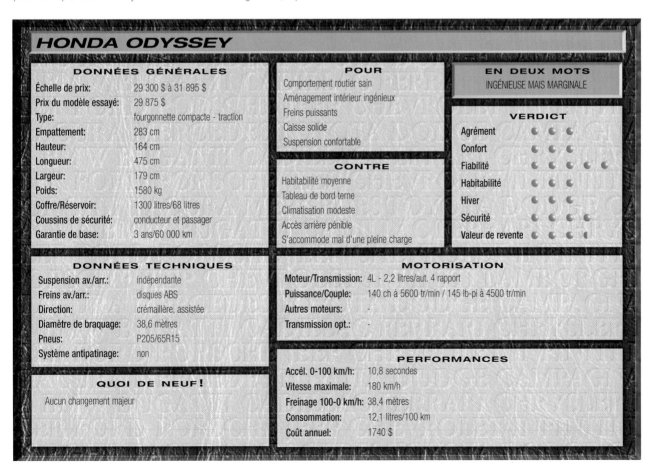

HONDA ODYSSEY

DONNÉES GÉNÉRALES

Échelle de prix:	29 300 $ à 31 895 $
Prix du modèle essayé:	29 875 $
Type:	fourgonnette compacte - traction
Empattement:	283 cm
Hauteur:	164 cm
Longueur:	475 cm
Largeur:	179 cm
Poids:	1580 kg
Coffre/Réservoir:	1300 litres/68 litres
Coussins de sécurité:	conducteur et passager
Garantie de base:	3 ans/60 000 km

DONNÉES TECHNIQUES

Suspension av./arr.:	indépendante
Freins av./arr.:	disques ABS
Direction:	crémaillère, assistée
Diamètre de braquage:	38,6 mètres
Pneus:	P205/65R15
Système antipatinage:	non

QUOI DE NEUF !

Aucun changement majeur

POUR

Comportement routier sain
Aménagement intérieur ingénieux
Freins puissants
Caisse solide
Suspension confortable

CONTRE

Habitabilité moyenne
Tableau de bord terne
Climatisation modeste
Accès arrière pénible
S'accommode mal d'une pleine charge

MOTORISATION

Moteur/Transmission:	4L - 2,2 litres/aut. 4 rapport
Puissance/Couple:	140 ch à 5600 tr/min / 145 lb-pi à 4500 tr/min
Autres moteurs:	-
Transmission opt.:	-

PERFORMANCES

Accél. 0-100 km/h:	10,8 secondes
Vitesse maximale:	180 km/h
Freinage 100-0 km/h:	38,4 mètres
Consommation:	12,1 litres/100 km
Coût annuel:	1740 $

EN DEUX MOTS

INGÉNIEUSE MAIS MARGINALE

VERDICT

Agrément	
Confort	
Fiabilité	
Habitabilité	
Hiver	
Sécurité	
Valeur de revente	

HONDA Prelude

Depuis son lancement ou presque, la Honda Prelude a toujours hésité à devenir une sportive à part entière. Même si sa plus récente version offrait un moteur musclé frôlant les 200 chevaux, elle possédait toujours dans sa gamme un modèle moins incisif. Cette fois, profitant d'une refonte complète, la nouvelle Prelude n'est disponible qu'en version plus performante.

Fini le modèle animé par un moteur 2,3 litres de 160 chevaux. Ce dernier avait ses qualités, mais il ne convenait certes plus à la nouvelle personnalité de cette voiture. Dorénavant, la Prelude de base sera équipée d'un 4 cylindres 2,2 litres de 195 chevaux. Il est couplé à une boîte de vitesses manuelle à 5 rapports. De plus, en version automatique, une nouvelle boîte à 4 rapports avec le système Sportshift séquentiel est offerte. Ce mécanisme permet d'effectuer les passages de rapports manuellement et en séquence.

Type SH: l'exclusivité de l'ATTS

Les conducteurs sportifs seront particulièrement intéressés par la Prelude Type SH qui ne peut être commandée qu'avec la boîte manuelle à 5 rapports. C'est le seul des deux modèles à offrir le système actif de transfert de couple ou Active Torque Transfer System (ATTS). Ce processus très sophistiqué et relativement complexe sur le plan mécanique a pour effet d'accélérer la vitesse de rotation de la roue motrice extérieure dans un virage. Selon les ingénieurs de Honda, les différentiels traditionnels ont pour but de transmettre une puissance égale aux roues motrices, que ce soit en ligne droite ou en virage. Cette caractéristique n'offre pas d'inconvénients majeurs en ligne droite. En revanche, en virage, une traction aura tendance à vouloir aller en ligne droite et être sous-vireuse.

Le système ATTS tente de remédier à cette caractéristique en modifiant la vitesse de rotation des roues. Pour ce faire, les ingénieurs

Enfin une vraie sportive

ont placé des mini boîtes de vitesses à action électro-hydrauliques contrôlées par un ordinateur de chaque côté du différentiel. Cette unité de contrôle analyse constamment la vitesse du véhicule, les mouvements du volant et la stabilité latérale. C'est grâce à ce mécanisme que la roue motrice du côté opposé à la direction du virage peut voir sa vitesse de rotation différer de 15 p. 100 par rapport à l'autre roue. Quant au couple, il peut être de 80 p. 100 sur la roue extérieure et de 20 p. 100 sur la roue intérieure. Comme il se doit, ce mécanisme possède un système d'autodiagnostic. Si un mauvais fonctionnement est détecté, le différentiel est utilisé de façon conventionnelle.

L'ATTS permet d'aborder les virages à haute vitesse avec plus de précision et d'efficacité. La Type SH est donc en mesure de fournir sa pleine mesure sans être handicapée par un comportement routier contraignant. Il faut préciser au passage que ce 2,2 litres est réalisé en alliage léger et leur paroi de cylindres renforcée de fibres synthétiques. Comme c'était le cas sur le 2,2 litres de la Prelude 1996, le système

VTEC de calage automatique de soupapes est présent. Il permet d'obtenir une plus grande efficacité de la part des quatre soupapes par cylindre. En fait, ce moteur de cylindrée passablement modeste est l'un des plus performants de sa catégorie. Et il est loin de craindre les régimes élevés. Il semble plutôt s'en moquer et c'est un plaisir d'en contrôler les élans à l'aide d'une boîte de vitesses manuelle d'une grande précision. Il faut préciser que le modèle Type SH ne peut être commandé avec la boîte automatique.

Esthétique appropriée

Même si la Prelude 1996 ne suscitait plus la controverse par ses formes, elle avait fait jaser dans les chaumières lors de son entrée en scène. Ses formes dégagées, son avant presque anonyme et de larges feux arrière triangulaires ne faisaient pas l'unanimité. Il suffit pourtant d'observer de près la silhouette de plusieurs autres modèles Honda pour réaliser que la Prelude a influencé l'esthétique de plusieurs.

La nouvelle version a abandonné ses prétentions à être une 2+2. Plus longue de 10 cm et dotée d'un empattement allongé de 3 cm, elle assure des places arrière toujours limitées mais nettement plus généreuses que celles de la version 1996. De plus, le tableau de bord si controversé de la version précédente a été remanié et ne semble plus avoir été emprunté à une berline nord-américaine. Les exigences d'une voiture carrément sportive ont repris leurs droits.

Quant à la silhouette de ce coupé, il y a fort à parier que les phares avant vont être la source de bien des discussions entre les tenants et les adversaires de cette présentation. Compte tenu du caractère plus entier de ce coupé et de ses performances relevées, il semble qu'on aurait pu oser davantage.

Encore une fois, Honda utilise la Prelude comme vitrine technologique. Au fil des années et des modèles, la Prelude a permis d'introduire les roues directionnelles arrière, un toit ouvrant astucieux, des moteurs multisoupapes à rendement élevé et plusieurs autres innovations sur le plan technique. Cette nouvelle génération respecte cet héritage en nous proposant un moteur performant et très léger, un système de contrôle de couple très sophistiqué et le mécanisme de passage de rapports séquentiel Sportshift. Cependant, sa nouvelle carosserie pourrait avoir plus d'impact.

D. Duquet

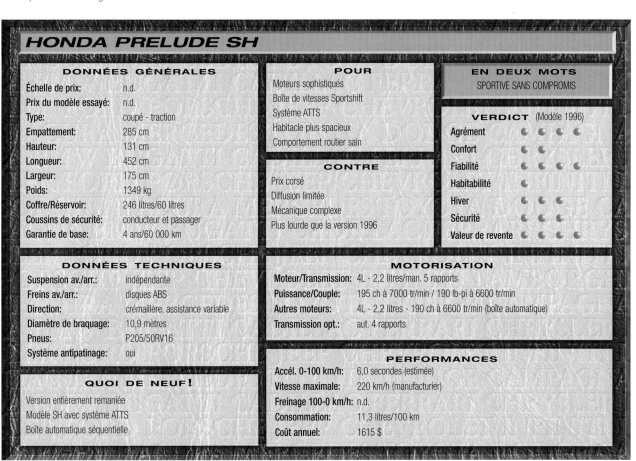

HONDA PRELUDE SH

DONNÉES GÉNÉRALES

Échelle de prix:	n.d.
Prix du modèle essayé:	n.d.
Type:	coupé - traction
Empattement:	285 cm
Hauteur:	131 cm
Longueur:	452 cm
Largeur:	175 cm
Poids:	1349 kg
Coffre/Réservoir:	246 litres/60 litres
Coussins de sécurité:	conducteur et passager
Garantie de base:	4 ans/60 000 km

POUR

Moteurs sophistiqués
Boîte de vitesses Sportshift
Système ATTS
Habitacle plus spacieux
Comportement routier sain

CONTRE

Prix corsé
Diffusion limitée
Mécanique complexe
Plus lourde que la version 1996

EN DEUX MOTS

SPORTIVE SANS COMPROMIS

VERDICT (Modèle 1996)

Agrément	●●●●
Confort	●
Fiabilité	●●●●
Habitabilité	●
Hiver	●●
Sécurité	●●
Valeur de revente	●●●●

DONNÉES TECHNIQUES

Suspension av./arr.:	indépendante
Freins av./arr.:	disques ABS
Direction:	crémaillère, assistance variable
Diamètre de braquage:	10,9 mètres
Pneus:	P205/50RV16
Système antipatinage:	oui

MOTORISATION

Moteur/Transmission:	4L - 2,2 litres/man. 5 rapports
Puissance/Couple:	195 ch à 7000 tr/min / 190 lb-pi à 6600 tr/min
Autres moteurs:	4L - 2,2 litres - 190 ch à 6600 tr/min (boîte automatique)
Transmission opt.:	aut. 4 rapports

QUOI DE NEUF!

Version entièrement remaniée
Modèle SH avec système ATTS
Boîte automatique séquentielle

PERFORMANCES

Accél. 0-100 km/h:	6,0 secondes (estimée)
Vitesse maximale:	220 km/h (manufacturier)
Freinage 100-0 km/h:	n.d.
Consommation:	11,3 litres/100 km
Coût annuel:	1615 $

HYUNDAI Accent/GT

Depuis son entrée en scène en 1995, l'Accent a connu du succès. Non seulement les critiques ont été positives, mais les ventes se sont avérées encourageantes pour le constructeur coréen. La seconde étape a consisté à concocter une version GT du coupé. Malheureusement, celle-ci est un échec.

Une formule réussie conduit à l'échec

A vant de scruter le nouveau modèle GT de l'Accent à la loupe, mieux vaut parler des éléments positifs, c'est-à-dire de la version régulière. Si l'Accent a été bien accueillie, c'est en raison de son équilibre général associé à un prix très compétitif. Tandis que les petites Geo Metro et Ford Aspire tentent de nous convaincre de leurs avantages, l'Accent réplique par une caisse plus volumineuse, un moteur 1,5 litre de 92 chevaux et un comportement routier qui n'est pas à dédaigner. Il faut également ajouter que la suspension arrière indépendante permet de rouler sur des routes en mauvaise condition dans un confort relatif. Il ne faut toutefois pas s'énerver sur une route secondaire, car cette suspension a été calibrée en fonction du confort et pas nécessairement pour améliorer la tenue de route sur pavé dégradé.

Les pneumatiques du modèle de base sont assez peu efficaces et ils glissent énormément en plus de vouloir suivre la moindre aspérité sur la chaussée. Heureusement, la direction est précise et son assistance bien dosée. Le conducteur bénéficie également d'un siège confortable, d'une position de conduite adéquate et d'une bonne visibilité.

Bref, l'Accent standard est une honnête voiture familiale proposant une qualité de finition adéquate et un comportement sain. Le coupé propose les mêmes qualités bien que sa silhouette ressemble davantage à celle d'une voiture jouet qu'à une auto pour adulte. Par contre,

cette esthétique sans relief n'est pas désagréable et permet à l'Accent de faire son petit bonhomme de chemin.

Si le comportement routier de la berline et du coupé est plus ou moins similaire, force est d'admettre que le niveau sonore dans l'habitacle est nettement plus élevé dans le coupé. Et comme l'insonorisation n'est pas le point fort de l'Accent, le coupé devient une véritable caisse de résonance sur une route de gravier. De plus, les freins sont adéquats à la première sollicitation, mais les distances de freinage s'allongent au fur et à mesure qu'ils s'échauffent.

Donc, que ce soit la berline ou le coupé dans les versions L et GL, on a affaire à d'honnêtes voitures offrant un bon rapport qualité/prix. De plus, au Québec du moins, les concessionnaires Hyundai accomplissent de l'excellent travail sur le plan de la préparation initiale et du service à la clientèle. Par surprenant que le marché québécois représente 54 p. 100 des ventes de Hyundai au Canada.

La version GT: des améliorations s'imposent

À la suite des excellents débuts de l'Accent, une certaine logique pouvait inciter les dirigeants de Hyundai à suivre les traces de Volkswagen, qui a produit une voiture quasiment légendaire avec la version GTI de la Golf. Cette dernière comprenait un moteur plus puissant, une suspension sport et des pneumatiques plus larges en plus d'offrir une présentation différente. L'Accent, compte tenu de ses succès initiaux et de la puissance de son moteur, était donc une candidate toute désignée pour imiter la GTI.

Malheureusement, les résultats sont très décevants. Pourtant, le coupé a une allure sympathique avec son aileron arrière monté sur le couvercle du coffre à bagages, ses roues en alliage d'un design moderne et ses sièges recouverts d'un tissu au motif assez agressif. Nous sommes très loin des anciennes Excel qui avaient l'air de voitures destinées aux pays du Tiers Monde.

Mais le charme s'évanouit dès qu'on prend place derrière le volant sport de la GT. Dans un premier temps, les sièges sont très durs et trop larges pour offrir un support latéral quelconque tandis que le coussin du siège manque nettement de rembourrage. Les conducteurs sportifs sont toutefois prêts à souffrir si l'agrément de conduite est au rendez-vous. Malheureusement, la GT ménage à son conducteur une amère déception. Si le moteur de 105 chevaux s'acquitte assez bien de sa tâche, le levier de vitesses fait tourner la sauce. Son imprécision est telle qu'on a l'impression que la tige est reliée à la boîte par une énorme bande élastique permettant toutes les déviations de trajectoire. La suspension sport très ferme ne vient certainement pas rehausser l'agrément de conduite d'autant, puisque la tenue en virage est moyenne tout au plus. Cette suspension sport fait ressortir les limites de la plate-forme.

Dommage que Hyundai ait raté le coche avec cette version à vocation sportive qui est plus rapide certes, mais handicapée par un agrément de conduite assez ténu. Le simple fait de corriger l'imprécision du levier de vitesses et d'offrir des sièges de meilleure qualité viendrait améliorer ce modèle. Plusieurs opteront peut-être quand même pour la GT en raison de son prix très compétitif quitte à investir quelques centaines de dollars pour y apporter les correctifs qui s'imposent par le biais d'accessoires produits par des maisons spécialisées.

Il ne serait pas surprenant toutefois que la GT soit améliorée en cours d'année par le manufacturier. De légères révisions pourraient corriger ses lacunes. Mais il sera impossible d'en faire un pur-sang compte tenu des origines passablement modestes de la plate-forme. Encore une fois, le moteur est plus sophistiqué que le reste de la voiture. Ce qui n'empêchera pas la version régulière de l'Accent de continuer à être une des bonnes valeurs parmi les voitures économiques.

D. Duquet

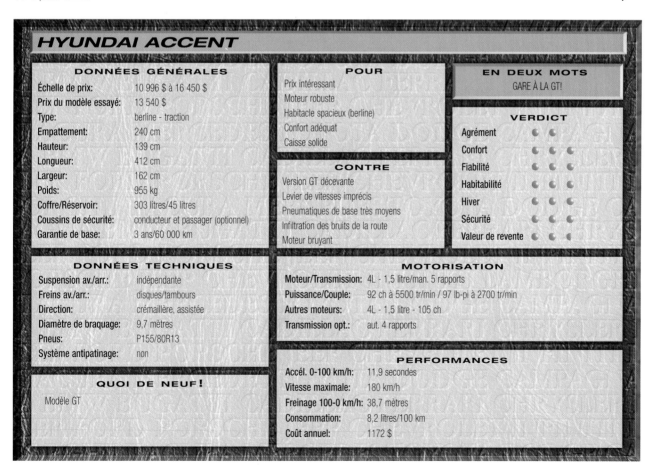

HYUNDAI ACCENT

DONNÉES GÉNÉRALES

Échelle de prix:	10 996 $ à 16 450 $
Prix du modèle essayé:	13 540 $
Type:	berline - traction
Empattement:	240 cm
Hauteur:	139 cm
Longueur:	412 cm
Largeur:	162 cm
Poids:	955 kg
Coffre/Réservoir:	303 litres/45 litres
Coussins de sécurité:	conducteur et passager (optionnel)
Garantie de base:	3 ans/60 000 km

DONNÉES TECHNIQUES

Suspension av./arr.:	indépendante
Freins av./arr.:	disques/tambours
Direction:	crémaillère, assistée
Diamètre de braquage:	9,7 mètres
Pneus:	P155/80R13
Système antipatinage:	non

QUOI DE NEUF!

Modèle GT

POUR

Prix intéressant
Moteur robuste
Habitacle spacieux (berline)
Confort adéquat
Caisse solide

CONTRE

Version GT décevante
Levier de vitesses imprécis
Pneumatiques de base très moyens
Infiltration des bruits de la route
Moteur bruyant

MOTORISATION

Moteur/Transmission:	4L - 1,5 litre/man. 5 rapports
Puissance/Couple:	92 ch à 5500 tr/min / 97 lb-pi à 2700 tr/min
Autres moteurs:	4L - 1,5 litre - 105 ch
Transmission opt.:	aut. 4 rapports

PERFORMANCES

Accél. 0-100 km/h:	11,9 secondes
Vitesse maximale:	180 km/h
Freinage 100-0 km/h:	38,7 mètres
Consommation:	8,2 litres/100 km
Coût annuel:	1172 $

EN DEUX MOTS

GARE À LA GT!

VERDICT

Agrément	
Confort	
Fiabilité	
Habitabilité	
Hiver	
Sécurité	
Valeur de revente	

HYUNDAI Elantra

Après la Sonata en 1995 et l'Accent l'année suivante, Hyundai célébrait 1996 en présentant une Elantra entièrement rénovée. Avec l'introduction d'une toute nouvelle version de son modèle intermédiaire, la firme coréenne complétait la mise à jour de sa gamme de voitures à vocation économique.

Fini le complexe d'infériorité!

L'Elantra nous a d'abord été révélée au milieu des cactus sous le chaud soleil de l'Arizona à l'automne de 1995, mais il a fallu de longs mois avant que la production adopte une cadence susceptible de bien alimenter le réseau de concessionnaires de la marque.

Désormais, la firme de Séoul propose non seulement une berline Elantra transformée, mais également une version familiale de ce modèle. Même si ce type de carrosserie ne représente que 4,3 p. 100 du marché automobile, Hyundai croit pouvoir combler un vide dans cette catégorie. Chose certaine, cette familiale ne passera pas inaperçue avec la forme inusitée de ses glaces latérales. Un peu à la manière d'une Ford Taurus, elle se démarque nettement de ses concurrentes. La berline est plus sobre, quoique d'un dessin à la fois agréable et moderne. À l'avant, un capot plongeant élimine la traditionnelle calandre et le refroidissement du moteur est assuré par une grande prise d'air située sous le pare-chocs.

Un moteur inédit

Mécaniquement parlant, les deux voitures sont identiques. Elles partagent la même motorisation, soit un 4 cylindres fait maison très différent des moteurs Mitsubishi utilisés précédemment. L'ingénieur qui en a supervisé le développement, le Dr Lee, était

d'ailleurs présent au lancement et a longuement causé des caractéristiques de son moteur Beta qui se distingue, notamment, par sa légèreté. Ce 1,8 litre à double arbre à cames en tête et 4 soupapes par cylindre pèse 28 kg de moins que l'ancien moteur de l'Elantra. Une réduction de la charge sur le train avant permet généralement d'améliorer la tenue de route par une diminution du sous-virage. En plus d'afficher une puissance de 130 chevaux, le nouveau moteur de l'Elantra développe 90 p. 100 de son couple à 2300 tr/min afin d'assurer de meilleures performances à vitesse moyenne. Une transmission automatique à 4 vitesses à contrôle électronique avec surmultiplication et double étagement (un commutateur permet de retarder les changements de rapport) ainsi qu'une boîte manuelle à 5 rapports sont au programme.

Le châssis de l'Elantra est aussi tout nouveau et, comme le moteur, il a été conçu de manière à diminuer sensiblement le niveau

de bruit et de vibrations dans l'habitacle. Il est doté par exemple de sous-châssis avant et arrière sur lesquels viennent s'ancrer la suspension, la direction et la transmission. La suspension à quatre roues indépendantes fait aussi sa large part pour donner à cette nouvelle Hyundai un confort et un comportement routier améliorés. Le train arrière est contrôlé par un système multibras tandis qu'on trouve des ressorts hélicoïdaux à l'avant et une barre stabilisatrice à chaque extrémité.

Vers une plus grande autonomie

Longtemps considérées comme des ersatz de produits japonais, les récentes Hyundai tentent d'échapper à cette image. D'une conception moderne, la dernière Elantra devrait pouvoir permettre à son constructeur d'assumer une plus grande autonomie et de secouer son complexe d'infériorité vis-à-vis des créations nippones.

Les familiales aussi bien que les berlines seront offertes en deux séries: GL et GLS. Il faudra choisir cette dernière pour bénéficier des deux coussins gonflables en équipement de série ou pour obtenir un freinage ABS, une option uniquement réservée aux modèles GLS. Chiffres à l'appui, les représentants de chez Hyundai clament que la nouvelle Elantra possède de meilleures dimensions intérieures que ses concurrentes sous presque tous les angles. Chose certaine, l'espace pour les jambes à l'arrière est impressionnant même si, avec le toit ouvrant, le dégagement pour la tête est un peu juste. À l'avant, l'élégant tableau de bord est suffisamment en retrait pour ne pas empiéter sur l'habitacle, ce qui ajoute à l'espace disponible. De prime abord, le rembourrage des sièges est d'une raideur inquiétante, mais après plusieurs centaines de kilomètres, leur confort est indéniable. Le volant réglable de série fait aussi sa part pour que l'on puisse trouver une bonne position de conduite, d'où la visibilité vers l'extérieur ne pose pas de problème. Si la finition m'est apparue très correcte, je me demande encore qui a eu l'idée de faire des économies de bouts de chandelles en privant les modèles de base du tapis recouvrant les passages d'ailes dans le coffre arrière de la GLS. On a l'impression d'un oubli (qui n'en est pas un) tellement le coup d'œil est

déplorable et tellement l'absence de ce recouvrement est nuisible à l'insonorisation.

Faible puissance

Sur les routes planes de l'Arizona, l'Elantra s'est bien défendue en dépit d'un moteur avare de puissance dans les versions automatiques. La voiture s'arrache péniblement et, comme je l'avais noté sur l'Accent, il faut appuyer très fort pour faire rétrograder la transmission. On se demande vraiment où se terrent les 130 chevaux jusqu'à ce que l'on prenne le volant d'une version à boîte manuelle. Celle-ci franchit la barre des 100 km/h en trois secondes de moins qu'avec l'automatique. Malgré tout, les performances obtenues ne correspondent nullement au rapport poids/puissance annoncé. De deux choses l'une: ou bien les ingénieurs de Hyundai ne savent pas compter ou les responsables de la mise en marché ont tendance à exagérer. Cela dit, ma seule réserve concernant la boîte manuelle est la difficulté que l'on éprouve à passer la marche arrière.

Les efforts des ingénieurs de Hyundai pour tempérer le niveau de bruit et de vibrations ont entraîné une demi-réussite. Alors que les modèles haut de gamme (GLS) sont relativement silencieux, les pneus des versions bon marché engendrent des vibrations peu agréables sur certains revêtements. En plus, le moteur s'avère bruyant au moment des reprises dans les voitures à transmission automatique.

Pour ce qui est de la direction, du freinage et de la suspension, j'ai bien apprécié le rayon de braquage très court de l'Elantra et, en conduite normale, rien de dramatique ne se produit lors d'un freinage ou d'un virage serré.

Un petit pas en avant

Après une randonnée de plusieurs centaines de kilomètres sur les routes plutôt rectilignes de l'Arizona près de

la frontière du Mexique, tout le monde s'accordait à dire que la nouvelle Elantra a de bien belles qualités, mais qu'elle ne représente pas un progrès aussi marquant par rapport à sa devancière que lors du remplacement de l'Excel par l'Accent.

Quoi qu'il en soit, sa ligne originale, son prix compétitif et ses attributs permettront à Hyundai d'attirer de nombreux automobilistes dans ses salles de montre. Il restera à les convaincre que les voitures de la marque coréenne ont accompli de réels progrès sur le plan de la fiabilité. La cote de Hyundai à ce chapitre n'est pas la meilleure si l'on se fie aux statistiques des dernières années. Par contre, la récente Accent a montré une nette amélioration de la qualité de construction et rien ne permet de penser qu'il n'en sera pas ainsi avec l'Elantra.

Après 8000 km

Compte tenu de ce qui précède, nous avons pensé qu'il serait opportun de soumettre une Elantra à un essai à long terme. D'accord, les 8000 km accumulés avant la date de tombée de ce livre ne sont pas aussi révélateurs qu'une dure année d'utilisation, mais le livre de bord n'en est pas moins riche en observations. La critique la plus souvent formulée a trait aux performances un peu moches du moteur lorsqu'il fait équipe avec la transmission automatique. Les passages de rapports tardent à se produire quand on enfonce l'accélérateur, un problème que nous avions initialement noté et que les participants à notre match comparatif ont aussi relevé.

Après 6000 km, le moteur a nécessité un litre d'huile et commençait aussi à avoir des ratés à l'occasion. La ventilation semble aussi déficiente et on a remarqué une formation assez forte de buée dans les vitres.

L'Elantra a aussi recueilli sa part de commentaires flatteurs, notamment pour sa faible consommation, sa tenue de route, son système audio et le confort de ses sièges. Ceux-ci sont durement rembourrés, mais s'avèrent agréables sur de longs trajets.

Cette première tranche d'un essai de 20 000 km est généralement encourageante et la quatrième place de l'Elantra lors de notre match comparatif des voitures économiques semble aussi indiquer que Hyundai est en train de redorer son blason.

J. Duval

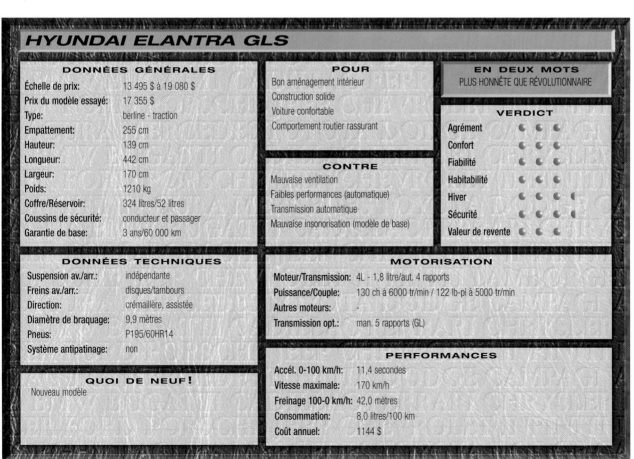

HYUNDAI ELANTRA GLS

DONNÉES GÉNÉRALES

Échelle de prix:	13 495 $ à 19 080 $
Prix du modèle essayé:	17 355 $
Type:	berline - traction
Empattement:	255 cm
Hauteur:	139 cm
Longueur:	442 cm
Largeur:	170 cm
Poids:	1210 kg
Coffre/Réservoir:	324 litres/52 litres
Coussins de sécurité:	conducteur et passager
Garantie de base:	3 ans/60 000 km

DONNÉES TECHNIQUES

Suspension av./arr.:	indépendante
Freins av./arr.:	disques/tambours
Direction:	crémaillère, assistée
Diamètre de braquage:	9,9 mètres
Pneus:	P195/60HR14
Système antipatinage:	non

QUOI DE NEUF!

Nouveau modèle

POUR

Bon aménagement intérieur
Construction solide
Voiture confortable
Comportement routier rassurant

CONTRE

Mauvaise ventilation
Faibles performances (automatique)
Transmission automatique
Mauvaise insonorisation (modèle de base)

MOTORISATION

Moteur/Transmission:	4L - 1,8 litre/aut. 4 rapports
Puissance/Couple:	130 ch à 6000 tr/min / 122 lb-pi à 5000 tr/min
Autres moteurs:	-
Transmission opt.:	man. 5 rapports (GL)

PERFORMANCES

Accél. 0-100 km/h:	11,4 secondes
Vitesse maximale:	170 km/h
Freinage 100-0 km/h:	42,0 mètres
Consommation:	8,0 litres/100 km
Coût annuel:	1144 $

EN DEUX MOTS

PLUS HONNÊTE QUE RÉVOLUTIONNAIRE

VERDICT

Agrément	● ● ●
Confort	● ● ◐
Fiabilité	● ● ◐
Habitabilité	● ● ●
Hiver	● ● ◐
Sécurité	● ● ◐
Valeur de revente	● ● ●

HYUNDAI Sonata

Contrairement à l'Elantra et à l'Accent qui ont connu du succès dès leur entrée en scène, la Sonata tarde encore à s'imposer. Lancée en 1989, elle devait permettre à l'usine de Bromont de prospérer; on connaît la suite. Bien qu'elle ait été totalement rajeunie en 1994, le succès se fait encore attendre. La troisième génération nous arrive. Chez Hyundai, on espère que ce sera la bonne.

Une troisième tentative

Avant de passer la nouvelle venue au crible, il faut préciser que le modèle qui tire sa révérence était une voiture offrant un équilibre acceptable tant sur le plan mécanique qu'esthétique. Sa silhouette manquait de mordant, certes, mais elle imitait en cela une foule de japonaises intermédiaires tout aussi discrètes. Sa fiche technique avec suspension arrière indépendante de même que ses moteurs 4 et 6 cylindres n'avaient rien à envier à la concurrence. Cependant, sur le plan de la conduite, c'était assez décevant tant en raison d'une direction floue que d'une suspension essentiellement axée sur le confort. En clair, conduire une Sonata de façon sportive s'accompagnait de dérobades des quatre roues qui pouvaient amuser certains conducteurs experts tout en terrifiant leurs passagers.

Voyons donc comment Hyundai a pallié ces lacunes sur sa nouvelle version.

L'esthétique d'abord!

Il est indéniable que ce manufacturier a mis l'accent sur la présentation esthétique de sa berline pour relancer sa carrière. D'ailleurs, les descriptions exaltées de ses nouvelles formes dans le communiqué remis par Hyundai à la presse en sont la preuve. Et le rédacteur n'a pas manqué de matière puisque les changements sont importants. En effet, aussi bien toute la partie avant que l'arrière sont entièrement transformées. Par contre, même si les dirigeants de la compagnie sont muets comme une carpe à ce sujet, un

coup d'œil sur le profil de la voiture permet de conclure que la structure de la caisse dans son ensemble est similaire à celle de la version précédente.

À l'avant, le capot et la calandre sont tout nouveaux. Les lignes du capot convergent en forme de V autour de la calandre pour se poursuivre dans le pare-chocs. Celui-ci comprend un déflecteur intégré qui améliore la présentation avant. En plus de ces changements esthétiques, de nouveaux phares catadioptres assurent un éclairage plus concentré, donc plus efficace. En se dirigeant vers l'arrière, il faut souligner la présence de rétroviseurs extérieurs dont les formes ont été spécialement étudiées pour réduire la turbulence de l'air. Les portes affleurantes permettent de favoriser l'écoulement d'air latéral et de réduire les bruits éoliens dans la cabine.

L'arrière est également transformé par de nouveaux feux au design plus agressif réalisés en plastique moulé monopièce, donc imperméables à l'humidité et à la poussière. Le couvercle du coffre à bagages s'est également raffiné. Il faut souligner au passage que les

pare-chocs sont dorénavant en TPO, un oléfine thermoplastique plus résistant que le matériau utilisé auparavant.

L'intérieur est plus ou moins reconduit: on a fait plusieurs retouches au tableau de bord pour en faciliter la consultation et la présentation. En revanche, Hyundai a mis le paquet côté insonorisation. Non seulement plusieurs améliorations mécaniques permettent d'éliminer les bruits et les vibrations, mais l'utilisation de matériaux insonorisants et une aérodynamique plus poussée rendent l'habitacle plus silencieux que précédemment.

Des retouches mécaniques

Il faut conclure que Hyundai était satisfait de ses groupes propulseurs puisque le 4 cylindres de 2,0 litres ct lc V6 sont remis en service sans changements majeurs. Il en est de même de la géométrie des suspensions avant. Toutefois, on s'est appliqué à éliminer les principales sources de bruits et de vibrations qui étaient omniprésentes sur la version précédente. Sur ce point, la Sonata était allègrement larguée par ses rivales japonaises, non seulement plus raffinées, mais aussi plus silencieuses.

Pour combler cette lacune, des supports hydrauliques de moteurs font leur apparition sur la nouvelle version. De plus, pour atténuer les vibrations de l'arbre à cames transmises au bloc moteur, les ingénieurs coréens ont utilisé des chapeaux de palier à poutrelle. Les transmissions manuelle et automatique seront soutenues par un support hydraulique et un coussinet avant, ce qui permet un passage plus facile des rapports.

Victime de sa réputation

Plus élégante, dotée d'un habitacle agréablement retouché et possédant une mécanique qui a fait ses preuves, la nouvelle Sonata est en

mesure d'offrir un meilleur rendement que sa devancière. Son silence de roulement amélioré, un comportement routier en progrès et un choix entre deux groupes propulseurs valables sont ses points forts. Malgré tout, la Sonata est victime de la réputation du manufacturier. Au fil des années, Hyundai ne s'est pas toujours préoccupé de ses clients et certains produits ont été d'une fiabilité douteuse. Ces objections sont souvent rejetées du revers de la main dans le cas de sous-compactes et de compactes dont le prix est l'argument de vente numéro un. Cependant, la Sonata est comparée à des modèles plus raffinés et dotés d'une excellente réputation à tous les points de vue, service inclus. Au Québec, Hyundai connaît beaucoup de succès, justement en raison d'un réseau de concessionnaires qui a gagné la confiance du public. Ailleurs en Amérique, c'est une autre histoire. Comme les ventes de Hyundai ont sérieusement chuté aux É.-U., cela n'augure pas bien pour la Sonata sur le continent.

D. Duquet

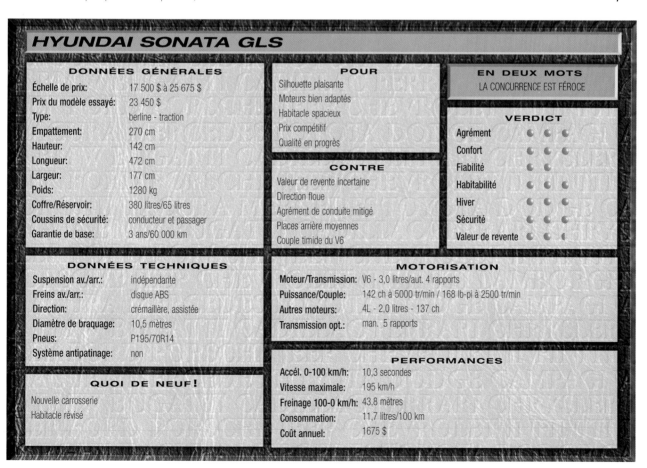

HYUNDAI SONATA GLS

DONNÉES GÉNÉRALES

Échelle de prix:	17 500 $ à 25 675 $
Prix du modèle essayé:	23 450 $
Type:	berline - traction
Empattement:	270 cm
Hauteur:	142 cm
Longueur:	472 cm
Largeur:	177 cm
Poids:	1280 kg
Coffre/Réservoir:	380 litres/65 litres
Coussins de sécurité:	conducteur et passager
Garantie de base:	3 ans/60 000 km

DONNÉES TECHNIQUES

Suspension av./arr.:	indépendante
Freins av./arr.:	disque ABS
Direction:	crémaillère, assistée
Diamètre de braquage:	10,5 mètres
Pneus:	P195/70R14
Système antipatinage:	non

QUOI DE NEUF !

Nouvelle carrosserie
Habitacle révisé

POUR

Silhouette plaisante
Moteurs bien adaptés
Habitacle spacieux
Prix compétitif
Qualité en progrès

CONTRE

Valeur de revente incertaine
Direction floue
Agrément de conduite mitigé
Places arrière moyennes
Couple timide du V6

MOTORISATION

Moteur/Transmission:	V6 - 3,0 litres/aut. 4 rapports
Puissance/Couple:	142 ch à 5000 tr/min / 168 lb-pi à 2500 tr/min
Autres moteurs:	4L - 2,0 litres - 137 ch
Transmission opt.:	man. 5 rapports

PERFORMANCES

Accél. 0-100 km/h:	10,3 secondes
Vitesse maximale:	195 km/h
Freinage 100-0 km/h:	43,8 mètres
Consommation:	11,7 litres/100 km
Coût annuel:	1675 $

EN DEUX MOTS

LA CONCURRENCE EST FÉROCE

VERDICT

Agrément	
Confort	
Fiabilité	
Habitabilité	
Hiver	
Sécurité	
Valeur de revente	

HYUNDAI Tiburon

Je ne saurais dire si Hyundai a consulté un atlas ou un dictionnaire animal pour trouver le nom de son nouveau coupé sport mais, chose certaine, l'appellation choisie est pour le moins inélégante, sinon carrément laide. Tiburon, pour votre information, est la traduction espagnole de «requin» en plus d'être le nom d'une petite ville de banlieue située aux portes de San Francisco.

Disons qu'après Monte Carlo, Cordoba ou Seville (des villes ayant prêté leur nom à des voitures), Tiburon n'est pas encore le rendez-vous du jet set international. Quoi qu'il en soit, cette désignation montre jusqu'à quel point les constructeurs automobiles se soucient peu de la consonance française des noms qu'ils choisissent pour leurs modèles. En autant que ça «sonne» bien pour la clientèle américaine, on est prêt à écorcher les oreilles de tous ceux qui ne vivent pas en anglais.

Cela dit, la Tiburon est peut-être mal nommée mais c'est quand même un coupé bien né si je me fie à mes impressions de conduite recueillies aux alentours de la vallée de Sonoma en Californie, lors de l'avant-première de cette nouvelle Hyundai. L'itinéraire choisi incluait évidemment un détour par Tiburon. Dans cette région parsemée de vignobles nichés le long de petites routes en lacets, j'ai eu amplement l'occasion de vérifier la justesse des flatteuses descriptions de la Tiburon faites par les responsables de la mise en marché et du développement technique.

La force du design

Chez Hyundai, on mise beaucoup sur ce nouveau coupé sport pour donner à la marque une image plus dynamique axée sur l'audace du design. Plutôt que d'essayer de battre les Japonais sur leur propre terrain, Hyundai a choisi de se montrer plus

Bien né, mal nommé!

agressive en matière de style. La dernière Elantra était le premier indice de cette nouvelle orientation. La Tiburon, construite sur la même plate-forme, va encore plus loin et ses lignes lui permettent de se démarquer de la concurrence. Les photos ne lui rendent malheureusement pas justice et il faut voir la voiture à la lumière du jour pour admirer la finesse de son design. Celui-ci est l'œuvre du studio de design californien de Hyundai et découle des deux prototypes HCD («Hyundai California Design») montrés dans divers salons automobiles au cours des dernières années. Même si de nombreux manufacturiers s'éloignent des voitures dites à deux volumes, on a choisi de donner l'architecture d'un *hatchback* à la Tiburon, sans doute parce qu'elle fait aussi carrière en Europe où ce type de carrosserie est apprécié. Incidemment, ce coupé est connu là-bas sous le nom de Lantra GT, un patronyme beaucoup moins choquant. Ajoutons que Hyundai a dû supprimer le «E» du mot Elantra sur le continent

européen à la suite des revendications de la marque Lotus qui alléguait une trop grande similarité avec le nom Elan utilisé pour l'un de ses modèles.

Une suspension signée Porsche

Heureusement, la Tiburon n'est pas qu'un bel exercice de style et elle aligne de sérieuses coordonnées. Par exemple, sa suspension entièrement indépendante a été mise au point en collaboration avec le bureau d'études de Porsche, une sérieuse référence en matière de tenue de route. L'efficacité de cette suspension repose sur des jambes MacPherson à l'avant et des bras autoportants à l'arrière, complétés par une paire de barres stabilisatrices. Elle utilise aussi de nouveaux amortisseurs à gaz, pour un plus grand confort.

Deux moteurs sont au programme, dont le 4 cylindres 16 soupapes de 1,8 litre et 130 chevaux de l'Elantra, que l'on trouve dans le modèle de base. Une version plus étoffée, la FX, fait usage d'un nouveau 4 cylindres 16 soupapes de 2,0 litres à deux arbres à cames en tête développant 140 chevaux. Comme le 1,8, il a été conçu par Hyundai et n'a rien en commun avec les moteurs Mitsubishi longtemps utilisés par la marque coréenne. Seule la berline Sonata fait encore appel à un groupe propulseur d'origine japonaise.

À un prix légèrement sous la barre des 17 000 $, le modèle d'accès à la gamme pourra s'avérer une solution de rechange intéressante à la MX-3 dont Mazda a abandonné la commercialisation cette année. Il faudra toutefois débourser un peu plus pour avoir droit aux quatre freins à disques de la FX et davantage si l'on désire l'ABS optionnel. Dans les deux cas toutefois, l'équipement de série est plutôt complet: deux coussins gonflables, des glaces à commande électrique, une colonne de direction ajustable, un essuie-glace de lunette arrière et quelques autres petites attentions. Curieusement, le régulateur de vitesse n'est offert que dans la FX tout comme la sellerie cuir, les freins ABS et une servo-direction à assistance variable. Les deux versions, par contre, peuvent être affublées d'un aileron arrière qui alourdit inutilement la silhouette de la voiture. Finalement, on a le choix entre la boîte de vitesses manuelle à 5 rapports et l'automatique.

Une agréable surprise

Sur un parcours d'environ 300 km, j'ai eu l'occasion de conduire plusieurs échantillons de la Tiburon avec une grande variété d'équipement. Chaque essai fut l'occassion d'une très agréable surprise, y compris la version de base avec la boîte manuelle. Malgré un synchro de troisième un peu grincheux par moments, la boîte permet de mieux exploiter les ressources du moteur. Comme dans l'Elantra que nous soumettons en ce moment à un essai à long terme, la transmission automatique est d'une lenteur regrettable qui rend le moteur quasi amorphe quand on enfonce l'accélérateur. Il faut déplacer le levier de vitesses manuellement pour espérer franchir le 0-100 km/h en 11,2 secondes. Aussi, le plus petit des deux moteurs m'est apparu plus bruyant à haut régime que le 2,0 litres de la FX. Ce dernier imprime un caractère beaucoup plus sportif à la voiture avec un temps d'accélération de 8,8 secondes entre 0 et 100 km/h et, surtout, une sonorité qui fait plaisir à l'oreille. Si l'on excepte ses roues en alliage, la Tiburon FX se contente du même train de roulement que le modèle de base. Elle s'en accommode assez bien, mais j'aurais souhaité une plus grande fermeté du train avant en conduite sportive. À vive allure, la voiture exhibe une petite trace de sous-virage accompagnée de protestations assez bruyantes de l'équipement pneumatique (Michelin XGT 4).

Une grande partie de l'agrément de conduite découle de la direction qui ne se ressent d'aucun effet de couple (contrairement à la Paseo de Toyota) et dont la précision est un charme sur de petites routes sinueuses.

Dans chacune des voitures essayées, certains bruits de caisse sont venus troubler la quiétude de l'habitacle. Cependant, il faut préciser qu'il s'agissait de prototypes assemblés à la hâte pour les besoins de la présentation. La finition, en revanche, était irréprochable autant à l'extérieur qu'à l'intérieur.

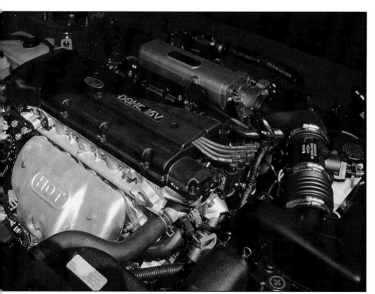

La Tiburon brille aussi par le grand confort qu'elle offre. Sa suspension bien calibrée et des sièges superbement profilés offrant un excellent maintien latéral contribuent à faire de chaque séjour au volant une plaisante expérience. Seule la mauvaise visibilité vers l'arrière vient jeter une note discordante dans l'agrément de conduite.

Les stylistes californiens de Hyundai ne se sont pas arrêtés à l'enveloppe extérieure de la Tiburon. Il faut voir le tableau de bord avec ses grands cadrans de forme ovale et ses immenses boutons servant à contrôler la ventilation ou le chauffage. Peu de voitures rendent la tâche du conducteur aussi facile. Des espaces de rangement judicieusement disposés ont aussi un aspect pratique indéniable.

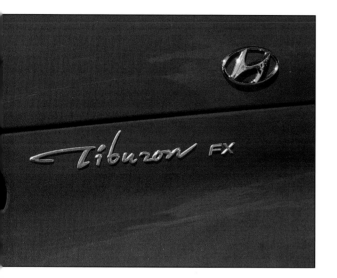

Dommage que les places arrière n'aient pas été conçues dans le même esprit. Celles-ci sont interdites aux adultes et ne pourront accueillir que des enfants en bas âge, surtout en raison du manque de dégagement pour la tête. Finalement, le style l'a emporté sur l'aspect fonctionnel dans l'accès au coffre arrière, qui souffre d'un seuil de chargement assez élevé.

Une belle réussite

Malgré son nom à coucher dehors, la Tiburon pourrait bien être le modèle dont Hyundai avait besoin pour mousser ses ventes et se donner un peu plus de notoriété tant au plan de la technologie que des performances. Elle a fière allure, se conduit avec beaucoup de plaisir et semble solidement construite. Ces qualités étant prioritaires chez les acheteurs de coupés sport, la Tiburon semble promise au succès.

J. Duval

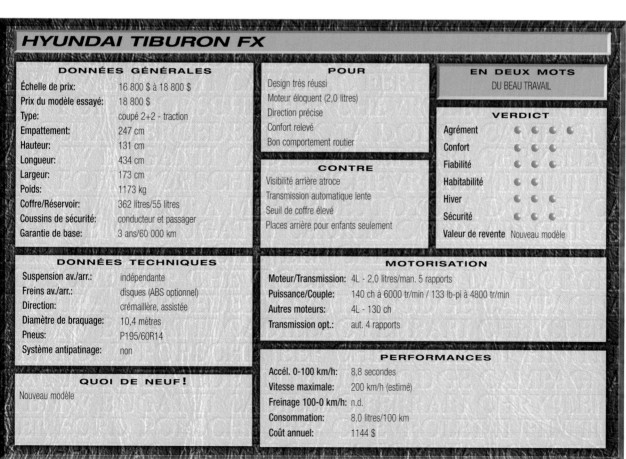

HYUNDAI TIBURON FX

DONNÉES GÉNÉRALES

Échelle de prix:	16 800 $ à 18 800 $
Prix du modèle essayé:	18 800 $
Type:	coupé 2+2 - traction
Empattement:	247 cm
Hauteur:	131 cm
Longueur:	434 cm
Largeur:	173 cm
Poids:	1173 kg
Coffre/Réservoir:	362 litres/55 litres
Coussins de sécurité:	conducteur et passager
Garantie de base:	3 ans/60 000 km

DONNÉES TECHNIQUES

Suspension av./arr.:	indépendante
Freins av./arr.:	disques (ABS optionnel)
Direction:	crémaillère, assistée
Diamètre de braquage:	10,4 mètres
Pneus:	P195/60R14
Système antipatinage:	non

QUOI DE NEUF !

Nouveau modèle

POUR

Design très réussi
Moteur éloquent (2,0 litres)
Direction précise
Confort relevé
Bon comportement routier

CONTRE

Visibilité arrière atroce
Transmission automatique lente
Seuil de coffre élevé
Places arrière pour enfants seulement

MOTORISATION

Moteur/Transmission:	4L - 2,0 litres/man. 5 rapports
Puissance/Couple:	140 ch à 6000 tr/min / 133 lb-pi à 4800 tr/min
Autres moteurs:	4L - 130 ch
Transmission opt.:	aut. 4 rapports

PERFORMANCES

Accél. 0-100 km/h:	8,8 secondes
Vitesse maximale:	200 km/h (estimé)
Freinage 100-0 km/h:	n.d.
Consommation:	8,0 litres/100 km
Coût annuel:	1144 $

EN DEUX MOTS

DU BEAU TRAVAIL

VERDICT

Agrément	
Confort	
Fiabilité	
Habitabilité	
Hiver	
Sécurité	
Valeur de revente	Nouveau modèle

INFINITI I30/I30t

Depuis son entrée en scène, la division Infiniti de Nissan a toujours eu de la difficulté à viser juste. Certains modèles sont trop sportifs, d'autres trop bourgeois, tandis que les silhouettes sont souvent controversées. Heureusement, la berline I30 possède l'équilibre qui est gage de succès.

En plein dans la cible

et des amortisseurs plus mous et d'obtenir une même efficacité. Le confort est donc supérieur. Ce qui n'empêche pas la version Touring de proposer des amortisseurs et des ressorts plus fermes ainsi que des pneus P215/60R15 au lieu de P205/60R15.

La fiche technique se complète par la présence, en équipement de série, de freins ABS faisant appel à des disques à l'avant comme à l'arrière. La boîte automatique à 4 rapports est la seule disponible.

Un habitacle cossu

Curieusement, même si l'I30 est de dimensions inférieures à la J30, elle affiche une habitabilité supérieure aussi bien en largeur qu'en hauteur. De plus, l'accès aux places avant est plus aisé en raison de portières avant plus larges. Quant au tableau de bord, il joue la carte du raffinement avec des appliques en similibois qui font malheureusement bon marché. Par ailleurs, la présentation générale est assez bonne et la disposition des commandes dans la moyenne. Nissan souligne que

Toute voiture de luxe qui se respecte se doit de proposer une fiche technique se comparant avantageusement avec la concurrence. L'I30 est assez bien nantie à ce chapitre puisqu'elle emprunte beaucoup à la Maxima, une voiture supposée être de catégorie inférieure, mais qui est de la toute dernière cuvée sur le plan technologique. Ainsi, le moteur V6 3,0 litres de la I30 qui développe 190 chevaux est fabriqué au Japon à l'usine Iwaki, réputée pour être l'une des plus modernes au monde et spécialement érigée pour la fabrication et l'assemblage de ce moteur. Ce V6 à double arbre à cames en tête est doté d'un bloc en alliage et son poids est minime. De plus, on utilise dans sa fabrication plusieurs astuces généralement réservées aux moteurs de course. En outre, les ingénieurs ont développé un système de refroidissement à deux niveaux: un pour la culasse et un autre pour le bloc moteur. Il est de plus monté sur des blocs d'ancrage remplis d'un liquide amortisseur utilisant une soupape à commande électronique.

Toujours sur le plan technique, cette Infiniti se distingue par son essieu arrière rigide «Multi-Link Beam». À première vue, cette approche semble incompatible avec la vocation de luxe de cette voiture. Pourtant, chez Nissan, on soutient que cette suspension est mieux adaptée à la traction en plus d'être plus légère, plus économique à fabriquer et toute aussi efficace qu'une suspension à roues indépendantes. En outre, comme on fait appel à un nombre inférieur de points d'ancrage, il y a moins de friction, ce qui permet d'utiliser des ressorts

les chercheurs de la compagnie ont utilisé des appareils de mesure du mouvement des yeux afin de positionner les commandes de façon optimale. C'est probablement à la suite de ces études qu'on a décidé de placer la télécommande d'ouverture du coffre dans la portière et celle de la trappe à essence sur le tableau de bord!

Les sièges garnis de cuir offerts en équipement de série sont confortables. Toutefois, leur support latéral n'est pas extraordinaire dans un enchaînement de virages. Ils sont surtout dessinés pour offrir un bon support lombaire sur de longs trajets. Quant aux places arrière, elles sont adéquates pour des adultes de taille moyenne et y accéder ne pose pas de problèmes particuliers. Enfin, si on retrouve trois ceintures de sécurité à l'arrière, il est utopique de vouloir accommoder trois adultes sur de longs trajets.

Deux comportements différents

La gamme I30 comprend deux versions, le modèle standard et la Touring à vocation plus sportive. Dans les deux cas, on a affaire au même groupe propulseur sauf que le modèle Touring dispose d'une suspension plus ferme et de pneus plus larges.

Le V6 fait bonne utilisation de ses 190 chevaux; ses accélérations ont du mordant. Le niveau sonore est bien contrôlé tandis que la boîte de vitesses effectue les passages des rapports en douceur. Toutefois, au fil des kilomètres, nous avons remarqué qu'il fallait savoir doser les impulsions de l'accélérateur, car il était très facile d'actionner le rétro-contact. À ce moment, la conduite devient saccadée et le niveau sonore de la cabine monte d'un cran.

Quant au comportement routier, il est prévisible et la tenue en virage est relativement neutre. En fait, il faudrait pousser bien au-delà des vitesses permises pour atteindre la limite d'adhérence de la voiture. Toutefois, la version régulière nous a quelque peu déçus en raison de la souplesse de sa suspension et de l'imprécision plus marquée de la direction. Le modèle Touring est nettement supérieur à ce chapitre. Grâce à sa combinaison de pneus plus larges et de suspension plus ferme, les virages sont pris avec plus d'aplomb. En outre, l'agrément de conduite est plus marqué.

L'Infiniti I30 sera donc considérée comme une solution du juste milieu par plusieurs. Elle partage ses organes mécaniques avec la Maxima, mais elle se distingue par une présentation plus classique et par le prestige de la division Infiniti. Bonne routière et assez spacieuse, elle devance la J30 à ce chapitre. Il y a donc de fortes chances pour que l'I30 continue d'être la solution mitoyenne qui plaise.

D. Duquet

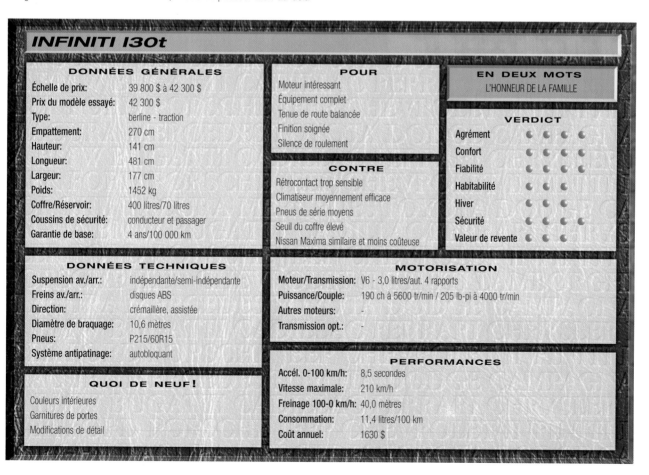

INFINITI I30t

DONNÉES GÉNÉRALES

Échelle de prix:	39 800 $ à 42 300 $
Prix du modèle essayé:	42 300 $
Type:	berline - traction
Empattement:	270 cm
Hauteur:	141 cm
Longueur:	481 cm
Largeur:	177 cm
Poids:	1452 kg
Coffre/Réservoir:	400 litres/70 litres
Coussins de sécurité:	conducteur et passager
Garantie de base:	4 ans/100 000 km

POUR

Moteur intéressant
Équipement complet
Tenue de route balancée
Finition soignée
Silence de roulement

CONTRE

Rétrocontact trop sensible
Climatiseur moyennement efficace
Pneus de série moyens
Seuil du coffre élevé
Nissan Maxima similaire et moins coûteuse

EN DEUX MOTS

L'HONNEUR DE LA FAMILLE

VERDICT

Agrément	●●●◐
Confort	●●●◐
Fiabilité	●●●●
Habitabilité	●●●◐
Hiver	●●●◐
Sécurité	●●●◐
Valeur de revente	●●●◐

DONNÉES TECHNIQUES

Suspension av./arr.:	indépendante/semi-indépendante
Freins av./arr.:	disques ABS
Direction:	crémaillère, assistée
Diamètre de braquage:	10,6 mètres
Pneus:	P215/60R15
Système antipatinage:	autobloquant

MOTORISATION

Moteur/Transmission:	V6 - 3,0 litres/aut. 4 rapports
Puissance/Couple:	190 ch à 5600 tr/min / 205 lb-pi à 4000 tr/min
Autres moteurs:	-
Transmission opt.:	-

QUOI DE NEUF!

Couleurs intérieures
Garnitures de portes
Modifications de détail

PERFORMANCES

Accél. 0-100 km/h:	8,5 secondes
Vitesse maximale:	210 km/h
Freinage 100-0 km/h:	40,0 mètres
Consommation:	11,4 litres/100 km
Coût annuel:	1630 $

INFINITI J30

Cette berline est le fruit de l'imagination des stylistes du Centre de design Nissan de Californie. Ils
se sont inspirés de l'ovale pour réaliser la silhouette
de cette voiture. Les designers voulaient à la fois
sortir des sentiers battus et attirer l'attention
d'acheteurs désireux de se faire remarquer au
volant d'une voiture d'un design exclusif. Mais
force est d'admettre qu'ils se sont trompés.

Il est vrai que la J30 se distingue des autres par sa silhouette pour
le moins unique. Mais comme sa diffusion est très limitée, le propriétaire d'une J30 est donc certain de rouler au volant d'une des
berlines les moins vendues en Amérique. Encore une fois, Infiniti
s'est trompé dans sa stratégie. L'apparence très audacieuse de la
J30 a fait tourner les têtes au tout début et plusieurs ont eu le coup
de foudre pour cette propulsion. Mais cet engouement a été de très
courte durée. La J30 s'est rapidement fanée et a perdu de son
attrait comme plusieurs voitures de ce genre. Il faut souhaiter pour
Infiniti que cette présentation toute en rondeurs continue d'intéresser quelques amateurs d'apparence spéciale. En passant, il est
intéressant de souligner que même chez Lexus, la GS300, une
voiture de même catégorie, n'est pas sans se démarquer par une
certaine excentricité côté carrosserie.

Pour petits gabarits

L'autre problème de la J30 est que l'aspect visuel a eu le dessus sur
le côté pratique. Les formes de la carrosserie semblent avoir obligé les
stylistes à opter pour des portières très étroites. Cela rend l'accès à
bord assez difficile pour les gens de fort gabarit, qui n'apprécieront pas
tellement ce véhicule. D'autant plus que le pilier «B» est toujours
encombrant. Pour empirer les choses, l'espace pour les coudes et les
épaules ainsi que le dégagement pour la tête sont très modestes pour

À trop vouloir innover...

une voiture de ce prix et de cette catégorie. Heureusement, le volant
réglable permet de trouver une position de conduite acceptable.

Force est d'admettre que la finition de cette voiture ainsi que la qualité
de ses matériaux sont supérieures à la moyenne. Mais c'est également le
cas pour presque toutes les autres voitures de cette catégorie qui se
démarquent surtout par leur présentation et l'attention apportée aux
détails. Curieusement, la J30 est aussi conventionnelle dans l'habitacle
qu'elle peut être originale à l'extérieur. En fait, la planche de bord peut être
qualifiée de terne et l'applique en bois apposée sur la console centrale
ressemble à un effort de dernière minute pour tenter de donner un peu
de relief à l'ensemble. Quant à la pendulette placée en plein centre du
tableau de bord, elle cadre assez mal avec le reste.

Les sièges sont garnis de cuir et leur exécution est impeccable.
Malheureusement, encore une fois, la conception cloche puisque le
support latéral et le support pour les cuisses ne répondent pas à nos
attentes. Quant aux places arrière, elles sont adéquates tout au plus et

le dégagement pour la tête y est assez mince. Enfin, comme chez la défunte Mazda 929 dont les formes étaient plus ou moins semblables, le coffre à bagages de la J30 doit concéder 116 litres à celui de la I30.

Une autre génération

Le J30 se vend approximativement 10 000 $ de plus que la I30, mais son moteur est issu d'une génération plus ancienne. Les deux sont des moteurs V6 de cylindrée identique, mais celui de la I30 est une version modifiée du 3,0 litres qui était offert sur la 300ZX. Par contre, le 3,0 litres de la I30 est un moteur de conception toute nouvelle faisant appel à des technologies plus raffinées et fabriqué dans une usine ultramoderne. Selon Nissan, c'est en partie en raison de restrictions côté capacité de production et du fait que la I30 soit une propulsion que le nouveau V6 ne ronronne pas encore sur le capot du modèle plus élevé dans la hiérarchie Infiniti. Il faut également souligner pour sa défense que la version plus ancienne développe 20 chevaux de plus, ce qui n'est pas à négliger non plus.

Cependant, le modèle plus économique possède un essieu rigide tandis que la J30 se paie le luxe d'essieux arrière indépendants reliés à la plate-forme par le biais de liens multiples. En outre, autant à l'avant qu'à l'arrière, les ingénieurs ont fait appel à un sous-châssis afin d'assurer une plus grande rigidité en plus de mieux filtrer les bruits et les vibrations émanant de la chaussée. Cette Infiniti est donc tout aussi sophistiquée que ses concurrentes même si son moteur n'est pas de la toute dernière cuvée.

Efficace, sans plus

Une fois qu'on a réussi à s'infiltrer dans l'habitacle et lancé le moteur, il est facile de percevoir que l'insonorisation a fait l'objet d'une attention particulière. De plus, la rigidité de la caisse se fait sentir dès le premier virage. C'est une voiture solidement construite. Mais malheureusement, le manque d'équilibre de cette berline se manifeste par des performances moyennes du moteur et une direction engourdie. La tenue de route est cependant bonne dans l'ensemble, mais la voiture serait beaucoup mieux servie avec des pneumatiques plus performants et moins sensibles aux surfaces mouillées. Bref, la J30 propose une conduite honnête, sans plus.

Cependant, la version Touring dispose d'une suspension plus ferme et ses pneumatiques sont plus larges. Il est indéniable que l'agrément de conduite est supérieur et la tenue de route plus relevée. Toutefois, la différence n'est pas aussi marquée qu'on aurait été porté à le croire à la lecture de la fiche technique.

D. Duquet

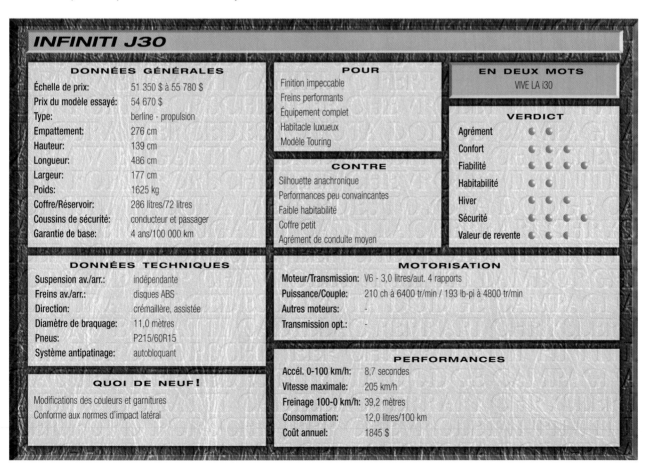

INFINITI J30

DONNÉES GÉNÉRALES

Échelle de prix:	51 350 $ à 55 780 $
Prix du modèle essayé:	54 670 $
Type:	berline - propulsion
Empattement:	276 cm
Hauteur:	139 cm
Longueur:	486 cm
Largeur:	177 cm
Poids:	1625 kg
Coffre/Réservoir:	286 litres/72 litres
Coussins de sécurité:	conducteur et passager
Garantie de base:	4 ans/100 000 km

POUR
Finition impeccable
Freins performants
Équipement complet
Habitacle luxueux
Modèle Touring

CONTRE
Silhouette anachronique
Performances peu convaincantes
Faible habitabilité
Coffre petit
Agrément de conduite moyen

EN DEUX MOTS
VIVE LA i30

VERDICT
Agrément	◐◐
Confort	◐◐◐
Fiabilité	◐◐◐◐
Habitabilité	◐◐
Hiver	◐◐◐
Sécurité	◐◐◐◐
Valeur de revente	◐◐◐

DONNÉES TECHNIQUES

Suspension av./arr.:	indépendante
Freins av./arr.:	disques ABS
Direction:	crémaillère, assistée
Diamètre de braquage:	11,0 mètres
Pneus:	P215/60R15
Système antipatinage:	autobloquant

QUOI DE NEUF!
Modifications des couleurs et garnitures
Conforme aux normes d'impact latéral

MOTORISATION

Moteur/Transmission:	V6 - 3,0 litres/aut. 4 rapports
Puissance/Couple:	210 ch à 6400 tr/min / 193 lb-pi à 4800 tr/min
Autres moteurs:	-
Transmission opt.:	-

PERFORMANCES

Accél. 0-100 km/h:	8,7 secondes
Vitesse maximale:	205 km/h
Freinage 100-0 km/h:	39,2 mètres
Consommation:	12,0 litres/100 km
Coût annuel:	1845 $

INFINITI Q45/Q45t

Dans sa première version, l'Infiniti Q45 était une bonne voiture mal ciblée. Nissan, le créateur de cette berline grand luxe, avait mal évalué les désirs de la clientèle. On lui a préféré sa rivale de chez Lexus apparue en même temps. Pour 1997, Infiniti croit avoir réparé son erreur de marketing.

Améliorée et... «boisée»!

Prix et performances en baisse

P our ses débuts sur le marché en 1990, la Q45 misait sur sa silhouette distinctive et des performances de haut niveau. Les clients ont dit non, ce qui a forcé la marque à réviser son tir en 1994 en assaisonnant la performance d'une pincée additionnelle de luxe. Mais les automobilistes nord-américains ont encore boudé le porte-étendard de la gamme Infiniti sous le douteux prétexte que le tableau de bord ne faisait pas une assez large place au bois précieux. Le modèle de seconde génération qui fait son apparition cette année a été sérieusement remanié tant sur le plan mécanique qu'esthétique et Infiniti s'est acheté... «une cour à bois». Blague à part, la Q45 nouvelle cuvée a changé d'orientation et elle mise d'abord et avant tout sur le luxe avec, en sourdine, des teintes de haute performance. Son constructeur n'hésite d'ailleurs pas à la présenter comme la première vraie «limousine sport». Oui, on peut la qualifier de limousine, surtout que son designer affirme s'être laissé inspirer par les courbes de la Rolls-Royce. Quant à l'appellation sport, sa justification est moins évidente. Car même si elle conserve le sigle 45 qui émanait de la cylindrée de son moteur V8, celui-ci a perdu 400 cm^3 et une bonne douzaine de chevaux-vapeur dans la refonte. On parle d'un rapport poids/puissance inchangé puisque la voiture a perdu une centaine de kilos, mais le chronomètre n'est pas très généreux envers la nouvelle Q45. Son 0-100 km/h d'environ 9 secondes ne rime pas du tout avec la haute performance et le test le plus révélateur, celui de la route, n'est pas plus convaincant.

Une chose est sûre: la nouvelle Infiniti Q45 n'est pas une voiture rapide. On peut même dire que ses reprises sont molles, comparées par exemple à celles d'une Mercedes-Benz E420 essayée quelques jours plus tôt. Pourtant, son moteur à double arbre à cames en tête et 32 soupapes avec réglage de distribution variable revendique tout de même 266 chevaux. On a du mal à comprendre pourquoi la voiture a ralenti d'une seconde lors du test d'accélération précité. En revanche, personne ne se plaindra de l'abaissement de la consommation qui permet d'éviter la majeure partie de la surtaxe ontarienne qui frappe les voitures trop gloutonnes. Toutefois, la diminution la plus significative touchant la Q45 a trait à son prix qui, en date du 1er octobre 1996, se situait à 65 000 $, une chute de 8000 $ par rapport à la facture du modèle précédent. Un petit surplus de 2500 $ s'applique à la version «touring» de cette Infiniti, la Q45t. Celle-ci se distingue du modèle ordinaire par une suspension «sport» dont le degré de fermeté supplémentaire n'est pas vraiment évident,

des jantes différentes, une calandre noire, un volant en cuir perforé et un becquet arrière d'une élégante discrétion.

Parmi les autres caractéristiques dignes de mention de cette nouvelle Infiniti, on peut citer les barres de renforcement transversales qui relient, à l'avant comme à l'arrière, la partie supérieure des amortisseurs. C'est une technique souvent employée en compétition afin de donner plus de rigidité à la coque et de préserver ses qualités routières.

Solide sinon sportive

La Q45, comme sa devancière, donne une rassurante impression de solidité ponctuée par une tenue de route sûre sinon sportive et un amortissement qui aplanit les imperfections de la route de manière encore plus douce que les berlines allemandes équivalentes que sont la BMW 540 ou la Mercedes E420. La sensation que procure cette Q45 nouvelle façon est celle d'une voiture se situant à mi-chemin entre une américaine et une allemande: ni trop ferme ni trop souple. Et ce n'est pas désagréable... On roule, incidemment, sur des Michelin «verts» ou recyclables, des 215/60R16MXV4 toutes saisons, une concession aux goûts de la clientèle étatsunienne qui tient mordicus à ce genre de pneumatiques.

Est-il besoin d'ajouter que les deux versions de la Q45 peuvent compter sur une transmission automatique à 4 rapports avec surmultiplication, une suspension à quatre roues indépendantes avec essieu arrière multibras, un antipatinage débrayable et quatre freins à disques ventilés avec ABS à quatre capteurs et trois voies? Les équipements comprennent entre autres des sièges en cuir à 10 positions de réglage (électrique), des essuie-glace dont le balayage intermittent agit à cadence variable selon la vitesse de la voiture des phares à l'américaine qui s'allument et s'éteignent tout seuls comme des grands et un tableau de bord «boisé» à souhait mais de simuli.

Il m'apparaît plus opportun de mentionner ce que l'on ne trouve pas dans une Q45 par rapport à la concurrence. Curieusement, le climatiseur n'offre pas des débits d'air séparés pour le conducteur et le passager avant et les coussins latéraux sont absents, même sur la liste des options. Le luxe, c'est bien, mais la sécurité c'est encore plus important.

Mon essai m'a également permis de noter quelques déficiences plutôt surprenantes dans une voiture d'un tel gabarit. Cette grande Infiniti n'est en réalité qu'une quatre places puisque la position centrale de la banquette arrière est inutilisable en raison du peu de dégagement pour la tête et de l'encombrant tunnel de transmission de cette propulsion. À propos, le rembourrage du coussin de cette banquette est si flasque qu'on a l'impression de s'asseoir dans un bol de Jell-O. Finalement, le volume du coffre se limite à 303 litres, le même que celui d'une Nissan Sentra.

Après le semi-échec de la première Q45, Infiniti a voulu faire «infiniment» mieux avec sa remplaçante. Disons que l'effort est louable.

J. Duval

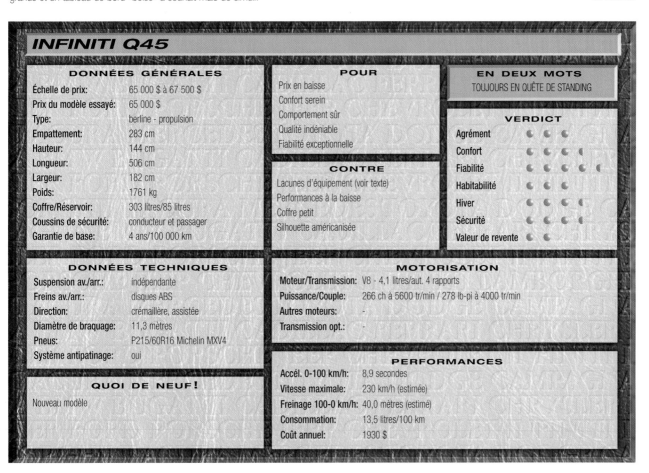

INFINITI Q45

DONNÉES GÉNÉRALES

Échelle de prix:	65 000 $ à 67 500 $
Prix du modèle essayé:	65 000 $
Type:	berline - propulsion
Empattement:	283 cm
Hauteur:	144 cm
Longueur:	506 cm
Largeur:	182 cm
Poids:	1761 kg
Coffre/Réservoir:	303 litres/85 litres
Coussins de sécurité:	conducteur et passager
Garantie de base:	4 ans/100 000 km

POUR

Prix en baisse
Confort serein
Comportement sûr
Qualité indéniable
Fiabilité exceptionnelle

CONTRE

Lacunes d'équipement (voir texte)
Performances à la baisse
Coffre petit
Silhouette américanisée

EN DEUX MOTS

TOUJOURS EN QUÊTE DE STANDING

VERDICT

Agrément	
Confort	
Fiabilité	
Habitabilité	
Hiver	
Sécurité	
Valeur de revente	

DONNÉES TECHNIQUES

Suspension av./arr.:	indépendante
Freins av./arr.:	disques ABS
Direction:	crémaillère, assistée
Diamètre de braquage:	11,3 mètres
Pneus:	P215/60R16 Michelin MXV4
Système antipatinage:	oui

MOTORISATION

Moteur/Transmission:	V8 - 4,1 litres/aut. 4 rapports
Puissance/Couple:	266 ch à 5600 tr/min / 278 lb-pi à 4000 tr/min
Autres moteurs:	-
Transmission opt.:	-

QUOI DE NEUF!

Nouveau modèle

PERFORMANCES

Accél. 0-100 km/h:	8,9 secondes
Vitesse maximale:	230 km/h (estimée)
Freinage 100-0 km/h:	40,0 mètres (estimé)
Consommation:	13,5 litres/100 km
Coût annuel:	1930 $

ISUZU Rodeo/Trooper

Pendant que les Isuzu jouissent d'une intéressante popularité aux États-Unis où ils sont vendus sous la bannière Acura et Honda, ils demeurent presque inconnus en sol canadien. Ce n'est pas que leur qualité soit déficiente. C'est tout simplement que leur réseau de distribution n'est pas à la hauteur.

Même si le réseau Saturn-Saab-Isuzu est mieux implanté que jamais, pas besoin d'être un spécialiste de la mise en marché pour constater que les Saturn y volent la vedette. Les Saab et Isuzu doivent donc se contenter des miettes. Compte tenu que les produits Isuzu connaissent un succès mitigé en sol canadien, GM du Canada n'a pas les arguments nécessaires pour convaincre Isuzu de lui accorder des conditions raisonnables. Si bien que ces produits sont souvent handicapés par un prix élevé.

Le Trooper est naturellement le modèle le plus affecté par cette politique. Pourtant, son prix passablement élevé est pleinement justifié compte tenu du sérieux de sa conception et de sa fabrication. Rien n'a été épargné pour faire de cet utilitaire sport un produit solide capable d'en prendre tout en assurant un niveau de confort remarquable. La plate-forme est solide, l'habitacle chaleureux et la mécanique d'une robustesse qui a fait ses preuves. Mieux encore, il est possible de relever la présentation de l'habitacle avec des sièges en cuir et plusieurs accessoires de luxe. Les portes arrière à battants constituent une astuce digne de mention. La porte principale est suffisamment large pour permettre l'utilisation d'un essuie-glace et le passage de la majorité des objets à être transportés. La seconde porte, moins large, reste généralement fermée. Toutefois, elle s'ouvre pour laisser passer les colis encore plus encombrants.

Des valeurs à découvrir

Cette fabrication sérieuse est toutefois handicapée par un centre de gravité élevé qui rend la conduite délicate. Dans un virage serré, il faut tenir compte du caractère du véhicule. De plus, la direction pourrait être nettement plus précise. Heureusement pour le Trooper, autant il est d'un comportement très moyen sur la route, autant il est efficace en tout-terrain. Sa position de conduite élevée, sa large surface vitrée et son rouage d'entraînement robuste lui permettent d'affronter la plupart des difficultés en conduite hors route. Dans la liste des contre, soulignons que son encombrement est parfois un handicap tandis que son moteur de 190 chevaux a parfois de la misère à suffire à la tâche.

Étant donné son prix élevé et son agrément de conduite mitigé, le Trooper ne connaît pas une diffusion très importante. Heureusement pour Isuzu, le Trooper, aussi vendu en tant que Honda Passport et Opel Frontera, est un véhicule plus dynamique offrant un agrément de conduite de haut niveau.

Un authentique utilitaire sport

Plusieurs véhicules utilitaires sport n'ont de sportif que le nom. En revanche, dans le cas du Rodeo, ce qualificatif s'applique fort bien. Avec un temps de 10,2 secondes pour boucler le 0-100 km/h, ce n'est pas nécessairement le plus rapide des 4X4 sur le marché, mais l'agrément de conduite qu'il offre est digne de mention en raison d'une boîte manuelle qui permet au moteur V6 de 3,2 litres de faire sentir ses 175 chevaux. En accélérant, on a l'impression de piloter une voiture de tourisme. Et ce serait encore mieux si on plaçait sous son capot le même moteur que chez le Trooper. La boîte automatique à 4 rapports offerte en option n'est pas à dédaigner non plus. Les passages de rapports s'effectuent en douceur et cette boîte permet de choisir entre trois modes d'opération: hiver, puissance et économie.

Jusqu'à l'an dernier, la principale lacune de ce tout-terrain était un tableau de bord qui semblait avoir été dessiné par l'armée japonaise. Cette lacune a été corrigée dans la version 1996 et c'est nettement mieux. Le nouveau tableau de bord s'harmonise davantage avec le dessin de la caisse qui demeure toujours élégant. Toutefois, les stylistes ont voulu que la partie arrière du véhicule soit inclinée vers l'avant pour lui donner une allure plus sportive. Ce faisant, on a retranché quelques litres à la capacité de chargement. Comme chez plusieurs autres 4X4, le pneu de secours est ancré sur un support extérieur articulé. Il faut toujours le pousser hors de notre portée pour accéder au compartiment à bagages.

La silhouette dynamique du Rodeo est en harmonie avec son comportement routier qui peut se comparer avec celui des meilleurs véhicules de la catégorie. La suspension est bien calibrée et le moteur apprécie les régimes intermédiaires. Cette efficacité ne disparaît pas en conduite hors route. Une garde au sol généreuse s'associe à une suspension offrant un bon débattement. Et si jamais les choses se gâtent, des plaques de protection placées aux endroits stratégiques préviennent les dommages. Toutefois, le système 4X4 est à temps partiel seulement et il a de plus en plus de difficulté à se faire justice face aux systèmes plus perfectionnés des Jeep Grand Cherokee et Ford Explorer.

Le Rodeo se veut donc un véhicule plus agile et plus intéressant que le Trooper, plus cher et moins agile. Par contre, ce dernier assure un luxe que le Rodeo ne peut nous offrir. Et ce débat risque de devenir purement académique puisque les modèles Isuzu se font rares dans les cours des concessionnaires en raison d'un approvisionnement parcimonieux. Pourtant, voilà deux véhicules qui méritent d'être pris en considération.

D. Duquet

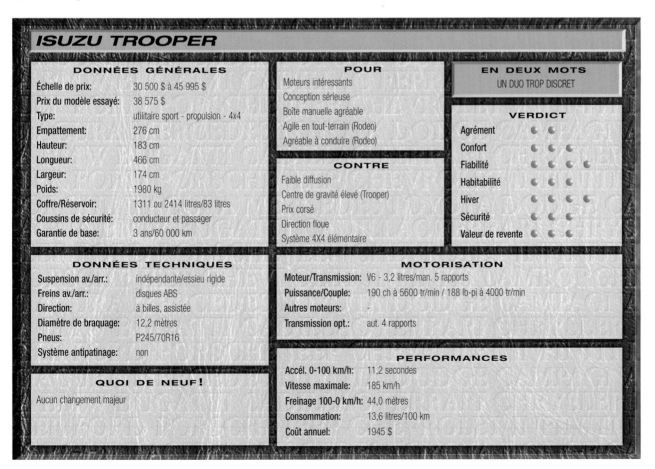

ISUZU TROOPER

DONNÉES GÉNÉRALES

Échelle de prix:	30 500 $ à 45 995 $
Prix du modèle essayé:	38 575 $
Type:	utilitaire sport - propulsion - 4x4
Empattement:	276 cm
Hauteur:	183 cm
Longueur:	466 cm
Largeur:	174 cm
Poids:	1980 kg
Coffre/Réservoir:	1311 ou 2414 litres/83 litres
Coussins de sécurité:	conducteur et passager
Garantie de base:	3 ans/60 000 km

DONNÉES TECHNIQUES

Suspension av./arr.:	indépendante/essieu rigide
Freins av./arr.:	disques ABS
Direction:	à billes, assistée
Diamètre de braquage:	12,2 mètres
Pneus:	P245/70R16
Système antipatinage:	non

QUOI DE NEUF!

Aucun changement majeur

POUR

Moteurs intéressants
Conception sérieuse
Boîte manuelle agréable
Agile en tout-terrain (Rodeo)
Agréable à conduire (Rodeo)

CONTRE

Faible diffusion
Centre de gravité élevé (Trooper)
Prix corsé
Direction floue
Système 4X4 élémentaire

MOTORISATION

Moteur/Transmission:	V6 - 3,2 litres/man. 5 rapports
Puissance/Couple:	190 ch à 5600 tr/min / 188 lb-pi à 4000 tr/min
Autres moteurs:	-
Transmission opt.:	aut. 4 rapports

PERFORMANCES

Accél. 0-100 km/h:	11,2 secondes
Vitesse maximale:	185 km/h
Freinage 100-0 km/h:	44,0 mètres
Consommation:	13,6 litres/100 km
Coût annuel:	1945 $

EN DEUX MOTS

UN DUO TROP DISCRET

VERDICT

Agrément	
Confort	
Fiabilité	
Habitabilité	
Hiver	
Sécurité	
Valeur de revente	

JAGUAR XJ6/Vanden Plas/XJR

La cote de Jaguar en matière de qualité de construction n'a pas toujours été à la hauteur du prestige de cette opulente marque britannique. Jusqu'à tout récemment, c'était un secret de Polichinelle que les Jaguar étaient des voitures d'une fiabilité douteuse.

On nous a souvent dit que des «correctifs avaient été mis en place» mais les résultats ont été lents à apparaître. Depuis que Ford a pris le gouvernail de la marque anglaise, le redressement semble un peu plus manifeste, comme en témoigne le rendement très satisfaisant des divers modèles que j'ai eu l'occasion d'essayer au cours de la dernière année. De plus, leur intérieur étriqué s'est partiellement estompé avec l'apparition de versions allongées de la Vanden Plas et de la XJ12. Le félin s'est étiré d'une bonne douzaine de centimètres. Précisons que les anciennes berlines existent toujours et que les XJR et XJ6 demeurent à empattement court. La motorisation de ces deux dernières consiste en un 6 cylindres en ligne de 4,0 litres à 24 soupapes et deux arbres à cames en tête, auquel vient se greffer un compresseur pour générer une puissance de 322 chevaux dans la XJR. C'est 77 chevaux de plus que dans la version à aspiration normale que l'on retrouve sous le capot de la XJ6. La XJ12 hérite, quant à elle, d'un majestueux V12 de 6,0 litres à simple arbre à cames en tête et deux soupapes par cylindre développant 313 chevaux. Dans tous les cas, le groupe propulseur est complété par une transmission automatique à 4 rapports que Jaguar achète, curieusement, de General Motors.

Le luxe à la Vanden Plas

La Vanden Plas mise à l'essai se satisfait du 6 cylindres normal, mais s'accompagne d'un aménagement plus luxueux que la XJ6. Ces nouvelles

Quand le félin s'étire...

Jag à empattement long comportent un certain nombre d'autres modifications destinées à les rendre encore plus douillettes. Les passagers installés à l'arrière bénéficient de sièges chauffants contrôlés par des commandes logées sur une console en noyer. Ils ont aussi accès à un commutateur leur permettant d'avancer le siège du passager avant pour avoir plus d'espace pour les jambes. Même plus longue, la Vanden Plas conserve toute son élégance et ses 12 cm additionnels assurent un bien meilleur dégagement pour les passagers à l'arrière. Leur nombre doit toutefois se limiter à deux puisque la place du centre est pratiquement inutilisable en raison de la forte protubérance du tunnel de transmission. Les dossiers des sièges avant renferment toujours ces impressionnantes petites tablettes en bois précieux qui font leur effet, mais qui demeurent d'une inutilité absolue. Le coffre à bagages demeure toujours aussi ridiculement petit.

La même remarque s'adresse à l'espace pour le conducteur, toujours étroit. Le volant ne donne pas assez de dégagement pour les

genoux et l'espace limité pour les jambes est rendu encore plus flagrant par la trop grande proximité des pédales. Il s'ensuit une position de conduite couci-couça que des sièges mal étudiés ne font rien pour améliorer.

La finition est à la fois riche et belle. Le mariage du cuir et du bois pour le volant redonne toute sa noblesse à cet accessoire. Beau et chaleureux, il retrouve la place qu'il occupait avant l'apparition des coussins gonflables, sans pourtant exclure ce précieux ajout à la sécurité.

Si j'ai apprécié la généreuse instrumentation ainsi que le silence remarquable des clignotants, il faut toujours déplorer la piètre ergonomie du tableau de bord où les commandes sont dispersées de manière pas toujours très fonctionnelle.

La qualité de construction s'est avérée en net progrès. Seul un coffre arrière qui s'ouvrait inopinément et une direction assistée bruyante étaient à signaler sur la voiture essayée.

Un comportement routier de haut niveau

La Vanden Plas rachète beaucoup de ses petites lacunes par son comportement routier. Son moteur, par exemple, est étonnant de douceur et de discrétion tout en offrant des performances raisonnables et surtout une consommation d'une modicité surprenante. Il y a peu à dire ou à redire de la transmission automatique GM, sauf que son levier possède une double grille de sélection, semi-automatique sur la gauche et entièrement automatique à droite.

Très axée sur la douceur de roulement et le confort, la suspension donne lieu à un roulis important en virage mais les Pirelli P4000 refusent de céder, procurant une adhérence rassurante à la limite. Et si jamais on dépasse cette limite, l'antipatinage réduit la vitesse en coupant l'alimentation. L'autre aspect sécurisant de cette Jaguar est sa merveilleuse tenue de cap. Quelle que soit la vitesse, elle file vers l'horizon sans le moindre écart de trajectoire. La Vanden Plas peut aussi décélérer avec le même aplomb grâce à la puissance et à l'endurance de son freinage.

En conduite urbaine toutefois, cette longue Jaguar est l'antithèse de la maniabilité et prend beaucoup de place.

La marque Jaguar est en voie de se forger une nouvelle image et s'il faut en juger par les récents modèles, on semble s'être engagé dans la bonne direction. Si la fiabilité est au rendez-vous tel que promis, Jaguar devrait être en mesure de regagner la confiance de sa riche clientèle.

J. Duval

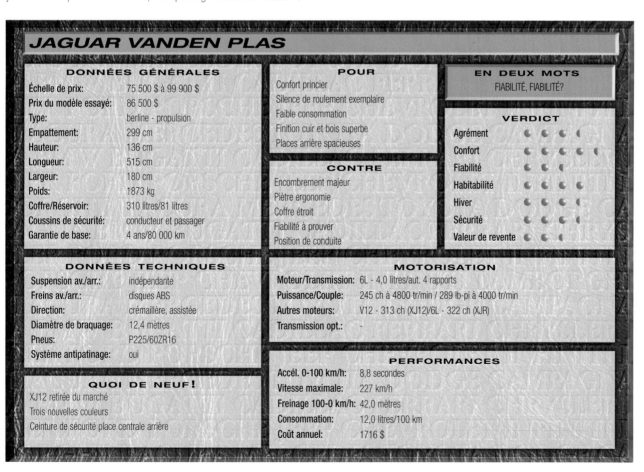

JAGUAR VANDEN PLAS

DONNÉES GÉNÉRALES

Échelle de prix:	75 500 $ à 99 900 $
Prix du modèle essayé:	86 500 $
Type:	berline - propulsion
Empattement:	299 cm
Hauteur:	136 cm
Longueur:	515 cm
Largeur:	180 cm
Poids:	1873 kg
Coffre/Réservoir:	310 litres/81 litres
Coussins de sécurité:	conducteur et passager
Garantie de base:	4 ans/80 000 km

POUR

Confort princier
Silence de roulement exemplaire
Faible consommation
Finition cuir et bois superbe
Places arrière spacieuses

CONTRE

Encombrement majeur
Piètre ergonomie
Coffre étroit
Fiabilité à prouver
Position de conduite

EN DEUX MOTS

FIABILITÉ, FIABILITÉ?

VERDICT

Agrément	◖◐◐◖
Confort	◖◐◐◖
Fiabilité	◖◐
Habitabilité	◖◐◐◖
Hiver	◖◐◐
Sécurité	◖◐◐
Valeur de revente	◖◐◖

DONNÉES TECHNIQUES

Suspension av./arr.:	indépendante
Freins av./arr.:	disques ABS
Direction:	crémaillère, assistée
Diamètre de braquage:	12,4 mètres
Pneus:	P225/60ZR16
Système antipatinage:	oui

MOTORISATION

Moteur/Transmission:	6L - 4,0 litres/aut. 4 rapports
Puissance/Couple:	245 ch à 4800 tr/min / 289 lb-pi à 4000 tr/min
Autres moteurs:	V12 - 313 ch (XJ12)/6L - 322 ch (XJR)
Transmission opt.:	-

QUOI DE NEUF!

XJ12 retirée du marché
Trois nouvelles couleurs
Ceinture de sécurité place centrale arrière

PERFORMANCES

Accél. 0-100 km/h:	8,8 secondes
Vitesse maximale:	227 km/h
Freinage 100-0 km/h:	42,0 mètres
Consommation:	12,0 litres/100 km
Coût annuel:	1716 $

JAGUAR XK8

Rescapée par Ford au beau milieu de ses années-misère, la marque Jaguar est tranquillement en train de se refaire une santé. La qualité est bien sûr l'enjeu principal de cette remontée, mais le modèle qui doit conduire Jaguar vers la renaissance est sans contredit la toute nouvelle XK8.

Le premier souffle de la renaissance

Même si ce sont les berlines en forme de limousine qui représentent la plus grande partie des ventes de Jaguar à travers le monde, les coupés ou roadsters du réputé constructeur britannique ont toujours été ses modèles phares. Les célèbres SS100 et XK120 sont entrés dans la légende automobile ou même carrément au musée comme le roadster de type E que l'on peut admirer au Museum of Modern Art de New York. Avec ses lignes spectaculaires mais néanmoins d'une grande pureté, ce modèle est un bel exemple d'un design qui ne se démode pas. Il a tout de même dû céder sa place à la XJS en 1975. Cette dernière marquait un tournant radical dans la hiérarchie des voitures sport construites par Jaguar. Il s'agissait davantage d'une berline carrossée en coupé que d'un engin sportif. Mais malgré sa taille énorme et ses lignes très quelconques, la XJS fut très profitable pour Jaguar tout au long de sa carrière qui dura 21 ans. Depuis un certain temps toutefois, elle faisait figure d'antiquité au milieu des coupés et cabriolets de sa trempe. Jaguar l'a finalement mise au rancart et l'année 1997 marque l'arrivée de sa remplaçante, la XK8, qui de prime abord apparaît très douée.

Le V8, une première chez Jaguar

Cette appellation alphanumérique est d'ailleurs très révélatrice. La lettre K tient à démontrer que la voiture a une vocation plus sportive que la XJS tandis que le chiffre 8 souligne un fait peu commun, soit l'utilisation

pour la première fois dans une Jaguar d'un moteur V8. Aussi surprenant que cela puisse paraître, cette architecture mécanique n'avait jamais été retenue par Jaguar. Détail encore plus étonnant, ce n'est que le quatrième nouveau moteur élaboré par la firme de Coventry. Et ce détail a son importance puisque l'on serait porté à croire que ce V8 a beaucoup à voir avec Ford qui, depuis 1990, veille aux destinées de Jaguar. Or, hormis l'expertise manufacturière du constructeur américain, ce moteur n'a rien en commun avec les groupes propulseurs conçus à Dearborn. On a voulu faire du V8 Jaguar, un 4 litres 32 soupapes à double arbre à cames en tête avec bloc en aluminium, un moteur très raffiné. Il possède par exemple un meilleur rendement au litre que ses concurrents avec une puissance de 290 chevaux et un couple de 284 lb-pi dont 80 p. 100 sont disponibles entre 1400 et 6400 tr/min. Ce V8 se distingue aussi par un procédé spécial qui accélère la période de réchauffement par temps froid. À elle seule, cette caractéristique diminue la consommation et les émissions polluantes.

Même si l'on peut se montrer sceptique sur la fiabilité d'un nouveau moteur Jaguar, le V8 de la XK8 affiche de rassurantes coordonnées, par exemple un enduit de nickel-silicone qui recouvre les surfaces internes afin de réduire la friction des pièces en mouvement. De plus, son entretien est comparable à celui de tous les moteurs de la nouvelle génération avec des interventions aux 160 000 kilomètres seulement.

Le groupe propulseur de la XK8 est complété par une transmission automatique à 5 vitesses qui est la seule offerte aussi bien sur le coupé que sur le cabriolet. Ceux-ci reprennent la plate-forme de la XJS, mais elle a été suffisamment modifiée pour que la XK8 adopte une personnalité un peu plus sportive que sa devancière. Elle a notamment été rendue plus rigide et le châssis bénéficie d'une nouvelle suspension avant qui réduit la plongée au freinage ainsi que d'une direction à crémaillère avec assistance sensible à la vitesse.

Le dernier maillon de la chaîne d'améliorations apportées à la voiture n'est pas le moindre. La XK8 roule sur des Pirelli P Zéro spécialement conçus pour elle et d'une taille qui lui est exclusive.

Coffre et capote

Mais ne nous égarons pas et revenons à la XK8 pour traiter brièvement de sa silhouette et de ses équipements. La ligne est élégante quoique légèrement impersonnelle. Elle reprend toutefois certains éléments stylistiques des modèles d'antan et ses phares proéminents aussi bien que la prise d'air ovale du capot avant évoquent les modèles de type E. Le seul accroc à la perfection du design vient de la capote du cabriolet qui, une fois abaissée, s'empile au-dessus du coffre comme une bosse mal placée. Pour sa défense, Jaguar explique que les toits de décapotables qui sont partiellement logés dans le coffre réduisent considérablement leur volume, ce qui est vrai. Avec ses 312 litres de capacité, le coffre du cabriolet XK8 est fort logeable et respecte la norme impérative des deux sacs de golf.

En matière d'équipement, cette Jaguar ne donne pas sa place et les versions canadiennes seront même dotées d'un groupe d'accessoires pour climat froid comprenant des sièges chauffants, un pare-brise à dégivrage quasi instantané, des lave-phares, un chauffe-bloc moteur, un système antipatinage et, curieusement, un lecteur de disques compacts.

Mon essai s'est déroulé en deux étapes sur une route désertique de la région de Santa Barbara en Californie. Traversant le Los Padres National Park, la 33 est le paradis des amateurs de motos avec sa kyrielle de virages en enfilade. J'ai d'abord conduit la version cabriolet de la XK8, celle qui, aux dires de Jaguar, accaparera les trois quarts des ventes.

Comme l'ancienne XJS, cette décapotable bénéficie de l'expertise de Karmann, la firme allemande qui est aussi responsable des VW Cabrio. Cela lui assure une capote doublée et d'une insonorisation quasi parfaite qui s'abaisse ou se remonte électriquement sans que l'on ait autre chose à faire que d'appuyer sur un bouton. On peut même actionner le mécanisme jusqu'à une vitesse d'environ 15 km/h. Contrairement à diverses Porsche, Mercedes ou BMW, la XK8 reçoit aussi une lunette arrière dégivrante en verre plutôt qu'en plastique. Jaguar a fait de l'excellent travail au point de vue aérodynamique puisque la XK8 n'a pas besoin de pare-vent pour empêcher la turbulence à grande vitesse. Même à 160 km/h, on peut encore tenir une conversation sans élever la voix tellement le flot de l'air est bien contrôlé. Il le serait toutefois encore mieux si l'on pouvait remonter les petites glaces latérales arrière une fois la capote baissée, un oubli bizarre de la part des concepteurs de cette XK8. Ils ont aussi oublié la poignée de maintien pour le passager avant qui doit se cramponner comme il le peut dans les virages que cette Jaguar est en mesure de négocier avec une adresse peu commune.

P Zéro bravo

Malgré les respectables dimensions de cette voiture, sa tenue de route ne cesse d'impressionner et il faut créditer ici les fameux Pirelli P Zéro qui collent au bitume comme des invités à un party du jour de l'An. J'irais même jusqu'à dire que le comportement routier de la XK8 transforme le plus inepte des conducteurs en un pilote aguerri tellement elle pardonne

les erreurs de jugement. Et cette tenue de route n'est nullement préjudiciable au confort. La voiture est d'une telle douceur sur mauvaise route que je n'hésiterais pas à affirmer qu'elle possède le meilleur équilibre confort/tenue de route qu'il m'ait été donné d'expérimenter depuis de nombreuses années. Et quelle précision dans la direction... Déconcertante à basse vitesse par sa grande légèreté, elle gagne en fermeté dès qu'on accélère un peu et permet de placer la voiture au centimètre près en virage.

Compte tenu de sa grande sophistication, on s'attend peut-être à trop du V8 qui ronronne sous le capot de la XK8. Ses performances sont très bonnes mais pas électrisantes en raison peut-être d'une transmission automatique qui accuse un temps de réponse lorsqu'on sollicite le moteur au maximum. Sa sonorité rappelle beaucoup celle de n'importe quel gros V8 américain et, à mes oreilles, manque un peu de raffinement.

Du cabrio au coupé

Même si la version décapotable de la XK8 est à l'abri des oscillations et bruits de caisse qui sont souvent le lot de ce type de voiture, la prise en main du coupé permet de noter une rigidité accrue de la carrosserie. On se croirait presque dans une voiture allemande. Le silence de roulement est encore plus impressionnant mais à peu près rien d'autre ne permet de différencier ces deux modèles. Ils partagent une cabine étriquée dont l'accès est rendu difficile par un seuil de porte relativement élevé. C'est surtout le manque d'espace pour les jambes qui est le plus gênant en raison de la largeur exagérée de la console centrale. Les conducteurs plus costauds auraient intérêt à vérifier l'habitabilité de la XK8 avant de passer une commande. Même les conduc-

teurs de taille moyenne (dont je suis) auront de la difficulté à trouver une position de conduite confortable. D'abord, les sièges sont assez étroits et leur réglage électrique se fait au moyen de boutons très mal placés près du levier du frein à main. Ce qui plus est, le repose-pied est beaucoup trop éloigné vers la gauche pour être utile. L'habitacle se fait pardonner ses fautes par la richesse des matériaux dont il est garni, avec une profusion de cuir et de vrai bois.

Les nouvelles Jaguar XK8 devraient être en mesure d'assumer le rôle important qui leur incombe, c'est-à-dire permettre à la marque anglaise de restaurer son image et de retrouver le chemin de la profitabilité. Même si Ford tient à ce que sa cousine britannique conserve son autonomie, elle veille à ce que son investissement soit rentable en ayant l'œil sur les normes de qualité en vigueur à Coventry. Pour sa première sortie, la XK8 m'a impressionné et elle a tout ce qu'il faut pour donner la réplique à sa grande rivale allemande, la SL de Mercedes.

J. Duval

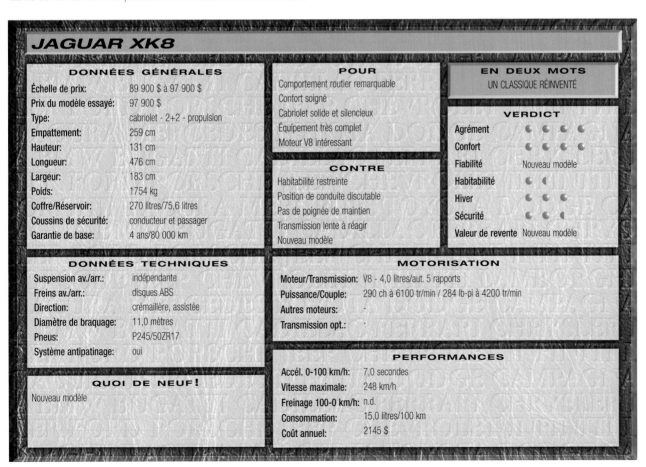

JAGUAR XK8

DONNÉES GÉNÉRALES

Échelle de prix:	89 900 $ à 97 900 $
Prix du modèle essayé:	97 900 $
Type:	cabriolet - 2+2 - propulsion
Empattement:	259 cm
Hauteur:	131 cm
Longueur:	476 cm
Largeur:	183 cm
Poids:	1754 kg
Coffre/Réservoir:	270 litres/75,6 litres
Coussins de sécurité:	conducteur et passager
Garantie de base:	4 ans/80 000 km

DONNÉES TECHNIQUES

Suspension av./arr.:	indépendante
Freins av./arr.:	disques ABS
Direction:	crémaillère, assistée
Diamètre de braquage:	11,0 mètres
Pneus:	P245/50ZR17
Système antipatinage:	oui

QUOI DE NEUF!

Nouveau modèle

POUR

Comportement routier remarquable
Confort soigné
Cabriolet solide et silencieux
Équipement très complet
Moteur V8 intéressant

CONTRE

Habitabilité restreinte
Position de conduite discutable
Pas de poignée de maintien
Transmission lente à réagir
Nouveau modèle

MOTORISATION

Moteur/Transmission:	V8 - 4,0 litres/aut. 5 rapports
Puissance/Couple:	290 ch à 6100 tr/min / 284 lb-pi à 4200 tr/min
Autres moteurs:	-
Transmission opt.:	-

PERFORMANCES

Accél. 0-100 km/h:	7,0 secondes
Vitesse maximale:	248 km/h
Freinage 100-0 km/h:	n.d.
Consommation:	15,0 litres/100 km
Coût annuel:	2145 $

EN DEUX MOTS

UN CLASSIQUE RÉINVENTÉ

VERDICT

Agrément	
Confort	
Fiabilité	Nouveau modèle
Habitabilité	
Hiver	
Sécurité	
Valeur de revente	Nouveau modèle

JEEP Grand Cherokee/Cherokee

N'en déplaise à certains, le Jeep Grand Cherokee demeure toujours le leader de la catégorie des utilitaires sport tant sur le plan du confort que des prestations en tout-terrain. L'an dernier, plusieurs améliorations l'ont raffiné. Cette année, c'est au tour du Cherokee de faire des progrès.

Au cours des derniers mois, les rumeurs les plus folles circulaient quant aux modifications qui allaient être apportées au Cherokee. Certains parlaient d'une version nettement plus petite et dotée d'une silhouette carrément futuriste. D'autres allaient même jusqu'à mentionner l'abandon pur et simple de ce modèle. En fin de compte, c'est la sagesse qui a prévalu: le Cherokee 1997 est une version améliorée, certes, mais drôlement évolutive du modèle 1996. Les justifications de ces changements passablement timides sont faciles à expliquer. Cet utilitaire sport se vend toujours bien et il est préféré par plusieurs au Grand Cherokee en raison de son prix plus modeste et de son agilité en tout-terrain. Chez Jeep, on s'est attardé à consolider les qualités et à éliminer les défauts tout en respectant un budget strict qui permettra d'offrir un véhicule amélioré à un prix toujours compétitif.

Sur le modèle précédent, une finition primitive, un tableau de bord désuet, un niveau sonore élevé ainsi qu'une plate-forme jugée de plus en plus flexible au fil des années étaient les éléments les plus souvent critiqués par les propriétaires. Le tableau de bord est donc tout nouveau et s'inspire naturellement de celui du Grand Cherokee qui a fait peau neuve l'an dernier. La présentation est sobre, efficace et se complète par la présence de coussins de sécurité gonflables autant pour le conducteur que pour le passager. En outre, la plate-forme a été rendue plus rigide pour contribuer à diminuer le niveau sonore dans l'habitacle.

En constante évolution

Les ingénieurs sont également allés à la chasse aux vibrations et aux bruits parasites. Malheureusement, en raison du budget restreint, les portes arrière sont toujours aussi étroites, rendant difficile l'accès à la cabine.

La carrosserie a été l'objet de plusieurs transformations même si cela ne paraît pas nécessairement au premier coup d'œil. Les angles des ailes avant sont beaucoup plus doux tandis que la sempiternelle calandre à bâtons verticaux a été conservée. Toutefois, l'espace entre chacun de ces éléments verticaux est plus grand. À l'arrière, les phares de position et de freins sont également tout nouveaux. Sur le plan mécanique, le 6 cylindres 4,0 litres de 190 chevaux et le 4 cylindres 2,5 litres de 130 chevaux sont de retour sans connaître de transformations majeures.

Ce nouveau Cherokee se comporte exactement comme le modèle précédent. Toutefois, l'insonorisation est meilleure, les sièges plus confortables et l'impression de solidité accrue. De plus, on s'est finalement

débarrassé du sifflement de la pompe à essence qui dérangeait les passagers arrière. Somme toute, la version 1997 est toujours aussi efficace tout en gagnant en raffinement.

Grand Cherokee: l'incontournable

D'autres utilitaires ont beau être vendus en plus grand nombre, posséder des attraits supplémentaires ou être plus récents, à notre avis ils ne peuvent pas inquiéter le Grand Cherokee sur le plan de l'équilibre général. En premier lieu, lorsqu'on prend place à bord, on n'a pas l'impression de grimper dans une camionnette transformée en utilitaire sport. Le seuil de la portière est relativement bas tandis que l'habitacle est cossu et agréable. De plus, le tableau de bord, revu l'an dernier, est nettement plus plaisant qu'avant. Les différences peuvent paraître subtiles au départ, mais elles se font apprécier à l'usage. D'ailleurs, il faut souligner les améliorations apportées en ce qui concerne la finition et la qualité générale d'assemblage.

En fait, côté habitacle, la seule véritable lacune de cet utilitaire sport est son espace limité pour les bagages en raison de la présence d'un pneu de secours vraiment encombrant. Jeep n'a pas encore trouvé de solution à ce problème qui peut devenir agaçant en certaines occasions.

En conduite, il s'acquitte de toutes ses fonctions avec brio. Sur la route, son comportement n'est pas celui d'une automobile, mais il est suffisamment compétent pour nous faire rapidement oublier qu'on conduit un 4X4. Le système de traction intégrale a parfois tendance à faire louvoyer le véhicule sur certaines routes. C'est à peine perceptible cependant et seuls ceux qui sont vraiment très pointilleux pourront en être agacés. Et ce mécanisme est toujours engagé, ce qui évite d'avoir à décider du moment où il faut passer en mode quatre roues. De plus, il a fait ses preuves au fil des années.

En conduite tout-terrain, le Grand Cherokee se débrouille aussi bien que sur la route. Sa suspension peut sembler primitive au premier coup d'œil, mais elle est en mesure de nous offrir une rassurante solidité en plus d'être capable d'affronter des obstacles que d'autres 4X4 ne peuvent franchir.

Somme toute, le Cherokee revu et corrigé ainsi que le Grand Cherokee possèdent tous les éléments pour faire la vie dure à la concurrence. Et Chrysler a pris soin d'améliorer leur finition et leur fiabilité au cours des dernières années.

D. Duquet

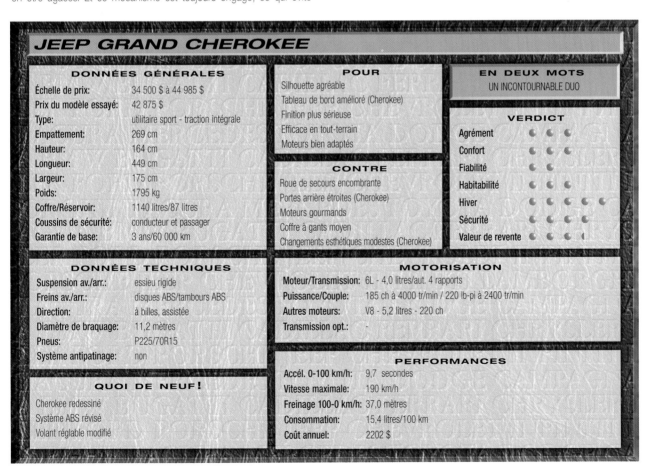

JEEP GRAND CHEROKEE

DONNÉES GÉNÉRALES

Échelle de prix:	34 500 $ à 44 985 $
Prix du modèle essayé:	42 875 $
Type:	utilitaire sport - traction intégrale
Empattement:	269 cm
Hauteur:	164 cm
Longueur:	449 cm
Largeur:	175 cm
Poids:	1795 kg
Coffre/Réservoir:	1140 litres/87 litres
Coussins de sécurité:	conducteur et passager
Garantie de base:	3 ans/60 000 km

DONNÉES TECHNIQUES

Suspension av./arr.:	essieu rigide
Freins av./arr.:	disques ABS/tambours ABS
Direction:	à billes, assistée
Diamètre de braquage:	11,2 mètres
Pneus:	P225/70R15
Système antipatinage:	non

QUOI DE NEUF!

Cherokee redessiné
Système ABS révisé
Volant réglable modifié

POUR

Silhouette agréable
Tableau de bord amélioré (Cherokee)
Finition plus sérieuse
Efficace en tout-terrain
Moteurs bien adaptés

CONTRE

Roue de secours encombrante
Portes arrière étroites (Cherokee)
Moteurs gourmands
Coffre à gants moyen
Changements esthétiques modestes (Cherokee)

MOTORISATION

Moteur/Transmission:	6L - 4,0 litres/aut. 4 rapports
Puissance/Couple:	185 ch à 4000 tr/min / 220 lb-pi à 2400 tr/min
Autres moteurs:	V8 - 5,2 litres - 220 ch
Transmission opt.:	-

PERFORMANCES

Accél. 0-100 km/h:	9,7 secondes
Vitesse maximale:	190 km/h
Freinage 100-0 km/h:	37,0 mètres
Consommation:	15,4 litres/100 km
Coût annuel:	2202 $

EN DEUX MOTS

UN INCONTOURNABLE DUO

VERDICT

Agrément	● ● ●
Confort	● ● ●
Fiabilité	● ●
Habitabilité	● ● ●
Hiver	● ● ● ●
Sécurité	● ● ●
Valeur de revente	● ● ● ○

JEEP TJ

Même les légendes doivent se moderniser. Après avoir littéralement inventé les véhicules utilitaires sport après la guerre, Jeep devait doter sa plus récente génération du Jeep YJ de moyens lui permettant de pouvoir affronter une concurrence nettement plus affûtée. Dorénavant désigné comme étant le TJ, ce nouveau tout-terrain s'est amélioré sans jamais perdre ses attributs de base.

Un classique rajeuni

Depuis plus de 50 ans, le mot Jeep est synonyme de conduite en tout-terrain, d'aventures et de robustesse. En fait, pendant de longues années, les modèles comme les YJ étaient pratiquement les seuls 4X4 disponibles sur le marché. La récente popularité de la catégorie a amené une prolifération de modèles de tout acabit. Il était donc devenu impératif pour Jeep de réviser sérieusement son modèle YJ dont la dernière refonte remontait à 1987. La nouvelle Jeep TJ est ainsi un véhicule sérieusement revu tant sur le plan esthétique que mécanique.

En ce qui concerne la présentation, les stylistes de Jeep voyaient deux solutions s'offrir à eux: transformer radicalement la silhouette ou respecter l'héritage visuel des versions antérieures. Les designers ont choisi cette dernière solution et l'impact visuel du TJ s'articule autour de la grille de calandre classique et de phares circulaires. Pour le néophyte, le remplacement des phares carrés par des éléments circulaires tient du détail. Mais pour les inconditionnels, cela fait toute une différence. En fait, les mordus de ce modèle considèrent les phares circulaires comme un *must* si l'on veut respecter les données initiales. Un peu comme chez BMW, où les stylistes se sentent pratiquement obligés d'utiliser des phares ronds et une calandre en forme de rein. De plus, les attaches externes du capot ont été conservées afin de préserver la tradition. Toutefois, elles sont maintenant redessinées afin d'être plus aérodynamiques et plus efficaces. Le pare-brise peut toujours être rabattu vers l'avant, mais il a été repositionné afin de permettre l'utili-

sation de coussins de sécurité gonflables. Bref, on a tenté avec un certain succès de combiner les nécessités de la législation actuelle avec les caractéristiques associées à un passé glorieux.

L'habitacle est non seulement plus élégant, il est également plus pratique. Le tableau de bord a été revu et les instruments sont inspirés du modèle original avec leurs cadrans à chiffres blancs sur fond noir. Jadis d'un dépouillement extrême, la planche de bord est maintenant plus sophistiquée et s'apparente de par sa disposition à celle du Grand Cherokee. Les sièges ont également été repensés. Il faut ajouter que l'habitacle est toujours imperméabilisé et qu'on peut donc rouler sous la pluie capote baissée sans que l'eau n'endommage quoi que ce soit. Cette imperméabilisation facilite grandement le nettoyage après une randonnée particulièrement boueuse. Détail important, il n'est plus nécessaire d'enlever la capote au complet si on veut utiliser le toit rigide. Ce dernier se pose par-dessus le toit souple et s'enlève beaucoup plus facilement qu'auparavant.

La suspension: le grand changement

Mais la plus importante amélioration apportée au TJ est l'utilisation des nouvelles suspensions Quadra-Coil dérivées de celles utilisées sur le Grand Cherokee. De plus, le châssis à échelle est beaucoup plus rigide que sur l'ancienne version, ce qui permet d'ancrer plus solidement les éléments de la suspension. Ces essieux rigides à ressorts hélicoïdaux améliorent le confort, la garde au sol et le comportement routier tant sur la route qu'en conduite tout-terrain. En fait, le débattement a été augmenté de 17 cm, ce qui est fortement apprécié en utilisation intense et sur les sentiers en fort mauvais état. Côté moteur, le 4 cylindres 2,5 litres de 120 chevaux est de retour après avoir subi quelques modifications mineures. Par ailleurs, le 6 cylindres en ligne 4,0 litres bénéficie d'un bloc moteur plus rigide, de pistons en aluminium, de cames à profils révisés et d'un cache-soupapes réalisé dans un matériel insonorisant.

Souplesse et tintamarre

Une randonnée au volant d'un TJ doté d'un toit souple nous a permis de constater que cette nouvelle génération était nettement plus civilisée que la précédente. La caisse est plus solide, le tableau de bord plus convivial tandis que la suspension est moins friande de ruades du train arrière. Et puisque la direction est ancrée plus solidement, elle a gagné en précision. Toutefois, comme par le passé, la pédale d'embrayage est plutôt capricieuse et son engagement s'effectue pratiquement en fin de course. De plus, l'embrayage manque de progressivité, ce qui rend certaines manœuvres en conduite tout-terrain plus difficiles. Le moteur 4 cylindres 2,5 litres a plus d'entrain, mais le cinquième rapport de la boîte manuelle devrait être révisé. Par contre, le 6 cylindres a gagné en raffinement grâce aux multiples améliorations dont il a été l'objet.

Un essai sur un sentier boueux et parsemé d'embûches nous a permis de renouer connaissance avec les aptitudes du TJ en tout-terrain. En fait, la nouvelle suspension rend ce genre d'exercice plus confortable tout en nous permettant d'être plus audacieux lorsque vient le temps de franchir les obstacles. Malheureusement, même à des vitesses très modestes, le toit souple est extrêmement bruyant. Effectuer un trajet de quelques heures avec un TJ capote relevée risque d'avoir des conséquences fâcheuses sur le tonus nerveux des plus endurcis. Mieux vaut opter tout de suite pour le toit rigide. D'autant plus que c'est un *must* sous notre climat.

À part ce toit souple qui vient gâter quelque peu la sauce, toutes les améliorations apportées au TJ l'ont rendu plus homogène et confortable. La version YJ était reconnue pour son efficacité, mais également pour son manque de sophistication. Le modèle TJ se veut un remplacement plus raffiné et encore plus efficace.

D. Duquet

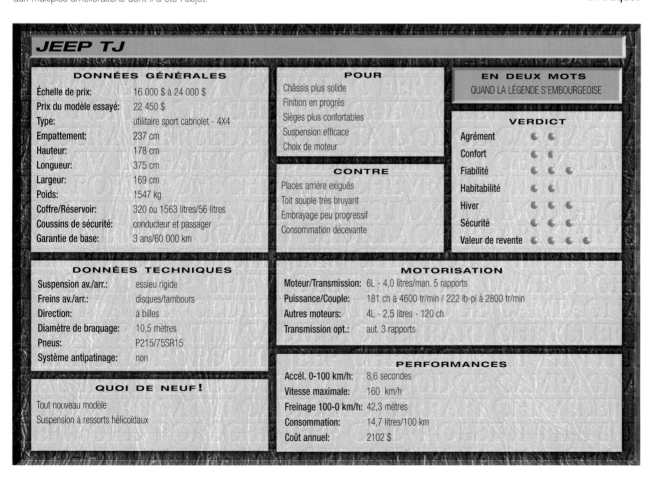

JEEP TJ

DONNÉES GÉNÉRALES

Échelle de prix:	16 000 $ à 24 000 $
Prix du modèle essayé:	22 450 $
Type:	utilitaire sport cabriolet - 4X4
Empattement:	237 cm
Hauteur:	178 cm
Longueur:	375 cm
Largeur:	169 cm
Poids:	1547 kg
Coffre/Réservoir:	320 ou 1563 litres/56 litres
Coussins de sécurité:	conducteur et passager
Garantie de base:	3 ans/60 000 km

DONNÉES TECHNIQUES

Suspension av./arr.:	essieu rigide
Freins av./arr.:	disques/tambours
Direction:	à billes
Diamètre de braquage:	10,5 mètres
Pneus:	P215/75SR15
Système antipatinage:	non

QUOI DE NEUF!

Tout nouveau modèle
Suspension à ressorts hélicoïdaux

POUR

Châssis plus solide
Finition en progrès
Sièges plus confortables
Suspension efficace
Choix de moteur

CONTRE

Places arrière exiguës
Toit souple très bruyant
Embrayage peu progressif
Consommation décevante

MOTORISATION

Moteur/Transmission:	6L - 4,0 litres/man. 5 rapports
Puissance/Couple:	181 ch à 4600 tr/min / 222 lb-pi à 2800 tr/min
Autres moteurs:	4L - 2,5 litres - 120 ch
Transmission opt.:	aut. 3 rapports

PERFORMANCES

Accél. 0-100 km/h:	8,6 secondes
Vitesse maximale:	160 km/h
Freinage 100-0 km/h:	42,3 mètres
Consommation:	14,7 litres/100 km
Coût annuel:	2102 $

EN DEUX MOTS

QUAND LA LÉGENDE S'EMBOURGEOISE

VERDICT

Agrément	●●
Confort	●●
Fiabilité	●●●
Habitabilité	●●
Hiver	●●●
Sécurité	●●
Valeur de revente	●●●●

LADA Niva/Samara

Trop souvent tournées en dérision, les voitures et utilitaires sport fabriqués par Lada se sont constitué une clientèle qui augmente très lentement mais sûrement. En cette période difficile sur le plan économique, quelques acheteurs s'intéressent à ces voitures russes qui ont connu plus de bas que de hauts sur notre marché. Pourtant, leur survie montre que plusieurs apprécient leur approche simple et économique.

Mieux vaut le préciser tout de suite, si vous croyez que ces véhicules de fabrication russe sont à la hauteur de la concurrence quant à la sophistication mécanique, aux performances et à l'agrément de conduite, vous faites fausse route. Pour vous donner un exemple de la position de ces produits sur le plan mécanique, il suffit de vous indiquer que l'injection électronique de carburant vient à peine d'être disponible chez Lada. La simplicité mécanique, des prix alléchants et une certaine rusticité sont donc les points forts de la gamme.

Le Lada Niva est présent sur le marché canadien sous une forme ou une autre depuis plus d'une quinzaine d'années. Toutefois, bien qu'il conserve plus ou moins la même silhouette, il a bénéficié de plusieurs améliorations dans le but de lui donner une allure et un comportement plus contemporains. Il y a une couple d'années, le moteur 1,7 litre à injection est venu donner un peu plus de souffle à ce véhicule dont le profil est toujours aussi militaire. En plus, le rouage d'entraînement, la boîte de transfert et certains autres éléments mécaniques ont bénéficié de retouches afin d'améliorer leur efficacité et leur fiabilité.

Toutefois, ne vous attendez pas à trouver une boîte de transfert électronique, des freins ABS ou un correcteur d'assiette automatique. Conduire un Niva, c'est faire un retour aux sources en ce qui a trait aux véhicules tout-terrains. Perché assez haut, le conducteur doit compter sur une direction floue et une boîte de vitesses au guidage incertain pour se faufiler dans les sentiers. Grâce à une garde au sol élevée et à un rouage intégral

Quand simplicité rime avec économie

aussi efficace que fruste, ce petit russe tient son bout en hors route. Cependant, il est pratiquement aussi haut que large et il faut songer qu'il est toujours facile de se payer un capotage si on est trop audacieux.

Il est vrai que le Niva n'a pas le raffinement d'un Blazer ou d'un Tracker, mais il peut subir bien des abus avant de baisser sa garde. Par contre, il ne faut pas avoir peur de se mettre la tête sous le capot, car sa mécanique a souvent besoin d'ajustement ou de réparations. D'ailleurs, un concessionnaire en province nous soulignait que plusieurs de ses clients apprécient justement le Niva non seulement pour sa robustesse et sa simplicité, mais également pour la facilité avec laquelle il peut être réparé. Et cette caractéristique s'applique tout aussi bien à la Samara.

Un simple moyen de transport

De nos jours, plusieurs achètent une voiture pour étaler leur ego, se faire peur au volant d'une sportive ou se payer un peu de luxe. Ils oublient que la voiture est avant tout un moyen de transport devant

nous conduire du point A au point B. C'est justement la vocation de la Samara qui peut être commandée en version à hayon trois et cinq portes en plus de la berline Sagona. Cette dernière a été conçue pour répondre à la hausse de popularité des berlines trois espaces sur tous les marchés. Cependant, il est permis de conclure que ce n'est pas Giugiaro ou Pininfarina qui en ont dessiné la carrosserie. C'est probablement un ancien employé d'une usine de char d'assaut qui s'est fait la main sur la silhouette de la pauvre Sagona. Sa partie arrière équarrie ne respecte absolument pas les canons esthétiques présentement en vigueur. En revanche, son coffre est généreux et les places arrière ne sont pas à dédaigner, deux qualités qui seront appréciées par les gens dotés d'un esprit pratique.

Tous les modèles Samara se partagent plus ou moins le même habitacle. Si les sièges sont plus moelleux que confortables, l'habitabilité est adéquate et la finition a connu certains progrès au fil des années. Par contre, il se dégage des plastiques et des tissus employés un arôme qui nous ramène 20 ans en arrière alors que les modèles économiques de Fiat nous offraient ce même parfum. Quant au tableau de bord, il est relativement complet et facile à consulter, mais ses angles aigus nous font réaliser que sa conception remonte déjà à plusieurs années, à une époque où les dirigeants de la défunte Union soviétique croyaient que concevoir un design moderne c'était commettre une faute contre le communisme.

Le moteur 1,5 litre n'est pas un foudre de guerre. Heureusement, la présence d'un système d'injection électronique d'essence lui permet de s'exprimer davantage. Quant à la boîte manuelle à 5 rapports, son étagement est plus orienté vers l'économie de carburant que vers les performances. Tout cela découle d'une logique sans faille. Après tout,

personne n'achète ce type de voiture pour faire de l'auto-cross. Mais ce qui est jugé comme une faiblesse par certains est apprécié par les autres: ceux qui sont à la recherche d'un moyen de transport très économique.

Bref, la conduite de toute Samara nous permet d'effectuer un retour en arrière alors que les voitures étaient moins complexes, plus économiques, et pouvaient être réparées sans ennui par leur propriétaire. Pour plusieurs, ce ne sont pas des éléments à négliger. D'autant plus que le prix de toutes les Lada permet de se procurer une voiture neuve pour le prix d'une usagée d'une autre marque. Malgré tout, il est important de souligner que la fiabilité des Lada n'est toujours pas celle des japonaises et que leur finition peut paraître rustique lorsqu'on les examine de près. Enfin, l'importance de la trousse d'outils et de pièces de rechange vous donne un bon indice que vous devrez mettre vos mains dans le cambouis à quelques reprises.

D. Duquet

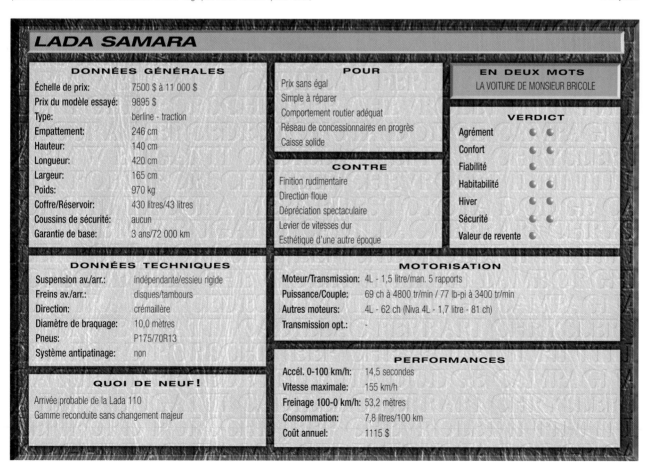

LADA SAMARA

DONNÉES GÉNÉRALES

Échelle de prix:	7500 $ à 11 000 $
Prix du modèle essayé:	9895 $
Type:	berline - traction
Empattement:	246 cm
Hauteur:	140 cm
Longueur:	420 cm
Largeur:	165 cm
Poids:	970 kg
Coffre/Réservoir:	430 litres/43 litres
Coussins de sécurité:	aucun
Garantie de base:	3 ans/72 000 km

POUR

Prix sans égal
Simple à réparer
Comportement routier adéquat
Réseau de concessionnaires en progrès
Caisse solide

CONTRE

Finition rudimentaire
Direction floue
Dépréciation spectaculaire
Levier de vitesses dur
Esthétique d'une autre époque

EN DEUX MOTS

LA VOITURE DE MONSIEUR BRICOLE

VERDICT

Agrément	◖◖
Confort	◖◖
Fiabilité	◖
Habitabilité	◖◖
Hiver	◖◖
Sécurité	◖◖
Valeur de revente	◖

DONNÉES TECHNIQUES

Suspension av./arr.:	indépendante/essieu rigide
Freins av./arr.:	disques/tambours
Direction:	crémaillère
Diamètre de braquage:	10,0 mètres
Pneus:	P175/70R13
Système antipatinage:	non

MOTORISATION

Moteur/Transmission:	4L - 1,5 litre/man. 5 rapports
Puissance/Couple:	69 ch à 4800 tr/min / 77 lb-pi à 3400 tr/min
Autres moteurs:	4L - 62 ch (Niva 4L - 1,7 litre - 81 ch)
Transmission opt.:	-

QUOI DE NEUF!

Arrivée probable de la Lada 110
Gamme reconduite sans changement majeur

PERFORMANCES

Accél. 0-100 km/h:	14,5 secondes
Vitesse maximale:	155 km/h
Freinage 100-0 km/h:	53,2 mètres
Consommation:	7,8 litres/100 km
Coût annuel:	1115 $

LAND ROVER Discovery/Defender 90

L'engouement pour les véhicules tout-terrains en Amérique du Nord a permis à Land Rover d'effectuer une percée sur notre marché. Curieusement, si le Discovery se vend au prix des modèles de grand luxe offerts par les Nord-Américains, sa robustesse en fait surtout un outil de travail.

Deux britanniques à tout faire

Si vous percevez le Land Rover Discovery comme un véhicule de luxe, vous faites fausse route. Le modèle de luxe, c'est le SE qui est un tout-terrain ayant les prétentions d'une Rolls-Royce et un prix pouvant atteindre les 90 000 $.

Quant au Discovery, il s'agit d'un robuste tout-terrain doté d'un châssis massif et possédant une généreuse garde au sol. Sur ce modèle, pas de système électronique de contrôle de hauteur et d'assiette comme c'est le cas pour le Range Rover. Il faut lever la jambe pour grimper dans ce véhicule. Et une fois derrière le volant, on a un sentiment d'invincibilité, parce qu'on se sent en plein contrôle de la situation. Une position de conduite passablement droite et haute, une grande surface vitrée et un volant à gros boudin expliquent cette sensation.

L'habitabilité est plus qu'adéquate aussi bien à l'avant qu'à l'arrière. Et si jamais le dégagement pour la tête vous paraît un peu juste, c'est probablement parce que vous jouez dans une ligue de basket-ball professionnel. Ce tout-terrain est le champion toutes catégories à ce chapitre et c'est encore mieux à l'arrière en raison du toit surélevé choisi par les stylistes afin de permettre à des passagers de s'asseoir sur des strapontins boulonnés sur les parois de l'aire de chargement. Pour faciliter l'accès aux places temporaires de la soute à bagages, la porte arrière est à battant et un marchepied se déploie.

Un robuste tapis caoutchouté ainsi que des espaces de rangement placés dans le pavillon sont d'autres éléments du caractère pratique de ce

véhicule. Ces espaces de rangement permettent de remiser des cartes routières et d'autres documents semblables. Cette vocation utilitaire explique également pourquoi la présentation du tableau de bord est peu esthétique.

Costaud et assoiffé

La silhouette carrée du Discovery ainsi que son habitacle principalement axé sur l'aspect utilitaire sont des indices qui nous mettent la puce à l'oreille quant au caractère routier de ce tout-terrain britannique. Même si la tenue de route n'est pas mauvaise, il faut quelque temps pour s'y habituer, car le roulis en virage est prononcé et la position de conduite plus élevée que la moyenne contribue à accentuer cette sensation. Malgré tout, il est possible de circuler sur une route parsemée de virages serrés sans nécessairement lever le pied, à condition d'accepter un sous-virage constant. Sur les autoroutes, sa silhouette haute ainsi qu'un centre de gravité passablement élevé s'associent à une suspension relativement souple pour rendre le Discovery sensible au vent latéral. Quant au moteur V8 4,0 litres de

182 chevaux, il est à la hauteur de la tâche, mais il a besoin de toute sa force en raison du poids du véhicule et de son système de traction intégrale. Cela explique probablement sa consommation élevée de carburant. Même en roulant sagement, nous n'avons jamais pu descendre sous la barrière des 16 litres aux 100 km et toute conduite enthousiaste fait grimper sa soif à plus de 18 litres au 100 km.

C'est justement le prix à payer pour conduire un tout-terrain d'une grande efficacité sur les sentiers défoncés et les champs boueux. La position de conduite élevée, les grandes surfaces vitrées et le couple à bas régime du V8 se conjuguent pour permettre au Discovery de passer littéralement partout. Confiez un Discovery à un spécialiste du tout-terrain et vous serez drôlement impressionné.

Le Defender 90 se civilise

Jusqu'à tout récemment, le Defender 90 était un authentique véhicule pour les machos. Le toit souple était offert en option et il fallait une poigne de fer pour manier le levier de vitesses de la boîte manuelle. C'était le 4X4 pur et dur capable d'affronter les déserts africains ou la toundra des Territoires du Nord-Ouest. Malgré cette approche spartiate sur un continent où le confort est roi, Land Rover écoulait tous les modèles qui lui étaient confiés. Les dirigeants de la compagnie en ont conclu qu'ils en vendraient beaucoup plus si le Defender était un peu plus civilisé. C'est ainsi qu'un toit rigide était offert en option l'an dernier. Puis, surprise, voilà qu'il est maintenant possible d'équiper ce costaud d'une boîte automatique. Quand on connaît la popularité de cet accessoire sur notre continent, il est certain que plus de gens vont craquer pour le caractère macho de ce tout-terrain.

Malgré ces raffinements, le Defender n'a rien perdu de sa virilité. Le bruit de la mécanique est toujours aussi omniprésent dans la cabine, le tableau de bord n'est qu'un prétexte pour y encastrer les cadrans et l'imperméabilité des sièges est plus impressionnante que leur confort.

Foncez sur un chemin forestier ou sur un terrain de chantier boueux avec le Defender et vous oublierez tous ses défauts en constatant son efficacité dans des conditions difficiles. Malgré son gros gabarit, il se faufile avec aisance dans les sentiers et son rouage d'entraînement est en mesure de dompter quasiment tous les obstacles. Par contre, sur les routes boueuses, les pneus ont tendance à inciter le véhicule à serpenter dans un mouvement de va-et-vient, ce qui devient lassant à la longue. Sa suspension ferme s'accommode également mal des trous et des bosses. Mais il passe littéralement partout.

Le principal obstacle à l'évolution du chiffre des ventes du Defender 90 est le Jeep TJ. Ce dernier est plus petit, mais tout aussi efficace, plus confortable et beaucoup moins cher.

D. Duquet

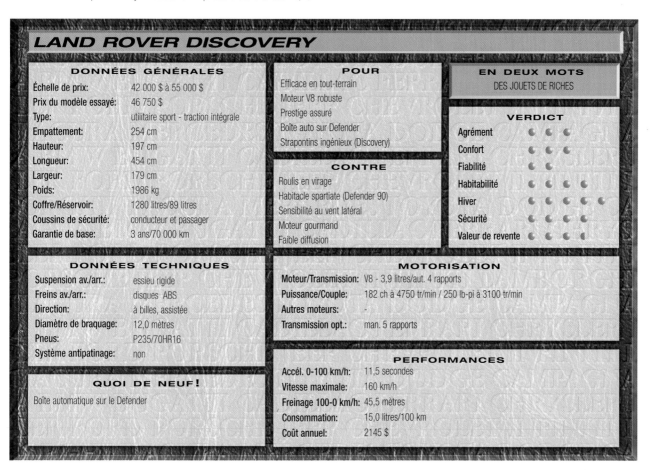

LAND ROVER DISCOVERY

DONNÉES GÉNÉRALES

Échelle de prix:	42 000 $ à 55 000 $
Prix du modèle essayé:	46 750 $
Type:	utilitaire sport - traction intégrale
Empattement:	254 cm
Hauteur:	197 cm
Longueur:	454 cm
Largeur:	179 cm
Poids:	1986 kg
Coffre/Réservoir:	1280 litres/89 litres
Coussins de sécurité:	conducteur et passager
Garantie de base:	3 ans/70 000 km

POUR

Efficace en tout-terrain
Moteur V8 robuste
Prestige assuré
Boîte auto sur Defender
Strapontins ingénieux (Discovery)

CONTRE

Roulis en virage
Habitacle spartiate (Defender 90)
Sensibilité au vent latéral
Moteur gourmand
Faible diffusion

EN DEUX MOTS

DES JOUETS DE RICHES

VERDICT

Agrément	◖ ◖ ◖
Confort	◖ ◖ ◖
Fiabilité	◖ ◖
Habitabilité	◖ ◖ ◖ ◖
Hiver	◖ ◖ ◖ ◖
Sécurité	◖ ◖ ◖
Valeur de revente	◖ ◖ ◖ ◖

DONNÉES TECHNIQUES

Suspension av./arr.:	essieu rigide
Freins av./arr.:	disques ABS
Direction:	à billes, assistée
Diamètre de braquage:	12,0 mètres
Pneus:	P235/70HR16
Système antipatinage:	non

MOTORISATION

Moteur/Transmission:	V8 - 3,9 litres/aut. 4 rapports
Puissance/Couple:	182 ch à 4750 tr/min / 250 lb-pi à 3100 tr/min
Autres moteurs:	-
Transmission opt.:	man. 5 rapports

QUOI DE NEUF!

Boîte automatique sur le Defender

PERFORMANCES

Accél. 0-100 km/h:	11,5 secondes
Vitesse maximale:	160 km/h
Freinage 100-0 km/h:	45,5 mètres
Consommation:	15,0 litres/100 km
Coût annuel:	2145 $

LAND ROVER Range Rover

Le boom des véhicules utilitaires à vocation sportive profite à tout le monde. On achète tout ce qui roule dans cette catégorie, y compris le Range Rover et cela même si son rapport qualité/prix est risible. Dans son créneau ultra-sélect, il aura bientôt à affronter une rude concurrence venue d'Allemagne et du Japon.

En attendant l'entrée de Mercedes-Benz sur ce marché, Lexus et Infiniti y font déjà une incursion remarquée et leurs modèles pourraient bien secouer le piédestal sur lequel on a installé le Range Rover. Ce 4X4 *british* qu'on essaie de faire passer pour la Rolls-Royce de la brousse est certes luxueux et particulièrement efficace sur pistes et sentiers, mais sa conduite sur la route ou en ville n'a rien de particulièrement agréable. Comme cela représente 99 p. 100 de l'utilisation que l'on fera d'un Range Rover, on risque de souffrir très souvent. Sans compter que la fiabilité de ces prétentieux engins est aussi légère que ceux-ci sont lourds. Malgré l'arrivée de BMW à la barre du manufacturier anglais, les produits Land Rover n'ont pas encore démontré la qualité de construction et la durabilité qui permettent de rouler l'esprit tranquille. Même le modèle flambant neuf confié à la presse a souffert de divers petits pépins qui sont durs à avaler quand on aligne 80 000 $ pour se démarquer de la plèbe. Et il faut y ajouter 10 000 $ francs si l'on veut bénéficier de la version ultra haut de gamme qu'est le 4,6 HSE dont le V8 développe 225 chevaux et 280 lb-pi de couple.

Me contentant du modèle 4,0 SE moins puissant et luxueux, j'ai passé une semaine au volant d'un Range Rover... juste pour voir si j'allais succomber à ses «charmes». Bien sûr, je ne suis pas un adepte du 4X4 mais je me suis tout de même plu à conduire divers Cherokee ou Explorer au cours des récentes années.

La farce a assez duré!

Pourquoi?

Si je comprends très bien l'attrait que ces derniers peuvent exercer, j'ai beaucoup plus de mal à discerner ce qui peut faire le succès d'un Range Rover, à part sans doute le snobisme qui s'y rattache. Cet engin a la maniabilité et le confort d'un camion et son interminable diamètre de braquage le rend exécrable à conduire en ville. Ce n'est guère mieux sur la route où son instabilité et sa sensibilité aux rafales latérales ne procurent pas une conduite de tout repos. À une vitesse normale de croisière, le bruit de roulement est si élevé que le système de son de grand luxe est quasi inutile.

Si vous n'avez pas 10 000 $ de plus à investir dans la version 4,6, vous devrez faire preuve de patience avec le V8 de 4,0 litres, dont les 190 chevaux ont bien du mal à déplacer la caisse mi-acier mi-aluminium du Range Rover. Avec ses presque deux tonnes et demie, celui-ci met plus de 12 secondes à boucler le 0-100 km/h et se révèle

un vrai gouffre à essence au moment du ravitaillement. Il est vrai que lorsque l'on dispose des fonds nécessaires pour acheter un tel véhicule, on ne risque pas de se soucier de ses 22 litres aux 100 km en ville ou de sa consommation d'environ 17 litres aux 100 km sur route.

Dans son élément

De longues distances d'arrêt en freinage d'urgence et une direction empâtée s'ajoutent à ce bilan déjà pas très reluisant. Mais ne désespérez pas puisqu'il y a quand même certains éléments qui ne sont pas si mauvais. La transmission automatique, par exemple, est sans reproche tandis que la tenue en virage surprend par sa ténacité. Le Range Rover n'a pas volé non plus son excellente réputation de véhicule hors route. Dans la boue d'un terrain de golf en construction, rien n'a pu l'arrêter, pas même mon inexpérience de la conduite en 4X4. J'ai aimé aussi la parfaite visibilité du paysage, les grands rétroviseurs extérieurs, les excellents sièges, le très beau tableau de bord et, en général, l'impression de qualité qui se dégage de la présentation intérieure. De bons mots aussi pour l'habitabilité avec trois excellentes places arrière et un vaste espace pour les bagages. Et vous serez heureux de savoir que vos chères malles Vuitton peuvent être dissimulées à la vue des passants par un rideau. Dans la cabine, les espaces de rangement abondent et le vide-poches placé sur la console centrale possède un couvercle que l'on peut retourner pour en faire un quadruple porte-verres.

Comme la plupart de ses congénères, le Range Rover est passablement haut sur pattes et son accès n'est pas facile. On a toutefois prévu des ressorts pneumatiques à commande électronique qui per-

mettent de régler la suspension à cinq paliers différents. Ainsi, on peut l'abaisser pour faciliter l'accès à bord de Madame avec sa jupe cintrée. Inversement, on peut soulever le véhicule pour augmenter sa garde au sol lorsqu'on circule hors route sur des terrains accidentés.

La presse automobile en général a été remarquablement complaisante à l'endroit des produits Land Rover et, plus particulièrement, de son porte-étendard, le Range. Elle ne rate jamais une occasion de perpétuer un mythe. J'ignore si ces reportages louangeurs ont pour but de se réserver une place dans l'un ou l'autre des safaris qu'organise habilement cette marque anglaise pour adamouer les scribes mais ce que je sais, c'est qu'un Range Rover 4,0 ou 4,6 litres à près de 100 000 $, c'est une blague. Et la farce a assez duré...

J. Duval

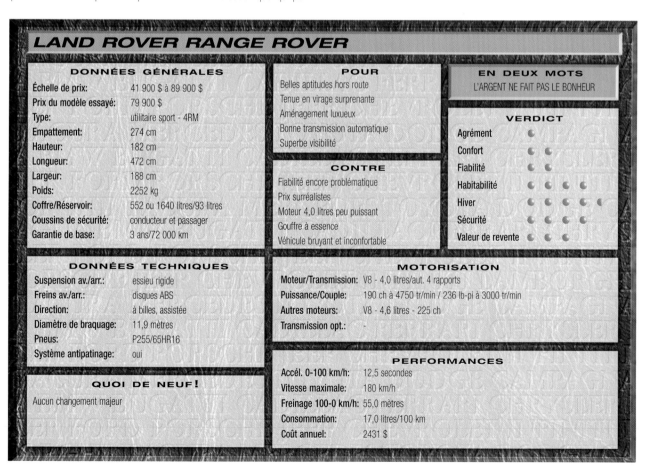

LAND ROVER RANGE ROVER

DONNÉES GÉNÉRALES

Échelle de prix:	41 900 $ à 89 900 $
Prix du modèle essayé:	79 900 $
Type:	utilitaire sport - 4RM
Empattement:	274 cm
Hauteur:	182 cm
Longueur:	472 cm
Largeur:	188 cm
Poids:	2252 kg
Coffre/Réservoir:	552 ou 1640 litres/93 litres
Coussins de sécurité:	conducteur et passager
Garantie de base:	3 ans/72 000 km

DONNÉES TECHNIQUES

Suspension av./arr.:	essieu rigide
Freins av./arr.:	disques ABS
Direction:	à billes, assistée
Diamètre de braquage:	11,9 mètres
Pneus:	P255/65HR16
Système antipatinage:	oui

QUOI DE NEUF !

Aucun changement majeur

POUR

Belles aptitudes hors route
Tenue en virage surprenante
Aménagement luxueux
Bonne transmission automatique
Superbe visibilité

CONTRE

Fiabilité encore problématique
Prix surréalistes
Moteur 4,0 litres peu puissant
Gouffre à essence
Véhicule bruyant et inconfortable

MOTORISATION

Moteur/Transmission:	V8 - 4,0 litres/aut. 4 rapports
Puissance/Couple:	190 ch à 4750 tr/min / 236 lb-pi à 3000 tr/min
Autres moteurs:	V8 - 4,6 litres - 225 ch
Transmission opt.:	-

PERFORMANCES

Accél. 0-100 km/h:	12,5 secondes
Vitesse maximale:	180 km/h
Freinage 100-0 km/h:	55,0 mètres
Consommation:	17,0 litres/100 km
Coût annuel:	2431 $

EN DEUX MOTS

L'ARGENT NE FAIT PAS LE BONHEUR

VERDICT

Agrément	
Confort	
Fiabilité	
Habitabilité	
Hiver	
Sécurité	
Valeur de revente	

LEXUS ES300

Même si le terme peut sembler contradictoire pour une voiture coûtant près de 43 000 $, l'ES300 représente le bas de gamme de la marque Lexus. Pour 1997, le moins cher des trois modèles proposés par la division de luxe de Toyota a non seulement fait peau neuve mais son prix a été réduit de 5900 $.

I l n'est pas facile pour un manufacturier de redessiner une voiture à succès. On en a eu une preuve éclatante encore l'an dernier avec la Ford Taurus. L'ES300 n'est sans doute pas une voiture d'une aussi grande diffusion, mais elle n'en demeure pas moins le best-seller de la gamme Lexus. Et comme pour compliquer le travail des stylistes, elle était déjà fort bien tournée dans sa précédente version. La meilleure façon de ne pas gâcher un aussi beau design était d'y aller mollo et c'est précisément ce que l'on a fait chez Lexus. La nouvelle ES300 est une évolution du précédent modèle qui reste étroitement liée à la voiture à laquelle elle doit son existence, la Toyota Camry. C'est la plate-forme de cette dernière, un peu allongée, qui sert en effet de point de départ à la plus petite des Lexus. Les deux voitures se partagent également les mêmes organes mécaniques... à quelques nuances près.

70 p. 100 pure

De là à dire que l'ES300 est une Camry maquillée de bois et de matériaux insonorisants, il n'y a qu'un pas que franchiront les plus cyniques d'entre nous. Mais l'industrie automobile est ainsi faite de nos jours. Les coûts de production sont devenus si élevés que la seule façon de les amortir est d'utiliser les mêmes composantes dans plusieurs modèles. Si l'opération est bien faite, le consommateur n'y verra que du feu et sera prêt à débourser davantage pour une voiture de luxe même si elle est de modeste origine. Chez Lexus, on tient tout de même à préciser que 70 p. 100 des composantes de l'ES300 sont uniques à ce modèle.

Un nouveau costume à rabais

Néanmoins, il suffit d'examiner certaines caractéristiques des deux voitures pour que la filiation nous saute aux yeux.

La dernière ES300 propose par exemple un nouveau système antipatinage, un châssis 30 p. 100 plus rigide, un pare-brise en verre teinté qui coupe 90 p. 100 des rayons ultraviolets, des appuie-tête à l'arrière, une antenne intégrée à la lunette arrière et une foule d'autres améliorations qui vous seront familières si vous avez déjà lu l'essai de la Toyota Camry. Cela dit, il n'y a pas de honte à «hériter» d'une voiture que plusieurs considèrent comme l'une des meilleures au monde. Celle-ci prête également son moteur 3,0 litres en aluminium à l'ES300 mais Lexus a réussi à en tirer 200 chevaux, soit 12 de plus que l'an dernier. C'est encore un peu juste, surtout sur des routes sinueuses avec de fréquents changements d'élévation. En revanche, la discrétion et la douceur de ce V6 ne cessent d'étonner même si les performances sont moins brillantes que celles d'une Infiniti I30 ou d'une Mercedes C280, deux modèles que Lexus considèrent comme des concurrentes directes de l'ES300. Par rapport à sa rivale allemande toutefois, la Lexus s'illustre par un fonctionnement

beaucoup plus silencieux. La nouvelle transmission automatique à 4 rapports s'appuie sur un module électronique pour «deviner» les intentions du conducteur et s'adapter aux désirs de son pied droit. Hélas! comme toutes les boîtes du genre qui sont devenues la norme dans les voitures de luxe, les résultats sont loin d'être aussi spectaculaires qu'on le dit.

Ni BM, ni Town Car

Ce qui faisait le plus jaser chez Lexus lors du dévoilement de l'ES300, c'est sa nouvelle suspension ATS dite semi-active proposée en option. Celle-ci offre au conducteur quatre possibilités de réglage entre les modes «confort» et «sport». Selon le choix qui est fait et la façon de conduire, 16 types d'amortissement différents sont automatiquement programmés. La différence est notable, mais ni le confort ni la tenue de route ne bénéficient d'un gain appréciable. En mode «sport», l'ES300 ne devient pas pour autant une BMW pas plus qu'elle ne se transforme en une Town Car en mode «confort». Cela ne l'empêche pas d'offrir un comportement routier sans mauvaise surprise et parfaitement sûr ainsi qu'un confort serein qui n'est perturbé que par un léger bruit de vent malgré un Cx ramené à 0,29. Je ne serais pas étonné toutefois que celui-ci soit audible uniquement parce que la mécanique est d'un silence absolument rigoureux.

Une des grandes qualités de cette nouvelle Lexus est de vous faire oublier que vous conduisez une traction avant, ce qui est loin d'être le cas de l'Acura 3,5TL qui était présente au lancement de l'ES300 à des fins de comparaison. Si la direction est dépourvue d'effet de couple, elle occulte en même temps la sensation de contact avec la route. Sur un parcours montagneux de la région des Blue Ridge en Virginie, le freinage s'est avéré parfaitement à la hauteur et seul le frein d'urgence qui a quitté la console centrale pour prendre place au plancher est une concession discutable aux exigences de la clientèle nord-américaine.

Malgré des sièges bien conçus, j'ai mis du temps à trouver une position de conduite assez agréable pour vouloir la mettre en mémoire. Avec un empattement allongé de 5 cm, l'ES est légèrement plus spacieuse à l'arrière quoique la place du centre souffre d'un coussin surélevé qui diminue considérablement le dégagement pour la tête. En revanche, les rangements sont fort pratiques et il faut s'incliner devant la commodité du coffre à gants qui peut recevoir un ordinateur bloc-notes malgré la présence juste au-dessus d'une cartouche pour disques CD et d'un coussin gonflable. Le coffre à bagages est un peu plus petit, mais son ouverture agrandie le rend plus facile à charger.

La seule ambition de la nouvelle ES300 est d'être meilleure que le précédent modèle. En cela, c'est une réussite qui signifie qu'en matière de qualité de construction, elle atteint de nouveaux sommets dont bien des manufacturiers seront envieux. Pour le plaisir de conduire toutefois, les Japonais cherchent toujours la recette.

J. Duval

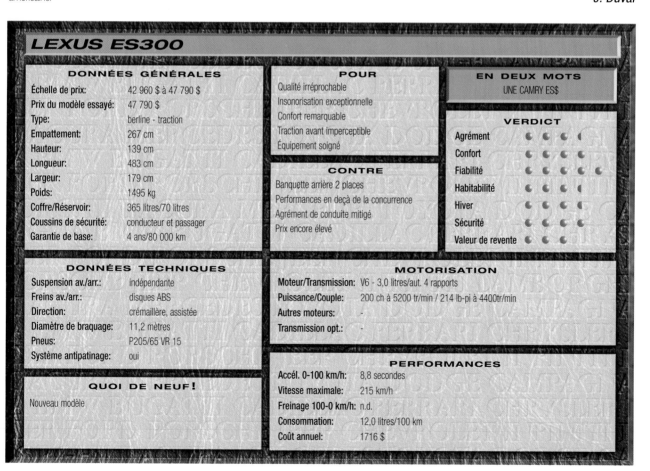

LEXUS ES300

DONNÉES GÉNÉRALES

Échelle de prix:	42 960 $ à 47 790 $
Prix du modèle essayé:	47 790 $
Type:	berline - traction
Empattement:	267 cm
Hauteur:	139 cm
Longueur:	483 cm
Largeur:	179 cm
Poids:	1495 kg
Coffre/Réservoir:	365 litres/70 litres
Coussins de sécurité:	conducteur et passager
Garantie de base:	4 ans/80 000 km

DONNÉES TECHNIQUES

Suspension av./arr.:	indépendante
Freins av./arr.:	disques ABS
Direction:	crémaillère, assistée
Diamètre de braquage:	11,2 mètres
Pneus:	P205/65 VR 15
Système antipatinage:	oui

QUOI DE NEUF!

Nouveau modèle

POUR

Qualité irréprochable
Insonorisation exceptionnelle
Confort remarquable
Traction avant imperceptible
Équipement soigné

CONTRE

Banquette arrière 2 places
Performances en deçà de la concurrence
Agrément de conduite mitigé
Prix encore élevé

MOTORISATION

Moteur/Transmission:	V6 - 3,0 litres/aut. 4 rapports
Puissance/Couple:	200 ch à 5200 tr/min / 214 lb-pi à 4400tr/min
Autres moteurs:	-
Transmission opt.:	-

PERFORMANCES

Accél. 0-100 km/h:	8,8 secondes
Vitesse maximale:	215 km/h
Freinage 100-0 km/h:	n.d.
Consommation:	12,0 litres/100 km
Coût annuel:	1716 $

EN DEUX MOTS

UNE CAMRY ES$

VERDICT

Agrément	
Confort	
Fiabilité	
Habitabilité	
Hiver	
Sécurité	
Valeur de revente	

LEXUS GS300

Pendant que Mercedes et BMW font des affaires d'or avec leurs modèles de la gamme intermédiaire, Lexus ronge son frein avec sa GS300. La classe E et la série 5 sont en effet les best-sellers des constructeurs allemands que la marque japonaise a pris pour cible. Leur concurrente nippone a raté l'objectif.

Faut pas rêver en couleurs

Des reprises énergiques

C e qui précède n'a rien de surprenant... Il faudrait être tombé sur la tête et s'être fait de sérieux dommages au cerveau pour débourser plus de 70 000 $ pour une GS300 alors que l'on peut rouler dans une Mercedes-Benz E320 ou une BMW série 5 pour moins cher. Il est rassurant de constater que la santé mentale des acheteurs de voitures de luxe est sauve: cette Lexus se vend au compte-gouttes.

Si la LS400 arrive toujours à justifier son prix, grâce notamment à son brillant moteur V8, il en va différemment de la GS300. Malgré ses lignes plus distinctives tracées par Giugiaro, le maître d'œuvre de chez Ital Design, c'est un peu la parente pauvre de la gamme. Son moteur 6 cylindres de 3,0 litres et 220 chevaux semble bien modeste pour déplacer cette berline presque aussi large, longue et lourde que le porte-étendard de la marque. Pour tout vous dire, elle fait monter la balance à 1675 kilos...

Lexus a allégé le fardeau l'an dernier par une habile transformation de la transmission automatique, mais est-ce vraiment suffisant? Même si celle-ci peut désormais compter sur 5 rapports au lieu de 4, on doit se résoudre à des temps d'accélération peu convaincants comparés à des voitures de prix égal. Jamais il ne m'a été possible de rééditer le temps de 8,3 secondes publié par Lexus pour le 0-100 km/h. Avec ou sans l'antipatinage (un bouton permet de l'annuler), je n'ai pu faire mieux que 9,4 secondes au même test.

Les changements à la boîte servent bien les reprises, toutefois, et le passage de la deuxième vitesse, notamment, se traduit par un surcroît de puissance bénéfique au moment des dépassements. Cela s'explique par la présence de ce jeu d'engrenages supplémentaire qui a été placé entre le premier et le deuxième rapport de l'ancienne boîte. Le rapport de pont a aussi été modifié dans le but avoué de secouer un peu la léthargie du moteur. Celui-ci n'en demeure pas moins peu impressionnant et j'ai particulièrement détesté la soudaineté de l'accélérateur. Cela donne une impression de nervosité d'accord, mais c'est plus désagréable qu'utile et il est heureux que l'on ait prévu un antipatinage pour la conduite en hiver. Soulignons au passage que la surmultiplication permet à la GS300 de se satisfaire d'environ 12,5 litres aux 100 km en conduite mi-ville, mi-route.

Sur le plan du comportement routier, la GS300 ne procure pas de plaisir particulier et elle se contente d'abattre du bon boulot, rien de plus. Honnête, mais pas stimulante... Or, on recherche un brin plus d'une voiture aussi coûteuse. Sur des routes en bon état, la suspension assure un confort appréciable, mais elle résiste mal à des épreuves plus sévères. Un vilain trou, quelques bosses et l'amortissement semble insuffisant. De plus, la caisse n'est pas parfaitement silencieuse dans de telles conditions, ce qui démontre que la voiture n'a pas cette rigidité que l'on retrouve chez ses rivales allemandes. La tenue de route est rassurante et l'antipatinage se charge même de couper les gaz si jamais vous dépassez les limites de l'adhérence.

Un cuir inodore

À l'intérieur, la finition est irréprochable, les équipements nombreux et le cuir abondant quoique inodore. Le tableau de bord à rétro-éclairage est toujours aussi fascinant et d'une lisibilité parfaite. Une console centrale élégante réunit la climatisation et la chaîne audio qui comprend de si multiples réglages qu'il faut prendre le temps de les apprivoiser. En revanche, les sièges se font apprécier au premier contact grâce à un galbe bien étudié et à des commandes électriques empruntées directement à Mercedes. Les places arrière sont elles aussi accueillantes, mais la banquette de la GS300 est limitée à deux personnes. Il faut en effet oublier la place du centre en se rappelant que l'on a affaire à une propulsion avec un tunnel de transmission d'un volume important. Le coffre à bagages déçoit aussi par son manque de profondeur, son seuil semi-haut et une capacité inférieure à celle de la ES300, la plus «petite» des Lexus.

Le toit ouvrant s'ouvre d'un trait mais se referme en deux mouvements. Il s'arrête à mi-chemin et il faut réenclencher le bouton pour le fermer complètement, ce qui devient fastidieux.

Finalement, la GS300 fait payer ses lignes originales par une visibilité arrière médiocre. Pas facile de juger de l'emplacement de la voiture qui est derrière lors de manœuvres de stationnement.

Chez Lexus, l'accueil plutôt tiède réservé à la GS300 n'est pas passé inaperçu. La voiture en est à sa dernière année dans sa configuration actuelle et 1998 verra l'arrivée d'un modèle entièrement remanié. La GS300 sera même secondée par une version plus puissante à moteur 4,0 litres, la GS400. Autant de raisons pour attendre à l'année prochaine avant de «magasiner» une Lexus GS.

J. Duval

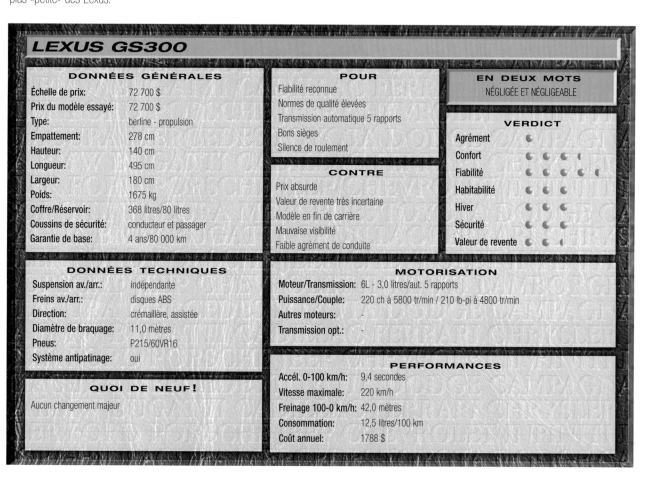

LEXUS GS300

DONNÉES GÉNÉRALES

Échelle de prix:	72 700 $
Prix du modèle essayé:	72 700 $
Type:	berline - propulsion
Empattement:	278 cm
Hauteur:	140 cm
Longueur:	495 cm
Largeur:	180 cm
Poids:	1675 kg
Coffre/Réservoir:	368 litres/80 litres
Coussins de sécurité:	conducteur et passager
Garantie de base:	4 ans/80 000 km

POUR

- Fiabilité reconnue
- Normes de qualité élevées
- Transmission automatique 5 rapports
- Bons sièges
- Silence de roulement

CONTRE

- Prix absurde
- Valeur de revente très incertaine
- Modèle en fin de carrière
- Mauvaise visibilité
- Faible agrément de conduite

EN DEUX MOTS

NÉGLIGÉE ET NÉGLIGEABLE

VERDICT

Agrément	
Confort	
Fiabilité	
Habitabilité	
Hiver	
Sécurité	
Valeur de revente	

DONNÉES TECHNIQUES

Suspension av./arr.:	indépendante
Freins av./arr.:	disques ABS
Direction:	crémaillère, assistée
Diamètre de braquage:	11,0 mètres
Pneus:	P215/60VR16
Système antipatinage:	oui

MOTORISATION

Moteur/Transmission:	6L - 3,0 litres/aut. 5 rapports
Puissance/Couple:	220 ch à 5800 tr/min / 210 lb-pi à 4800 tr/min
Autres moteurs:	-
Transmission opt.:	-

QUOI DE NEUF!

Aucun changement majeur

PERFORMANCES

Accél. 0-100 km/h:	9,4 secondes
Vitesse maximale:	220 km/h
Freinage 100-0 km/h:	42,0 mètres
Consommation:	12,5 litres/100 km
Coût annuel:	1788 $

LEXUS LS400/SC400

La marque Lexus n'existe que depuis sept ans et déjà, elle s'est forgé une réputation qui ne fait que des envieux dans le monde de l'automobile. Et pour cause: ces japonaises de grand luxe n'ont rien à envier à leurs rivales européennes et américaines sur le plan du raffinement, tout en faisant preuve d'une fiabilité exemplaire que n'offrent pas ces mêmes rivales...

Peu de constructeurs peuvent se vanter d'avoir réussi à s'imposer d'emblée sur le marché des voitures de prestige comme Toyota l'a fait avec la gamme Lexus, au début de la présente décennie. L'exploit est d'autant digne de mention que la firme japonaise, malgré son statut de troisième constructeur mondial, ne possède pas la renommée des Cadillac et Lincoln, et encore moins un passé glorieux — voire mythique — comme les Jaguar, Mercedes-Benz, BMW et même Audi, qui ont tous brillé en compétition. En créant Lexus, Toyota s'attaquait donc en quelque sorte à des membres du Temple de la renommée; le défi était de taille.

On connaît la suite: ces opulentes nippones ont obtenu un concert d'éloges de la part de la presse spécialisée et ce, année après année. *Idem* pour le taux de satisfaction des propriétaires, comme en témoignent les innombrables récompenses qu'elles ont reçues des diverses associations de consommateurs (J. D. Powers, CAA et autres). Voilà qui aide à fidéliser une clientèle.

Y a-t-il quelqu'un chez Mercedes, BMW et cie qui prend des notes?

Bain flottant

Les navires amiraux de la flotte Lexus que sont la berline LS400 et le coupé SC400 ont eu droit à une première cure de rajeunissement il y a deux ans. Une opération au cours de laquelle pas moins de 90 p. 100 de leurs composantes ont été revues, sinon changées. Ce processus de raffinement touchait principalement le moteur et les éléments de suspen-

Le meilleur des deux mondes

sion, sur le coupé et la berline, tandis que cette dernière subissait un remodelage — timide, il est vrai — de sa carrosserie et de son habitacle.

On s'est donc attardé davantage au contenu qu'à l'emballage puisque ces deux modèles reprennent les grandes lignes de leurs devancières. La grande perdante de ce «changement dans la continuité» est la LS400, affligée d'une silhouette on ne peut plus anonyme depuis sa naissance. Si la sobriété est une chose, la banalité en est une autre...

Sur la route, cette grosse berline n'est guère plus inspirante: son silence et sa douceur de roulement sont tels que le résultat frise l'aseptisation. La LS400 n'est pourtant pas une routière incompétente, loin s'en faut: bien que son empattement ait été allongé lors de sa refonte, son poids n'en a pas moins été réduit et l'excellente répartition des masses se traduit par une tenue de route sûre et une agilité étonnante pour une voiture de ce gabarit. Car la perte de quelque 90 kg ne fait pas d'elle un poids plume pour autant... À haute vitesse, sa tenue de cap n'est toutefois pas aussi rassurante que celle des reines des *Autobahnen* que sont

ses rivales germaniques et sa direction, certes moins guimauve que par le passé, pèche toujours par excès d'assistance.

À bord d'une LS400, tout se passe en douceur et ceux qui privilégient confort et insonorisation y trouveront leur compte, que dis-je, ils seront au septième ciel! Aussi ennuyante à regarder qu'à conduire, elle comblera cependant ceux pour qui ces aspects sont secondaires; pour la passion, on repassera, mais l'acheteur plus cartésien appréciera l'ambiance feutrée, coupée de tout bruit extérieur, dans laquelle il plongera en s'installant à son bord. Une sensation qui n'est pas sans évoquer celle des bains flottants...

SC400: la séduction en plus

Même s'ils se partagent la plate-forme, le coupé et la berline se situent aux antipodes, tant sur le plan esthétique que sur celui du comportement routier. La ligne de la SC400 est une telle réussite qu'elle n'a pas pas pris une ride et dans son cas, on apprécie qu'elle ait été à peine retouchée. Mieux, elle brille par son originalité, comme quoi les stylistes de CALTY (la branche californienne de Toyota) savent aussi faire preuve d'audace, pour peu qu'on les laisse aller.

Par ailleurs, ce coupé à vocation grand-tourisme s'acquitte fort bien de sa tâche: sans offrir les sensations d'une authentique sportive, ses prestations routières sont un cran plus relevées, ne serait-ce que grâce à une suspension nettement plus ferme. Celle-ci risque même d'irriter certains conducteurs plus douillets, mais elle ravira ceux qui aiment «sentir» une voiture, tout en permettant une conduite plus agressive. L'assistance exacerbée de la direction se chargera toutefois de leur rappeler qu'ils sont à bord d'une Lexus.

Il en va de même, sur une note moins discordante, pour la qualité d'assemblage, véritable travail d'orfèvre. Le seul reproche que peut

s'attirer l'habitacle de la SC400 est celui d'offrir des places arrière plus étroites, ainsi qu'une malle arrière moins caverneuse. Mais comme il s'agit d'un coupé, il n'y a pas de quoi en faire un plat, d'autant plus que sur ces deux aspects précis, elle fait bien meilleure figure que les BMW de série 8, pourtant plus volumineuses (et carrément obèses).

Avant de critiquer les Lexus, il convient de les placer dans leur juste contexte, c'est-à-dire d'éviter de les comparer aux allemandes, en matière de comportement routier du moins. Particulièrement dans le cas de la LS400, qui s'adresse avant tout à une clientèle nord-américaine. En ce sens, elle propose un intéressant compromis entre deux philosophies assez éloignées au départ, celles du luxe à l'américaine et à l'européenne. Avec une fiabilité toute nippone, ce qui n'est pas le moindre de ses atouts.

Ne lui reste plus qu'à se bâtir une tradition, ce que seul le temps lui permettra. Quoiqu'un peu plus de personnalité, de caractère, de *glamour* quoi, ne fait jamais de tort quand vient le temps de se faire un nom...

P. Laguë

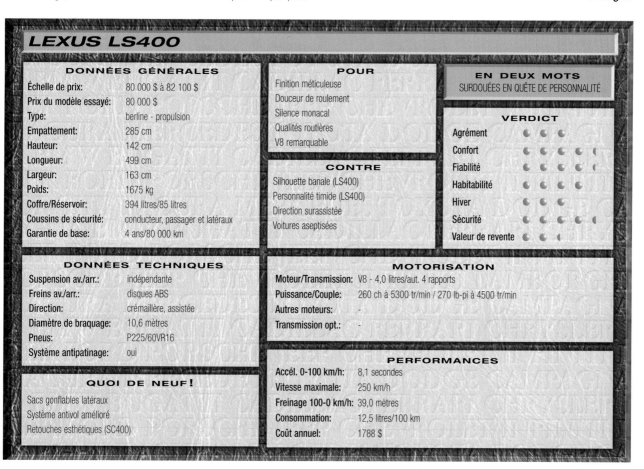

LEXUS LS400

DONNÉES GÉNÉRALES

Échelle de prix:	80 000 $ à 82 100 $
Prix du modèle essayé:	80 000 $
Type:	berline - propulsion
Empattement:	285 cm
Hauteur:	142 cm
Longueur:	499 cm
Largeur:	163 cm
Poids:	1675 kg
Coffre/Réservoir:	394 litres/85 litres
Coussins de sécurité:	conducteur, passager et latéraux
Garantie de base:	4 ans/80 000 km

DONNÉES TECHNIQUES

Suspension av./arr.:	indépendante
Freins av./arr.:	disques ABS
Direction:	crémaillère, assistée
Diamètre de braquage:	10,6 mètres
Pneus:	P225/60VR16
Système antipatinage:	oui

QUOI DE NEUF!

Sacs gonflables latéraux
Système antivol amélioré
Retouches esthétiques (SC400)

POUR

Finition méticuleuse
Douceur de roulement
Silence monacal
Qualités routières
V8 remarquable

CONTRE

Silhouette banale (LS400)
Personnalité timide (LS400)
Direction surassistée
Voitures aseptisées

MOTORISATION

Moteur/Transmission:	V8 - 4,0 litres/aut. 4 rapports
Puissance/Couple:	260 ch à 5300 tr/min / 270 lb-pi à 4500 tr/min
Autres moteurs:	-
Transmission opt.:	-

PERFORMANCES

Accél. 0-100 km/h:	8,1 secondes
Vitesse maximale:	250 km/h
Freinage 100-0 km/h:	39,0 mètres
Consommation:	12,5 litres/100 km
Coût annuel:	1788 $

EN DEUX MOTS
SURDOUÉES EN QUÊTE DE PERSONNALITÉ

VERDICT

Agrément	
Confort	
Fiabilité	
Habitabilité	
Hiver	
Sécurité	
Valeur de revente	

LEXUS LX450

Désireux de profiter de l'engouement pour les utilitaires sport, Toyota a décidé de transformer son populaire Land Cruiser afin de lui permettre de joindre la famille Lexus. Ce faisant, cette division se donne un véhicule qui n'a pas à faire ses preuves sur le plan de l'efficacité et de la robustesse. Reste à savoir si la clientèle visée recherche autre chose qu'un outil de travail endimanché.

Le LX450 paraîtra tout nouveau aux automobilistes canadiens. Mais, en fait, ce tout-terrain de luxe est une version étroitement dérivée du Land Cruiser de Toyota. Il fut autrefois distribué sur notre marché avant que son prix très corsé ne l'élimine tout simplement pour laisser au 4Runner le soin de défendre les couleurs de la marque chez les utilitaires sport. Toutefois, ce n'est pas faute de qualités que ce gros 4X4 s'est éclipsé de la scène canadienne. Il a poursuivi sa carrière avec succès aux États-Unis et un peu partout dans le monde. Chez nos voisins du sud, le Land Cruiser est devenu le véhicule de certains branchés bien nantis qui ne jurent que par sa robustesse. D'ailleurs, sur la côte Ouest du Canada, de nombreuses personnes financièrement à l'aise l'importaient à gros prix autant pour se distinguer de leurs voisins que pour profiter des qualités intrinsèques de ce gros Toyota. Dorénavant, il ne sera plus nécessaire de faire son marché à Tacoma dans l'État de Washington pour rouler en Land Cruiser: il suffira de se présenter chez son concessionnaire Lexus.

Ce dernier sera probablement très fier de vous préciser que le LX450 est dérivé d'un utilitaire sport qui a fait sa marque partout dans le monde. Il n'est pas un chantier d'importance dans le Tiers Monde ou au Moyen Orient qui n'utilise le Land Cruiser.

Robuste, robuste

Ces antécédents devraient rassurer ceux qui pourraient avoir des doutes quant aux qualités de solidité et de fiabilité de cette nouvelle

Un col bleu en smoking

venue. Mais il y a robuste et robuste. Un examen attentif du LX450 nous permet de constater que les ingénieurs font appel à une caisse boulonnée sur un châssis autonome. Et ce châssis est construit pour être à l'épreuve des pires conditions d'utilisation. Ce qui entraîne également une certaine rusticité de ses suspensions à essieu rigide aussi bien à l'avant qu'à l'arrière. Des bras longitudinaux et des ressorts hélicoïdaux tentent d'assurer un niveau de confort et un comportement routier adéquats.

Sur le plan mécanique, le LX450 est animé par un moteur 6 cylindres en ligne à double arbre à cames en tête d'une puissance de 212 chevaux. Ce groupe propulseur devrait être d'une fiabilité à toute épreuve, car il est utilisé par Toyota depuis fort longtemps. Il est couplé à une boîte automatique à 4 rapports à commande électronique. Il s'agit également d'un véhicule à traction intégrale. Un différentiel central à visco-coupleur assure la répartition automatique du couple aux roues possédant la meilleure adhérence. De plus, il est possible de ver-

rouiller ce différentiel central en mode de répartition 50/50 pour affronter des conditions plus difficiles et obtenir un meilleur contrôle en conduite tout-terrain.

Pour freiner ce mastodonte de plus de 2000 kg, des freins à disques aux quatre roues et le système ABS ne sont certainement pas superflus.

Cocon de luxe, conduite rustique

Si la majorité des éléments mécaniques ont été empruntés au Land Cruiser, l'habitacle respecte les canons de la division Lexus en matière de présentation et de luxe. Les sièges réservés au LX450 seront garnis de cuir de couleur chêne. Leur réglage assisté permettra au conducteur et au passager de modifier facilement leur position. Comme il se doit, la présentation de l'habitacle et du tableau de bord est plus relevée. Viennent s'ajouter à cette liste la climatisation automatique, le toit ouvrant transparent à commande assistée et un système audio à haut rendement. Naturellement, la présentation extérieure a été retouchée. La calandre typique à Lexus, les phares, les passages de roues évasés, les marchepieds, les roues en alliage au design exclusif, voilà autant d'éléments visuels qui permettront au LX450 de se distinguer.

Au chapitre de la conduite, ce gros sportif utilitaire a de la difficulté à faire oublier ses origines plutôt modestes et axées sur le travail. Malgré une masse élevée, le 6 cylindres en ligne réussit quand même à animer cette grosse familiale avec un certain enthousiasme puisqu'il ne faut que 11,2 secondes pour réaliser le 0-100 km/h. Le LX450 est probablement le véhicule de plus de 2 tonnes le plus rapide qui soit. Toutefois, il faut en payer le prix: sa consommation dépasse allègrement les 17 litres aux 100 km.

Même si la suspension a été calibrée en fonction d'une utilisation plus luxueuse et mondaine que prévu, il est difficile d'oublier la conception robuste de la suspension. Et comme ce véhicule est presque aussi haut que large, il faut donc modérer ses transports dans les courbes. Les ingénieurs de la compagnie ont beau être astucieux et compétents, ils ne peuvent quand même pas défier les lois de la physique. Enfin, la direction à billes assistée n'est pas nécessairement d'une grande précision.

Compte tenu des origines du véhicule, la division Lexus a réussi à civiliser davantage un des tout-terrains les plus robustes de la planète. En revanche, comme l'acheteur moyen de cet utilitaire sport aura peu d'occasions de le conduire hors route, il se peut qu'il se lasse rapidement des origines de machine à tout faire et à toute épreuve du LX450. Heureusement pour la compagnie, le simple écusson Lexus suffira à convaincre de nombreux acheteurs, ce qui donnera le temps à Toyota de concocter un véhicule plus adapté à la vocation de luxe de la marque.

D. Duquet

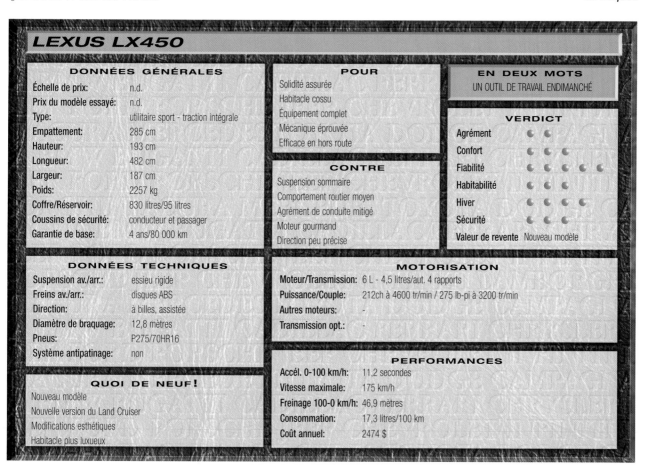

LEXUS LX450

DONNÉES GÉNÉRALES

Échelle de prix:	n.d.
Prix du modèle essayé:	n.d.
Type:	utilitaire sport - traction intégrale
Empattement:	285 cm
Hauteur:	193 cm
Longueur:	482 cm
Largeur:	187 cm
Poids:	2257 kg
Coffre/Réservoir:	830 litres/95 litres
Coussins de sécurité:	conducteur et passager
Garantie de base:	4 ans/80 000 km

DONNÉES TECHNIQUES

Suspension av./arr.:	essieu rigide
Freins av./arr.:	disques ABS
Direction:	à billes, assistée
Diamètre de braquage:	12,8 mètres
Pneus:	P275/70HR16
Système antipatinage:	non

QUOI DE NEUF!

Nouveau modèle
Nouvelle version du Land Cruiser
Modifications esthétiques
Habitacle plus luxueux

POUR

Solidité assurée
Habitacle cossu
Équipement complet
Mécanique éprouvée
Efficace en hors route

CONTRE

Suspension sommaire
Comportement routier moyen
Agrément de conduite mitigé
Moteur gourmand
Direction peu précise

MOTORISATION

Moteur/Transmission:	6 L - 4,5 litres/aut. 4 rapports
Puissance/Couple:	212ch à 4600 tr/min / 275 lb-pi à 3200 tr/min
Autres moteurs:	-
Transmission opt.:	-

PERFORMANCES

Accél. 0-100 km/h:	11,2 secondes
Vitesse maximale:	175 km/h
Freinage 100-0 km/h:	46,9 mètres
Consommation:	17,3 litres/100 km
Coût annuel:	2474 $

EN DEUX MOTS

UN OUTIL DE TRAVAIL ENDIMANCHÉ

VERDICT

Agrément	
Confort	
Fiabilité	
Habitabilité	
Hiver	
Sécurité	
Valeur de revente	Nouveau modèle

LINCOLN Continental

Chez Lincoln, on croyait que la présence d'un moteur V8 et d'une kyrielle de gadgets électroniques allait garantir le succès de la Continental. Pourtant, une année après son entrée en scène, la compagnie doit faire un constat d'échec. On a même échafaudé au cours des derniers mois, un plan d'action visant à activer les ventes.

Un constat d'échec

Les chiffres de ventes de la Continental ont d'abord connu une hausse comme c'est le cas avec la majorité des nouveaux modèles. Toutefois, les acheteurs se sont rapidement désintéressés de cette berline aux lignes anonymes. Certains efforts de mise en marché ont permis de limiter les dégâts, mais la voiture n'a pas le caractère nécessaire pour surclasser la concurrence. Tout porte à croire que la Continental fera l'objet d'une importante révision d'ici quelques mois. En attendant, elle nous revient inchangée en 1997. Cette voiture est en fait celle des trop: trop terne, trop chère et trop peu intéressante.

Sur le plan esthétique, par exemple, cette voiture est tellement discrète qu'on ne la remarque absolument pas sur la route. Ses lignes sont peut-être harmonieuses, mais elles manquent nettement de caractère. Il lui faudrait un peu plus de relief. Il est vrai que les acheteurs des voitures de cette catégorie apprécient les présentations discrètes, mais il y a des limites, quand même. Cadillac a beaucoup mieux réussi avec la Seville. Et c'est justement cette comparaison qui dérange les gens de Ford, habitués depuis quelques années à avoir le dessus sur GM.

Des gadgets inutiles

L'habitacle et le tableau de bord de la Continental ne sont pas à tout casser; on se contente de se tenir dans les normes, mais sans plus. En fait, chez Lincoln, on semble plus intéressé à souligner la présence de

gadgets tous plus inutiles les uns que les autres. Mais cette astuce est loin de faire le poids. En revanche, le support mobile de sacs d'épicerie dans le coffre à bagages est plus intéressant. Malheureusement, il limite la capacité de rangement et l'enlever pour transporter un objet encombrant n'est pas une opération de tout repos. Sur une note plus positive, l'habitacle offre une habitabilité généreuse, ce qui ne devrait pas étonner sur une voiture de ce gabarit.

Lors de son entrée en scène, les responsables de la division Lincoln ont beaucoup insisté sur la possibilité de personnaliser cette voiture par le biais des différents réglages. Selon eux, cette approche allait révolutionner l'industrie. Il est en effet possible de régler plusieurs caractéristiques selon ses désirs. C'est ainsi que la fermeté de la suspension et de l'assistance à la direction, le verrouillage automatique des portières, le témoin sonore soulignant l'enclenchement du système d'alarme et plusieurs autres réglages du genre sont de votre ressort.

À première vue, cette approche est brillante puisque les gens peuvent personnaliser leur voiture selon leurs besoins et leurs goûts. Mais, dans la plupart des cas, ces réglages vont demeurer identiques à ceux sélectionnés en usine. Quant à la direction et à la suspension, un seul réglage est logique, soit une direction à assistance moyenne et une suspension ferme.

Une décevante routière

Il faut admettre que la Continental n'est pas la voiture la plus réussie dans l'histoire de la division Lincoln, mais elle satisfait les attentes d'un certain public. C'est la berline au nom prestigieux qui dorlote conducteur et occupants grâce à un habitacle cossu, à des sièges moelleux et à une foule de gadgets. Pour cette clientèle, la Continental est une bonne voiture. En effet, ces personnes se contentent d'une tenue de route adéquate et apprécient davantage les accessoires que les qualités de base propres à toute voiture.

Si vos attentes en matière de conduite sont plus relevées, cette Continental vous décevra. Il est vrai que sa tenue en virage est bonne et que les performances du moteur V8 4,6 litres ne sont pas à dédaigner, en accélération du moins. Mais les reprises sont quelque peu atténuées par les 1800 kg de la voiture. Dans ce contexte, la «Conti» se fait damer le pion par la Cadillac Seville.

La direction, même si on peut en régler l'assistance, est passablement inerte et transmet assez peu le *feed-back* de la route. Et l'assistance variable n'est pas ce qu'il y a de mieux réussi. En virage, elle devient anormalement ferme et ce, même en réglage «léger». Il faut déplorer un sous-virage assez prononcé tandis que le nez plonge au freinage. L'agrément de conduite est donc pratiquement nul. La voiture performe assez bien, mais le conducteur n'éprouve absolument aucune sensation au volant de cette grosse galère.

Bref, cette Continental est beaucoup plus à l'aise sur la grande route que sur les chemins sinueux de l'arrière-pays. Elle vise précisément une clientèle pour qui l'agrément de conduite est un facteur bien secondaire dans les critères de sélection d'une auto. Elle plaira surtout en raison de son silence de roulement, de sa fiche technique, de son V8 sophistiqué et de son habitabilité. Mais dans cette fourchette de prix, nombreuses sont les berlines capables de vous en offrir davantage pour moins cher. Voilà donc pourquoi, messieurs de Lincoln, votre berline patauge dans une mer d'indifférence.

D. Duquet

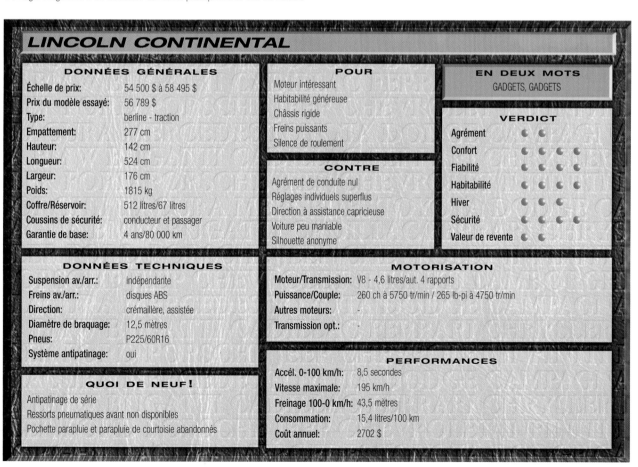

LINCOLN CONTINENTAL

DONNÉES GÉNÉRALES

Échelle de prix:	54 500 $ à 58 495 $
Prix du modèle essayé:	56 789 $
Type:	berline - traction
Empattement:	277 cm
Hauteur:	142 cm
Longueur:	524 cm
Largeur:	176 cm
Poids:	1815 kg
Coffre/Réservoir:	512 litres/67 litres
Coussins de sécurité:	conducteur et passager
Garantie de base:	4 ans/80 000 km

DONNÉES TECHNIQUES

Suspension av./arr.:	indépendante
Freins av./arr.:	disques ABS
Direction:	crémaillère, assistée
Diamètre de braquage:	12,5 mètres
Pneus:	P225/60R16
Système antipatinage:	oui

QUOI DE NEUF!

Antipatinage de série
Ressorts pneumatiques avant non disponibles
Pochette parapluie et parapluie de courtoisie abandonnés

POUR

Moteur intéressant
Habitabilité généreuse
Châssis rigide
Freins puissants
Silence de roulement

CONTRE

Agrément de conduite nul
Réglages individuels superflus
Direction à assistance capricieuse
Voiture peu maniable
Silhouette anonyme

MOTORISATION

Moteur/Transmission:	V8 - 4,6 litres/aut. 4 rapports
Puissance/Couple:	260 ch à 5750 tr/min / 265 lb-pi à 4750 tr/min
Autres moteurs:	-
Transmission opt.:	-

PERFORMANCES

Accél. 0-100 km/h:	8,5 secondes
Vitesse maximale:	195 km/h
Freinage 100-0 km/h:	43,5 mètres
Consommation:	15,4 litres/100 km
Coût annuel:	2702 $

EN DEUX MOTS

GADGETS, GADGETS

VERDICT

Agrément	◖◖
Confort	◖◖◖◖
Fiabilité	◖◖◖◖
Habitabilité	◖◖◖◖
Hiver	◖◖◖
Sécurité	◖◖◖◖
Valeur de revente	◖◖

LINCOLN Mark VIII

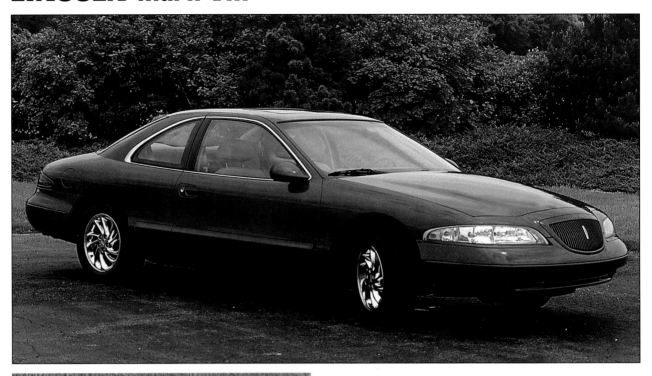

Tandis que la Continental tente de convaincre par ses gadgets et que la Town Car s'adresse à une clientèle bien ciblée à la recherche d'une voiture rétro, plusieurs oublient la Mark VIII. Pourtant, ce coupé s'illustre non seulement par sa silhouette, mais aussi par son comportement routier. De plus, cette année, il bénéficie de quelques retouches sur le plan esthétique.

Non seulement ce coupé est la plus raffinée des Lincoln, mais son esthétique est appréciée d'emblée des stylistes du monde entier. Nous devons avouer ne pas être enthousiasmés outre mesure par les lignes du Mark VIII. À notre avis, il lui manque ce petit quelque chose qui accroche l'œil. Par contre, les stylistes professionnels l'ont louangé lors de son apparition sur le marché en 1993. Selon eux, cette voiture était révolutionnaire à plus d'un point de vue. Sa ligne, l'harmonisation des glaces latérales et l'intégration de la calandre ont plu à la majorité. Reste à savoir ce que vont penser ces mêmes «experts» des changements apportés à l'esthétique de ce coupé en 1997. Les blocs optiques avant contenant des ampoules à haute intensité sont les plus imposants de l'industrie. Ils encadrent une calandre toute nouvelle. Le capot est dorénavant en aluminium tandis que les ailes ont été redessinées de même que le pare-chocs. Les rétroviseurs extérieurs sont également uniques. Ils intègrent un témoin lumineux de clignotants et une lumière éclairant le sol lorsque la portière est ouverte. Enfin, le clou de toutes ces retouches est un feu arrière transversal en néon de 121 cm de large. Les mauvaises langues vont accuser Lincoln d'avoir transformé le Mark VIII en arbre de Noël.

On a voulu également donner un design intéressant au tableau de bord. Même quatre ans après son lancement, cette planche de bord s'attire toujours des compliments. S'il est vrai que son relief tourmenté

Elle brille de tous ses phares

place les commandes à portée de la main du conducteur, ce design est oppressant puisqu'il nous place trop près de cette masse de métal et de plastique. Les quelques améliorations apportées cette année sont mineures. En outre, le dégagement pour la tête est toujours assez juste en raison de la présence d'un toit ouvrant en verre. Quant aux sièges, ils sont élégants en plus d'offrir un bon support latéral. Et comme on peut s'y attendre sur un coupé de ce gabarit, les places arrière sont généreuses. Toutefois, le dégagement pour la tête est quelque peu juste tandis que leur accès n'est pas de tout repos.

Sophistiquée, sophistiquée

Autant par son prix que par sa mécanique, la Mark VIII n'a pas peur de se comparer à une pléiade de voitures de luxe. Elle franchit le seuil psychologique des 50 000 $, ce que plusieurs considèrent comme étant un minimum pour être étiquetée voiture de luxe. Elle se défend aussi fort bien sur le plan mécanique. Cette propulsion est animée par un

moteur V8 4,6 litres qui fut le premier V8 en alliage léger offert sur notre continent par Ford. De plus, la présence de quatre soupapes par cylindres et de deux arbres à cames en tête permet de compter sur 280 chevaux pour animer les 1800 kg de ce mastodonte.

La sophistication technique est aussi augmentée par la présence d'une suspension munie de ressorts pneumatiques dont la dureté est automatiquement contrôlée par un système de gestion de la suspension. Ces ressorts deviennent plus ou moins fermes en fonction de la vitesse, du braquage du volant et du positionnement de l'accélérateur. Ce système est suffisamment sophistiqué pour abaisser la voiture lorsqu'elle atteint les 100 km/h. L'accélérateur n'est plus mécanique et c'est un fil qui commande la position de la pédale d'accélération au module électronique de contrôle.

Comme il se doit, le système de contrôle de traction fait partie de l'équipement de série. Au tout début, ce mécanisme était passablement primitif puisqu'il se servait uniquement des freins pour améliorer la traction. Son efficacité était quelconque. De nos jours, les freins et le contrôle de l'allumage s'associent pour nous offrir plus d'efficacité.

Efficace, mais…

Sur le plan de la conduite, cette grosse propulsion se débrouille avantageusement, surtout la version «LSC» dont la suspension plus ferme permet un meilleur contrôle dans les virages prononcés. Il est vrai que le gabarit imposant de la Mark VIII ne lui fera gagner aucun prix d'agilité, mais elle se débrouille fort bien dans les courbes à long rayon et, naturellement, sur les autoroutes. Malheureusement, la visibilité de trois quarts arrière relativement modeste la rend moins sympathique en conduite urbaine, surtout lors des manœuvres de stationnement. Non

seulement le design du pavillon obstrue la visibilité arrière, mais il est impossible de savoir où se termine la voiture.

Sa principale rivale est la Cadillac Eldorado dont la silhouette est presque aussi controversée. Mais la «Caddy» joue la carte d'une certaine esthétique rétro tandis que la «Mark» se veut avant-gardiste. À part ces différences reliées aux goûts individuels, il faut donner un avantage à la Cadillac en raison de son système de moteur et de suspension Northstar nettement plus performant. Le V8 de Ford est impressionnant, mais celui de Cadillac l'est encore plus. En outre, la suspension de l'Eldorado réagit plus rapidement. Toutefois, la Caddy ne possède pas un néon en guise de feux arrière.

Son prix élevé, sa silhouette controversée ainsi qu'un habitacle quelque peu étriqué expliquent pourquoi ce gros coupé se vend en quantité limitée. D'ailleurs, économiques ou luxueux, c'est le sort réservé à la majorité des coupés de nos jours.

D. Duquet

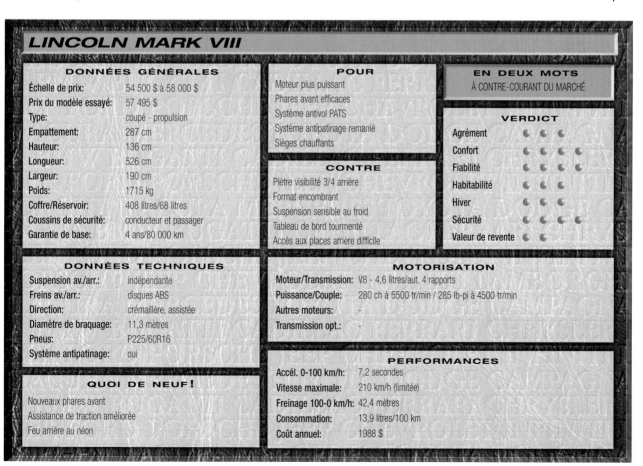

LINCOLN MARK VIII

DONNÉES GÉNÉRALES

Échelle de prix:	54 500 $ à 58 000 $
Prix du modèle essayé:	57 495 $
Type:	coupé - propulsion
Empattement:	287 cm
Hauteur:	136 cm
Longueur:	526 cm
Largeur:	190 cm
Poids:	1715 kg
Coffre/Réservoir:	408 litres/68 litres
Coussins de sécurité:	conducteur et passager
Garantie de base:	4 ans/80 000 km

DONNÉES TECHNIQUES

Suspension av./arr.:	indépendante
Freins av./arr.:	disques ABS
Direction:	crémaillère, assistée
Diamètre de braquage:	11,3 mètres
Pneus:	P225/60R16
Système antipatinage:	oui

QUOI DE NEUF!

Nouveaux phares avant
Assistance de traction améliorée
Feu arrière au néon

POUR

Moteur plus puissant
Phares avant efficaces
Système antivol PATS
Système antipatinage remanié
Sièges chauffants

CONTRE

Piètre visibilité 3/4 arrière
Format encombrant
Suspension sensible au froid
Tableau de bord tourmenté
Accès aux places arrière difficile

MOTORISATION

Moteur/Transmission:	V8 - 4,6 litres/aut. 4 rapports
Puissance/Couple:	280 ch à 5500 tr/min / 285 lb-pi à 4500 tr/min
Autres moteurs:	-
Transmission opt.:	-

PERFORMANCES

Accél. 0-100 km/h:	7,2 secondes
Vitesse maximale:	210 km/h (limitée)
Freinage 100-0 km/h:	42,4 mètres
Consommation:	13,9 litres/100 km
Coût annuel:	1988 $

EN DEUX MOTS
À CONTRE-COURANT DU MARCHÉ

VERDICT

Agrément	
Confort	
Fiabilité	
Habitabilité	
Hiver	
Sécurité	
Valeur de revente	

LINCOLN Town Car

À une époque pas trop éloignée, il suffisait de produire des automobiles plus longues et plus grosses d'année en année pour être assuré de vendre plus de voitures que la concurrence. Cette période est bel et bien révolue même si la Town Car tente de la perpétuer à l'aube du vingt-et-unième siècle.

Un peu comme dans ces films de science-fiction où l'on découvre des vestiges d'une civilisation perdue dans un coin retiré de la planète, la Town Car tente de survivre à un environnement hostile. Ses dimensions d'une autre époque ne lui permettent pas de passer inaperçue dans la circulation. De plus, il faut avoir le compas dans l'œil pour stationner ce mastodonte au premier essai. Et il ne faut surtout pas tenter d'insérer sa Town Car dans les espaces de stationnement réservés aux compactes; vous risquez de vous retrouver coincé à tout jamais.

Assez pour les méchancetés. Il est vrai que cette berline est imposante, mais la division Lincoln ne produit par la Town Car pour le simple plaisir d'encombrer nos autoroutes. Il existe toujours une clientèle intéressée à ces voitures boulimiques dont la carrosserie est boulonnée sur un châssis autonome. Pour plusieurs automobilistes, surtout des Américains, cette solution est assurément la meilleure. En cas de collision, il est indéniable que le fait de se trouver à bord d'une grosse voiture est un avantage.

Si elle est toujours en demande, la Town Car doit lutter pour sa survie à long terme. Ses inconditionnels sont de plus en plus âgés et plusieurs jeunes préféreraient marcher plutôt que d'être vus au volant d'une voiture aussi rétro. La Continental et la Mark VIII sont censées répondre aux aspirations de ces derniers. En attendant, tant qu'il y aura des gens pour rêver de conduire ce modèle, Lincoln le produira. Il faut également souligner que les carrossiers de tout acabit apprécient fortement cette grosse berline qui peut facilement être modifiée en limou-

Un vestige d'un autre temps

sine et même allongée au point d'en devenir grotesque. Ces créations sont également un témoignage de la robustesse du châssis.

Il y a changement... et changement

Il faut prendre en pitié les responsables de la rédaction du cahier de presse annuel de la Town Car. En effet, à part une révision assez importante de la présentation extérieure en 1995, les derniers changements majeurs ont été effectués en 1990 alors que la caisse a été transformée. Et il faut également mentionner l'arrivée du moteur V8 4,6 litres une année plus tard.

Pour le reste, c'est du pareil au même alors que les changements mineurs se multiplient sans jamais changer la personnalité ou le comportement de la voiture. Cette année, par exemple, la direction a été révisée dans son ensemble afin d'en augmenter la précision, la douceur et la durabilité. Par la même occasion, on a délaissé la commande qui permet de modifier l'ampleur de l'assistance. Et pour nous

convaincre de l'importance de la chose, on insiste pour énumérer les 14 changements apportés! Mais cette énumération est quelque peu ridicule. Par contre, la direction s'est vraiment améliorée comme on a été en mesure de le constater lors de notre essai routier.

Plusieurs acheteurs de ce type de voitures les considèrent plus comme un salon sur roues que comme un moyen de transport. C'est pourquoi, chaque année, une multitude de changements esthétiques mineurs sont apportés. Je suis donc attristé de vous apprendre que la lumière dans le cendrier arrière a été éliminée de même que celle qui avait été placée sous le capot. Lincoln a même eu le culot d'enlever les appliques en bois véritable du tableau de bord de la version Cartier! Pour compenser ces coupures sauvages, les garnitures de portes sont en Dysol, un tissu miracle à base de mousse. Quel progrès!

Cramponnez-vous, on roule

Toujours pour répondre aux besoins d'une clientèle beaucoup plus préoccupée de choisir entre la version Cartier et l'Executive, la division Lincoln s'est appliquée à régler la suspension de cette berline de façon à faire croire qu'on roule sur un coussin d'air. Les imperfections de la route, les trous et les bosses les plus pernicieux sont tous avalés par la guimauve des amortisseurs et des ressorts pneumatiques. Il suffit de rouler à vitesse modérée sur les grands boulevards et les autoroutes pour s'imaginer être au volant d'un nuage de luxe. En outre, le V8 4,6 litres travaille en harmonie avec la boîte automatique à 4 rapports pour assurer des accélérations ouatées et quand même intéressantes. Compte tenu que nous avons affaire à une masse de près de 2 tonnes, les accélérations sont jugées bonnes puisqu'il faut moins de 11 secondes pour boucler le 0-100 km/h. Et les freins sont en mesure de ralentir ce colosse sur une distance convenable, du moins la

première fois qu'on les sollicite. Tout autre freinage d'urgence a tendance à faire chauffer les freins, qui perdent alors de leur efficacité.

Mais les choses se gâtent irrémédiablement lorsqu'on tente de pousser cette voiture à fond. Le moindre virage abordé à une vitesse moyenne se traduit par un roulis prononcé de la caisse. Et puisque la banquette ou les sièges avant n'offrent aucun support latéral, on glisse irrémédiablement vers son voisin ou une des parois de la voiture. Il faut de fait être passablement hardi pour rouler à tombeau ouvert sur une route sinueuse. Si vous avez le cran de le faire, il y a gros à parier que vos passagers vont vous supplier de ralentir.

En revanche, si vous aimez prendre vos aises, rouler peinard en écoutant un système stéréo de qualité, profiter de la suspension guimauve et du silence de roulement, la Town Car a les atouts que vous recherchez. Pour les autres, mieux vaut se tourner vers la Continental, malheureusement ennuyante comme la pluie.

D. Duquet

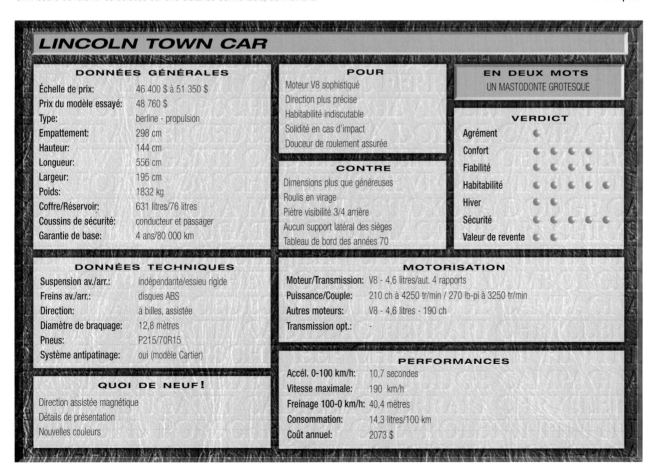

LINCOLN TOWN CAR

DONNÉES GÉNÉRALES

Échelle de prix:	46 400 $ à 51 350 $
Prix du modèle essayé:	48 760 $
Type:	berline - propulsion
Empattement:	298 cm
Hauteur:	144 cm
Longueur:	556 cm
Largeur:	195 cm
Poids:	1832 kg
Coffre/Réservoir:	631 litres/76 litres
Coussins de sécurité:	conducteur et passager
Garantie de base:	4 ans/80 000 km

DONNÉES TECHNIQUES

Suspension av./arr.:	indépendante/essieu rigide
Freins av./arr.:	disques ABS
Direction:	à billes, assistée
Diamètre de braquage:	12,8 mètres
Pneus:	P215/70R15
Système antipatinage:	oui (modèle Cartier)

QUOI DE NEUF!

Direction assistée magnétique
Détails de présentation
Nouvelles couleurs

POUR

Moteur V8 sophistiqué
Direction plus précise
Habitabilité indiscutable
Solidité en cas d'impact
Douceur de roulement assurée

CONTRE

Dimensions plus que généreuses
Roulis en virage
Piètre visibilité 3/4 arrière
Aucun support latéral des sièges
Tableau de bord des années 70

MOTORISATION

Moteur/Transmission:	V8 - 4,6 litres/aut. 4 rapports
Puissance/Couple:	210 ch à 4250 tr/min / 270 lb-pi à 3250 tr/min
Autres moteurs:	V8 - 4,6 litres - 190 ch
Transmission opt.:	-

PERFORMANCES

Accél. 0-100 km/h:	10,7 secondes
Vitesse maximale:	190 km/h
Freinage 100-0 km/h:	40,4 mètres
Consommation:	14,3 litres/100 km
Coût annuel:	2073 $

EN DEUX MOTS
UN MASTODONTE GROTESQUE

VERDICT

Agrément	◖
Confort	◖ ◖ ◖ ◖
Fiabilité	◖ ◖ ◖ ◖
Habitabilité	◖ ◖ ◖ ◖ ◖
Hiver	◖ ◖
Sécurité	◖ ◖ ◖ ◖ ◖
Valeur de revente	◖ ◖

MAZDA 626

Handicapée par une situation financière difficile ayant nécessité l'aide de Ford, la compagnie Mazda ne peut se payer une refonte complète de sa berline compacte. Au cours des trois dernières années, elle s'est contentée de refaire le maquillage de la 626 afin de lui donner un air de famille.

Pourtant, si on avait respecté la chronologie établie chez Mazda, la 626 aurait dû bénéficier l'an dernier d'une transformation en profondeur tant sur le plan mécanique qu'esthétique. Toutefois, on a dû se contenter d'un nouveau museau qui a permis d'aligner l'apparence de la 626 sur les autres berlines de la famille, la Millenia notamment. L'intérieur a également eu droit à quelques retouches, sans plus.

Heureusement pour Mazda, la 626 est une voiture dotée de qualités intrinsèques en mesure de lui permettre de garder la tête haute dans une catégorie où la concurrence est féroce. Il suffit de mentionner qu'elle évolue dans le même créneau que les Honda Accord, Nissan Altima, Chrysler Stratus, Ford Contour, Mercury Mystique et Toyota Camry pour réaliser que la partie est loin d'être facile.

Malgré tout, comme elle était légèrement en avant de son temps, la timidité des réformes effectuées l'an dernier ne la pénalise pas trop face à ses concurrentes.

Une élégance discrète

Bien qu'elle se soit fait refaire le nez l'an dernier, la 626 n'a pas le relief esthétique voulu pour faire tourner les têtes. Ses lignes sont équilibrées, ses rondeurs bien de notre époque, mais elle est un peu trop sage pour se démarquer du lot. Elle ressemble à une autre japonaise, ni plus, ni moins. Il faut toutefois admettre que la nouvelle calandre adoptée l'an dernier lui donne plus de caractère et qu'on la remarque davantage.

Au milieu du peloton

Mais il aurait fallu faire plus pour assister à une relance et voir ses ventes grimper.

Comme c'est le cas de la plupart des voitures japonaises, la présentation intérieure est ergonomique et le choix des matériaux de qualité. De plus, les sièges avant sont confortables, même très confortables sur le modèle ES, qui nous gâte toujours par la générosité de ses équipements de série. Toutefois, le dégagement pour la tête est moyen. En fait, si vous êtes de grande taille et avez l'intention de commander un modèle à toit ouvrant, ayez la précaution de vous asseoir derrière le volant avant de cocher cette option. Il se peut que cette combinaison ne vous convienne pas.

Quatre adultes peuvent prendre place à bord sans trop de problèmes. Toutefois, aux places arrière, le dégagement pour la tête et les jambes pourrait être plus généreux. Croire qu'on pourra faire asseoir trois adultes sur la banquette arrière tient de l'utopie. D'ailleurs, avec ses 390 litres de capacité, le coffre arrière est plutôt conçu pour accommoder les bagages de quatre personnes.

La position de conduite est saine et un généreux repose-pied dorlote votre pied gauche au cours des longues randonnées. Le tableau de bord est à l'image de la carrosserie: perfectionné mais manquant de punch malgré tout. Pire encore, toute cette présentation a un petit air de déjà vu qui n'aide certainement pas la cause de cette berline.

Une bonne routière

La mécanique est demeurée inchangée par rapport à l'année dernière, ce qui signifie que les moteurs 4 cylindres 2,0 litres et V6 2,5 litres sont de retour. Le premier développe 114 chevaux et le second 160 chevaux. Il faut souligner qu'il est possible de commander toutes les versions de la 626 avec une boîte manuelle, ce qui est impossible, par exemple, sur les Honda Accord V6 et Toyota Camry V6.

Le V6 est le moteur le plus attrayant en raison de sa douceur et de son silence. Mais, même si sa puissance de 164 chevaux semble adéquate, son couple maximum est atteint à régime médian, ce qui oblige la boîte automatique à rétrograder fréquemment, surtout en conduite urbaine. Plus rugueux et bruyant, le 4 cylindres se débrouille quand même assez bien avec l'automatique. Soulignons au passage que la boîte manuelle est dotée d'un levier dont le guidage est d'une grande précision.

Sur le plan de la conduite, la 626 nous propose une tenue de route neutre. La direction est précise et son assistance variable très bien dosée. De plus, l'agrément de conduite est tout au moins aussi relevé que celui de plusieurs autres voitures de cette catégorie. Il faut également ajouter que la qualité de la construction s'est resserrée depuis quelque temps. Sur mauvaise route, les bruits de caisse sont chose du passé ou presque. De plus, la finition a été améliorée. Mais pour pouvoir profiter du plein potentiel de cette voiture, il faut savoir choisir la bonne combinaison en ce qui concerne l'équipement et les accessoires.

Raffinée au fil des années, la 626 est une voiture qui n'est pas dénuée de qualités. Toutefois, elle manque un peu de nerf au chapitre des performances et ne suscite pas ce déclic qui nous fait craquer pour une voiture. Sous sa forme actuelle, c'est une autre voiture japonaise au comportement intéressant, mais sans plus. De plus, elle devra être modifiée plus en profondeur d'ici quelques mois si Mazda veut qu'elle continue à soutenir la comparaison avec la nouvelle Toyota Camry.

Reste à savoir si les récentes péripéties financières de Mazda ainsi que la prise de contrôle de la compagnie par Ford vont venir modifier les plans à court et à long terme. En attendant, la 626 est une berline qui se classe au milieu de sa catégorie, ce qui n'est pas à dédaigner compte tenu qu'elle n'a guère progressé en cinq ans.

D. Duquet

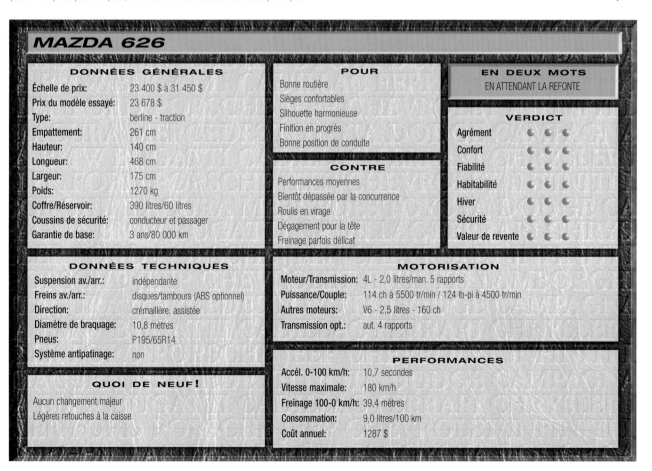

MAZDA 626

DONNÉES GÉNÉRALES

Échelle de prix:	23 400 $ à 31 450 $
Prix du modèle essayé:	23 678 $
Type:	berline - traction
Empattement:	261 cm
Hauteur:	140 cm
Longueur:	468 cm
Largeur:	175 cm
Poids:	1270 kg
Coffre/Réservoir:	390 litres/60 litres
Coussins de sécurité:	conducteur et passager
Garantie de base:	3 ans/80 000 km

POUR

Bonne routière
Sièges confortables
Silhouette harmonieuse
Finition en progrès
Bonne position de conduite

CONTRE

Performances moyennes
Bientôt dépassée par la concurrence
Roulis en virage
Dégagement pour la tête
Freinage parfois délicat

EN DEUX MOTS

EN ATTENDANT LA REFONTE

VERDICT

Agrément	◖ ◖ ◖
Confort	◖ ◖ ◖
Fiabilité	◖ ◖ ◖
Habitabilité	◖ ◖ ◖
Hiver	◖ ◖ ◖
Sécurité	◖ ◖ ◖
Valeur de revente	◖ ◖ ◖

DONNÉES TECHNIQUES

Suspension av./arr.:	indépendante
Freins av./arr.:	disques/tambours (ABS optionnel)
Direction:	crémaillère, assistée
Diamètre de braquage:	10,8 mètres
Pneus:	P195/65R14
Système antipatinage:	non

MOTORISATION

Moteur/Transmission:	4L - 2,0 litres/man. 5 rapports
Puissance/Couple:	114 ch à 5500 tr/min / 124 lb-pi à 4500 tr/min
Autres moteurs:	V6 - 2,5 litres - 160 ch
Transmission opt.:	aut. 4 rapports

QUOI DE NEUF!

Aucun changement majeur
Légères retouches à la caisse

PERFORMANCES

Accél. 0-100 km/h:	10,7 secondes
Vitesse maximale:	180 km/h
Freinage 100-0 km/h:	39,4 mètres
Consommation:	9,0 litres/100 km
Coût annuel:	1287 $

MAZDA Millenia

Une japonaise à l'européenne

Mazda a toujours su, au fil des années, se distinguer des autres manufacturiers japonais. Son modèle haut de gamme ne fait pas exception, en proposant un V6 d'une conception peu banale. Mieux: en matière de comportement routier, la Millenia demeure à ce jour la plus inspirante des berlines de luxe japonaises, sinon la seule.

Rappelons que la Millenia, connue sous le patronyme d'Eunos au Japon et de Xedos sur le marché européen, devait à l'origine être commercialisée en Amérique du Nord sous la bannière Amati. Cette nouvelle marque, morte avant même de naître, se voulait la réplique de Mazda au triumvirat Lexus-Infiniti-Acura. Les difficultés financières de ce constructeur ont finalement eu raison du projet, mais une élégante berline n'en a pas moins vu le jour, entraînant du coup la disparition de la 929 Serenia, aussi belle qu'insipide. Qu'elle repose en paix...

Sa remplaçante est proposée en deux versions qui se différencient non pas par leur équipement ou leur présentation, mais par leur motorisation. La version de base hérite du V6 de 2,5 litres du tandem MX-6/626, tandis que la S reste fidèle à la tradition Mazda en accueillant un moteur inusité. Pas un rotatif, cette fois, mais un V6 à cycle Miller, muni d'un compresseur.

Entre les deux, c'est le jour et la nuit: malgré une cylindrée moindre — 2,3 litres —, le Miller développe 40 chevaux de plus que le V6 multisoupape du modèle de base mais surtout, il métamorphose la personnalité de la Millenia. Avec l'aide, il est vrai, d'une suspension plus ferme et de pneus plus performants. Qu'importe, puisqu'elle possède ainsi ce qui manque cruellement à ses rivales nippones: du tempérament.

La Millenia S: à armes égales

On l'aura compris, la version de base, bien qu'aussi richement équipée, est à proscrire, car elle est pénalisée par un rapport poids/puissance plutôt

défavorable. Autant son V6 sied à merveille à la berline 626, plus légère de quelque 215 kilos, autant il peine à la tâche sous le capot de la Millenia. De plus, le réglage des suspensions privilégie le confort, au détriment des prestations routières. Celles-ci remontent d'un cran (euphémisme!) sur la S, nettement plus sportive — n'ayons pas peur des mots.

En effet, ô miracle, quelqu'un, quelque part, au Japon, a compris qu'une berline de luxe pouvait également procurer des sensations à son conducteur, ce que les Européens ont pigé depuis longtemps. Quand on évolue dans un créneau comprenant des voitures telles l'Audi A4, les BMW série 3, les Mercedes classe C et la Volvo 850, dont les qualités routières ne sont un secret pour personne, il faut éviter d'aller à la guerre avec un tire-pois.

Sur ce point, il n'est pas exagéré de dire que la Millenia S est la plus européenne des berlines de prestige japonaises. Sa direction ultraprécise et savamment dosée (enfin!) permet d'exploiter à son meilleur un châssis qui brille autant par sa rigidité que par son équilibre. Sur un tracé sinueux,

son agilité surprend et, peu importe l'angle des virages, sa caisse reste immuable. Mais surtout, on la «sent», et ce contact étroit entre le conducteur et son véhicule ne fait que rehausser l'agrément de conduite. Qu'on se le dise: la Millenia S n'a rien des robots sans âme que sont ses compatriotes, trop souvent ennuyantes comme la pluie. Une seule petite lacune: son freinage qui, avec des distances d'arrêt un peu longues, n'a pas le punch de celui de ses rivales du Vieux Continent.

Un piège évité

Heureux mélange de modernisme et d'un classicisme inspiré des belles anglaises d'autrefois, la Millenia est une réussite esthétique autant qu'aérodynamique, en théorie comme en pratique. Son Cx de 0,29, un résultat plutôt flatteur, se traduit par un silence de roulement monacal, d'où les sifflements éoliens et autres bruits de caisse sont exclus, voire inexistants. Qualité d'assemblage et finition respirent le travail bien fait et se montrent dignes des aspirations d'une voiture de ce prix, tout comme le confort qu'elle offre. Les sièges, encore une fois, ressemblent à ceux d'une allemande, avec une sellerie cuir soignée et un rembourrage «ferme-mais-confortable», auquel s'ajoute un maintien qu'apprécieront ceux qui s'y installent.

Là où le bât blesse, c'est sur le plan de la présentation: un tableau de bord pour le moins terne et certaines commandes empruntées à la plébéienne *(sic)* 626 jurent avec le luxe de l'habitacle. À bord d'une voiture de plus de 45 000 $, ces menus détails deviennent difficiles à avaler, sinon impardonnables.

D'autres détails agacent, notamment l'étroitesse des portières et le dégagement pour le moins restreint aux places arrière, en longueur comme en hauteur. En contrepartie, le coffre est d'une rare profondeur, mais on déplore l'absence d'une banquette arrière rabattable, une solution très pratique pour le transport d'objets encombrants. Remarquez, on est bien loin de la malle arrière tronquée de la défunte 929, un exemple à ne pas suivre parce qu'elle était aussi mal foutue que peu logeable.

Malgré les irritants ci-haut mentionnés, on ne peut que lever notre chapeau aux ingénieurs de Mazda, qui ont fait preuve d'audace en proposant, avec la Millenia S et son moteur à cycle Miller, une berline aussi belle que compétente. Les penseurs de la firme japonaise ont su éviter le piège de l'aseptisation, ce mal qui frappe bon nombre de voitures de ce pays, et qui est encore plus prononcé sur les modèles de luxe. Si certaines d'entre elles sont plus cossues (et forcément plus chères), aucune ne possède le mordant de la Millenia S, sur lequel repose une grande partie de son charme.

Et malheureusement pour les Lexus, Infiniti et autres Acura, le charme ne fait pas partie de leur équipement de série, ni de la liste des options. Certes, la Millenia a ses défauts, mais n'est-ce pas le propre des fortes personnalités?

P. Laguë

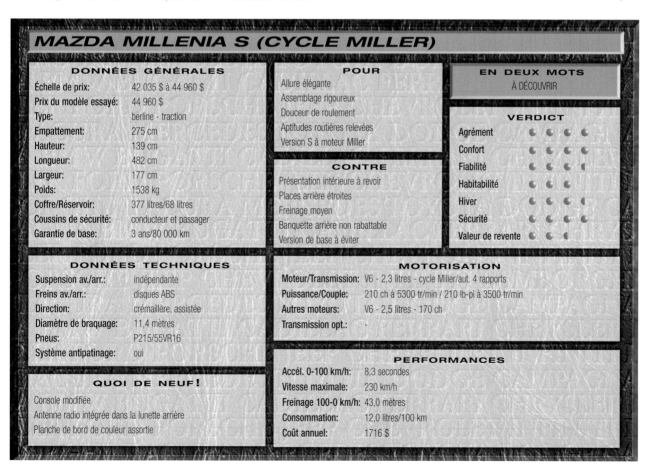

MAZDA MILLENIA S (CYCLE MILLER)

DONNÉES GÉNÉRALES

Échelle de prix:	42 035 $ à 44 960 $
Prix du modèle essayé:	44 960 $
Type:	berline - traction
Empattement:	275 cm
Hauteur:	139 cm
Longueur:	482 cm
Largeur:	177 cm
Poids:	1538 kg
Coffre/Réservoir:	377 litres/68 litres
Coussins de sécurité:	conducteur et passager
Garantie de base:	3 ans/80 000 km

POUR

Allure élégante
Assemblage rigoureux
Douceur de roulement
Aptitudes routières relevées
Version S à moteur Miller

CONTRE

Présentation intérieure à revoir
Places arrière étroites
Freinage moyen
Banquette arrière non rabattable
Version de base à éviter

EN DEUX MOTS
À DÉCOUVRIR

VERDICT

Agrément	◖ ◖ ◖ ◖
Confort	◖ ◖ ◖ ◖
Fiabilité	◖ ◖ ◖ ◖
Habitabilité	◖ ◖ ◖ ◖
Hiver	◖ ◖ ◖ ◖
Sécurité	◖ ◖ ◖ ◖
Valeur de revente	◖ ◖ ◖

DONNÉES TECHNIQUES

Suspension av./arr.:	indépendante
Freins av./arr.:	disques ABS
Direction:	crémaillère, assistée
Diamètre de braquage:	11,4 mètres
Pneus:	P215/55VR16
Système antipatinage:	oui

MOTORISATION

Moteur/Transmission:	V6 - 2,3 litres - cycle Miller/aut. 4 rapports
Puissance/Couple:	210 ch à 5300 tr/min / 210 lb-pi à 3500 tr/min
Autres moteurs:	V6 - 2,5 litres - 170 ch
Transmission opt.:	-

QUOI DE NEUF!

Console modifiée
Antenne radio intégrée dans la lunette arrière
Planche de bord de couleur assortie

PERFORMANCES

Accél. 0-100 km/h:	8,3 secondes
Vitesse maximale:	230 km/h
Freinage 100-0 km/h:	43,0 mètres
Consommation:	12,0 litres/100 km
Coût annuel:	1716 $

MAZDA MPV/4X4

Les MPV de la première génération étaient des fourgonnettes plus robustes que la moyenne. Étant des propulsions, elles pouvaient remorquer des charges relativement lourdes et leur comportement routier s'apparentait à celui des camionnettes. En dépit de plusieurs changements, la seconde génération est fidèle à cette philosophie.

Leader dans les ventes des fourgonnettes importées, Mazda a jugé bon de jouer de prudence lorsque est venu le temps de réviser la MPV en 1996. La plate-forme a donc été conservée ainsi que le moteur V6 3,0 litres. Les principales modifications ont été d'ordre esthétique et pratique.

Le fait d'opter pour la propulsion permet d'offrir une capacité de remorquage de plus de 1950 kg et de 1810 kg pour la version 4X4. Cette caractéristique à elle seule en a convaincu plusieurs par le passé. Il en est de même pour la porte latérale arrière à charnière que plusieurs préfèrent aux portes coulissantes. Et pour répondre à la demande, une porte arrière additionnelle du côté gauche permet à la MPV d'être en mesure de contrer la Honda Odyssey à ce chapitre. Soulignons au passage que les vitres arrière s'abaissent complètement, une rareté de nos jours. En outre, on peut commander un toit coulissant aux dimensions vraiment généreuses.

Cette MPV «nouvelle cuvée» se distingue également par une calandre plus équarrie et une partie avant allongée. Le museau prolongé est plus visible pour le conducteur et facilite ainsi les manœuvres de stationnement. Malheureusement, ces modifications n'améliorent pas nécessairement l'esthétique.

La plus récente des MPV est offerte en version sept ou huit places. La version huit places comporte deux sièges baquets avant et deux banquettes trois places en succession. Le modèle sept places rem-

Fidèle à sa vocation

place la banquette médiane par deux sièges capitaines montés sur des glissières de positionnement. Enfin, sur les deux modèles, la banquette arrière peut être repliée pour favoriser le chargement. De plus, il est possible de l'enlever, quoiqu'il s'agisse d'une opération difficile compte tenu de sa lourdeur. En fait, c'est tout un exercice que d'enlever cette banquette; il sera beaucoup plus sage d'empiler les objets par-dessus. Surtout que le plancher arrière de la cabine est soulevé. Cela améliore la visibilité vers l'avant pour les occupants, mais la capacité de chargement est conséquemment réduite; autant de raisons pour laisser cette banquette bien à sa place.

Toujours robuste

La MPV s'est toujours distinguée par le confort de ses sièges, l'intégrité de sa cabine et la robustesse de son châssis. Elle conserve ces qualités sur la version 1997. Sur la route, sa conduite s'apparente d'assez près à celle d'une camionnette, compte tenu de la position de conduite

élevée, de la sécheresse relative du train arrière et de la sonorité du moteur V6. Ce même moteur n'est pas particulièrement en verve et il est plus bruyant que performant. Le niveau sonore du moteur V6 est sans doute l'élément le plus désagréable de la MPV. Lorsqu'il est sollicité, il fait nettement entendre sa présence à l'intérieur de la cabine. Pour compléter le tout, l'alimentation en carburant était parfois inégale sur un des modèles essayés, ce qui provoquait des secousses à peine perceptibles mais agaçantes à la longue.

Heureusement, la tenue de cap est bonne et le comportement adéquat pour une fourgonnette dont le centre de gravité est assez élevé. De plus, les sièges sont confortables et la visibilité bonne. Et si le tableau de bord est dans la moyenne en ce qui concerne la présentation, sa consultation est facile. Malheureusement, les espaces de rangement placés dans la partie centrale inférieure sont vraiment difficiles d'accès. Il faut se pencher pour les atteindre et on ne peut voir leur contenu à moins de se livrer à de sérieuses contorsions.

Sur mauvaise route, le train arrière de la version 4X4 a tendance à sautiller sur les bosses lorsque la fourgonnette est légèrement chargée. Ce comportement se modifie au fur et à mesure de l'augmentation de la charge. La version 4X4 essayée était équipée d'un correcteur d'assiette qui entre en action lorsque le moteur est lancé. Le système 4X4 est actionné par un bouton placé sur le levier de vitesses. L'enclenchement des quatre roues motrices est assez transparent. Toutefois, ce système est d'une efficacité assez moyenne.

Une antiquité

Somme toute, la MPV possède d'indéniables qualités, d'autant plus que ses deux portes arrière en facilitent l'accès. Toutefois, cette Mazda possède des origines qui remontent assez loin dans le temps et elle a de la difficulté à se faire justice par rapport aux Dodge Caravan/Plymouth Voyager et Ford Windstar nettement plus homogènes. Sa capacité de remorquage, sa version 4X4, le confort de son habitacle et sa robustesse lui permettent de compenser d'une certaine manière. Pour plusieurs, elle pourrait se révéler un compromis intéressant entre un utilitaire sportif et une grosse familiale.

Pour la compagnie japonaise Mazda, la robustesse de la MPV et ses qualités de fourgonnette peuvent devenir un atout. Elle risque d'intéresser les gens qui désirent un utilitaire sport mais sans nécessairement devoir en subir les inconvénients. Et plusieurs amateurs de fourgonnettes seront en mesure d'apprécier sa traction aux quatre roues et ses capacités d'attaquer les sentiers forestiers en mauvais état.

D. Duquet

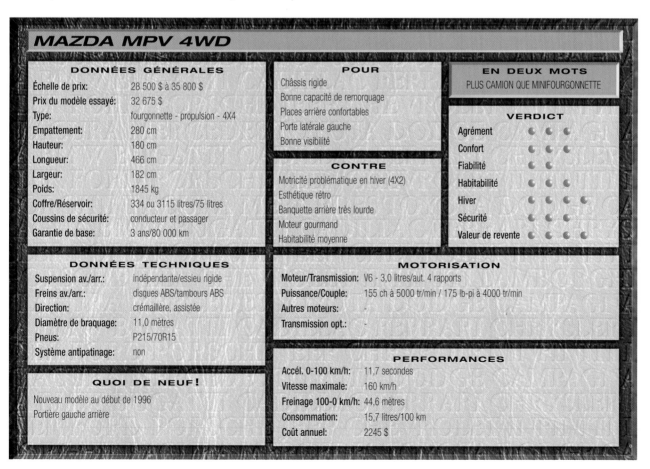

MAZDA MPV 4WD

DONNÉES GÉNÉRALES

Échelle de prix:	28 500 $ à 35 800 $
Prix du modèle essayé:	32 675 $
Type:	fourgonnette - propulsion - 4X4
Empattement:	280 cm
Hauteur:	180 cm
Longueur:	466 cm
Largeur:	182 cm
Poids:	1845 kg
Coffre/Réservoir:	334 ou 3115 litres/75 litres
Coussins de sécurité:	conducteur et passager
Garantie de base:	3 ans/80 000 km

POUR

Châssis rigide
Bonne capacité de remorquage
Places arrière confortables
Porte latérale gauche
Bonne visibilité

CONTRE

Motricité problématique en hiver (4X2)
Esthétique rétro
Banquette arrière très lourde
Moteur gourmand
Habitabilité moyenne

EN DEUX MOTS

PLUS CAMION QUE MINIFOURGONNETTE

VERDICT

Agrément	◖◖◖
Confort	◖◖◖
Fiabilité	◖◖
Habitabilité	◖◖◖
Hiver	◖◖◖◖
Sécurité	◖◖◖
Valeur de revente	◖◖◖◖

DONNÉES TECHNIQUES

Suspension av./arr.:	indépendante/essieu rigide
Freins av./arr.:	disques ABS/tambours ABS
Direction:	crémaillère, assistée
Diamètre de braquage:	11,0 mètres
Pneus:	P215/70R15
Système antipatinage:	non

MOTORISATION

Moteur/Transmission:	V6 - 3,0 litres/aut. 4 rapports
Puissance/Couple:	155 ch à 5000 tr/min / 175 lb-pi à 4000 tr/min
Autres moteurs:	-
Transmission opt.:	-

QUOI DE NEUF!

Nouveau modèle au début de 1996
Portière gauche arrière

PERFORMANCES

Accél. 0-100 km/h:	11,7 secondes
Vitesse maximale:	160 km/h
Freinage 100-0 km/h:	44,6 mètres
Consommation:	15,7 litres/100 km
Coût annuel:	2245 $

MAZDA MX-5 Miata

De nouveaux roadsters ne cessent de faire leur apparition sur le marché. Et les écussons apposés sur leur capot sont ce qu'il y a de plus huppé en matière d'automobile. Pourtant, cette recrudescence est en grande partie causée par la modeste Miata qui s'était donné pour mission de nous séduire sans pour autant nous appauvrir.

Je me souviens encore du lancement de la Miata à la fin des années 80. Mazda avait choisi Hawaii pour dévoiler son petit bijou. Tout au long des deux jours qu'a duré la présentation, nous n'avons cessé de répondre à de nombreuses questions de la part d'automobilistes enthousiastes qui s'emballaient à la vue de cet élégante décapotable. Et si tout le monde a craqué pour sa silhouette, l'engouement a atteint son paroxysme lorsque la nouvelle s'est répandue chez les mordus: la MX-5, alias la Miata, n'était pas seulement un joli cabriolet deux places, sa conduite était emballante.

Les grands enfants du monde de l'automobile venaient de trouver le jouet idéal. Dotée d'une carrosserie élégante et moderne à la fois, cette Mazda nous proposait en plus un agrément de conduite relevé. Et tout cela à un prix fort abordable. Tous les éléments étaient réunis pour qu'elle passe à la légende. Et tandis que les RX-7 et MX-3 Precidia nous quittent, la Miata continue de se défendre fort avantageusement sur tous les marchés. Mieux encore, elle est devenue une incontournable référence pour la concurrence.

Elle sert d'exemple

Lorsque cet élément de plaisir sur roues a fait ses débuts il y a maintenant sept ans, les stylistes et ingénieurs responsables du projet nous avaient avoué que la Lotus Elan et d'autres voitures sport britanniques les avaient inspirés. Plusieurs critiques s'étaient alors empressés de les accuser d'avoir

Toujours la référence

conçu une voiture beaucoup trop proche de ces dernières. Ironiquement, lorsqu'un nouveau roadster fait son entrée sur le marché, c'est maintenant à la Miata qu'on la compare. La MG-F, par exemple, se démarque sur le plan de la carrosserie, mais son habitacle et surtout son tableau de bord ont d'étroites affiliations avec la japonaise. Sans vouloir défendre ceux qui ont emboîté le pas à Mazda à la suite de ses succès, il faut avouer qu'il est toujours difficile de s'inspirer d'un véhicule à succès. Si on fait appel trop franchement aux éléments qui lui ont valu la gloire, on essuie une pluie de critiques. Si on s'en éloigne trop, on risque de passer dans le vide.

Quant à Mazda, il faut la féliciter d'avoir résisté aux pressions pour rendre la Miata plus grosse, plus sophistiquée et aussi plus chère. La caisse a été modifiée il y a quelques années pour la rendre plus rigide mais pas plus grosse. Quant au moteur, sa puissance a été portée à 133 chevaux l'an dernier et ce, sans qu'on apporte d'importantes modifications à la mécanique. Ce modèle est toujours demeuré très près de ses sources et c'est ce qui explique son succès encore de nos jours.

Si la précision vous intéresse

On prend place dans l'habitacle comme si on enfilait un gant. Le conducteur et son passager font corps avec cette voiture. Et malgré une habitabilité plutôt modeste, même deux personnes de grande taille peuvent prendre place à bord dans un confort tout à fait acceptable. Il faut également souligner que la capote est non seulement facile à abaisser ou à monter, elle est également très étanche à l'air et à l'eau. Toutefois, il ne faut pas apporter autre chose que son bikini et sa brosse à dents lorsqu'on part en voyage puisque le coffre est très modeste.

Même si ce cabriolet est grisant à piloter, sa vocation première n'est pas de vous mener vers des destinations éloignées. C'est avant tout la voiture des randonnées sur les routes sinueuses où l'on peut s'amuser à défier les lois de la gravité au volant de cette machine à faire plaisir. La direction très précise s'associe à une tenue de route impressionnante et à un levier de vitesses agréable pour nous griser à la moindre occasion. Les plus téméraires peuvent la pousser dans ses derniers retranchements sans risque. Elle déboîte légèrement de l'arrière, comportement aisément corrigé en jouant de l'accélérateur. Autre avantage, cette conduite de précision peut s'effectuer à des vitesses légales, un élément qui n'est pas à négliger. En effet, trop de voitures sport doivent être conduites à des vitesses très élevées pour nous permettre de les apprécier. Avec la Miata, même une course chez le dépanneur peut s'avérer plaisante.

Ce roadster, comme tous les autres modèles de la catégorie, perd de son attrait en conduite hivernale. La suspension semble devenir plus ferme et la pensée de ne pas être en mesure d'abaisser la capote pendant de longs mois a de quoi donner le cafard. L'utilisation du toit rigide permet de compenser et d'affronter la froidure dans un confort quand même acceptable.

Malgré plusieurs nouveaux modèles à l'horizon, aucun ne pourra offrir un tel agrément de conduite à un prix aussi compétitif. Par exemple, il faut payer au moins le double une Z3 bien équipée afin de trouver un modèle plus ou moins similaire. Et cette BMW ne nous donne pas nécessairement deux fois plus d'agrément de conduite.

Lors du dernier Salon de l'auto de New York, Mazda a présenté au public une version coupé de ce cabriolet. Comme il n'y a jamais de fumée sans feu, il ne serait pas surprenant que ce modèle soit commercialisé un jour sous une forme ou une autre. Compte tenu de la disparition de la MX-3 Precidia, ce serait une alternative peu coûteuse pour Mazda qui doit se serrer la ceinture présentement en raison d'une situation financière assez difficile. En attendant, la Miata est suffisamment intéressante pour nous permettre de patienter, surtout si le soleil est au rendez-vous.

D. Duquet

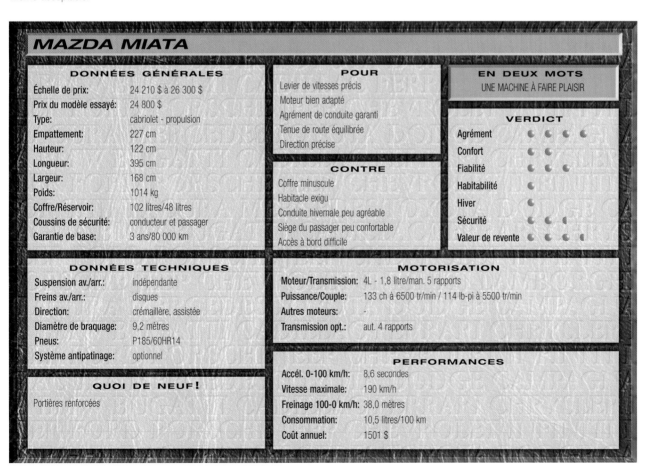

MAZDA MIATA

DONNÉES GÉNÉRALES

Échelle de prix:	24 210 $ à 26 300 $
Prix du modèle essayé:	24 800 $
Type:	cabriolet - propulsion
Empattement:	227 cm
Hauteur:	122 cm
Longueur:	395 cm
Largeur:	168 cm
Poids:	1014 kg
Coffre/Réservoir:	102 litres/48 litres
Coussins de sécurité:	conducteur et passager
Garantie de base:	3 ans/80 000 km

POUR

Levier de vitesses précis
Moteur bien adapté
Agrément de conduite garanti
Tenue de route équilibrée
Direction précise

CONTRE

Coffre minuscule
Habitacle exigu
Conduite hivernale peu agréable
Siège du passager peu confortable
Accès à bord difficile

EN DEUX MOTS

UNE MACHINE À FAIRE PLAISIR

VERDICT

Agrément	
Confort	
Fiabilité	
Habitabilité	
Hiver	
Sécurité	
Valeur de revente	

DONNÉES TECHNIQUES

Suspension av./arr.:	indépendante
Freins av./arr.:	disques
Direction:	crémaillère, assistée
Diamètre de braquage:	9,2 mètres
Pneus:	P185/60HR14
Système antipatinage:	optionnel

MOTORISATION

Moteur/Transmission:	4L - 1,8 litre/man. 5 rapports
Puissance/Couple:	133 ch à 6500 tr/min / 114 lb-pi à 5500 tr/min
Autres moteurs:	-
Transmission opt.:	aut. 4 rapports

QUOI DE NEUF!

Portières renforcées

PERFORMANCES

Accél. 0-100 km/h:	8,6 secondes
Vitesse maximale:	190 km/h
Freinage 100-0 km/h:	38,0 mètres
Consommation:	10,5 litres/100 km
Coût annuel:	1501 $

MAZDA MX-6

La refonte du duo 626/MX-6 n'est prévue que pour 1998; aussi nous revient-il inchangé cette année. C'est le coupé MX-6 qui souffre le plus de ce statu quo puisqu'il semble avoir vieilli plus rapidement que sa berline de sœur. Cette dernière évolue, il est vrai, dans un créneau où un certain conservatisme n'est pas un handicap.

Statu quo

Les consommateurs — et les chroniqueurs automobiles — se montrent plus exigeants envers les sportives de tout poil: ces dernières sont un peu comme les *sex-symbols* de l'industrie, on ne leur pardonne pas de vieillir. Dans l'automobile comme dans le show-business, un brin de chirurgie esthétique permet de prolonger une carrière, mais Mazda, qui gère serré par les temps qui courent, n'a pas daigné dépenser un sou pour remonter le visage de son coupé sport et y faire disparaître quelques rides. Seraient-ce ces mêmes coupures qui auraient entraîné la disparition du nom Mystère? Après tout, cela permet d'économiser sur le lettrage...

Farce à part, la silhouette de la MX-6 ex-Mystère, qui en a séduit plus d'un lors de son lancement, il y a quatre ans, est de celles qui se démodent vite. Sur ce plan, sa jumelle (non identique) de chez Ford, la Probe, semble être davantage restée dans le coup. On comprend toutefois les dirigeants de Mazda de ne pas dépenser temps et argent pour la retoucher çà et là, puisqu'elle évolue dans un créneau où les ventes sont en chute libre — contrairement à la 626 qui a eu droit, elle, à un renouvellement l'an dernier.

Un habitacle hanté!

Il n'y a pas qu'à l'extérieur que la MX-6 aurait besoin d'un petit coup de scalpel: son tableau de bord paraît aujourd'hui plus terne que jamais et ne fait qu'alourdir l'atmosphère déjà pas très gaie de l'habitacle.

Emprunté à la 626, ledit tableau est d'une consternante banalité et s'accommoderait de quelques cadrans supplémentaires en lieu et place de certains voyants bon marché. Certaines garnitures sont également du même calibre, notamment le plastique entourant les buses d'aération et la console, qui s'égratigne au moindre contact.

Il vous faudra envisager le secours d'un prêtre afin d'exorciser la cabine: non seulement l'ambiance qui y règne est lugubre, mais cette voiture est de toute évidence hantée. L'abondance de craquements, de cliquetis et d'autres bruits éoliens n'a rien de bien rassurant, et cette piètre qualité d'assemblage est loin d'afficher les standards auxquels les Japonais nous ont habitués. Les contrôles de qualité seraient-ils moins sévères à l'usine américaine de Flat Rock (Michigan)?

Une fois installé derrière le volant, on se surprend de l'assise plutôt haute pour une voiture de ce genre, à moins que ce ne soit parce qu'on se retrouve la tête collée au plafond. L'auteur de ces lignes n'étant pas particulièrement grand, cela fait redouter le pire pour les «grands formats».

Quant à ceux qui prennent place derrière, l'inclinaison prononcée de la lunette arrière n'arrange pas les choses. Le dégagement pour les jambes est toutefois supérieur à celui de la plupart des coupés sport, qui ne peuvent accueillir que des enfants en bas âge à l'arrière, et encore...

Les plus pragmatiques apprécieront également la présence de vide-poches et autres fourre-tout, ainsi qu'une malle arrière qui, sans être vaste, offre un volume de chargement encore une fois supérieur à celui de bon nombre de modèles concurrents. De plus, la banquette arrière rabattable permet de loger des objets encombrants.

Superbe V6

Démodées ou non, les lignes fuyantes de la MX-6 annoncent un certain tempérament. Pour s'assurer qu'elle livre la marchandise, il est préférable d'opter pour la version LS, munie de quatre freins à disques mais surtout motorisée par un bijou de petit V6, compact, léger et aussi d'une grande souplesse.

Sur papier, sa puissance (164 chevaux) paraît honnête, sans plus; or, la linéarité exemplaire de cette même puissance confère au moteur une vaste plage d'utilisation et si on l'accouple à une boîte manuelle, ses envolées dans les hauts régimes et son aisance en pareille situation sont un délice. Les deuxième, troisième et quatrième rapports ne semblent pas avoir de fin et passé la barre des 3000 tr/min, le V6 est vif comme un chat, ce que vient confirmer un ronronnement qui plaira aux mélomanes de la mécanique.

Pareil moteur mériterait cependant une boîte manuelle plus sportive: sans être vilaine, celle de la MX-6 n'a pas la précision de celle de la Miata de même famille, par exemple, ni la course ultracourte de son levier. Des petits détails, certes, mais qui relèvent l'agrément de conduite. Et comme le rendement du V6 place la barre très haute, il n'est que normal de se montrer exigeant.

Il en va de même pour la direction, trop légère pour exploiter pleinement le potentiel de cet agile coupé, nerveux et incisif, qui obéit au doigt et à l'œil. Poussé dans ses derniers retranchements, il est toutefois handicapé par un châssis qui pèche par manque de rigidité.

Somme toute, les nombreuses qualités de la MX-6 sont trop souvent, hélas! occultées par une série d'irritants. En retirant constamment d'une main ce qu'elle donne de l'autre, elle stagne, abandonnée à elle-même par son constructeur qui n'a pas su la peaufiner au fil des ans.

Comme à un *sex-symbol* sur son déclin, on lui pardonne de moins en moins ses caprices, qui paraissent de plus en plus nombreux, et il lui serait préférable de se retirer avec un restant de gloire avant de se retrouver dans la dèche. La venue prochaine d'une nouvelle génération devrait heureusement lui éviter le statut peu enviable de *has-been*.

P. Laguë

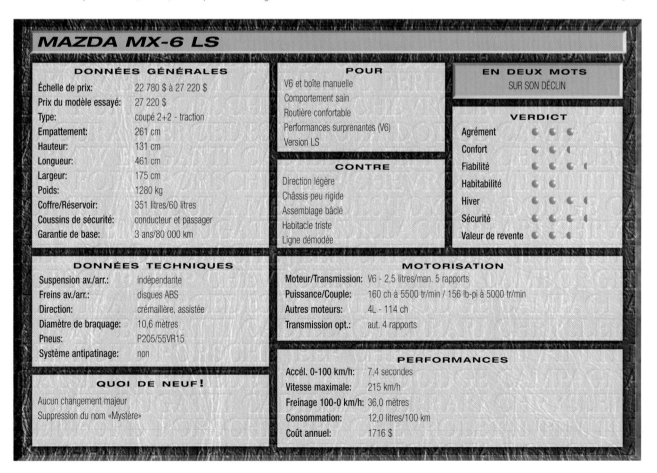

MAZDA MX-6 LS

DONNÉES GÉNÉRALES

Échelle de prix:	22 780 $ à 27 220 $
Prix du modèle essayé:	27 220 $
Type:	coupé 2+2 - traction
Empattement:	261 cm
Hauteur:	131 cm
Longueur:	461 cm
Largeur:	175 cm
Poids:	1280 kg
Coffre/Réservoir:	351 litres/60 litres
Coussins de sécurité:	conducteur et passager
Garantie de base:	3 ans/80 000 km

DONNÉES TECHNIQUES

Suspension av./arr.:	indépendante
Freins av./arr.:	disques ABS
Direction:	crémaillère, assistée
Diamètre de braquage:	10,6 mètres
Pneus:	P205/55VR15
Système antipatinage:	non

QUOI DE NEUF!

Aucun changement majeur
Suppression du nom «Mystère»

POUR

V6 et boîte manuelle
Comportement sain
Routière confortable
Performances surprenantes (V6)
Version LS

CONTRE

Direction légère
Châssis peu rigide
Assemblage bâclé
Habitacle triste
Ligne démodée

MOTORISATION

Moteur/Transmission:	V6 - 2,5 litres/man. 5 rapports
Puissance/Couple:	160 ch à 5500 tr/min / 156 lb-pi à 5000 tr/min
Autres moteurs:	4L - 114 ch
Transmission opt.:	aut. 4 rapports

PERFORMANCES

Accél. 0-100 km/h:	7,4 secondes
Vitesse maximale:	215 km/h
Freinage 100-0 km/h:	36,0 mètres
Consommation:	12,0 litres/100 km
Coût annuel:	1716 $

EN DEUX MOTS

SUR SON DÉCLIN

VERDICT

Agrément	● ● ●
Confort	● ● ●
Fiabilité	● ● ● ◗
Habitabilité	● ◗
Hiver	● ● ●
Sécurité	● ● ●
Valeur de revente	● ● ●

MAZDA Protegé

Si Mazda vit depuis deux ans une période sombre, c'est principalement en raison de la mévente de la Protegé. Quand on sait que les petites voitures de son acabit accaparent 39 p. 100 du marché automobile au Québec, on a une juste idée de l'importance d'être compétitif au sein de cette catégorie.

Entièrement remaniée il y a deux ans, la Protegé avait du même coup légèrement grandi, juste assez pour se hisser dans le groupe des compactes. Elle était certes bourrée de qualités, mais elle courait en même temps à sa propre perte en affichant des prix jugés trop élevés par la clientèle cible. Mazda a donc décidé de rectifier le tir en offrant une version simplifiée de la LX à un prix moins prohibitif.

Dans un marché dominé par les têtes d'affiche que sont la Honda Civic et la Toyota Corolla, une Protegé LX de près de 18 000 $ était tout à fait incapable de se faire justice. Face à de tels adversaires, Mazda avait le choix entre continuer à faire de la figuration ou devenir plus compétitive en procédant à des coupures tant mathématiques que matérielles. On a donc créé une version «économie» de la LX en modifiant l'équipement ou en supprimant certains accessoires. Sous le capot, on fait désormais appel à un 4 cylindres 16 soupapes de 1,5 litre au lieu du 1,8 litre habituel tandis que les freins à disques à l'arrière ont été remplacés par des tambours. Des jantes et des pneus de 13 pouces sont aussi au programme et l'on doit faire son deuil de quelques accessoires de luxe comme les glaces à commande électrique ou le régulateur de vitesse. Tout comme dans la LX, les coussins gonflables sont absents et font partie de la liste des options. Vendue quelques milliers de dollars de moins qu'une LX, la Protegé SE ne bénéficie sans doute pas d'un équipement exhaustif, mais Mazda est d'avis que sa qualité de construction saura faire réfléchir les acheteurs

Un nouveau départ

au moment de la décision finale. Et malgré son dépouillement, la Protegé SE s'enorgueillit malgré tout de posséder certains accessoires qu'on ne trouve pas chez la concurrence. Cela comprend entre autres la colonne de direction ajustable et la radio AM-FM avec lecteur de cassettes. En plus, cette Mazda est vendue avec une garantie de 3 ans et 80 000 km (au lieu de 60 000), un avantage qu'elle ne partage qu'avec la Nissan Sentra.

Un moteur un peu «court»

J'ai eu l'occasion d'accumuler plusieurs centaines de kilomètres au volant de deux Protegé SE, une à boîte manuelle à 5 rapports et une avec transmission automatique. Une fois qu'on s'est acclimaté à un certain manque de progressivité de l'embrayage, la version à boîte manuelle est carrément la plus intéressante parce qu'elle fait relativement bon usage de la faible puissance disponible. Le moteur de 1,5 litre devient un peu «court» lorsqu'il travaille de concert avec

l'automatique. Il faut impérativement désengager la surmultiplication à l'aide d'un bouton sur le levier de vitesses pour obtenir des reprises décentes. La direction et le freinage méritent d'aussi bonnes notes que ceux de la LX, mais le confort et la tenue de route ont baissé d'un cran. Cette détérioration est principalement attribuable aux pneus de 13 pouces qui n'ont pas tout à fait la poigne que l'on souhaiterait en virage. Ils sont aussi responsables de l'intrusion dans l'habitacle d'un nombre de décibels accru. Le bruit de la route, particulièrement sur des chaussées en béton, atteint un niveau qui rend la conversation difficile entre le conducteur et ses passagers assis à l'arrière. Et la liste des options ne fait pas mention d'un porte-voix...

La qualité de construction à laquelle Mazda fait allusion se vérifie sur mauvaise route où la carrosserie apparaît d'une solidité à toute épreuve.

À l'intérieur, les matériaux utilisés sont d'un aspect moins luxueux que dans la LX et, comme dans cette dernière, les plastiques dégagent une odeur qui ne plaira pas à tout le monde lorsqu'ils sont exposés au soleil.

Une excellente habitabilité

Le tableau de bord a été réduit à sa plus simple expression avec plusieurs commutateurs inutilisés et une instrumentation sommaire. Ne cherchez pas le petit miroir sous le pare-soleil de droite ni même la commande à distance pour les rétroviseurs ou le coffre arrière. Ces accessoires sont passés dans le hachoir de l'économie. Par ailleurs, le plus important a subsisté et la Protegé SE partage avec la LX un espace intérieur qui a permis d'aménager d'excellentes places arrière et un coffre à bagages dont le volume est supérieur à celui de toutes

les voitures de la catégorie. Et, au besoin, on peut encore replier le dossier de la banquette arrière en deux sections pour augmenter sa capacité. De prime abord, le rembourrage des sièges semble exagérément dur, mais après quelques heures on ne trouve plus à s'en plaindre. Comme la LX, la Protegé SE hérite aussi d'une excellente visibilité et d'un nombre suffisant d'espaces de rangement. On a même droit à deux coffres à gants si l'on décide d'ignorer l'option des coussins gonflables. Grâce à la Protegé SE, les concessionnaires Mazda peuvent envisager l'avenir avec un peu plus d'optimisme. Avec ce nouveau modèle, ils possèdent dorénavant une petite voiture dont le rapport qualité/prix s'est considérablement bonifié et qui devrait permettre à la marque japonaise de retrouver la voie du succès.

J. Duval

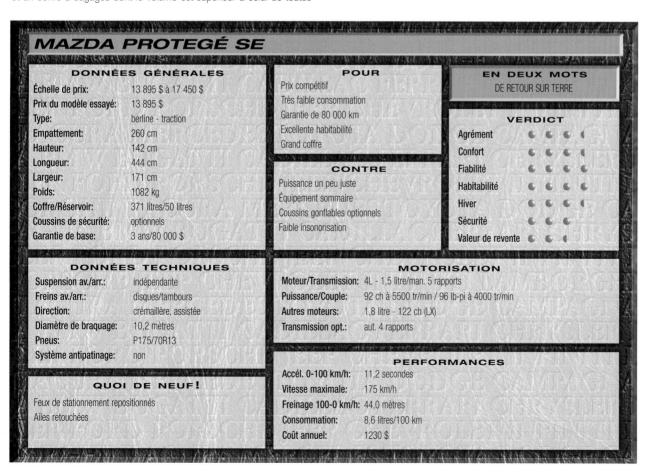

MAZDA PROTEGÉ SE

DONNÉES GÉNÉRALES

Échelle de prix:	13 895 $ à 17 450 $
Prix du modèle essayé:	13 895 $
Type:	berline - traction
Empattement:	260 cm
Hauteur:	142 cm
Longueur:	444 cm
Largeur:	171 cm
Poids:	1082 kg
Coffre/Réservoir:	371 litres/50 litres
Coussins de sécurité:	optionnels
Garantie de base:	3 ans/80 000 $

DONNÉES TECHNIQUES

Suspension av./arr.:	indépendante
Freins av./arr.:	disques/tambours
Direction:	crémaillère, assistée
Diamètre de braquage:	10,2 mètres
Pneus:	P175/70R13
Système antipatinage:	non

QUOI DE NEUF!

Feux de stationnement repositionnés
Ailes retouchées

POUR

Prix compétitif
Très faible consommation
Garantie de 80 000 km
Excellente habitabilité
Grand coffre

CONTRE

Puissance un peu juste
Équipement sommaire
Coussins gonflables optionnels
Faible insonorisation

MOTORISATION

Moteur/Transmission:	4L - 1,5 litre/man. 5 rapports
Puissance/Couple:	92 ch à 5500 tr/min / 96 lb-pi à 4000 tr/min
Autres moteurs:	1,8 litre - 122 ch (LX)
Transmission opt.:	aut. 4 rapports

PERFORMANCES

Accél. 0-100 km/h:	11,2 secondes
Vitesse maximale:	175 km/h
Freinage 100-0 km/h:	44,0 mètres
Consommation:	8,6 litres/100 km
Coût annuel:	1230 $

EN DEUX MOTS
DE RETOUR SUR TERRE

VERDICT

Agrément	
Confort	
Fiabilité	
Habitabilité	
Hiver	
Sécurité	
Valeur de revente	

Il y a quelques mois à peine, Mercedes-Benz et les utilitaires sport avaient autant de points en commun que Fidel Castro et Bill Clinton. Pourtant, la situation a complètement changé depuis le dévoilement du AAVision. Ce prototype souligne l'arrivée en grande pompe de la compagnie dans le créneau des utilitaires sport.

Selon Mercedes, l'AAVision ne se contentera pas de venir s'ajouter à la liste des tout-terrains qui encombrent le marché. La prestigieuse compagnie germanique entend redéfinir la catégorie et son prototype ne s'appelle pas AAVision en raison d'un simple caprice. Le «AA» signifie «All Activities» ou «toutes activités» en traduction libre. Ce qui nous permet de croire que ce nouveau venu est supposé nous offrir le confort d'une automobile de luxe tout en se moquant des sentiers les plus intimidants. En fait, le célèbre et coûteux Range Rover tente de nous offrir la même combinaison route/sentier. Cependant, il s'agit d'un gros tout-terrain très robuste tentant de compenser par un équipement de luxe très relevé son manque d'intérêt sur le plan de la conduite. L'autre utilitaire sport de Mercedes, le G320, actuellement distribué en Europe, ne peut rencontrer les objectifs visés par l'AAVision. Le G320 est un véhicule rustique et solide qui essaie d'attirer une clientèle huppée avec son habitacle garni de cuir et d'appliques de bois.

Mercedes veut donc innover en construisant un véhicule vraiment à part. Mieux encore, ce nouveau venu ne sera pas fabriqué en Allemagne, mais aux États-Unis. En effet, le géant de Stuttgart imite en quelque sorte BMW en s'installant à son tour dans le sud-est des États-Unis. BMW a opté pour Spartanburg, en Caroline du Sud, tandis que Mercedes a choisi Tuscaloosa, en Alabama. Soulignons au passage que cette usine produira 65 000 véhicules par année. Les modèles de série de l'AAVision seront désignés comme faisant partie de la classe M. Ils seront commercialisés à l'automne 1997.

Un prototype qui promet

Pour en dessiner la carrosserie, les stylistes de Sindelfingen en Allemagne et ceux d'Irvine en Californie ont uni leurs planches à dessin pour nous proposer un véhicule dont les formes sont spectaculaires. Des passages de roues très bombés viennent donner une personnalité visuelle unique à ce véhicule. À l'avant comme à l'arrière, ils s'intègrent à la ceinture de caisse pour donner un air relativement costaud au véhicule. La calandre est constituée de trois barres horizontales interrompues par la célèbre étoile argentée. Elle est encadrée de phares en forme d'amande tandis que le pare-chocs abrite des phares antibrouillards. La partie arrière ne manque pas d'originalité. Le réceptacle de la roue de secours est intégré au hayon et les lumières triangulaires viennent donner du relief. Cette silhouette est spectaculaire, c'est certain. Toutefois, il ne faut pas s'attendre que les modèles de production soient aussi originaux sur le plan visuel. D'ailleurs, des photos espion nous ont révélé un véhicule beaucoup plus conventionnel.

L'habitacle de l'AAV ne manque pas d'attrait. Non seulement la planche de bord avec sa console centrale futuriste suffit à impressionner le plus blasé, mais le niveau de raffinement technique est poussé. C'est ainsi qu'un écran de navigation peut être déployé pour permettre aux occupants des places avant de se diriger par le biais de la navigation par satellite. Les passagers arrière ont un écran à affichage par cristaux liquides à leur portée et ils peuvent s'occuper à des jeux électroniques ou visionner une cassette vidéo. Le moyeu du volant accueille le clavier d'un téléphone cellulaire vraiment à mains libres. Bien entendu, les modèles de production seront nettement plus sages côté équipement.

Parmi les autres caractéristiques exclusives à ce véhicule, il faut mentionner la présence d'un treuil de remorquage intégré dans le pare-chocs arrière, ainsi que de haut-parleurs incorporés dans la porte arrière pouvant pivoter vers l'extérieur. Un support de toit assure le transport de vélos de montagne ou de skis.

Sur le plan mécanique, Mercedes a concocté une caisse capable d'offrir la même protection en cas d'impact que toute berline fabriquée par la compagnie. Et en plus des coussins de sécurité gonflables avant, l'AAV proposera en équipement de série des coussins de sécurité latéraux. Pourtant, si ce véhicule se contente de proposer un habitacle confortable, un niveau de sécurité élevé et un équipement complet, il ne sera pas tellement différent des autres de sa catégorie. C'est pourquoi les ingénieurs de Mercedes nous promettent un rouage d'entraînement unique en son genre. Une boîte de transfert à deux plateaux sera jumelée à un système électronique de répartition du couple. Celui-ci sera automatiquement réparti aux roues profitant de la meilleure adhérence. Les versions nord-américaines seront animées par des moteurs V6 et V8 couplés à une boîte automatique à 5 rapports. Les

véhicules destinés aux marchés européen et asiatique offriront également un moteur 4 cylindres à essence associé à une boîte manuelle à 5 rapports. Un diesel 5 cylindres sera également disponible.

Le projet des véhicules de classe M est tout un défi pour Mercedes, qui a connu plus que sa part de difficultés sur le plan commercial au cours des cinq dernières années. Si ce projet ne connaît pas les succès anticipés, si les véhicules assemblés aux États-Unis n'atteignent pas le même niveau d'excellence que ceux fabriqués en Allemagne, ça risque de brasser dans la cabane à Stuttgart. L'enjeu est de taille. Heureusement, l'AAV permet d'être optimiste. D'autant plus que ce véhicule profitera d'une publicité incommensurable puisqu'il sera en vedette dans la suite du film *Le Parc Jurassique*. Quand on sait à quel point le dernier film de James Bond a pu être bénéfique pour la BMW Z3, on peut conclure que ce film fera de même pour le tout-terrain de Tuscaloosa.

D. Duquet

MERCEDES-BENZ Classe C/C36

Nommée voiture de l'année en Amérique du Nord en 1994, la Mercedes de classe C pourrait avoir perdu de sa faconde depuis. Il n'en est rien et cette compacte continue d'être la référence tant sur le plan de l'équilibre d'ensemble que du prestige. Et pour épicer la sauce davantage, la version C36 est venue ajouter un volet sportif à la famille.

Avant de passer aux pages sportives avec la C36, voyons donc ce que nous réservent les versions plus dociles. Souvent caractérisée comme la «Baby Mercedes», la présente génération tente de se départir de cette réputation de petite voiture. C'est ainsi que le design de l'habitacle a été réalisé pour donner une impression d'espace. Les grandes surfaces vitrées, le tableau de bord à étagement, tout cela contribue à créer la sensation que la voiture est beaucoup plus imposante. Côté confort et sécurité, les sièges avant respectent le dessin traditionnel de Mercedes avec un cadre en acier et des ressorts métalliques. Les ceintures de sécurité sont ancrées au cadre des sièges avant pour assurer plus de confort. Cette approche permet d'obtenir un meilleur ajustement peu importe la position du siège et la taille des occupants. À l'avant comme à l'arrière, les ceintures sont réglables en hauteur. Pour offrir plus d'espace pour les jambes à l'arrière, les dossiers avant sont sculptés. Il faut également souligner que la présentation générale et les commandes du tableau de bord sont apparentées à celles des modèles plus luxueux. D'ailleurs, cette philosophie de design «familial» est respectée en ce qui concerne la caisse.

Une mécanique sophistiquée

Même s'il s'agit de la petite économe de la famille, la classe C n'a rien à envier à ses grandes sœurs côté fiche technique. C'est ainsi que la suspension avant est à double bras triangulés retenant un amortisseur à gaz et un ressort hélicoïdal. Les bras de contrôle sont montés

Elle impressionne toujours

directement sur la structure de la caisse. Cette suspension prévient la plongée au freinage. À l'arrière, il s'agit d'une version format réduit de la suspension de la classe S. La fiche technique se complète par la présence d'une direction à billes à assistance variable, de freins à disques avec ABS aux quatre roues et d'une nouvelle boîte automatique à 5 rapports. Celle-ci est de type «adaptative» et s'ajuste automatiquement au style de conduite du pilote.

Mercedes a également décidé de nous proposer le moteur 2,3 litres en remplacement du 2,2 litres disponible l'an dernier. Ce faible accroissement de la cylindrée permet de hausser le couple. Et comme tous les autres moteurs Mercedes, on y retrouve un double arbre à cames en tête. De plus, le calage des soupapes est variable tandis que la tubulure d'admission fait appel à l'effet de résonance pour obtenir un rendement optimal à tous les régimes. L'autre moteur disponible est un six cylindres 2,8 litres développant 194 chevaux.

Solide comme le roc

Sur le plan de la conduite, les C230 et C280 nous garantissent toutes les qualités intrinsèques des autres Mercedes. La caisse est solide comme un bunker, le silence de roulement digne de mention et le comportement routier très prévisible. La voiture est toujours sous-vireuse en entrée de virage et il faut jouer du volant pour l'inciter à amorcer le virage. Une fois entré dans la courbe, le roulis de caisse est notable, mais la trajectoire ne varie pas d'un poil.

Une voiture de la classe C, c'est une auto capable d'affronter toutes les situations et toutes les conditions de route sans jamais être prise au dépourvu. Il faut également souligner la puissance des freins et leur résistance à l'échauffement.

Le nouveau moteur 2,3 litres est un tantinet plus nerveux, mais il convient bien à la voiture et ses performances ne sont pas à dédaigner. Naturellement, le 6 cylindres est plus souple, plus puissant et ses performances sont plus incisives. Comme il est habituel chez Mercedes, la vélocité initiale est un peu faible mais les prestations à moyen régime et à régime élevé sont plus qu'intéressantes. Cette «paresssse» au départ garantit un meilleur contrôle lorsque la chaussée est mouillée ou glacée.

Les astuces d'AMG

La C36 est une berline sport spécialement préparée par la compagnie AMG pour Mercedes qui les distribue dans son réseau de concessionnaires partout de par le monde et donc au Canada. Il s'agit bien entendu d'une voiture à diffusion limitée. Cette berline de la série C se distingue des versions régulières C280 de plusieurs manières. En tout premier lieu, le moteur 6 cylindres en ligne 2,8 litres de la C280 est modifié par AMG. Sa course et son alésage sont augmentés pour porter la cylindrée à 3,6 litres,

l'injection standard est remplacée par un système Bosch Motronic. Ce qui permet d'obtenir une puissance à 268 chevaux, un gain de près de 100 chevaux par rapport à la version régulière. En outre, les roues de 15 pouces font place à des jantes de 17 pouces accueillant des pneus P225/45ZR17 à l'avant et P245/40ZR17 à l'arrière. Comme il se doit, la suspension a été modifiée et renforcée tandis que la direction a gagné en précision. La C36 utilise des roues AMG qui lui sont exclusives.

Cette C36 est drôlement performante pour une berline puisque sa vitesse de pointe est de 235 km/h tandis que le 0-100 km/h est bouclé en 6,7 secondes. Cette berline est une authentique sportive au chapitre des performances. Mais elle impressionne encore davantage par sa tenue de route.

Donc, malgré ces prestations sportives, la C36 peut également se comporter comme une honnête berline en mesure d'être utilisée au jour le jour.

D. Duquet

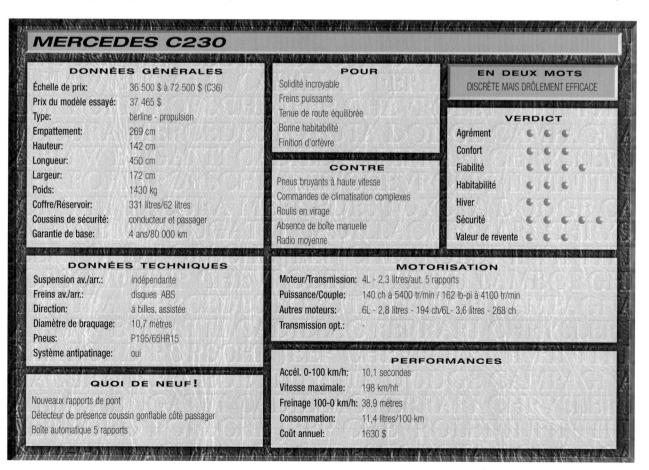

MERCEDES C230

DONNÉES GÉNÉRALES

Échelle de prix:	36 500 $ à 72 500 $ (C36)
Prix du modèle essayé:	37 465 $
Type:	berline - propulsion
Empattement:	269 cm
Hauteur:	142 cm
Longueur:	450 cm
Largeur:	172 cm
Poids:	1430 kg
Coffre/Réservoir:	331 litres/62 litres
Coussins de sécurité:	conducteur et passager
Garantie de base:	4 ans/80 000 km

DONNÉES TECHNIQUES

Suspension av./arr.:	indépendante
Freins av./arr.:	disques ABS
Direction:	à billes, assistée
Diamètre de braquage:	10,7 mètres
Pneus:	P195/65HR15
Système antipatinage:	oui

QUOI DE NEUF!

Nouveaux rapports de pont
Détecteur de présence coussin gonflable côté passager
Boîte automatique 5 rapports

POUR

Solidité incroyable
Freins puissants
Tenue de route équilibrée
Bonne habitabilité
Finition d'orfèvre

CONTRE

Pneus bruyants à haute vitesse
Commandes de climatisation complexes
Roulis en virage
Absence de boîte manuelle
Radio moyenne

MOTORISATION

Moteur/Transmission:	4L - 2,3 litres/aut. 5 rapports
Puissance/Couple:	140 ch à 5400 tr/min / 162 lb-pi à 4100 tr/min
Autres moteurs:	6L - 2,8 litres - 194 ch/6L - 3,6 litres - 268 ch
Transmission opt.:	-

PERFORMANCES

Accél. 0-100 km/h:	10,1 secondes
Vitesse maximale:	198 km/hh
Freinage 100-0 km/h:	38,9 mètres
Consommation:	11,4 litres/100 km
Coût annuel:	1630 $

EN DEUX MOTS

DISCRÈTE MAIS DRÔLEMENT EFFICACE

VERDICT

Agrément	
Confort	
Fiabilité	
Habitabilité	
Hiver	
Sécurité	
Valeur de revente	

MERCEDES-BENZ Classe E

Introduite en grande pompe l'an dernier, la série E de Mercedes n'a pas mis de temps à proliférer. Après la E320, la E300 diesel a discrètement pris place dans la gamme, suivie plus tard de la E420 à moteur V8. À venir chez un concessionnaire près de chez vous: une familiale et la dynamique E50.

J'ai eu le privilège de conduire ces deux derniers modèles en sol européen de longs mois avant leur arrivée en Amérique, probablement sous le millésime 1998. Permettez-moi d'abord de m'attarder au best-seller de la gamme, la berline E320 à moteur à essence de 3,2 litres.

Longtemps reconnue comme la meilleure voiture au monde, cette Mercedes mérite-t-elle encore une telle distinction?

Peut-être suis-je un peu trop conservateur, mais j'ai de la difficulté à m'emballer pour les plus récentes berlines Mercedes. Ne vous méprenez pas: je les considère comme d'excellentes voitures qui offrent une sécurité et un comportement routier exemplaires. Toutefois, le virage qu'a pris le constructeur allemand pour rendre ces voitures moins austères l'a guidé vers des solutions pas toujours heureuses à mon sens.

De tout temps, le bruit sourd que faisait une portière de Mercedes quand on la fermait avait quelque chose d'impressionnant. Dans l'actuelle E320, elles sont d'une légèreté... et d'une sonorité qui laissent croire que l'on a affaire à une voiture ordinaire. Le nouveau look Mercedes me laisse aussi songeur; à part de très beaux yeux, la ligne n'est pas très inspirée.

Schumacher au volant

Cela dit, Mercedes possède indubitablement l'art de fabriquer des voitures d'une grande efficacité qui aplanissent toutes les difficultés de la route. Prenons simplement la tenue en virage. La série E s'en acquitte de manière phénoménale et, sur un circuit de vitesse, vous avez l'impression que Michael Schumacher

Diesel ou dynamite

conduit à votre place tellement la voiture se moque des courbes. La nouvelle direction à crémaillère est un exemple à suivre pour sa précision, le dosage de son assistance et la sensation de contact qu'elle procure. L'endurance et la puissance du freinage contribuent aussi à donner à l'utilisateur le sentiment de sécurité que l'on éprouve depuis toujours au volant d'une Mercedes. Les suspensions n'ont pas été avachies pour plaire à une certaine clientèle et la E320 reste ferme sur de mauvais revêtements sans jamais être inconfortable.

Même si l'accélérateur est trop peu progressif, le moteur 6 cylindres emmène la voiture avec une telle vélocité qu'on a l'impression qu'il développe beaucoup plus que les 217 chevaux annoncés. La voiture réussit même à se donner un tempérament sportif que l'on ne s'attend pas à retrouver chez une Mercedes.

La sécurité d'abord

La sécurité demeure une priorité chez Mercedes. Elle se manifeste par la présence de sacs gonflables latéraux et de sièges fermes, mais d'un confort

irréprochable sur de longs trajets. Mercedes explique que c'est pour des raisons de sécurité que la télécommande d'ouverture des portes ne fonctionne que lorsque l'on est très près du véhicule. Au volant, Mercedes continue de faire école au point de vue ergonomique avec des commandes et des instruments parfaitement regroupés. Malgré sa volte-face, la marque allemande a toutefois résisté à certains courants comme les commandes à distance pour le coffre arrière et le clapet du réservoir à essence. Par contre, le porte-verres sévit mais il est fort heureusement bien dissimulé.

Ce second regard sur la E320 a été plus révélateur que le premier et a fait ressortir certains détails qui permettent de se demander si cette Mercedes-Benz est toujours la meilleure voiture au monde.

Son comportement routier et son aménagement lui permettent sans aucun doute de se réclamer encore de ce titre, mais je ne peux m'empêcher de penser que les résultats des beaux efforts de l'ingénierie allemande ont été quelque peu amenuisés par les gourous de la finance.

E50: Dynamite

Si la E320 a un indéniable côté sportif, que dire de la E50 que le préparateur AMG construit en petite série pour le compte de Mercedes? À son volant, j'ai foncé sur Stuttgart par l'*Autobahn* sans trop descendre sous les 250 km/h (une limite que les constructeurs allemands, sauf Porsche, se sont imposée). Poussée par les 347 chevaux et les 354 lb-pi de couple d'un V8 de 5,0 litres, plaquée au sol sur des roues de 18 pouces chaussées des mêmes pneus que la 911 Turbo et ralentie par des freins ventilés empruntés à la SL600, cette berline avale les kilomètres avec une assurance qui défie l'imagination. Que l'on parle d'accélérations (0-100 km/h en 6,3 secondes), de freinage ou de tenue de cap, cette E50 frôle la perfection. À l'intérieur, quelques retouches discrètes dans la présentation soulignent le caractère particulier de ce modèle.

Malgré son V8 de 275 chevaux, la familiale E420 conduite aussitôt après semblait bien tranquille. Mais en évitant de comparer des pommes et des oranges, on découvre une voiture qui surclasse la E320 surtout par le couple de son moteur et, conséquemment, par ses reprises.

Ma seule réserve a trait à la transmission automatique à 5 rapports qui s'adapte électroniquement aux conditions de la route et au style de conduite pratiqué. À certains moments, la transmission ne semble plus très bien savoir sur quel pied danser, ce qui se traduit par un fonctionnement saccadé.

Après avoir modernisé sa série E, Mercedes s'est attaquée à leur motorisation et les futures berlines ou familiales de cette gamme hériteront de moteurs modulaires tout neufs. Un V6 et un V8 de 4,3 litres sont au programme pour 1998 tandis qu'une version à traction intégrale est également envisagée. Bref, la firme allemande n'a pas fini d'étoffer une gamme qui a la réputation de regrouper les meilleures voitures au monde.

J. Duval

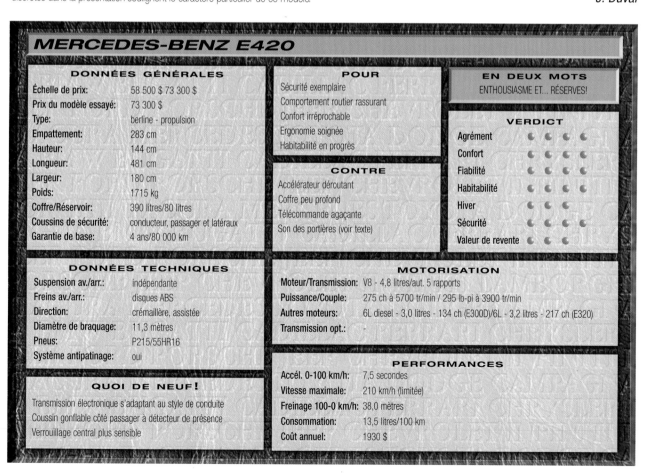

MERCEDES-BENZ E420

DONNÉES GÉNÉRALES

Échelle de prix:	58 500 $ 73 300 $
Prix du modèle essayé:	73 300 $
Type:	berline - propulsion
Empattement:	283 cm
Hauteur:	144 cm
Longueur:	481 cm
Largeur:	180 cm
Poids:	1715 kg
Coffre/Réservoir:	390 litres/80 litres
Coussins de sécurité:	conducteur, passager et latéraux
Garantie de base:	4 ans/80 000 km

DONNÉES TECHNIQUES

Suspension av./arr.:	indépendante
Freins av./arr.:	disques ABS
Direction:	crémaillère, assistée
Diamètre de braquage:	11,3 mètres
Pneus:	P215/55HR16
Système antipatinage:	oui

QUOI DE NEUF!

Transmission électronique s'adaptant au style de conduite
Coussin gonflable côté passager à détecteur de présence
Verrouillage central plus sensible

POUR

Sécurité exemplaire
Comportement routier rassurant
Confort irréprochable
Ergonomie soignée
Habitabilité en progrès

CONTRE

Accélérateur déroutant
Coffre peu profond
Télécommande agaçante
Son des portières (voir texte)

MOTORISATION

Moteur/Transmission:	V8 - 4,8 litres/aut. 5 rapports
Puissance/Couple:	275 ch à 5700 tr/min / 295 lb-pi à 3900 tr/min
Autres moteurs:	6L diesel - 3,0 litres - 134 ch (E300D)/6L - 3,2 litres - 217 ch (E320)
Transmission opt.:	-

PERFORMANCES

Accél. 0-100 km/h:	7,5 secondes
Vitesse maximale:	210 km/h (limitée)
Freinage 100-0 km/h:	38,0 mètres
Consommation:	13,5 litres/100 km
Coût annuel:	1930 $

EN DEUX MOTS

ENTHOUSIASME ET... RÉSERVES!

VERDICT

Agrément	
Confort	
Fiabilité	
Habitabilité	
Hiver	
Sécurité	
Valeur de revente	

MERCEDES-BENZ Classe S

Tout en haut de la gamme Mercedes-Benz, les gros coupés et berlines qui composent la classe S du prestigieux manufacturier éprouvent beaucoup de difficultés à se faire aimer. Jugées trop lourdes, trop volumineuses ou trop ostentatoires, ces voitures sont considérées comme «politiquement incorrectes».

Le lourd héritage

Quelques prototypes des remplaçantes des Mercedes de classe S circulent déjà en Europe et en plus d'une parenté de style avec les modèles de la classe E (les phares ronds notamment), on peut avoir la certitude que dans leur forme définitive ces nouveaux modèles éviteront les excès qui ont nui au succès des *S Klass* actuelles. En attendant, les berlines S320, 420, 500 et 600 nous reviennent accompagnées de deux vastes coupés empruntant le V8 5,0 litres de la série 500 ou le V12 de la S600. Les changements sont naturellement peu nombreux.

J'en profite pour ouvrir une parenthèse sur deux options intéressantes avec lesquelles j'ai pu me familiariser lors d'un séjour chez Mercedes il y a quelques mois. Il s'agit d'abord du service Designo qui permet d'«habiller» votre voiture selon vos goûts en choisissant parmi divers matériaux et couleurs pour la présentation intérieure. Dans la palette de couleurs, on en trouve même une qui s'adresse aux indécis et qui peut passer du vert au bleu ou vice-versa selon l'angle d'observation de la voiture. Cette peinture caméléon utilise des cristaux liquides pour passer du vert métallisé au bleu marine. En plus de peintures spéciales, le programme Designo offre des cuirs uniques et des éléments décoratifs en bois, en cuir et en carbone. Uni ou bicolore, l'intérieur cuir fait main permet au client d'exprimer, dans un style sûr, son art de vivre.

La touche AMG

Ceux qui veulent ajouter de la substance à ce tape-à-l'œil peuvent toujours se tourner vers AMG, qui est probablement le préparateur le plus connu au monde. Qui n'a pas croisé un jour une de ces Mercedes à l'allure provocante avec sa carrosserie surbaissée, ses jantes extralarges ou ses ajouts aérodynamiques? De tels modèles sont la plupart du temps des créations d'AMG, une firme allemande qui travaille exclusivement pour le compte de Mercedes-Benz. Elle produit notamment la C36 et la nouvelle E50, deux berlines super-sport aussi rapides que luxueuses. Bien qu'il n'existe pas une version AMG au catalogue de la classe S Mercedes, on peut tout de même modifier des modèles existants au moyen de divers équipements offerts séparément. Cela comprend entre autres des ressorts plus courts permettant d'abaisser la voiture ainsi que des amortisseurs à gaz plus fermes. De belles roues en alliage de 18 pouces chaussées de pneus 255/45ZR18 s'ajoutent à ces éléments pour donner aux berlines ou aux coupés S une stature encore plus impressionnante et une tenue de route supérieure. AMG conseille de compléter ces transformations par l'addition d'un déflecteur avant, de jupes latérales et d'un tablier arrière. Un tel ensemble permet de donner

aux meilleures berlines et coupés au monde une saveur sportive qui pourrait sembler incompatible avec des voitures d'un tel gabarit.

Navigateur silencieux

Une autre option fascinante est l'Auto Pilot, un système de navigation utilisant les ressources du GPS (Global Positioning System) pour vous ramener dans le droit chemin. Il s'agit de la même technologie que celle utilisée dans les appareils de navigation pour les bateaux et les avions. L'appareil monté au tableau de bord utilise l'audiovisuel par l'entremise d'un petit écran et de l'appareil radio pour vous guider là où vous désirez vous rendre par la route la plus courte. Il suffit de charger un disque CD-Rom correspondant à la région dans laquelle on se trouve et de suivre les indications claires et précises qui sont affichées et données verbalement par l'appareil. Dans la voiture mise à l'essai, le CD-Rom couvrait 520 000 km de routes à travers l'Allemagne tout en conservant en mémoire la liste des meilleurs hôtels et restaurants. Le système, qui n'est offert qu'en Europe pour l'instant, est d'une précision stupéfiante avec une marge d'erreur de seulement 10 mètres. J'ai même intentionnellement ignoré les instructions de l'appareil... qui, quelques secondes plus tard, m'a ordonné de faire demi-tour pour reprendre la bonne route. Et si l'on continue à faire la sourde oreille à ce navigateur électronique, il refera ses calculs pour vous proposer une route différente pour la même destination. Ici en Amérique, General Motors a commencé à offrir sur certains modèles (dont les Cadillac) un système semblable.

Cela dit, les grandes Mercedes demeurent toujours l'un des symboles de réussite les plus convoités. Et l'on est rarement déçu du luxe, du confort et du comportement routier des S320, 420, 500 ou 600. À leur volant, on se sent tellement en sécurité que l'on a l'impression

d'être totalement imperméable aux accidents. L'an prochain, les *S Klass* hériteront des nouveaux moteurs modulaires que la marque allemande s'apprête à fabriquer dans une nouvelle usine de Stuttgart. Pour l'instant, ma préférence va à la S320 à moteur 6 cylindres qui est non seulement la moins chère, mais dont les performances sont étonnamment vives pour une voiture aussi lourde. La transmission automatique à 5 vitesses n'y est d'ailleurs pas étrangère. D'autre part, le *nec plus ultra* des coupés grand-tourisme est très certainement le S600C avec son V12 de 6,0 litres et ses 408 chevaux.

Ces Mercedes-Benz ne sont pas des exemples de maniabilité en ville, mais pour franchir de longs trajets sans la moindre fatigue, on fait difficilement mieux. Jusqu'à l'an prochain s'entend...

J. Duval

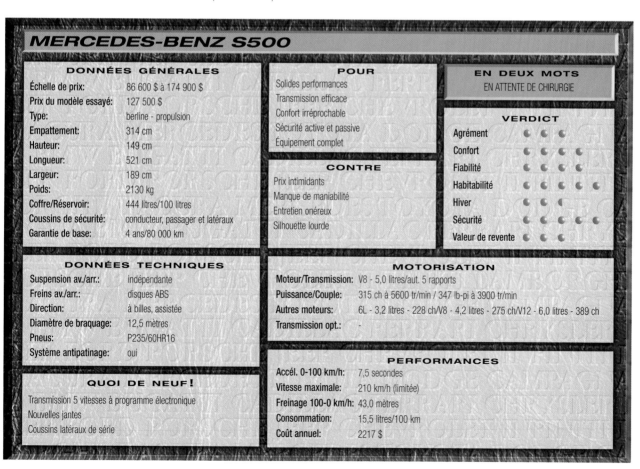

MERCEDES-BENZ S500

DONNÉES GÉNÉRALES

Échelle de prix:	86 600 $ à 174 900 $
Prix du modèle essayé:	127 500 $
Type:	berline - propulsion
Empattement:	314 cm
Hauteur:	149 cm
Longueur:	521 cm
Largeur:	189 cm
Poids:	2130 kg
Coffre/Réservoir:	444 litres/100 litres
Coussins de sécurité:	conducteur, passager et latéraux
Garantie de base:	4 ans/80 000 km

POUR

Solides performances
Transmission efficace
Confort irréprochable
Sécurité active et passive
Équipement complet

CONTRE

Prix intimidants
Manque de maniabilité
Entretien onéreux
Silhouette lourde

EN DEUX MOTS

EN ATTENTE DE CHIRURGIE

VERDICT

Agrément	● ● ●
Confort	● ● ● ● ●
Fiabilité	● ● ● ●
Habitabilité	● ● ● ◐
Hiver	● ● ●
Sécurité	● ● ● ● ●
Valeur de revente	● ● ◐

DONNÉES TECHNIQUES

Suspension av./arr.:	indépendante
Freins av./arr.:	disques ABS
Direction:	à billes, assistée
Diamètre de braquage:	12,5 mètres
Pneus:	P235/60HR16
Système antipatinage:	oui

MOTORISATION

Moteur/Transmission:	V8 - 5,0 litres/aut. 5 rapports
Puissance/Couple:	315 ch à 5600 tr/min / 347 lb-pi à 3900 tr/min
Autres moteurs:	6L - 3,2 litres - 228 ch/V8 - 4,2 litres - 275 ch/V12 - 6,0 litres - 389 ch
Transmission opt.:	-

QUOI DE NEUF!

Transmission 5 vitesses à programme électronique
Nouvelles jantes
Coussins latéraux de série

PERFORMANCES

Accél. 0-100 km/h:	7,5 secondes
Vitesse maximale:	210 km/h (limitée)
Freinage 100-0 km/h:	43,0 mètres
Consommation:	15,5 litres/100 km
Coût annuel:	2217 $

MERCEDES-BENZ SLK

S'il est une voiture qui incarne d'éclatante façon la réorientation de Mercedes-Benz, c'est bien ce petit bijou de roadster identifié par les lettres SLK. Pour briller de tous ses feux, un tel modèle a besoin de deux choses: un soleil radieux et une petite route à l'avenant. Montez avec moi, je vous emmène en Toscane...

La souriante image du renouveau

L e dossier de presse consacré à la plus récente création de Mercedes renferme deux CD-Rom, un choix de 450 photos et pas moins de sept cahiers d'information s'étalant sur 166 pages. Assez pour remplir la moitié de ce *Guide de l'auto*... C'est dire l'importance que le constructeur allemand accorde à ce nouveau modèle qui doit lui permettre de franchir le seuil du prochain millénaire avec une image rajeunie. Pour le scribe que je suis, un tel déluge de renseignements fait que l'on ne sait plus très bien par où commencer.

Réglons d'abord certains menus détails. SLK signifie «sport», «léger» et «compact» (ce mot s'écrivant avec un «k» dans la langue de Goethe), ce qui situe bien cette petite voiture par rapport à une SL par exemple, dont elle est la sœur cadette. Elle s'adresse cependant à un public bien différent dont Mercedes estime l'âge entre 30 et 39 ans. Tous ces automobilistes aisés qui refusaient de rouler en Mercedes de peur d'exhiber un âge certain pourront dorénavant s'offrir le plaisir d'une SLK sans passer pour des retraités. Ils pourront ainsi se joindre au clan des conducteurs de Z3 (BMW) ou de Boxster (Porsche), les deux vraies concurrentes du roadster Mercedes.

Deux voitures dans une

Si le nom «roadster» ou «cabriolet biplace» identifie parfaitement ses deux rivales germaniques, la SLK mérite aussi l'appellation de coupé. En effet, sur la simple pression d'un bouton, un toit métallique

escamotable s'extirpe du coffre et, en 25 secondes, la voiture adopte une tout autre personnalité. Le bruit de vent qui est si souvent le talon d'Achille des cabriolets disparaît illico et la rigidité de la coque y gagne aussi énormément. Une pure merveille dont le fonctionnement mystifie les badauds qui assistent à cette métamorphose assurée par une pompe reliée à cinq vérins hydrauliques.

Non, Mercedes n'a pas lésiné sur le spectaculaire même si le volume du coffre doit en souffrir. En configuration coupé, son volume est de 348 litres, mais lorsque le toit rigide vient s'y engouffrer, la place est réduite à 145 litres, juste assez pour le bikini et la brosse à dents. Enfin, un peu plus mais pas tellement, surtout que pour insérer certains articles dans le mince espace disponible, on est forcé de remettre le toit. Esthétiquement, la SLK réussit le tour de force d'être aussi séduisante décoiffée que protégée des intempéries par son astucieux couvre-chef. Son style est actuel même s'il emprunte à d'anciennes sportives Mercedes (la 300SL notamment) le grillage de sa calandre et le double

bombage de son capot. Bref, un élégant amalgame de traditionalisme et de modernité.

Méli-mélo technique

Je devine que vous avez hâte d'arpenter la Toscane, mais patientez encore un brin pendant que je vous fais faire le tour du propriétaire.

Autant la solution du toit rigide escamotable est coûteuse, autant la mécanique a permis à la marque allemande de faire des économies afin de respecter le prix abordable (pour une Mercedes) annoncé tout au long de la gestation de la SLK. Celle-ci s'alimente en effet d'éléments empruntés à divers modèles de la gamme. Le moteur, les suspensions et les freins notamment se sont déjà fait apprécier dans les berlines des classes C et E. Alors que l'Europe a le choix entre deux motorisations, seule la version la plus poussée, la 230 Kompressor, sera offerte ici. Elle bénéficie d'un 4 cylindres 2,3 litres multisoupape dont le compresseur mécanique agit comme une soufflante, créant une pression de suralimentation qui fait bondir la puissance à 191 chevaux. Le grand avantage de ce moteur est d'offrir un couple quasi constant de 206 lb-pi s'étalant de 2500 à 4800 tr/min. Pour l'Amérique, la seule transmission offerte est une 5 vitesses automatique à pilotage électronique. Les quatre freins à disques ont été piqués à la classe E tandis les suspensions (multi-bras à l'arrière et double bras transversaux à l'avant) sont identiques à celles des modèles C.

Sa légèreté, la SLK la doit à une foule d'astuces dont l'utilisation de magnésium dans la structure de la carrosserie et un pneu pliant assisté d'une pompe à air électrique offerte sans supplément. D'ailleurs, les quelque 55 000 $ que coûtera ce roadster à son arrivée sur le marché au début de 1997 comme modèle 1998 ne pourront être gonflés que par trois options: une peinture métallique, un chargeur de disques CD et des sièges chauffants.

La sécurité offerte par la SLK a aussi reçu toute l'attention que l'on doit lui porter chez une voiture aussi petite et vulnérable. Les coussins frontaux sont secondés par des sacs gonflables latéraux dissimulés dans les portières tandis que la voiture est munie de deux arceaux de protection dressés en permanence en plus de tubes spéciaux dans l'armature du pare-brise. Le coussin gonflable côté passager est aussi muni d'un détecteur qui l'empêche de se déployer si le siège est

inoccupé, qu'un siège d'enfant y est installé ou que le poids qu'il supporte est inférieur à 12 kilos.

Dans les vignes du Chianti

Je suis loin d'avoir tout dit de cette Mercedes, mais l'appel de la Toscane se fait de plus en plus pressant et il est temps de prendre la route.

Déjà belle à ravir, la SLK est encore plus saisissante toute habillée de jaune comme ma voiture d'essai, une couleur qui montre bien que le conservatisme a été jeté par-dessus bord chez Mercedes.

Avant de quitter le Grand Hôtel de Florence, un bref inventaire de l'aménagement intérieur de la voiture permet d'en apprécier l'originalité. À côté des cadrans sur fond ivoire, la console centrale fait place au «look» carbone tandis que les pédales marient la sobriété de l'acier poli à la commodité d'un revêtement de caoutchouc antidérapant. Avec le jaune, la couleur anthracite de l'habillage intérieur est sobre par rapport au rouge éclatant qui se conjugue avec le gris argent (voir photo). Qu'importe, la SLK fait tourner les têtes de partout alors que sa compacité la rend d'une maniabilité appréciable à la ville, dans un environnement étranger et congestionné. Cinq petits kilomètres et nous voilà sur les hauteurs de Florence dans le grand belvédère de la Loggia, où les photos passent avant le cappucino. Le toit fait son p'tit numéro devant les curieux avant d'emprunter l'*autostrada* pour un bref moment, le temps de vérifier la rigidité accrue de la caisse et l'absence de bruit de la SLK en mode coupé. Puis, on met le cap sur Greve in Chianti par ces petites

routes jalonnées d'oliveraies et de vignobles qui permettent d'apprécier la vivacité de la direction à billes, l'équilibre de la tenue de route (neutre avec une trace de sous-virage) et la sécurité de l'antipatinage qui tempère les excès de vitesse en virage. Le confort n'est jamais remis en question malgré le court empattement de la voiture. On

actionne quelquefois involontairement le klaxon, le large pilier du pare-brise gêne un peu la visibilité et les rétroviseurs semblent bien petits, mais ce sont là des broutilles face au plaisir de rouler que procure ce roadster.

La puissance du moteur ne vous cale pas dans votre siège (très confortable, soit dit en passant), mais le couple constant assure de bonnes reprises à presque tous les régimes avec un temps de réponse imperceptible. J'ai conduit une SLK à boîte manuelle et une autre avec l'automatique et je ne suis pas sûr que j'insisterais pour que Mercedes importe la première version. Le levier de vitesses n'a ni la précision ni la douceur que l'on souhaiterait et, avec ses 5 rapports, l'automatique permet d'obtenir pratiquement les mêmes performances avec un 0-100 km/h autour de 8 secondes et une vitesse maximale de 228 km/h. Ce faisant, le moteur émet juste la bonne note avec une sonorité qui a des accents d'Alfa Romeo.

Le trajet avant la destination

Au cœur de Greve, la pause salami nous emmène chez Falorni, la plus célèbre et la plus ancienne charcuterie du Chianti pour une dégustation des salamis maison. Sur la Piazza Matteotti, j'en profite pour prendre quelques notes: position de conduite d'adaptation facile, finition fidèle à Mercedes, bons rangements avec poches aumônières dans les contre-portes mais le porte-documents pose problème, le filet coupe-vent qui se tend sur les arceaux de sécurité est peu encombrant mais gêne la visibilité arrière...

Mercedes a trouvé une jolie phrase pour illustrer l'agrément de conduite de sa SLK: «Peu importe où l'on va dans une telle voiture, la destination c'est le trajet lui-même». Je réalise que c'est très vrai en flânant vers Badia a Passignano pour savourer quelques gouttes du Tignanello qui vieillit dans les caves de l'abbaye du domaine vinicole d'Antinori.

Comme toutes les Mercedes, la SLK230 Kompressor n'est peut-être pas née sous le signe de la passion mais, malgré son p'tit côté frivole, son exécution répond aux normes sérieuses que la marque allemande a érigées en système. Elle est mignonne, on éprouve beaucoup de plaisir à son volant et son toit tout à fait génial lui permet d'envisager de prendre la route, n'importe où, 12 mois par année. Ne serait-ce que pour cela, la Z3 de BMW doit s'incliner devant sa rivale. Enfin, si la SLK vous démange, faites vos réservations au plus tôt, car Mercedes Canada n'en aura que 325 à vendre la première année.

J. Duval

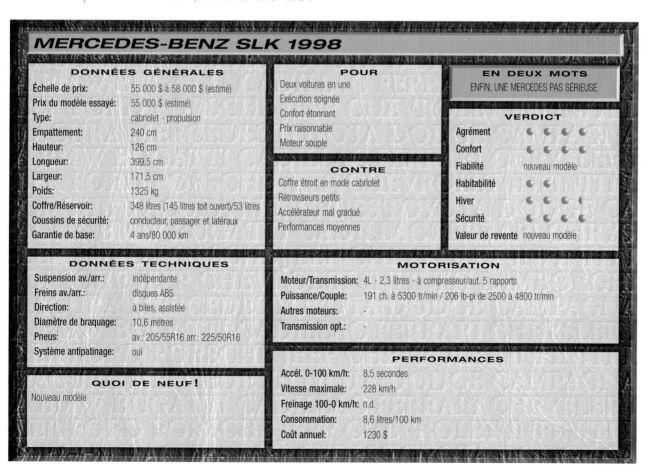

MERCEDES-BENZ SLK 1998

DONNÉES GÉNÉRALES

Échelle de prix:	55 000 $ à 58 000 $ (estimé)
Prix du modèle essayé:	55 000 $ (estimé)
Type:	cabriolet - propulsion
Empattement:	240 cm
Hauteur:	126 cm
Longueur:	399,5 cm
Largeur:	171,5 cm
Poids:	1325 kg
Coffre/Réservoir:	348 litres (145 litres toit ouvert)/53 litres
Coussins de sécurité:	conducteur, passager et latéraux
Garantie de base:	4 ans/80 000 km

DONNÉES TECHNIQUES

Suspension av./arr.:	indépendante
Freins av./arr.:	disques ABS
Direction:	à billes, assistée
Diamètre de braquage:	10,6 mètres
Pneus:	av.: 205/55R16 arr.: 225/50R16
Système antipatinage:	oui

QUOI DE NEUF!

Nouveau modèle

POUR

Deux voitures en une
Exécution soignée
Confort étonnant
Prix raisonnable
Moteur souple

CONTRE

Coffre étroit en mode cabriolet
Rétroviseurs petits
Accélérateur mal gradué
Performances moyennes

MOTORISATION

Moteur/Transmission:	4L - 2,3 litres - à compresseur/aut. 5 rapports
Puissance/Couple:	191 ch. à 5300 tr/min / 206 lb-pi de 2500 à 4800 tr/min
Autres moteurs:	-
Transmission opt.:	-

PERFORMANCES

Accél. 0-100 km/h:	8,5 secondes
Vitesse maximale:	228 km/h
Freinage 100-0 km/h:	n.d.
Consommation:	8,6 litres/100 km
Coût annuel:	1230 $

EN DEUX MOTS

ENFIN, UNE MERCEDES PAS SÉRIEUSE

VERDICT

Agrément	●●●●
Confort	●●●●
Fiabilité	nouveau modèle
Habitabilité	●●
Hiver	●●●
Sécurité	●●●●
Valeur de revente	nouveau modèle

MERCURY Villager/Nissan Quest

Après avoir fait l'objet de modifications relativement importantes sur le plan de l'esthétique et de la présentation extérieure l'an dernier, le duo Mercury Villager/Nissan Quest se contente tout au plus de quelques retouches mineures cette année. Ce qui n'empêche pas ces fourgonnettes de toujours être dans le coup face à la concurrence. Et ce, malgré un format qui va à l'encontre de la tendance actuelle.

Au cours des cinq dernières années, les fourgonnettes compactes ont continué de s'agrandir: les centimètres sont venus s'ajouter aussi bien en longueur qu'en largeur et en hauteur. Pour plusieurs compagnies, la solution est de proposer une version allongée et un modèle à empattement régulier. Disponibles en un seul format, les Mercury Villager et Nissan Quest visent donc une clientèle désireuse de conduire une fourgonnette plus compacte et à traction avant. Les études de marché ont en effet démontré qu'il existe une foule de personnes n'ayant pas nécessairement à transporter plusieurs passagers, mais intéressées à acheter une fourgonnette malgré tout. Et si ces mêmes personnes doivent rouler souvent en ville, nombre d'entre elles préfèrent une fourgonnette plus agile et plus maniable, donc moins encombrante.

Même si plusieurs concurrentes offrent maintenant un comportement routier intéressant, notre duo se défend toujours très bien au chapitre de l'agrément de conduite. De plus, les passagers ont droit à plusieurs égards. Par exemple, des prises de casque d'écoute situées à l'arrière permettent aux passagers, souvent des enfants, d'écouter la musique qu'ils veulent sans déranger les autres passagers.

Il faut avoir l'œil

L'an dernier, plusieurs modifications ont été apportées à l'apparence extérieure. En effet, la grille de calandre, les phares avant, les pare-chocs, les moulures latérales, les feux de position arrière ainsi que les roues ont

Statu quo pour 1997

été changés. Malgré tout, il faut se creuser les méninges pour établir la différence par rapport aux modèles précédents. Et ce n'est pas parce qu'on n'a pas l'œil pour les détails. Les changements se sont limités à ces accessoires cosmétiques, tandis que la caisse est demeurée la même. La Villager/Quest possède donc la même silhouette qu'auparavant.

Des origines difficiles à cacher

Chez Nissan, on tente de nous convaincre que la Quest se démarque de plus en plus de la Villager, notamment par son habitacle. Pourtant, on y retrouve une forte influence de Ford: le levier de vitesses et la manette de contrôle des essuie-glace ont été empruntés à des modèles de cette marque. La radio, avec ses boutons distinctifs, émane certainement de la même source. Par contre, les nacelles de commande placées à chaque extrémité du triangle abritant les instruments sont de Nissan.

Moderne et sans fausse note, le tableau de bord est néanmoins trop rapproché des occupants des places avant. Quant à la position de

conduite, elle n'est pas tellement agréable pour les personnes de grande taille, car celles-ci se trouvent nettement trop près du volant. Par contre, depuis l'an dernier, deux coussins de sécurité gonflables sont offerts de série tandis que la ceinture de sécurité à enclenchement automatique nous a quittés au grand plaisir de tous.

La cabine n'est pas la plus spacieuse du camp des fourgonnettes. Elle pourrait être beaucoup plus large, tandis que l'espace pour les bagages est modeste une fois la banquette arrière en place. En revanche, cette mini-fourgonnette compense par une grande polyvalence sur le plan de la disposition des sièges. Les sièges baquets arrière s'enlèvent facilement tandis que la banquette arrière est montée sur un rail. On ne peut pas l'enlever, mais elle peut être déplacée vers l'avant. Toutefois, lors de plusieurs essais de ces fourgonnettes, des cliquetis ont toujours émané de cette banquette.

Dans la bonne moyenne

Lors de son apparition en 1993, la Villager/Quest se démarquait de la concurrence en raison d'une conduite s'approchant sérieusement de celle d'une automobile, tandis que son silence de roulement était sans égal. La version 1997 conserve ces caractéristiques qui sont appréciées. Mais alors que ces éléments étaient remarquables il y a quatre ans, ils sont presque devenus monnaie courante avec l'apparition des nouvelles Autobeaucoup de Chrysler, de la Ford Windstar et des Chevrolet Venture/Pontiac Trans Sport.

Cette fourgonnette s'avère confortable sur les autoroutes tandis que sa direction précise est appréciée sur les routes sinueuses. De plus, en raison de ses dimensions intermédiaires, elle est maniable en ville tout en étant facile à stationner. Toutefois, le moteur V6 3,0 litres de 151 chevaux pourrait profiter d'une vingtaine de chevaux supplémentaires lorsque le

véhicule est chargé à bloc. Enfin, la suspension avant a souvent de la difficulté à maîtriser les imperfections de la chaussée. De légères secousses sont transmises dans le volant et cela devient agaçant à la longue.

Malgré ces quelques irritants, ce véhicule est plus homogène que jamais. Il compense une habitabilité moyenne par un comportement routier sain, un confort relevé et une conduite presque semblable à celle d'une automobile. Il sera donc le choix de ceux qui recherchent une fourgonnette se comportant comme une automobile. Malheureusement, en raison de leur personnalité pour le moins timide et de l'arrivée de plusieurs modèles offrant une portière coulissante du côté gauche, les Villager et Quest auront sans aucun doute de plus en plus de difficulté à convaincre les acheteurs. Malgré tout, la fiche positive de ce tandem au fil des années de même que leur raffinement en termes de présentation sont des arguments à ne pas négliger. Enfin, la polyvalence obtenue grâce à la banquette coulissante est un argument qui a aussi du poids.

D. Duquet

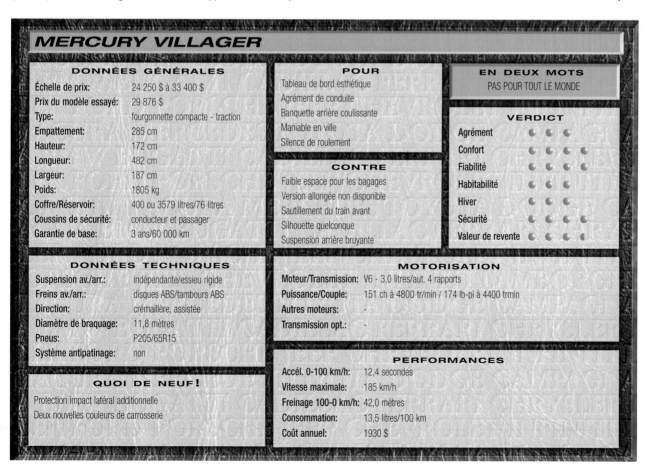

MERCURY VILLAGER

DONNÉES GÉNÉRALES

Échelle de prix:	24 250 $ à 33 400 $
Prix du modèle essayé:	29 876 $
Type:	fourgonnette compacte - traction
Empattement:	285 cm
Hauteur:	172 cm
Longueur:	482 cm
Largeur:	187 cm
Poids:	1805 kg
Coffre/Réservoir:	400 ou 3579 litres/76 litres
Coussins de sécurité:	conducteur et passager
Garantie de base:	3 ans/60 000 km

DONNÉES TECHNIQUES

Suspension av./arr.:	indépendante/essieu rigide
Freins av./arr.:	disques ABS/tambours ABS
Direction:	crémaillère, assistée
Diamètre de braquage:	11,8 mètres
Pneus:	P205/65R15
Système antipatinage:	non

QUOI DE NEUF !

Protection impact latéral additionnelle
Deux nouvelles couleurs de carrosserie

POUR

Tableau de bord esthétique
Agrément de conduite
Banquette arrière coulissante
Maniable en ville
Silence de roulement

CONTRE

Faible espace pour les bagages
Version allongée non disponible
Sautillement du train avant
Silhouette quelconque
Suspension arrière bruyante

MOTORISATION

Moteur/Transmission:	V6 - 3,0 litres/aut. 4 rapports
Puissance/Couple:	151 ch à 4800 tr/min / 174 lb-pi à 4400 tr/min
Autres moteurs:	-
Transmission opt.:	-

PERFORMANCES

Accél. 0-100 km/h:	12,4 secondes
Vitesse maximale:	185 km/h
Freinage 100-0 km/h:	42,0 mètres
Consommation:	13,5 litres/100 km
Coût annuel:	1930 $

EN DEUX MOTS

PAS POUR TOUT LE MONDE

VERDICT

Agrément	
Confort	
Fiabilité	
Habitabilité	
Hiver	
Sécurité	
Valeur de revente	

NISSAN 240SX

La Nissan 240SX a été conçue sous le signe de la raison il y a maintenant trois ans. Trop sage, elle vit dans l'oubli depuis. Cette année, on lui a fait subir plusieurs modifications sur le plan esthétique de façon à rajeunir son image. Toutefois, cet exercice de style ne change pas grand-chose et ce coupé manque toujours de panache.

Un renouvellement trop discret

destinées à de jeunes enfants ou à des contorsionnistes du Cirque du Soleil. Sur une note plus positive, notons que la finition est impeccable et la présentation du tableau de bord adéquate.

Ne pas se fier aux apparences

Même si elle tente de jouer les sportives avec son aileron arrière et sa silhouette rajeunie, la 240SX n'a jamais été considérée comme une voiture sport. Au fil des années, elle s'est toujours contentée de nous proposer une tenue de route rassurante et des performances de bon ton, mais sans jamais dépasser ces limites bien sages. La toute dernière révision sur le plan mécanique, effectuée en 1994, nous a concocté un coupé sport plutôt sage privilégiant surtout le confort et un prix de vente très raisonnable.

La version 1997 est de la même cuvée. Il est vrai que sa tenue en virage est neutre et que sa direction est plus précise que celle d'une berline compacte, mais c'est à peu près tout. En dépit d'une caisse

L'annonce par Nissan de la transformation de la 240SX nous permettait de croire que ce coupé verrait sa personnalité devenir plus sportive et sa silhouette plus agressive. Mais tel n'est pas le cas puisque le modèle 1997 se contente de retouches esthétiques qui ne font rien pour transformer sa silhouette, en dépit des communiqués de presse émis par Nissan tentant de nous faire croire que ces modifications ont complètement transformé la voiture. La réalité est tout autre puisque les révisions à la calandre et à l'arrière permettent de distinguer un modèle de l'autre, sans plus. Curieusement, celles-ci semblent inspirées par le passé et donnent à ce coupé une silhouette légèrement rétro.

En plus des changements à la calandre et à la partie arrière, la 240SX dispose de nouveaux sièges et d'un équipement de série plus complet. C'est ainsi que la version de base comprend dorénavant des roues en alliage, un climatiseur, une radio AM/FM avec lecteurs de cassettes et de disques compacts intégrés en plus des glaces, des serrures et des rétroviseurs à commande électrique. À défaut de caractère, ce coupé Nissan offre au moins le confort et une liste d'équipement de série étoffée. Ce qui ne signifie pas pour autant que l'agrément de conduite et les performances de cette voiture soient meilleurs.

D'autant plus que l'habitacle n'est pas tellement spacieux. Le dégagement pour la tête est plutôt modeste et les places arrière sont

rigide et d'une fiche technique au moins égale à la concurrence, l'agrément de conduite n'est pas au rendez-vous. Les conducteurs de 240SX devront se contenter d'apprécier le confort de l'habitacle et, le bon support lombaire des sièges. Et mieux vaut avoir un faible pour les cadrans indicateurs à fond blanc.

Le principal coupable de cet agrément de conduite mitigé est le moteur 4 cylindres 2,4 litres qui est plus bruyant que la moyenne tout en assurant des performances relativement timides pour une voiture qu'on dit sportive. Ses 155 chevaux lui permettent de boucler le 0-100 km/h à quelques poussières en bas de 10 secondes, ce qui n'est pas particulièrement époustouflant. À titre comparatif, le coupé Acura Integra régulier prend une seconde de moins pour réaliser le même exercice et ce, avec un moteur légèrement moins puissant.

Pourtant, de prime abord, le 2,4 litres de Nissan a tout pour performer. En effet, son système d'injection de carburant est sophistiqué et vient travailler en harmonie avec le calage de soupapes variable ainsi que deux arbres à cames en tête. À l'usage, c'est surtout le niveau sonore de ce 4 cylindres qui attire notre attention et nous rappelle la défunte MG-B.

Un achat basé sur la raison

Les coupés sport de performance sont achetés par des personnes désireuses de se griser de conduite sport et d'accélérations vives. En revanche, les coupés sportifs tentent de nous accrocher par leur allure tout en proposant un comportement et un prix basés sur la raison. La 240SX fait indéniablement partie de cette dernière catégorie. Son prix demeure compétitif tandis que son équipement de série est plus complet que jamais. Ce sera une auto fort appréciée par les célibataires ou les couples sans enfant désireux de se payer une voiture quelque peu à part tout en s'assurant un bon niveau de confort et une mécanique fiable. Ces gens vont adorer leur Nissan deux portes qui possède également une fiche rassurante en termes de fiabilité. Si vous roulez souvent en ville, prenez note que le conducteur a une bonne visibilité à l'avant et à l'arrière, ce qui facilite énormément les manœuvres de stationnement. Cela pourrait être la caractéristique la plus appréciée de certains. Toutefois, la direction quelque peu amortie, le grognement du moteur en accélération et un manque de *feed-back* sont des indices que les ingénieurs n'avaient pas la conduite sportive en tête lorsqu'ils ont peaufiné ce modèle.

Avec la disparition de la 300ZX cette année, la 240SX devient la seule voiture à vocation sportive, avec la 200SX, dans la gamme Nissan. Les temps difficiles sur le plan économique ont donc eu raison des modèles excitants.

D. Duquet

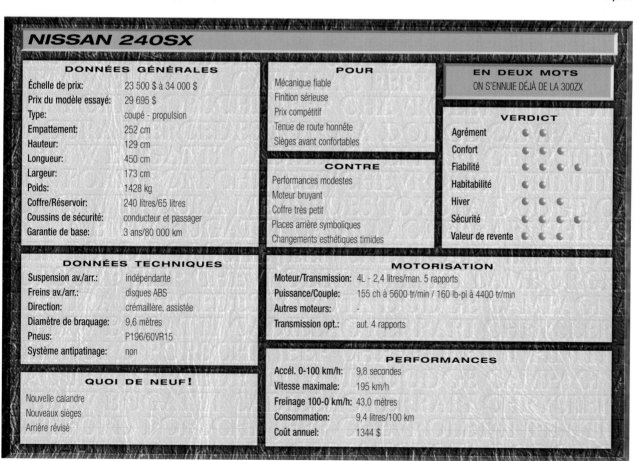

NISSAN 240SX

DONNÉES GÉNÉRALES

Échelle de prix:	23 500 $ à 34 000 $
Prix du modèle essayé:	29 695 $
Type:	coupé - propulsion
Empattement:	252 cm
Hauteur:	129 cm
Longueur:	450 cm
Largeur:	173 cm
Poids:	1428 kg
Coffre/Réservoir:	240 litres/65 litres
Coussins de sécurité:	conducteur et passager
Garantie de base:	3 ans/80 000 km

DONNÉES TECHNIQUES

Suspension av./arr.:	indépendante
Freins av./arr.:	disques ABS
Direction:	crémaillère, assistée
Diamètre de braquage:	9,6 mètres
Pneus:	P196/60VR15
Système antipatinage:	non

QUOI DE NEUF!

Nouvelle calandre
Nouveaux sièges
Arrière révisé

POUR

Mécanique fiable
Finition sérieuse
Prix compétitif
Tenue de route honnête
Sièges avant confortables

CONTRE

Performances modestes
Moteur bruyant
Coffre très petit
Places arrière symboliques
Changements esthétiques timides

MOTORISATION

Moteur/Transmission:	4L - 2,4 litres/man. 5 rapports
Puissance/Couple:	155 ch à 5600 tr/min / 160 lb-pi à 4400 tr/min
Autres moteurs:	-
Transmission opt.:	aut. 4 rapports

PERFORMANCES

Accél. 0-100 km/h:	9,8 secondes
Vitesse maximale:	195 km/h
Freinage 100-0 km/h:	43,0 mètres
Consommation:	9,4 litres/100 km
Coût annuel:	1344 $

EN DEUX MOTS

ON S'ENNUIE DÉJÀ DE LA 300ZX

VERDICT

Agrément	◖ ◖
Confort	● ● ◖
Fiabilité	● ● ● ●
Habitabilité	● ◖
Hiver	● ● ◖
Sécurité	● ● ● ◖
Valeur de revente	● ● ◖

NISSAN Altima

Dans la gamme des voitures compactes, la Nissan Altima est en mesure de soutenir la comparaison avec une foule d'autres modèles. Pourtant, on a souvent tendance à l'oublier lorsque vient le temps de dresser une liste de voitures à prendre en considération.

L e fait qu'on oublie souvent l'Altima s'explique en partie par une apparence discrète, voire effacée. Comme c'est le cas avec la majorité de ses berlines, Nissan a opté pour des lignes en grande partie dictées par des considérations pratiques qui n'ont pas toujours pour effet de faire tourner les têtes. L'apparence de l'Altima est beaucoup mieux réussie que celle de la défunte Stanza, de triste mémoire, mais elle est quand même relativement anonyme. À ses débuts, il y a quatre ou cinq ans, elle pouvait nous accrocher par ses formes, mais c'est nettement plus difficile de nos jours. La révision de la calandre effectuée en 1995 a permis d'harmoniser la présentation avant en éradiquant certaines bandes chromées qui détonaient avec l'ensemble de la voiture. Malheureusement, ce changement a également quelque peu gommé la personnalité de la voiture sur le plan esthétique.

En revanche, si cette Nissan affiche une présentation extérieure assez fade, elle est d'une solidité et d'une habitabilité exemplaires. Grâce à un système unique en son genre, non seulement les parois latérales sont constituées d'une seule pièce unique, mais leur assemblage avec le reste de la carrosserie s'effectue en une seule opération. Cela permet d'obtenir une caisse d'une grande qualité d'assemblage, mais également d'une grande robustesse. Si vous vous demandez pourquoi cette Nissan se vend à un prix moindre que plusieurs de ses concurrentes, sachez que cette méthode d'assemblage en est en partie responsable.

Dictée par la sagesse

L'habitabilité de cette berline ne peut être mise en cause: l'espace pour les coudes, les hanches et la tête est très généreux. En fait, seule la Chrysler Cirrus et ses variantes offrent une habitabilité supérieure. Et encore, l'avantage des modèles Chrysler se manifeste surtout à l'arrière.

Le dilemme du 4 cylindres

Aux yeux de plusieurs, l'une des faiblesses de cette berline est le fait qu'on ne peut lui adjoindre un moteur V6, tout au moins en option. Chez Nissan, on répond à cette objection qu'un 4 cylindres de 150 chevaux est amplement suffisant pour les besoins de cette catégorie. En plus d'avoir une incidence directe sur le prix de vente, ce 2,4 litres 16 soupapes permet d'économiser du carburant. Parfois bruyant, il s'acquitte cependant fort bien de sa tâche.

Si on a limité les dépenses côté moteur, on a mis le paquet pour la suspension arrière, qui est élaborée pour une voiture de ce prix. Les

ingénieurs de Nissan ont réussi à développer une suspension arrière à liens multiples très efficace et raffinée sur le plan technique. Ce système permet d'obtenir une meilleure stabilité directionnelle et une grande précision dans les virages. Le déportement des roues sous l'effet de la poussée latérale dans les courbes est bien contrôlé, ce qui ajoute à la précision de la tenue de route. Il est toutefois curieux que la Maxima, pourtant plus chère, soit dotée d'une suspension arrière à essieu rigide que Nissan affirme être mieux adaptée à la traction. Il faut croire qu'on adapte les arguments au gré des modèles.

Le reste de la fiche technique de l'Altima est semblable à celle des autres voitures de cette catégorie. Précisons que la boîte automatique à 4 rapports ne possède pas le meilleur des étagements.

Elle peut surprendre

Lors de la prise de contact initiale avec cette voiture, il faut admettre qu'elle cache bien son jeu. Après quelques kilomètres à son volant, on a l'impression qu'il s'agit d'une berline ordinaire, plus ou moins en mesure d'offrir un agrément de conduite intéressant. Elle s'acquitte bien de ses tâches, mais son moteur n'est pas le plus silencieux qui soit et ses prestations sont dans la bonne moyenne, sans plus. Par contre, le confort assuré par ses sièges et la générosité des places avant se remarquent immédiatement. Pourtant, la position de conduite pourrait être meilleure. Quant aux commandes, certaines d'entre elles sont masquées par les bras du volant.

L'Altima se comporte donc comme toute petite berline civilisée doit le faire, mais elle est capable de plus. Si jamais le temps presse et que vous devez pousser un peu plus sur l'accélérateur, vous découvrirez alors que ce moteur de 150 chevaux est facilement capable de tenir

la dragée haute à plusieurs autres 4 cylindres de sa catégorie et même de faire mieux encore. Avec la boîte manuelle, la course du levier de vitesses est précise bien qu'un peu longue; l'étagement des rapports ne pose pas de problème.

En ce qui concerne la tenue de route, notons que la rigidité de la caisse permet aux éléments de la suspension d'accomplir leur tâche avec efficacité. Le sous-virage est plus prononcé qu'on le souhaiterait, mais la voiture est facile à contrôler même à haute vitesse. Par ailleurs, les freins pourraient être plus efficaces. Lorsqu'on roule sur une route légèrement bosselée, on ressent dans la cabine une succession de sautillements qui deviennent agaçants à la longue.

Bonne routière, voiture fiable capable d'affronter la plupart des besoins d'une famille, l'Altima manque quand même de panache. Elle se contente de bien faire son travail et elle peut même se surpasser sans problème lorsqu'on la sollicite.

D. Duquet

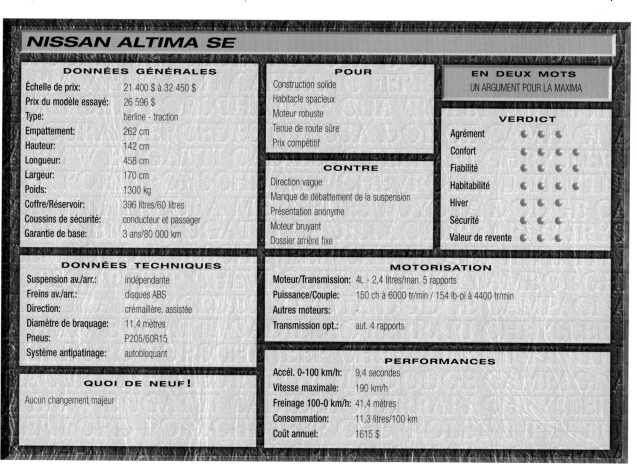

NISSAN ALTIMA SE

DONNÉES GÉNÉRALES

Échelle de prix:	21 400 $ à 32 450 $
Prix du modèle essayé:	26 596 $
Type:	berline - traction
Empattement:	262 cm
Hauteur:	142 cm
Longueur:	458 cm
Largeur:	170 cm
Poids:	1300 kg
Coffre/Réservoir:	396 litres/60 litres
Coussins de sécurité:	conducteur et passager
Garantie de base:	3 ans/80 000 km

POUR

Construction solide
Habitacle spacieux
Moteur robuste
Tenue de route sûre
Prix compétitif

CONTRE

Direction vague
Manque de débattement de la suspension
Présentation anonyme
Moteur bruyant
Dossier arrière fixe

EN DEUX MOTS

UN ARGUMENT POUR LA MAXIMA

VERDICT

Agrément	●●●
Confort	●●●●
Fiabilité	●●●●
Habitabilité	●●●●
Hiver	●●●
Sécurité	●●●
Valeur de revente	●●●

DONNÉES TECHNIQUES

Suspension av./arr.:	indépendante
Freins av./arr.:	disques ABS
Direction:	crémaillère, assistée
Diamètre de braquage:	11,4 mètres
Pneus:	P205/60R15
Système antipatinage:	autobloquant

QUOI DE NEUF!

Aucun changement majeur

MOTORISATION

Moteur/Transmission:	4L - 2,4 litres/man. 5 rapports
Puissance/Couple:	150 ch à 6000 tr/min / 154 lb-pi à 4400 tr/min
Autres moteurs:	-
Transmission opt.:	aut. 4 rapports

PERFORMANCES

Accél. 0-100 km/h:	9,4 secondes
Vitesse maximale:	190 km/h
Freinage 100-0 km/h:	41,4 mètres
Consommation:	11,3 litres/100 km
Coût annuel:	1615 $

NISSAN Maxima

Les temps ont vraiment changé. Il y a quelques années à peine, les constructeurs nippons nous présentaient tous les trois ans des modèles complètement transformés. La situation économique a touché Nissan comme les autres et les transformations radicales ne sont plus monnaie courante. La Maxima en est la preuve.

Toujours une valeur sûre

Trois ans après son lancement, la Maxima se contente d'un modeste renouvellement de l'apparence qui ne pas produit l'effet escompté. Chez Nissan, on adopte une approche esthétique plus bizarre qu'élégante. Cette année, autant la 240SX que la Maxima ont droit à de nouvelles calandres qui n'avantagent pas nécessairement leur présentation. C'est légèrement rétro et ça semble inspiré par la vague de retour en arrière qui déferle présentement sur le Japon. Dans le cas de la Maxima, la calandre est maintenant traversée par une barre horizontale en chrome destinée à rehausser sa présentation. C'est différent mais pas forcément attrayant. Heureusement que certains modèles proposent un nez monochrome harmonisé à la carrosserie.

Celle-ci a été dessinée au Centre international de design de Nissan à San Diego en Californie. Cet établissement a connu de multiples succès au fil des années en réalisant les silhouettes des Altima, Quest, Pathfinder et J30, entres autres. La ceinture de caisse relativement haute et une partie arrière passablement arrondie contribuent à donner à cette Nissan une silhouette facile à identifier. Cette année, malgré la refonte de la partie avant, le pare-chocs est toujours proéminent. Les stylistes ont tenté de l'alléger en y créant deux prises d'air oblongues et en y intégrant les feux de position et les phares antibrouillards. Malgré tout, l'ensemble demeure trop discret et ressemble à toute autre voiture japonaise de bonne famille.

Heureusement, l'habitacle est spacieux et le dégagement arrière pour les jambes appréciable. Les places avant sont également généreuses: l'espace disponible pour la tête et les coudes est à souligner. Il faut également ajouter que la position de conduite est bonne grâce à la présence d'un repose-pied confortable. Les sièges avant sont accueillants et peuvent être ajustés de plusieurs façons. Toutefois, leur support latéral pourrait être plus important. Enfin, plusieurs personnes ont mentionné que la couleur du tableau de bord s'agençait mal avec le reste de l'habitacle. Encore là, c'est une histoire de goût.

Les instruments sont regroupés dans un module aux dimensions généreuses permettant d'utiliser des cadrans d'un diamètre important et faciles à consulter malgré un volant dont le moyeu est surdimensionné. Quant aux autres commandes, la plupart d'entre elles sont regroupées dans une console verticale placée au centre du tableau de bord. Les commandes de climatisation, situées sur la partie supérieure,

dominent la radio. Il faut souligner l'excellente sonorisation de cette chaîne audio de fabrication Bose.

Un essieu arrière rigide!

Au début des années 90, Nissan a surpris le monde automobile en déclarant qu'il était temps de simplifier la conception des autos et de cesser de compliquer inutilement les voitures. Il fallait donc retourner à des éléments mécaniques tout aussi efficaces, mais plus simples et plus économiques. Dans le cadre de leurs recherches, les ingénieurs de Nissan ont découvert qu'un train arrière à bras multiples était non seulement plus lourd, mais plus encombrant qu'une suspension à essieu rigide. Ils ont donc développé une suspension incorporant une poutre rigide à des bras multiples afin d'obtenir une suspension légère et simple qui empiétait moins dans l'habitacle.

La même approche a été utilisée dans la conception du moteur. Le V6 3,0 litres de 190 chevaux est l'un des plus sophistiqués à être présentement offerts sur le marché. Malgré tout, il a été conçu selon la même philosophie de simplicité mécanique efficace que la plate-forme. Ce moteur est donc plus étroit et moins haut tout en étant allégé de 20 p. 100 et en possédant 10 p. 100 moins de pièces. Il est également doté d'un système de refroidissement à deux voies permettant au liquide de refroidissement de se diriger simultanément vers la culasse et le bloc moteur. Il faut également souligner que le vilebrequin possède sept contrepoids et que les ancrages hydrauliques du moteur sont contrôlés par un dispositif électronique, tout cela afin de réduire les bruits et les vibrations. En passant, ce V6 est également offert sur l'Infiniti I30, un modèle très étroitement dérivé de la Maxima.

Toujours sur le plan technique, cette berline offre des freins ABS associés à des freins à disques aux quatre roues.

L'équilibre au détriment du panache

La Maxima est une voiture dont on ne peut nier la compétence en matière de tenue de route et de performances. Son moteur s'acquitte très bien de sa tâche et sa consommation est raisonnable. Il est également très doux et il forme un bon duo avec la boîte automatique à 4 rapports. La boîte manuelle à 5 rapports de série ne s'attire aucun reproche. La suspension à essieu rigide est à la hauteur de nos attentes dans la plupart des cas même si les surfaces irrégulières la dérangent.

Malgré ces bonnes notes, il faut déplorer un manque de caractère qui risque de tempérer l'enthousiasme d'acheteurs à la recherche d'une berline un peu sportive. Et ce n'est pas la nouvelle calandre qui va faire la différence.

D. Duquet

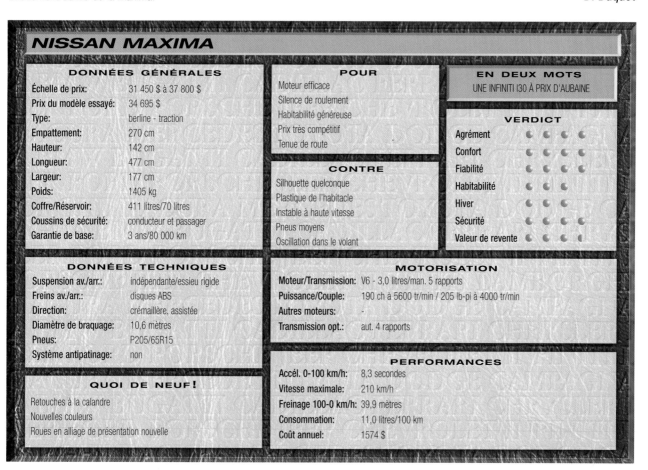

NISSAN MAXIMA

DONNÉES GÉNÉRALES

Échelle de prix:	31 450 $ à 37 800 $
Prix du modèle essayé:	34 695 $
Type:	berline - traction
Empattement:	270 cm
Hauteur:	142 cm
Longueur:	477 cm
Largeur:	177 cm
Poids:	1405 kg
Coffre/Réservoir:	411 litres/70 litres
Coussins de sécurité:	conducteur et passager
Garantie de base:	3 ans/80 000 km

DONNÉES TECHNIQUES

Suspension av./arr.:	indépendante/essieu rigide
Freins av./arr.:	disques ABS
Direction:	crémaillère, assistée
Diamètre de braquage:	10,6 mètres
Pneus:	P205/65R15
Système antipatinage:	non

QUOI DE NEUF!

Retouches à la calandre
Nouvelles couleurs
Roues en alliage de présentation nouvelle

POUR

Moteur efficace
Silence de roulement
Habitabilité généreuse
Prix très compétitif
Tenue de route

CONTRE

Silhouette quelconque
Plastique de l'habitacle
Instable à haute vitesse
Pneus moyens
Oscillation dans le volant

MOTORISATION

Moteur/Transmission:	V6 - 3,0 litres/man. 5 rapports
Puissance/Couple:	190 ch à 5600 tr/min / 205 lb-pi à 4000 tr/min
Autres moteurs:	-
Transmission opt.:	aut. 4 rapports

PERFORMANCES

Accél. 0-100 km/h:	8,3 secondes
Vitesse maximale:	210 km/h
Freinage 100-0 km/h:	39,9 mètres
Consommation:	11,0 litres/100 km
Coût annuel:	1574 $

EN DEUX MOTS

UNE INFINITI I30 À PRIX D'AUBAINE

VERDICT

Agrément	
Confort	
Fiabilité	
Habitabilité	
Hiver	
Sécurité	
Valeur de revente	

NISSAN Pathfinder/Infiniti QX4

La popularité des utilitaires sport est à son zénith et Nissan entend en profiter doublement. Le nouveau Pathfinder, lancé sous une pluie de louanges, est devenu le best-seller de la gamme. Il était donc tout naturel de l'adapter pour la division Infiniti qui voulait opposer un tout-terrain de luxe à la Lexus LX450.

Il serait difficile de blâmer qui que ce soit chez Nissan ou Infiniti pour avoir posé ce geste. Non seulement ce transfert d'une division à l'autre relève de la plus élémentaire logique d'affaires, mais ce geste est d'autant plus normal que le Pathfinder vient à peine d'être transformé. Pour une fraction du coût, Infiniti est donc capable de mettre sur le marché un véhicule moderne et doté de qualités mécaniques et esthétiques non négligeables.

Le premier de ces atouts est le moteur V6 3,3 litres dont la puissance et le couple sont amplement suffisants pour répondre aux besoins de ce véhicule. Certains vont souligner que le nouveau Lexus LX450 est animé par un moteur de cylindrée plus généreuse et développant 215 chevaux, soit 47 de plus que le QX4. On semble oublier que le 6 cylindres en ligne du Lexus est une vénérable antiquité dont les chevaux additionnels suffisent à peine à donner un peu de vigueur aux 2 tonnes du LX450, né Land Cruiser. Infiniti n'a donc pas à rougir de son choix de groupe propulseur et ces qualités sont naturellement les mêmes du côté du Pathfinder puisqu'il s'agit du même V6.

La grande différence entre le QX4 et son petit cousin chez Nissan est le système de traction intégrale proposé sur le modèle Infiniti. Appelé All-Mode 4WD, ce mécanisme contrôlé par ordinateur compte sans cesse le niveau d'adhérence de chaque roue et effectue des ajustements constants pour assurer stabilité et traction. Et il est tout aussi fonctionnel en conduite hors route.

Un pour la semaine, l'autre pour le dimanche

Dans le cas du Pathfinder, le système quatre roues motrices est à temps partiel et nettement plus rudimentaire. Après tout, il faut bien que la version de luxe se distingue sur le plan mécanique et non pas uniquement au chapitre de la présentation esthétique. De plus, les deux font appel à un système de freinage ABS dont la programmation tient compte des conditions de tout-terrain. Le mécanisme se lie avec le système de contrôle du rouage intégral pour être d'une efficacité optimale sous toutes les conditions.

Toujours sur le plan mécanique, les deux frères de la route bénéficient d'une caisse autoporteuse plus rigide et plus légère que les modèles à châssis autonome généralement dérivés des camionnettes. Cette rigidité accrue a des répercussions positives sur le plan du confort et de la tenue de route. Comme les éléments de la suspension sont ancrés à une plate-forme plus solide et plus rigide, ils peuvent être dotés de ressorts souples quand même capables d'assurer une meilleure tenue de route. D'ailleurs, au chapitre du confort, les deux

utilisent des jambes de force à l'avant comme à l'arrière. Bien que cette configuration offre un dégagement moindre qu'une suspension plus traditionnelle pour un 4X4, elle n'a pas affecté le comportement en conduite hors route.

L'atelier ou le salon

Il est toujours difficile d'adapter un véhicule existant pour qu'il soit en mesure de se débrouiller dans une autre catégorie, face à des produits souvent spécialement conçus pour cette dernière. Dans le cas d'Infiniti, on avait la chance de pouvoir compter sur une plate-forme et une caisse non seulement performantes mais très modernes. On s'est surtout contenté d'apporter des retouches à la caisse et à l'habitacle afin de distinguer ce modèle de la version plus économique. La calandre modifiée surplombe une pare-chocs intégrant quatre phares: deux pour la route et deux pour percer le brouillard. Toujours sur le plan esthétique, un marchepied vient ajouter du relief au bas de caisse tandis que des roues distinctes permettent de reconnaître le QX4 au premier coup d'œil.

L'habitacle est plus soigné. Les sièges en cuir, les appliques exclusives sur le tableau de bord et un niveau d'équipement très complet sont indissociables des véhicules de la catégorie. Et quand ont sait que ce tout-terrain de luxe se vend pour moins de 50 000 $, plusieurs vont en apprécier le rapport qualité/prix. En fait, on peut comparer l'habitacle du Pathfinder comme étant un atelier de travail très design, tandis que celui du QX4 essaie de nous faire passer au salon.

La conduite du QX4 est assez similaire à celle d'un Pathfinder. En résumé, ce véhicule propose un comportement routier intéressant pour un tout-terrain. Sa stabilité directionnelle est excellente tandis que la

suspension est confortable. Et ce comportement presque similaire à celui d'une grosse familiale n'est pas obtenu au détriment de son efficacité en conduite hors route. Il arrive parfois que les extrémités des jambes de force raclent le sol. Cela n'est arrivé que dans des conditions assez exceptionnelles. De plus, de nombreuses plaques de protection placées sous le châssis devraient éviter les mauvaises surprises. Il faut également accorder de bonnes notes au système All-Mode 4WD du QX4 qui s'est révélé d'un fonctionnement transparent et efficace. En revanche, le tableau de bord manque quelque peu de relief tandis que le V6 devient parfois rugueux en accélération.

Reste à savoir si les acheteurs éventuels vont s'offusquer du fait que le QX4 soit une version plus huppée du Pathfinder. Il suffit de constater la popularité de la I30, née Maxima, pour croire qu'il s'agit d'un faux problème.

D. Duquet

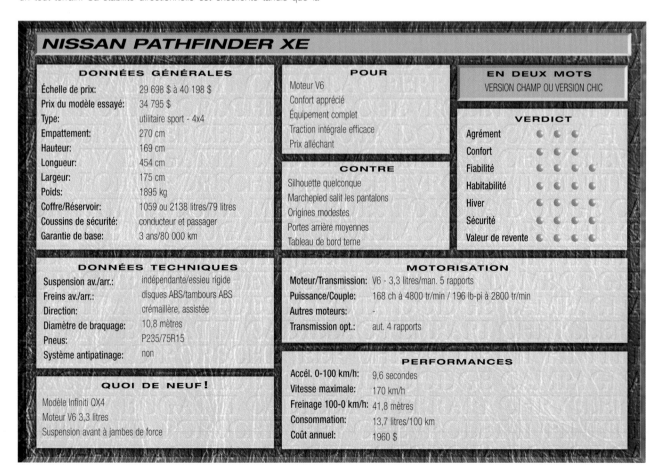

NISSAN PATHFINDER XE

DONNÉES GÉNÉRALES

Échelle de prix:	29 698 $ à 40 198 $
Prix du modèle essayé:	34 795 $
Type:	utilitaire sport - 4x4
Empattement:	270 cm
Hauteur:	169 cm
Longueur:	454 cm
Largeur:	175 cm
Poids:	1895 kg
Coffre/Réservoir:	1059 ou 2138 litres /79 litres
Coussins de sécurité:	conducteur et passager
Garantie de base:	3 ans/80 000 km

POUR

Moteur V6
Confort apprécié
Équipement complet
Traction intégrale efficace
Prix alléchant

CONTRE

Silhouette quelconque
Marchepied salit les pantalons
Origines modestes
Portes arrière moyennes
Tableau de bord terne

EN DEUX MOTS

VERSION CHAMP OU VERSION CHIC

VERDICT

Agrément	◖◖◖
Confort	◖◖◖◖
Fiabilité	◖◖◖◖
Habitabilité	●●◖
Hiver	●◖◖
Sécurité	◖◖◖◖
Valeur de revente	◖◖◖◖

DONNÉES TECHNIQUES

Suspension av./arr.:	indépendante/essieu rigide
Freins av./arr.:	disques ABS/tambours ABS
Direction:	crémaillère, assistée
Diamètre de braquage:	10,8 mètres
Pneus:	P235/75R15
Système antipatinage:	non

MOTORISATION

Moteur/Transmission:	V6 - 3,3 litres/man. 5 rapports
Puissance/Couple:	168 ch à 4800 tr/min / 196 lb-pi à 2800 tr/min
Autres moteurs:	-
Transmission opt.:	aut. 4 rapports

QUOI DE NEUF!

Modèle Infiniti QX4
Moteur V6 3,3 litres
Suspension avant à jambes de force

PERFORMANCES

Accél. 0-100 km/h:	9,6 secondes
Vitesse maximale:	170 km/h
Freinage 100-0 km/h:	41,8 mètres
Consommation:	13,7 litres/100 km
Coût annuel:	1960 $

NISSAN Sentra/200SX

Nissan, la deuxième grande marque automobile japonaise, ne connaît pas le succès qu'elle souhaiterait avec ses voitures bas de gamme. La berline Sentra et le coupé sport 200SX qui en est dérivé sont pourtant de belles réalisations. Mais il leur manque sans doute ce petit quelque chose d'indéfinissable qui hypnotise la clientèle.

Tout chroniqueur automobile que je sois, j'avoue que je serais bien embêté si je devais acheter demain matin une petite voiture pour mes besoins personnels. Le marché nous offre en ce moment une telle abondance de «bonnes petites voitures» qu'on a beaucoup de mal à déterminer laquelle choisir. Les valeurs sûres sont si nombreuses que l'on doit souvent faire intervenir des critères comme le prix, la proximité du concessionnaire ou même l'apparence pour guider son choix.

Cela dit, la Nissan Sentra fait partie de ce que l'on appelle «les bons achats». Ce n'est toutefois ni la plus belle ni la moins chère, ce qui explique sans doute son succès plutôt moyen.

Comme elle a été entièrement remaniée il y a deux ans, aucun changement majeur n'est à signaler dans les modèles 1997. Soulignons que la plate-forme de la Sentra sert également de base à un petit coupé sport appelé 200SX pouvant être livré avec un moteur de 140 chevaux passablement plus vivace que le 4 cylindres de 115 chevaux que l'on trouve sous le capot des berlines. Malgré sa paire d'arbres à cames et ses 16 soupapes, ce 1,6 litre est bien calme, quoique son couple à des vitesses usuelles est bien apprécié. Ce groupe fait relativement bon ménage avec une boîte manuelle à 5 rapports tandis qu'une commande automatique à 4 rapports est offerte en option.

Bien équipée

Les versions les plus chères regorgent d'accessoires de série, mais les modèles de base demeurent bien équipés. Ils bénéficient notamment d'un

Une discrète efficacité

volant réglable en hauteur, de dossiers arrière repliables tandis que les sacs gonflables sont désormais une option dans les XE et GXE. Seule l'absence d'un compte-tours et d'une commande à distance pour les rétroviseurs détonne un peu dans une voiture munie d'un climatiseur comme la Sentra XE mise à ma disposition pour cet essai. Celle-ci souffrait de bruits de caisse inhabituels d'autant plus surprenants que Nissan a toujours été l'une des marques dominantes dans les palmarès de satisfaction de la clientèle. Ces anomalies n'enlèvent toutefois strictement rien aux qualités fondamentales de la Sentra. C'est une voiture qui fait tout ce qu'on lui demande sans rechigner même si elle ne fait pas jaillir la moindre étincelle de passion chez ses utilisateurs. La présentation intérieure, par exemple, fait appel à un plastique gris d'une apparence assez triste qui, combiné au dépouillement de la planche de bord, ne rend pas l'habitacle très engageant.

De prime abord, les sièges sont confortables, mais on ne peut s'empêcher de s'interroger sur leur minceur et surtout sur la maigreur du rembourrage. La visibilité périphérique est excellente et j'ai apprécié la

présence des nombreux espaces de rangement. Sous ce rappport, la Sentra s'en tire mieux que la 200SX. Pour une sous-compacte, la Sentra propose des places arrière très satisfaisantes pour des personnes de taille moyenne avec une place centrale un peu «juchée» mais tout de même utilisable. Un coffre plat sans obstruction et facilement accessible vient compléter la judicieuse utilisation de l'espace intérieur.

ABS recommandé

Sur la route, la Sentra continue d'être une petite voiture sans histoire. Sans être une sportive aguerrie, elle s'acquitte honorablement de sa tâche en virage ou sur des routes en mauvais état, ce qui démontre qu'un essieu rigide bien conçu peut donner d'aussi bons résultats que des roues indépendantes. En revanche, on ne peut s'empêcher de déplorer la piètre qualité des pneus ou, à tout le moins, leur petitesse. Ils ont une très faible adhérence dès qu'on exige d'eux un semblant d'effort et ils entachent le rendement du freinage qui souffre déjà de l'absence de l'ABS. Sur la voiture d'essai, la roue avant gauche bloquait à la moindre sollicitation intensive des freins et les distances d'arrêt étaient exceptionnellement longues. Une direction très légère et un levier de vitesses qui se déplace sans effort contribuent à leur façon à rendre la conduite d'une Sentra très facile, à défaut d'être enthousiasmante.

La 200SX

Autant de vraies voitures sport comme une 300ZX n'obtiennent pas la faveur du public, autant des petits coupés comme la 200SX semblent leur servir de substitut. En temps de récession, ils suffisent à satisfaire la passion de conduire de bien des automobilistes.

Les modèles S et SE doivent composer avec le 1,6 litre de 115 chevaux de la Sentra mais, avec ses 140 chevaux, ses freins à disques,

à l'arrière, ses roues de 15 pouces et son différentiel autobloquant, la SE-R réussit à jouer les sportives sans trop de déshonneur. Avec son essieu arrière compact, elle arrive même à accueillir deux passagers sur sa banquette arrière et à offrir un coffre décent. Ce même essieu n'hypothèque en rien le comportement routier et la SE-R est très incisive en virage tout en affichant un confort satisfaisant.

Les deux principaux ingrédients nécessaires à la confection d'un coupé sport sont un moteur performant et une tenue de route au-dessus de la moyenne. La 200SX remplit la commande. Ça bourdonne beaucoup sous le capot, le levier de vitesses semble planté dans une baratte à beurre et le volant est rudoyé par la puissance du moteur mais l'esprit sportif est sauvegardé.

Si, pour toutes sortes de raisons, vous devez faire votre deuil de la voiture sport dont vous avez toujours rêvé, la Nissan 200SX devrait être en mesure de satisfaire votre goût de conduire. Ce n'est pas une 300ZX Turbo, mais le rapport prix/plaisir est néanmoins excellent.

J. Duval

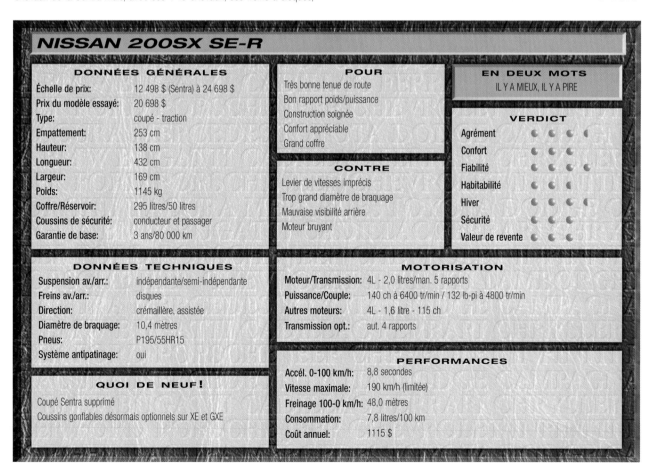

NISSAN 200SX SE-R

DONNÉES GÉNÉRALES

Échelle de prix:	12 498 $ (Sentra) à 24 698 $
Prix du modèle essayé:	20 698 $
Type:	coupé - traction
Empattement:	253 cm
Hauteur:	138 cm
Longueur:	432 cm
Largeur:	169 cm
Poids:	1145 kg
Coffre/Réservoir:	295 litres/50 litres
Coussins de sécurité:	conducteur et passager
Garantie de base:	3 ans/80 000 km

DONNÉES TECHNIQUES

Suspension av./arr.:	indépendante/semi-indépendante
Freins av./arr.:	disques
Direction:	crémaillère, assistée
Diamètre de braquage:	10,4 mètres
Pneus:	P195/55HR15
Système antipatinage:	oui

QUOI DE NEUF!

Coupé Sentra supprimé
Coussins gonflables désormais optionnels sur XE et GXE

POUR

Très bonne tenue de route
Bon rapport poids/puissance
Construction soignée
Confort appréciable
Grand coffre

CONTRE

Levier de vitesses imprécis
Trop grand diamètre de braquage
Mauvaise visibilité arrière
Moteur bruyant

MOTORISATION

Moteur/Transmission:	4L - 2,0 litres/man. 5 rapports
Puissance/Couple:	140 ch à 6400 tr/min / 132 lb-pi à 4800 tr/min
Autres moteurs:	4L - 1,6 litre - 115 ch
Transmission opt.:	aut. 4 rapports

PERFORMANCES

Accél. 0-100 km/h:	8,8 secondes
Vitesse maximale:	190 km/h (limitée)
Freinage 100-0 km/h:	48,0 mètres
Consommation:	7,8 litres/100 km
Coût annuel:	1115 $

EN DEUX MOTS

IL Y A MIEUX, IL Y A PIRE

VERDICT

Agrément	
Confort	
Fiabilité	
Habitabilité	
Hiver	
Sécurité	
Valeur de revente	

OLDSMOBILE Aurora

Deux années après son lancement, l'Oldsmobile Aurora fait encore tourner les têtes. Sa silhouette est toujours aussi séduisante et elle est dorénavant disponible en quantité suffisante pour avoir un impact positif sur l'image de la division Oldsmobile. Mais ce n'est qu'un début.

La pierre angulaire chez Oldsmobile

Un design toujours intéressant

Bien que sa silhouette ait été conçue à la fin des années 80, cette Oldsmobile est l'une des voitures les plus élégantes sur le marché. Ses lignes modernes réussissent même à donner l'impression que la voiture est plus petite qu'elle ne l'est en réalité. De plus, tandis que plusieurs berlines de cette catégorie sont difficiles à différencier, l'Aurora se démarque sans hésitation.

Les formes de la voiture ont causé des problèmes de production au tout début. La lunette arrière déformait la vision du conducteur, si bien que les véhicules qui le suivaient paraissaient drôlement larges dans le rétroviseur. Ce défaut a été assez rapidement corrigé comme le furent les déformations de la tôle tout près de la custode arrière. Soulignons que le dernier modèle essayé était impeccable sur le plan de la finition.

Quant au tableau de bord, il est original et esthétiquement très réussi. De plus, de nombreuses commandes sont uniques tant par leur

L'Aurora est le modèle sur lequel Oldsmobile compte rebâtir son image, sa crédibilité et sa clientèle. Et la tâche est d'autant plus facile que l'Aurora s'est révélée être une voiture dont la personnalité et le comportement correspondent bien à la récente vocation de cette division. Selon les nouvelles stratégies de GM, Oldsmobile doit s'attaquer aux importées. L'Aurora est certainement un excellent début pour atteindre cet objectif. Et pour améliorer les choses, c'est une voiture propulsée par un moteur Aurora spécialement préparé qui a remporté les 24 Heures de Daytona et les 12 Heures de Sebring en 1996. De quoi convaincre les acheteurs les plus pointilleux du raffinement de la mécanique de l'Aurora.

Il aura fallu patienter pendant des mois pour que cette berline de luxe arrive sur le marché. En fait, elle a été commercialisée avec un retard de près de deux années en 1995. Et encore, les premières unités arrivaient au compte-gouttes. Chez GM, on ne voulait pas que cette voiture soit affublée de défauts majeurs ou d'une finition bâclée. Ces délais sont la preuve que General Motors n'a pas encore maîtrisé l'art de développer des nouvelles voitures de bonne qualité du premier coup. Mais il faut également admettre que cette compagnie ne se contente plus de laisser les clients essuyer les plâtres. Les améliorations ne se font plus attendre et se succèdent au fil des semaines et des mois.

design que par leur fonctionnement. Par exemple, les boutons rotatifs de la climatisation produisent un halo lumineux progressif le soir. En revanche, le levier de commande des vitesses est inutilement costaud, de même que le moyeu du volant.

Les sièges sont confortables et peuvent être ajustés selon tous les angles. Toutefois, leur support latéral laisse à désirer et il faut s'agripper au volant en conduite rapide sur une route sinueuse. Il faudra se consoler en palpant le cuir souple et moelleux qui les recouvre.

L'âge apporte des raffinements

Lorsque nous avons essayé une Aurora 1995 pour la première fois, la voiture possédait d'indéniables qualités, mais il y avait plusieurs améliorations à y apporter. En plus de la lunette arrière déformante et des ondulations de la tôle, la suspension avant semblait mal calibrée. Le confort était acceptable lorsque la route était lisse, mais des secousses assez sèches se faisaient sentir quand on passait sur des bosses et des nids-de-poule. De plus, la modulation des freins était certainement perfectible. Ces deux problèmes semblent avoir été réglés. Les amortisseurs avant sont nettement plus efficaces et les secousses ont été éliminées sur les mauvaises routes. Quant à la pédale de freins, elle est plus progressive.

L'élément le plus impressionnant de cette voiture est son moteur V8 4,0 litres associé à une boîte automatique à 4 rapports d'une grande douceur. Ce moteur est une version de moindre cylindrée du célèbre V8 Northstar de Cadillac et il en a conservé toutes les qualités dynamiques. Ses 250 chevaux font sentir leur présence.

Cependant, le comportement routier de l'Aurora est quelque peu équivoque et pas nécessairement en accord avec la silhouette sportive de la carrosserie. En virage, l'adhérence est très bonne, mais on note un roulis de caisse assez prononcé, ce qui nous fait réaliser le gabarit tout de même imposant de l'Aurora. De plus, au fur et à mesure que la vitesse augmente, la voiture sous-vire de plus en plus. Un peu plus de facilité de pilotage à haute vitesse ferait davantage apprécier cette automobile.

Malgré ces quelques réserves, l'Aurora demeure une voiture unique en son genre aussi bien en raison de sa silhouette que de son design et de son moteur. Elle a rempli sa mission et a permis à plusieurs personnes de se faire une opinion nettement plus positive de la division Oldsmobile. Il faut maintenant espérer que les autres modèles de la gamme suivront son exemple. La nouvelle Intrigue représente un pas dans la bonne direction, même si sa présentation est moins dynamique que celle de l'Aurora.

D. Duquet

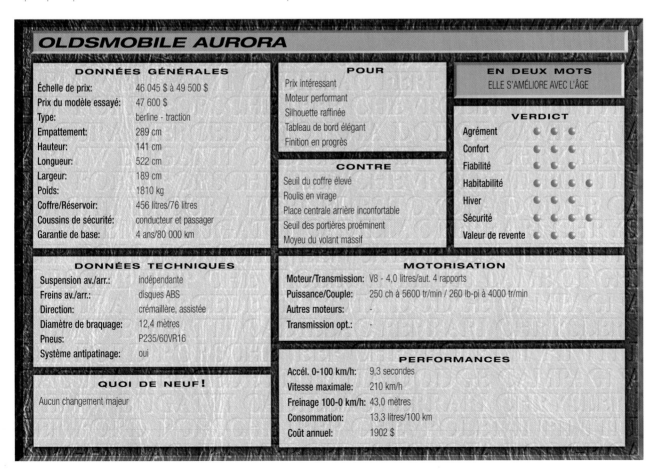

OLDSMOBILE AURORA

DONNÉES GÉNÉRALES

Échelle de prix:	46 045 $ à 49 500 $
Prix du modèle essayé:	47 600 $
Type:	berline - traction
Empattement:	289 cm
Hauteur:	141 cm
Longueur:	522 cm
Largeur:	189 cm
Poids:	1810 kg
Coffre/Réservoir:	456 litres/76 litres
Coussins de sécurité:	conducteur et passager
Garantie de base:	4 ans/80 000 km

POUR
Prix intéressant
Moteur performant
Silhouette raffinée
Tableau de bord élégant
Finition en progrès

CONTRE
Seuil du coffre élevé
Roulis en virage
Place centrale arrière inconfortable
Seuil des portières proéminent
Moyeu du volant massif

EN DEUX MOTS
ELLE S'AMÉLIORE AVEC L'ÂGE

VERDICT

Agrément	●●●
Confort	●●●
Fiabilité	●●●
Habitabilité	●●●●
Hiver	●●●
Sécurité	●●●
Valeur de revente	●●●

DONNÉES TECHNIQUES

Suspension av./arr.:	indépendante
Freins av./arr.:	disques ABS
Direction:	crémaillère, assistée
Diamètre de braquage:	12,4 mètres
Pneus:	P235/60VR16
Système antipatinage:	oui

MOTORISATION

Moteur/Transmission:	V8 - 4,0 litres/aut. 4 rapports
Puissance/Couple:	250 ch à 5600 tr/min / 260 lb-pi à 4000 tr/min
Autres moteurs:	-
Transmission opt.:	-

QUOI DE NEUF!

Aucun changement majeur

PERFORMANCES

Accél. 0-100 km/h:	9,3 secondes
Vitesse maximale:	210 km/h
Freinage 100-0 km/h:	43,0 mètres
Consommation:	13,3 litres/100 km
Coût annuel:	1902 $

OLDSMOBILE Intrigue

Lors du Salon de Detroit 1995, Oldsmobile a dévoilé l'Antarès, un prototype dont les lignes ont enthousiasmé les observateurs. Une année plus tard, ce prototype s'est transformé en une voiture de production nommée Intrigue. Cette dernière se doit d'être une réussite pour que la division Oldsmobile parvienne à sortir de son présent marasme.

Il est impossible de prévoir quelle sera la réaction du public devant cette berline qui sera lancée au début de 1997. Par contre, Oldsmobile s'est assuré que cette voiture possède tous les atouts nécessaires pour séduire la clientèle. Non seulement ses organes mécaniques sont en mesure de soutenir la comparaison avec ses concurrentes, mais sa silhouette n'est pas à dédaigner. Les stylistes de cette division se sont inspirés de la ravissante Aurora pour donner à l'Intrigue sa signature visuelle. C'est ainsi que les phares avant sont oblongs tandis que la calandre très étroite est en fait la prolongation de la ligne du capot. Comme sur l'Aurora, la partie arrière est tronquée tandis que le couvercle du coffre bombé se termine par un surplomb. Le résultat est moins sobre que la Buick Century et plus équilibré que la Pontiac Grand Prix avec ses lignes agressives. En fait, l'Intrigue pourrait facilement passer pour une importée. D'ailleurs, les acheteurs de voitures importées constituent le marché visé par Oldsmobile.

On a appliqué la même philosophie dans la conception de l'habitacle. Il est plus relevé que celui de la Buick, mais plus sobre que celui de la Pontiac. Parmi les caractéristiques uniques à l'Intrigue, il faut noter qu'on y insère la clé de contact sur la planche de bord plutôt que sur la colonne de direction. Les commandes de climatisation sont également assez particulières avec leurs deux boutons rotatifs permettant au conducteur et au passager d'obtenir leurs réglages individuels. Ils encadrent un minitableau affichant la température désirée et le type de

Condamnée à réussir

réglage. Enfin, un pommeau de levier de vitesses angulé vient ajouter une touche d'excentricité à cet habitacle relativement sobre malgré tout. Il faut cependant déplorer l'aspect bon marché du cendrier dont la présentation est suffisante pour en inciter plusieurs à cesser de fumer. Bravo…

Il faut ajouter que les places arrière sont très généreuses et que les sièges baquets avant sont aussi confortables. Enfin, non seulement le coffre est spacieux mais son seuil de chargement est bas. Toutefois, comme c'est le cas chez la majorité des voitures GM, la présentation du coffre fait bon marché.

Un surprenant 3,4 litres

Chez GM, on nous avait promis que les voitures clones étaient choses du passé. Il suffit de comparer la Pontiac Grand Prix, la Buick Century et l'Intrigue pour réaliser que ce n'étaient pas des promesses en l'air. Non seulement les trois voitures possèdent un comportement routier

différent, mais elles sont animées par des groupes propulseurs propres à chaque version.

C'est ainsi que l'Intrigue utilise un V6 3,4 litres à double arbre à cames en tête développant 215 chevaux, ce qui en fait le plus puissant moteur disponible parmi ce trio. En effet, le 3,6 litres de la Grand Prix offre 195 chevaux tandis que le 3,1 litres de la Century se contente de 160.

Ces trois voitures se partagent la même plate-forme, soit une version améliorée de celle utilisée sur les modèles GM 10. Non seulement elle a gagné en rigidité, mais les éléments de suspension sont ancrés à des minichâssis à l'avant comme à l'arrière, ce qui permet d'obtenir plus de rigidité, en plus de filtrer les bruits et les vibrations. Comme sur les deux autres modèles, la suspension arrière a abandonné le ressort transversal en résine synthétique au profit de bras parallèles et d'un bras tiré. En fait, cette disposition n'est pas sans rappeler celle de la Ford Taurus.

Finalement, l'Intrigue est équipée de freins à disques ABS aux quatre roues et d'une direction à assistance variable régulée par un dispositif magnétique. Ajoutez des roues de 16 pouces et vous avez un ensemble qui n'a rien à envier à la concurrence. Cependant, la présentation du compartiment moteur laisse à désirer tandis que certains détails de finition sont à revoir.

Du sérieux

Oldsmobile veut intéresser les acheteurs qui seraient éventuellement attirés par les voitures importées. Il faut donc que le comportement routier et les accélérations soient en mesure de soutenir la comparaison. Le moteur V6 3,4 litres peut se débrouiller sur le plan des performances. Toutefois, ses prestations à bas régime ne sont pas tellement excitantes. Heureusement pour Oldsmobile, plusieurs moteurs équipant les importées ainsi que le V6 3,0 litres Duratec de la Ford Taurus souffrent du même problème. Par contre, la boîte automatique est plus efficace que jamais. Sa mécanique a été révisée de sorte que les changements de vitesses sont mieux programmés et plus doux. Il faut également souligner que la direction est précise même si son assistance pourrait être légèrement plus ferme. Mais, que voulez-vous, nos voisins du sud aiment les directions très douces.

Côté suspension, l'Intrigue a choisi la solution du juste milieu entre la fermeté dérangeante de la Pontiac Grand Prix et la souplesse de guimauve de la Buick Century. Cette fois, contrairement à la défunte Cutlass Supreme, l'Intrigue se doit de réussir. L'avenir de la division en dépend.

D. Duquet

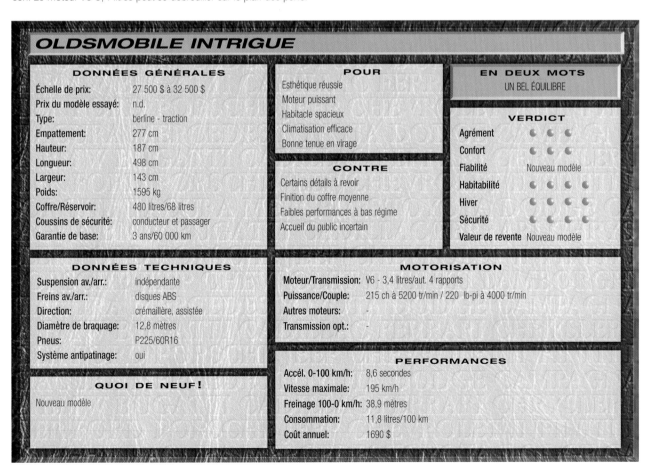

OLDSMOBILE INTRIGUE

DONNÉES GÉNÉRALES

Échelle de prix:	27 500 $ à 32 500 $
Prix du modèle essayé:	n.d.
Type:	berline - traction
Empattement:	277 cm
Hauteur:	187 cm
Longueur:	498 cm
Largeur:	143 cm
Poids:	1595 kg
Coffre/Réservoir:	480 litres/68 litres
Coussins de sécurité:	conducteur et passager
Garantie de base:	3 ans/60 000 km

POUR

Esthétique réussie
Moteur puissant
Habitacle spacieux
Climatisation efficace
Bonne tenue en virage

CONTRE

Certains détails à revoir
Finition du coffre moyenne
Faibles performances à bas régime
Accueil du public incertain

EN DEUX MOTS

UN BEL ÉQUILIBRE

VERDICT

Agrément	●●●
Confort	●●●
Fiabilité	Nouveau modèle
Habitabilité	●●●●●
Hiver	●●●●
Sécurité	●●●●
Valeur de revente	Nouveau modèle

DONNÉES TECHNIQUES

Suspension av./arr.:	indépendante
Freins av./arr.:	disques ABS
Direction:	crémaillère, assistée
Diamètre de braquage:	12,8 mètres
Pneus:	P225/60R16
Système antipatinage:	oui

MOTORISATION

Moteur/Transmission:	V6 - 3,4 litres/aut. 4 rapports
Puissance/Couple:	215 ch à 5200 tr/min / 220 lb-pi à 4000 tr/min
Autres moteurs:	-
Transmission opt.:	-

QUOI DE NEUF!

Nouveau modèle

PERFORMANCES

Accél. 0-100 km/h:	8,6 secondes
Vitesse maximale:	195 km/h
Freinage 100-0 km/h:	38,9 mètres
Consommation:	11,8 litres/100 km
Coût annuel:	1690 $

PLYMOUTH Prowler

Très populaires dans les années 50 et 60, les Hot Rods étaient des voitures fabriquées par des jeunes férus de mécanique à partir de vieilles épaves. Histoire de divertir les foules, Chrysler s'est amusé à créer un Hot Rod des temps modernes, la Prowler, pour le Salon de Detroit 1993. Trois ans plus tard, ce deux places était de retour en tant que modèle de production.

N on seulement la Prowler a «volé le show» en 1993, mais elle a répété son exploit lors du dévoilement du modèle de série au Salon de Detroit en 1996. De plus, cet irrésistible roadster a été intégré à la famille Plymouth afin de raviver l'image de cette division. Mais ce qui est encore plus impressionnant, c'est que Chrysler a réalisé ce que plusieurs croyaient impossible: fabriquer en série une telle voiture tout en respectant les normes actuelles de sécurité en matière d'impact et d'émissions. Il serait en effet très difficile de vouloir adapter une voiture de série des années 50 aux lois actuelles. Tenter de recréer une voiture inspirée de vieux tacots animés par un gros V8 de 5,7 litres et plus était considéré comme un rêve quasiment irréalisable. Pourtant, une fois de plus, les ingénieurs de Chrysler ont tiré les marrons du feu en réalisant un *Hot Rod* qui respecte toutes les normes gouvernementales modernes.

Et ce tour de force sur le plan technique n'a pas été réalisé en empruntant un maximum de pièces à d'autres voitures de production afin d'en diminuer les coûts et d'accélérer le développement. Il est vrai que la transmission et le moteur sont dérivés du V6 3,5 litres des modèles LH, mais une bonne partie des éléments de cette voiture sont non seulement inédits, mais réalisés en aluminium. En fait, Chrysler ne s'est pas contenté de produire une voiture possédant un incroyable *sex-appeal*. Elle a réalisé une auto proposant des solutions techniques inédites.

Hot Rod à la moderne

Un look d'enfer

La Plymouth Prowler serait fait de boîtes de conserve recyclées qu'elle connaîtrait néanmoins un succès monstre tant sa silhouette est unique. Les stylistes ont vraiment frappé dans le mille. Les roues avant dégagées de la caisse, le museau pointu et plongeant de même que l'arrière arrondi sont autant d'éléments typiques des *Hot Rods*. En fait, l'ensemble est tellement réussi qu'on s'attend à voir l'un des membres de groupe ZZ-Top derrière le volant.

L'exploit des stylistes a été de renouer avec le passé tout en nous proposant une silhouette vraiment moderne de par l'intégration de ses formes arrondies et le raffinement de ses lignes. En plus, même avec la capote relevée, non seulement cette Plymouth sport a fière allure, mais la visibilité y est acceptable. Les roadsters des belles années ou les coupés de l'époque étaient tous surbaissés et la visibilité y laissait grandement à désirer. Une bonne majorité de ces voitures étaient

construites en Californie où l'on pouvait laisser la capote baissée toute l'année, mais c'est loin d'être le cas ici. Cette excentrique Plymouth se tire bien d'affaire sous ce rapport même si la capote utilise presque tout l'espace de rangement disponible à l'arrière. En clair, il sera possible de conduire cette voiture capote relevée sans avoir l'impression de piloter un sous-marin sur la rue Sainte-Catherine.

Le secret de l'impact visuel de cette voiture est sa ceinture de caisse très élevée. Même une personne de grande taille semble à moitié engloutie dans les entrailles de la voiture et seule sa tête dépasse. Les *Hot Rods cool* avaient cette allure et le Prowler respecte la tradition. Il est toutefois dommage que les ailes arrière soient greffées à la carrosserie. Pour avoir un air authentique, il aurait même fallu débarrasser la voiture de tous ses garde-boue, initiative qui n'aurait certainement pas plu aux pousseurs de crayon bien installés à Washington.

Aluminium à gogo

Le réflexe de tout producteur automobile installé à Detroit est d'utiliser le plus de pièces existantes possible lorsque vient le temps de réaliser un modèle en petite série. Cette méthode est rapide, économique et permet de comptabiliser à la «cenne» près un tel projet. Mais, chez Chrysler, il y a belle lurette qu'on a jeté à la poubelle le petit manuel du constructeur nord-américain. Au lieu d'adopter cette méthode qui a connu plus que sa part d'échecs, la direction a préféré faire de la Prowler une voiture misant sur des solutions nouvelles.

C'est pourquoi cette réplique du passé utilise des pièces en aluminium spécialement créées pour elle. Tant et si bien que près du tiers du poids de cette voiture est constitué d'aluminium. En fait, le châssis lui-même est fabriqué de poutres d'aluminium sur lesquelles des éléments moulés sont placés aux points névralgiques. Ils servent de points d'ancrage pour les éléments de la suspension et la partie inférieure de la voiture. L'aluminium est également utilisé pour réaliser l'armature des sièges, le carter de la transmission ainsi que plusieurs des bras de la suspension. Le capot, le couvercle du coffre, les portes et les panneaux latéraux sont également en alliage léger tandis que les freins font appel à des disques constitués d'un alliage d'aluminium et de céramique.

Sans aucun doute, pas une voiture de production nord-américaine ne possède un tel niveau de sophistication quant à l'utilisation de

l'aluminium. Même pas la GM EV1, la petite voiture électrique dont le châssis est du même matériau.

Une mécanique des temps modernes

Les *Hot Rods* de fabrication artisanale étaient surtout des engins destinés à rouler très rapidement en ligne droite. Négocier un virage à haute vitesse était tout un exploit. Si leurs suspensions brillaient davantage par leur chrome que par leur performance, c'était qu'on faisait appel à des éléments relativement primitifs souvent empruntés à de vieux camions. Quant au moteur, c'était inévitablement un gros V8 doté d'un carburateur Holley à quatre corps. À cette époque, c'était une hérésie de même songer à placer un 6 cylindres sous le capot d'un *Rod*. On laissait cela aux mauviettes.

Signe des temps, la Prowler est animée par un V6 3,5 litres à double arbre à cames développant 225 chevaux et relié à une transmission placée à l'arrière. Cette disposition, pour le moins inhabituelle, permet d'offrir un habitacle plus spacieux et assure en plus une répartition de poids quasiment parfaite. Toujours afin d'alléger la voiture, on a construit le carter de la transmission en aluminium. Cette boîte automatique fait appel au système AutoStick qui permet de choisir entre les modes «automatique» et «sélection manuelle».

Comme sur les voitures de Formule, les amortisseurs sont placés sur le châssis et actionnés par des leviers triangulés. Les suspensions avant et arrière sont indépendantes et font appel à de nombreuses pièces en aluminium. Bref, aucun effort n'a été ménagé pour donner à ce roadster une mécanique vraiment moderne. On est loin des modèles tarabiscotés avec de vieux moteurs achetés pour une bouchée de pain chez le casseur du quartier.

Allure rétro, comportement correct

Bien des véhicules spéciaux offrent une allure glorieuse, une fiche technique ronflante et des performances à couper le

souffle, mais leur déséquilibre est tel qu'ils deviennent de véritables supplices à conduire. La Prowler n'a pas été conçue pour nous étourdir par ses performances. C'est surtout un clin d'œil à une époque passée qui a marqué l'adolescence de plusieurs baby-boomers. En fait, pratiquement tous les constructeurs de *Hot Rod* voulaient combiner une mécanique impressionnante et un habitacle relevé. Mais la plupart se contentaient d'un moteur puissant et de plusieurs pièces chromées, et reléguaient le confort aux oubliettes, abandonnant le parachèvement du projet en cours de route.

La Prowler est le résultat d'un projet qui a été complété. L'habitacle n'est pas tellement spacieux, mais tous s'y sentiront à l'aise. De plus, on n'a pas lésiné sur le luxe de la présentation. Les sièges recouverts de cuir sont commandés électriquement; le volant et le pommeau du levier de vitesses sont recouverts de cuir. Les instruments sont regroupés sur un module central de couleur contrastante et le compte-tours est monté sur la colonne de direction, directement en face du conducteur. Des glaces à commande électrique, la télécommande des serrures, un climatiseur, des coussins gonflables et un système de son musclé complètent l'équipement.

C'est dans cet environnement cossu que le conducteur peut s'amuser au volant de ce roadster qui fera tourner les têtes pendant plusieurs années. Notre randonnée à bord de cette Plymouth s'est limitée à une balade de quelques kilomètres en compagnie d'un responsable de la compagnie sur la piste d'essai de Chelsea, en banlieue de Detroit. Comparées à celles de la Viper, les accélérations de la Prowler semblent timides mais on peut tout de même boucler le 0-100 km/h en un peu plus de sept secondes et les reprises sont incisives à défaut

d'être spectaculaires. C'est plus qu'adéquat compte tenu de la vocation boulevardière de la voiture.

Quant à la tenue de route et à la direction, ce minuscule tour de piste nous permet de conclure que les pneus de 17 pouces à l'avant et de 20 pouces à l'arrière ne sont pas là uniquement pour relever l'esthétique. La voiture est plaisante et tient à la route. De plus, le fait d'avoir la ceinture de caisse à la hauteur des épaules donne l'impression qu'on roule vraiment plus vite. Cette prise de contact a été modeste, mais nous permet de croire que la Prowler sera agréable à conduire sans trop exiger de son conducteur.

Comme cette Plymouth vraiment spéciale ne sera commercialisée qu'au printemps 1997, nous aurons l'occasion de vous en reparler plus en détail dans la prochaine édition. En attendant, si vous avez le coup de foudre pour ce roadster, mieux vaut vous y prendre de bonne heure, car la demande va certainement dépasser la production.

D. Duquet

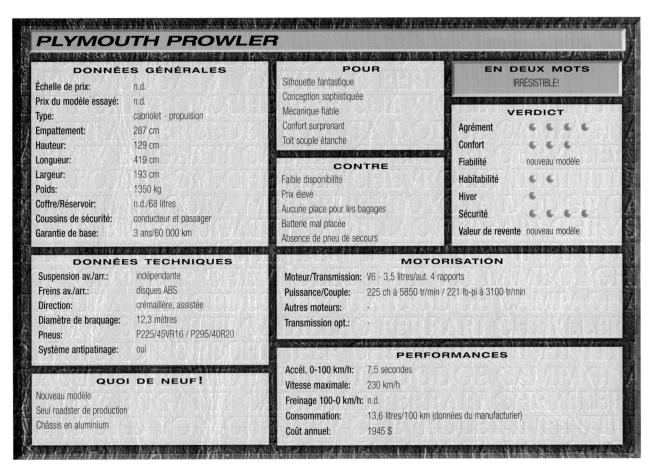

PLYMOUTH PROWLER

DONNÉES GÉNÉRALES

Échelle de prix:	n.d.
Prix du modèle essayé:	n.d.
Type:	cabriolet - propulsion
Empattement:	287 cm
Hauteur:	129 cm
Longueur:	419 cm
Largeur:	193 cm
Poids:	1350 kg
Coffre/Réservoir:	n.d./68 litres
Coussins de sécurité:	conducteur et passager
Garantie de base:	3 ans/60 000 km

DONNÉES TECHNIQUES

Suspension av./arr.:	indépendante
Freins av./arr.:	disques ABS
Direction:	crémaillère, assistée
Diamètre de braquage:	12,3 mètres
Pneus:	P225/45VR16 / P295/40R20
Système antipatinage:	oui

QUOI DE NEUF!

Nouveau modèle
Seul roadster de production
Châssis en aluminium

POUR

Silhouette fantastique
Conception sophistiquée
Mécanique fiable
Confort surprenant
Toit souple étanche

CONTRE

Faible disponibilité
Prix élevé
Aucune place pour les bagages
Batterie mal placée
Absence de pneu de secours

MOTORISATION

Moteur/Transmission:	V6 - 3,5 litres/aut. 4 rapports
Puissance/Couple:	225 ch à 5850 tr/min / 221 lb-pi à 3100 tr/min
Autres moteurs:	-
Transmission opt.:	-

PERFORMANCES

Accél. 0-100 km/h:	7,5 secondes
Vitesse maximale:	230 km/h
Freinage 100-0 km/h:	n.d.
Consommation:	13,6 litres/100 km (données du manufacturier)
Coût annuel:	1945 $

EN DEUX MOTS

IRRÉSISTIBLE!

VERDICT

Agrément	●●●◖
Confort	●●●
Fiabilité	nouveau modèle
Habitabilité	●●
Hiver	●
Sécurité	●●◖
Valeur de revente	nouveau modèle

PLYMOUTH Voyager/Dodge Caravan/Chrysler Town & Country

L'an dernier, Chrysler relevait le plus important défi de son histoire en effectuant la première vraie transformation de sa fourgonnette. Best-seller de la compagnie et de la catégorie, la relève s'est révélée encore plus brillante. Non seulement les nouvelles versions sont plus réussies que les précédentes, mais elles sont aussi plus populaires. La clé de cette réussite: l'attention portée aux détails.

Les véhicules qui ont connu un succès monstre ont parfois de la difficulté à se renouveler. Il suffit de songer à la Ford Taurus qui, après avoir bouleversé le monde des intermédiaires, a connu des succès mitigés dans sa nouvelle présentation. Cette relève parfois difficile n'a certainement pas été le cas de l'Autobeaucoup de Chrysler. Nommée «Voiture de l'année» aussi bien au Canada qu'aux États-Unis pour 1996, cette fourgonnette n'a pas usurpé un titre pourtant curieux pour une fourgonnette. C'est toutefois la réalité puisqu'elle offre le même confort qu'une automobile et un comportement routier quasiment similaire.

Un nouveau créneau

Si les modèles meilleur marché se vendent bien, la luxueuse Chrysler Town & Country gagne en popularité de mois en mois. C'est même la voiture de luxe la plus vendue en Amérique. Elle offre en prime toutes les qualités des autres Autobeaucoup. Et, encore une fois, Chrysler est en voie de renverser les conventions établies en matière de fourgonnette.

Jusqu'à tout récemment, ces modèles s'adressaient à une clientèle composée de familles, de bricoleurs et de sportifs. Personne ne croyait qu'une version de luxe allait connaître du succès. La concurrence en a pris bonne note.

À elle seule, l'esthétique des véhicules pourrait expliquer son succès. En effet, sa grille de calandre chromée contraste har-

Toujours la référence

monieusement avec une carrosserie monochrome tandis que les roues en alliage de 16 pouces ajoutent à sa prestance. Même si la Town & Country diffère des Dodge Caravan et des Plymouth Voyager par un équipement plus cossu, son impact visuel à lui seul la place avec les véhicules de luxe. Pour mériter cette épithète, la Town & Country n'est disponible qu'en version allongée avec porte coulissante arrière gauche. De plus, les sièges en cuir, la climatisation, une meilleure insonorisation et un lecteur de disques compacts s'associent à une foule d'autres accessoires de série pour offrir une cabine très confortable.

Le V6 3,8 litres est le seul moteur offert et il s'acquitte fort bien de sa tâche. Il grogne parfois en accélération, mais l'insonorisation supplémentaire de la Town & Country transforme le bruit de son moteur en murmure. Pour le reste, cette fourgonnette de haut de gamme se comporte sur la route avec la même assurance que les autres versions à empattement long. Comme sur tous les modèles

longs, les fortes bourrasques latérales sont plus perceptibles que sur la version à empattement régulier.

Plus court, plus agile

Lors de leur entrée en scène au printemps 1995, les fourgonnettes Autobeaucoup ont été d'abord disponibles en version allongée seulement. Puis, les modèles à empattement régulier sont progressivement apparus. Le premier réflexe est de les mettre de côté sous prétexte que la version allongée est plus spacieuse et plus confortable.

Mais tous les gens n'ont pas nécessairement besoin de plus d'espace. En outre, la différence de confort de la suspension entre les deux versions est relativement minime. En revanche, le modèle court est nettement plus agile dans la circulation et se ressent moins du vent latéral. De plus, comme ce modèle est un peu plus léger, il assure des accélérations et des reprises possédant plus de mordant. La différence n'est pas renversante, mais pour certains elle se fera apprécier. La version à empattement court n'est donc pas à dédaigner. D'autant plus qu'il est également possible de commander la porte arrière gauche comme sur «le gros modèle» (sic).

Côté moteurs, les V6 3,3 et 3,8 litres sont d'emblée les plus populaires, mais il ne faut pas oublier le V6 3,0 litres de 150 chevaux qui se veut un compromis intéressant entre les moteurs de plus grosse cylindrée et l'économique 4 cylindres 2,4 litres de puissance égale mais offrant un couple moins élevé.

Drôlement réussie

Une année s'est écoulée depuis le lancement de cette nouvelle génération de fourgonnettes et nous sommes toujours impressionnés par leurs prestations. Il est vrai que leur finition n'est pas toujours exemplaire et que leur fiabilité n'est pas sans tache. Heureusement, les concessionnaires font l'impossible pour remédier à la situation, mais celle-ci ne semble se corriger que lentement, trop lentement même. Il faut toutefois reconnaître que Chrysler a énormément travaillé à améliorer l'intégrité mécanique de tous ses véhicules et de l'Autobeaucoup en particulier.

Pour le reste, ces fourgonnettes dominent leur catégorie tant au chapitre du confort et de l'agrément de conduite que de la tenue de route. Et l'attention apportée par les ingénieurs de Chrysler à une foule de détails fait de l'utilisation quotidienne de ces véhicules une expérience intéressante. Si en plus vous aimez le luxe, la Town & Country devrait être en mesure de rencontrer vos attentes.

D. Duquet

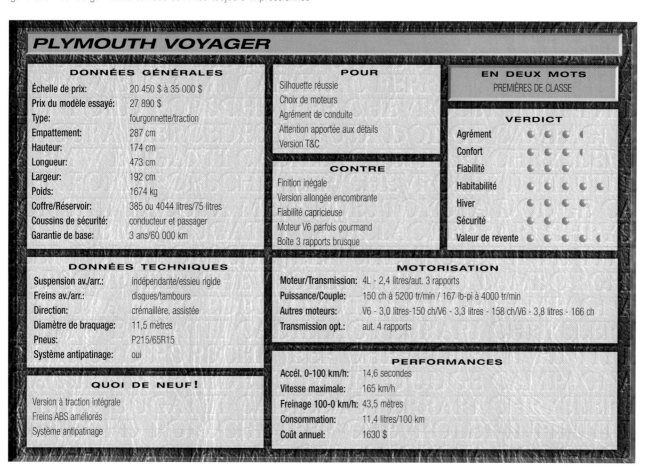

PLYMOUTH VOYAGER

DONNÉES GÉNÉRALES

Échelle de prix:	20 450 $ à 35 000 $
Prix du modèle essayé:	27 890 $
Type:	fourgonnette/traction
Empattement:	287 cm
Hauteur:	174 cm
Longueur:	473 cm
Largeur:	192 cm
Poids:	1674 kg
Coffre/Réservoir:	385 ou 4044 litres/75 litres
Coussins de sécurité:	conducteur et passager
Garantie de base:	3 ans/60 000 km

DONNÉES TECHNIQUES

Suspension av./arr.:	indépendante/essieu rigide
Freins av./arr.:	disques/tambours
Direction:	crémaillère, assistée
Diamètre de braquage:	11,5 mètres
Pneus:	P215/65R15
Système antipatinage:	oui

QUOI DE NEUF!

Version à traction intégrale
Freins ABS améliorés
Système antipatinage

POUR

Silhouette réussie
Choix de moteurs
Agrément de conduite
Attention apportée aux détails
Version T&C

CONTRE

Finition inégale
Version allongée encombrante
Fiabilité capricieuse
Moteur V6 parfois gourmand
Boîte 3 rapports brusque

MOTORISATION

Moteur/Transmission:	4L - 2,4 litres/aut. 3 rapports
Puissance/Couple:	150 ch à 5200 tr/min / 167 lb-pi à 4000 tr/min
Autres moteurs:	V6 - 3,0 litres-150 ch/V6 - 3,3 litres - 158 ch/V6 - 3,8 litres - 166 ch
Transmission opt.:	aut. 4 rapports

PERFORMANCES

Accél. 0-100 km/h:	14,6 secondes
Vitesse maximale:	165 km/h
Freinage 100-0 km/h:	43,5 mètres
Consommation:	11,4 litres/100 km
Coût annuel:	1630 $

EN DEUX MOTS

PREMIÈRES DE CLASSE

VERDICT

Agrément	
Confort	
Fiabilité	
Habitabilité	
Hiver	
Sécurité	
Valeur de revente	

PONTIAC Bonneville

Les Buick Le Sabre et Oldsmobile Delta 88 tentent de jouer les voitures de luxe dans le but de s'accaparer les faveurs d'une certaine clientèle. De son côté, la Pontiac Bonneville fait bande à part. Même si elle partage la même mécanique que ses consœurs, elle se reconnaît par une silhouette plus distinctive et un caractère bien à part visant à attirer les conducteurs plus sportifs.

L a Buick Le Sabre vise une clientèle décidément conservatrice qui apprécie surtout le confort et le silence de roulement. Quant à l'Oldsmobile Delta 88, elle tente de jouer le rôle de sportive de luxe. Elle ne semble cependant pas en mesure de définir son caractère de façon précise. Par contre, la Bonneville ne se gêne pas pour afficher ses couleurs: elle s'adresse à une clientèle plus jeune, plus agressive, à la recherche d'une voiture possédant du caractère.

Encore une fois, les stylistes de Pontiac n'ont pas hésité à en beurrer épais côté présentation. Si la silhouette est plaisante et même élégante, on ajoute du relief par l'intermédiaire de moulures latérales de dimensions généreuses tandis que le couvercle du coffre arrière se termine par un becquet bien en évidence. Enfin, la partie inférieure du pare-chocs abrite un déflecteur, des phares antibrouillards et une prise d'air. Pour sa part, la calandre oblongue tente d'accentuer la présence des ouvertures ovales en placardant l'écusson Pontiac en plein milieu. Malgré tous ces ajouts, la voiture continue d'être attrayante, car ses formes générales sont harmonieuses.

Pour l'habitacle, Pontiac doit être félicité d'avoir sorti des sentiers battus en nous proposant un tableau de bord vraiment à part. Les chiffres orange sur fond noir sont faciles à lire et contribuent à donner une apparence branchée. Toutefois, cette présentation pourrait être plus homogène. La même remarque s'applique à la

Présentation relevée, prestations moyennes

radio dont les commandes nécessitent un certain temps d'acclimatation. Il est toutefois possible de commander en option les télécommandes de la radio placées en périphérie du moyeu du volant.

Les places avant et arrière sont très généreuses et la finition s'est améliorée au fil des années. De plus, avec quatre modèles au catalogue, il est possible de commander celui qui convient à ses besoins ou qui répond à ses caprices. Le système de visualisation «tête haute» figure toujours parmi les options. Ce système reflète plusieurs informations sur la surface intérieure du pare-brise afin que le conducteur n'ait pas besoin de quitter la route des yeux. Toutefois, il nous a toujours été difficile de nous habituer à ce mécanisme. Au fil des années cependant, il est devenu plus facile à consulter et les informations affichées sont plus complètes. La Bonneville est donc en mesure d'intéresser l'amateur de gadgets.

Une mécanique connue

Si la Bonneville se distingue de ses consœurs par une esthétique plus pointue, ses organes mécaniques sont bien connus. La version standard fait appel à l'incontournable V6 3800 Series II dont les 205 chevaux permettent à cette grosse caisse de se débrouiller assez bien en termes d'accélérations. En effet, il lui faut 8,2 secondes pour boucler le 0-100 km/h. Et si cela ne vous convient pas, il est toujours possible de commander en option la version à compresseur de ce même moteur. Ses 240 chevaux devraient satisfaire les plus difficiles. Pour transmettre cette puissance aux roues avant, la boîte automatique à 4 rapports à commande électronique s'est taillé une enviable réputation au fil des années. Malheureusement, les freins arrière à tambours n'ont pas leur place sur une voiture affichant autant de prétentions sur le plan sportif. Heureusement, les freins ABS sont offerts en équipement de série.

Il faut également souligner que cette plate-forme H n'est plus de la première jeunesse. Toutefois, comme elle a été pendant longtemps ce que GM avait de plus raffiné à nous offrir, elle est en mesure de nous proposer un comportement acceptable. Elle ne peut cependant pas rivaliser avec la plate-forme Aurora également utilisée sur la Buick Park Avenue, une voiture de catégorie et de prix supérieurs.

Sur le plan de la conduite, la Bonneville n'est pas tout à fait à la hauteur de ses prétentions visuelles et de sa fiche technique même si elle se débrouille très bien sur des routes offrant des virages à grand rayon. Son empattement généreux et sa suspension bien calibrée permettent de maîtriser ce type de routes avec aisance. Par contre, la Bonneville perd de sa superbe au fur et à mesure que les virages deviennent plus serrés. Non seulement un enchaînement de virages

courts prend la direction assistée en défaut, mais le roulis et le tangage deviennent nettement plus importants. Il faut donc conduire cette Pontiac en fonction de ses limites. Et même si son allure tente de nous laisser croire qu'elle peut intimider une BMW de série 5, son comportement routier en conduite sportive est une belle leçon d'humilité pour la plus cossue des Pontiac.

Même si la Bonneville n'est pas à la hauteur des meilleures européennes, cette grosse berline possède suffisamment de caractère et une habitabilité plus que généreuse pour satisfaire les besoins de plusieurs. De plus, avec une version équipée du moteur de 240 chevaux et la suspension accordée par ordinateur, elle mérite qu'on s'y intéresse. Et il ne faut pas oublier qu'elle se vend plusieurs milliers de dollars de moins qu'une germanique.

D. Duquet

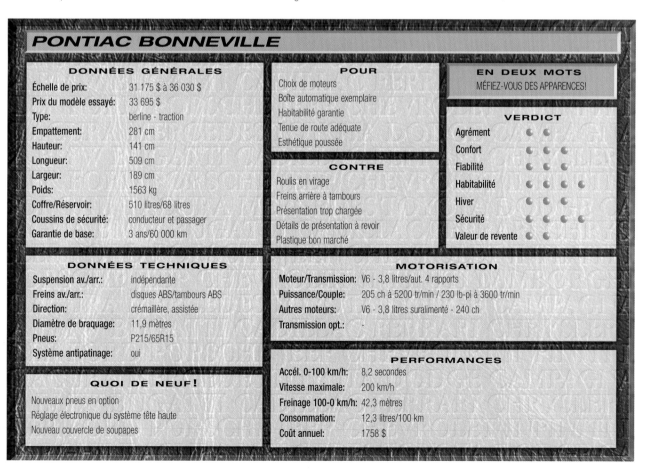

PONTIAC BONNEVILLE

DONNÉES GÉNÉRALES

Échelle de prix:	31 175 $ à 36 030 $
Prix du modèle essayé:	33 695 $
Type:	berline - traction
Empattement:	281 cm
Hauteur:	141 cm
Longueur:	509 cm
Largeur:	189 cm
Poids:	1563 kg
Coffre/Réservoir:	510 litres/68 litres
Coussins de sécurité:	conducteur et passager
Garantie de base:	3 ans/60 000 km

DONNÉES TECHNIQUES

Suspension av./arr.:	indépendante
Freins av./arr.:	disques ABS/tambours ABS
Direction:	crémaillère, assistée
Diamètre de braquage:	11,9 mètres
Pneus:	P215/65R15
Système antipatinage:	oui

QUOI DE NEUF!

Nouveaux pneus en option
Réglage électronique du système tête haute
Nouveau couvercle de soupapes

POUR

Choix de moteurs
Boîte automatique exemplaire
Habitabilité garantie
Tenue de route adéquate
Esthétique poussée

CONTRE

Roulis en virage
Freins arrière à tambours
Présentation trop chargée
Détails de présentation à revoir
Plastique bon marché

MOTORISATION

Moteur/Transmission:	V6 - 3,8 litres/aut. 4 rapports
Puissance/Couple:	205 ch à 5200 tr/min / 230 lb-pi à 3600 tr/min
Autres moteurs:	V6 - 3,8 litres suralimenté - 240 ch
Transmission opt.:	-

PERFORMANCES

Accél. 0-100 km/h:	8,2 secondes
Vitesse maximale:	200 km/h
Freinage 100-0 km/h:	42,3 mètres
Consommation:	12,3 litres/100 km
Coût annuel:	1758 $

EN DEUX MOTS

MÉFIEZ-VOUS DES APPARENCES!

VERDICT

Agrément	
Confort	
Fiabilité	
Habitabilité	
Hiver	
Sécurité	
Valeur de revente	

PONTIAC Grand Am/Buick Skylark/Oldsmobile Achieva

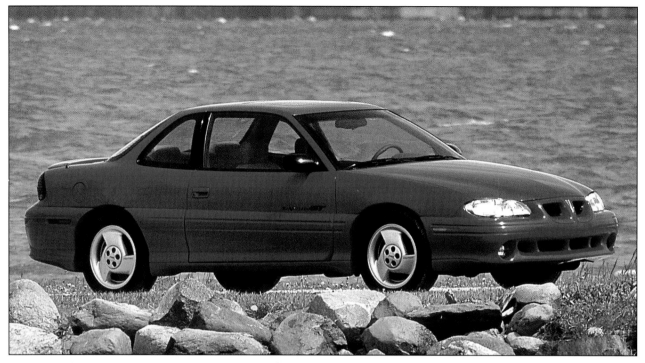

On souhaiterait un baroud d'honneur pour ce trio démodé qui a déjà raté sa sortie et qui tente de donner le change par des chirurgies esthétiques mineures et des tarifs de braderie. GM amortit ses investissements depuis plusieurs années, mais il serait temps de faire place à la relève. La concurrence n'a pas attendu si longtemps.

L'important volume des ventes de la Grand Am permettrait de croire à une voiture vraiment exceptionnelle. Mais le châssis commun à la Skylark, à l'Achieva et à la Grand Am date des années 80 et affiche un rapport poids/rigidité complètement dépassé. Il bénéficie au moins chez la petite Pontiac d'un habillage plus jeune et plus dynamique, surtout lorsqu'elle est montée sur ses roues de 16 pouces d'inspiration «Cuisinart». Par contre, on a vainement tenté de refaire une jeunesse à ses deux sœurs: les dessinateurs ont certainement connu une panne d'inspiration.

Une conception démodée bien dissimulée

Deux moteurs sont offerts, soit la dernière version revue et corrigée du Quad 4 introduit au début des années 80 et porté à 2,4 litres, et un V6 de 3,1 litres plutôt archaïque extrapolé de l'ancien 2,8 litres des années 70. Le premier peut se retrouver sous le capot de la Grand Am ou de l'Achieva avec une boîte manuelle ou une automatique ou dans la Buick avec l'automatique seulement, tandis que le second, obligatoirement lié à l'automatique, est optionnel dans chacun des modèles. Nos commentaires porteront principalement sur la Grand Am GT équipée du 4 cylindres et de la boîte manuelle au volant de laquelle nous avons passé plus de temps. Son équipement, plutôt riche, comprend un antivol et deux coussins gonflables de série. Mais le menu des voitures N est «à la carte» en ce sens que les accessoires souvent les plus désirables se retrouvent sur la liste des options.

Une série trop souvent reprise

Le dessin de la planche de bord de la Pontiac est agréable bien qu'un peu tourmenté. Il est beaucoup plus classique dans les deux autres modèles. Le tableau de bord respecte les principaux canons de l'ergonomie et la qualité des matériaux flatte généralement la vue autant que le toucher. La position de conduite est gâchée par le décentrage du volant vers la gauche et l'assise des sièges beaucoup trop basse.

L'espace disponible assez étriqué à l'intérieur par rapport à la grosseur de la caisse fait ressortir encore une fois la relative ancienneté du châssis. La cabine, avec ses 2506 litres, est beaucoup plus près de celle d'une Corolla à 2531 litres que de celle d'une Stratus à 2716 litres. Aussi, on cherche en vain un repose-pied digne de ce nom, car le passage des roues fait intrusion dans le plancher et détourne les jambes des occupants vers le milieu. Le coffre de grandeur moyenne peut être modulable, moyennant supplément, par le dossier rabattable du siège qui dégage ainsi une belle ouverture.

Des performances mitigées

La Grand Am mue par le 4 cylindres émet une multitude de bruits qui vont du ronronnement agricole d'une Subaru à bas régime (vraiment pas une référence), au sifflement du différentiel aux vitesses intermédiaires et à un grondement lancinant et «péniiible» à grande allure.

La puissance très linéaire ne laisse planer aucun doute quant à la présence des 150 chevaux sous le capot. Malgré cela, les accélérations déçoivent à cause d'un poids quand même assez conséquent qui frise les 1400 kg. Le verrouillage des vitesses, particulièrement celui de la deuxième, ainsi que la longue course du levier et de la pédale d'embrayage tempéraient aussi cet exercice de façon appréciable. Le freinage, quant à lui, n'amène aucun commentaire négatif en conduite normale et cela en dépit de la présence de tambours à l'arrière.

Les performances autorisées par le plus gros moteur optionnel et la boîte automatique à 4 rapports améliorent considérablement l'expérience de conduite et nous n'hésitons pas à vous les recommander. Malgré un très modeste gain de puissance de 5 chevaux, le couple du 6 cylindres est beaucoup plus important et cela à moindre régime. La boîte de vitesses à 4 rapports et surmultiplication amène aussi obligatoirement un commode système de traction asservie. Elle accomplit son travail méthodiquement et consciencieusement et les deux forment un tandem beaucoup plus agréable et performant.

Le comportement routier appelle quelques commentaires particuliers. Notre voiture d'essai était chaussée de pneus P225/55R16 à cote de vitesse H qui tentaient de sauver la mise. En effet, ils contribuent sans aucun doute positivement à la précision de la direction, à la tenue de cap rassurante et au niveau d'adhérence surprenant. Ils demeurent cependant impuissants à lutter contre le délestage du train arrière dans les courbes mal «revêtues», l'accroupissement du châssis sur les butées même à charge très raisonnable, et le faible débattement général des suspensions. De plus, les amortisseurs trop mous en détente rendent la direction très légère au passage des longues bosses sur autoroutes, et les occupants apprécient de très différente façon selon leur âge d'être en état d'apesanteur momentanée dans ces mêmes conditions.

On se demande sérieusement comment Pontiac réussit à répandre tant de Grand Am sur le marché. La première raison tient sûrement au charme qu'exerce la ligne sur une certaine clientèle. La seconde a trait à l'argument financier, car le prix de détail suggéré relativement bas et la facilité qu'ont les représentants à vous accorder des rabais substantiels favorisent grandement les transactions. Mais doit-on sacrifier autant du plaisir de rouler pour quelques malheureux dollars de toute manière irrécupérables à la revente? Une vraie «Grande Dame» se reconnaît plus à ses manières qu'à sa robe.

J.-G. Laliberté

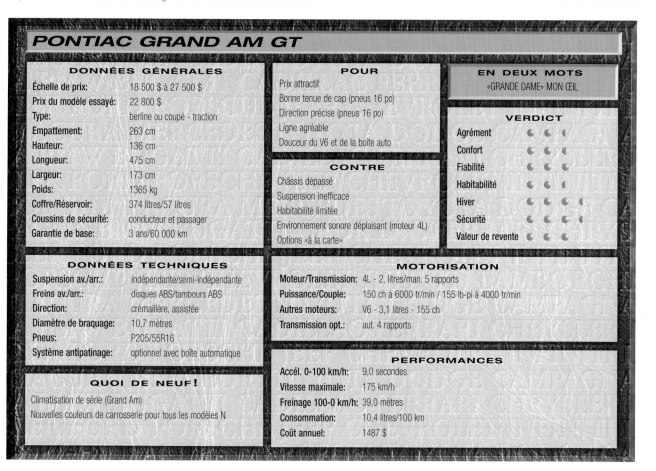

PONTIAC GRAND AM GT

DONNÉES GÉNÉRALES

Échelle de prix:	18 500 $ à 27 500 $
Prix du modèle essayé:	22 800 $
Type:	berline ou coupé - traction
Empattement:	263 cm
Hauteur:	136 cm
Longueur:	475 cm
Largeur:	173 cm
Poids:	1365 kg
Coffre/Réservoir:	374 litres/57 litres
Coussins de sécurité:	conducteur et passager
Garantie de base:	3 ans/60 000 km

DONNÉES TECHNIQUES

Suspension av./arr.:	indépendante/semi-indépendante
Freins av./arr.:	disques ABS/tambours ABS
Direction:	crémaillère, assistée
Diamètre de braquage:	10,7 mètres
Pneus:	P205/55R16
Système antipatinage:	optionnel avec boîte automatique

QUOI DE NEUF!

Climatisation de série (Grand Am)

Nouvelles couleurs de carrosserie pour tous les modèles N

POUR

Prix attractif

Bonne tenue de cap (pneus 16 po)

Direction précise (pneus 16 po)

Ligne agréable

Douceur du V6 et de la boîte auto

CONTRE

Châssis dépassé

Suspension inefficace

Habitabilité limitée

Environnement sonore déplaisant (moteur 4L)

Options «à la carte»

MOTORISATION

Moteur/Transmission:	4L - 2, litres/man. 5 rapports
Puissance/Couple:	150 ch à 6000 tr/min / 155 lb-pi à 4000 tr/min
Autres moteurs:	V6 - 3,1 litres - 155 ch
Transmission opt.:	aut. 4 rapports

PERFORMANCES

Accél. 0-100 km/h:	9,0 secondes
Vitesse maximale:	175 km/h
Freinage 100-0 km/h:	39,0 mètres
Consommation:	10,4 litres/100 km
Coût annuel:	1487 $

EN DEUX MOTS

«GRANDE DAME» MON ŒIL

VERDICT

Agrément	
Confort	
Fiabilité	
Habitabilité	
Hiver	
Sécurité	
Valeur de revente	

PONTIAC Grand Prix

À ses débuts sur le marché il y a déjà 35 ans, la Pontiac Grand Prix était un gros coupé de luxe assez peu sportif dont le nom un brin prétentieux flairait l'imposture. Rien en effet ne rapprochait cette voiture lourde et pas très maniable de sa ronflante appellation.

L'édition 1997 de la Grand Prix n'a toujours rien en commun avec une voiture de Formule 1 mais, au moins, elle fait un sérieux effort pour respecter la connotation sportive de son vocable. Surtout dans sa version GTP avec son V6 de 3,8 litres à compresseur de 240 chevaux, son couple généreux, sa boîte de vitesses automatique dotée d'un mode «performance», ses quatre freins à disques avec ABS de sixième génération et tout le reste. Les lettres GTP correspondent en réalité à un groupe d'options haute performance offert sur la version GT de la Grand Prix dont le modèle de base est la SE. Cette dernière doit se satisfaire d'un moteur V6 de 3,1 litres et 160 chevaux tandis que la GT normale hérite du V6 de 3,8 litres et 195 chevaux choisi récemment comme l'un des 10 meilleurs moteurs d'automobile en Amérique par la revue *Wards Auto World*.

Nouvelle... à 90 p. 100

Si les moteurs de la Grand Prix 1997 nous sont familiers, il en va différemment du reste de la voiture puisque plus de 90 p. 100 de ses composantes sont nouvelles. Cette métamorphose commence par une carrosserie joliment rajeunie dont la ligne donne à la berline quatre portes l'apparence d'un coupé sport. Un vrai coupé demeure toutefois au catalogue. La voiture se distingue aussi par un empattement allongé de 7,6 cm et Pontiac est revenue aux voies larges qui étaient sa marque de commerce il y a plusieurs années. Bien que plus sportive que son ancêtre, la Grand Prix n'est quand même offerte qu'avec la trans-

Enfin digne de son nom

mission automatique. Toutefois, celle qui accompagne l'option GTP permet de choisir entre le mode normal ou performance pour modifier le régime auquel interviennent les changements de rapports.

En ajoutant que cette Pontiac s'enorgueillit d'une nouvelle direction à assistance variable (de série sur la GT et optionnelle sur la SE), de suspensions retravaillées et d'un antipatinage agissant sur le moteur, on aura à peu près fait le tour des caractéristiques différenciant la nouvelle Grand Prix de l'ancienne.

Tenue de route 10, confort 0

La voiture essayée était un modèle GT avec moteur à aspiration normale de 195 chevaux. Soulignons ici que c'est 10 de moins que dans d'autres voitures GM utilisant le même groupe propulseur, ce qui est assez étonnant compte tenu de la vocation sportive de la Grand Prix. Questionné à ce sujet, le porte-parole de GM s'est contenté de répondre que le galbe du capot avait obligé les ingénieurs à modifier le

système d'admission d'air de ce V6 et ce, au détriment de la puissance. Pour le moins incongru.

Malgré cela, cette Pontiac se défend relativement bien au chapitre des performances. Ses temps d'accélération ne passeront pas au livre des records, mais sa puissance à moyen régime est bien exploitée et l'excellente transmission automatique permet de compter sur de très bonnes reprises quand vient le moment de doubler. En théorie, la vitesse de pointe devrait s'établir à plus de 200 km/h, mais elle a été limitée électroniquement à 175 km/h en raison d'un équipement pneumatique inapproprié. Virage après virage, la direction à assistance variable s'est avérée particulièrement agréable et le freinage a su se faire oublier par son rendement sans histoire.

Cette Grand Prix revue et corrigée se distingue aussi par une tenue de route carrément sportive. La caisse prend peu de roulis en virage et la voiture demeure très à l'aise sur des chemins sinueux. Si la suspension fait merveille au point de vue adhérence et maniabilité, il y a malheureusement une grosse ombre au tableau. Son trop faible débattement s'avère un sérieux handicap sur mauvaise route, où le confort est pratiquement nul. Dès qu'un trou ou une bosse est un peu coriace, les ressorts tapent durement et bruyamment, ce qui est franchement désagréable. Il y a du travail à faire ou à refaire de ce côté et tant qu'à y être, on pourrait s'attarder à la qualité de la finition. En revanche, la carrosserie du modèle essayé était d'une solidité impressionnante.

Les gens de Pontiac sont fiers de souligner que lors d'une étude comparative effectuée au sein de la compagnie, la Grand Prix s'est classée deuxième derrière la Lexus ES300 au point de vue ergonomie. La disposition des diverses commandes répond en effet à des gestes naturels permettant au conducteur de concentrer toute son attention sur la conduite.

Une option intéressante au tableau de bord est l'ordinateur de bord qui, entre autres, peut alerter le conducteur si un pneu perd plus de 8 livres de pression. L'aménagement intérieur se distingue aussi par de bons espaces de rangement et une habitabilité très satisfaisante. La place centrale de la banquette est toutefois d'une utilité discutable compte tenu de la dureté du coussin faisant office à la fois de dossier et d'accoudoir. Ce dernier, lorsqu'il est en place, recèle un petit rangement assorti de deux porte-verres. Cette belle astuce ne fait malheureusement pas oublier l'absence à la fois d'un repose-pied pour le conducteur et d'une poignée de maintien pour son passager avant. L'autre gros hic est la piètre visibilité que l'on doit imputer d'abord à une position de conduite un peu basse et à une lunette arrière trop étroite. Dans sa nouvelle tenue, la Pontiac Grand Prix ne s'est pas transformée en une sportive de haut niveau, mais son irrésistible silhouette et les notables améliorations dont elle a fait l'objet lui permettent désormais de porter son nom avec un peu plus de fierté.

J. Duval

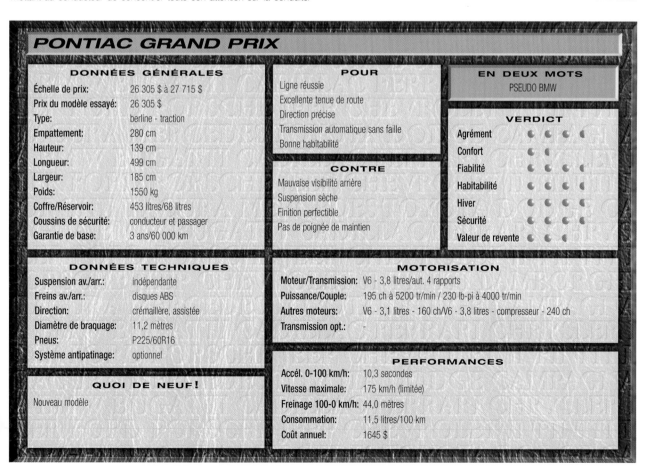

PONTIAC GRAND PRIX

DONNÉES GÉNÉRALES

Échelle de prix:	26 305 $ à 27 715 $
Prix du modèle essayé:	26 305 $
Type:	berline - traction
Empattement:	280 cm
Hauteur:	139 cm
Longueur:	499 cm
Largeur:	185 cm
Poids:	1550 kg
Coffre/Réservoir:	453 litres/68 litres
Coussins de sécurité:	conducteur et passager
Garantie de base:	3 ans/60 000 km

DONNÉES TECHNIQUES

Suspension av./arr.:	indépendante
Freins av./arr.:	disques ABS
Direction:	crémaillère, assistée
Diamètre de braquage:	11,2 mètres
Pneus:	P225/60R16
Système antipatinage:	optionnel

QUOI DE NEUF!

Nouveau modèle

POUR

Ligne réussie
Excellente tenue de route
Direction précise
Transmission automatique sans faille
Bonne habitabilité

CONTRE

Mauvaise visibilité arrière
Suspension sèche
Finition perfectible
Pas de poignée de maintien

MOTORISATION

Moteur/Transmission:	V6 - 3,8 litres/aut. 4 rapports
Puissance/Couple:	195 ch à 5200 tr/min / 230 lb-pi à 4000 tr/min
Autres moteurs:	V6 - 3,1 litres - 160 ch/V6 - 3,8 litres - compresseur - 240 ch
Transmission opt.:	-

PERFORMANCES

Accél. 0-100 km/h:	10,3 secondes
Vitesse maximale:	175 km/h (limitée)
Freinage 100-0 km/h:	44,0 mètres
Consommation:	11,5 litres/100 km
Coût annuel:	1645 $

EN DEUX MOTS

PSEUDO BMW

VERDICT

Agrément	●●●◐○
Confort	●●◐○○
Fiabilité	●●●○○
Habitabilité	●●●◐○
Hiver	●●●●○
Sécurité	●●●◐○
Valeur de revente	●●●○○

PORSCHE 911/Targa/Carrera 4S/Turbo

Avec l'apparition l'an dernier de la Carrera 4S et de la Targa, la gamme des 911 compte maintenant sept variantes. Cette série n'a jamais été aussi étoffée et merveilleusement au point. Pourtant, on la dit au bord de la retraite. Mais ce n'est pas la première fois que l'on «enterre» la 911 qui, malgré tout, aborde sa trente-troisième année.

La 911 actuelle est en quelque sorte en sursis. Son sort dépendra de l'accueil qui sera réservé à son éventuelle remplaçante appelée pour l'instant 996. Chez Porsche, on est conscient que l'on a un défi de taille à relever au cours des prochaines années. On doit en effet recréer l'engouement de la clientèle pour l'actuelle 911 envers le modèle qui doit lui succéder, que l'on compte dévoiler l'an prochain. Sauf que le porte-étendard de la marque est loin d'avoir dit son dernier mot.

Par mesure de prudence, il a donc été décidé que les premières 996 ne remplaceront pas la 911, mais seront commercialisées parallèlement à celle-ci. Si elles sont bien reçues, la 911 sera alors graduellement retirée de la production. On peut donc affirmer que celle-ci sera dans les parages pour encore au moins deux ans.

Variations sur un thème connu

L'an dernier, la 911 prêtait sa familière silhouette à deux nouvelles variantes: la Targa et la Carrera 4S. La première fait revivre une appellation célèbre et cela même si la nouvelle Targa ne ressemble en rien à l'ancienne. Quant à la Carrera 4S, ce n'est rien d'autre qu'une 911 à quatre roues motrices à laquelle on a fait endosser le costume de la Turbo. À l'exception du moteur et de l'aileron arrière (Dieu merci...), tout y est, et la Carrera 4S peut être considérée comme la plus belle des 911 actuelles.

Une gamme à son apogée

Tout comme la Targa, la Carrera 4S reçoit la plus récente version du légendaire 6 cylindres à plat de 3,6 litres refroidi par air qui rugit sous le capot arrière de toutes les 911. La nouvelle tubulure d'admission Varioram apparue en 1996 lui vaut 285 chevaux au lieu des 272 qui poussaient dans le dos des précédents modèles à aspiration normale. En s'octroyant les appendices aérodynamiques de la 911 Turbo, la Carrera 4S y gagne en stabilité et en tenue de cap à grande vitesse. Et son apparence fait évidemment craquer tous ceux et celles qui ont déjà un faible pour cette Porsche.

Je dois dire cependant que la conduite d'une 4S et, bien entendu, d'une Carrera 4 normale, n'est pas aussi stimulante que ce que l'on éprouve au volant d'une 911 à deux roues motrices. Bien sûr, elle s'accroche davantage en courbe, surtout sur pavé glissant, mais il suffit de passer d'une 2 à une 4 pour se rendre compte que la voiture est un peu plus exigeante physiquement. La direction, l'embrayage, le freinage demandent tous un effort supplémentaire qui

rend la conduite plus éprouvante. Bref, le plaisir n'est pas tout à fait le même.

Le ciel de la Targa

Malgré mon admiration pour la Porsche 911, j'ai toujours détesté la version Targa. En modifiant la ligne du toit pour installer un panneau amovible, on avait complètement massacré l'un des plus beaux designs automobiles du dernier tiers de siècle.

En 1996, Porsche a fait amende honorable en créant une nouvelle Targa qui offense beaucoup moins les lignes fuyantes de la 911.

À la condition de choisir une teinte foncée pour la carrosserie, le toit de verre rétractable de la Targa passe quasiment inaperçu et donne l'impression que l'on a affaire à un vrai coupé. En réalité, il s'agit d'une base de cabriolet sur laquelle vient se greffer une sorte de grand toit ouvrant que, sur la simple pression d'un bouton, le conducteur peut ouvrir ou fermer tout en roulant. Ce modèle m'apparaît comme le plus intéressant de la gamme 911 et c'est ce qui nous a incités à l'enrôler pour un essai à long terme. Depuis le temps que l'on parle de la robustesse et de la fiabilité des Porsche, le moment était venu de vérifier si elles sont aussi increvables qu'on le prétend. Avec son couvre-chef très particulier, la Targa allait nous permettre d'évaluer non seulement les organes mécaniques communs à toutes les 911, mais aussi la qualité de construction d'un type de carrosserie qui n'est pas sans poser certains problèmes d'étanchéité et de solidité.

Selon Porsche, l'opération Targa n'enlève rien à la rigidité de la caisse, une lacune trop fréquente avec les cabriolets. Ces derniers sont également plutôt bruyants lorsque la capote est en place, un problème auquel le modèle Targa n'a pas à faire face.

Plusieurs diront qu'il est infiniment plus agréable de rouler à ciel ouvert dans un cabriolet que de devoir se satisfaire d'un toit ouvrant surdimensionné. La conduite d'une 911 Targa a malgré tout son charme, ses avantages et ses inconvénients. Le toit vitré rend l'habitacle plus clair et même par mauvais temps il est très plaisant de pouvoir lorgner le ciel. La turbulence étant réduite à un strict minimum, on peut aussi ouvrir ce toit par temps frais sans ressentir le moindre inconfort. Si l'on ajoute à cela la possibilité d'ouvrir ou de fermer le toit au complet ou partiellement sans avoir à s'arrêter, on doit admettre qu'une

911 en version Targa est certainement le plus beau compromis qui puisse exister entre un coupé et un cabriolet.

Si l'idée est brillante, son exécution l'est toutefois beaucoup moins. Il y a d'abord l'étanchéité qui n'est pas parfaite. De fortes pluies ou un lave-auto peuvent laisser pénétrer quelques gouttes d'eau dans l'habitacle, un problème auquel Porsche s'est attaqué sur les modèles de seconde génération. La structure du toit est aussi la source de craquements occasionnels, quoique cela n'enlève rien à la solidité du reste de la voiture. La Targa confiée aux membres de la presse automobile était envahie par une multitude de petits bruits fort agaçants et tout à fait inadmissibles dans une voiture de ce prix. Porsche a dû effectuer plusieurs modifications sur les premières Targa livrées à la clientèle, mais leur efficacité a été de courte durée. D'autres changements sont prévus, mais on peut quand même se surprendre qu'une compagnie reconnue pour son expertise technique ait mis en vente un produit aussi inachevé.

On a beaucoup parlé aussi de la mauvaise visibilité vers l'arrière lorsque le toit est ouvert. Celui-ci étant en verre teinté, on a l'impression de regarder dans un rétroviseur qui serait en position «nuit». À l'usage, toutefois, on finit par s'y habituer, d'autant plus qu'à part ce détail, l'immense surface vitrée procure une visibilité exceptionnelle dans toute autre circonstance. La Targa de notre essai à long terme n'a pas connu les mêmes ennuis que la voiture de presse, mais il reste à savoir si la solidité et l'agrément de conduite des quelques premiers milliers de kilomètres resteront intacts après une utilisation prolongée. Rendez-vous l'an prochain...

911 Turbo bis

En plus de la Carrera 4S et de la Targa, la gamme des 911 comprend aussi les Carrera 2 et 4 en version coupé et cabriolet et évidemment la magistrale 911 Turbo, la grande vedette automobile de 1996.

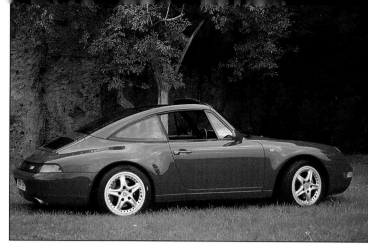

Si vous avez lu des comptes rendus de l'essai de la 911 Turbo, il y a 9 chances sur 10 pour que l'auteur y ait fait l'éloge de ses incroyables performances. J'ai d'ailleurs abondé dans le même sens et fait l'apologie de ses 400 chevaux, de son 0-100 km/h en coup de vent ou de sa délirante vitesse de pointe. La vitesse pure semble d'ailleurs être la dominante de cette admirable voiture.

Or, ce qui ne cesse de m'étonner chaque fois que je m'assois dans le baquet d'une 911 (Turbo ou non), c'est sa robustesse, cette solidité à toute épreuve qui fait que n'importe quel loustic peut abuser de ce qu'elle sait faire sans qu'elle manifeste jamais la moindre faiblesse ou fatigue. J'aurai l'occasion d'y revenir à l'issue de l'essai à long terme de la Targa, mais il est quand même étonnant de constater que ces voitures encaissent sans broncher les frasques et abus des essayeurs ou des pilotes professionnels appelés à en faire la démonstration. À part des pneus qui s'usent à vue d'œil (10 000 km dans les meilleures conditions), rien ne bouge.

Conduire une 911 Turbo en Europe, c'est ne plus avoir à prendre l'avion pour de courts déplacements. En Amérique, c'est une expérience frustrante... à moins de vivre au Montana (le seul État qui n'impose aucune limite de vitesse): pour rester dans la légalité, il faut se contenter d'exploiter le tiers de sa vitesse de pointe. En revanche, aucune autre supervoiture ne s'accommode aussi bien des embûches de la circulation. Elle est pratiquement intouchable dans tous les aspects de son comportement routier tout en ne rechignant pas en face d'un pénible embouteillage.

Des défauts? Le pire a trait à l'ergonomie atroce du tableau de bord avec ses commandes de climatisation dissimulées par le volant et une clé de contact sans éclairage. Dans le noir, il est aussi facile de l'insérer dans son logement que de trouver un verre de contact sur le plancher de la douche. L'antivol activé par le porte-clé est aussi récalcitrant à l'occasion. Finalement, la finition semble quelque peu austère et manque sûrement du raffinement propre à toute voiture de ce prix. Ce sont d'ailleurs là les lacunes que la remplaçante de la 911 verra à corriger. Souhaitons simplement qu'on ne touchera pas à ce que ces voitures ont de plus intéressant à offrir: du caractère.

J. Duval

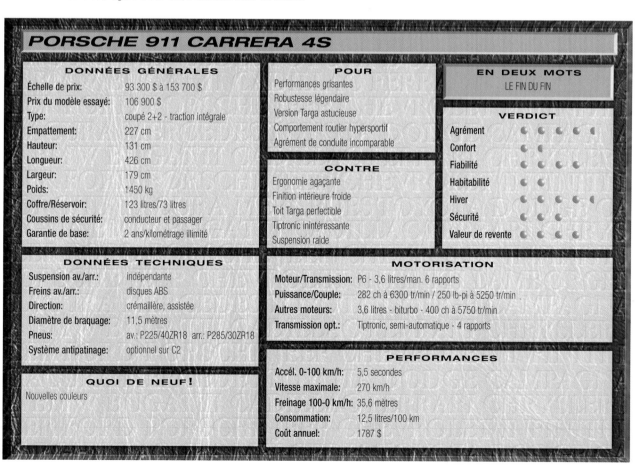

PORSCHE 911 CARRERA 4S

DONNÉES GÉNÉRALES

Échelle de prix:	93 300 $ à 153 700 $
Prix du modèle essayé:	106 900 $
Type:	coupé 2+2 - traction intégrale
Empattement:	227 cm
Hauteur:	131 cm
Longueur:	426 cm
Largeur:	179 cm
Poids:	1450 kg
Coffre/Réservoir:	123 litres/73 litres
Coussins de sécurité:	conducteur et passager
Garantie de base:	2 ans/kilométrage illimité

DONNÉES TECHNIQUES

Suspension av./arr.:	indépendante
Freins av./arr.:	disques ABS
Direction:	crémaillère, assistée
Diamètre de braquage:	11,5 mètres
Pneus:	av.: P225/40ZR18 arr.: P285/30ZR18
Système antipatinage:	optionnel sur C2

QUOI DE NEUF!

Nouvelles couleurs

POUR

Performances grisantes
Robustesse légendaire
Version Targa astucieuse
Comportement routier hypersportif
Agrément de conduite incomparable

CONTRE

Ergonomie agaçante
Finition intérieure froide
Toit Targa perfectible
Tiptronic inintéressante
Suspension raide

MOTORISATION

Moteur/Transmission:	P6 - 3,6 litres/man. 6 rapports
Puissance/Couple:	282 ch à 6300 tr/min / 250 lb-pi à 5250 tr/min
Autres moteurs:	3,6 litres - biturbo - 400 ch à 5750 tr/min
Transmission opt.:	Tiptronic, semi-automatique - 4 rapports

PERFORMANCES

Accél. 0-100 km/h:	5,5 secondes
Vitesse maximale:	270 km/h
Freinage 100-0 km/h:	35,6 mètres
Consommation:	12,5 litres/100 km
Coût annuel:	1787 $

EN DEUX MOTS

LE FIN DU FIN

VERDICT

Agrément	
Confort	
Fiabilité	
Habitabilité	
Hiver	
Sécurité	
Valeur de revente	

PORSCHE Boxster

Le mercredi 18 septembre 1996 est une date qui s'inscrira bientôt en lettres majuscules dans l'histoire de Porsche, le plus petit mais le plus épié des constructeurs automobiles allemands. Ce jour-là, en Allemagne, on nous avait conviés pour les premiers essais routiers de la voiture la plus attendue de la dernière décennie, la Boxster, dont le prototype fut dévoilé en 1993.

L'année 1997 s'annonce en effet comme une année cruciale pour Porsche. Identifiée jusqu'ici à un seul et même modèle, la 911, la marque allemande tente d'élargir sa gamme vers le bas avec la nouvelle Boxster. Si le lancement de ce modèle revêt une telle importance, c'est que plusieurs tentatives semblables ont échoué dans le passé. La Boxster saura-t-elle s'imposer là où la 914, la 924, la 944, la 968 et même la 928 ont failli à la tâche? Elle va certes profiter de cette fièvre des roadsters dont il est abondamment question dans ce guide, mais celle-ci sera-t-elle suffisamment contagieuse pour assurer la survie d'une marque dont l'avenir ne peut être garanti par les diverses versions d'un seul modèle? Porsche a besoin d'une voiture moins chère et d'une plus grande diffusion que la 911 pour affronter les années 2000. C'est le rôle difficile qui incombe à la Boxster, qui sera lancée au printemps 1997 comme modèle 1997.

Elle coûtera 58 000 $ et à ce prix, il est certain que Porsche a accepté de faire des sacrifices pour gruger dans les ventes de ses concurrentes que seront les BMW Z3 et Mercedes-Benz SLK. La Z3 normale est de loin la moins chère, mais elle n'a ni les performances ni le raffinement de ses deux consœurs allemandes. La Boxster n'est sans doute pas la «Porsche de monsieur tout-le-monde», mais son prix est néanmoins inférieur de près de 40 000 $ à celui de la plus élémentaire des 911.

Le roadster de la survivance

Un moteur central

La Boxster se veut fidèle à l'image de son créateur et sera une authentique voiture sport capable de laisser derrière ses rivales directes aussi bien en ligne droite que sur un parcours sinueux. C'est évidemment son moteur qui fait toute la différence, d'abord par ses coordonnées et ensuite par son implantation.

Ce 6 cylindres est monté au centre de la voiture juste devant l'essieu arrière pour une répartition du poids parfaitement égale entre l'avant et l'arrière. Fixé à un sous-châssis en aluminium, son architecture à cylindres horizontaux ou à plat a permis de l'implanter de manière à abaisser le plus possible le centre de gravité. Ce moteur ressemble à celui des 911 par sa forme, mais s'en dissocie par son refroidissement par eau au lieu de par air et sa culasse à quatre soupapes par cylindre. Il n'a pas l'impressionnante clameur de celui des 911, mais conserve une tonalité typique qui plaira aux initiés. D'une cylindrée

de 2,5 litres (2480 cm^3 pour être plus précis), le moteur «boxer» de cette nouvelle Porsche est en aluminium et ses deux arbres à cames sont entraînés par courroie. D'une puissance de 204 chevaux à 6000 tr/min, il adopte aussi le système d'admission Varioram introduit l'an dernier sur le moteur des 911.

Si aucune photo du moteur de la Boxster accompagne ce texte, c'est que celui-ci est invisible. Non, il ne s'agit pas d'un des tours de passe-passe d'Alain Choquette, mais plutôt du fait qu'il n'y a pas de capot moteur proprement dit. C'est par le dessous que les mécaniciens auront accès aux entrailles de la Boxster. Bien sûr, on a prévu dans le coffre arrière une tige pour vérifier le niveau d'huile de la voiture ainsi que des orifices pour ajouter du lubrifiant et du liquide de refroidissement, mais Porsche est d'avis que les moteurs d'aujourd'hui n'ont plus besoin d'être exposés compte tenu qu'ils ne nécessitent qu'un seul entretien à chaque 160 000 km.

Pour faire oublier un peu le toit rigide escamotable de la SLK, Porsche parle beaucoup de la rapidité d'opération de cette capote souple. Elle s'abaisse ou se referme électriquement en 12 secondes seulement et, l'hiver venu, elle peut se substituer à un toit dur en aluminium ne pesant qu'une vingtaine de kilos.

Comme la plupart des voitures à moteur central, cette Porsche bénéficie de deux coffres offrant presque le double de l'espace que l'on trouve dans une Z3.

Deux autres détails importants rattachés au design de la Boxster évoquent les spiders de course des années 50 dont s'inspire la voiture: l'échappement central à l'arrière et les deux arceaux de sécurité permanents que l'on trouve aussi sur la SLK.

L'héritage de la course

Deux transmissions sont au catalogue: une 5 vitesses manuelle et une 5 vitesses semi-automatique Tiptronic. Cette dernière diffère de celle de la 911 en offrant un rapport supplémentaire tout en confinant les touches de passages de rapport au volant.

Porsche a forgé sa réputation par ses succès en course et cela se reflète notamment dans le système de freinage Brembo dont hérite la Boxster. Les quatre disques ventilés avec étriers à quatre pistons sont inspirés de ceux de la 956 de compétition et contribuent à renforcer la

croyance que les Porsche sont les voitures possédant le meilleur freinage au monde. Et les chiffres sont éloquents à ce sujet puisque la Boxster s'arrête en 6 secondes à partir d'une vitesse de 200 km/h. Finalement, le châssis très rigide permet à la suspension de tirer le maximum de ses bras transversaux, de ses jambes de force MacPherson avant et arrière, et de ses Pirelli P Zéro de 16 ou 17 pouces au choix.

Direction Stuttgart

C'est sur le trajet Cologne-Stuttgart en passant par la forêt de l'Odenwald que j'ai fait connaissance avec la Boxster.

Avec ses phares en forme d'apostrophe et un capot avant à la 911, sa partie frontale est réussie mais l'arrière ne fait pas l'unanimité, surtout lorsque la capote est en place. C'est principalement l'intérieur toutefois qui fait jaser... Le tableau de bord en particulier est d'un goût douteux avec ses boutons ovales en plastique brillant qu'on croirait sortis tout droit d'une Taurus ou d'une trousse à cosmétiques. La texture et l'apparence des matériaux laissent aussi songeur, et la Boxster vient loin derrière la SLK pour l'originalité et le raffinement de l'aménagement intérieur. En revanche, la tradition est respectée avec une clé de contact sur la gauche et un immense compte-tours prenant place au centre d'un module ajouré en face du conducteur. Hélas! on ne trouve pas de jauges pour la pression ou la température de l'huile. La plus grave omission demeure celle du coffre à gants dont la place est prise par le coussin gonflable de droite. Le faible espace de rangement est compensé par la possibilité de loger un porte-documents sur une tablette sous la lunette arrière et par la présence d'un vide-poches verrouillable entre les deux sièges. Ces derniers sont fermes mais très confortables et on trouve une position de conduite agréable plus facilement grâce à un volant ajustable en profondeur.

Mais une Porsche, c'est surtout fait pour rouler et se faire plaisir sur de petites routes. À ce chapitre, la Boxster remplit

la commande de brillante façon. Elle est d'abord beaucoup plus facile à conduire qu'une 911 même si cette dernière a fait d'immenses progrès sous ce rapport depuis sa dernière évolution. Son châssis, de toute évidence, a été étudié pour s'accommoder d'une puissance très supérieure aux 204 chevaux de son moteur actuel. En virage par exemple, l'adhérence des Pirelli P Zéro est assez phénoménale. Leur taille basse, la fermeté de la suspension et la parfaite répartition des masses donne à la Boxster une agilité qu'aucune autre Porsche (à l'exception peut-être de la 914) n'a été en mesure d'offrir jusqu'ici. Le survirage inhérent à toute 911 sans traction intégrale est absent, sauf si l'on tient vraiment à le provoquer par une conduite désordonnée dans des virages en épingle. Encore faudra-t-il ne pas oublier de débrancher le système antipatinage qui veille à votre sécurité sur des chaussées glissantes.

Sur des revêtements dégradés, la caisse reste inébranlable (ou presque) et contrairement à la 911, la voiture ne change pas de trajectoire à haute vitesse lorsqu'elle franchit une mauvaise bosse. La direction à crémaillère a juste la bonne dose d'assistance et procure une sensation de contact avec la route fort utile.

Au pays de la vitesse maxi, la Boxster reste bien plantée au sol même à 240 km/h. Elle est aidée en cela par un petit aileron contrôlé électroniquement et qui se déploie à la base du coffre arrière à partir de 120 km/h. Les accélérations n'ont pas la force brute de celles d'une 911 normale, mais la voiture exécute le sprint 0-100 km/h bien avant ses deux rivales de chez BMW et Mercedes. Le moteur brille surtout par son couple et il se dirige vers la zone rouge du compte-tours assez rapidement pour qu'il soit nécessaire de manier le levier de vitesses prestement. Heureusement, la boîte de vitesses se prête à un tel exercice avec beaucoup de facilité.

Le temps très frais qui sévissait pendant mon essai m'a permis de constater que la capote, malgré son tissu simple épaisseur, est plus silencieuse que celle de la Z3. Comme cette dernière, malheureusement, elle se contente d'une lunette arrière non dégivrante en plastique. Pas de doute, la Z3 et la Boxster doivent tirer leur chapeau à la SLK quand il est question de couvre-chef. La Boxster prend sa revanche toutefois par son habitacle dans lequel on se sent moins à l'étroit. Par le mouvement de sa suspension, la sonorité de son moteur, la puissance de son freinage et son comportement d'ensemble, la Boxster est plus près d'une 911 que ne l'ont jamais été tous les modèles conçus par Porsche dans le passé pour élargir sa gamme. En ce faisant, on a créé une voiture à laquelle les adeptes de la marque n'auront aucun mal à s'associer. La firme allemande s'était souvent fourvoyée dans le passé avec tout un éventail de simili-Porsche qui n'ont jamais su exciter la fibre sensible des fanatiques de la 911. Cette nouvelle venue devrait être l'exception à la règle.

J. DUVAL

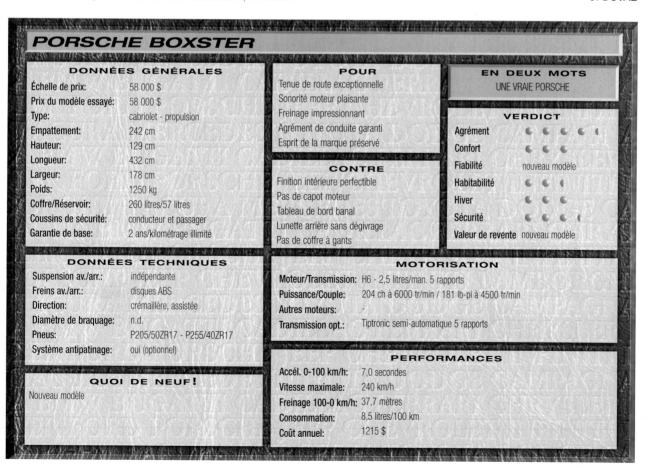

PORSCHE BOXSTER

DONNÉES GÉNÉRALES

Échelle de prix:	58 000 $
Prix du modèle essayé:	58 000 $
Type:	cabriolet - propulsion
Empattement:	242 cm
Hauteur:	129 cm
Longueur:	432 cm
Largeur:	178 cm
Poids:	1250 kg
Coffre/Réservoir:	260 litres/57 litres
Coussins de sécurité:	conducteur et passager
Garantie de base:	2 ans/kilométrage illimité

DONNÉES TECHNIQUES

Suspension av./arr.:	indépendante
Freins av./arr.:	disques ABS
Direction:	crémaillère, assistée
Diamètre de braquage:	n.d.
Pneus:	P205/50ZR17 - P255/40ZR17
Système antipatinage:	oui (optionnel)

QUOI DE NEUF!

Nouveau modèle

POUR

Tenue de route exceptionnelle
Sonorité moteur plaisante
Freinage impressionnant
Agrément de conduite garanti
Esprit de la marque préservé

CONTRE

Finition intérieure perfectible
Pas de capot moteur
Tableau de bord banal
Lunette arrière sans dégivrage
Pas de coffre à gants

MOTORISATION

Moteur/Transmission:	H6 - 2,5 litres/man. 5 rapports
Puissance/Couple:	204 ch à 6000 tr/min / 181 lb-pi à 4500 tr/min
Autres moteurs:	-
Transmission opt.:	Tiptronic semi-automatique 5 rapports

PERFORMANCES

Accél. 0-100 km/h:	7,0 secondes
Vitesse maximale:	240 km/h
Freinage 100-0 km/h:	37,7 mètres
Consommation:	8,5 litres/100 km
Coût annuel:	1215 $

EN DEUX MOTS
UNE VRAIE PORSCHE

VERDICT

Agrément	
Confort	
Fiabilité	nouveau modèle
Habitabilité	
Hiver	
Sécurité	
Valeur de revente	nouveau modèle

SAAB 900/900 Cabrio

Il y a à peine deux ans, tout portait à croire que Saab était à la veille de connaître un important regain de popularité sur le marché canadien. La 900 était transformée, la 9000 raffinée et un blitz publicitaire avait sensibilisé plusieurs acheteurs. Mais la suite fut moins glorieuse.

La remontée s'est interrompue

portes *hatchback* animée par le moteur 2,3 litres et vendue à prix très compétitif permettrait à Saab d'établir une présence sur le marché canadien. Mais les dirigeants de la marque préfèrent mousser les candidatures du coupé turbo et du cabriolet, deux modèles de prix élevé. Comble de malheur pour ce manufacturier suédois, la devise de ce pays est très forte. Pire encore, les Américains sont de moins en moins entichés des voitures à hayon et la gamme 900 en comporte deux sur les trois modèles offerts. Comme on peut le constater, voilà une marque qui ne craint pas de faire bande à part.

En dépit de ces problèmes de mise en marché, les Saab ne sont pas à dédaigner. Ce sont des voitures solides, pratiques et dont la tenue de route est sûre. Les modèles de base deux et quatre portes dotés du moteur 2,3 litres ne plaisent pas à tous, mais ils sont intéressants à conduire. Il est dommage que tant de personnes ne considèrent même pas la Saab 900 de base lorsqu'elles sont à la recherche d'une voiture importée dans cette catégorie. Un peu comme la Volkswagen Passat,

Sans perdre trop de temps à jouer les analystes, il semble que General Motors, le distributeur de Saab au Canada, ait réduit ses efforts de commercialisation. On a donné une impulsion initiale d'importance au lancement de la nouvelle 900 en 1994, puis le mouvement s'est atténué. En outre, des voitures aussi originales que les Saab ont de la difficulté à se faire justice dans un contexte commercial uniforme et rigide comme celui du réseau Saturn-Saab-Isuzu.

Voilà pour le cours de marketing! Il faut également admettre que la gamme de modèles Saab ne s'adresse pas à tous les publics. En plus de sa silhouette assez peu conventionnelle, la 900 propose un habitacle dont le tableau de bord ressemble à celui d'un avion de plaisance; la disposition de plusieurs commandes semble avoir eu pour critère de déconcerter le néophyte. À titre d'exemple, contentons-nous de souligner que la clé de contact est au plancher et que la commande du plafonnier est placée sur la console centrale. Avec pour résultat qu'on accroche la commande de cette veilleuse presque chaque fois qu'on enlève la clé de contact. Les inconditionnels de Saab vont vous expliquer qu'on s'y habitue très rapidement et que cette disposition est logique. Ils ont peut-être raison, mais il est certain qu'une forte majorité de clients potentiels apprécierait une approche un peu moins échevelée.

Un autre problème de Saab est le prix de vente assez corsé de pratiquement tous ses modèles. La mise sur le marché d'une version deux

la 900 s'est marginalisée en raison d'un manque de publicité bien ciblée et d'une réputation de fiabilité problématique. Pourtant, les deux sont des voitures très efficaces en mesure d'affronter toutes les conditions routières avec aplomb.

Le coupé turbo offre des performances très enlevantes, mais sa suspension ultraferme et des freins décevants viennent gâter la sauce. Et il faut être un artiste du changement de vitesses puisque le levier de passage des rapports en fait souvent à sa tête. Voilà une voiture qui est intéressante sur papier, mais qui perd rapidement de son charme dans nos conditions d'utilisation. De plus, sa suspension ferme est responsable d'une multitude de bruits de caisse après quelques milliers de kilomètres.

Quant au cabriolet, il jouit toujours d'une bonne popularité en fonction de sa propension à offrir un certain confort 12 mois par année. Sa capote isolée, imperméable à l'eau et aux infiltrations d'air, sa lunette arrière en verre munie d'un dégivreur intégré et son châssis particulièrement rigide le font apprécier en conduite de tous les jours. De plus, son toit souple se range automatiquement au simple toucher d'un bouton. Le moteur V6 2,5 litres convient bien au tempérament de cette décapotable, même si certains se plaisent à le dénigrer en raison de son couple assez timide à bas régime.

Toutefois, son prix de vente étoffé et une valeur de revente qui a ses hauts et ses bas en intimident certains. Enfin, comme sur tous les modèles de cette marque, le climatiseur automatique est un véritable dictateur qui n'en fait qu'à sa tête. Mieux vaut ne pas le contredire, sinon vous allez passer votre temps à jouer avec les commandes et être inconfortable en plus. Par contre, plusieurs optent pour cette suédoise grand air parce qu'elle apporte une exclusivité certaine et une

forte dose d'originalité. Malheureusement pour Saab, les excentriques sont beaucoup moins nombreux que les personnes désireuses de se perdre dans la foule. Pourtant, les automobiles Saab ont toujours été en dehors des normes. Ces voitures, dès leurs débuts, ont renié allègrement les conventions que ce soit au chapitre des formes ou de la mécanique. En fait, les premières Saab commercialisées en Amérique au cours des années 50 étaient non seulement dotées de formes aérodynamiques n'accordant aucune considération à l'esthétique, mais le groupe propulseur était un moteur deux temps!

Cette aptitude à faire bande à part s'explique en grande partie par le fait que cette fabrique d'automobiles était une filiale d'une compagnie spécialisée dans la construction aéronautique. Malheureusement, le marché comprend beaucoup plus d'automobilistes que d'aviateurs.

D. Duquet

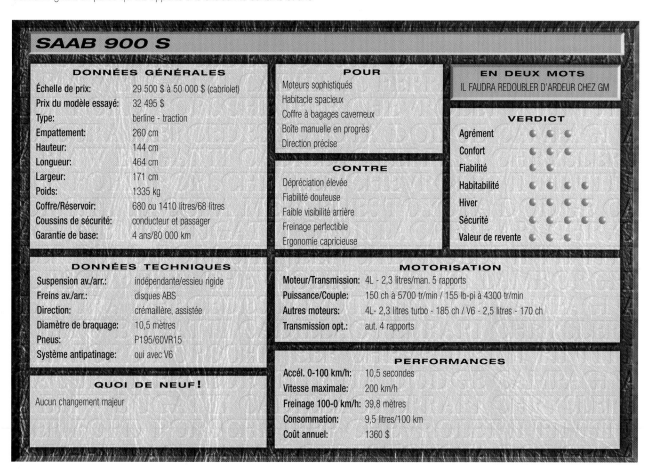

SAAB 900 S

DONNÉES GÉNÉRALES

Échelle de prix:	29 500 $ à 50 000 $ (cabriolet)
Prix du modèle essayé:	32 495 $
Type:	berline - traction
Empattement:	260 cm
Hauteur:	144 cm
Longueur:	464 cm
Largeur:	171 cm
Poids:	1335 kg
Coffre/Réservoir:	680 ou 1410 litres/68 litres
Coussins de sécurité:	conducteur et passager
Garantie de base:	4 ans/80 000 km

DONNÉES TECHNIQUES

Suspension av./arr.:	indépendante/essieu rigide
Freins av./arr.:	disques ABS
Direction:	crémaillère, assistée
Diamètre de braquage:	10,5 mètres
Pneus:	P195/60VR15
Système antipatinage:	oui avec V6

QUOI DE NEUF!

Aucun changement majeur

POUR

- Moteurs sophistiqués
- Habitacle spacieux
- Coffre à bagages caverneux
- Boîte manuelle en progrès
- Direction précise

CONTRE

- Dépréciation élevée
- Fiabilité douteuse
- Faible visibilité arrière
- Freinage perfectible
- Ergonomie capricieuse

MOTORISATION

Moteur/Transmission:	4L - 2,3 litres/man. 5 rapports
Puissance/Couple:	150 ch à 5700 tr/min / 155 lb-pi à 4300 tr/min
Autres moteurs:	4L - 2,3 litres turbo - 185 ch / V6 - 2,5 litres - 170 ch
Transmission opt.:	aut. 4 rapports

PERFORMANCES

Accél. 0-100 km/h:	10,5 secondes
Vitesse maximale:	200 km/h
Freinage 100-0 km/h:	39,8 mètres
Consommation:	9,5 litres/100 km
Coût annuel:	1360 $

EN DEUX MOTS

IL FAUDRA REDOUBLER D'ARDEUR CHEZ GM

VERDICT

Agrément	● ● ●
Confort	● ● ●
Fiabilité	● ●
Habitabilité	● ● ● ●
Hiver	● ● ●
Sécurité	● ● ● ●
Valeur de revente	● ● ●

SAAB 9000

L'une des berlines de luxe les plus discrètes sur notre marché est sans contredit la Saab 9000. Pourtant, ses performances, son confort, son raffinement technique et son habitabilité devraient lui permettre de connaître un meilleur sort. On dirait bien que GM Canada ne consente que des efforts mitigés pour promouvoir cette excentrique suédoise.

S i les formes un peu particulières de la 9000 CSE ne vous emballent pas, vous devrez vous y habituer ou changer de marque. Saab semble en effet tenir mordicus à cette esthétique essentiellement dictée par le fonctionnel et l'aérodynamique. La silhouette de la 9000 n'est pas déplaisante, mais il est évident que la préoccupation des stylistes était d'ordre nettement plus pratique qu'esthétique. On peut facilement leur pardonner lorsqu'on prend place à bord et qu'on constate à quel point les places avant et arrière sont spacieuses. De plus, sur les modèles à hayon, la 9000 se transforme pratiquement en familiale. C'est certainement la voiture la plus polyvalente dans cette catégorie de prix. En fait, seules les familiales Volvo et BMW sont en mesure d'offrir une telle capacité de chargement.

Habitabilité et originalité

La Saab 9000 se distingue par son habitacle très généreux: les places avant et arrière permettent d'accommoder des personnes de gros gabarit dans le plus grand des conforts. Il faut également accorder d'excellentes notes aux sièges avant. Ceux-ci assurent un bon support lombaire et latéral en plus d'être chauffants. Enfin, le coffre est spacieux et devient caverneux lorsque les dossiers des places arrière sont rabattus.

Cet habitacle pratique est relevé par un tableau de bord dont les commandes respectent les lois de l'ergonomie et sont toutes faciles d'accès. De plus, la lisibilité des cadrans indicateurs est excellente. Par contre, la présentation est peu influencée par les grands courants de

Cossue et excentrique

design. Encore là, l'efficacité a eu priorité sur l'esthétique. Pour plusieurs, cette forme dérivée de la fonction possède un attrait non négligeable. Pour d'autres, cette approche est trop austère.

Si la plupart des commandes sont bien disposées et les lois de l'ergonomie respectées, il faut mentionner le tempérament passablement dictatorial du système de climatisation, comme c'est aussi le cas sur la 900. Dans la plupart des circonstances, ce système est d'une grande efficacité et sa conception très sophistiquée. Malheureusement, il s'entête parfois à vous envoyer de l'air chaud quand vous désirez de l'air frais ou l'inverse. En certaines circonstances, cet entêtement devient drôlement agaçant.

Des moteurs écologiques

Il aurait été surprenant que les ingénieurs de Saab se soient contentés de groupes propulseurs conventionnels. En effet, toutes les SAAB bénéficient du système de contrôle électronique du moteur Trionic. Ce système, une exclusivité de Saab, permet de réduire considérablement les émissions

polluantes. En fait, selon le manufacturier, l'air expulsé par le tuyau d'échappement est pratiquement plus propre que l'air ambiant d'une grande ville. C'est surtout avec le moteur turbocompressé que le système Trionic fait sentir sa présence. Il faut aussi préciser que le système anti-patinage fonctionne différemment selon que la boîte de vitesses soit manuelle ou automatique. Avec la boîte automatique, seul l'étrangleur à commande électronique intervient pour réduire la puissance du moteur et assurer une bonne motricité. Avec la boîte manuelle, les freins antiblocage et l'étrangleur à commande électronique entrent en jeu.

Il faut souligner que trois moteurs turbocompressés de cylindrées identiques sont offerts sur la 9000. Le premier, dit à basse pression, développe 170 chevaux. Le deuxième, dit à haute pression, nous gratifie de 200 chevaux et d'un couple très généreux. Quant au troisième, il s'agit d'une version plus puissante du second, qui offre 225 chevaux. Enfin, le V6 3,0 litres de 210 chevaux vient compléter la gamme des groupes propulseurs dans la série 9000.

Fougueuse! Fougueuse!

Avec ses 200 chevaux, notre Saab CSE d'essai n'est pas une «moumoune» et elle nous l'a prouvé lors de notre test. Il lui faut un peu moins de 8,2 secondes pour boucler le 0-100 km/h. Et il faut avouer que le départ initial est un peu chancelant. C'est surtout lorsque le moteur «prend son souffle» que l'action se précipite. D'ailleurs, une fois lancée, cette Saab semble vouloir ne jamais s'arrêter et ce n'est qu'aux alentours de 220 km/h qu'elle commence à manquer de souffle.

Grâce au système Trionic, c'est avec beaucoup d'homogénéité que ce 2,3 litres déploie ses muscles. Il faut également accorder de bonnes notes au système antipatinage. Son efficacité rend la conduite d'un modèle turbo sur pavé mouillé une entreprise beaucoup moins hasardeuse. Les élans du moteur sont bridés lorsque les roues patinent et on conserve un excellent contrôle.

Cette grosse berline à hayon possède un tempérament sportif sous ses airs un peu excentriques. En règle générale, elle pousse du devant mais il est facile de prendre la plupart des virages avec agressivité. C'est la voiture pratique des gens pressés et il faut vraiment être mauvais pilote pour se mettre dans l'embarras. Il est important de souligner l'efficacité du système ABS, l'un des meilleurs qui soient.

Bref, cette Saab 9000 CSE a beaucoup d'éléments en sa faveur. Pourtant, sa distribution est très limitée. Cette situation s'explique par des prix élevés, une valeur de revente incertaine et une politique de mise en marché hésitante. Pourtant, sous cette présentation excentrique se cache une excellente voiture qui mérite sans contredit un meilleur sort sur notre marché.

D. Duquet

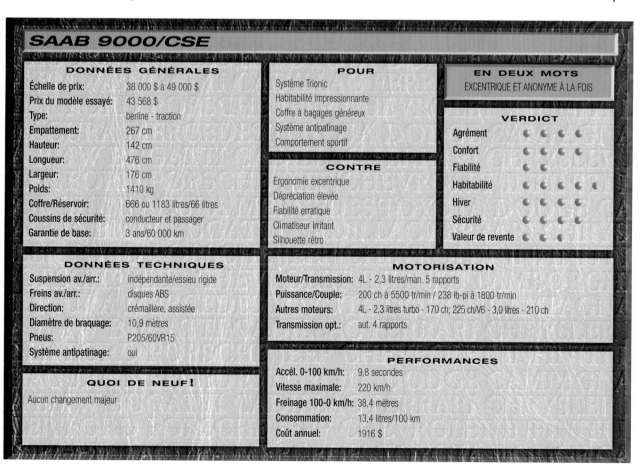

SAAB 9000/CSE

DONNÉES GÉNÉRALES

Échelle de prix:	38 000 $ à 49 000 $
Prix du modèle essayé:	43 568 $
Type:	berline - traction
Empattement:	267 cm
Hauteur:	142 cm
Longueur:	476 cm
Largeur:	176 cm
Poids:	1410 kg
Coffre/Réservoir:	666 ou 1183 litres/66 litres
Coussins de sécurité:	conducteur et passager
Garantie de base:	3 ans/60 000 km

DONNÉES TECHNIQUES

Suspension av./arr.:	indépendante/essieu rigide
Freins av./arr.:	disques ABS
Direction:	crémaillère, assistée
Diamètre de braquage:	10,9 mètres
Pneus:	P205/60VR15
Système antipatinage:	oui

QUOI DE NEUF!

Aucun changement majeur

POUR

Système Trionic
Habitabilité impressionnante
Coffre à bagages généreux
Système antipatinage
Comportement sportif

CONTRE

Ergonomie excentrique
Dépréciation élevée
Fiabilité erratique
Climatiseur irritant
Silhouette rétro

MOTORISATION

Moteur/Transmission:	4L - 2,3 litres/man. 5 rapports
Puissance/Couple:	200 ch à 5500 tr/min / 238 lb-pi à 1800 tr/min
Autres moteurs:	4L - 2,3 litres turbo - 170 ch; 225 ch/V6 - 3,0 litres - 210 ch
Transmission opt.:	aut. 4 rapports

PERFORMANCES

Accél. 0-100 km/h:	9,8 secondes
Vitesse maximale:	220 km/h
Freinage 100-0 km/h:	38,4 mètres
Consommation:	13,4 litres/100 km
Coût annuel:	1916 $

EN DEUX MOTS

EXCENTRIQUE ET ANONYME À LA FOIS

VERDICT

Agrément	●●●●
Confort	●●●●
Fiabilité	●●●
Habitabilité	●●●●●
Hiver	●●●●
Sécurité	●●●●
Valeur de revente	●●●

SATURN EV1

C'est en septembre 1996 que plusieurs centaines d'automobilistes de l'ouest des États-Unis ont quitté les concessionnaires Saturn au volant de la première vraie voiture électrique réalisée par General Motors. À Los Angeles, à San Diego, à Phoenix et à Tucson, l'EV1 a marqué officiellement le début d'une ère nouvelle pour l'automobile en Amérique.

Dévoilée dans le cadre des salons de l'auto de Detroit et de Los Angeles plusieurs mois plus tôt, la petite voiture électrique de GM est désormais commercialisée par 25 vendeurs Saturn triés sur le volet. Sachant très bien que son prix de 30 000 $US (l'équivalent d'environ 42 000 $ de nos dollars) risquait de refroidir l'ardeur des plus ardents écologistes, on a décidé de louer la voiture plutôt que de la vendre. De cette façon, le consommateur n'aura pas à s'inquiéter de la fiabilité suspecte du véhicule. Son constructeur est toutefois confiant d'avoir bien fait ses classes et la description du produit est prometteuse.

Vingt-six batteries

Cette voiture ne nécessite par exemple aucun entretien avant 160 000 km d'utilisation et ses 26 batteries plomb-acide doivent permettre de parcourir une distance de 115 km en ville et de 145 km sur autoroute avant de nécessiter une recharge. Pour faciliter cette dernière opération, on a conçu une prise spéciale en plastique que l'on branche dans un chargeur sans aucun contact métallique afin de prévenir les dangers de choc électrique par temps de pluie. Le temps de recharge est estimé à deux ou trois heures et tous les accessoires nécessaires sont fournis avec la voiture.

Le petit moteur électrique à trois phases génère 137 chevaux, ce qui est suffisant pour mouvoir la voiture de 0 à 100 km/h en 9 secondes,

L'énergie des kilowatts

un temps comparable à celui d'une BMW 318i. Ces performances, tout comme une vitesse de pointe de 130 km/h, sont en grande partie attribuables à l'aérodynamique poussée de l'EV1 et à sa structure en aluminium. Avec un coefficient de pénétration dans l'air (Cx) de seulement 0,19, elle est mieux profilée que n'importe quelle voiture sur le marché, y compris la Ferrari F50 et la McLaren F1. Par ailleurs, l'aluminium lui donne la légèreté nécessaire pour compenser le poids excessif des batteries. Sans ces dernières, l'EV1 pèse 820 kg mais son poids total se situe à 1350 kg. Même les sièges et la suspension font appel à des mélanges d'aluminium et de magnésium pour réduire la lourdeur de la masse.

À l'épreuve de la rouille

La carrosserie de ce coupé deux places à traction avant fait également sa part à ce chapitre en utilisant des matériaux composites semblables à ceux de la Corvette. Ils ont en plus l'avantage d'être à

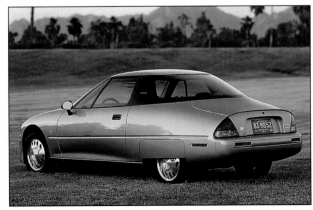

l'épreuve de la corrosion et des éraflures. Si les caractéristiques qui précèdent ne sont pas nouvelles, certains aspects de la conception de l'EV1 ont nécessité des solutions inédites. Dans une voiture conventionnelle, le moteur sert à alimenter la pompe de la servo-direction et fournit la dépression pour l'assistance du freinage. Comme le moteur d'une auto électrique ne fonctionne pas quand l'accélérateur est relâché, il a fallu repenser complètement ces paramètres. Ainsi, dans l'EV1, les freins avant sont hydrauliques tandis que le freinage arrière (avec ABS-VI incidemment) est appliqué électriquement, ce qui signifie qu'il n'y a pas de conduites hydrauliques ni même de câbles pour le frein d'urgence. Il s'agit là d'une première dans l'industrie. Parmi les autres organes mécaniques dont l'EV1 est dépourvue, on peut citer le système d'échappement, le démarreur et la transmission qui est intégrée au moteur électrique. Et bien sûr, on peut dire adieu aux vidanges d'huile...

Si la carrosserie de la voiture pouvait passer pour celle de n'importe quel petit coupé sport, l'aménagement intérieur surprend par sa simplicité. On ne trouve pas par exemple de tableau de bord proprement dit: toutes les commandes (radio, glaces électriques, levier de vitesses) sont regroupées sur une console centrale. Au centre, à la base du pare-brise, on a installé un petit module fluorescent qui affiche diverses informations (vitesse, charge des batteries, distance parcourue, temps restant avant de recharger les batteries, etc.) et qui peut aussi alerter le conducteur au moyen de clochettes d'alarme.

Pour des mensualités basées sur 30 000 $US, le conducteur d'une EV1 ne bénéficiera pas seulement d'un sentiment d'exclusivité. Il pourra compter aussi sur une voiture relativement bien équipée avec lecteur de disques au laser et des pneus à l'abri des crevaisons grâce à un adhésif spécial qui les empêche de s'aplatir et à un témoin s'allumant pour afficher une trop basse pression.

Pour General Motors, l'ouest des États-Unis constitue évidemment un terrain d'essai qui permettra d'évaluer la viabilité d'une voiture électrique sous d'autres climats. Malgré tout l'enthousiasme suscité par ce projet, nous sommes encore très loin d'une berline 4 places capable de rouler pendant une journée entière dans la neige et le froid. Pour une utilisation autre que de courts déplacements urbains, l'auto électrique reste un beau rêve dont la réalisation ne pourra se faire que lorsqu'on aura surmonté de nombreux problèmes qui se dressent encore sur sa route.

L'EV1 n'en demeure pas moins un petit pas dans le bonne direction.

J. Duval

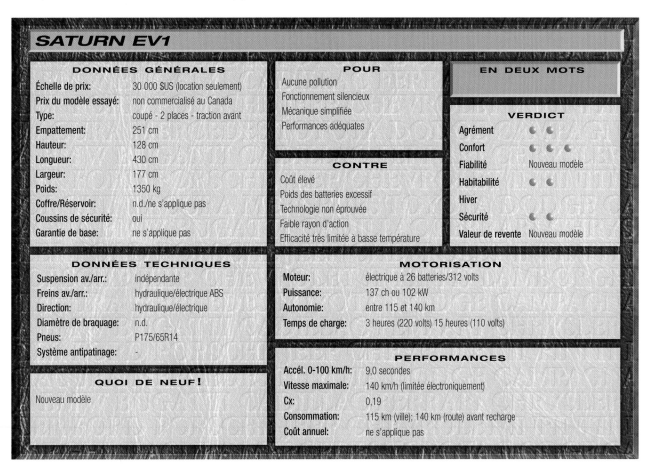

SATURN EV1

DONNÉES GÉNÉRALES

Échelle de prix:	30 000 $US (location seulement)
Prix du modèle essayé:	non commercialisé au Canada
Type:	coupé - 2 places - traction avant
Empattement:	251 cm
Hauteur:	128 cm
Longueur:	430 cm
Largeur:	177 cm
Poids:	1350 kg
Coffre/Réservoir:	n.d./ne s'applique pas
Coussins de sécurité:	oui
Garantie de base:	ne s'applique pas

DONNÉES TECHNIQUES

Suspension av./arr.:	indépendante
Freins av./arr.:	hydraulique/électrique ABS
Direction:	hydraulique/électrique
Diamètre de braquage:	n.d.
Pneus:	P175/65R14
Système antipatinage:	-

QUOI DE NEUF !

Nouveau modèle

POUR

Aucune pollution
Fonctionnement silencieux
Mécanique simplifiée
Performances adéquates

CONTRE

Coût élevé
Poids des batteries excessif
Technologie non éprouvée
Faible rayon d'action
Efficacité très limitée à basse température

MOTORISATION

Moteur:	électrique à 26 batteries/312 volts
Puissance:	137 ch ou 102 kW
Autonomie:	entre 115 et 140 km
Temps de charge:	3 heures (220 volts) 15 heures (110 volts)

PERFORMANCES

Accél. 0-100 km/h:	9,0 secondes
Vitesse maximale:	140 km/h (limitée électroniquement)
Cx:	0,19
Consommation:	115 km (ville); 140 km (route) avant recharge
Coût annuel:	ne s'applique pas

EN DEUX MOTS

VERDICT

Agrément	◖◖
Confort	◖◖◖
Fiabilité	Nouveau modèle
Habitabilité	◖◖
Hiver	
Sécurité	◖◖
Valeur de revente	Nouveau modèle

SATURN SC

Décidément, les voitures Saturn ne doivent pas leur succès à la rapidité de cette marque à nous proposer des nouveaux modèles. En fait, cela lui a pris trois années pour remodeler sa gamme de... trois voitures. Et le coupé est la dernière étape dans ce processus étapiste. Mieux vaut tard que jamais!

Avant de parler du coupé proprement dit, il est important de remonter à 1995 pour bien comprendre cette évolution. C'est à ce moment que Saturn a complètement redessiné son tableau de bord en plus de porter la puissance du moteur de série à 100 chevaux. Ces améliorations ont été apportées à tous les modèles de la gamme, le coupé inclus.

Le tableau de bord original de la première Saturn était assez particulier en raison d'une présentation quelque peu bizarre. La plupart des éléments étaient en place, mais l'esthétique faisait vieux jeu tandis que l'ergonomie de certaines commandes n'était pas à la hauteur. La nouvelle version est toujours dans une classe à part côté look, mais elle est plus homogène même si certaines commandes, notamment celle des rétroviseurs extérieurs, laissent à désirer. En plus, la position de conduite est plutôt particulière compte tenu que le volant est toujours relativement bas, même lorsqu'il est possible de l'ajuster. Mieux vaut s'y habituer puisque cette présentation est identique sur les trois modèles.

Quant au gain de puissance de 11 chevaux, il venait combler une sérieuse lacune, car les 89 forces du 1,9 litre de la première génération faisaient vraiment piètre figure face à la concurrence. De plus, tous les groupes propulseurs proposés par Saturn sont bruyants en accélération.

L'an dernier, la berline et la familiale faisaient peau neuve tout en conservant les changements mécaniques apportées en 1995. Le coupé proposait la même livrée que précédemment et c'est cette année qu'il se renouvelle.

À la suite des autres

Plus long, moins original

Le changement le plus important apporté au coupé cette année est le fait que les trois modèles Saturn proposent le même empattement. Par le passé, le coupé possédait un empattement de 252 cm. Cette année, il est de 260 cm. Ces dimensions plus généreuses permettent donc à ce modèle d'offrir une meilleure habitabilité, notamment sur le plan du dégagement pour les jambes à l'arrière. En outre, cette uniformité de l'empattement facilite les procédures d'assemblage à l'usine. Quant à la longueur hors tout, elle est augmentée de 14 cm.

La présentation extérieure s'associe de très près avec le modèle précédent. Toutefois, la calandre avant est dorénavant encadrée par deux phares non escamotables. Leur partie frontale est rectangulaire tandis que leur extrémité extérieure se termine en pointe. En fait, l'arrière est plus remarquable en raison de la présence d'un feu arrière transversal pleine largeur. La ligne du toit est plus galbée, ce qui per-

met d'offrir 2,5 cm de plus en dégagement pour la tête par rapport au modèle 1996. Les places arrière sont également plus généreuses qu'auparavant. Il faut aussi souligner le fait que les modèles SC1 et SC2 n'offrent pratiquement plus aucune différence visuelle. La SC2 est équipée de rétroviseurs extérieurs et de poignées de portes de couleur harmonisée avec la carrosserie. Dans le cas de la SC1, ces deux éléments sont en plastique gris foncé. D'ailleurs, dans l'ensemble, les changements esthétiques sont plutôt modestes et les nouveaux coupés auraient pu profiter de changements plus dynamiques.

Avec l'arrivée de la nouvelle carrosserie cette année, Saturn a complété la transformation de tous ses modèles. Après trois ans de transition, on ne peut l'accuser de vouloir précipiter les choses.

Bruyante mais adéquate

L'un des talons d'Achille de tous les modèles Saturn est le niveau sonore de son moteur qui grogne lorsque trop sollicité. Et ce trait de caractère est partagé par les deux moteurs. Cette année, plusieurs améliorations ont été apportées pour atténuer les bruits, la cloison pare-feu est mieux insonorisée, les ouvertures mieux scellées tandis que le moteur bénéficie de points d'ancrage redessinés.

Il faut reconnaître que ces efforts ont porté fruit, surtout à l'intérieur du coupé. Malgré tout, on entend toujours le moteur rugir de toutes ses soupapes même si c'est plus étouffé. Quant au comportement routier, cette voiture est dotée d'une suspension bien calibrée qui assure une bonne stabilité en virage tandis que sa direction précise permet d'enfiler les courbes sans coup férir. Cependant, poussée à la limite, elle devient carrément sous-vireuse. Heureusement que les freins sont à la hauteur de la tâche même s'il n'est pas toujours facile de moduler la pédale de frein avec efficacité.

Comme dans la majorité des coupés sportifs de cette catégorie, le comportement et les accélérations sont assez ordinaires. La Saturn SC fait partie du club des coupés plus pratiques et confortables que sportifs. Malgré tout, sa conduite n'est pas ennuyante, surtout avec le moteur 1,9 litre de 124 chevaux qui procure un certain agrément de conduite lorsque couplé à la boîte manuelle. En revanche, avec l'automatique, c'est moins stimulant et le niveau sonore est plus élevé dans l'habitacle.

Somme toute, les nouveaux coupés Saturn sont des modèles évolutifs capables de maintenir leur position sur le marché. Il faut toutefois apporter un bémol à cette revue. Nous avons essayé cette voiture dans le cadre d'une présentation Saturn sur la côte est américaine et les voitures conduites étaient passablement homogènes. Toutefois, plusieurs collègues ontariens ont confié avoir essayé des modèles de production dont ils se sont dit extrêmement déçus. Reste à savoir quelle est la règle et l'exception.

D. Duquet

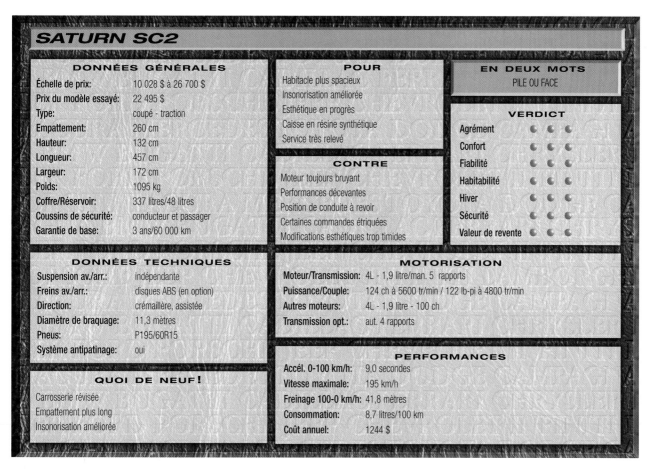

SATURN SC2

DONNÉES GÉNÉRALES

Échelle de prix:	10 028 $ à 26 700 $
Prix du modèle essayé:	22 495 $
Type:	coupé - traction
Empattement:	260 cm
Hauteur:	132 cm
Longueur:	457 cm
Largeur:	172 cm
Poids:	1095 kg
Coffre/Réservoir:	337 litres/48 litres
Coussins de sécurité:	conducteur et passager
Garantie de base:	3 ans/60 000 km

DONNÉES TECHNIQUES

Suspension av./arr.:	indépendante
Freins av./arr.:	disques ABS (en option)
Direction:	crémaillère, assistée
Diamètre de braquage:	11,3 mètres
Pneus:	P195/60R15
Système antipatinage:	oui

QUOI DE NEUF!

Carrosserie révisée
Empattement plus long
Insonorisation améliorée

POUR

Habitacle plus spacieux
Insonorisation améliorée
Esthétique en progrès
Caisse en résine synthétique
Service très relevé

CONTRE

Moteur toujours bruyant
Performances décevantes
Position de conduite à revoir
Certaines commandes étriquées
Modifications esthétiques trop timides

MOTORISATION

Moteur/Transmission:	4L - 1,9 litre/man. 5 rapports
Puissance/Couple:	124 ch à 5600 tr/min / 122 lb-pi à 4800 tr/min
Autres moteurs:	4L - 1,9 litre - 100 ch
Transmission opt.:	aut. 4 rapports

PERFORMANCES

Accél. 0-100 km/h:	9,0 secondes
Vitesse maximale:	195 km/h
Freinage 100-0 km/h:	41,8 mètres
Consommation:	8,7 litres/100 km
Coût annuel:	1244 $

EN DEUX MOTS

PILE OU FACE

VERDICT

Agrément	●●●
Confort	●●●
Fiabilité	●●●
Habitabilité	●●●
Hiver	●●●
Sécurité	●●
Valeur de revente	●●●

SATURN SL/SW

Rajeunies l'an dernier, les berlines et familiales Saturn poursuivent une carrière à succès qui repose sur trois facteurs bien particuliers: un marketing adroit, une construction soignée et un service axé sur le respect mutuel entre concessionnaires et clients.

Ces trois méthodes se complètent si bien qu'elles ne pourraient sans doute pas fonctionner indépendamment l'une de l'autre. Car si la Saturn est une bonne auto, ce n'est pas une voiture exceptionnelle et sa réussite repose sur une habile philosophie au sein de laquelle chaque élément joue un rôle essentiel. Cela dit, à quoi peut s'attendre l'automobiliste qui se laisse happer par les astuces des spécialistes de la mise en marché et qui a apprécié la façon dont il a été traité par les vendeurs?

Je précise d'abord qu'un ami a dépassé les 90 000 km avec une Saturn circa 1994 et que celle-ci présente un dossier vierge en matière de fiabilité. Il a rendu une seule visite au concessionnaire, à environ 83 000 km, pour faire remplacer les plaquettes de frein, un entretien normal. La nouvelle version reposant sur une mécanique quasi identique, on peut penser que le risque de connaître des ennuis mécaniques est minimal.

Côté carrosserie, les Saturn actuelles diffèrent considérablement des versions initiales lancées en 1991. Les lignes sont plus fluides, moins asymétriques mais sans doute aussi moins caractéristiques. Le nouveau look a aussi ses bons côtés en ce sens qu'il tend à éliminer, par son design, l'infiltration d'eau dans l'habitacle et le coffre par temps de pluie. Saturn a évidemment retenu ce qui est devenu l'un de ses principaux arguments de vente, c'est-à-dire les panneaux latéraux en polymère plus résistants aux chocs légers et aux éraflures.

Une formule tripartite!

Les berlines et familiales Saturn 1997 bénéficient également d'une meilleure insonorisation et de quelques retouches à l'intérieur, dont de nouveaux sièges.

L'habitacle

À la longue, l'essai d'une SL1 sans autre équipement facultatif que le verrouillage central des portières a permis d'apprécier le remodelage des sièges. Ceux-ci donnent toutefois une position de conduite assez basse qui pourra gêner les conducteurs ou conductrices de petite taille. La visibilité est tout juste passable. Vers l'avant, le demi-cercle qui abrite les instruments du tableau de bord est dans le champ de vision tandis que la plage arrière est trop élevée. Là où la Saturn est une belle réussite, c'est au chapitre de l'habitabilité: trois personnes peuvent prendre place à l'arrière sans problème grâce à une place médiane qui n'est pas trop surélevée. Avec son seuil bas et un dossier de banquette arrière pouvant être replié en deux sections, le coffre offre des dimen-

sions surprenantes pour une voiture de ce format. On se demande même où se trouve l'intérêt de la familiale dont les passages de roues occupent beaucoup de place dans la soute à bagages. Soulignons en passant que les coupés sport Saturn ont été remaniés à leur tour pour 1997 et qu'une présentation séparée leur est consacrée. Dans la berline mise à l'essai, la finition du coffre n'était toutefois pas très soignée avec un tapis gris bon marché qui était non seulement mal coupé, mais qui découvrait la tôle de la carrosserie. Si l'on fait exception d'une vibration du plastique dans la partie droite du tableau de bord, la finition dans l'ensemble était correcte.

Toujours bruyante

En dépit d'une meilleure insonorisation, le moteur à simple arbre à cames en tête de la SL1 reste grognard si on le sollicite quelque peu. En revanche, il offre une ration suffisante de puissance lorsque ses 100 chevaux sont exploités par une boîte de vitesses manuelle. Les 5 rapports s'enclenchent sans problème et l'embrayage ne devient jamais exaspérant lorsqu'on doit supporter de longs embouteillages. Si l'on opte pour l'automatique ou encore pour la version familiale de la Saturn, il serait cependant préférable de se tourner vers le moteur à double arbre à cames en tête dont les 24 chevaux additionnels sauront être utiles en temps opportun. Le moteur de base s'est avéré plutôt économique avec une consommation combinée (ville et route) de 7,2 litres aux 100 km.

La Saturn pourrait offrir un meilleur comportement routier. Bien que sûre et relativement confortable, la voiture sous-vire beaucoup lorsqu'on la conduit un peu vivement en virage. La direction permet un guidage précis, mais on ne peut s'empêcher de lui trouver une certaine lourdeur accentuée par un effet de couple très palpable. Côté freinage, la voiture essayée était pénalisée par un blocage prématuré des roues entraînant de longues distances d'arrêt, mais une autre SL1 a curieusement démontré de bien meilleures performances à ce chapitre, s'immobilisant en 42,7 mètres à partir de 100 km/h.

Pour reprendre les mêmes arguments qu'au début, on peut conclure en soulignant que la Saturn se défend plutôt bien même si aucune de ses caractéristiques ne mérite la cote «exceptionnelle». Son succès découle avant tout d'une philosophie qui veut transformer l'achat d'une automobile en une expérience moins traumatisante.

J. Duval

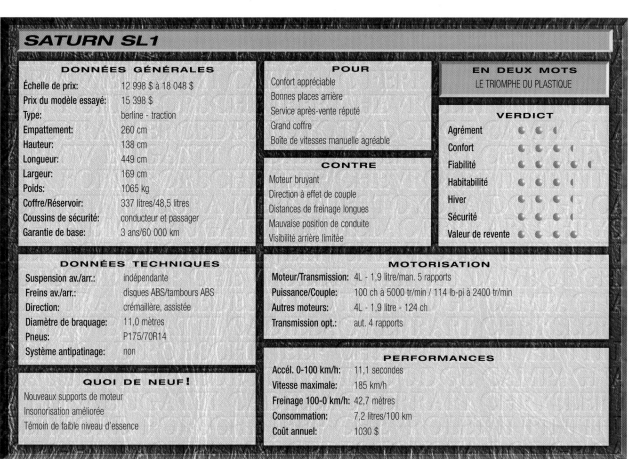

SATURN SL1

DONNÉES GÉNÉRALES

Échelle de prix:	12 998 $ à 18 048 $
Prix du modèle essayé:	15 398 $
Type:	berline - traction
Empattement:	260 cm
Hauteur:	138 cm
Longueur:	449 cm
Largeur:	169 cm
Poids:	1065 kg
Coffre/Réservoir:	337 litres/48,5 litres
Coussins de sécurité:	conducteur et passager
Garantie de base:	3 ans/60 000 km

POUR

Confort appréciable
Bonnes places arrière
Service après-vente réputé
Grand coffre
Boîte de vitesses manuelle agréable

CONTRE

Moteur bruyant
Direction à effet de couple
Distances de freinage longues
Mauvaise position de conduite
Visibilité arrière limitée

EN DEUX MOTS

LE TRIOMPHE DU PLASTIQUE

VERDICT

Agrément	◖◖●
Confort	◖◖◖◖
Fiabilité	◖◖◖◖◖
Habitabilité	◖◖●
Hiver	◖◖◑
Sécurité	◖◖◖◖
Valeur de revente	◖◖◖◖

DONNÉES TECHNIQUES

Suspension av./arr.:	indépendante
Freins av./arr.:	disques ABS/tambours ABS
Direction:	crémaillère, assistée
Diamètre de braquage:	11,0 mètres
Pneus:	P175/70R14
Système antipatinage:	non

QUOI DE NEUF!

Nouveaux supports de moteur
Insonorisation améliorée
Témoin de faible niveau d'essence

MOTORISATION

Moteur/Transmission:	4L - 1,9 litre/man. 5 rapports
Puissance/Couple:	100 ch à 5000 tr/min / 114 lb-pi à 2400 tr/min
Autres moteurs:	4L - 1,9 litre - 124 ch
Transmission opt.:	aut. 4 rapports

PERFORMANCES

Accél. 0-100 km/h:	11,1 secondes
Vitesse maximale:	185 km/h
Freinage 100-0 km/h:	42,7 mètres
Consommation:	7,2 litres/100 km
Coût annuel:	1030 $

SUBARU Legacy/Outback

Face à des rivales aussi solidement implantées que l'Accord ou la Camry, la Subaru Legacy avait bien du mal à faire reconnaître ses qualités. Pour échapper à son sort de figurante discrète dans un marché aussi encombré, elle se devait de miser sur des atouts différents... comme la traction intégrale.

En 1997, ne cherchez plus une Legacy à traction avant. Tous les modèles de la gamme (qui comprend aussi l'Outback) offrent désormais quatre roues motrices.

Le spécialiste japonais de la traction intégrale n'était pas sans savoir qu'il existait une légion d'automobilistes qui souhaitaient rouler dans un 4X4 sans pour autant passer tout leur temps à «s'épivarder» dans la grande nature. Ces mêmes conducteurs commençaient aussi à pester contre les faiblesses inhérentes aux 4X4 traditionnels: consommation élevée, inconfort notoire, maniabilité problématique, etc. C'est ce qui a pavé la voie à un modèle comme l'Outback, lancée l'an dernier, et motivé la décision de Subaru de se tourner exclusivement vers la traction intégrale.

Unique en son genre

Bien que l'on soit enclin à penser que l'Outback n'est rien d'autre qu'une Subaru Legacy familiale habillée chez L and L Bean pour s'adonner à des activités de plein air, il faut admettre que la transformation va un peu plus loin. Pour permettre aux utilisateurs de mieux profiter de la traction intégrale à prise constante, on a par exemple haussé la garde au sol de 3 cm et chaussé les roues de pneus toutes saisons de 15 pouces. Question de coup d'œil, le toit a aussi été surélevé et coiffé d'un porte-bagages, ce qui procure notamment un dégagement pour la tête assez exceptionnel. Il suffit d'ajouter à ce

Pleins feux sur la traction intégrale

déguisement un grillage pour protéger les antibrouillards intégrés au pare-chocs, des prises d'alimentation 12 volts, des crochets d'amarrage et un tapis spécial dans la soute à bagages pour se faire un portrait de la Subaru Outback.

Mécaniquement, on est en pays de connaissance avec le fameux moteur à plat auquel la marque japonaise tient mordicus. Dans le véhicule essayé, il s'agissait du dernier 4 cylindres de ce manufacturier, un 2,5 litres porté à 165 chevaux qui peut désormais être jumelé à une boîte de vitesses manuelle à 5 rapports en plus de l'automatique. Ce type de moteur est particulièrement bien adapté au rôle qui lui incombe dans une traction intégrale. Il est d'abord très court, ce qui a permis de le monter longitudinalement sans trop aller au-delà de l'essieu avant. Subaru a choisi de répartir la puissance également entre les essieux avant et arrière dans le but, dit-on, de conserver au véhicule le comportement sous-vireur que l'on considère comme un gage de sécurité pour l'usager nord-américain. C'est louable, sauf que lors de

mes essais, un virage négocié intentionnellement sur les chapeaux de roue a fait poindre un survirage assez marqué.

En conduite normale, l'Outback ne pose aucun problème malgré son centre de gravité plus élevé mais, à la limite, il y a lieu de se méfier de ses réactions. Globalement toutefois, la tenue de route est supérieure à ce qu'offrent les 4X4 traditionnels. Le freinage n'inspire aucune panique, mais est un peu en deçà de ce que nous propose une bonne voiture de la classe moyenne.

Bruyant mais solide

Les performances de l'Outback sont très satisfaisantes, mais le 4 cylindres «boxer» de Subaru reste bruyant quand on le sollicite un peu. Sa caractéristique la plus agaçante est toutefois le manque de progressivité de l'accélérateur, qui rend le stationnement dans des endroits serrés un peu plus délicat. La direction se ressent fort peu de la présence des quatre roues motrices, sauf peut-être quand on braque les roues au maximum en démarrant.

L'Outback atteint sa cible également en matière de confort en offrant une suspension qui n'est jamais brutale dans ses réactions. Un autre aspect qui m'a beaucoup plu est la solidité de la caisse. J'ai eu beau la mettre à rude épreuve en allant jouer dans le sable et la boue d'un terrain de golf en construction, elle n'a jamais bronché. Cette excursion hors route a aussi démontré de brillante façon l'extraordinaire motricité de cette Subaru dans des conditions où n'importe quelle traction avant se serait retrouvée derrière une dépanneuse.

Dans l'habitacle, il est plus difficile de différencier l'Outback de la Legacy régulière puisque le décor est à peu près le même dans les deux cas. Cela comprend des plastiques plus ou moins élégants et un éclairage déficient en conduite nocturne. Le plafonnier serait plus utile sous le rétroviseur tandis que les poignées de porte pourraient bénéficier d'un repère lumineux le soir. Quant aux porte-verres qui jaillissent du tableau de bord, on les croirait sortis de chez Toys R Us plutôt que d'un manufacturier qui prône la solidité. Comme toute familiale, l'Outback offre une bonne visibilité, des places arrière spacieuses et un bon espace pour les bagages.

L'achat d'une Subaru, et a fortiori d'une Outback, est avant tout un mariage de raison. Toutefois, la marque japonaise tente cette année d'égayer son image avec une Legacy GT dotée de roues de 16 pouces, d'un moteur 2,5 litres offert avec boîte manuelle et d'un faciès redessiné.

Je doute que les amateurs de performance se bousculent aux portes pour se procurer un tel modèle, mais j'avoue que l'idée d'une familiale utilitaire sport comme l'Outback n'est pas à dédaigner pour le père de famille qui va chercher son plaisir sur les pentes de ski plutôt que sur de petites routes en lacets.

J. Duval

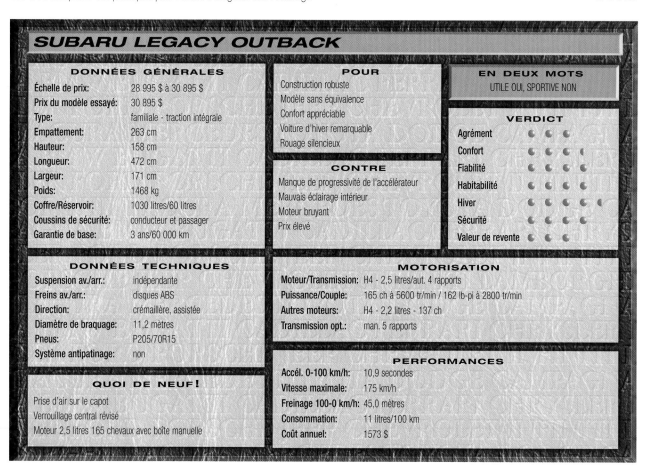

SUBARU LEGACY OUTBACK

DONNÉES GÉNÉRALES

Échelle de prix:	28 995 $ à 30 895 $
Prix du modèle essayé:	30 895 $
Type:	familiale - traction intégrale
Empattement:	263 cm
Hauteur:	158 cm
Longueur:	472 cm
Largeur:	171 cm
Poids:	1468 kg
Coffre/Réservoir:	1030 litres/60 litres
Coussins de sécurité:	conducteur et passager
Garantie de base:	3 ans/60 000 km

DONNÉES TECHNIQUES

Suspension av./arr.:	indépendante
Freins av./arr.:	disques ABS
Direction:	crémaillère, assistée
Diamètre de braquage:	11,2 mètres
Pneus:	P205/70R15
Système antipatinage:	non

QUOI DE NEUF!

Prise d'air sur le capot
Verrouillage central révisé
Moteur 2,5 litres 165 chevaux avec boîte manuelle

POUR

Construction robuste
Modèle sans équivalence
Confort appréciable
Voiture d'hiver remarquable
Rouage silencieux

CONTRE

Manque de progressivité de l'accélérateur
Mauvais éclairage intérieur
Moteur bruyant
Prix élevé

MOTORISATION

Moteur/Transmission:	H4 - 2,5 litres/aut. 4 rapports
Puissance/Couple:	165 ch à 5600 tr/min / 162 lb-pi à 2800 tr/min
Autres moteurs:	H4 - 2,2 litres - 137 ch
Transmission opt.:	man. 5 rapports

PERFORMANCES

Accél. 0-100 km/h:	10,9 secondes
Vitesse maximale:	175 km/h
Freinage 100-0 km/h:	45,0 mètres
Consommation:	11 litres/100 km
Coût annuel:	1573 $

EN DEUX MOTS

UTILE OUI, SPORTIVE NON

VERDICT

Agrément	
Confort	
Fiabilité	
Habitabilité	
Hiver	
Sécurité	
Valeur de revente	

SUBARU Impreza

La lutte est vive dans le segment des compactes et la Subaru Impreza n'a toujours pas réussi, quatre ans après son lancement, à s'y faire une niche. Et ce, bien qu'on ait ajouté à la gamme, successivement, un élégant coupé et un moteur plus puissant afin de lui donner un deuxième souffle. La nouvelle version Outback y parviendra-t-elle?

C'est sans doute ce qu'espèrent les concessionnaires Subaru, qui ont vu les ventes de la Legacy prendre du mieux depuis l'arrivée, l'an dernier, de cette même livrée (Outback). Comme on ne change pas une formule gagnante, on a procédé de la même façon avec l'Impreza.

Il suffisait, comme avec la Legacy, de prendre une version familiale et de l'habiller en aventurière: toit surélevé avec porte-bagages, phares antibrouillards, prise d'air sur le capot, garde au sol augmentée et pneus de 15 pouces. Le tout est enrobé d'une peinture deux tons, et on se retrouve ainsi avec une familiale prête à jouer dans les plates-bandes des utilitaires sport (Grand Cherokee, Explorer et cie).

Il fallait également lui donner un peu plus de muscle; pour ce faire, pas besoin de se creuser les méninges, le 4 cylindres à plat de 2,2 litres de la Legacy n'attendait que de se retrouver sous le capot de sa petite sœur. Ses 137 chevaux lui conviennent d'ailleurs beaucoup mieux, parce qu'elle est moins volumineuse et donc moins lourde que son aînée de catégorie supérieure.

Manque de souffle

Ce même moteur est désormais offert sur toutes les versions de l'Impreza, avec la seule boîte automatique toutefois. De sorte que si vous optez pour une boîte manuelle, elle sera accouplée au moteur de série, soit un autre 4 cylindres à plat, mais de cylindrée inférieure (1,8 litre). Ce jumelage est à éviter religieusement: pour des raisons obscures, les ingénieurs de Subaru

L'Outback à la rescousse

ne sont toujours pas parvenus à concevoir une boîte manuelle convenable. Phénomène d'autant plus étrange que les transmissions automatiques de la marque sont des modèles du genre.

Qui plus est, cette configuration moteur chère à Subaru semble moins bien adaptée aux petites cylindrées. Ils demeurent plus bruyants que les 4 cylindres longitudinaux des modèles concurrents et chaque rétrogradation entraîne une brutale montée en régime, accompagnée d'un grondement bien senti.

La boîte automatique atténue toutefois ces désagréments, mais elle n'améliore en rien le manque de souffle à moyen régime, et les performances restent en deçà de celles de la concurrence.

Afin de corriger cette lacune, on a envoyé le 2,2 litres à la rescousse et la différence est notable. Sans qu'il soit un foudre de guerre, ses 27 chevaux supplémentaires insufflent juste ce qu'il faut de puissance pour permettre à cette compacte de faire jeu égal avec ses rivales.

Cependant, là où l'Impreza se distingue, c'est par son rouage intégral, une autre solution fétiche de Subaru. Sa motricité exceptionnelle lui confère

une tenue de route des plus sûres et permet à son conducteur de se moquer des intempéries. Ne serait-ce que pour la rigueur — et la longueur... — de nos hivers, elle mérite considération, d'autant plus qu'elle est la seule de sa catégorie à offrir le mode intégral et ce, sur toutes les versions, celles à deux roues motrices ayant tiré leur révérence l'an dernier.

Un cachet germanique

En plus de ses approches techniques inusitées sur des voitures de grande diffusion, ce manufacturier nippon a acquis, au fil des ans, ses lettres de noblesse en matière de fiabilité et de durabilité. Voilà qui aide à comprendre la fixation de ce constructeur pour les moteurs à cylindres opposés.

Cette solidité toute mécanique transpire désormais sur l'ensemble des voitures de Subaru: elles ne rouillent plus au premier coup d'œil, et leurs habitacles brillent par une qualité d'assemblage exemplaire, fidèle à la tradition japonaise. Construite avec soin, l'Impreza ne fait pas exception, sauf que le plumage n'est pas toujours à la hauteur du ramage. Les coloris des tissus et matériaux employés sont souvent ternes, sinon douteux, et la présentation d'ensemble est plus proche de l'austérité que de la sobriété. La familiale Outback fait un peu meilleure figure, mais ce serait un peu plus *jazzé* que personne ne s'en plaindrait...

Parmi les irritants, mentionnons également un dégagement insuffisant pour les jambes aux places arrière et une chaîne stéréo décevante (comme sur la plupart des Subaru d'ailleurs). Dommage, puisque l'Impreza est l'une des rares compactes à offrir un appareil radio AM/FM avec lecteur de cassettes en équipement de série — par ailleurs des plus complets. Mais les mélomanes devront envisager une visite chez un marchand spécialisé... et, par conséquent, une dépense supplémentaire.

Le rembourrage «ferme-mais-confortable» des sièges, l'excellente position de conduite ainsi que la précision et la rapidité de la direction donnent toutefois un cachet germanique à cette japonaise, ce qu'on est loin de lui reprocher. Son assemblage rigoureux et la durabilité qui est sienne accentuent davantage cette impression, comme quoi l'Impreza, malgré ses défauts, ne mérite aucunement l'anonymat dans lequel elle est confinée depuis sa sortie.

«Il suffirait de presque rien...» chantait Reggiani, et cela s'applique sur mesure au modèle d'entrée de la gamme Subaru. Une boîte manuelle digne de ce nom, un habitacle moins morne... Ou encore la venue de la version turbocompressée, une petite bombe réservée aux marchés européens et asiatiques. Dans ce dernier cas, on peut toujours rêver, mais pour le reste, la balle est dans le camp de ce constructeur dont on ne peut, d'ailleurs, que continuer à saluer l'audace et l'originalité.

P. Laguë

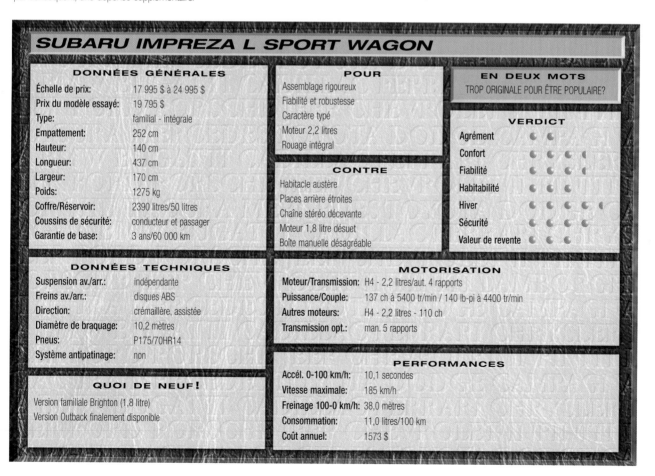

SUBARU IMPREZA L SPORT WAGON

DONNÉES GÉNÉRALES

Échelle de prix:	17 995 $ à 24 995 $
Prix du modèle essayé:	19 795 $
Type:	familial - intégrale
Empattement:	252 cm
Hauteur:	140 cm
Longueur:	437 cm
Largeur:	170 cm
Poids:	1275 kg
Coffre/Réservoir:	2390 litres/50 litres
Coussins de sécurité:	conducteur et passager
Garantie de base:	3 ans/60 000 km

DONNÉES TECHNIQUES

Suspension av./arr.:	indépendante
Freins av./arr.:	disques ABS
Direction:	crémaillère, assistée
Diamètre de braquage:	10,2 mètres
Pneus:	P175/70HR14
Système antipatinage:	non

QUOI DE NEUF!

Version familiale Brighton (1,8 litre)
Version Outback finalement disponible

POUR

Assemblage rigoureux
Fiabilité et robustesse
Caractère typé
Moteur 2,2 litres
Rouage intégral

CONTRE

Habitacle austère
Places arrière étroites
Chaîne stéréo décevante
Moteur 1,8 litre désuet
Boîte manuelle désagréable

MOTORISATION

Moteur/Transmission:	H4 - 2,2 litres/aut. 4 rapports
Puissance/Couple:	137 ch à 5400 tr/min / 140 lb-pi à 4400 tr/min
Autres moteurs:	H4 - 2,2 litres - 110 ch
Transmission opt.:	man. 5 rapports

PERFORMANCES

Accél. 0-100 km/h:	10,1 secondes
Vitesse maximale:	185 km/h
Freinage 100-0 km/h:	38,0 mètres
Consommation:	11,0 litres/100 km
Coût annuel:	1573 $

EN DEUX MOTS

TROP ORIGINALE POUR ÊTRE POPULAIRE?

VERDICT

Agrément	◖◖
Confort	◖◖◖◖
Fiabilité	◖◖◖◖
Habitabilité	◖◖◖
Hiver	◖◖◖◖◖
Sécurité	◖◖◖◖◖
Valeur de revente	◖◖◖◖

SUZUKI Esteem

Les utilitaires sport sont les modèles vedettes de la gamme Suzuki. Pourtant, la berline Esteem dévoilée l'an dernier est une voiture susceptible de convenir aux besoins de plusieurs. Malheureusement, elle ne semble pas connaître la popularité qu'elle mérite. Encore faudrait-il déployer les efforts de commercialisation voulus.

C hez Suzuki, on croyait avoir fait la belle affaire en développant une berline dont les dimensions étaient légèrement plus généreuses que celles de plusieurs de ses rivales. La «grosse» Esteem possède un empattement de 248 cm par rapport aux 236 cm de la berline Geo Metro. Quant à la longueur, la Suzuki est à peine plus longue, possédant un mince avantage de 2,5 cm sur sa rivale. Toutefois, elle est plus large de 8 cm. Curieusement, sa hauteur est légèrement inférieure. Malgré tout, ces dimensions lui permettent d'offrir une meilleure habitabilité surtout en raison d'un empattement plus long qui assure plus d'espace aux places arrière. Naturellement, une caisse plus large est un net avantage au chapitre du confort.

Ces dimensions lui permettent également de surpasser la Toyota Tercel, mais elle doit s'incliner devant la Honda Civic berline. Bref, l'Esteem possède le gabarit nécessaire pour être vraiment comparée aux autres sous-compactes.

Sa silhouette ne bouleverse cependant rien en matière de design. Les mauvaises langues vont souligner qu'elle ressemble à la Tercel, d'autres à la BMW série 3. Si ces comparaisons sont flatteuses, la réalité l'est moins. En personne, l'Esteem manque un peu trop de mordant dans ses lignes et sa silhouette est relativement ordinaire.

Bien garnie

La présentation de l'habitacle est élégante et équilibrée, mais son design se contente de suivre les règles établies pour les voitures de ce

Un secret bien gardé

prix. Sur la version de base, l'instrumentation est adéquate tandis que sur le modèle GLX, un tachymètre vient s'ajouter aux autres cadrans abrités dans une nacelle ovale de consultation facile. Quant aux commandes de la climatisation et de la radio, elles sont placées dans une console centrale verticale surplombée par deux buses de ventilation.

Compte tenu de la catégorie, l'Esteem propose un niveau d'équipement de série relevé comprenant, entre autres, deux coussins de sécurité gonflables, un siège arrière à dossier rabattable, un bloc central, une moquette plutôt luxueuse et plusieurs autres accessoires qui ne sont pas nécessairement offerts en équipement de base sur plusieurs concurrentes. Soulignons au passage que la finition de notre voiture d'essai était dans les normes. Toutefois, la texture du plastique de l'habitacle ainsi que certaines commandes du tableau de bord faisaient un peu bon marché. On nous répète que fabriquer une voiture est une affaire de compromis, eh bien! ces garnitures très ordinaires laissent voir que chez l'Esteem, les compromis ont été faits dans la cabine.

Les dimensions de l'habitacle permettent d'accommoder aisément quatre adultes. La compagnie souligne qu'il s'agit d'une cinq places, mais pour ce faire, il faudrait que les occupants soient de petite taille.

Côté groupe propulseur, il est normal que l'Esteem nous propose un moteur plus puissant que la Swift deux portes puisqu'elle est plus lourde et sa capacité de charge plus grande. Quoi qu'il en soit, c'est un 4 cylindres 1,6 litre à simple arbre à cames en tête et 16 soupapes développant 98 chevaux à 6000 tr/min qui est chargé d'animer cette berline. Il est associé en équipement de série à une boîte manuelle à 5 rapports tandis que l'automatique à 4 rapports est offerte en option.

Sur le plan mécanique, l'Esteem respecte les données techniques de ses concurrentes avec une suspension à quatre roues indépendantes faisant appel à des jambes de force MacPherson. Des barres stabilisatrices avant permettent de contrôler le roulis en virage. Les freins sont de type disques/tambours tandis que l'ABS, vous l'aurez deviné, est standard sur le modèle GLX ABS. Enfin, seules des roues de 13 pouces sont disponibles, que ce soit en version GL ou GLX.

Agréable mais peu sportive

Notre modèle d'essai était une version dotée de la boîte manuelle et cette combinaison s'est révélée passablement agréable à conduire. Le moteur aime les régimes élevés tandis que l'étagement de la boîte ainsi que la course du levier facilitent les choses. Ce 4 cylindres peut parfois s'avérer bruyant, mais son grognement nous permet de croire à une bonne solidité. Durant notre semaine d'essai, nous nous sommes amusés à tirer toute la puissance disponible de ce moteur en faisant monter le régime de ce 4 cylindres et en jouant du levier de vitesses. Activité plutôt plaisante, d'autant plus que la suspension est assez efficace tandis que le gabarit de

cette voiture permet de se faufiler dans la circulation avec aisance. La suspension est toutefois conçue en fonction du confort et elle ne peut contrôler un sous-virage prononcé. De plus, les pneumatiques de 13 pouces ne sont pas d'un très grand secours.

Plus cossue et plus spacieuse que la défunte berline Swift, l'Esteem est moins sensible au vent latéral que sa devancière, mais elle n'est quand même pas totalement à l'abri d'un certain louvoiement lorsque le vent souffle. La direction pourrait gagner en précision. Cela est cependant vite oublié lorsqu'on s'amuse avec la combinaison levier de vitesses/moteur.

En dépit de ces qualités, l'Esteem a de la difficulté à se faire justice sur notre marché en raison d'un prix corsé et d'une concurrence féroce. Enfin, Suzuki semble avoir oublié qu'une campagne publicitaire bien orchestrée pourrait permettre au public de découvrir cette berline.

D. Duquet

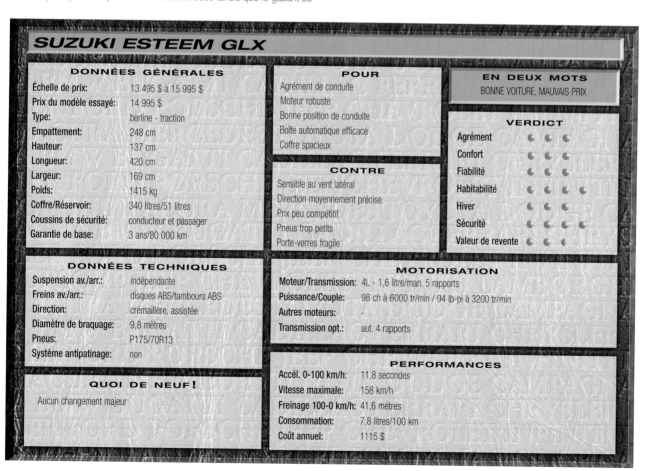

SUZUKI ESTEEM GLX

DONNÉES GÉNÉRALES

Échelle de prix:	13 495 $ à 15 995 $
Prix du modèle essayé:	14 995 $
Type:	berline - traction
Empattement:	248 cm
Hauteur:	137 cm
Longueur:	420 cm
Largeur:	169 cm
Poids:	1415 kg
Coffre/Réservoir:	340 litres/51 litres
Coussins de sécurité:	conducteur et passager
Garantie de base:	3 ans/80 000 km

DONNÉES TECHNIQUES

Suspension av./arr.:	indépendante
Freins av./arr.:	disques ABS/tambours ABS
Direction:	crémaillère, assistée
Diamètre de braquage:	9,8 mètres
Pneus:	P175/70R13
Système antipatinage:	non

QUOI DE NEUF!

Aucun changement majeur

POUR

Agrément de conduite
Moteur robuste
Bonne position de conduite
Boîte automatique efficace
Coffre spacieux

CONTRE

Sensible au vent latéral
Direction moyennement précise
Prix peu compétitif
Pneus trop petits
Porte-verres fragile

MOTORISATION

Moteur/Transmission:	4L - 1,6 litre/man. 5 rapports
Puissance/Couple:	98 ch à 6000 tr/min / 94 lb-pi à 3200 tr/min
Autres moteurs:	-
Transmission opt.:	aut. 4 rapports

PERFORMANCES

Accél. 0-100 km/h:	11,8 secondes
Vitesse maximale:	158 km/h
Freinage 100-0 km/h:	41,6 mètres
Consommation:	7,8 litres/100 km
Coût annuel:	1115 $

EN DEUX MOTS

BONNE VOITURE, MAUVAIS PRIX

VERDICT

Agrément	◖◖◖
Confort	◖◖◖
Fiabilité	◖◖◖
Habitabilité	◖◖◖◖
Hiver	◖◖◖
Sécurité	◖◖◖
Valeur de revente	◖◖◖

SUZUKI X-90

Parodiant La Fontaine, on pourrait décrire la nouvelle Suzuki X-90 comme «le rat des villes et le rat des champs». Cet espiègle petit véhicule apparu sur notre marché il y a un an limite en effet son champ d'action à des territoires bien précis dont il faut éviter de s'éloigner pour ne pas souffrir du mal des transports.

Merveilleusement à l'aise en milieu urbain en raison de ses faibles dimensions, le X-90 est également parfaitement chez lui quand on s'éloigne des sentiers battus, en plein champ. Près d'un mètre plus court qu'une Honda Civic, il se gare littéralement dans un mouchoir (quand ce n'est pas dans l'espace laissé vacant par une moto), se faufile partout et s'avère d'une remarquable agilité.

Fier et fort de ses quatre roues motrices, il peut aussi s'aventurer hors route, là où une voiture conventionnelle est aussi utile qu'un climatiseur en Sibérie. Et le Suzuki X-90 peut faire tout ça avec une allure immensément sympathique qui a l'art d'accrocher un sourire au visage de ses utilisateurs. Rappelez-vous le bonheur épanoui de cette chère vieille tante au volant de son X-90 dans les commerciaux télévisés de la firme japonaise. Ce petit véhicule est une véritable fontaine de jouvence pour ceux et celles qui refusent de vieillir... À son volant, on ne peut s'empêcher de se sentir jeune, très jeune. Mais d'où sort ce petit engin très spécial?

Une bottine souriante

Réalisant qu'il existait un marché pour des 4X4 moins chers, plus économiques à l'usage et surtout moins encombrants que les véhicules traditionnels de cette catégorie, Suzuki a façonné le X-90 en puisant dans son inventaire de composantes marquées Sidekick/Geo Tracker. Ce diminutif engin n'est en effet rien d'autre qu'une carrosserie

Joindre l'inutile à l'agréable

deux places en forme de bottine souriante boulonnée au châssis et aux organes mécaniques d'un Suzuki Sidekick ou, si vous voulez, d'un Geo Tracker. Moteur, suspensions, freins et autres rouages d'entraînement sont donc du déjà vu, ce qui est un gage de fiabilité. Pour égayer l'ensemble, le constructeur japonais a farci le X-90 d'un équipement élaboré comprenant le verrouillage central des portes, les glaces à commande électrique, le régulateur de vitesse, une radio AM-FM, un toit en T à panneaux vitrés et surtout des freins ABS assortis de deux coussins gonflables.

Confort nul... ou presque

Pour reprendre l'argumentation du début, il faut être jeune ou accepter de le redevenir pour se plaire au volant de ce petit véhicule très particulier. Autant le X-90 est un bonheur à conduire en ville ou dans des sentiers plus ou moins bien entretenus, autant l'autoroute lui semble interdite. La direction ultralégère y est accablante, exigeant d'inces-

santes corrections du volant, tandis que le confort apparaît très rudimentaire.

Le véhicule est victime de la combinaison d'un empattement court et d'un essieu rigide. La moindre bosse ou le plus petit trou provoque des soubresauts et des écarts de trajectoire pour le moins désagréables. C'est sur la route aussi que le toit en T affiche son plus sérieux désavantage. Le sifflement du vent jumelé au tintamarre du moteur vous fait regretter que le véhicule ne soit pas livré avec des bouchons pour les oreilles. Vous avez l'impression que le petit 4 cylindres de 1,6 litre, d'une puissance et d'un niveau sonore très corrects en ville, vient s'installer à vos côtés dans l'habitacle dès que vous lui faites cracher ce qu'il a dans le ventre. Bref, les voyages au long cours ne sont pas le fort de ce X-90.

Une partie de plaisir

En revanche, à l'orée du bois, il suffit de pousser le levier du boîtier de transfert pour passer en mode 4 roues motrices «low» ou «high» et le plaisir commence. Les pneus d'origine ne sont pas les meilleurs pour jouer dans la boue, mais les 6,5 pouces de garde au sol et le diamètre de braquage très court sont bien utiles. On bénéficie également d'une excellente position de conduite dans une cabine gaie, claire et très aérée avec des garnitures dans des tons pastel vifs. La visibilité tout autour est telle qu'on a l'impression de faire partie du paysage. Pour la grande aventure, on souhaiterait cependant disposer d'un peu plus d'espace de rangement dans l'habitacle ou dans le coffre. Ce dernier affiche des dimensions surprenantes qui sont toutefois rognées considérablement lorsqu'on y dépose les panneaux du toit en T. À l'intérieur, il est impossible de

loger un simple porte-documents si l'on est deux, ce qui décrit bien la vocation de véhicule de loisir du X-90.

Vu sous cet angle, c'est un adorable petit engin, mais on peut se poser de sérieuses questions sur sa polyvalence.

À une époque plus prospère se prêtant davantage aux folles dépenses, le Suzuki X-90 aurait fait un malheur. Au cœur du malaise économique actuel, alors qu'on nous incite à nous serrer la ceinture, ce véhicule est certes agréable mais parfaitement inutile. Il aura du mal à se tailler une niche sur un marché où prime le sérieux et le rationalisme. D'autant plus que ce petit engin doit maintenant faire face à l'attrayant RAV4 de Toyota et, aux États-Unis, à un autre modèle du genre concocté par Honda.

Autant pour Suzuki que pour ses concessionnaires, souhaitons que je sois dans l'erreur...

J. Duval

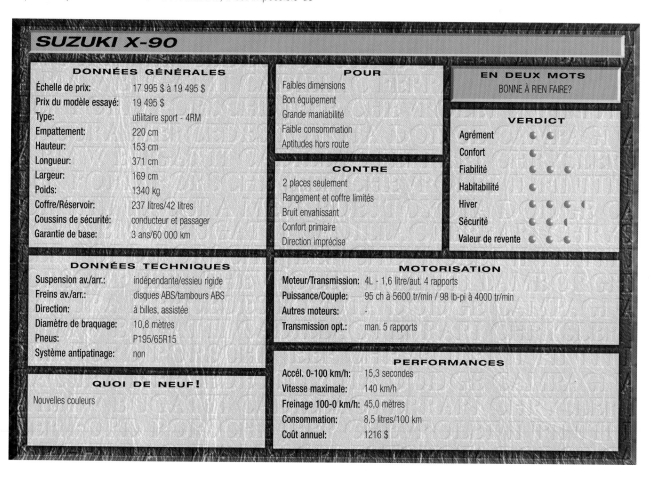

SUZUKI X-90

DONNÉES GÉNÉRALES

Échelle de prix:	17 995 $ à 19 495 $
Prix du modèle essayé:	19 495 $
Type:	utilitaire sport - 4RM
Empattement:	220 cm
Hauteur:	153 cm
Longueur:	371 cm
Largeur:	169 cm
Poids:	1340 kg
Coffre/Réservoir:	237 litres/42 litres
Coussins de sécurité:	conducteur et passager
Garantie de base:	3 ans/60 000 km

DONNÉES TECHNIQUES

Suspension av./arr.:	indépendante/essieu rigide
Freins av./arr.:	disques ABS/tambours ABS
Direction:	à billes, assistée
Diamètre de braquage:	10,8 mètres
Pneus:	P195/65R15
Système antipatinage:	non

QUOI DE NEUF!

Nouvelles couleurs

POUR

Faibles dimensions
Bon équipement
Grande maniabilité
Faible consommation
Aptitudes hors route

CONTRE

2 places seulement
Rangement et coffre limités
Bruit envahissant
Confort primaire
Direction imprécise

MOTORISATION

Moteur/Transmission:	4L - 1,6 litre/aut. 4 rapports
Puissance/Couple:	95 ch à 5600 tr/min / 98 lb-pi à 4000 tr/min
Autres moteurs:	-
Transmission opt.:	man. 5 rapports

PERFORMANCES

Accél. 0-100 km/h:	15,3 secondes
Vitesse maximale:	140 km/h
Freinage 100-0 km/h:	45,0 mètres
Consommation:	8,5 litres/100 km
Coût annuel:	1216 $

EN DEUX MOTS

BONNE À RIEN FAIRE?

VERDICT

Agrément	◖
Confort	◖
Fiabilité	◖◖◖
Habitabilité	◖
Hiver	◖◖◖◖
Sécurité	◖◖
Valeur de revente	◖◖◖◖

TOYOTA 4Runner (voir Toyota RAV-4 p. 75)

Fière de sa réputation d'excellence et de fiabilité, Toyota se fait pourtant sérieusement damer le pion dans le secteur des 4X4. En effet, depuis trois ans, la popularité du 4Runner est stagnante. Pour relever les ventes et inquiéter les leaders de la catégorie, on a revu et corrigé le 4Runner. On croit pouvoir remonter la pente.

Bien que la documentation du manufacturier fasse état d'une nouvelle version fortement transformée du 4Runner, cela n'est pas tellement visible à l'œil nu. En fait, lors du dévoilement officiel à la presse canadienne, plusieurs journalistes avaient de la difficulté à départager la nouvelle version de l'ancienne. Mieux encore, un journaliste s'est livré à une séance exhaustive de photos sur une version… 1995!

Il est vrai que les angles sont arrondis, qu'un hayon arrière remplace l'anachronique porte arrière et que la calandre est nouvelle, mais le coup d'œil est similaire. L'habitacle a connu des changements plus spectaculaires. Le design est moderne et harmonieux. Toutefois, certaines commandes ne sont pas faciles d'accès. Le bouton pour engager le différentiel arrière autobloquant est caché par le volant et il faut se contorsionner pour y avoir accès. Et selon quelle logique a-t-on placé la tirette pour ouvrir la trappe à essence sous le tableau de bord? Sur le plan positif, conducteur et passager sont protégés par des coussins de sécurité gonflables. La version antérieure n'offrait rien à ce chapitre. Enfin, avec un empattement allongé de 5 cm, le dégagement pour les jambes à l'avant est plus généreux de 3,8 cm. À l'arrière, c'est une augmentation de 8,6 cm qui attend les passagers.

Les ingénieurs de Toyota ont également travaillé fort pour faciliter l'accès à l'habitacle. La hauteur du seuil est abaissée de 6,3 cm tandis que les portières arrière ont été élargies de 3,8 cm. Malgré tout,

À la poursuite du Grand Cherokee

les personnes de grande taille doivent faire attention pour ne pas se heurter la tête contre l'embrasure de la porte lorsqu'elles montent à bord. Cette seule caractéristique représente un irritant majeur. La nouvelle 4Runner est plus esthétique et plus spacieuse, mais sa silhouette n'a pas l'impact de celle du Grand Cherokee qui demeure la plus attrayante de la catégorie. Et c'est justement le principal problème de ce véhicule: son manque de relief. À force de trop vouloir nous offrir un produit impeccable sous toutes les coutures, on peut gommer la personnalité d'un véhicule. Et c'est ce qui se produit avec le 4Runner.

Du Tacoma sous le capot

Chez Toyota, on ne fait pas de cachette, le 4Runner emprunte une bonne partie, sinon la majorité, du rouage d'entraînement de la camionnette Tacoma. C'est ainsi que la suspension avant utilise dorénavant des ressorts hélicoïdaux associés à des leviers triangulés doubles. La suspension arrière bénéficie d'une géométrie révisée

tandis que son débattement est augmenté de 4 cm. Autre changement d'importance, la direction à billes est enfin remplacée par un système à pignon et crémaillère. La précision de la direction est ainsi nettement améliorée.

Une des grandes faiblesses de la version précédente était le manque de vigueur de son moteur de série, un 4 cylindres 2,6 litres de 116 chevaux. C'était nettement insuffisant pour animer un véhicule de près de 2 tonnes! Pour corriger cette lacune, le nouveau 4Runner offre comme moteur de série le 4 cylindres 2,7 litres de 150 chevaux emprunté au Tacoma. Et ce nouveau 4 cylindres donne la même puissance que le V6 de la version précédente.

Pour ce qui est de l'actuel V6, il est vraiment plus puissant. Cette fois, il s'agit d'un 3,4 litres d'une puissance de 183 chevaux, soit sept chevaux en moins que le Tacoma en raison d'un silencieux plus restrictif. Pour réduire le bruit dans la cabine, on a davantage insonorisé le système d'échappement. Ce silence accru a coûté sept chevaux.

Un costaud dans le trafic

Malgré toutes les transformations apportées au 4Runner, ce dernier continue d'être un véhicule plutôt lourdaud en conduite urbaine et dans la vie de tous les jours. La suspension est ferme et les irrégularités de la chaussée font sentir leur présence. Côté agrément de conduite, on nous laisse sur notre appétit. Un essai de quelques jours de la version Limited nous a permis de côtoyer un véhicule solide, plus nerveux en raison de son V6 et également plus confortable. Mais l'agrément de conduite est pratiquement nul et l'encombrement général du véhicule rend la conduite urbaine peu agréable.

Des essais en conduite hors route réalisés le long de la rivière Fraser en Colombie-Britannique et sur les sentiers forestiers du Québec ont permis d'apprécier la solidité de la caisse, la puissance du moteur, la direction plus précise et une suspension plus sophistiquée. Malheureusement, nous avons également découvert que les pneumatiques Dunlop d'origine sont glissants sur la neige fraîche. Comme en conduite urbaine, l'agrément de conduite est assez mince. Côté visibilité, la lunette arrière se salit rapidement et l'essuie-glace n'est pas ce qu'il y a de plus efficace.

La version Limited est la seule de la gamme à proposer le passage en mode 4X4 au simple toucher d'un bouton. On a conservé le levier au plancher pour passer du neutre au mode «Lo» ou «Hi», une solution hybride assez bizarre.

Malgré toutes ses qualités, le 4Runner doit s'incliner devant le Jeep Grand Cherokee au chapitre de l'esthétique, du confort et de l'agrément de conduite.

D. Duquet

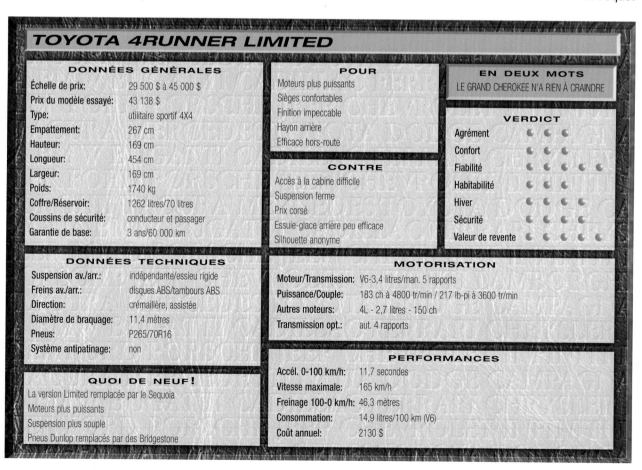

TOYOTA 4RUNNER LIMITED

DONNÉES GÉNÉRALES

Échelle de prix:	29 500 $ à 45 000 $
Prix du modèle essayé:	43 138 $
Type:	utilitaire sportif 4X4
Empattement:	267 cm
Hauteur:	169 cm
Longueur:	454 cm
Largeur:	169 cm
Poids:	1740 kg
Coffre/Réservoir:	1262 litres/70 litres
Coussins de sécurité:	conducteur et passager
Garantie de base:	3 ans/60 000 km

DONNÉES TECHNIQUES

Suspension av./arr.:	indépendante/essieu rigide
Freins av./arr.:	disques ABS/tambours ABS
Direction:	crémaillère, assistée
Diamètre de braquage:	11,4 mètres
Pneus:	P265/70R16
Système antipatinage:	non

QUOI DE NEUF!

La version Limited remplacée par le Sequoia
Moteurs plus puissants
Suspension plus souple
Pneus Dunlop remplacés par des Bridgestone

POUR

Moteurs plus puissants
Sièges confortables
Finition impeccable
Hayon arrière
Efficace hors-route

CONTRE

Accès à la cabine difficile
Suspension ferme
Prix corsé
Essuie-glace arrière peu efficace
Silhouette anonyme

MOTORISATION

Moteur/Transmission:	V6-3,4 litres/man. 5 rapports
Puissance/Couple:	183 ch à 4800 tr/min / 217 lb-pi à 3600 tr/min
Autres moteurs:	4L - 2,7 litres - 150 ch
Transmission opt.:	aut. 4 rapports

PERFORMANCES

Accél. 0-100 km/h:	11,7 secondes
Vitesse maximale:	165 km/h
Freinage 100-0 km/h:	46,3 mètres
Consommation:	14,9 litres/100 km (V6)
Coût annuel:	2130 $

EN DEUX MOTS

LE GRAND CHEROKEE N'A RIEN À CRAINDRE

VERDICT

Agrément	
Confort	
Fiabilité	
Habitabilité	
Hiver	
Sécurité	
Valeur de revente	

TOYOTA Avalon

Plus d'un an après son arrivée sur le marché, la Toyota Avalon n'a toujours pas réussi à remplir son mandat. Elle devait se substituer à la populaire Cressida tout en permettant à son constructeur de faire une incursion dans le créneau occupé par les grandes berlines américaines. Or, la Crown Vic de Nagoya a raté le coche.

L'année 1997 risque d'être encore plus pénible que la précédente pour la parente pauvre de la gamme Toyota. Son manque de relief et l'arrivée d'une Camry endimanchée ne sont pas de nature à aider sa cause. L'ancienne Cressida arrivait à se démarquer par sa propulsion mais, à bien y penser, l'Avalon n'est qu'un calque de la Camry avec un empattement à peine plus long et des dimensions semblables. À un prix frisant les 40 000 $, on peut comprendre que la clientèle reste indifférente ou se tourne vers sa luxueuse cousine, la Lexus ES300.

Plus près de la Camry

Les versions 1997 se collent encore davantage à la populaire compacte de Toyota en adoptant le nouveau système antipatinage TRAC qui est offert en option. Il permet une plus grande sécurité sur chaussée glissante par une réduction du couple du moteur et une application des freins sur l'une ou l'autre des roues motrices lorsque les capteurs détectent une perte d'adhérence. Pour les néophytes, précisons qu'il s'agit d'une version plus sophistiquée de ce que l'on a connu sous le nom de différentiel autobloquant ou à glissement limité.

Construite sur une plate-forme de Camry allongée, l'Avalon voit son moteur V6 prendre du poil de la bête en 1997 avec une puissance et un couple améliorés. Dans le premier cas, on passe de 192 à 200 chevaux (toujours à 5200 tr/min) tandis que le couple se situe désormais à 210 lb-pi à 4400 tr/min. Ces améliorations sont imputables à

Un curieux amalgame

un système d'échappement doté d'une soupape de dérivation qui facilite la circulation des gaz.

Pour ce qui est de l'apparence, l'Avalon 1997 se reconnaît à ses nouvelles roues en alliage et à la disparition de l'antenne de radio extérieure que l'on a remplacée par une antenne intégrée à la lunette arrière. C'est un détail qui peut paraître anodin, mais il suffit d'avoir vu une antenne radio plier l'échine dans un lave-autos automatique pour comprendre l'utilité d'un tel changement. En plus, le bruit de vent qui est l'un des points faibles de l'Avalon verra son niveau diminuer légèrement. À l'intérieur, les sièges sont drapés de nouveaux tissus plus élégants.

Cela dit, ce n'est certes pas sa banquette avant trois places à l'américaine qui va permettre à cette Toyota de faire carrière. La voiture est certes spacieuse, mais une banquette n'offrira jamais le confort de sièges baquets. On l'a d'ailleurs compris et cette grande berline peut être dotée de sièges baquets sur demande.

La XLD mise à l'essai possède un équipement assez complet avec des sièges chauffants, un système de lave-phares et un climatiseur thermostatique dont le système de chauffage ne se met en marche que lorsque le moteur a atteint une certaine température. On a donc l'assurance de ne pas être frigorifié par un flot d'air glacial par les petits matins d'hiver.

De belles surprises

Au volant, l'Avalon nous réserve tout de même de belles surprises. Le moteur, par exemple, est en bonne forme et semble plus vif que celui de l'ES300 qui est pourtant identique. D'un silence et d'une douceur rigoureuse, ses reprises sont toujours instantanées grâce, en partie, à l'excellence de la transmission automatique à 4 rapports avec une sur-multiplication qu'on peut annuler et un mode performance enclenchable à partir d'un bouton au tableau de bord.

Les freins contribuent aussi à la respectabilité de cette voiture autant par leur endurance que par leur progressivité et leur rapidité d'action. La direction est sans doute la seule zone grise au bilan de l'Avalon. Peu communicative, elle est sensible aux bosses et dévers du revêtement tout en étant à l'origine d'un trop grand diamètre de braquage. Cela nuit à la maniabilité de la voiture, surtout quand vient le moment de se garer en ville. Quant à la tenue de route, elle ne laisse transpirer aucun vice et la suspension procure un confort très satisfaisant même s'il arrive que le train avant tape dur sur certains revêtements.

Parmi les autres petites modifications qui permettent de différencier l'Avalon 1997 des modèles précédents, on peut mentionner l'adoption d'un verre teinté à haute absorption d'énergie solaire pour réduire la transmission des rayons UV. En plus, les rétroviseurs chauffants sont désormais présents sur tous les modèles tandis que, pour des raisons qui nous échappent, l'éclairage de la serrure côté conducteur a été éliminé. Finalement, les plus attentifs aux petits détails noteront la présence d'un silencieux de couleur noire dans le but de rehausser l'apparence de la voiture. Entre vous et moi, il en faudrait beaucoup plus pour donner une certaine allure à une carrosserie fade et sans saveur.

Comme toutes les Toyota, l'Avalon peut se prévaloir d'une qualité de construction quasi impeccable et d'une fiabilité très au-dessus de la moyenne. Dans sa catégorie, elle affronte toutefois une valeur sûre comme la Nissan Maxima qui a l'avantage d'être un peu moins chère et de posséder une meilleure valeur de revente. Quant à lutter contre les «grosses américaines», c'est un vœu pieux que la clientèle ne semble pas vouloir exaucer.

J. Duval

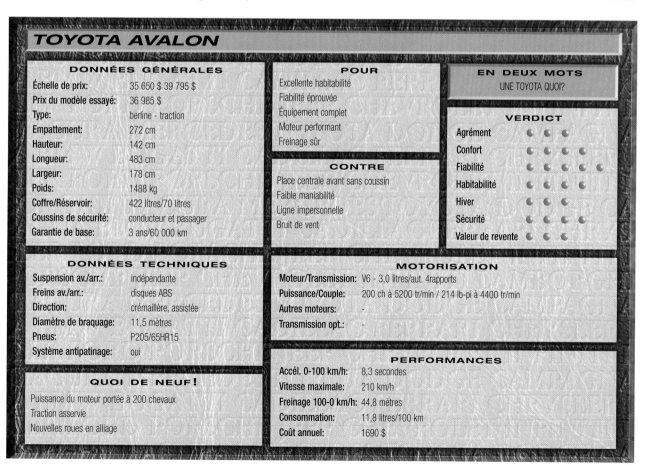

TOYOTA AVALON

DONNÉES GÉNÉRALES

Échelle de prix:	35 650 $ 39 795 $
Prix du modèle essayé:	36 985 $
Type:	berline - traction
Empattement:	272 cm
Hauteur:	142 cm
Longueur:	483 cm
Largeur:	178 cm
Poids:	1488 kg
Coffre/Réservoir:	422 litres/70 litres
Coussins de sécurité:	conducteur et passager
Garantie de base:	3 ans/60 000 km

POUR

Excellente habitabilité
Fiabilité éprouvée
Équipement complet
Moteur performant
Freinage sûr

CONTRE

Place centrale avant sans coussin
Faible maniabilité
Ligne impersonnelle
Bruit de vent

EN DEUX MOTS

UNE TOYOTA QUOI?

VERDICT

Agrément	●●●
Confort	●●●●
Fiabilité	●●●●●
Habitabilité	●●●●●
Hiver	●●●
Sécurité	●●●●
Valeur de revente	●●●

DONNÉES TECHNIQUES

Suspension av./arr.:	indépendante
Freins av./arr.:	disques ABS
Direction:	crémaillère, assistée
Diamètre de braquage:	11,5 mètres
Pneus:	P205/65HR15
Système antipatinage:	oui

MOTORISATION

Moteur/Transmission:	V6 - 3,0 litres/aut. 4rapports
Puissance/Couple:	200 ch à 5200 tr/min / 214 lb-pi à 4400 tr/min
Autres moteurs:	-
Transmission opt.:	-

QUOI DE NEUF!

Puissance du moteur portée à 200 chevaux
Traction asservie
Nouvelles roues en alliage

PERFORMANCES

Accél. 0-100 km/h:	8,3 secondes
Vitesse maximale:	210 km/h
Freinage 100-0 km/h:	44,8 mètres
Consommation:	11,8 litres/100 km
Coût annuel:	1690 $

TOYOTA Camry

Depuis son dernier remaniement, l'immensément populaire Toyota Camry était considérée comme la référence dans la catégorie des grandes compactes. Face à sa grande rivale, la Honda Accord, elle accusait depuis peu un certain retard. À son tour, elle vient de subir une cure de rajeunissement. Voyons comment…

A u cours des deux dernières années, compte tenu de la force du yen, de nombreuses rumeurs circulaient quant aux modifications qui seraient apportées à la future Camry. Certains préconisaient une silhouette radicalement différente et même très agressive. D'autres parlaient d'une voiture dont le contenu serait considérablement «allégé» afin de pouvoir continuer de l'offrir à des prix acceptables.

Comme on peut le constater en examinant les photos de la nouvelle version, les changements esthétiques sont faciles à discerner et ne sont pas très spectaculaires. Quant à la liste d'équipement de série, elle n'a pas été atténuée. Au contraire, dans bien des cas, on l'a étoffée. Ce qui ne signifie pas pour autant que des économies n'ont pas été réalisées.

Une présentation plus relevée

L'ancienne Camry avait été dessinée dans le but de n'offenser personne. Ses lignes étaient sages, ses rondeurs effacées tandis que son habitacle tentait de passer le plus possible inaperçu. D'ailleurs, c'est souvent la voie adoptée par les stylistes qui ont pour mission de dessiner une voiture de grande diffusion. Pour plaire à la majorité, on est moins audacieux.

Cette fois, ils ont eu le coup de crayon un peu plus aventurier. Non pas parce qu'ils étaient en révolte contre leurs supérieurs, mais tout simplement parce que les propriétaires de Camry eux-mêmes ont demandé une ligne moins banale.

Toujours la référence?

Encore une fois, le résultat n'est pas spectaculaire. Cependant, force est d'avouer que la nouvelle Camry possède plus de caractère sur le plan visuel. Ses angles sont plus cassés ou aigus tandis que des reliefs viennent donner plus de caractère au capot et au couvercle du coffre. La calandre, également plus agressive, surplombe un pare-chocs comprenant des prises d'air bien en évidence. La partie arrière tronquée et plus relevée saute tout de suite aux yeux. En fait, cette nouvelle Camry emprunte quelque peu à la Lexus ES300 1996 et, de loin, il nous est arrivé de la confondre avec une Honda Accord.

Le fait que l'empattement ait été allongé de 5 cm et qu'on ait réduit les porte-à-faux contribue à donner une identité à cette berline tout en favorisant l'habitabilité. Il faut également souligner que seule la berline sera offerte en 1997. Produire une familiale et un coupé ne semble pas figurer dans les projets immédiats de Toyota.

L'habitacle a également été redessiné. Alors que l'ancien tableau de bord était légèrement elliptique, celui-ci est plus plat et plus dégagé.

Les cadrans, très faciles à lire d'ailleurs, prennent place dans un rectangle assez généreux dont la partie supérieure déborde légèrement de chaque côté. À droite, on retrouve une montre, à gauche, c'est une buse de ventilation. Ce n'est pas très élégant, mais fort pratique.

Les commandes de la radio surplombent dorénavant celles de la climatisation et sont toutes placées dans une console verticale. De plus, on fait appel cette fois à des commandes à boutons rotatifs pour régler la ventilation et le chauffage. Enfin, soulignons que le coffre à gants est plus grand qu'auparavant.

Ceux qui craignaient que l'habitacle de la nouvelle version soit trop dépouillé seront rassurés d'apprendre que la Camry propose une foule d'accessoires de série. Soulignons la présence d'un accoudoir central avant intégrant un réceptacle pour une boîte de papier mouchoir, de deux porte-verres à l'avant et à l'arrière, d'une console au pavillon pour la télécommande de porte de garage ou les lunettes de soleil, d'un porte-monnaie intégré dans la planche de bord, des extrémités extensibles pour les visières et une prise 12 volts.

Les sièges avant sont plus confortables et leurs commandes de réglage plus faciles d'accès. Il faut toutefois déplorer l'absence d'une poignée de soutien. Enfin, la finition du pavillon est supérieure à celle du modèle antérieur.

Une mécanique familière

Lorsque le développement de cette Camry a été entamé, le yen se valorisait de semaine en semaine tandis que le dollar semblait souffrir d'anémie. Il n'était donc pas question de se lancer dans des modèles techniquement plus complexes et nécessairement plus coûteux.

Compte tenu que tous les éléments offerts sur la Camry étaient considérés comme étant les meilleurs ou tout au moins parmi les leaders de la catégorie, il n'était pas nécessaire de tout transformer sur le plan mécanique. La plate-forme a été rendue plus rigide, l'insonorisation plus poussée tandis que les éléments de la suspension ont été révisés afin d'assurer un plus grand niveau de confort. Curieusement, les ingénieurs ont relevé l'assiette arrière de la suspension afin d'assurer un meilleur contrôle dans les virages. De plus, le déport des roues avant a été modifié dans le but de rendre la direction plus précise et la pompe hydraulique de la direction a été modifiée.

Les groupes propulseurs sont des versions raffinées de ceux qui étaient disponibles auparavant, ce qui permet d'économiser sans nécessairement pénaliser la voiture. Donc, le 4 cylindres 2,2 litres à double balancier d'équilibrage et double arbre à cames en tête est de retour sous le capot de la Camry. Sa puissance est dorénavant de 133 chevaux, un gain de 8 forces. Il peut être associé à une boîte manuelle à 5 rapports et à une automatique à 4 rapports. Celle-ci est la seule boîte disponible avec le V6 3,0 litres dont la puissance est maintenant de 194 chevaux, soit 6 de plus qu'auparavant.

Ces gains de puissance sont rendus possibles grâce à une révision du système d'admission et d'échappement en plus de modifications au système de gestion des moteurs. Quant à la boîte automatique 4ECTi à contrôle électronique, elle s'adapte automatiquement au style de conduite du pilote et passe en mode «puissance» ou «normal», selon le cas. Elle est reliée à la commande d'accélérateur et modifie ses réglages en fonction de la vitesse à laquelle on enfonce l'accélérateur.

La Camry est la première Toyota à proposer une traction asservie. Lorsqu'il est sollicité, ce mécanisme réduit la puissance du moteur et actionne les freins d'une ou de plusieurs roues. Comme il peut agir indépendamment sur une roue ou une autre, il se comporte en quelque sorte tel un différentiel autobloquant. Ce mécanisme sera offert en option sur le modèle LXE et peut être désactivé en appuyant sur un bouton.

Plusieurs astuces dans la conception de la caisse ont permis aux ingénieurs d'épargner et d'alléger la voiture sans rogner sur la solidité de la caisse ou sur l'intégrité du véhicule. Pour simplifier l'assemblage, le pare-chocs avant compte maintenant 13 éléments au lieu de 20. Il peut désormais résister à un impact de 5 mph contre 2,5 auparavant. Certains éléments du châssis sont plus solides et plus efficaces tout en étant moins coûteux à produire et plus légers. Un autre exemple de réduction des coûts est la disparition des supports hydrauliques du capot qui sont remplacés par la très économique tige de support.

D'une inquiétante douceur

Les Camry ont toujours été appréciées pour leur impressionnant silence de roulement, leur solidité, leur fiabilité et un comportement routier adéquat. Toutes ces qualités se traduisaient cependant par une voiture passablement terne en ce qui concerne l'agrément de conduite. Toyota a voulu améliorer cet aspect un peu comme on a voulu donner plus de dynamisme à la silhouette.

L'objectif est atteint. La Camry nouvelle cuvée est plus intéressante à conduire. Ce qui ne signifie pas qu'on a progressé du simple au double. Mais c'est amplement suffisant compte tenu de la vocation et de la clientèle visée.

La conduite d'une version CE à boîte automatique animée par le moteur 4 cylindres et chaussée des pneus Michelin 15 pouces n'est pas nécessairement de nature à emballer le conducteur sportif. En revanche, la douceur de roulement, le confort des sièges et une direction plus précise viennent s'harmoniser à un moteur dont les prestations sont pour le moins honnêtes. Toutefois, les pneus se sont révélés glissants sur chaussée humide et parfois bruyants sur certains revêtements. Quant au modèle équipé de la boîte manuelle, cette dernière a plus d'influence sur l'économie de carburant que sur les performances.

La combinaison offrant le meilleur rapport agrément de conduite/prix est la CE dotée du moteur V6 et de pneus Dunlop de 16 pouces. Ces pneumatiques ne sont pas très performants, mais assurent quand même un niveau de confort et de comportement routier plus intéressant. Et le V6 est un modèle de douceur et de souplesse. Les mêmes adjectifs s'appliquent également à la suspension qui absorbe toutes les irrégularités de la route avec aplomb tout en assurant une tenue de route très efficace. C'est tellement doux qu'on se demande comment Toyota peut nous proposer une telle douceur sur une voiture de cette catégorie.

L'agrément de conduite est aussi meilleur. Ce n'est pas celui d'une BMW ou d'une Audi, mais c'est mieux qu'auparavant. Rares sont les intermédiaires pouvant offrir un tel équilibre et une telle qualité d'assemblage. Cette excellence se paie et les Camry ont toujours été plus chères que la concurrence. Mais les coûts ne sont pas excessifs pour une voiture d'une solidité et d'une fiabilité de bon aloi.

Malgré cette avalanche de louanges, il est toujours possible de se demander pourquoi les brillants ingénieurs de Toyota n'ont pas trouvé le moyen de donner une meilleure garde au sol pour relever le système d'échappement qui pendouille sous la voiture. Compte tenu de nos conditions de conduite, c'est rendre la voiture inutilement vulnérable. Mais connaissant la rigueur des Japonais et de Toyota en particulier, c'est probablement le seul problème que l'on est susceptible d'éprouver au volant de la nouvelle Camry. Il y a fort à parier qu'elle deviendra la référence de sa catégorie.

D. Duquet

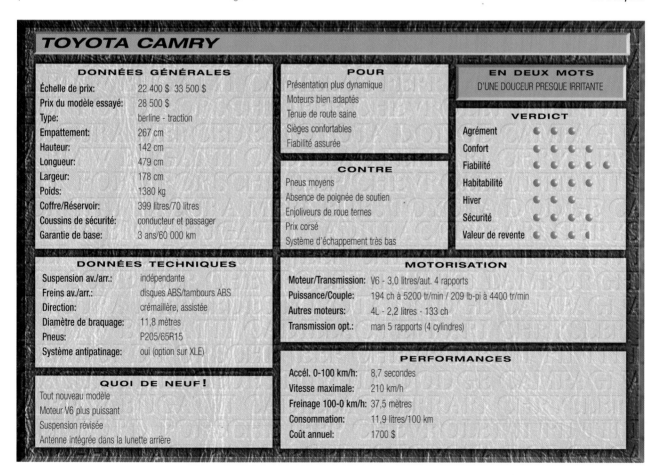

TOYOTA CAMRY

DONNÉES GÉNÉRALES

Échelle de prix:	22 400 $ 33 500 $
Prix du modèle essayé:	28 500 $
Type:	berline - traction
Empattement:	267 cm
Hauteur:	142 cm
Longueur:	479 cm
Largeur:	178 cm
Poids:	1380 kg
Coffre/Réservoir:	399 litres/70 litres
Coussins de sécurité:	conducteur et passager
Garantie de base:	3 ans/60 000 km

DONNÉES TECHNIQUES

Suspension av./arr.:	indépendante
Freins av./arr.:	disques ABS/tambours ABS
Direction:	crémaillère, assistée
Diamètre de braquage:	11,8 mètres
Pneus:	P205/65R15
Système antipatinage:	oui (option sur XLE)

QUOI DE NEUF !

Tout nouveau modèle
Moteur V6 plus puissant
Suspension révisée
Antenne intégrée dans la lunette arrière

POUR

Présentation plus dynamique
Moteurs bien adaptés
Tenue de route saine
Sièges confortables
Fiabilité assurée

CONTRE

Pneus moyens
Absence de poignée de soutien
Enjoliveurs de roue ternes
Prix corsé
Système d'échappement très bas

MOTORISATION

Moteur/Transmission:	V6 - 3,0 litres/aut. 4 rapports
Puissance/Couple:	194 ch à 5200 tr/min / 209 lb-pi à 4400 tr/min
Autres moteurs:	4L - 2,2 litres - 133 ch
Transmission opt.:	man 5 rapports (4 cylindres)

PERFORMANCES

Accél. 0-100 km/h:	8,7 secondes
Vitesse maximale:	210 km/h
Freinage 100-0 km/h:	37,5 mètres
Consommation:	11,9 litres/100 km
Coût annuel:	1700 $

EN DEUX MOTS

D'UNE DOUCEUR PRESQUE IRRITANTE

VERDICT

Agrément	● ● ●
Confort	● ● ● ●
Fiabilité	● ● ● ● ●
Habitabilité	● ● ● ●
Hiver	● ● ●
Sécurité	● ● ● ●
Valeur de revente	● ● ● ●

TOYOTA Celica

La Celica occupe une place à part dans la gamme Toyota. Non seulement les stylistes semblent avoir eu plus de latitude dans son élaboration, mais elle se permet d'avoir du caractère, une qualité rare sur certains autres modèles de cette marque. Agréable à conduire, elle est toutefois handicapée par un prix assez élevé.

I est indéniable que la Celica autant dans sa version GT que GT-S est l'une des Toyota les plus intéressantes à conduire. Il est cependant important d'expliquer en premier lieu que ce comportement apprécié s'explique en bonne partie par la rigidité et la légèreté de la caisse. On peut être plus ou moins d'accord avec l'esthétique de ce coupé sport, mais il faut admettre que la caisse est d'une rigidité exemplaire tout en étant assez légère. La solidité du châssis assure pour sa part un meilleur ancrage des éléments de la suspension et par conséquent une meilleure tenue de route. La réduction de poids est obtenue grâce à l'utilisation d'un acier de haute qualité permettant une meilleure résistance à la corrosion et une protection accrue en cas de collision. De toute évidence Toyota manifeste une grande confiance dans la robustesse de l'ensemble, car aucun coussin gonflable n'est offert en série. C'est d'autant plus surprenant si l'on considère le prix qui frôle les 30 000 $.

L'utilisation de superordinateurs a permis de déterminer avec exactitude les points de stress et les renforts à ajouter pour plus de solidité. Sur la Celica, des renforts spéciaux sont placés au point inférieur des piliers A et B ainsi que sur les parois internes de l'ouverture du hayon. Bref, ce coupé sport poursuit la tradition Toyota de s'intéresser aux moindres détails et de rendre la voiture la plus solide et la mieux finie possible. Toutefois, sur certains modèles, l'esthétique n'a pas toujours été nécessairement à la hauteur. Heureusement, la Celica affiche une silhouette dynamique et bien

L'agrément de conduite, mais à quel prix?

équilibrée pour un coupé sport. Il est certain que les lignes de la caisse sont inspirées de celles de la Supra, mais la Celica est mieux réussie que sa grande sœur, qui a certains excès à se faire pardonner.

Une valeur sûre

Pour animer les deux versions, Toyota mise sur une valeur sûre. Le seul moteur disponible est le 2,2 litres dont les origines remontent à la Celica de la génération précédente. Sa puissance est de 130 chevaux, plutôt modeste par rapport à sa cylindrée et à la concurrence qui réussit à en loger 20 à 30 de plus dans une «écurie» de même taille. Soulignons de plus que son niveau sonore et sa douceur n'en font pas un modèle du genre.

La boîte de vitesses de série est une manuelle à 5 rapports. La course de son petit levier est précise et autorise des changements à la volée. Une automatique à 4 rapports et surmultiplication à commande

électronique est disponible dans les deux versions et fait son travail avec efficacité et douceur.

Les suspensions avant et arrière sont pourvues des jambes de force dont la géométrie a été spécialement étudiée pour éliminer la plongée et le cabrage lors du freinage et de l'accélération. À l'avant, la jambe de force est reliée à un bras inférieur en forme de L tandis que la suspension arrière joint la jambe de force à deux bras parallèles et à un bras tiré.

Étroit mais confortable

Si vous êtes du genre à rechercher les habitacles spacieux et aérés, celui de la Celica risque de vous déplaire. Deux adultes assez costauds peuvent facilement y prendre place et les sièges avant sont confortables, mais l'espace est tout de même assez restreint. Heureusement, les garnitures sculptées des portières assurent un bon dégagement pour les bras et les coudes. Le toit en forme de goutte d'eau permet de compter sur un bon dégagement pour la tête aux places avant, mais c'est autre chose à l'arrière. Sur ce point, la Celica ne se distingue pas de la grande majorité des coupés sport sur le marché et il s'agit avant tout d'un 2+2. Malgré tout, le coffre est de bonnes dimensions, même si le plancher est tourmenté en raison de la présence d'un pneu de secours pleine grandeur. Le seuil de chargement est également très haut.

Le tableau de bord est bien disposé et l'instrumentation complète. De plus, la partie centrale du tableau de bord est constituée par une console verticale regroupant la radio, les commandes de la climatisation et les buses de ventilation. C'est efficace et bien agencé, mais la présentation est plutôt ordinaire et ressemble à celle de plusieurs autres japonaises de la même génération.

Agréable à conduire

La version GT-S conduite lors de notre essai peut porter sans honte le titre de coupé sport. Son moteur 2,2 litres est essoufflé et très bruyant aux alentours de 4000 tr/min, mais ses performances sont honnêtes. De plus, l'agrément de conduite est relevé par la boîte manuelle bien étagée. Dans l'ensemble, le groupe propulseur contribue à l'agrément de conduite. La suspension sport optionnelle est passablement ferme mais sans excès. Avec en plus des pneus à sculptures agressives montés sur les jantes en alliage de 15 pouces, la Celica GT-S permet d'aborder des virages serrés à des vitesses relativement élevées. La direction s'est par ailleurs avérée précise et son assistance bien dosée. La Celica n'offre pas les performances d'une Honda Prelude SR-V ou de l'Acura Integra GS-R dont les moteurs offrent respectivement 190 et 170 chevaux, mais elle est loin d'usurper le titre de coupé sport.

D. Duquet

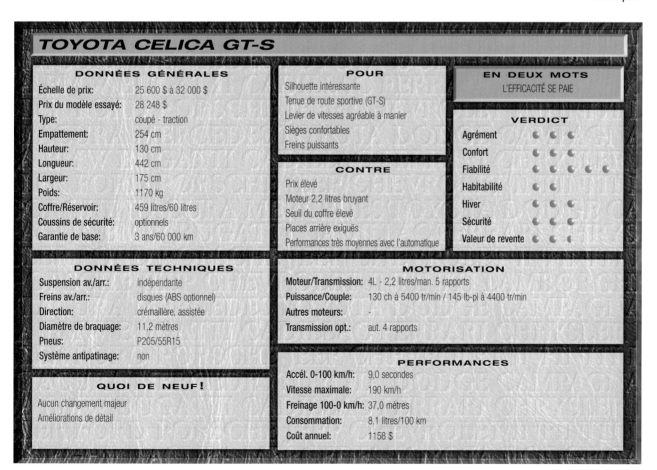

TOYOTA CELICA GT-S

DONNÉES GÉNÉRALES

Échelle de prix:	25 600 $ à 32 000 $
Prix du modèle essayé:	28 248 $
Type:	coupé - traction
Empattement:	254 cm
Hauteur:	130 cm
Longueur:	442 cm
Largeur:	175 cm
Poids:	1170 kg
Coffre/Réservoir:	459 litres/60 litres
Coussins de sécurité:	optionnels
Garantie de base:	3 ans/60 000 km

DONNÉES TECHNIQUES

Suspension av./arr.:	indépendante
Freins av./arr.:	disques (ABS optionnel)
Direction:	crémaillère, assistée
Diamètre de braquage:	11,2 mètres
Pneus:	P205/55R15
Système antipatinage:	non

QUOI DE NEUF !

Aucun changement majeur
Améliorations de détail

POUR

Silhouette intéressante
Tenue de route sportive (GT-S)
Levier de vitesses agréable à manier
Sièges confortables
Freins puissants

CONTRE

Prix élevé
Moteur 2,2 litres bruyant
Seuil du coffre élevé
Places arrière exiguës
Performances très moyennes avec l'automatique

MOTORISATION

Moteur/Transmission:	4L - 2,2 litres/man. 5 rapports
Puissance/Couple:	130 ch à 5400 tr/min / 145 lb-pi à 4400 tr/min
Autres moteurs:	-
Transmission opt.:	aut. 4 rapports

PERFORMANCES

Accél. 0-100 km/h:	9,0 secondes
Vitesse maximale:	190 km/h
Freinage 100-0 km/h:	37,0 mètres
Consommation:	8,1 litres/100 km
Coût annuel:	1158 $

EN DEUX MOTS

L'EFFICACITÉ SE PAIE

VERDICT

Agrément	◖◖◖
Confort	◖◖◖
Fiabilité	◖◖◖◖◖
Habitabilité	◖◖
Hiver	◖◖◖
Sécurité	◖◖◖
Valeur de revente	◖◖◖◖

TOYOTA Corolla

Best-seller mondial et paradigme de fiabilité, la Toyota Corolla n'en demeure pas moins une voiture dont on parle peu. Comme les gens heureux qui n'ont pas d'histoire, on tient pour acquis qu'il y a peu à dire à son sujet, sauf qu'elle coûte cher mais qu'à la longue, elle justifie pleinement son prix élevé.

J'étais toutefois curieux de savoir si elle mérite toujours sa place en tête de presque toutes les listes de «voitures recommandées». J'ai donc passé une semaine au volant d'une berline Corolla DX à transmission automatique avec surmultiplication.

Mille kilomètres plus tard, le verdict montre que rien n'a changé... ou presque.

Cette Toyota demeure la meilleure définition de la voiture simple, facile à conduire et sur laquelle on peut compter en tout temps. On serait même porté à la décrire comme la voiture de ceux qui n'aiment pas l'automobile et qui recherchent un moyen de transport fiable dont ils n'auront jamais à se soucier. Dépourvue de toute sophistication, la Corolla DX se satisfait d'un 4 cylindres de 1,6 litre et 100 chevaux assorti d'une boîte manuelle à 5 rapports ou d'une transmission automatique à 3 rapports. On peut la doter d'un moteur de 1,8 litre légèrement plus puissant et même d'une transmission automatique à 4 rapports, mais ce genre d'option fait monter une facture déjà passablement élevée pour un modèle de cette catégorie. Ce dernier groupe propulseur est cependant de série dans la version familiale de la Corolla.

Un bilan routier favorable

Qu'importe le moteur, cette Toyota se défend honorablement au feu vert avec un 0-100 km/h en 10,8 secondes et des reprises qui ne

Si l'automobile vous ennuie!

donnent jamais de maux de tête aux vitesses légales. Ce 4 cylindres s'entend lorsqu'on le sollicite, mais son niveau sonore est loin d'être aussi gênant que le bruit de roulement qui envahit l'habitacle au passage de certains revêtements. La Corolla pourrait bénéficier de pneus plus silencieux, à moins qu'elle n'ait besoin d'une meilleure insonorisation. La trop grande légèreté de la direction fait ressortir le point marquant de cette voiture: sa facilité de conduite. Il faut d'ailleurs s'en méfier, car on a tendance à relâcher sa concentration tellement on se sent à l'aise au volant. Il reste que la sensation de contact avec la route est pratiquement inexistante. La douceur de toutes les commandes contribue aussi à cet excès de confiance.

Fort heureusement, la Corolla ne risque pas de vous mettre dans l'embarras si, par exemple, vous avez mal estimé votre vitesse à l'entrée d'un virage. Malgré ses insignifiants petits pneus de 14 pouces, cette traction n'affiche aucun vice particulier au chapitre de la tenue de route. Fidèle à sa vocation économique (?), cette Toyota n'offre les

freins ABS qu'en option, mais le tandem disques/tambours de série s'acquitte convenablement de sa tâche.

Le confort non plus ne se décrit pas à l'aide de superlatifs mais par contre, vous oubliez que vous roulez dans une petite voiture. C'est d'ailleurs là l'une des grandes qualités de la Corolla qui réussit ainsi à se faire pardonner la modestie de ses prestations. En revanche, il faut avoir une imagination qui se nourrit de grandes illusions pour penser que l'on a affaire à une mini-Lexus comme l'a écrit un confrère. Elle est certes produite par le même manufacturier, mais elle n'a pas plus d'affinités avec une Lexus qu'une Celica n'est un ersatz de la Ferrari.

Un intérieur soigné

Sans être une voiture de luxe, cette Toyota contraste avec ses concurrentes qui présentent immanquablement des intérieurs fades et plastifiés à l'excès. La qualité des matériaux utilisés est évidente et la belle texture des tissus recouvrant les sièges et les contre-portes, impressionnante. La fragilité et l'aspect bon marché des pare-soleil tout comme certains autres petits détails empêchent la Corolla de décrocher un score parfait au chapitre de la présentation intérieure. Je pense par exemple au commutateur de verrouillage automatique des portières qui prête à confusion ainsi qu'au confort restreint des sièges. La position de conduite est pourtant excellente et la DX bénéficie en plus d'un volant réglable en hauteur. Louons aussi l'absence d'angle mort qui donne une visibilité parfaite, ainsi que l'abondance des espaces de rangement. Même avec un coussin gonflable du côté du passager, on bénéficie d'un coffre à gants, de trois vide-poches sur la console seulement et d'un tableau de bord sur lequel on peut poser divers objets au besoin.

Si l'on ajoute à cela des places arrière plus faciles d'accès et plus spacieuses que celles d'une BMW 328 ainsi qu'un coffre à bagages modulable immensément pratique, on comprend que la Toyota Corolla soit une voiture aussi appréciée universellement. Si l'on peut se résoudre à accepter de payer un prix axé autant sur ses qualités que sur sa réputation, on réalisera ce qui peut encore être considéré comme l'un des meilleurs achats sur le marché de l'automobile (voir aussi «Les olympiades de la voiture économique»).

J. Duval

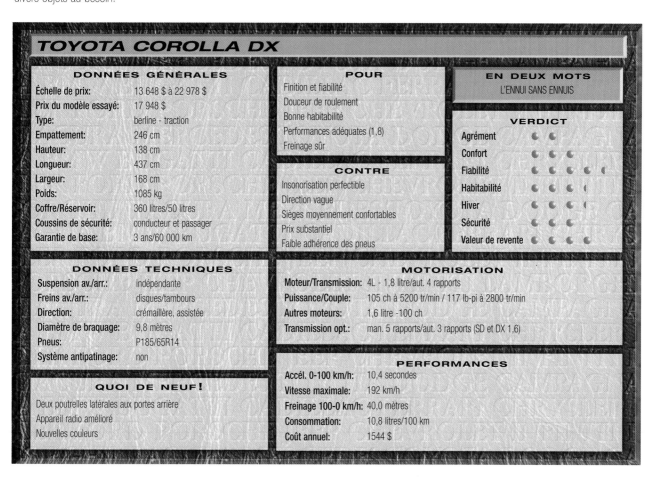

TOYOTA COROLLA DX

DONNÉES GÉNÉRALES

Échelle de prix:	13 648 $ à 22 978 $
Prix du modèle essayé:	17 948 $
Type:	berline - traction
Empattement:	246 cm
Hauteur:	138 cm
Longueur:	437 cm
Largeur:	168 cm
Poids:	1085 kg
Coffre/Réservoir:	360 litres/50 litres
Coussins de sécurité:	conducteur et passager
Garantie de base:	3 ans/60 000 km

DONNÉES TECHNIQUES

Suspension av./arr.:	indépendante
Freins av./arr.:	disques/tambours
Direction:	crémaillère, assistée
Diamètre de braquage:	9,8 mètres
Pneus:	P185/65R14
Système antipatinage:	non

QUOI DE NEUF!

Deux poutrelles latérales aux portes arrière
Appareil radio amélioré
Nouvelles couleurs

POUR

Finition et fiabilité
Douceur de roulement
Bonne habitabilité
Performances adéquates (1,8)
Freinage sûr

CONTRE

Insonorisation perfectible
Direction vague
Sièges moyennement confortables
Prix substantiel
Faible adhérence des pneus

MOTORISATION

Moteur/Transmission:	4L - 1,8 litre/aut. 4 rapports
Puissance/Couple:	105 ch à 5200 tr/min / 117 lb-pi à 2800 tr/min
Autres moteurs:	1,6 litre -100 ch
Transmission opt.:	man. 5 rapports/aut. 3 rapports (SD et DX 1,6)

PERFORMANCES

Accél. 0-100 km/h:	10,4 secondes
Vitesse maximale:	192 km/h
Freinage 100-0 km/h:	40,0 mètres
Consommation:	10,8 litres/100 km
Coût annuel:	1544 $

EN DEUX MOTS

L'ENNUI SANS ENNUIS

VERDICT

Agrément	
Confort	
Fiabilité	
Habitabilité	
Hiver	
Sécurité	
Valeur de revente	

TOYOTA Paseo/Tercel

Tout en bas de la vaste gamme Toyota, on trouve deux petites voitures qui comptent parmi les plus populaires au Québec: la Tercel et la Paseo. La première est une berline 2 ou 4 portes à vocation économique tandis que la seconde est un petit coupé aux prétentions sportives.

Si nous avons choisi de jumeler ces deux modèles, c'est qu'ils sont issus de la même plate-forme, partageant le même empattement et les mêmes organes mécaniques. Seule l'apparence diffère... Alors que la Tercel finit par être plutôt banale dans son effort pour ressembler à une BMW série 3, la Paseo épouse des lignes beaucoup plus élancées.

Pour faire semblant de conduire une voiture sport sans en payer le prix, on peut se rabattre sur l'un ou l'autre des modèles que les constructeurs japonais ont le don de concocter à partir de la moindre petite berline bon marché. Le truc est simple et rentable... On utilise la même base mécanique, on dessine une carrosserie de coupé deux portes en la dotant de quelques artifices sport et, presto, on obtient une 200SX, une Mazda MX-3 ou... une Paseo. Il ne reste plus qu'à gonfler le prix de quelques milliers de dollars et à laisser la clientèle tomber dans le panneau.

Aileron ou poignée

Toute mignonne soit-elle aux yeux de plusieurs, la Paseo n'a vraiment pas grand-chose pour justifier son étiquette sportive. En fait, l'aileron qui surplombe l'arrière du véhicule joue beaucoup plus le rôle d'une grosse poignée pour le coffre à bagages que d'un appendice aérodynamique. Avec son 4 cylindres 16 soupapes de 1,5 litre et 93 chevaux, ce coupé n'atteindra jamais les vitesses auxquelles un aileron pourrait lui être utile.

Avec une boîte manuelle dont les 5 rapports se laissent guider sans effort, on arrive à boucler le 0-100 km/h juste sous la barre des 11 secondes, mais

Pour faire semblant

en montant les régimes au maximum le moteur nous montre tout de suite son côté grognon et rugueux. Ce minuscule 4 cylindres est non seulement bruyant, mais il télégraphie dans la pédale d'embrayage des vibrations qui nous donnent l'impression d'avoir affaire à une ancienne MGB. Sa bonne réserve de couple permet toutefois de conduire sans trop le solliciter et conséquemment d'éviter ce désagrément. Sa plus grande qualité, exception faite de sa robustesse proverbiale, est sans contredit sa frugalité. Même menée rondement, la Paseo nous a gratifiés d'une moyenne de 7,2 litres aux 100 km.

Pneus ou savonnettes?

L'autre atout majeur de ce modèle est son comportement en virage combiné à une grande maniabilité. Le roulis est minime et cette Toyota affiche une tenue de route presque neutre qui est d'autant plus surprenante que les pneus se comportent beaucoup moins bien au freinage ou en accélération. Au départ ou lors de freinages d'urgence, ces pneus de 14 pouces sont de véritables savonnettes qui patinent et glissent comme s'ils avaient été enduits d'un

lubrifiant quelconque. Sans ABS, les roues se bloquent au moindre prétexte et les distances d'arrêt n'en finissent plus de s'allonger.

Secouée par un effet de couple marqué, la direction n'est pas non plus très agréable tandis que les secousses brutales de la suspension au passage de mauvais nids-de-poule sont éprouvantes. Et que dire du sifflement du vent qui émanait de la portière de droite et qui s'amplifiait au fur et à mesure que la vitesse augmentait?

Autre irritant: la position haute du volant à laquelle les conducteurs de petite taille auront du mal à s'habituer. Et quelle que soit votre taille, je vous mets au défi d'arriver à pouvoir faire marche arrière sans pester contre la mauvaise visibilité. Les places arrière sont destinées à de très jeunes enfants ou à des ados sans tête tellement l'espace y est limité. Les sièges sont confortables et égayés par un tissu bariolé de tons vifs. La liste des options comprend un groupe d'accessoires incluant un panneau de toit transparent assez peu intéressant parce qu'il ne peut être que relevé et que son écran pare-soleil amovible doit être rangé dans le coffre.

Il est rare qu'un produit Toyota prête le flanc à autant de critiques, mais il serait malhonnête de décrire la Paseo en termes élogieux. Je serai poli en disant que Toyota a déjà fait beaucoup mieux.

Terne Tercel

Difficile de trouver une voiture plus terne que la Tercel et, malgré son succès, Toyota se livre depuis peu à une opération de racolage afin d'élargir sa clientèle. Pour se rendre plus amusante, la Tercel Sport s'affuble d'un petit déguisement sportif que le comportement et les performances de la voiture sont incapables d'épauler.

Si l'apparence ne casse rien, on peut au moins se consoler avec des places arrière dignes de ce nom et une visibilité arrière moins problématique.

La finition est, bien sûr, de haut niveau et la Tercel a la réputation de détester les mécaniciens au point de ne jamais vouloir les voir. Comble de ridicule sur une voiture dite «sport», la version mise à l'essai était dotée d'une transmission automatique et d'une instrumentation où le compte-tours brillait par son absence. Avec un tel équipement, le petit moteur de 1,5 litre a une raison de plus pour grogner dès qu'on le sollicite un peu et il vaut mieux se tenir tranquille au feu vert, car cette Tercel met 11,6 secondes à atteindre les 100 km/h après un départ arrêté.

Comme la Paseo, la Tercel n'est pas gâtée en équipement pneumatique et sa limite d'adhérence est annoncée par un sous-virage prononcé. Le confort, par contre, n'est jamais remis en question.

On peut évidemment se procurer une Tercel à un prix convenable si l'on accepte le dépouillement des versions de base. Celles-ci sont tristes à mourir, mais au moins on a la consolation de ne pas s'être laissé piéger par des promesses de performances qui ne sont pas au rendez-vous.

J. Duval

TOYOTA PASEO

DONNÉES GÉNÉRALES

Échelle de prix:	17 888 $ à 18 338 $
Prix du modèle essayé:	17 888 $
Type:	coupé 2+2 - traction
Empattement:	238 cm
Hauteur:	130 cm
Longueur:	415 cm
Largeur:	166 cm
Poids:	925 kg
Coffre/Réservoir:	218 litres/45 litres
Coussins de sécurité:	conducteur
Garantie de base:	3 ans/60 000 km

POUR

Belle maniabilité
Tenue de route sportive (Paseo)
Faible consommation
Fiabilité reconnue
Bons rangements

CONTRE

Mauvaise visibilité (Paseo)
Places arrière ridicules (Paseo)
Direction désagréable en accélération
Pneus bon marché
Prix discutables

EN DEUX MOTS

TENEZ-VOUS À LA FIABILITÉ À CE POINT ?

VERDICT

Agrément	◖ ◖
Confort	◖ ◖ ◖
Fiabilité	◖ ◖ ◖ ◖ ◖
Habitabilité	◖ ◖
Hiver	◖ ◖ ◖
Sécurité	◖ ◖ ◖
Valeur de revente	◖ ◖ ◖ ◖

DONNÉES TECHNIQUES

Suspension av./arr.:	indépendante/semi-indépendante
Freins av./arr.:	disques/tambours
Direction:	crémaillère, assistée
Diamètre de braquage:	9,9 mètres
Pneus:	P185/60R14
Système antipatinage:	non

MOTORISATION

Moteur/Transmission:	4L - 1,5 litre/man. 5 rapports
Puissance/Couple:	93 ch à 5400 tr/min / 100 lb-pi à 4400 tr/min
Autres moteurs:	-
Transmission opt.:	aut. 4 rapports

QUOI DE NEUF!

Verre teinté de série
Nouveaux tissus des sièges

PERFORMANCES

Accél. 0-100 km/h:	10,9 secondes
Vitesse maximale:	170 km/h
Freinage 100-0 km/h:	43,0 mètres
Consommation:	7,8 litres/100 km
Coût annuel:	1115 $

TOYOTA Previa

Malgré le fait qu'elle ait été dévoilée à la fin des années 80, cette Toyota possède l'une des silhouettes les plus modernes qui soient. Malheureusement, les fourgonnettes ne sont pas uniquement jugées en fonction de leur esthétique. Et c'est justement là que les ennuis de la Previa débutent.

L'an dernier, dans le cadre d'un match comparatif mettant en jeu toutes les fourgonnettes sur le marché, la Previa s'est éclipsée en terminant au dernier rang. La première réaction est de croire que ce résultat désastreux est le simple fait d'un prix de vente trop élevé. En effet, la Previa est fabriquée au Japon et sa mécanique unique à plus d'un point de vue explique pourquoi elle est plus chère que toutes ses concurrentes.

Il est vrai qu'en retour on obtient une fourgonnette impeccable sur le plan de l'assemblage et de la finition. En plus, les matériaux utilisés sont de première qualité comme c'est le cas avec toutes les Toyota ou presque. Malheureusement, le prix élevé de la Previa ne permet pas à lui seul d'expliquer sa déconfiture. Sa conception pour le moins originale devient rapidement un handicap quand on la conduit.

Les ingénieurs de Toyota ont toujours utilisé un moteur en position centrale sur les deux fourgonnettes qui ont été commercialisées en Amérique du Nord. Si la première version apparue au milieu des années 80 était animée par un moteur placé derrière les sièges avant, celui de la Previa est installé directement dessous. Cette configuration pour le moins étrange est supposée offrir une meilleure habitabilité. Pourtant, il n'en est rien puisque les accessoires du moteur sont placés sous le capot avant et animés par un arbre de couche souple. Les avantages escomptés par cette disposition originale ne permettent pas de profiter de plus d'espace de rangement sous le capot, par exemple.

Onéreuse et excentrique

En fait, la position centrale du moteur hausse le centre de gravité en plus de limiter ses dimensions. Il n'y a donc pas assez d'espace pour un 6 cylindres et en plus, la tâche des mécaniciens est rendue plus ardue. C'est pourquoi Toyota est forcé d'utiliser un moteur suralimenté afin d'obtenir une puissance adéquate. La version atmosphérique du 4 cylindres 2,4 litres a été abandonnée l'an dernier, car ses 138 chevaux n'étaient plus en mesure de soutenir la comparaison avec la concurrence.

Quant à la version actuelle, ses 161 chevaux font l'affaire. On a toujours l'impression cependant que le moteur travaille très fort pour déplacer cette grosse caisse.

Malgré tout, la Previa n'est pas dépourvue d'attraits. En plus de posséder une qualité de fabrication impeccable, elle est très spacieuse. Non seulement son habitacle est généreux, mais les places arrière sont confortables. De plus, grâce à son importante surface vitrée, la visibilité est sans faille. Par contre, il faut vraiment lever la jambe très haut pour

monter à bord. C'est là un autre inconvénient relié à la position du moteur qui relève l'assiette de toute la caisse. Cet aspect rend le chargement des bagages également plus difficile.

Sensible au vent latéral

Un centre de gravité et un seuil de chargement élevés ne sont pas les seuls inconvénients rattachés à cette configuration hors de l'ordinaire. En effet, conduire une Previa par une journée de grand vent devient une expérience pour le moins mémorable. Il faut tenir le volant avec fermeté pour résister aux assauts de la bourrasque. En plus, la direction devient de plus en plus sensible au fur et à mesure que la vélocité du vent augmente. Il faut donc être doublement sur ses gardes pour ne pas donner des coups de volant trop brusques afin de ne pas faire d'embardée. La position de conduite est heureusement acceptable bien que la présentation générale du tableau de bord ne fasse certainement pas l'unanimité. Il est vrai que les commandes sont toutes à portée de la main, mais dans l'ensemble le résultat est quand même assez décevant.

Ce comportement est déplorable et vient s'ajouter à une fiche qui n'est déjà pas trop reluisante. Il faut aussi souligner que la suspension arrière atteint rapidement ses limites et que la Previa est nettement plus à l'aise sur les autoroutes que sur les routes sinueuses. Et si la traction intégrale permet de compter sur plus de stabilité, elle produit un sous-virage très prononcé qui fait même crisser les pneus dans les virages serrés abordés à une certaine vitesse. Enfin, si les performances peuvent être jugées acceptables, les accélérations sont tout de même justes et la distance de freinage laisse à désirer.

Il est dommage qu'une silhouette toujours aussi moderne soit mal servie par un véhicule dont la conception étriquée ne rend pas justice à la solidité de la caisse et au sérieux de sa construction. Heureusement pour Toyota, la fiabilité et la solidité de ses produits sont suffisantes pour convaincre une clientèle qui se déclare quand même satisfaite. Et il faut de plus souligner que la consommation de carburant de cette grosse fourgonnette est certainement dans la bonne moyenne.

Plusieurs sont prêts à pardonner ses fautes à la Previa en raison de ses sièges confortables, de son volume intérieur très généreux et de la légendaire qualité Toyota. De plus, la qualité du service ne s'est pas atténuée au fil des ans. Dommage qu'on doive payer le gros prix.

D. Duquet

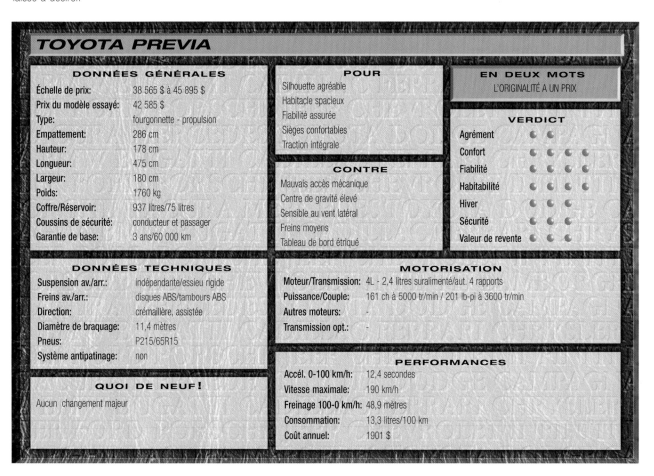

TOYOTA PREVIA

DONNÉES GÉNÉRALES

Échelle de prix:	38 565 $ à 45 895 $
Prix du modèle essayé:	42 585 $
Type:	fourgonnette - propulsion
Empattement:	286 cm
Hauteur:	178 cm
Longueur:	475 cm
Largeur:	180 cm
Poids:	1760 kg
Coffre/Réservoir:	937 litres/75 litres
Coussins de sécurité:	conducteur et passager
Garantie de base:	3 ans/60 000 km

POUR
- Silhouette agréable
- Habitacle spacieux
- Fiabilité assurée
- Sièges confortables
- Traction intégrale

CONTRE
- Mauvais accès mécanique
- Centre de gravité élevé
- Sensible au vent latéral
- Freins moyens
- Tableau de bord étriqué

EN DEUX MOTS
L'ORIGINALITÉ A UN PRIX

VERDICT

Agrément	⚫⚫
Confort	⚫⚫⚫⚫
Fiabilité	⚫⚫⚫⚫
Habitabilité	⚫⚫⚫⚫
Hiver	⚫⚫⚫
Sécurité	⚫⚫⚫
Valeur de revente	⚫⚫⚫

DONNÉES TECHNIQUES

Suspension av./arr.:	indépendante/essieu rigide
Freins av./arr.:	disques ABS/tambours ABS
Direction:	crémaillère, assistée
Diamètre de braquage:	11,4 mètres
Pneus:	P215/65R15
Système antipatinage:	non

MOTORISATION

Moteur/Transmission:	4L - 2,4 litres suralimenté/aut. 4 rapports
Puissance/Couple:	161 ch à 5000 tr/min / 201 lb-pi à 3600 tr/min
Autres moteurs:	-
Transmission opt.:	-

QUOI DE NEUF!
Aucun changement majeur

PERFORMANCES

Accél. 0-100 km/h:	12,4 secondes
Vitesse maximale:	190 km/h
Freinage 100-0 km/h:	48,9 mètres
Consommation:	13,3 litres/100 km
Coût annuel:	1901 $

VOLKSWAGEN Eurovan

Depuis son arrivée sur le marché en 1991, l'Eurovan de Volkswagen a été constamment critiquée pour le manque de vigueur de son moteur 5 cylindres de 110 chevaux. Il y a au moins deux ans que la compagnie nous promet de remédier à cette lacune. Cette fois, cela semble vrai, mais il faudra attendre au printemps 1997 pour pouvoir vérifier de visu si Volkswagen a tenu parole.

Il faudra vraiment que la nouvelle version de l'Eurovan roule dans nos rues pour y croire, car le numéro un allemand a souvent fait de belles promesses pour rompre sa parole plus tard. En fait, elle devait faire son entrée sur notre marché à l'automne 1996. Vous pouvez prendre des paris quant à la véracité de l'information qui nous la prédit maintenant pour le printemps prochain.

Cela signifie que nous devrons vivre avec la version actuelle pendant quelques mois encore. Le moteur régulier continue donc d'être le 5 cylindres 2,5 litres monté en position transversale et développant 110 chevaux. Il constitue la plus grande faiblesse de cette fourgonnette aux dimensions généreuses. Non seulement l'Eurovan n'est pas un poids léger, surtout dans sa version Camper avec ses 2240 kg, mais son habitabilité supérieure permet de transporter facilement 7 personnes avec armes et bagages. Pas besoin d'être un grand spécialiste de l'automobile ou un ingénieur chevronné pour conclure que les performances de cette Volks sont passablement modestes. En fait, il faut presque 16 secondes pour boucler le 0-100 km/h. Et les reprises sont à l'avenant.

Il faut donc modifier son style de conduite pour ne pas se placer dans des situations délicates au volant de ce «minibus». Et parlant de volant, nombreux sont ceux qui n'apprécient pas tellement cette position de conduite très droite qui s'apparente justement à celle d'un autobus municipal.

Le VR6, peut-on y croire?

Il existe également une version animée par un moteur diesel 2,4 litres dont la puissance n'est que de 77 chevaux. Encore là, les prestations sont modestes et les temps d'accélération pourraient être comptabilisés avec un sablier. Quant au Camper réalisé par la compagnie Winnebago, c'est un modèle d'ingéniosité et de sens pratique. Pourtant, cette cuisine roulante n'est pas un poids léger non plus et ses performances sont encore plus timides.

La devise de toute la gamme Eurovan devrait être «petit train va loin». Dans la colonne des plus, il faut mentionner une habitabilité exceptionnelle qui permet aux occupants de prendre leurs aises et d'emporter autant de bagages qu'ils le désirent. De plus, la disposition des sièges et le confort de ces derniers rend l'habitacle encore plus accueillant.

Voilà pour le modèle actuel qui devrait être remplacé au printemps 1997 par une version améliorée à plusieurs points de vue.

Enfin de la puissance!

Après toutes ces années à faire la sourde oreille aux demandes des clients, les dirigeants de Volkswagen ont donc enlevé la ouate de leurs oreilles et commandé aux ingénieurs plus de puissance pour cette fourgonnette qui demeure malgré tout la plus populaire en Europe. Les bureaux de recherche de Wolfsburg se sont donc activés pour nous offrir une puissance tout au moins adéquate. En allongeant le nez de la fourgonnette, on a non seulement modifié la silhouette mais fourni l'espace nécessaire pour pouvoir y insérer un moteur V6. Comme il fallait s'y attendre, il s'agit du dorénavant célèbre VR6 2,8 litres utilisé sur plusieurs voitures de tourisme produites par Volkswagen.

Dans sa version «auto», ce moteur développe 172 chevaux, ce qui serait l'égal de la puissance offerte par plusieurs autres fourgonnettes sur le marché nord-américain. Toutefois, ce serait mal connaître les ingénieurs allemands. Ils ont modifié ce groupe propulseur pour l'adapter aux fonctions «utilitaires» de l'Eurovan. Avec pour résultat que la puissance disponible est de 140 chevaux. En revanche, le couple est plus généreux et s'obtient à un régime moins élevé, ce qui permet d'être en mesure de boucler le 0-80 km/h en 8,5 secondes selon les données du manufacturier. Il n'est pas impossible d'anticiper un temps de 12,4 secondes pour les 0-100 km/h. Ce VR6 sera le seul groupe propulseur disponible lorsque la nouvelle version fera son entrée. Quelques mois plus tard, le moteur diesel 5 cylindres 2,5 litres TDI de 102 chevaux pourrait être également offert sur notre marché.

En plus de nouveaux groupes propulseurs, cette Eurovan nouvelle cuvée bénéficiera d'un habitacle plus moderne, d'un tableau de bord révisé et d'une position de conduite s'approchant davantage de celle d'une automobile. La suspension avant a été modifiée. Des bras plus courts et articulés autour de pivots retardateurs assurent une meilleure stabilité linéaire en plus d'augmenter le confort. Et il faut souligner avec emphase que le système de freins de la nouvelle Eurovan a été amélioré. On retrouve dorénavant des freins à disques aux quatre roues et le système ABS se conjugue au blocage électronique du différentiel. Compte tenu des distances de freinage disproportionnées de la version actuelle, ces nouveaux freins sont peut-être l'amélioration la plus remarquable de cette nouvelle venue.

Reste à savoir maintenant quand cette version améliorée fera son entrée. VW parle du printemps 1997… Qui veut parier?

D. Duquet

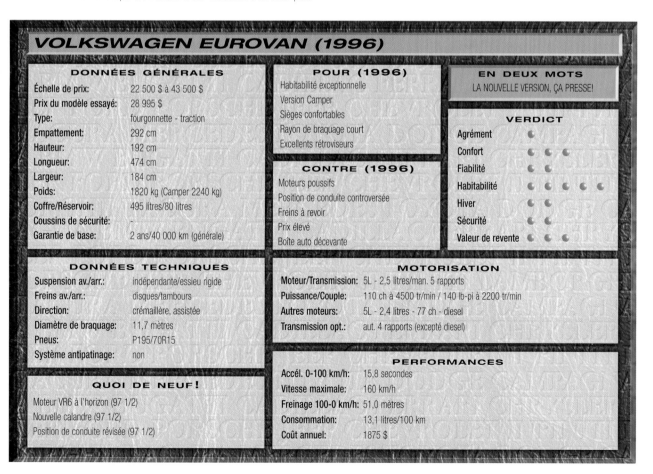

VOLKSWAGEN EUROVAN (1996)

DONNÉES GÉNÉRALES

Échelle de prix:	22 500 $ à 43 500 $
Prix du modèle essayé:	28 995 $
Type:	fourgonnette - traction
Empattement:	292 cm
Hauteur:	192 cm
Longueur:	474 cm
Largeur:	184 cm
Poids:	1820 kg (Camper 2240 kg)
Coffre/Réservoir:	495 litres/80 litres
Coussins de sécurité:	-
Garantie de base:	2 ans/40 000 km (générale)

DONNÉES TECHNIQUES

Suspension av./arr.:	indépendante/essieu rigide
Freins av./arr.:	disques/tambours
Direction:	crémaillère, assistée
Diamètre de braquage:	11,7 mètres
Pneus:	P195/70R15
Système antipatinage:	non

QUOI DE NEUF!

Moteur VR6 à l'horizon (97 1/2)
Nouvelle calandre (97 1/2)
Position de conduite révisée (97 1/2)

POUR (1996)

Habitabilité exceptionnelle
Version Camper
Sièges confortables
Rayon de braquage court
Excellents rétroviseurs

CONTRE (1996)

Moteurs poussifs
Position de conduite controversée
Freins à revoir
Prix élevé
Boîte auto décevante

MOTORISATION

Moteur/Transmission:	5L - 2,5 litres/man. 5 rapports
Puissance/Couple:	110 ch à 4500 tr/min / 140 lb-pi à 2200 tr/min
Autres moteurs:	5L - 2,4 litres - 77 ch - diesel
Transmission opt.:	aut. 4 rapports (excepté diesel)

PERFORMANCES

Accél. 0-100 km/h:	15,8 secondes
Vitesse maximale:	160 km/h
Freinage 100-0 km/h:	51,0 mètres
Consommation:	13,1 litres/100 km
Coût annuel:	1875 $

EN DEUX MOTS

LA NOUVELLE VERSION, ÇA PRESSE!

VERDICT

Agrément	●●
Confort	●●●
Fiabilité	●●●
Habitabilité	●●●●●
Hiver	●●
Sécurité	●●●
Valeur de revente	●●●

VOLKSWAGEN Golf/GTI VR6/Cabrio

> *Toutes les Golf du dernier millésime affichent un certain nombre de petites améliorations allant de poutrelles latérales plus résistantes en cas d'impact à une chaîne stéréo de marque Bose. Il eût été plus pressant à mon avis de stopper l'hémorragie qui est en train de détruire à tout jamais l'image de VW en Amérique.*

Ce serait faire preuve de laxisme et d'un désintéressement total de l'automobile que de passer sous silence les erreurs du constructeur allemand qui, pour des raisons d'économie, laisse se détériorer la réputation enviable dont il a déjà bénéficié chez nous. En faisant fabriquer la totalité de ses voitures vendues à travers l'Amérique au Mexique plutôt qu'en Allemagne, Volkswagen n'en finit plus de se mettre à dos une clientèle qui, surtout au Québec, lui vouait admiration et fidélité. Il m'est facile d'étayer cette affirmation puisque j'ai suivi attentivement l'historique de deux Golf, une CL 1995 émanant du Mexique et une Cabrio du même millésime construite en Allemagne.

La première, en seulement 25 000 km, a connu plus que sa part de défaillances tandis que la seconde a franchi allègrement le cap des 60 000 km sans autre intervention qu'un équilibrage des roues et un remplacement des balais d'essuie-glace. La CL a d'abord nécessité un nouvel appareil de radio après qu'un court-circuit eut enflammé le premier à 3800 km. À 13 000 km, surchauffe, fumée et perte d'antigel par la faute d'un mauvais joint. À 18 000 km, c'est au tour de l'éclairage intérieur de flancher. Si l'on ajoute à cela des essuie-glace d'hiver peu durables et le gel des serrures par temps froid, la fiabilité des Golf laisse songeur.

Ces deux bilans font voir une différence dramatique entre la qualité de construction mexicaine et celle qui prévaut sur les chaînes de montage allemandes. Loin d'y voir des signes alarmants, VW vient de signer

Stopper l'hémorragie

l'arrêt de mort de son superbe petit cabriolet en en confiant l'assemblage à ses usines du Mexique. Les bonzes de VW qui pensent que cela ne change rien pourraient-ils m'expliquer pourquoi la valeur de revente des Cabrios fabriqués en Allemagne a tout d'un coup fait un bond spectaculaire. Le message est clair, mais la marque allemande continue de faire la sourde oreille. Pourtant, quand on achète une voiture conçue dans un pays où qualité et robustesse vont de pair, on ne s'attend pas que celle-ci ait fait un détour par un pays peu réputé pour sa minutie avant de nous être livrée.

Gasole ou essence

Cela dit, les diverses VW Golf 1997 s'amènent avec d'autres petites modifications, outre celles mentionnées en tête de chapitre. Le feu rouge arrière surélevé a été repositionné et la glace à commande électrique du côté du conducteur peut dorénavant être abaissée d'un trait. La GTI reçoit des instruments à fond blanc mais, surtout, la VR6 voit sa

suspension modifiée. La voiture s'en trouve abaissée et mieux «assise» que les versions précédentes. VW aurait-elle été attentive aux critiques entendues lors du lancement de la plus performante de ses Golf?

Du côté de la motorisation, quatre groupes sont au catalogue dont un diesel turbo de 75 chevaux qui devient de plus en plus attrayant avec l'escalade du prix de l'essence. Pour les moteurs à essence, on a le choix entre un 1,8 litre de 90 chevaux, un 2,0 litres de 115 chevaux et ce merveilleux V6 de 2,8 litres et 172 chevaux qui prend résidence sous le capot de la VR6.

En passant par le Mexique, les Golf perdent non seulement de la qualité, mais aussi de la tenue de route. Les modèles d'exportation n'ont pas des suspensions aussi fermes que les versions qui sillonnent les routes allemandes et le roulis est beaucoup plus présent en virage. Le seul avantage de ce changement est qu'on y gagne légèrement en termes de confort.

En ce qui concerne les performances, les «mon oncle» peuvent dormir tranquilles car, à part la VR6, les Golf n'ont pas la puissance qui leur permettrait de faire des pieds de nez à la concurrence. Il y a peu de différence entre les versions 90 et 115 chevaux et le plus petit des deux moteurs s'avère tout à fait satisfaisant en conduite normale. Le choix de la boîte manuelle est quasi obligatoire, car l'automatique semble en complète discorde avec le moteur. Ses changements de rapports sont hésitants, fréquents et, somme toute, agaçants.

L'une des belles qualités de ces petites VW est leur habitabilité. Il est surprenant de découvrir autant d'espace intérieur dans des voitures si peu encombrantes. La présentation intérieure est aussi beaucoup plus relevée que dans n'importe quelle sous-compacte japonaise de prix équivalent.

Quel dommage que l'assemblage mexicain porte ainsi ombrage à la robustesse des Golf! Autrefois solides comme le roc de nombreuses années après leur mise en service, elles craquent et font entendre toute sorte de bruits de caisse après seulement quelques milliers de kilomètres. Encore là, le Cabrio *made in Germany* s'est révélé d'une solidité exemplaire et cela même si ce genre de carrosserie est généralement moins rigide que les autres.

Très sévère, ce jugement envers les Golf reflète l'humeur d'une foule de propriétaires qui, pourtant, ont toujours été vaccinées VW. Souhaitons que l'on stoppe l'hémorragie avant qu'il ne soit trop tard (voir aussi «Les olympiades de la voiture économique»).

J. Duval

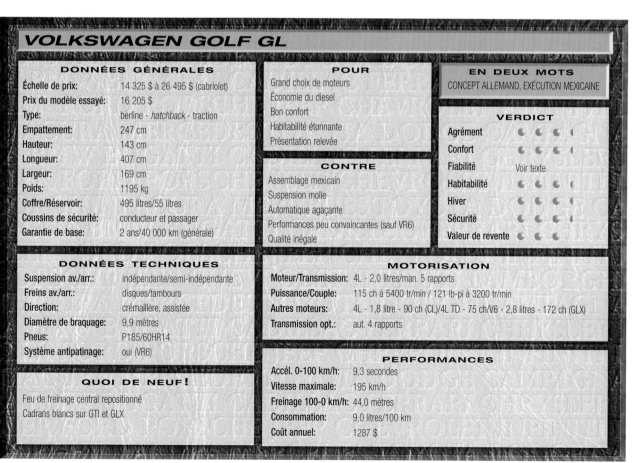

VOLKSWAGEN GOLF GL

DONNÉES GÉNÉRALES

Échelle de prix:	14 325 $ à 26 495 $ (cabriolet)
Prix du modèle essayé:	16 205 $
Type:	berline - *hatchback* - traction
Empattement:	247 cm
Hauteur:	143 cm
Longueur:	407 cm
Largeur:	169 cm
Poids:	1195 kg
Coffre/Réservoir:	495 litres/55 litres
Coussins de sécurité:	conducteur et passager
Garantie de base:	2 ans/40 000 km (générale)

POUR

Grand choix de moteurs
Économie du diesel
Bon confort
Habitabilité étonnante
Présentation relevée

CONTRE

Assemblage mexicain
Suspension molle
Automatique agaçante
Performances peu convaincantes (sauf VR6)
Qualité inégale

EN DEUX MOTS

CONCEPT ALLEMAND, EXÉCUTION MEXICAINE

VERDICT

Agrément	●●●◖
Confort	●●●◖
Fiabilité	Voir texte
Habitabilité	●●●◖
Hiver	●●●◑
Sécurité	●●●◖
Valeur de revente	●●◑

DONNÉES TECHNIQUES

Suspension av./arr.:	indépendante/semi-indépendante
Freins av./arr.:	disques/tambours
Direction:	crémaillère, assistée
Diamètre de braquage:	9,9 mètres
Pneus:	P185/60HR14
Système antipatinage:	oui (VR6)

MOTORISATION

Moteur/Transmission:	4L - 2,0 litres/man. 5 rapports
Puissance/Couple:	115 ch à 5400 tr/min / 121 lb-pi à 3200 tr/min
Autres moteurs:	4L - 1,8 litre - 90 ch (CL)/4L TD - 75 ch/V6 - 2,8 litres - 172 ch (GLX)
Transmission opt.:	aut. 4 rapports

QUOI DE NEUF!

Feu de freinage central repositionné
Cadrans blancs sur GTI et GLX

PERFORMANCES

Accél. 0-100 km/h:	9,3 secondes
Vitesse maximale:	195 km/h
Freinage 100-0 km/h:	44,0 mètres
Consommation:	9,0 litres/100 km
Coût annuel:	1287 $

VOLKSWAGEN Jetta

La Jetta fut longtemps le chouchou des acheteurs québécois. Les uns appréciaient son caractère prononcé et son agrément de conduite relevé, les autres se tournaient vers la version à moteur diesel pour sa grande autonomie. Et n'oublions pas les yuppies en devenir, qui se tournaient vers elle en attendant de pouvoir s'offrir une Audi ou une «Béhème». Mais cette époque bénie paraît déjà bien lointaine...

D epuis sa dernière refonte, qui remonte à 1993, cette berline jadis si prisée chez nous n'est plus l'ombre d'elle-même. Même si elle était populaire au Canada, et surtout au Québec, ses ventes restaient en deçà de celles de ses rivales japonaises sur le reste du continent américain et la firme de Wolfsburg semble avoir pressé sur le bouton de panique pour remédier à la situation.

Résultat: la Jetta s'est embourgeoisée, sinon banalisée, au point de perdre cette étincelle qui la faisait ressortir du peloton. Comme le Faust de l'opéra du même nom, elle a vendu son âme... Non pas au diable, mais presque: aux soi-disant stratèges du marketing. Ceux-ci se sont royalement tiré dans le pied — ce qui n'est pas une première chez Volkswagen —, car en voulant plaire à tout le monde, c'est exactement l'inverse qui s'est produit.

Un cœur trop gros

On l'aura compris, la troisième génération de Jetta ne s'est pas gagné une légion de nouveaux acheteurs, tandis que les fidèles de la première heure la boudent désormais. Pour tenter de réanimer le malade, on a décidé d'y aller avec un remède de cheval, en transplantant sous son capot le formidable VR6, superbe moteur s'il en est un. Le hic, c'est qu'on lui a greffé un cœur trop gros, que son organisme s'est empressé de rejeter.

On peut même se demander s'il n'est pas irresponsable, de la part d'un grand constructeur, de mettre pareil engin entre les mains de con-

Crise existentielle

ducteurs non avertis... Parce que la Jetta GLX à moteur VR6 se comporte comme un cheval sauvage à qui l'on aurait donné un bon coup de cravache. L'effet de couple et l'instabilité de la direction sont tels que lorsqu'on accélère brusquement, en effectuant le 0-100 km/h par exemple, il faut se cramponner à deux mains sur le volant pour conserver sa trajectoire. Les réactions sont brutales, la voiture voulant aller de tout bord tout côté. De toute évidence, ce châssis monocoque n'a pas été conçu pour recevoir un tel surplus de puissance. Fait à noter, la Golf GTi, qui partage pourtant sa plate-forme avec la Jetta, se comporte de façon plus civilisée avec le même moteur.

La suspension n'inspire guère plus à la conduite sportive: sa mollesse n'a rien de rassurant lorsque vient le temps d'enfiler une courbe à bonne vitesse, ce qui fausse la perception du conducteur puisqu'en réalité, la Jetta affiche une tenue de route solide. Mais les mouvements de caisse sont tels qu'ils suscitent la prudence plus qu'autre chose. De plus, la voiture réagit à la moindre imperfection de la chaussée, ce qui la rend davantage imprévisible.

Le prix d'une Jetta GLX frise l'indécence et pour essayer tant bien que mal de faire avaler la pilule aux consommateurs, on s'est attardé à la doter d'un équipement de série des plus complets. Ce qui inclut climatiseur, toit ouvrant à commande électrique, chaîne stéréo à huit haut-parleurs (par ailleurs décevante), bref, tout le bazar. Mentionnons également la présence de sièges, de miroirs extérieurs et de serrures de portes avant chauffants, des accessoires aussi pratiques qu'appréciés durant la saison hivernale.

Cela ne suffit toutefois pas à faire digérer l'addition. À ce prix, on comprend mal que la sellerie cuir et le lecteur de disques au laser soient optionnels, d'autant plus que la présentation intérieure de l'habitacle est la même que celle d'une Golf ou d'une Jetta de base, c'est-à-dire funèbre. Encore une fois, ça sent le vite fait.

On retrouve donc les mêmes qualités et les mêmes défauts dudit habitacle: une habitabilité surprenante, exceptionnelle même, mais aussi plusieurs petits irritants dont l'accumulation finit par exaspérer. Citons, dans l'ordre ou le désordre, des craquements ici et là, des bruits éoliens dès qu'on approche la barre des 100 km/h et l'absence de coffre à gants — un vice propre à toutes les Volks munies de deux coussins gonflables. Faut-il le répéter, la plupart des autres constructeurs, qu'ils soient américains, européens ou asiatiques, ont trouvé le moyen de contourner le problème relié à la présence d'un deuxième sac gonflable. Allons, allons, un petit effort...

La difficile quête de l'équilibre

Les Américains appellent *Middle Age Crisis* les remises en question d'ordre existentiel qui surviennent chez les êtres humains au mitan de l'âge, entre la quarantaine et la cinquantaine. On peut établir un parallèle avec le passage à vide que vit la troisième génération de Jetta: cette voiture se cherche.

Vous connaissez l'histoire de Dr Jekyll et Mr Hyde, celle d'un homme paisible, sans histoire au point d'en être ennuyeux, qui se transforme en une sorte de monstre aux réactions imprévisibles. C'est précisément le problème de la Jetta: les versions à 4 cylindres manquent de tempérament, tandis que la VR6 n'arrive pas à contrôler ses pulsions.

Une même voiture, deux personnalités bien distinctes; pour atteindre un certain équilibre, il faudrait prendre le meilleur et éliminer le moins bon. C'est le défi qui attend les ingénieurs de Volkswagen appelés à plancher sur le modèle qui succédera à celui-ci. On ne peut que souhaiter que le modèle actuel en ait été un de transition, annonçant une prochaine génération qui sera celle de l'équilibre.

La femme doit traverser la dure étape de la ménopause, l'homme, celle de l'andropause; la Jetta serait-elle en «autopause»?

Si c'est le cas, le meilleur est à venir. Du moins, espérons-le...

P. Laguë

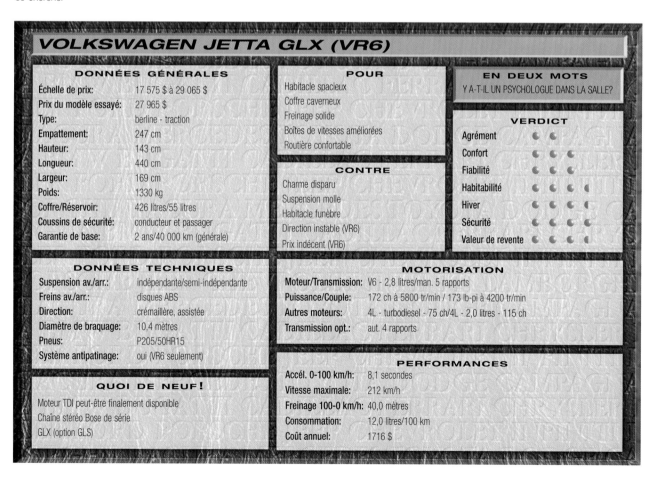

VOLKSWAGEN JETTA GLX (VR6)

DONNÉES GÉNÉRALES

Échelle de prix:	17 575 $ à 29 065 $
Prix du modèle essayé:	27 965 $
Type:	berline - traction
Empattement:	247 cm
Hauteur:	143 cm
Longueur:	440 cm
Largeur:	169 cm
Poids:	1330 kg
Coffre/Réservoir:	426 litres/55 litres
Coussins de sécurité:	conducteur et passager
Garantie de base:	2 ans/40 000 km (générale)

DONNÉES TECHNIQUES

Suspension av./arr.:	indépendante/semi-indépendante
Freins av./arr.:	disques ABS
Direction:	crémaillère, assistée
Diamètre de braquage:	10,4 mètres
Pneus:	P205/50HR15
Système antipatinage:	oui (VR6 seulement)

QUOI DE NEUF!

Moteur TDI peut-être finalement disponible
Chaîne stéréo Bose de série
GLX (option GLS)

POUR

Habitacle spacieux
Coffre caverneux
Freinage solide
Boîtes de vitesses améliorées
Routière confortable

CONTRE

Charme disparu
Suspension molle
Habitacle funèbre
Direction instable (VR6)
Prix indécent (VR6)

MOTORISATION

Moteur/Transmission:	V6 - 2,8 litres/man. 5 rapports
Puissance/Couple:	172 ch à 5800 tr/min / 173 lb-pi à 4200 tr/min
Autres moteurs:	4L - turbodiesel - 75 ch/4L - 2,0 litres - 115 ch
Transmission opt.:	aut. 4 rapports

PERFORMANCES

Accél. 0-100 km/h:	8,1 secondes
Vitesse maximale:	212 km/h
Freinage 100-0 km/h:	40,0 mètres
Consommation:	12,0 litres/100 km
Coût annuel:	1716 $

EN DEUX MOTS

Y A-T-IL UN PSYCHOLOGUE DANS LA SALLE?

VERDICT

Agrément	◖◖
Confort	◖◖◖
Fiabilité	◖◖◖
Habitabilité	◖◖◖◖
Hiver	◖◖◖◖
Sécurité	◖◖◖◖
Valeur de revente	◖◖◖

VOLKSWAGEN Passat

Deuxième chance

Peu de changements cette année pour la Passat, qui a été «renippée» d'un bout à l'autre il y a deux ans. Grand bien lui en fit, car après avoir connu des débuts en fanfare lors de sa réintroduction sur le marché canadien, en 1988, sa réputation s'était mise à dégringoler, principalement en raison d'une fiabilité problématique.

L a plus grosse des Volkswagen jamais construite célébrera ses 25 ans l'an prochain. En effet, son introduction remonte à 1973. Il s'agissait alors d'une première incursion de ce constructeur germanique dans ce segment de marché, lui qui se spécialisait jusque-là dans les petites voitures à vocation économique. La Passat fit un premier séjour en Amérique du Nord, où elle fut brièvement commercialisée sous le vocable Dasher. Mais les ventes quasi confidentielles de ce modèle forcèrent les dirigeants de la firme de Wolfsburg à le rapatrier illico. Fin du premier chapitre.

Les crises du pétrole et les récessions aidant, le paysage automobile nord-américain a depuis connu moults bouleversements: percée des japonaises, cure de rétrécissement et conversion à la traction pour les américaines, diminution des cylindrées... De telle sorte qu'il devenait pertinent de relancer la Passat, sous son nom d'origine cette fois, sur le Nouveau continent. Voilà pour la petite histoire.

Le diesel réinventé

Après le *face-lift* de 1995, vint s'ajouter l'an dernier un deuxième moteur turbodiesel, plus sophistiqué et surtout moins anémique (90 chevaux contre 75) que son prédécesseur. Celui-ci demeure toutefois en lice, ce qui porte à quatre le nombre de motorisations disponibles.

Baptisé TDI, ce nouveau diesel turbocompressé bénéficie d'un système d'injection directe, d'où ses initiales. Il se différencie des systèmes diesels traditionnels, qui injectent le carburant dans une chambre de précombustion, en l'acheminant directement, comme son nom l'indique, dans chacun des cylindres. Autre particularité, les Golf, Jetta et Passat motorisées par le TDI sont munies d'un convertisseur catalytique, ce qui réduit le taux d'émissions polluantes.

Avec 90 chevaux, ce n'est pas encore la foudre, mais 15 chevaux de plus, c'est toujours ça, et cette petite cavalerie suffit à métamorphoser le rendement de ce moteur. Avec une vitesse de pointe de 175 km/h et un chrono de 13,5 secondes pour effectuer le 0-100 km/h, des chiffres très honorables pour un diesel, il n'est désormais plus nécessaire de remplacer l'indicateur de vitesse par un calendrier... En fait, seul le grondement typique de ce type d'engin permet de le différencier d'un moteur conventionnel à essence.

Raffiné, performant, ultra-économique et presque écologique, le TDI vient révolutionner le genre et apporte un souffle nouveau à cette motorisation, très prisée des acheteurs de VW.

Superbe VR6

Oubliez le 4 cylindres (à essence, cette fois) de 2,0 litres, qui n'a pas sa place dans une voiture de cette catégorie: avec seulement 115 chevaux, il lui en manque encore une trentaine pour faire jeu égal avec ceux de ses rivales. Comme ces dernières, la Passat peut également recevoir un V6 qui, à l'opposé, tient la dragée haute à ceux de la concurrence.

Sa configuration n'a pourtant rien de révolutionnaire avec notamment deux soupapes par cylindre, alors que la norme est désormais de quatre. Ce n'est pas tant la puissance obtenue (172 chevaux) qui impressionne que sa savante répartition et ce, à tous les régimes. Le couple est toujours au rendez-vous et les accélérations comme les reprises brillent par leur vigueur. Avec la boîte manuelle, l'agrément de conduite comme les performances valent bien ceux de certaines allemandes plus nobles (lire: plus chères), tandis que la boîte automatique, revue lors de la dernière refonte de la Passat, n'est plus la honte de sa profession, comme c'était auparavant le cas. Beau travail, messieurs les ingénieurs.

Sur la route, la Passat se situe dans une classe à part. Loin de renier ses origines teutonnes, elle fait preuve d'aplomb et d'autorité dans tous les domaines: direction, freinage, tenue de route et tenue de cap. Seule la suspension prête flanc à la critique parce qu'elle est trop molle, mais encore là, les mouvements de caisse qu'elle engendre ne pénalisent aucunement le comportement du véhicule.

L'habitacle est tout aussi typé, avec les défauts de ses qualités: la finition est rigoureuse, les tissus et matériaux sont de qualité, mais la présentation est sobre au point d'en être austère. Pourtant, rien n'y manque: à l'instrumentation complète s'ajoute un équipement de série relevé, le catalogue des options ne comprenant que quatre choix (boîte automatique, sellerie cuir, toit ouvrant électrique et lecteur de disques au laser). Quant à l'espace disponible, il est difficile de faire mieux, particulièrement à l'arrière, où le dégagement pour les jambes est comparable à celui des plus grosses berlines sur le marché. La seule lacune ergonomique concerne le coffre à gants, éliminé au profit d'un deuxième coussin gonflable. Ce qui n'est pas excusable pour autant, tous les modèles concurrents ayant réussi à contourner le problème. De nombreux espaces de rangement compensent tant bien que mal cette absence.

Somme toute, la Passat «nouvelle et améliorée» possède de solides atouts, à commencer par sa polyvalence (deux configurations, deux livrées et quatre moteurs!) et sa forte personnalité, une qualité trop rare de nos jours. Mais la grande inconnue demeure sa fiabilité, qui fut jadis son talon d'Achille. Seul le temps pourra donner l'heure juste, mais depuis sa refonte, elle semble partie sur la bonne voie. Il ne lui reste plus qu'à regagner la confiance des consommateurs... et à certains concessionnaires VW à remonter d'un cran leur service après-vente.

P. Laguë

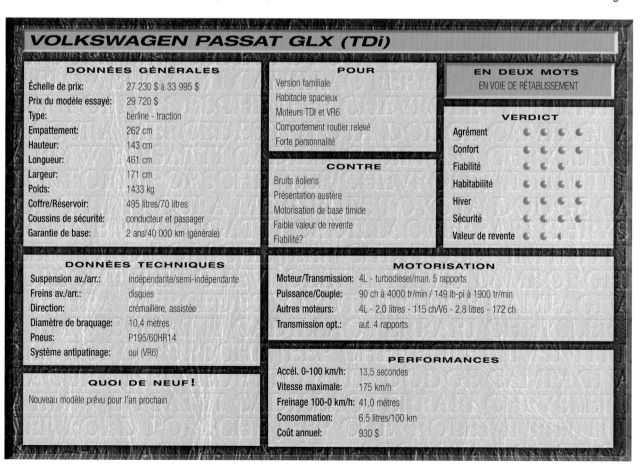

VOLKSWAGEN PASSAT GLX (TDi)

DONNÉES GÉNÉRALES

Échelle de prix:	27 230 $ à 33 995 $
Prix du modèle essayé:	29 720 $
Type:	berline - traction
Empattement:	262 cm
Hauteur:	143 cm
Longueur:	461 cm
Largeur:	171 cm
Poids:	1433 kg
Coffre/Réservoir:	495 litres/70 litres
Coussins de sécurité:	conducteur et passager
Garantie de base:	2 ans/40 000 km (générale)

DONNÉES TECHNIQUES

Suspension av./arr.:	indépendante/semi-indépendante
Freins av./arr.:	disques
Direction:	crémaillère, assistée
Diamètre de braquage:	10,4 mètres
Pneus:	P195/60HR14
Système antipatinage:	oui (VR6)

QUOI DE NEUF!

Nouveau modèle prévu pour l'an prochain

POUR

Version familiale
Habitacle spacieux
Moteurs TDI et VR6
Comportement routier relevé
Forte personnalité

CONTRE

Bruits éoliens
Présentation austère
Motorisation de base timide
Faible valeur de revente
Fiabilité?

MOTORISATION

Moteur/Transmission:	4L - turbodiesel/man. 5 rapports
Puissance/Couple:	90 ch à 4000 tr/min / 149 lb-pi à 1900 tr/min
Autres moteurs:	4L - 2,0 litres - 115 ch/V6 - 2,8 litres - 172 ch
Transmission opt.:	aut. 4 rapports

PERFORMANCES

Accél. 0-100 km/h:	13,5 secondes
Vitesse maximale:	175 km/h
Freinage 100-0 km/h:	41,0 mètres
Consommation:	6,5 litres/100 km
Coût annuel:	930 $

EN DEUX MOTS

EN VOIE DE RÉTABLISSEMENT

VERDICT

Agrément	⦿⦿⦿⦿
Confort	⦿⦿⦿⦿
Fiabilité	⦿⦿⦿
Habitabilité	⦿⦿⦿⦿
Hiver	⦿⦿⦿
Sécurité	⦿⦿⦿⦿
Valeur de revente	⦿⦿⦿

VOLVO 850/850R/AWD

Jadis grand défenseur de la propulsion, Volvo s'est convertie aux vertus de la traction avec la 850. Mais voilà que cette dernière est également disponible en traction intégrale. Et pour épicer la sauce davantage, le numéro un suédois propose un autre moteur turbo, mais à basse pression cette fois.

En matière de groupes propulseurs, tout porte à croire que l'avenir, pour Volvo, repose presque exclusivement sur les moteurs turbocompressés. En plus de ce nouveau moteur suralimenté à basse pression qui sera commercialisé au Canada, un turbodiesel à injection directe est disponible en Europe. Quant au nouveau groupe propulseur, il s'insère entre le moteur 2,3 litres atmosphérique à 20 soupapes de 168 chevaux et le turbo plus performant avec ses 222 chevaux. Pour compléter le portrait, la 850R est animée par un 5 cylindres 2,2 litres de 250 chevaux.

Le nouveau moteur est un 5 cylindres 2,5 litres de 193 chevaux doté d'un turbocompresseur à très faible pression. C'est tout juste suffisant pour augmenter la vélocité de l'air dans les cylindres afin de hausser le couple à bas régime en plus d'obtenir une augmentation de la puissance par rapport au 2,5 litres 20 soupapes.

La grande nouvelle chez Volvo est cependant l'arrivée d'un modèle à traction intégrale. Dévoilée en tant que prototype au Salon de l'auto de Genève en 1995, cette familiale ne se contente pas de nous proposer un système 4X4 à temps partiel. Elle possède une mécanique sophistiquée composée d'un visco-coupleur inséré dans un «tube de couple» reliant le différentiel avant à celui installé à l'essieu arrière. Selon les conditions d'adhérence, le visco-coupleur transmet automatiquement la puissance aux roues qui ont une meilleure prise sur la chaussée. En conduite normale, les roues avant reçoivent pratiquement toute la puissance, soit 95 p. 100 des chevaux disponibles. Mais au fur

La turbomanie

et à mesure que les conditions changent, le couple est automatiquement réparti et cette quasi-traction peut pratiquement devenir une propulsion. Et pour améliorer davantage l'efficacité de cette voiture lorsque la chaussée est meuble ou glissante, un différentiel autobloquant automatique est utilisé à l'essieu arrière. Les roues avant sont reliées au système électronique de contrôle de traction TRACS. Il sera difficile de rester pris dans la neige avec un tel mécanisme.

La 850 AWD ne sera disponible qu'en version familiale et animée par le moteur 2,5 litres turbo basse pression. En outre, du moins au début, cette voiture ne pourra être livrée qu'avec la boîte manuelle à 5 rapports. Ce n'est pas que Volvo ne s'intéresse pas à l'automatique sur un modèle à traction intégrale. Plus simplement, la configuration mécanique de ce nouveau système nécessite que la boîte automatique soit modifiée et elle sera disponible une fois les changements effectués. Selon Mike Guerra, le responsable du projet chez Volvo, il s'agit d'une affaire de quelques mois. Enfin, ajoutons au passage que la sus-

pension arrière est une version spécialement adaptée de celle utilisée sur la 960. D'ailleurs, c'est une pièce fort impressionnante autant pour sa robustesse que pour sa membrure principale en aluminium coulé.

Gravier, boue et remorque

Dans le cadre de la présentation de cette nouvelle version, nous avons été en mesure de conduire la 850 AWD sur une grande variété de routes. En utilisation normale, sur pavé sec, la voiture se comporte comme une 850 à traction. Quant au moteur de 193 chevaux, il est bien adapté à l'ensemble du système. Ses accélérations sont plus incisives qu'avec la version 20 soupapes et le temps de réponse du turbo à basse pression est pratiquement imperceptible. Toutefois, comme il s'agit d'un 5 cylindres, il émet un grognement sourd propre à ce type de moteur. Quant à l'embrayage manuel, il pourrait être plus progressif et il faut un certain temps pour s'y acclimater.

Lorsque nous avons bifurqué sur une route secondaire recouverte de gravier concassé non compacté, nous avons pu vérifier l'efficacité du système de traction intégrale. Il était même curieux, dans certaines courbes, de sentir la motricité des roues arrière. De plus, au freinage, comme l'essieu arrière se désengage automatiquement, la voiture conservait sa stabilité. Ce transfert de couple aux roues bénéficiant de la meilleure motricité s'effectue toujours en transparence.

Un dernier exercice visant à tester les qualités de motricité de cette voiture consistait à circuler sur un anneau tracé dans un champ. Recouvert d'herbe mouillée et de boue, ce terrain a sérieusement mis à l'épreuve le mécanisme de traction intégrale. De plus, les cliquetis provenant du différentiel arrière autobloquant et du système de contrôle de traction des roues avant nous indiquaient que l'adhérence était minimale. Malgré ces

conditions pénibles, notre voiture a toujours continué à progresser même si elle était équipée de pneus d'été assez peu qualifiés pour ce genre d'exercice. Notons que les modèles canadiens seront chaussés de pneumatiques toutes saisons nettement mieux adaptés.

Finalement, pour compléter cette batterie de tests, nous avons accroché une caravane derrière notre voiture d'essai et pris la route. En version deux roues motrices, la 850 est une traction qui s'accommode tant bien que mal d'une remorque. En revanche, la traction intégrale et son système de transfert de couple automatique répondent très bien à l'appel.

Le reste de la gamme 850 revient pratiquement inchangé à l'exception du moteur 10 soupapes qui tire sa révérence. Quant à la 850TR, produite en édition limitée en 1996, elle a connu un tel succès qu'elle revient en 1997 en tant que 850R et toujours avec le moteur turbo de 250 chevaux et ses pneus P Zero de 17 pouces montés sur des jantes spéciales.

D. Duquet

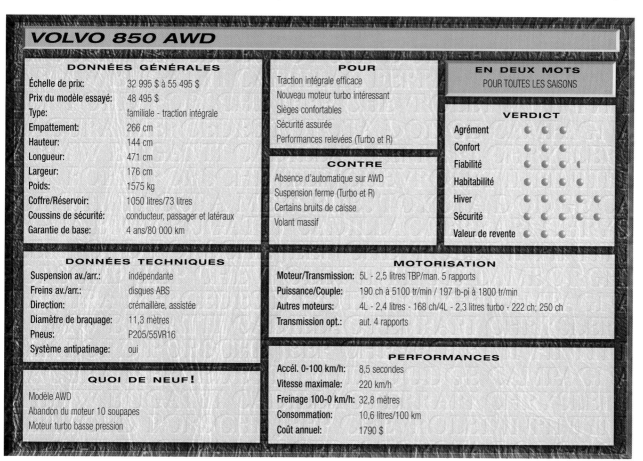

VOLVO 850 AWD

DONNÉES GÉNÉRALES

Échelle de prix:	32 995 $ à 55 495 $
Prix du modèle essayé:	48 495 $
Type:	familiale - traction intégrale
Empattement:	266 cm
Hauteur:	144 cm
Longueur:	471 cm
Largeur:	176 cm
Poids:	1575 kg
Coffre/Réservoir:	1050 litres/73 litres
Coussins de sécurité:	conducteur, passager et latéraux
Garantie de base:	4 ans/80 000 km

DONNÉES TECHNIQUES

Suspension av./arr.:	indépendante
Freins av./arr.:	disques ABS
Direction:	crémaillère, assistée
Diamètre de braquage:	11,3 mètres
Pneus:	P205/55VR16
Système antipatinage:	oui

QUOI DE NEUF!

Modèle AWD
Abandon du moteur 10 soupapes
Moteur turbo basse pression

POUR

Traction intégrale efficace
Nouveau moteur turbo intéressant
Sièges confortables
Sécurité assurée
Performances relevées (Turbo et R)

CONTRE

Absence d'automatique sur AWD
Suspension ferme (Turbo et R)
Certains bruits de caisse
Volant massif

MOTORISATION

Moteur/Transmission:	5L - 2,5 litres TBP/man. 5 rapports
Puissance/Couple:	190 ch à 5100 tr/min / 197 lb-pi à 1800 tr/min
Autres moteurs:	4L - 2,4 litres - 168 ch/4L - 2,3 litres turbo - 222 ch; 250 ch
Transmission opt.:	aut. 4 rapports

PERFORMANCES

Accél. 0-100 km/h:	8,5 secondes
Vitesse maximale:	220 km/h
Freinage 100-0 km/h:	32,8 mètres
Consommation:	10,6 litres/100 km
Coût annuel:	1790 $

EN DEUX MOTS

POUR TOUTES LES SAISONS

VERDICT

Agrément	●●●
Confort	●●●●
Fiabilité	●●●◐
Habitabilité	●●●●●
Hiver	●●●●●
Sécurité	●●●●●
Valeur de revente	●●●

VOLVO 960

La Volvo 850, bien que populaire, ne plaît pas à tous les inconditionnels de la marque. Pour plusieurs, une Volvo doit être une propulsion, posséder un intérieur très austère et des formes extérieures carrées. La 960 est la voiture toute désignée pour cette clientèle que le constructeur suédois ne néglige pas.

C e conservatisme ne signifie pas pour autant que la 960 soit une relique sur roues faisant appel à une mécanique empruntée aux modèles des années 60. Pas plus tard qu'en 1995, cette propulsion a été sérieusement révisée. Pour débuter, on a adouci les angles de la carrosserie. La silhouette est toujours carrée en comparaison avec plusieurs autres modèles récemment remaniés sur le plan esthétique, mais pour la série 960, c'est tout ce que les clients demandent. En fait, ces mêmes personnes jugent la 850 trop ronde.

L'habitacle n'a pratiquement connu aucun changement. Le tableau de bord est intact. Il est vrai que c'est un modèle du genre sur le plan pratique et ergonomique, mais sa présentation n'a guère changé depuis une décennie. Pour plusieurs, cet immobilisme est inacceptable. En revanche, d'autres soutiennent qu'il est inutile de modifier un tableau de bord si équilibré. Comme on peut le constater, on assiste à un dialogue de sourds entre les partisans de la 960 et les autres.

En outre, toujours pour conserver les caractéristiques des Volvo classiques, la position de conduite est plus haute que sur une 850. De plus, comme jadis, les personnes de grande taille doivent se méfier, car elles risquent de se heurter la tête sur l'encadrement de la portière. Il faut cependant souligner que si cette position de conduite semble inusitée au premier contact, elle devient progressivement confortable au fil des kilomètres. Nous avons eu l'occasion d'effectuer de longs trajets au volant de Volvo 960 et de leurs semblables. Chaque fois, le confort des sièges, la position de con-

Pour les irréductibles

duite et l'environnement de la cabine ont contribué au bien-être et à la réduction de la fatigue. De plus, la finition de la voiture est impeccable et n'a rien à envier aux allemandes et aux japonaises de prix équivalent.

Le 6 cylindres survit

Tel qu'annoncé dans notre édition de l'an dernier, la série 940 a été abandonnée au fil des mois en 1996. On s'est contenté d'écouler les inventaires. Cette disparition n'est pas une perte en soi puisque son moteur avait de plus en plus de difficulté à se faire justice. Avec ses 114 chevaux, il donnait l'impression de peiner constamment. Par ailleurs, pour les amateurs de propulsions et de Volvo, cette version donnait la possibilité d'épargner quelques dollars.

Seul le 6 cylindres en ligne 3,0 litres de 181 chevaux est disponible. Il est couplé à une boîte automatique à 4 rapports à contrôle électronique. Cette unité est fiable et efficace. En plus, il est possible de choisir parmi trois modes d'opération: «économie» «sport» et

«hiver». En vérité, compte tenu des performances décentes du moteur, il est probable que la plupart des utilisateurs choisissent le mode «économie» afin d'obtenir une consommation de carburant plus modeste tout en profitant de performances adéquates.

Volvo a longtemps été réputée pour ses propulsions et pour ses modèles à essieu arrière rigide. La compagnie a progressé vers des essieux indépendants au fil des années et la 960 nous propose le *nec plus ultra* en la matière. La membrure coulée en aluminium est d'une rigidité et d'une épaisseur impressionnantes. En outre, une lame de ressort transversale en matériau composite est intégrée à cette membrure.

Ajoutez des freins à disques aux quatre roues, un système ABS efficace et des coussins de sécurité latéraux, et vous voilà au volant d'une voiture tout de même perfectionnée sur le plan mécanique.

Une conduite réservée

La 960, destinée aux personnes à la recherche des qualités traditionnelles de la marque, ne brille pas tellement au chapitre de l'agrément de conduite. Il ne faut cependant pas confondre tenue de route et plaisir de conduire. Cette 960 possède un comportement routier très correct. Lors d'une randonnée sur une route extrêmement sinueuse en Californie, cette propulsion s'est très bien acquittée de sa tâche. En revanche, le roulis en virage et la plongée de l'avant au freinage sont des caractéristiques qui conviennent assez peu à une berline de cette catégorie.

Pour ceux dont le style de conduite est plus discipliné, la 960 est en mesure d'offrir une tenue de route rassurante et sans surprise. Par contre, même si on règle la transmission à la position «hiver», la conduite sur les routes enneigées demande plus d'attention que sur la 850, une traction proposant un système de contrôle de traction. La

pose de pneus d'hiver aux quatre roues est donc fortement recommandée sur une 960.

Les temps ont changé

La 960 est une voiture possédant plusieurs atouts plaidant en sa faveur. Toutefois, les ventes de ce modèle sont relativement discrètes, tout particulièrement au Canada. Ici comme ailleurs, les automobilistes préfèrent les avantages de la traction. Et il y a plus que la position des roues motrices dans le débat. La 850 surclasse son aînée non pas uniquement en raison du tout à l'avant. Sa silhouette plus dynamique, son habitabilité supérieure et un agrément de conduite plus relevé sont des éléments tout aussi importants.

Toutefois, si vous demeurez convaincu que les propulsions sont la solution, cette Volvo n'est pas dépourvue d'arguments. Et la qualité de sa construction et des matériaux utilisés peut soutenir la comparaison avec les meilleures des germaniques, pourtant beaucoup plus chères.

D. Duquet

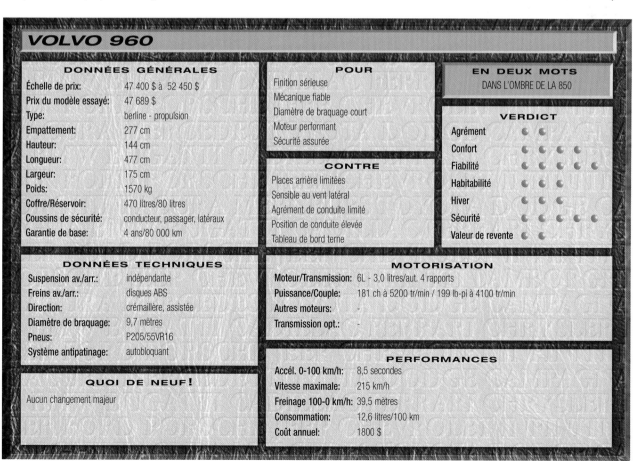

VOLVO 960

DONNÉES GÉNÉRALES

Échelle de prix:	47 400 $ à 52 450 $
Prix du modèle essayé:	47 689 $
Type:	berline - propulsion
Empattement:	277 cm
Hauteur:	144 cm
Longueur:	477 cm
Largeur:	175 cm
Poids:	1570 kg
Coffre/Réservoir:	470 litres/80 litres
Coussins de sécurité:	conducteur, passager, latéraux
Garantie de base:	4 ans/80 000 km

POUR

Finition sérieuse
Mécanique fiable
Diamètre de braquage court
Moteur performant
Sécurité assurée

CONTRE

Places arrière limitées
Sensible au vent latéral
Agrément de conduite limité
Position de conduite élevée
Tableau de bord terne

EN DEUX MOTS

DANS L'OMBRE DE LA 850

VERDICT

Agrément	◖◖
Confort	◖◖◖◖
Fiabilité	◖◖◖◖
Habitabilité	◖◖◖
Hiver	◖◖◖
Sécurité	◖◖◖◖
Valeur de revente	◖◖

DONNÉES TECHNIQUES

Suspension av./arr.:	indépendante
Freins av./arr.:	disques ABS
Direction:	crémaillère, assistée
Diamètre de braquage:	9,7 mètres
Pneus:	P205/55VR16
Système antipatinage:	autobloquant

MOTORISATION

Moteur/Transmission:	6L - 3,0 litres/aut. 4 rapports
Puissance/Couple:	181 ch à 5200 tr/min / 199 lb-pi à 4100 tr/min
Autres moteurs:	-
Transmission opt.:	-

QUOI DE NEUF!

Aucun changement majeur

PERFORMANCES

Accél. 0-100 km/h:	8,5 secondes
Vitesse maximale:	215 km/h
Freinage 100-0 km/h:	39,5 mètres
Consommation:	12,6 litres/100 km
Coût annuel:	1800 $

Ce livre a été produit grâce au système d'imagerie au laser
des Éditions de l'Homme, lequel comprend:

- Un digitaliseur Scitex Smart™ 20 et
  un poste de retouche de couleurs Scitex Rightouch™;

- Les produits Kodak;

- Les ordinateurs Apple inc.;

- Le système de gestion et d'impression des photos avec
  le logiciel Color Central© de Compumation inc.;

- Le processeur d'images RIP 50 PL2 combiné avec
  la nouvelle technologie Lino Dot® et Lino Pipeline® de Linotype Hell®.

Lithographié sur papier Jenson 140M
et achevé d'imprimer au Canada
sur les presse de l'imprimerie Interglobe